Theodor Lindner

Deutsche Geschichte unter den Habsburgen und Luxemburgern

(1273-1437)

Zweiter Band: Von Karl IV. bis zu Sigmund. Die allgemeinen Zustände

Theodor Lindner

Deutsche Geschichte unter den Habsburgen und Luxemburgern (1273-1437)
Zweiter Band: Von Karl IV. bis zu Sigmund. Die allgemeinen Zustände

ISBN/EAN: 9783743653672

Hergestellt in Europa, USA, Kanada, Australien, Japan

Cover: Foto ©ninafisch / pixelio.de

Weitere Bücher finden Sie auf **www.hansebooks.com**

Deutsche Geschichte

unter den

Habsburgern und Luxemburgern

(1273—1437)

Von

Theodor Lindner

Zweiter Band

Von Karl IV. bis zu Sigmund. Die allgemeinen Zustände.

Stuttgart 1893.
Verlag der J. G. Cotta'schen Buchhandlung
Nachfolger

Druck der Union Deutsche Verlagsgesellschaft in Stuttgart.

Vorwort.

Indem ich den Schluß meines Werkes der Oeffentlichkeit übergebe, will ich nicht unterlassen, ein kurzes Wort vorauszuschicken. Wie es in dem Plane des Unternehmens liegt, beabsichtigte ich nicht nur, den Fachgenossen eine wissenschaftliche Darstellung zu bieten, sondern auch allen Freunden unserer Geschichte ein Bild jener Zeiten vor Augen zu führen. Daher kam es mir in erster Stelle darauf an, Verhältnisse und Personen zu lebendiger Anschauung zu bringen. Dem Leser wird nicht entgehen, daß zwischen den beiden Teilen ein gewisser Unterschied obwaltet. Soll der erste durch die ausführliche Schilderung einzelner Ereignisse von den Formen, in denen sich die Vorgänge vollzogen, und von der Art der geschichtlichen Ueberlieferung eine Vorstellung geben, so erzählt der zweite die politischen Dinge in kürzerer Fassung und hebt dafür mehr die allgemeinen Zustände hervor. Ich habe mich jeder gelehrten Anmerkung enthalten. Da meine Auffassung vielfach von den bisherigen Ansichten abweicht, hätte eine ausführliche Begründung mehr Raum erfordert, als es mit dem Zweck und Ziel dieses Werkes vereinbar war. Der kundige Forscher wird sich ohnehin unschwer zurechtfinden. Außerdem habe ich, abgesehen von meinen früheren Werken und Aufsätzen, einige wichtige Punkte neuerdings in den Mitteilungen des Instituts für österreichische Geschichtsforschung XII und XIII behandelt; ein Verzeichnis der wichtigsten Schriften über Sigmund enthält auch meine Lebensbeschreibung dieses Kaisers in der Allgemeinen Deutschen Biographie XXXIV. Hier wollte ich eben nur Geschichte schreiben.

Halle, im Oktober 1891.

Theodor Lindner.

Inhaltsübersicht.

Erster Band.
Von Rudolf von Habsburg bis zu Ludwig dem Baiern.

Erstes Buch.
Die Könige Rudolf, Adolf und Albrecht.

	Seite
Erster Abschnitt. Die innere Gestaltung Deutschlands	3—19

Charakter der Periode. — Die Herrschaften im Reiche: der Nordwesten, Niederrhein und Westfalen, Mittel- und Oberrhein, Burgund, Franken, Thüringen, Norddeutschland, König Ottokar von Böhmen, die Alpenländer, Baiern. — Hauptgruppen.

Zweiter Abschnitt. Die Anfänge des Königs Rudolf. 1273—1274 . . . . 20—29

Papst Gregor X. — Die Wahl Rudolfs. — Die Willebriefe. — Die Krönung Rudolfs. — Die päpstliche Approbation. — Konzil von Lyon. — Verhalten Ottokars.

Dritter Abschnitt. Der Sturz Ottokars. 1274—1278 . . . . . . 30—37

Beschlüsse in Nürnberg. — Tod Gregors X. — Unterwerfung Ottokars. Erneute Feindschaft. — Nikolaus III. — Ottokars Erhebung. — Sein Tod. — Ordnung der böhmischen Verhältnisse.

Vierter Abschnitt. Verhandlungen mit Papst Nikolaus III. 1278—1280 . . . 38—43

Rudolfs Verhältnis zu König Karl von Sizilien. — Die Verzichtleistung auf den Kirchenstaat. — Die Urkunden der Reichsfürsten. — Sizilische Heirat.

Fünfter Abschnitt. Rudolf und das Reich. Die Belehnung der Habsburger mit Oesterreich. 1278—1282 . . . . 44—53

Die Fürsten. — Die politischen Anschauungen im Reich. — Die Städte. — Die Landfrieden. — Der König und die Kurfürsten. — Die Willebriefe über Oesterreich. — Die Belehnung und die Belehnungsurkunde. — Herzogtum Kärnten.

Sechster Abschnitt. Der falsche Friedrich II. 1283—1285 . . . . . 54—59

Siebenter Abschnitt. Das Verhältnis Rudolfs zu Rom, Burgund und Frankreich. 1285—1289 . . . . 60—70

Die Päpste Martin IV. und Honorius IV. — Verhandlungen über die Krönung. — Erzbischof Heinrich II. von Mainz. — Das Konzil in Würzburg. — Das Herzogtum Schwaben. — Krieg mit Bern. — Burgundische Zustände. — Krieg gegen Pfalzgraf Otto von Burgund. — Verhältnis zu Frankreich. — Jordan von Osnabrück.

Inhaltsübersicht.

	Seite
Achter Abschnitt. Die letzten Jahre König Rudolfs. 1289—1291	71—85

Verhandlungen mit Nikolaus IV. — Die Erzbischöfe Heinrich und Boemund von Trier. — Der Limburger Erbfolgestreit und die Schlacht bei Worringen. — Norddeutschland. — Rudolf in Erfurt. — Böhmische Zustände. — Tod Rudolfs des Jüngeren. — Bemühungen Rudolfs um die Nachfolge eines Sohnes. — Belehnung Albrechts mit Ungarn. — Tod Rudolfs. — Die Meinungen der Zeitgenossen über ihn. — Seine Persönlichkeit und Bedeutung.

Neunter Abschnitt. Die Wahl Adolfs von Nassau. König Wenzel II. von Böhmen. 1291—1292 . . . . 86—99

Die Persönlichkeit Wenzels von Böhmen. — Bemühungen des Pfalzgrafen für Albrecht. — Die Verheißungen Adolfs. — Seine Wahl und Krönung. — Seine Verbriefungen. — Bedeutung des Kanzleramtes. — Keine kurfürstliche Gesamtpolitik. — Adolfs Persönlichkeit.

Zehnter Abschnitt. Die Befestigung der Herrschaft König Adolfs. Sein Zug gegen Thüringen. 1292—1295 . . . . 100—105

Albrecht von Oesterreich erkennt Adolf an. — Unruhen im Elsaß, Aufstand in Kolmar. — Albrechts des Unartigen Verkaufsgeschäft. — Eroberung Thüringens.

Elfter Abschnitt. Der Krieg gegen Frankreich. Papst Bonifacius VIII. 1294—1297 106—114

Adolfs Bündnis mit England und Kriegserklärung gegen Frankreich. — Bonifacius' VIII. Persönlichkeit. — Seine Stellung zu Adolf. — Zaudern des Königs und sein Verhalten zu den Reichsfürsten.

Zwölfter Abschnitt. Der Sturz Adolfs. 1297—1298 . . . . 115—124

Die Verschwörung gegen den König. — Anteil Wenzels von Böhmen. — Zug Albrechts von Oesterreich nach dem Rhein. — Vorladung und Absetzung Adolfs. — Ausrufung Albrechts zum Könige. — Die Schlacht bei Göllheim. — Wahl und Krönung Albrechts. — Adolfs Königtum.

Dreizehnter Abschnitt. Albrechts Verbindung mit Frankreich. 1298—1300 . . 125—137

Die Persönlichkeit Albrechts. — Judenschlächtereien. — Reichstag in Nürnberg, die Zölle. — Verhandlungen und Bündnis mit König Philipp von Frankreich. — Zusammenkunft in Toul. — Dortige Verhandlungen. — Gründe der Unzufriedenheit der Kurfürsten.

Vierzehnter Abschnitt. Des Königs Kampf mit den Kurfürsten. 1300—1302 138—145

Auftreten des Papstes Bonifacius VIII. — Empörung der Kurfürsten und deren Gründe. — Albrechts Kriegserklärung und Politik. — Sein Sieg.

Fünfzehnter Abschnitt. König Albrecht und Papst Bonifacius VIII. 1301—1303 146—153

Des Papstes Stellung zu Frankreich. — Unam sanctam. — Anknüpfung des Papstes mit Albrecht. — Dessen Erklärungen und Verpflichtungen. — Tod des Bonifacius.

Sechzehnter Abschnitt. König Albrechts Ende. 1304—1308 . . . . . . 154—164

Tod Gerhards von Mainz. — Thronstreit in Ungarn. — Krieg Albrechts gegen Böhmen. — Erledigung Böhmens und Besitznahme durch Albrecht. — Die Schlacht bei Lucka. — Neue Kämpfe um Böhmen. — Herzog Johann von Schwaben. — Ermordung Albrechts. — Die Erzbischöfe Heinrich II. von Köln und Peter Aspelt von Mainz. — Die Reichspolitik Albrechts.

Zweites Buch.
Heinrich VII.

Erster Abschnitt. Clemens V. Die Wahl Heinrichs VII. 1308 . . . . . 167—179

Papst Clemens V. — Streben Frankreichs nach der deutschen Krone. — Verhandlungen in Deutschland. — Erzbischof Balduin von Trier. — Ver-

Inhaltsübersicht.

träge über die Königswahl. — Die Vorberatungen in Rense. — Die Wahl in Frankfurt.

Zweiter Abschnitt. König Heinrich VII. und Papst Clemens V. 1309 . . . . 180—187
Persönlichkeit Heinrichs VII. — Seine Gemahlin Margaretha. — Charakter Heinrichs. — Krönung und erste Reichshandlungen. — Verhandlungen mit Clemens V. — Die Approbation. — Heinrich von Kärnthen in Böhmen.

Dritter Abschnitt. Heinrichs Reichsregiment und Einleitung der Romfahrt. 1309—1310 . . . . 188—194
Die Kaisergruft in Speier. — Einigung mit Oesterreich. — Gesandtschaft nach Italien. — Politik des Papstes; Robert von Neapel. — Gelöbnisse Heinrichs. — Verlobung Johanns von Luxemburg mit Elisabeth von Böhmen.

Vierter Abschnitt. Die Erwerbung Böhmens. 1310—1311 . . . . 195—200
Belehnung Johanns mit Böhmen; seine Hochzeit. — Ordnung der Reichsangelegenheiten. — Entwickelung in Böhmen.

Fünfter Abschnitt. Der Antritt der Romfahrt. Die Zustände in Italien. 1310 201—215
Der Zug Heinrichs über die Alpen. — Stellung des Papstes zu ihm. — Heinrichs Umgebung. — Allgemeiner Zustand in Italien. — Glanz des Städtetums. — Die Parteien in den Städten und Streit der Städte unter einander. — Guelfen und Ghibellinen. — Charakter der Entwickelung. — Die Signorie. — Machtverhältnisse in Italien. — Piemont, Asti, Mailand, Canegrande von Verona, Venedig, Genua, Pisa, Florenz mit Umgebung. — Der Kirchenstaat. — Lage Roms. — Das Königreich Neapel.

Sechster Abschnitt. Dante und das Kaisertum. Die Vorgänge in Mailand. 1310—1311 . . . 216—226
Empfang des Königs. — Dante und Heinrich. — Dantes Buch über die Monarchie; dessen italienischer Grundzug. — Heinrichs Absichten. — Einzug in Mailand. — Empörung Mailands. — Heinrichs Sieg.

Siebenter Abschnitt. Der Kampf um Brescia. 1311 . . . . 227—234
Umschlag der Stimmung in Italien. — Die Deutschen und die Italiener. — Strenges Auftreten Heinrichs. — Bezwingung von Cremona. — Belagerung von Brescia. — Florentinische Politik; Dante und seine Vaterstadt. — Eroberung von Brescia.

Achter Abschnitt. Schwierige Verhandlungen. 1311—1312 . . . . 235—242
Heinrich in Genua. — Verhandlungen mit Frankreich. — Die Kurie und die Kaiserkrönung. — Beginn der Spannung zwischen Papst und König. — Einfluß Neapels und Frankreichs. — Einzug Heinrichs in Pisa.

Neunter Abschnitt. Die Kaiserkrönung. 1312 . . . . . 243—248
Besetzung eines Teiles von Rom durch die Neapolitaner. — Heinrichs Entschlossenheit. — Einzug in Rom. — Der Kampf. — Die Kaiserkrönung im Lateran. — Erlasse des Kaisers.

Zehnter Abschnitt. Der Zwist mit dem Papste. 1312 . . . 249—258
Bündnis mit Sizilien. — Abzug aus Rom. — Aufregung des Papstes. — Beabsichtigter Krieg gegen Neapel. — Forderungen des Papstes. — Erklärungen und Proteste Heinrichs. — Der Fidelitätseid.

Elfter Abschnitt. Heinrich in Pisa. 1312—1313 . . . . . 259—267
Angriff auf Florenz. — Rückkehr nach Pisa. — Rüstungen zum Krieg gegen Neapel. — Verurteilung Königs Roberts. — Verhandlungen mit dem Papste.

Zwölfter Abschnitt. Der Tod Heinrichs VII. und Clemens' V. 1313—1314 . 268—277
Abmarsch von Pisa. — Tod Heinrichs in Buonconvento. — Die angebliche Vergiftung. — Bestattung in Pisa. — Sein Grabmal. — Meinungen der

Italiener über den Kaiser. — Urteile der Deutschen. — Heinrichs Ziele; Vergleich mit Kaiser Friedrich II. — Verhalten des Papstes gegen ihn. — Wandelung der päpstlichen Politik nach Heinrichs Tode. — Die Erklärung über den Fidelitätseid. — Tod des Papstes und Philipps des Schönen. Schlußurteil.

Drittes Buch.
Ludwig der Baier.

Erster Abschnitt. Die Doppelwahl. 1313—1314 . . . . 279—286
Lage in Deutschland. — Friedrich der Schöne von Oesterreich. — Sein Verhältnis zu den Wittelsbachern. — Besprechungen der Kurfürsten. — Friedrich der Schöne und Ludwig von Baiern. — Die Doppelwahl. — Die Krönungen Friedrichs und Ludwigs.

Zweiter Abschnitt. Die Persönlichkeit Ludwigs. Der Anfang des Kampfes um das Reich. 1314—1315 . . . . 287—290
Geringe Parteinahme im Reiche. — Ludwigs Erscheinung. — Seine geistigen Anlagen. — Erste Kämpfe. — Tod des Pfalzgrafen Rudolf.

Dritter Abschnitt. Die Entstehung der Schweizer Eidgenossenschaft. 1315 . . 291—295
Die politischen Verhältnisse. — Der Bund vom 1. August 1291. — König Albrecht und die Schweizer. — Streitigkeiten mit Oesterreich. — Der Kampf von Morgarten. — Bekräftigung des Bundes der Waldstätte. — Die Schweizer und das Reich. — Die Tellsage.

Vierter Abschnitt. Die Entscheidung. 1315—1322 . . . . 296—303
Feldzug in Franken und Schwaben. — Unruhen in Böhmen. — Tod des Erzbischofs Peter von Mainz; seine Bedeutung. — Erzbischof Matthias. — Neue Kämpfe. — Schlacht bei Mühldorf. — Gefangennahme Friedrichs. — Die Sage vom Schweppermann.

Fünfter Abschnitt. Die Mark Brandenburg. 1319—1324 . . . . . . 304—307
Die Anhaltiner in Brandenburg. — Charakter Waldemars. — Sein Tod. — Kämpfe um die erledigte Markgrafschaft. — König Ludwig und Johann von Böhmen. — Tod Friedrichs des Freidigen von Thüringen; sein Sohn Friedrich. — Uebertragung der Mark an Ludwig von Baiern. — Beziehungen zu Dänemark.

Sechster Abschnitt. König Johann von Böhmen . . . . 308—313
Johanns Persönlichkeit. — Seine Lebensweise. — Das Verhältnis zu seiner Gemahlin Elisabeth und zu Böhmen. — Johanns Beweglichkeit. — Seine Vielgeschäftigkeit. — Heinrich von Kärnthen. — Verlobung des Johann Heinrich mit der kärntnischen Prinzessin.

Siebenter Abschnitt. Papst Johann XXII. . . . . 314—319
Zwiespalt im Kardinalkollegium. — Aufschub der Papstwahl. — Wahl Johanns XXII. — Seine Vergangenheit. — Sein Aeußeres und seine Lebensweise. — Sein Charakter und seine Regierung. — Finanzkünste. — Theorieen über die Macht des Papstes.

Achter Abschnitt. Johanns Anfänge. Italien. 1316—1323 . . . . . 320—324
Stellungnahme Johanns zu dem deutschen Thronstreite. — Verhalten der Gegenkönige. — Johanns italienische Pläne. — Einwirkung der beiden Gegenkönige in Italien. — Ludwigs Eintreten für Mailand.

Neunter Abschnitt. Johanns erste Prozesse. 1323—1324 . . . . . . 325—330
Der erste Prozeß Johanns. — Ludwigs Verhandlungen mit der Kurie. — Die Nürnberger Erklärung. — Die Exkommunikation Ludwigs.

Zehnter Abschnitt. Die Sachsenhausener Appellation. Der Streit um die Armut Christi. 1324 . . . . 331—336
Gedankengang der Sachsenhausener Appellation. — Der Minoritenorden. — Die Idee der Armut. — Die Spiritualen. — Beeinflussung Ludwigs durch sie. — Ludwigs Maßnahmen. — Neuer Prozeß des Papstes.

Elfter Abschnitt. Herzog Leopold und Frankreich. 1324 . . . . . . 337—341
Ludwigs Stellung im Reiche. — Herzog Leopold. — Plan, Karl IV. von Frankreich zum deutschen Könige zu machen. — Zusammenkunft in Bar. — Erfolglosigkeit der Pläne. — Ablehnende Stellung des Papstes.

Zwölfter Abschnitt. Die Verhandlungen zwischen Ludwig und Friedrich. 1325 bis 1327 . . . . 342—350
Kriegerische Unternehmungen Ludwigs. — Freilassung Friedrichs des Schönen. — Die Bedingungen. — Verbindung Leopolds mit dem Papste. — Der Münchener Vertrag. — Sein Zweck. — Der Ulmer Vertrag. — Tod Leopolds. — Weitere Verhandlungen Ludwigs mit Oesterreich. — Zurückhaltung des Papstes. — Rückgang der Sache Friedrichs.

Dreizehnter Abschnitt. Die Zustände im Reich. Der Defensor Pacis. Engelbert von Admont . . . . 351—363
Wirkungen des Streites zwischen König und Papst im Reiche. — Verhältnisse in der Mark Brandenburg, deren Verwüstung durch die Polen. — Die Minoriten und der Papst. — Marsiglio von Padua. — Der Defensor Pacis. — Grund und Zweck der Schrift. — Ihr Gedankengang. — Auffassung des Staates. — Stellung des Priestertums. — Die päpstliche Gewalt und Anmaßung. — Die Kirche als Gemeinschaft der Gläubigen. — Priester, Bischöfe und Papst. — Schilderung des Zustandes der Kirche. — Das Verfahren der Päpste gegen das Reich. — Gegenwärtiges Auftreten Johanns XXII. — Die Grundideen Marsiglios. — Verbreitung des Werkes. — Abhandlung Engelberts von Admont über das Kaisertum. — Unterschied gegen Marsiglio.

Vierzehnter Abschnitt. Ludwigs Zug nach Italien. 1327 . . . . . 364—371
Castruccio Castracane zu Lucca. — Ludwig in Trient. — Stimmungen in Italien. — Ludwigs Weitermarsch. — Neue Prozesse des Papstes. — Krönung Ludwigs in Mailand. — Römische Zustände. — Einnahme von Pisa. — Einzug in Rom. — Umgebung des Königs.

Fünfzehnter Abschnitt. Kaiserkrönung. Der Gegenpapst. Abzug aus Italien. 1328—1329 . . . . 372—382
Auffassung der Römer. — Die Kaiserkrönung. — Ludwigs Unthätigkeit. — Kreuzzugspredigt des Papstes. — Gesetze gegen das Papsttum. — Verurteilung Johanns XXII. — Wahl Nikolaus' V. — Rechtfertigung Ludwigs. — Abzug von Rom. — Wendung der Lage. — Aufenthalt in Pisa. — Erklärung des Kaisers. — Thätigkeit Ludwigs in Oberitalien. — Rückkehr nach Deutschland. — Ende des Gegenpapstes.

Sechzehnter Abschnitt. Deutschland während Ludwigs Abwesenheit. 1328—1330 383—388
Verhandlungen der Habsburger mit dem Papste. — Absicht, einen neuen König zu wählen; Politik Johanns von Böhmen. — Streit um das Mainzer Erzbistum. — Tod Friedrichs des Schönen.

Siebzehnter Abschnitt. Kirchliche Zustände in Deutschland . . . . 389—396
Ludwigs Ankunft in Deutschland. — Stimmung daselbst. — Doppelte Besetzung der Bistümer. — Stellungnahme des Bürgertums. — Gegnerschaft gegen die Kirche. — Die Ketzer. — Die Mystik.

Achtzehnter Abschnitt. Ludwigs Wechselspiel zwischen Oesterreich und Böhmen. König Johanns Zug nach Italien. 1330—1333 . . . . 397—414
Der Hausvertrag von Pavia. — Die Herzöge Otto und Albrecht II. von Oesterreich. — König Johann und die Erbfolge in Kärnthen. — Verhand-

lungen Ludwigs mit Johann. — Friede Ludwigs mit Otto von Oesterreich.
— Hochzeit Johann Heinrichs mit Margaretha von Kärnthen. — Johanns
Zug nach Trient; Zusammenkunft mit Ludwig in Innsbruck. — Johann
von Böhmen und Johann XXII. — Johanns Erfolge in Italien. — Rück-
kehr des Böhmenkönigs nach Deutschland; seine Zusammenkunft mit Ludwig
in Regensburg. — Inhalt der Verabredungen. — Fahrten König Johanns.
— Vermittlungsversuche zwischen Kaiser und Papst. — Vorgänge in Italien.
— Vereinbarungen zu Nürnberg und Passau. — Johann in Avignon. —
Vertrag mit dem Papste. — Johanns Fehlschläge in Italien. — Seine
Rückkehr. — Gestaltung der italienischen Verhältnisse.

Neunzehnter Abschnitt. Der Abdankungsplan Ludwigs. 1333—1334 . . . . 415—423
Die Urkunden. — Vertrag Heinrichs von Niederbaiern mit Frankreich.
— Die Berichte der Geschichtschreiber. — Ludwigs wirkliche Absichten. — Erz-
bischof Walram von Köln. — Die Lösung.

Zwanzigster Abschnitt. Tod Johanns XXII. Die Wahl Benedicts XII. 1334 424—428
Feindschaft im Kardinalkollegium gegen den Papst. — Plan, ihn zu stürzen.
— Ludwigs Teilnahme. — Tod Johanns. — Ergebnisse seiner Wirksam-
keit. — Benedict XII. — Forderungen Frankreichs.

Einundzwanzigster Abschnitt. Die Versöhnungsversuche Ludwigs. 1335—1337 429—436
Ludwig unter dem Einfluß der Kärnther Erbfolgefrage. — Anknüpfung mit
Avignon. — Der Delphinat. — Tod Heinrichs von Kärnthen. — Bedingungen
der Aussöhnung mit dem Papste. — Krieg Johanns gegen Oesterreich. —
Die Prokuratorien Ludwigs. — Friede zwischen Böhmen und Oesterreich. —
Wilhelm von Jülich. — Ludwigs Anträge an Frankreich. — Anerbietungen
an den Papst. — Scheitern der Verhandlungen.

**Zweiundzwanzigster Abschnitt. Das englische Bündnis. Kurverein zu Rense.
1337—1338** . . . . 437—447
Stellung Balduins von Trier; Verzicht auf Mainz. — Krieg zwischen Frank-
reich und England. — Ludwigs Absichten. — Sein Bündnis mit England. —
Politik der Habsburger. — Stimmung in Deutschland gegen das Papstum
und gegen Frankreich. — Das Kurfürstenkollegium. — Neue Verhandlungen
mit dem Papste. — Versammlung in Lahnstein. — Kurverein zu Rense. —
Reichstag in Frankfurt. — Reichsgesetze. — Zusammenkunft Ludwigs mit
Eduard III. in Koblenz.

**Dreiundzwanzigster Abschnitt. Die Auflösung des englischen Bündnisses. Die
Tiroler Sache. Tod Benedicts XII. 1338—1342** . . . . 448—456
Verhandlungen zwischen Ludwig und dem Papst. — Annäherung Johanns
von Böhmen an den Kaiser. — Ludwigs Zögerung, den Krieg gegen Frank-
reich zu beginnen. — Stellungwechsel des Kaisers; Rücktritt vom englischen
Bündnisse. — Urteile darüber. — Gründe Ludwigs. — Verheiratung seines
Sohnes Ludwig mit Margaretha Maultasch. — Wirkung des Gewaltstreiches.
— Tod Benedicts XII.

Vierundzwanzigster Abschnitt. Die Verhandlungen mit Clemens VI. 1342—1344 457—467
Stimmungen im Kardinalkollegium. — Clemens VI. — Seine Beziehungen
zu Karl von Mähren. — Unterwerfung Balduins von Trier unter den Papst. —
Wiederaufnahme der Prozesse gegen den Kaiser. — Ludwigs Anerbieten. —
Scheitern der Verhandlungen. — Reichstag in Frankfurt; der Bacharacher
Tag. — Meinung der Kurfürsten. — Schluß der Verhandlungen mit der Kurie.

Fünfundzwanzigster Abschnitt. Die Vorbereitungen zum Gegenkönigtum. 1344—1346 468—478
König Ludwig von Ungarn; Neapel. — Krieg zwischen Böhmen und Polen;
Anteil des Kaisers. — Tod Wilhelms von Holland. — Pfälzische Ver-
mittelung. — Entschiedenes Vorgehen der Luxemburger; Balduins Aus-

gleichungsversuche. — Absetzung des Erzbischofs Heinrich von Mainz, Gerlach. — Der große Bannspruch über den Kaiser. — Karl in Avignon; seine Gelöbnisse. — Päpstliche Aufforderung zur Königswahl. — Gewinnung der Kurfürsten.

Sechsundzwanzigster Abschnitt. Die Wahl Karls IV. Der Tod Johanns und Ludwigs. 1346—1347 . . . . 479—496
Wahl Karls IV. in Rense. — Schlacht bei Crecy, Tod Johanns von Böhmen; seine Bedeutung. — Karls Krönung in Bonn; Heimkehr nach Böhmen — Tod Kaiser Ludwigs. — Urteile der Zeitgenossen über ihn. — Charakter seiner Regierung. — Ergebnis derselben.

Zweiter Band.
Von Karl IV. bis zu Sigmund.

Erstes Buch.
Kaiser Karl IV.

Erster Abschnitt. Zustand und Verfassung des Reiches . . . . 3—14
Gang der Dinge seit Rudolfs Wahl. — Romanische Richtung des Mittelalters. — Ihr Einfluß auf Deutschland. — Emporkommen des deutschen Geistes. — Bedeutung des Bürgertums und Laientums. — Einfluß der Kirche. — Der deutsche Individualismus. — Verfall der Reichsverfassung. — Stellung des Königtums. — Einkünfte des Reichs. — Die Fürsten. — Das Wahlfürstentum und die Kurfürsten. — Aussichten für die Zukunft.

Zweiter Abschnitt. Erwerbung und Behauptung der Herrschaft. 1347—1350 . 15—27
Die Jugend Karls IV. — Körperliche Erscheinung und persönliches Wesen. — Kirchliche Gesinnung. — Wissenschaftliche Interessen. — Charakteranlage. — Anerkennung im Reiche. — Stellung zum Papste. — Verhalten der Wittelsbacher. — Auftreten des falschen Waldemar. — Karl in der Mark. — Wahl Günthers von Schwarzburg. — Sieg Karls IV. — Ordnung der brandenburgischen Verhältnisse.

Dritter Abschnitt. Vorgänge und Veränderungen im Reiche. 1350—1354 . . 28—36
Der schwarze Tod. — Judenverfolgung und Geißler. — Uneinigkeit der Wittelsbacher. — Kurfürst Ruprecht I. von der Pfalz. — Herzog Albrecht II. von Oesterreich und die Entwickelung der Schweizer Eidgenossenschaft. — Hochzeit Karls IV. mit Anna von Schweidnitz-Jauer. — Ordnung des Reiches. — Kuno von Falkenstein. — Tod Balduins von Trier. — Erfolge des Königs.

Vierter Abschnitt. Italien und Karls Kaiserkrönung. 1347—1355 . . . . 37—47
Cola Rienzi. — Seine Beziehungen zu Karl IV. — Karls politische Ansicht über das Kaisertum und Italien. — Papst Innocenz VI. — Aufbruch nach Italien. — Die Visconti in Mailand. — Aufenthalt in Pisa. — Karls Rückkehr. — Das Urteil Petrarcas. — Ergebnis des ersten Römerzuges.

Fünfter Abschnitt. Die Goldene Bulle. Die Reichstage von Nürnberg und Metz. 1356 48—60
Gerlach von Mainz, Wilhelm von Köln und Boemund von Trier. — Die weltlichen Kurfürsten. — Die sächsische und die wittelsbachische Stimme. — Verkündigung des ersten Teiles der Goldenen Bulle. — Ihre Form. — Festsetzungen über die Stimmen und die Wahl. — Die Mehrheit der Stimmen. — Die Stellung der Kurfürsten und die beabsichtigten Jahresversammlungen. — Vorrechte Böhmens. — Die Pfalzgrafen und ihre Gerichtsbarkeit

XIV   Inhaltsübersicht.

                                                                          Seite
über den König. — Verbot der Bündnisse und des Pfahlbürgertums. — Zusätze in Metz. — Die Ausfertigungen der Goldenen Bulle. — Die Stellung
zum Papsttum. — Der den Kurfürsten zugewiesene Anteil am Reichsregiment.
— Zweck und Bedeutung der Goldenen Bulle. — Beziehungen zu Frankreich
und England. — Burgundische Verhältnisse. — Der Papst und die deutsche
Geistlichkeit. — Reichstag in Metz. — Höhepunkt Karls IV.

Sechster Abschnitt. Herzog Rudolf IV. von Oesterreich. 1357—1365 . . . 61—68
Streit mit den Baiern um Donaustauf. — Tod Albrechts II. von Oesterreich. —
Rudolf IV. — Dessen Ehrgeiz und Pläne. — Seine Urkundenfälschungen. —
Seine Umtriebe im Reich. — Reichstag in Mainz 1359; die Sittenverbesserung
der Geistlichkeit. — Weiterer Zwist mit Rudolf IV, Eberhard der Greiner;
Krieg gegen Wirtemberg. — Geburt Wenzels. — Rudolfs Bündnis mit
Ungarn. — Ausbruch des Streites um Tirol. — Vermächtnis der Mark
Brandenburg an den Kaiser. — Karls Heirat mit Elisabeth von Pommern.
Der Brünner Friede. — Fortgang des Tiroler Streites. — Tod Rudolfs IV.,
seine Persönlichkeit und seine Bedeutung.

Siebenter Abschnitt. Die Fahrt nach Burgund und der zweite Romzug. 1365—1370 69—77
Tod des Papstes Innocenz VI. — Urban V.; sein Zwist mit den Visconti;
Kreuzzugspläne. — Karls europäische Politik; König Ludwig von Ungarn. —
Savoyen und Burgund. — König Karl V. von Frankreich. — Fahrt nach
Avignon; Krönung in Arles; die Soldbanden. — Einfall derselben in den
Elsaß. — Urbans Rückkehr nach Italien. — Zustand des Reiches. — Auf-
bruch nach Italien; Krieg mit Mailand. — Einzug und Aufenthalt in
Rom. — Karl in Siena und Lucca. — Zwist mit Urban V. — Dessen
Rückkehr nach Frankreich. — Sein Tod und seine Persönlichkeit. — Gregor XI.

Achter Abschnitt. Die Erwerbung der Mark Brandenburg. 1366—1373 . . . 78—85
Unzufriedenheit des Pfalzgrafen Ruprecht I. — Sein und der Baiern
Bündnis mit Ungarn. — Die baierischen Herzöge Stephan III. und Friedrich.
— Vertrag des Kaisers mit Markgraf Otto von Brandenburg. — Karl in
der Mark; Bündnis mit den schwäbischen Reichsstädten; Heirat Wenzels. —
Bruch zwischen Karl und Otto. — Tod des polnischen Königs Kasimir,
des Papstes Urban V. und des Mainzer Erzbischofs Gerlach. — Erzbischof
Johann I. von Mainz. — Ottos Manifest gegen den Kaiser. — Karls
Kriegserklärung. — Neutralität Ludwigs von Ungarn. — Der Vertrag von
Fürstenwalde; Uebergang der Mark Brandenburg an den Kaiser. — Ver-
halten der Wittelsbacher. — Karls Ausbeutung der Reichsstädte.

Neunter Abschnitt. Die Wahl Wenzels. Karls Tod. 1373—1378 . . . . . 86—100
Die Kinder Karls IV. — Schwierigkeiten der Wahl. — Gewinnung der
Kurfürsten. — Erzbischof Friedrich von Köln. — Streit um das Mainzer
Erzbistum. — Die „Handsalben". — Karls Verhalten zum Papst. — Ab-
sichten der Kurie. — Karls Verhandlungen mit dem päpstlichen Gesandten. —
Der Tag zu Rense; die Wahl Wenzels in Frankfurt. — Meldung an den
Papst. — Die Krönung in Aachen. — Weitere Verhandlungen mit dem
Papste. — Gründung des schwäbischen Städtebundes. — Vergeblicher Krieg
Karls gegen ihn. — Friedensschluß. — Karls Reise nach Frankreich. —
Gründe derselben. — Teilung der Erblande. — Tod Karls IV. — Urteile
über ihn. — Karls Charakter. — Seine Thätigkeit für Böhmen. — Seine
Sorge für Kunst und Wissenschaft. — Gründung der Universität Prag. —
Geistige Richtungen in Böhmen. — Karls Stellung zum Papsttum. — Seine
Fürsorge für schriftliche Gesetzgebung. — Seine Kanzlei. — Pflege der
deutschen Litteratur in Böhmen. — Karls Fürsorge für das Reich. — Sein
häufiger Aufenthalt in Deutschland. — Politische Kräftigung Böhmens. —
Karls östliche Politik. — Gesamtergebnis.

Inhaltsübersicht.

Zweites Buch.
Die Zeiten der Könige Wenzel und Ruprecht.

Erster Abschnitt. Der Ursprung des großen Schisma. 1378—1383 . . . Seite 103—112
Tod Gregors XI. — Parteien im Kardinalkollegium. — Wünsche und Verhalten der Römer. — Einzug in das Konklave. — Wahl Urbans VI. — Störung des Konklave. — Inthronisierung Urbans. — Sein Auftreten und seine Persönlichkeit. — Erbitterung der Kardinäle. — Ihr Abfall; Wahl Clemens VII. — Urban in Rom, Clemens in Avignon. — Einfluß der Kirchenspaltung auf die Politik. — Karls IV. letzte Thätigkeit. — Approbation Wenzels durch Urban. — Persönlichkeit Wenzels. — Die ihn umgebenden Schwierigkeiten. — Entscheid für Urban. — Reichstag in Frankfurt im Februar 1379; der Urbansbund. — Bündnis mit Ungarn; Verlobung Sigmunds mit Maria. — Streit um das Erzstift Mainz. — Abfall des Erzbischofs Adolf zu Clemens. — Das Obermeseler Bündnis der Kurfürsten. — Idee der Einsetzung eines Reichsverwesers. — Beendigung des Mainzer Bistumsstreites. — Der König und Herzog Leopold III. von Oesterreich. — Bemühungen und Erfolge des Gegenpapstes. — Verhältnis zu Frankreich und England. — Romzugsplan.

Zweiter Abschnitt. Die Erwerbung Ungarns durch Sigmund. 1378—1387 . 113—117
Die Töchter des Königs Ludwig von Ungarn. — Eroberung Neapels durch Karl von Durazzo. — Tod Ludwigs. — Krönung der Maria für Ungarn. — Sigmunds vergebliche Hoffnungen auf Polen. — Französische Zwischenspiele. — Urbans Zug nach Neapel und Flucht nach Genua. — Hedwigs Hochzeit mit Jagiello von Litthauen. — Verlobung der Maria mit Ludwig von Orleans. — Karls von Durazzo Krönung zum Könige von Ungarn; seine Ermordung. — Wenzels Zug nach Ungarn. — Gefangenschaft der Königin. — Sigmunds Krönung. — Befreiung der Maria.

Dritter Abschnitt. Fürsten, Ritter und Bauern . . . . 118—129
Politische und wirtschaftliche Geschichte. — Begründung und Bedeutung der Landesherrlichkeit. — Ihr Wesen. — Entstehung der Stände und landständischer Verfassungen. — Ausbildung der Verwaltung. — Das Leben an den fürstlichen Höfen. — Geistige Bildung der Fürsten. — Das Rittertum; seine schwierige Lage und sein Wesen. — Die kleineren Ritter; das Raubrittertum. — Höhere Bestrebungen im Rittertum. — Verfall der Kriegskunst. — Verhältnis der Ritter zu den Bürgerschaften. — Die Ritterbündnisse. — Geringe Stellung der Bauern. — Ihre wirtschaftliche Lage und ihr Leben. — Der persönliche Rechtsstand der Bauern. — Der Grundbesitz und der von ihm ausgeübte Druck. — Not durch die Kriege. — Unsicherheit der bäuerlichen Lage; Zurücksetzung der Bauern durch die anderen Stände.

Vierter Abschnitt. Das Bürgertum . . . . 130—143
Doppelgesicht der deutschen Geschichte. — Individualismus und Partikularismus der Deutschen. — Das Bürgertum in der Geschichte. — Wachstum und reichere Ausstattung der Städte und der Baulichkeiten. — Bevölkerungszahl. — Die Bürgerhäuser. — Befestigung der Städte. — Das Leben in den Städten. — Die Kleidung. — Die Geldwirtschaft. — Verwaltung und Gerechtigkeitspflege. — Anziehungskraft der Städte. — Der deutsche Handel nach Außen und im Innern. — Störungen des Handels. — Eigene Leistung des Bürgertums. — Die Gewerbe und die Zünfte. — Kriegswesen. — Die zünftischen Bewegungen. — Unterschied zwischen Reich und Arm. — Stellung der Städte nach Außen. — Die Städtebündnisse. — Die Hansa. — Die Hansa als Bund; die Hansatage. — Die Politik der Hansa. — Ihre

Stellung zum Reiche. — Der norddeutsche Kaufmann. — Der Krieg gegen König Waldemar von Dänemark. — Der Stralsunder Friede.

Fünfter Abschnitt. Die Reichsstädte, die Fürsten und der König. Ausdehnung der Städtebünde. 1378—1386 . . . . 144—152

Die Reichsstädte keine Vertretung des Gesamtbürgertums. — Stellung der Fürsten zu den Bürgerschaften. — Gründe der Kämpfe zwischen Fürsten und Städten. — Französische Meinung über das deutsche Bürgertum. Die Landstädte und die Landesherren. — Tendenzen der süddeutschen Reichsstädte. — Ihre Stellung als Herrschaften. — Politische Gründe des Streites zwischen ihnen und den Fürsten. — Gegenwärtige Lage. — Gegenseitiger Argwohn. — Politik Wenzels; Absichten der Kurfürsten. — Die süddeutschen Fürsten; Herzog Leopold III. von Oesterreich. — Entstehung des rheinischen Städtebundes und Vereinigung mit dem schwäbischen. — Der Weseler Bund der Kurfürsten. — Der Nürnberger Herrenbund. — Die Heidelberger Stallung. — Judenschuldentilgung. — Bündnis der Städte mit den Schweizern.

Sechster Abschnitt. Die Sempacher Schlacht und der Städtekrieg. 1386—1389 153—163

Haltung der rheinischen Städte. — Schlacht bei Sempach. — Die Sage von Winkelried. — Kirchliche Verhältnisse. — Wenzels Vertrag mit dem schwäbischen Bunde. — Verhandlungen über die Reichsverweserschaft. — Erzbischof Pilgrim von Salzburg, der Städtebund und der König. — Gefangennahme Pilgrims. — Ausbruch des Krieges. — Die Döffinger Schlacht. — Allgemeine Verwüstung. — Teilnahmlosigkeit des Königs, sein Vertrag mit Erzbischof Adolf von Mainz. — Der Egerer Landfriede. — Die späteren Städtebündnisse. — Bedeutung des Krieges. — Die Eidgenossenschaft. — Belagerung von Dortmund. — Der französische Feldzug gegen Jülich und Geldern. — Tod Kunos von Trier, Adolfs von Mainz, Ruprechts I. von der Pfalz, Eberhards von Wirtemberg.

Siebenter Abschnitt. Neue Verwickelungen. 1389—1395 . . . . . . 164—173

Wenzels Entartung. — Jost von Mähren. — Albrecht III. von Oesterreich. — Tod Friedrichs von Baiern. — Erzbischof Johann von Prag. — Ermordung Nepomuks. — Gefangenschaft Wenzels. — Seine Befreiung. — Wirren in Böhmen. — Ernennung Sigmunds zum Reichsvikar. — Romzugspläne. — Tod Urbans VI.; Bonifacius IX. — Kämpfe um Neapel. — Giovanni Galeazzo von Mailand. — Seine Erhebung zum Herzoge. — Französische Vorschläge über die Beilegung des Schisma. — Wahl Benedicts XIII.

Achter Abschnitt. Die Regierung Wenzels. 1395—1400 . . . . . . 174—179

Die Schlegler. — Der Streit um Mainz; Wahl des Erzbischofs Johann. — Die Kurfürsten berufen einen Reichstag nach Frankfurt. — Beschwerden über den König. — Ermordung der königlichen Räte. — Der Würzburger Streit. — Reichstag zu Frankfurt. — Zusammenkunft in Rheims mit Karl VI.

Neunter Abschnitt. Die Entthronung Wenzels. 1399—1400 . . . . 180—192

Erzbischof Johann von Mainz. — Pfalzgraf Ruprecht III. — Kurfürstenverein zu Boppard. — Zusammenkunft in Forchheim. — Landgraf Hermann II. von Hessen. — Die Wettiner; Markgraf Wilhelm von Meißen. — Die Burggrafen von Nürnberg. — Erweiterung der Verschwörung; Verträge zur Absetzung des Königs. — Weitere Beratungen. — Der Tag zu Frankfurt. — Vorladung des Königs. — Ermordung Friedrichs von Braunschweig. — Unthätigkeit Wenzels. — Zusammenkunft in Oberlahnstein. — Absetzung Wenzels; Wahl Ruprechts. — Die Rechtsfrage.

Zehnter Abschnitt. Ruprechts Anfänge. 1400—1401 . . . . . . 193—204

Streit zwischen Wenzel und Sigmund. — Ruprechts Königslager vor Frankfurt; seine Krönung in Köln. — Verhandlungen Ruprechts mit Frankreich und England. — Botschaft an den Papst; dessen Verhalten. — Anerkennung Ruprechts im Reich. — Stellung der österreichischen Herzöge. — Botschaft der Florentiner. — Mordanschlag gegen Ruprecht. — König Martin von Aragonien. — Verhandlungen Ruprechts mit den Luxemburgern. — Vertrag Ruprechts mit Leopold von Oesterreich. — Vorbereitungen zum Romzuge.

Elfter Abschnitt. Ruprechts Zug nach Italien. 1401—1402 . . . . . . 205—211
Aufbruch von Augsburg. — Begleitung des Königs. — Mißglücktes Unternehmen gegen Brescia. — Ruprecht in Padua und Venedig. — Verhandlungen mit dem Papste und deren Fehlschlag. — Aufbruch von Venedig. — Rückkehr nach Deutschland. — Jämmerliches Ergebnis.

Zwölfter Abschnitt. Allgemeine Verwirrung. Der Marbacher Bund. 1402—1408 212—226
Ruprechts schlechte Lage. — Sigmund in Böhmen. — Wenzels Gefangenschaft in Wien. — Bündnis des Markgrafen Jost mit Herzog Ludwig von Orleans. — Ruprechts Krieg gegen den Markgrafen von Baden; Friede mit Johann von Mainz. — Wenzels Rückkehr; Ausgang der böhmischen Handel. — Ruprechts Approbation durch Bonifacius. — Italienische Pläne. — Streit mit den Reichsstädten. — Der Marbacher Bund; Teilnahme und Zwecke des Erzbischofs Johann. — Ruprechts verkehrtes Verfahren. — Vergleich Ruprechts mit Johann. — Bedeutung des Marbacher Bundes. — Einlaß Ruprechts in Aachen. — Die Brabanter Erbfolge. — Ruprechts Stellung im Reiche.

Dreizehnter Abschnitt. Das litterarische Leben in Deutschland . . . . 227—233
Der Rückgang der deutschen Dichtung. — Veränderung der mittelalterlichen Tendenzen. — Teilnahme der verschiedenen Volksklassen. — Heldendichtung und Minnegesang. — Das Lehrgedicht. — Der Meistergesang. — Charakter der poetischen Litteratur. — Die Prosa. — Steigender Gebrauch der deutschen Sprache. — Die Geschichtschreibung. — Vorwiegen des Bürgertums.

Vierzehnter Abschnitt. Wissenschaft und Kunst . . . . 234—242
Einfluß des Bürgerstandes. — Unterricht und Schulen. — Thätigkeit der Geistlichkeit. — Dürftiger Stand der Wissenschaften. — Begründung der deutschen Universitäten Prag, Wien, Heidelberg, Köln und Erfurt. — Ihr Wesen und ihre Bedeutung. — Die Naturwissenschaften. — Begriffe von Staat und Kirche. — Die Kunst und das Bürgertum. — Die Architektur. — Bildhauerkunst und Tafelmalerei. — Charakter der Kunst.

Fünfzehnter Abschnitt. Kirchliche Zustände . . . . 243—251
Kirche und Christentum. — Heinrichs von Herford Darstellung der kirchlichen Zustände. — Allgemeine Mißstimmung und deren Berechtigung. — Fehler des Systems. — Uebermaß der vom Papsttum übernommenen Aufgaben. — Politischer Widerstand. — Päpstliches Finanzsystem. — Johann XXII. und Bonifacius IX. — Die Erteilung der kirchlichen Stellen. — Der Ablaß. — Die Besetzung der Bistümer. — Die Kapitel. — Wirtschaft der Bischöfe. — Die Klöster. — Die Weltgeistlichkeit. — Reformtendenzen. — Haltung der Päpste.

Sechzehnter Abschnitt. Kirchliche Gegensätze. Sittliche Zustände . . . 252—260
Reliquienverehrung und Wallfahrten. — Die ketzerischen Sekten. — Die Waldenser. — Ihre Verbreitung. — Begarden und Beginen. — Die Verfolgungen. — Die Mystik. — Richtungen in Niederdeutschland. — Gerrit van Groot und die Brüder vom gemeinsamen Leben. — Religiöser Sinn des Laientums. — Sittlichkeit und Kirche. — Lebenslust und Eigennutz. — Roheit der Kriegführung. — Unbarmherzigkeit der Justiz. — Gegenseitiger Haß der Stände. — Roher Volkston. — Die frommen Stiftungen. — Gesamtergebnis.

Siebzehnter Abschnitt. Das Konzil zu Pisa. Ruprechts Ende. 1406—1410 261–270
Die Persönlichkeit Benedicts XIII. — Innocenz VII. — Gregor XII. — Verhandlungen über die Kircheneinheit. — Abfall und Vereinigung der Kardinalkollegien. — Berufung des Konzils. — Ruprechts Zurückhaltung und Gesinnung. — Reichstag zu Frankfurt. — Wenzels Anschluß an die Kardinäle. — Ruprechts Gesandte in Pisa. — Sprengung der Universität Prag. — Gefährdung des Königtums Ruprechts. — Sein Tod. — Urteil über seine Regierung.

Drittes Buch.

Kaiser Sigmund.

Erster Abschnitt. Der deutsche Orden. Die Wahl Sigmunds. 1410–1411 273–281
Veränderte Stellung des Ordens. — Feindschaft mit Litthauen und Polen. Schlacht bei Tannenberg. — Der Thorner Frieden. — Heinrich von Plauen. — Verfall des Ordens. — Verhandlung der Kurfürsten mit Sigmund. — Dessen Absichten. — Thätigkeit des Burggrafen Friedrich von Nürnberg. — Erste Wahl Sigmunds. — Wahl des Markgrafen Jost. — Dessen Tod. — Erneute Verhandlungen. — Wiederholte Wahl Sigmunds. — Bedeutung derselben. Uebertragung der Mark Brandenburg an Friedrich von Nürnberg.

Zweiter Abschnitt. Anfänge Sigmunds. Berufung des Konstanzer Konzils. 1411–1414 282–286
Sigmunds Doppelpolitik. — Beziehungen zu Venedig und Neapel. — Verhältnis zu Polen und Oesterreich. — Krieg gegen Venedig; Verhandlungen mit Mailand. — Papst Johann XXIII. — Dessen Flucht aus Rom. — Festsetzung des Konzils in Konstanz. — Einladungen und Berufung. — Sigmunds Fahrt nach Deutschland. — Tod Erzbischofs Friedrich von Köln; Erzbischof Dietrich. — Krönung Sigmunds.

Dritter Abschnitt. Die Persönlichkeit Sigmunds 287–291
Aeußere Erscheinung. — Seine Gemahlin Barbara. — Ritterlichkeit, Leutseligkeit, Beredsamkeit, Sprachkenntnisse; kirchliche Auffassung — Schwächen. Höchste Absichten. — Dietrich von Niem.

Vierter Abschnitt. Das Konstanzer Konzil. 1414–1418 292–303
Besuch des Konzils. — Stimmung daselbst. — Sigmunds Stellung und Thätigkeit. — Abstimmung nach Nationen. — Papst Johann. — Seine Flucht und Zurückführung. — Herzog Friedrich IV. von Oesterreich. — Absetzung Johanns; Verzichtleistung Gregors. — Sigmunds Fahrt zu König Ferdinand von Aragonien; Vertrag von Narbonne. — Seine Reise nach Frankreich und England. — Schutz und Trutzbündnis mit England. — Rückkehr nach Konstanz. — Veränderter Geist des Konzils, Parteiungen. Zwiespalt der Nationen. — Sigmunds Auftreten; Verfeindung mit den Franzosen. — Absetzung Benedicts; Streit um Papstwahl und Reform. — Abfall der Engländer von den Deutschen. — Wahl und Krönung Martins V. — Seine Stellung zu Sigmund. — Vereitelung der Reform; das Dekret Frequens. — Auflösung des Konzils.

Fünfter Abschnitt. Der König und das Reich. 1414–1418 304–309
Ausgang des Krieges gegen Herzog Friedrich von Oesterreich. — Sigmunds Reichsgedanken. — Seine Pläne und Ansichten; seine Hauspolitik — Seine Absichten mit den Reichsstädten. — Stellung zu den Fürsten. — Bruch mit Kurfürst Ludwig III. von der Pfalz. — Handelssperre gegen Venedig, beabsichtigter Krieg gegen Frankreich. — Rückkehr nach Ungarn. — Die Baiernfürsten Ernst und Wilhelm von München, Ludwig von Ingolstadt und

Heinrich von Landshut. — Mordanfall Heinrichs auf Ludwig; Krieg in
Baiern.

Sechster Abschnitt. Johann Hus. 1414—1415 . . . . 310—316
Hus und Wiclif. — Entwicklung des Wiclifismus. — Unruhen in Böhmen.
— Vorladung von Hus durch Sigmund. — Hus' Absichten. — Der königliche Geleitsbrief. — Hus' Verhaftung. — Sigmunds veränderte Haltung. —
Proceß und Verurteilung. — Hus' Persönlichkeit. — Seine Bedeutung.

Siebenter Abschnitt. Der Ausbruch der Hussitenkriege. 1415—1421 . 317—320
Verhalten der Böhmen. — Wenzels Einschreiten. — Tumulte in Prag.
Wenzels Tod. — Ausbreitung des Aufstandes. — Der Reichstag in Breslau;
die Kreuzzugspredigt. — Sigmunds Entschluß zum Kriege. — Schwankungen
in Böhmen. — Die Schlacht am Zizkaberge. — Sigmunds Krönung und
Abzug.

Achter Abschnitt. Das Hussitentum. 1421 . . . . 321—325
Die vier Artikel. — Die Lehren der Taboriten. — Andere Richtungen.
Grundzüge der Bewegung. — Die nationale Seite der Hussitenkriege. —
Ausbildung der böhmischen Kriegskunst. — Johann Zizka. — Schwäche der
Deutschen.

Neunter Abschnitt. Der erste Reichskrieg gegen die Hussiten. 1421—1422 . 326—331
Sieg des Hussitentums in Böhmen. — Die Lage Sigmunds. — Seine polnische Politik. — Bündnis des Markgrafen Friedrich mit Polen. — Sigmunds Erbitterung darüber. — Reichstag in Nürnberg. — Neue Kurfürsten:
Konrad von Mainz, Otto von Trier, Dietrich von Köln, Albrecht von
Sachsen. — Beschlüsse der Kurfürsten. — Versammlung in Wesel. — Belagerung von Saaz. — Flucht der Deutschen; Sigmunds Niederlage bei
Deutschbrod. — Prinz Korybut in Böhmen.

**Zehnter Abschnitt. Reichstagsverhandlungen. Fehlschläge und Zerwürfnisse.
1422—1423** . . . . 332—337
Anschuldigungen gegen Sigmund. — Reichstag in Nürnberg. — Vorschläge
des Königs. — Kriegsrüstungen, die Reichsmatrikel. — Die Reichsstädte. — Ernennung des Erzbischofs Konrad zum Reichsverweser. —
Widerspruch des Pfalzgrafen Ludwig. — Aufhebung des Reichsvikariates;
Folgen. — Vergeblicher Zug gegen Böhmen. — Aussterben der Askanier,
Uebertragung Sachsens an Friedrich den Streitbaren. — Friede mit Polen.
— Fortgesetzte Feindschaft zwischen Sigmund und Friedrich von Brandenburg.

Elfter Abschnitt. Der Binger Kurverein. 1424—1426 . . . . 338—342
Der Kurverein. — Ansichten darüber. — Die beiden Urkunden. — Inhalt
des damaligen Vertrages. — Zweck und Bedeutung. — Anteil Ludwigs von
der Pfalz, Absichten Friedrichs von Brandenburg. — Botschaft an den König;
dessen Aufregung. — Reichstag in Wien. — Aussöhnung Sigmunds mit
Friedrich.

Zwölfter Abschnitt. Fortgang der Hussitenkriege. 1426—1427 . . 343—347
Parteihader in Böhmen. — Tod Zizkas. — Prokop der Große. — Reichstag in Nürnberg. — Beratung über die Rüstungen. — Die Niederlage bei
Aussig. — Sigmunds ferneres Verhalten. — Erneuerung des Binger Kurvereins. — Inhalt und Zweck. — Zug gegen Böhmen; Belagerung von
Mies; die Tachauer Flucht. — Aenderung des Krieges. — Ausfälle der
Hussiten nach allen Seiten. — Ihre Verwüstungen; Charakter ihrer Heereszüge.

Dreizehnter Abschnitt. Der gemeine Pfennig. 1427 . . . . . 348—350
Kardinal Heinrich von England. — Reichstag in Frankfurt. — Der gemeine
Pfennig. — Der Verwaltungsausschuß. — Geringer Erfolg.

Vierzehnter Abschnitt. Politische Wendungen. 1427—1430 . . . . 351—357
Sigmunds Plan, nach Italien zu gehen; dessen Berechtigung. — Konzil zu Siena. — Martins V. Regierungsweise. — Wunsch nach Zusammentritt des neuen Konzils. — Sigmunds Verhältnis zu Mailand. — Türkenkrieg. — Die litthauische Krone Witolds. — Lage im Reiche. — Reichstag zu Preßburg. — Friedrichs von Brandenburg Abkommen mit den Husiten.

Fünfzehnter Abschnitt. Der Ausgang der Reichskriege gegen die Husiten. 1430—1431 . . . . 358—363
Reichstag in Straubing. — Anschlag in Rom wegen Berufung des Konzils. — Ernennung des Kardinals Julian Cesarini zum Legaten und Vorsitzenden des Konzils. — Tod Martins V. — Sigmund in Süddeutschland; Abwendung von den Reichsstädten. — Reichstag in Nürnberg. — Streit um das Erzbistum Trier. — Verhandlungen auf dem Reichstage. — Thätigkeit Cesarinis. — Kriegerische Beschlüsse. — Das Gesetz gegen die Pfahlbürger. — Beginn des Baseler Konzils. — Gespräch mit den Böhmen zu Eger. — Die Flucht von Taus. — Umschlag der Stimmung in Deutschland.

Sechzehnter Abschnitt. Das Baseler Konzil. Sigmunds Kaiserkrönung. 1431—1433 364—370
Kardinal Julian in Basel. — Sigmunds Absichten. — Aufbruch nach Italien. — Stellung zu Filippo Maria von Mailand. — Streit zwischen Papst und Konzil. — Die Persönlichkeit des Papstes Eugen IV. — Anschreiben des Konzils an die Böhmen. — Beabsichtigte Verlegung des Konzils. — Verbindung der Baseler mit Sigmund; dessen Verhalten. — Der König in Lucca und Siena. — Seine Standhaftigkeit in verzweifelter Lage. — Die deutschen Kurfürsten. — Sigmunds Ausgleich mit Eugen und Kaiserkrönung. — Vergleich mit den früheren Zeiten.

Siebzehnter Abschnitt. Der böhmische Ausgleich. 1433—1436 . . . . 371—377
Aufregung und Mißstimmung in Basel. — Sigmunds Rückkehr. — Seine Bemühungen. — Aussöhnung zwischen Papst und Konzil. — Sigmunds Weggang von Basel. — Weitere Verhandlungen des Konzils mit den Husiten. — Ankunft der böhmischen Gesandtschaft in Basel; die Prager Kompaktaten. — Wendung in Böhmen; Belagerung von Pilsen. — Die Schlacht bei Lipan. — Parteibildung in Böhmen; Zaudern des Konzils. — Eingreifen Sigmunds in Regensburg. — Irrungen in Polen. — Zug der Husiten nach Preußen. — Tod des polnischen Königs Wladislaw. — Streit um die Ausführung der Kompaktaten. — Deren Verkündigung zu Iglau. — Sigmunds Einzug in Prag. — Unsichere Zustände in Böhmen.

Achtzehnter Abschnitt. Die Veme . . . . 378—390
Irrige Auffassung der Vemegerichte. — Ursprung und Entwickelung. — Bedeutung des Wortes. — Verfahren des Gerichtes; die Freistühle. — Ausdehnung der Befugnisse. — Karl IV. und der westfälische Landfriede. — Die Ruprechtschen Fragen. — Wachstum des Ansehens. — Die Stellung der Kölner Erzbischöfe. — Sigmunds Teilnahme. — Reformation von Arnsberg. — Aufzeichnungen und Rechtsbücher. — Entstehung der Heimlichkeit. — Gewalt der Freigerichte, die verweigerten Sachen, Verweigerung des Rechtes. — Stuhlherren, Freigrafen und Freischöffen. — Aufnahme und Eid. — Handhabung des Gerichtes. — Einbringung der Klage. — Warnung und Vorladung. — Uebergabe der Beichebriefe. — Gang des Verfahrens. — Die Eideshelfer. — Fällung des Spruches. — Das heimliche Gericht. — Die letzte Sentenz. — Vollziehung der Strafe. — Seltene Ausführung der Urteile. — Umfang der Thätigkeit der Gerichte. — Unklarheit des Rechtes und Anmaßungen der Freigrafen. — Ueberschreitungen des Rechtsbodens. — Gleichberechtigung der Stühle und gegenseitige Hinder-

rung. — Kosten des Prozeßführens. — Bestechlichkeit der Stuhlherren und Freigrafen. — Angriffe auf die Städte. — Unzuträglichkeiten mancherlei Art. — Die Abwehr gegen die Freigerichte. — Ihr Verfall und ihre Bedeutung.

Neunzehnter Abschnitt. Die Entstehung der neuburgundischen Macht . . . . 391—397
Verhältnis zwischen Reichs- und Landesgeschichte. — Entstehung des neuburgundischen Herzogtums. — Anfall Brabants. — Jakobäa von Baiern. — Parteien in Holland. — Die Grafen Wilhelm VI. und Johann. — Englische Heirat der Jakobäa. — Ihre Schicksale und Tod. — Philipp der Gute und Sigmund. — Die Fürstentümer Mark, Kleve, Berg, Jülich und Geldern. — Die geistlichen Fürstentümer Münster, Köln und Trier. — Kampf um Lothringen. — Das Königreich Arelat. — Verluste und Gefahren für Teutschland.

Zwanzigster Abschnitt. Die Schweizer Eidgenossenschaft. Die Habsburger und die Wittelsbacher . . . . 398—403
Wachstum der Eidgenossenschaft. — Appenzeller Krieg. — Demokratische Tendenzen. — Sigmunds Stellung zu den Schweizern. — Ausdehnung nach dem Süden. — Die österreichischen Herzöge Ernst der Eiserne und Friedrich IV. — Albrecht V. — Bedeutung der habsburgischen Hausmacht. — Die Stellung der Wittelsbacher. — Ihre Zwietracht. — Erledigung des Herzogtums Straubing. — Heinrich von Landshut und Ludwig von Ingolstadt. — Ludwigs Ächtung, Gefangenschaft und Tod. — Die Zollern in ihren Stammlanden. — Wirtemberg. — Die Pfalz. — Erzstift Mainz. — Landgrafschaft Hessen. — Politik der Reichsstädte und ihre Stellung zum Reiche und zu Sigmund.

Einundzwanzigster Abschnitt. Die Wettiner und die Zollern. Norddeutschland . 404—411
Bedeutende Veränderungen in Norddeutschland. — Die Welfen. — Die anhaltinischen Kurfürsten von Sachsen-Wittenberg. — Neugründung des sächsischen Kurfürstentums durch Uebertragung an die Wettiner. — Schicksale der Mark Brandenburg. — Veränderung in der Bedeutung und Zusammensetzung des Kurkollegiums; Stärkung des Laientums; engere Beziehungen zwischen Süd- und Norddeutschland. — Kurfürst Friedrich I. von Brandenburg; sein Wesen und seine Wirksamkeit. — Die Hansa. — Wettbewerb der Zollämter. — König Erich von Dänemark. — Krieg um Schleswig. — Sigmunds Freundschaft mit Erich. — Sigmunds Beziehungen zur Hansa. — Absterben des deutschen Ordens. — Schlacht an der Zwietna. — Sigmund und der Orden. — Trauriges Ergebnis der Periode nach allen Seiten.

Zweiundzwanzigster Abschnitt. Die letzten Jahre Kaiser Sigmunds. 1434—1437 412—417
Bedeutung und Kraft der synodalen Idee. — Tendenzen des Baseler Konzils. — Seine Zusammensetzung. — Demokratische Richtung. — Die Aufhebung der Annaten. — Streit über die Verhandlungen mit den Griechen. — Die Bulle der Minderheit. — Bruch mit dem Papste. — Uebergriffe des Konzils. — Unzufriedenheit Sigmunds. — Seine Absichten. — Reichstage in Basel, Ulm und Regensburg. — Die rheinischen Kurfürsten und Sigmunds Unwillen gegen sie. — Botschaft des Kaisers ins Reich. — Vorschläge zur Reichsverbesserung. — Reichstag zu Eger. — Abzug von Prag. — Verhaftung der Kaiserin. — Sigmunds Tod und Begräbnis.

Dreiundzwanzigster Abschnitt. Die Bedeutung Sigmunds . . . . 418—422
Seine Scherzworte an Papst Eugen. — Urteile der heutigen Forscher über ihn. — Eindruck seiner Regierung. — Seine Verdienste um die Kirchenfragen. — Schlechte Erbschaft und schwierige Stellung. — Die „Allerweltspolitik" und deren Richtigkeit. — Fehler des Kaisers. — Zwiespalt zwischen

XXII   Inhaltsübersicht.

Seite

seiner Stellung als König von Ungarn und als König von Deutschland. — Seine Reformbestrebungen und deren Inhalt. — Stellung des Kurfürstenkollegiums und der Städte. — Bedeutung Sigmunds für unsere Zeit.

Vierundzwanzigster Abschnitt. Rückblick und Ausblick . . . . 423—429
Charakter der Zeit. — Mangel an großen Männern. — Die verschiedenen Kräfte in der Geschichte und deren Wechselwirkung. — Revolutionen. — Deren dauernde Wirkung. — Ihre Entstehung und Vorbereitung. — Bedeutung der „Heroen". — Unsichere Lage und unbehagliche Stimmung in Deutschland. — Erwachendes Bewußtsein der unteren Klassen. — Reformvorschläge. — Nikolaus von Cues. — Die „Reformation Sigmunds" von Friedrich von Landskron. — Revolutionäre Aussichten. — Ergebnis der gesamten Periode.

Erstes Buch.

Kaiser Karl IV.

Erster Abschnitt.

Zustand und Verfassung des Reiches.

Mehr als sieben Jahrzehnte waren verstrichen, seitdem die Kurfürsten dem Reiche nach langen Wirren wieder einen wirklichen König gegeben hatten. Waren nun auch die Hoffnungen, welche die Wahl Rudolfs von Habsburg erweckt hatte, in Erfüllung gegangen?

Fünf allgemein anerkannte Könige hatten seitdem das Zepter geführt, von denen zwei eines gewaltsamen Todes starben. Mit Albrecht von Oesterreich war der alte Fluch des Reiches, das Gegenkönigtum, wieder aufgelebt und vielleicht verhinderte nur sein jäher Tod, daß er nicht die auf dem Schlachtfelde erstrittene Krone gegen einen neuen Widersacher verteidigen mußte. Sein zweiter Nachfolger, Ludwig der Baier, konnte sich der Alleinherrschaft erst erfreuen, nachdem er den Mitbewerber Friedrich von Oesterreich bezwungen, und schließlich sah er in Karl IV. einen Gegenkönig erstehen. Wahrlich, diese Spanne Zeit hatte Abwechselung genug gebracht, aber das Reich nur wenig von den erhofften Früchten des Friedens schmecken lassen. Vielleicht ist nie so viel von Frieden gesprochen worden, wie in jenen Jahrhunderten, doch das süße Wort wurde nicht zur schönen Wirklichkeit. Trotzdem ist mancher Fortschritt zu verzeichnen. Ein Umschwung im Volkstum hatte sich endgültig vollzogen, und seit langem vorbereitet tritt er nun deutlich erkennbar hervor.

Die gesamte Entwickelung von Karl dem Großen an bis zum Beginn des dreizehnten Jahrhunderts war nichts anderes, als ein fortschreitender Sieg des Romanentums. Das Kaisertum hatte das staatliche Sein mit der Kirche verknüpft. Der Kirche gelang es, das ganze Abendland mit ihrem Geiste zu sättigen; dieselbe Ideenrichtung, eine gleichförmige Kultur griffen überall durch und lagerten sich über die Völkerindividualitäten, soweit sie diese nicht umgestalteten, als deckende und verhüllende Oberschicht. Der kirchliche Gedanke erfüllte allmählich die ganze Gesinnung; dieses irdische Dasein hatte nur Wert als Vorbereitung für das Jenseits. Indessen die urwüchsige Kraft, welche die Germanen dem Mittelalter zugebracht hatten, war zu mächtig, als daß sich die Welt hätte in ein Kloster verwandeln lassen. Es ergab sich der Ausweg, den Drang nach äußerer Kraftleistung in den Dienst der Kirche zu stellen. So wurden endlich die Kreuzzüge der echteste Ausdruck des doppelgestaltigen mittelalterlichen Wesens.

Diese ganze Richtung war in ihrem Ursprung und Wesen romanisch und nicht ohne einigen Widerstand von den Germanen aufgenommen. Sie vollendete die Zusammenfassung der Kirche in dem Papsttum. Die germanische Welt nahm an der geistigen Arbeit überhaupt wenig Anteil; die Scholastik, deren Formen alles Denken bestimmten, entwickelte sich in Frankreich, das erneute Rechtsstudium in Italien. Da Deutschland den hohen Schulen beider Länder nichts zur Seite stellen konnte, verfielen die auf ihnen Lernenden meist dem Banne romanischen Geistes, während die weltlichen Kreise sich der Gelehrsamkeit völlig verschlossen. Zwar wurden in Deutschland Dichtungen in heimischer Zunge verfaßt und die alten Ueberlieferungen der Laienwelt gingen nicht gänzlich verloren, aber die Poesie, wie die Rechtsanschauungen wurden von geistlichen Auffassungen durchsetzt.

Ueberall schlug das Ausländische, besonders das Französische durch. Die Dichtung verarbeitete vielfach aus der Fremde entlehnte Stoffe und ahmte dort entstandene Schöpfungen nach. Das Rittertum, durch die Kreuzzüge genährt, hatte einen internationalen Charakter, dem sich selbst der Islam nicht ganz verschloß. Das Ceremoniell und die Pflichten, welche die Genossen auf sich nahmen, waren zum guten Teil kirchlicher Natur, die Formen der Waffenübung richteten sich nach französischem Muster. Die geistlichen Ritterorden wurden zuerst von Romanen ins Leben gerufen. Auch ins tägliche Leben drängte sich das Fremde, das Welsche ein; die Sprache füllte sich mit geborgten Wörtern, Bewaffnung und Kleidung gestalteten sich nach ausländischem Geschmack, mancherlei neue Genüsse für Aug' und Gaumen fanden vom Westen und Süden her Eingang. Mochten sich die vornehmen Herrschaften in der Geselligkeit bewegen, im leichten Geplauder, im fröhlichen Tanz und lustigen Spiel, oder die Waffen führen oder auf der Jagd sich tummeln, allüberall ahmten sie bewußt oder unbewußt französische Sitten und Gebräuche nach.

Die deutsche Geschichte ließe sich je nach dem größeren oder geringeren Einfluß des Auslands gliedern, denn wiederholt hat unser Volk sich dessen geistiger Herrschaft unterworfen, nicht immer aus Schwäche oder Selbstverachtung, sondern auch in der Empfindung, daß das Fremde in manchen Dingen das Ueberlegene sei. In jenen Zeiten standen die romanischen Völker in geistiger und sachlicher Kultur höher, als die germanischen, und es war keineswegs ein Unglück, daß man von ihnen lernte. Daher die merkwürdige Erscheinung, daß Deutschland unter den großen Saliern und Staufern, im Vollbesitz seiner physischen Kraft, doch in geistige Abhängigkeit geriet. Das frühere Mittelalter war die Schulzeit unseres Volkes.

Es ist gewiß, daß die universale Kaiseridee eine gesunde staatliche Entwickelung des deutschen Volkes verhinderte, aber sie führte ihm reiche Geistesnahrung zu. Durch sie gestärkt, erhoben sich die Deutschen dazu, ihre eigene Art hervorzukehren und zu pflegen, und eben der Zusammenbruch des alten

Kaisertums gab die Ursache. Denn ersten Verkündiger rein deutscher Art, Walter von der Vogelweide, verlieh der Zorn über die Anmaßung der Welschen, als deren Vorfechter ihm die Päpste erschienen, die feurigberedte Sprache. Bald drangen solche Meinungen auch in das Volk. Die Päpste, welche das Staufergeschlecht vernichteten, stammten aus Italien und aus Frankreich, Franzosen waren es dann, die seit Heinrich VII. über das Reich verfügen wollten. So nahm der Widerstand gegen sie einen nationalen Zug an. Das Papsttum an sich galt noch als eine allgemein kirchlich-christliche Einrichtung, aber auf die Dauer mußte gerade in Deutschland sein Ansehen schwinden, wenn die Empfindung zur Herrschaft gelangte, daß seine Träger Reich und Volk beseindeten. Das Papsttum entkleidete sich selbst des universalen Wesens, auf dem seine Weltstellung beruhte; es war aus einem zwar römischen, doch allgemein christlichen zu einem romanischen geworden. Darüber verlor auch die kirchliche Idee von ihrer bestrickenden Kraft.

Das dreizehnte Jahrhundert war für das deutsche Volk von unendlicher Wichtigkeit. Mit ihm trat es in ein neues Leben ein, eigentlich beginnt erst damals so recht eigentlich eine deutsche Geschichte. Denn von dieser Zeit ab vollzog sich die Bildung des deutschen Volkes wie es später gewesen ist, national, politisch, wirtschaftlich und geistig.

Die Deutschen hatten vordem den Stolz der Sieger und Herrscher empfunden, wie ihn Otto von Freising zum hochtönenden Ausdruck bringt; jetzt sahen sie, wie selbst ihre Eigenart bedroht war. Der Verfall der kaiserlichen Macht wies ohnehin auf die Heimat als den rechten Lebensboden hin und beschränkte die Berührung mit fremden Elementen und Ideen. So kam das innere Wesen zu seinem Rechte und durchbrach emporsteigend die übergelagerte fremdartige Schicht. Ein Nationalgefühl wird erst dann lebendig und wirksam, wenn es aus der natürlichen Anlage des Volkes hervorgehend sie zu wahren und zu entwickeln sucht; nicht durch Eroberung und Unterwerfung andrer Völker, sondern durch die stille Arbeit daheim bildet es sich zu dauerndem Bestande. Langsam und allmählich rang sich die besondere deutsche Empfindungs- und Denkweise hervor aus der bunten Mischung der mittelalterlichen Kultur, deren zusagende Elemente verarbeitend, die unverträglichen ausscheidend, ein Prozeß, der die drei Jahrhunderte bis zur Reformation erfüllt. Auf allen Gebieten vollzog er sich, teilweise mit urwüchsiger und trotziger Kraft. In der Religion wurde die romanische Askese, welche mehr auf die Sinne als auf das Herz berechnet ist und leicht zum äußerlichen Werk wird, überwogen durch den innerlichen Drang nach seelischer Befriedigung; das Gemüt trat in seine Rechte ein. Auch die Litteratur gestaltete sich in volkstümlicher Weise um. Zugleich kam der schriftliche Gebrauch der deutschen Sprache mehr und mehr in Uebung.

Diese Veränderungen hingen zusammen mit dem Emporkommen des Bürgertums. Zwar war es schon in der staufischen Zeit mächtig gediehen, indessen erst im weiteren Verlauf des dreizehnten und vierzehnten Jahrhunderts kam es zur vollen Entfaltung. Von ihm ging eine neue Lebensauffassung aus. Die Weltverneinung der früheren Zeiten konnte sich hier nicht behaupten, wo alles den Menschen darauf anwies, mitten und ganz in der täglichen Welt zu stehen.

Das hervorbringende Schaffen war hier Aufgabe und Lebensinhalt. Zwar erflehte man dazu mit frommem Gemüt den Segen Gottes und spendete reichlich zu seiner Ehre, aber wie die Kirche einmal beschaffen war, trat sie nur zu oft dem bürgerlichen Streben in den Weg. Die Bischofsstädte bekämpften in ihrem geistlichen Oberhaupte zugleich ihren Herrn. Die Geistlichkeit besaß allenthalben in den Städten nutzbare Rechte, welche bürgerliche Erwerbsarten beeinträchtigten, eine stetig fließende Quelle zu andauerndem Hader und Zwist. Bediente sich die Geistlichkeit in diesen Streitigkeiten der ihr eigentümlichen Waffen, so klaffte der Gegensatz erst recht auf; der Bannfluch, verhängt, um etwa die Größe eines Weinmaßes zu verteidigen, war nicht geeignet, kirchliche Gesinnung zu stärken. Das Interdikt schädigte aber den gesamten Absatz, konnte den Markt ganz unterbinden; was war natürlicher, als daß die gleichmäßig interessierten bürgerlichen Kreise sich darüber hinwegsetzten? Die Vermehrung des geistlichen Besitzes in den Städten schädigte die städtischen Einnahmen, weil für ihn Steuerfreiheit beansprucht wurde, und minderte zugleich den Wohlstand der Familien. Daher legten zahlreiche Gesetze dem Uebergang bürgerlichen Eigentums in geistliche Hände die stärksten Schranken auf. Die geistliche Gerichtsbarkeit, unter welcher der Klerus stand, erschwerte oder verhinderte gar den Rechtsweg in Streitigkeiten zwischen Bürgern und den Angehörigen dieses Standes; indem sie weit ausgriff, zog sie auch Sachen vor ihren Stuhl, die dorthin gar nicht gehörten. Die Folge waren Beschlüsse der Obrigkeiten, dann der Städtebünde gegen die geistliche Gerichtsbarkeit. Kurz, allenthalben gab es Anlaß über Anlaß zur Feindseligkeit zwischen beiden Ständen. Wenn die Geistlichkeit, wie es öfters geschah, durch ihren Wandel Anstoß erregte, steigerte it das Mißbehagen. Man lernte scheiden zwischen dem äußeren Bestand der Kirche und ihrem inneren Wesen; blieb dieses auch ehrfürchtig geschätzt, seine Vertreter hatten sich nicht der gleichen Achtung zu erfreuen. Eine gründliche Abneigung gegen die Pfaffen griff um sich, welche diese ihrerseits den Bürgern ebenso erwiderten. Zwischen Laien und Geistlichen that sich eine Kluft auf, und man sprach es geradezu aus, beide könnten nie in Freundschaft sein.

Schon in den Zeiten Heinrichs IV. hatten Städte in dem Kampfe gegen die geistliche Gewalt sich auf die Seite des Königtums geschlagen und auch späterhin geschah das oft genug. Ging diese Parteinahme ursprünglich aus politischen Gründen hervor, so führten doch jene Verhältnisse dazu, daß das Bürgertum überhaupt der geistlichen Gewalt, wenn sie über ihre Sphäre hinausgriff, entgegentrat. In wie großem Maßstabe das unter Ludwig dem Baiern geschah, wissen wir. Das Bedeutsame daran war, daß ein über das gesamte Reich verbreiteter Stand in seiner Mehrheit in so wichtigen Fragen eine bestimmte Stellung nahm. Es ist das erste Mal, daß in der deutschen Geschichte ein großer Teil des Volkes selbst als wirksame Kraft auftritt, daß eine öffentliche Meinung sich geltend macht und daß diese sich gegen das Papsttum wendet. Dieselbe Richtung verfolgte das Bürgertum auch in der Folgezeit weiter. Die Kunst des Lesens und Schreibens, mancherlei Kenntnisse waren ohnehin dem Bürger für das geschäftliche Leben unentbehrlich; so erweiterte sich allmählich sein Gedankenkreis. Ein neuer Träger geistigen Fortschritts bildete sich heraus, zugleich ein Träger deutschen Bewußtseins. Der Verkehr mit dem Auslande führte die Kaufleute der verschiedenen Städte einander näher und vereinigte sie zu gemeinsamem Auftreten in der Fremde, aber auch wer daheim blieb, gewann in dem frischen Aufstreben, in dem lebensvollen Zusammenwirken der Genossenschaften, in dem selbständigen Geiste, der die Gemeinde durchdrang, das Bewußtsein des eigenen Wertes.

Damit trat das Laientum in den Vordergrund, eine Wendung von größter Wichtigkeit, um so mehr, da auch im Fürsten= und Herrentum das gleiche Verhältnis eintrat. Der Sturz des alten Königtums hat niemanden so geschädigt als die Bischöfe, denn sie verloren ihren besten Halt, ihren besten Förderer. Die Aussicht, die leitende Macht im Reiche zu werden, welche das Bistum vordem eine Zeitlang gehabt hatte, wurde vereitelt. Mit ihrem Besitz eingekeilt zwischen die weltlichen Herrschaften unterstanden die Bischöfe deren Einwirkung. Durch die Kapitel gewannen die Laienherren Einfluß auf die Bistümer, welche in der Regel aus dem mittleren und niederen Adel ihre Hirten erhielten. An Gesamtmacht waren die geistlichen Herren den weltlichen nicht mehr gewachsen und traten hinter ihnen zurück. Sie hatten außerdem zu leiden unter der straffen Zentralisation der Kirche, durch die unaufhörlichen Geldforderungen des Papsttums und rücksichtslose Behandlung, so daß sie oft dem Papste mehr aus Zwang, als aus Liebe dienten.

Gleichwohl wäre es eine Täuschung, zu glauben, daß der Einfluß der Kirche schon damals erheblich geschwächt gewesen wäre. Nicht allein der unermeßliche Reichtum an Besitz jeder Art war ihre feste Burg; wie mit Polypenarmen umschlang sie jeden Menschen und alle Verhältnisse. Für uns heutige Menschen ist es kaum möglich, uns klar vorzustellen, welche Machtstellung die Kirche einnahm, wie sie in das menschliche Leben mit allen seinen Beziehungen eingriff. Der riesige hierarchische Bau, der das Abendland umspannte, stand noch unerschüttert in stolzer Pracht da, noch immer vertrat das Papsttum die Einheit der gesamten Christenheit, allüberall hatte die Kirche Werkzeuge und Vertreter ihrer Interessen. Die straffe Vereinigung in Einem Mittelpunkt machte die Landeskirchen zu örtlichen Behörden; Einsetzung und Absetzung der Bischöfe hing schließlich vom Papste ab. Die großen Konzile führten nur aus, was der Papst verlangte, aber seit dem zu Lyon von 1274 kam kein allgemeines mehr zusammen; die Gesamtheit der Kirche vertrat seitdem nur der Papst. Dogma und Kirchenzucht unterstanden seiner Bestimmung; die kirchlichen Prozesse wurden an die Kurie gezogen, und da dort der endgültige Entscheid lag, war es am einfachsten, sich gleich an sie zu wenden. Ein mit aller Spitzfindigkeit ausgebildetes Finanzsystem machte die ganze abendländische Christenheit dem heiligen Petrus zinsbar.

Die Geistlichkeit war nur der Gerichtsbarkeit der Kirche unterstellt in allen Dingen, mochte es sich um Eigentum, Vergehen oder Verbrechen aller Art, vom Diebstahl und Betrug bis zum Morde handeln, höchstens daß dem weltlichen Arm überlassen wurde, an dem vorher Ausgestoßenen die Todesstrafe zu vollziehen. Aber auch der Laie unterstand der geistlichen Gerichtsbarkeit in allen Ehesachen und was damit zusammenhing, auch wenn rein vermögensrechtliche

Fragen in Betracht kamen; er konnte das geistliche Gericht erfolgreich anrufen, wenn irgend der Begriff der Sünde sich mit dem Fall in Verbindung bringen ließ, wie in Eidsachen. Auch sonstige rein weltliche Angelegenheiten und Rechte konnten unter geistlichen Schutz gestellt werden. Der Bann traf den von der Kirche Ausgeschlossenen auch in seinem bürgerlichen Dasein.

Die gesamte Sittenlehre, die Moral, ging allein von der Kirche aus und gab ihr allenthalben ein Einspruchsrecht. Auch die Wissenschaft war wenigstens in Deutschland ausschließlich kirchlich, und überall stand sie unter der Herrschaft der geistlichen Philosophie, der Scholastik. Kirchliche Tendenzen durchdrangen die Gesellschaftsbildungen, auch die der Laien; die Ritterorden, die Zünfte, die Gilden, die Kalande, sie alle machten ihren Mitgliedern auch religiöse Zwecke zur Pflicht. Die Mönchsorden, namentlich die Bettelorden, wirkten inmitten des häuslichen Familienlebens; neben ihnen standen die Vereinigungen von halb kirchlichem, halb laienhaftem Wesen, wie die Tertiarier, die Beginen und Begarden. Ohne die Kirche war die künftige Seligkeit nicht zu erlangen, denn ihr Spruch band für die Erde, wie für das Jenseits, und nicht allein aus dem Glauben, auch aus dem Aberglauben schmiedete sie ihre die Gemüter fesselnden Bande. Auch irdische Güter spendete sie, nicht nur an Lehen und Verpachtungen, denn so mancher Tropfen ihres Ueberflusses kam den Notleidenden, den Armen und Kranken zu gut. Rechnet man das alles zusammen, so ergibt sich eine Summe von Gewalt, Vermögen, Einfluß, wie sie in der Welt nie eine Macht in gleicher Fülle aufweisen konnte. Begreiflich genug, wenn längere Zeit darüber verging, ehe ein solches Riesenwerk untergraben werden konnte. Auch wer die Flecken dieser Sonne kannte, mußte sich vor ihrem Glanze beugen. Die Kirche war noch immer die Bewahrerin der höchsten Güter, mit aller Ehrfurcht betrachtet. Selbst die Bürgerschaften, welche gelegentlich die Geistlichkeit aus ihren Mauern trieben, wetteiferten, im Bau und Schmuck herrlicher Gottestempel ihre fromme Gesinnung zu bethätigen.

Gleichwohl hatte der Auflösungsprozeß bereits begonnen. Der Stoff, welcher die mittelalterliche Anschauung zersetzte, war der deutsche Individualismus. Er entfesselte die wirtschaftlichen Fähigkeiten des Bürgertums und führte sie zu staunenswerter Leistung. Aber wie jede Kraft in ihrer vollen Entfaltung einseitig wird und neben dem Guten auch Schädliches schafft, so ging es auch hier. Das Trachten nach Unbeschränktheit verschloß dem Bürgertum das Verständnis für die Notwendigkeit einer großen staatlichen Gemeinschaft. Der deutsche Sinn, von dem es erfüllt war, wandelte sich nicht um zur politischen That für die Allgemeinheit; der Individualismus, übertragen auf die Stellung im Reich, führte zum Partikularismus. Doch nicht allein das Bürgertum verfiel in diesen Irrtum, auch die übrigen Stände teilten den Zug zum Sondertum. Daher geschah es, daß Deutschland in seiner inneren Entwickelung in die Höhe stieg und doch politisch nicht vorwärts kam, daß Volk und Reich nicht miteinander Schritt hielten. Das Reich besaß weder die Fähigkeit noch das Vermögen, die Volkskraft zusammenzufassen, die einzelnen Wildbäche in einem Strom zu vereinigen, auf dem das Reichsschiff seinen stolzen Lauf hätte nehmen können. Durch die Stürme in der Mitte des dreizehnten Jahrhunderts an das Ufer geschleudert, hatte es dann zwar seine schlimmsten Lecke zugestopft und war wieder flott geworden, aber es fuhr nur auf dürftigem Rinnsal träge und unbeholfen dahin. Ihm fehlten Wasser unter dem Kiel, Segel an den Masten und am Steuerruder die starke Hand.

Früher hielt das Königtum trotz mancher Störungen das Reich zusammen, jetzt übte es nicht mehr die ehemalige Trieb- und Anziehungskraft aus, weil die Reichsteile ihm nicht mehr gleichmäßig dienten, und diese hielten mit ihren Diensten zurück, weil sie keine genügende Gegenleistung dafür empfingen. Eine verhängnisvolle Verflechtung von Ursache und Wirkung. Die Reichsglieder gewöhnten sich an Selbständigkeit und Unabhängigkeit, und es entstand kein Bewußtsein davon, welche Vorteile ein starkes Reichshaupt zu bieten vermöchte, weil das vorhandene keine Probe davon geben konnte. Während das französische Königtum die Teile und Stände des Reiches heranzog und um sich einte, nahmen die Dinge in Deutschland den umgekehrten Verlauf. Nicht, daß das Königtum ganz entbehrlich wurde, aber die Masse des Volkes verlor den lebendigen Zusammenhang mit ihm, das Gefüge des Reiches wurde stetig lockerer.

Als Rudolf zur Regierung kam, gab es eigentlich keine rechte Reichsverfassung mehr. Selbst in den großen Zeiten der Salier und der Staufer war sie zu keiner festen Ausbildung gelangt. Es fehlten gesicherte, schriftliche Grundlagen, und was etwa an alten Reichsgesetzen vorhanden war, lag meist unbekannt hier und dort vergraben, denn die kaiserlichen Archive waren zerstört und verloren. Nur dunkle und unklare Ueberlieferungen hatten sich herüber gerettet, die denn oft von den Verfassern der Rechtsbücher nach eigenem Gutdünken aus- und zurechtgelegt wurden. Die einzige Grundlage, mit der gerechnet werden konnte, war der thatsächliche Zustand, in dem sich das Reich befand, und aus der wüsten Trümmermasse alter Verfassungszustände, welche es darbot, ergab sich allmählich unter Druck und Einfluß der herrschenden Verhältnisse ein neuer Zuschnitt des Reiches. Das geschah langsam und unsicher; manche Satzungen wurden getroffen, manche Weistümer zur Lösung augenblicklich schwebender Fragen gefunden, aber auch jetzt war niemand da, der sie gesammelt und geordnet hätte. Die Reichsgesetzgebung kam nicht über Stückwerk hinaus und die Anläufe, welche Rudolf nahm, blieben meist im Sande stecken. Die Reichsrechte waren durchaus schwankende Begriffe, und man darf sich darüber nicht täuschen lassen durch gelegentliche Aeußerungen und Redensarten bei Schriftstellern und in Urkunden, nach denen freilich alles wunderschön geordnet gewesen wäre. Bezeichnend genug beriefen sich die damaligen Publicisten auf angebliche geschichtliche Beispiele, auf die Bibel und die Kirchenväter, auf kirchliches und römisches Recht und vor allem auf Aristoteles, aber von deutschen Reichsgesetzen wissen sie nichts. Weitläufig bei allgemeinen Theorien über das Kaisertum verweilend, schlüpfen sie über die wirklichen Grundlagen der kaiserlich-königlichen Gewalt leicht hinweg. Daher ist es unmöglich, ein klares Bild von der Reichsverfassung zu geben, weil die Vorlagen keine scharf ausgeprägten Züge tragen. Greift man zu, so fühlt man nicht festes Fleisch, sondern weiches, den Fingern entgleitendes Gefaser.

Immerhin vertrat noch das Königtum allein die Gesamtheit des Reiches.

Zwar gab es von alters her Reichstage, aber obgleich solche von Rudolf und seinen Nachfolgern öfters abgehalten wurden, blieben sie doch weit davon entfernt, eine wirkliche Vertretung des Reiches oder seiner Stände zu sein. Ihre Thätigkeit entbehrte bestimmter Regeln.

Die Reichsfürsten hatten allerdings das Recht, sie zu besuchen, doch machten sie davon keinen sonderlichen Gebrauch. Meist lud der König von Fürsten und Städten ein, die ihm gut dünkten, aber wie viele der Berufenen kamen, war immer unsicher, mochten sie mit oder ohne Entschuldigung wegbleiben. Es stand ganz im Ermessen des Regenten, ob und wann er einen Reichstag berufen wollte, je nachdem er den Wunsch hegte oder die Notwendigkeit fühlte, in einer Sache Rat und Beistand zu suchen. Eine wirkliche an Gesetze gebundene Beschlußfassung erfolgte nicht, und dem Könige konnte keine Vorschrift aufgedrungen werden. Und wer sorgte für die Ausführung der etwa gefaßten Beschlüsse? Der König hatte nicht immer die Macht und oft nicht die Lust, es zu thun, und die Fürsten, die er darum anging, ebensowenig; es kam demnach meist auf den guten Willen der Reichsstände an. Jedenfalls bedeuteten diese Versammlungen für die Einheit des Reiches wenig, und nichts geschah, um sie auszubilden und nutzbar zu machen.

Lupold von Bebenburg, ein eifriger Vertreter der Rechtssätze, die 1338 zu Rense und Frankfurt aufgestellt wurden, der trotz seiner Befangenheit in leeren Theorien zuweilen mit praktischem Blick urteilt, faßt in seiner Schrift: „De jure regni et imperii" die königlichen Gerechtsame kurz zusammen. „Die Gewalt eines Königs oder Kaisers der Römer ist eine doppelte. Die eine ist die Gewalt der Verwaltung der Güter und Gerechtsame des Königs- und Kaiserreichs, die besteht in dem Empfang der Treuschwüre von den Untergebenen, in der Uebertragung von Lehen, in der Ausübung der weltlichen Gerichtsbarkeit persönlich oder durch Andere, ferner in dem Empfang von Abgaben und Einnahmen im Reich und in der Leitung der übrigen Reichsgeschäfte. Die andere Gewalt enthält die kaiserlichen Reservatrechte, wie Legitimation unehelicher Kinder, Aufhebung des Verrufs, Ernennung von Notaren und ähnliche".

Der König war die Quelle aller Rechte im Reiche, da jedes Recht nur als verliehen galt. Ihm wird daher der Eid der Treue geleistet, doch nur von denen, welche unmittelbar mit König und Reich zu thun haben, nicht von der gesamten Reichsbevölkerung. Die Fürsten empfangen von ihm durch Belehnung ihre Regalien und Lehen, ein erhabenes Recht königlicher Majestät und doch nur noch eine inhaltsleere Form, denn die Lehen waren erblich, so daß der Nachfolger sofort nach dem Tode des Vorgängers die Regierung antrat. Der Empfang der Belehnung wurde trotz bestehender Rechtssatzungen oft lange hinausgeschoben, selbst ganz unterlassen. Auch die Bischöfe übten gleich nach der Weihe die Regalien aus. Nur wenn ein Reichslehen ledig wurde, indem berechtigte Erben fehlten, konnte der König darüber frei verfügen; doch durfte er es nicht selbst behalten, sondern mußte es ausgeben, während in Frankreich die Krone gerade durch Einziehung der verfallenen Lehen zur Macht gelangte.

Die königliche Gerichtsbarkeit war die höchste im Reich, doch machte sie nicht zu viel aus, da sie nur eine außerordentliche war. Die regelmäßige, auf welche es für das Volk allein ankam, lag in den Territorien. Zwar konnte jede Sache an den König selbst gebracht werden, aber viele Reichsstände hatten Privilegien, welche die Rechtsprechung an ihr Land banden. Das königliche Gericht beschränkte sich daher meist auf Berufungen, und auch deren Zahl war verhältnismäßig gering. Das Hofgericht war keine ständige Behörde; vorkommendenfalls ernannte der König die Personen, denen er das Urteil übertrug. Am meisten kamen Streitigkeiten von Fürsten und Herren um Erbfolge u. dgl. zur Verhandlung. Wer einen günstigen Spruch davontrug, konnte selber sehen, wie er ihn durchsetzte; da vollziehende Behörden fehlten, ermahnte der König gewöhnlich Reichsstände, dem Betreffenden zu seinem Rechte zu verhelfen. Die Reichsacht mit allen ihren schweren Folgen bestand noch zu Recht, aber ihre Vollstreckung war ebensowenig sicher, wie die der anderen Hofgerichtssprüche. Immerhin wäre dieser Rest von Gerichtsbarkeit recht wertvoll gewesen, wenn das Königtum ihn ausgenützt hätte, denn er bot Befugnisse über die Fürsten genug.

Des Heerwesens gedenkt Lupold gar nicht, denn es war ganz verfallen. Kriegerische Verpflichtungen bestanden freilich, und der König konnte die Reichsstände zum Feldzug aufbieten, aber auch hier entsprach dem Befehl der Vollzug nicht immer. Die Reichsstädte pflegten allerdings die pflichtige Truppenzahl zu stellen oder dafür Geldbeiträge zu leisten, aber mit den Fürsten mußten gewöhnlich besondere Verträge geschlossen werden, wenn sie mitthun sollten. Die mächtigen Ministerialenheere, wie sie einst die Staufer aufbringen konnten, gehörten vergangenen Zeiten an. Die kriegerische Kraft im Reiche war nicht vermindert, aber wohl die des Reiches. Deutschland starrte von Waffen und Burgen, zahllos war der kampflustige Adel, aber diese furchtbare Macht wandte sich nur gegen Deutsche, ewig unruhig und Unruhe stiftend. Das Fehderecht, obgleich einigen Einschränkungen unterliegend, ließ keinen wirklichen Friedensstand gedeihen.

Von dem ehemals gewaltigen Reichsbesitz war Nennenswertes nichts mehr vorhanden. Die nach dem Interregnum begonnenen Versuche, das widerrechtlich Entfremdete zurückzubringen, gerieten nach dürftigem Erfolg bald ins Stocken. Reichssteuern gab es nicht. Die sicherste Einnahme des Königs bildeten die Jahresabgaben der Reichsstädte, gegen 20000 Gulden, etwa 180000 Mark. Die Reichszölle, namentlich auf den großen Strömen und an Hauptstraßen, die Münze, der Judenschutz brachten große Einnahmen, doch nicht dem Könige, denn sie waren verpfändet, vergeben, verschleudert. Die Pflicht, den König und seinen Hof zu unterhalten, welche ehedem auf den Gegenden, wo er sich gerade aufhielt, namentlich auf dem geistlichen Gut lastete, und somit eine beträchtliche Einnahme des Königtums ausmachte, beschränkte sich jetzt auf die Reichsstädte bei Gelegenheit eines Reichstages, nur galt sie auch nicht unbedingt und nicht im vollen Umfang. Doch erhielten der König und sein Gefolge Ehrengaben teils in Geld, teils in Wein und andere Geschenke. Die Freistädte waren nur zu solchen außergewöhnlichen Leistungen verpflichtet. Daher waren Fahrten durch das Reich eine kostspielige Sache für den König und fanden in dem alten Umfang, wo der königliche Hof in ewiger Bewegung war, nicht mehr statt. Um so fremder wurden die Könige dem Volke; ganze Teile des Reichs sahen jahrhundertelang keinen Reichsgebieter in ihrer Mitte. Doch vermochte der König auch sonst noch Geld aus dem Reiche herauszuschlagen. Er konnte Reichsstädte und Reichsgut verpfänden, den Reichsstädten außerordentliche Abgaben auflegen; die Reichslandvogteien warfen nicht Unbeträchtliches ab, wenn auch ihr Ertrag nicht unmittelbar in die königliche Kasse floß; die Verleihung von Privilegien, welche freilich meist wieder des Reiches Rechte kürzten und ihre Empfänger von Pflichten entbanden, brachte manchen Gulden. Gericht und Kanzlei ergaben auch nicht geringe Summen. Aber die ganze Finanzwirtschaft war ungeordnet, unsicher und lebte von der Hand in den Mund; sie trieb Raubbau und pflegte vorweg zu verzehren, statt zu sammeln.

Wären demnach nicht die Reichsstädte mit ihren mehrfachen Verpflichtungen gewesen, hätte es mit den Erträgnissen noch kümmerlicher ausgesehen. Sie waren am meisten auf das Reich angewiesen und ein wohlmeinender König konnte ihnen sehr nützlich sein, um so mehr da Fürsten und Adel wenig holde Gesinnung gegen sie hegten. Gern gaben sie freilich auch nicht, und wenn das Band, das sie ans Reich knüpfte, allzusehr angespannt wurde, so entstand die Gefahr, daß sie sich ganz auf sich zu stellen suchten. Kaiser Ludwig verstand es, sie in sein Interesse zu ziehen und fuhr gut damit. Doch war daran nicht zu denken, etwa mit ihrer Hülfe das Reich umzugestalten.

Auf die Fürsten mußte der König sorgliche Rücksicht nehmen. Ihm und dem Reiche leisteten sie freilich, außer soweit eigene Rücksichten sie dazu antrieben, eigentlich nichts, doch konnten sie dem Könige die größten Gefahren bereiten. Obgleich die Fürsten sehr verschiedene Macht besaßen, war ihre rechtsrechtliche Stellung ziemlich die gleiche. Der Reichsfürstenstand hatte als solcher keine rechte Bedeutung, namentlich seitdem die Kurfürsten aufgekommen waren. Es läßt sich keine Formel erdenken, welche das Verhältnis zwischen König und Fürsten genau bezeichnet. Der Idee nach waren die Fürsten die Glieder des Reiches, die dem Oberhaupt treu und gewärtig, aber auch bei den großen Fragen des Reiches und seiner Verwaltung mitzuwirken berechtigt sein sollten. Beides geschah nur in sehr unvollkommener Weise. Viele Fürsten blieben stets den öffentlichen Dingen fern, während auch die Könige, soweit es ging, am liebsten auf eigene Hand regierten. So bestanden immer nur Beziehungen zu einzelnen Fürsten und Herren, und diese beruhten meist auf persönlichen, nicht auf rechtlichen Verhältnissen, häufig auf besonderen Verträgen. Der König stand demnach zu ihnen mehr in einer Art von Bundes- als in einem Herrschaftsverhältnis und für die übrigen war er mehr die Verkörperung einer Idee, als eine gebietende Macht. „Papst, Kaiser und König haben nichts in unsrem Lande zu gebieten", erklärten einmal die baierischen Herzöge.

Uebrigens standen die Fürsten zu ihren Ländern vielfach ähnlich, wie der König zum Reich. Die Landeshoheit gab ihnen freilich viel größere Rechte und ihre Herrschaft gründete sich auf persönlichen Besitz im Lande. Durchgreifend war jedoch ihre Gewalt durchaus nicht, und Adel und Städte traten ihnen nicht selten ebenso ungeberdig entgegen, wie sie selbst dem Könige. Das Fürstentum krankte an dem Uebergang von der Naturalwirtschaft zur Kapitalwirtschaft; die erstere bot nicht mehr die ausreichenden Mittel und die andere hatte sich noch nicht genügend ausgebildet, durchschnittlich lagen die Finanzen schlecht. Steuerforderungen an das Land begegneten vielem Widerspruch; um ihn durchzusetzen, schlossen sich die betroffenen Stände, der Adel und das Bürgertum, jeder untereinander zusammen, und der Fürst mußte ihnen Rechnung tragen.

Das Eigentümliche an der Reichsverfassung war der Widerspruch zwischen Theorie und Praxis, zwischen dem Bestand an Gerechtsamen und der Möglichkeit sie auszuüben. Befugnisse hatte eigentlich der König genug und das Königtum war noch immer, wie in den altgermanischen Zeiten, gestellt zwischen äußerste Gebundenheit und Willkür, wobei es hauptsächlich auf die Person des Herrschers und günstige Umstände ankam. Wenn man erwägt, was Rudolf, Heinrich VII. und Ludwig durch ihre Stellung als Könige für ihre Familien leisten konnten, so darf die Bedeutung der Reichsherrschaft gewiß nicht gering angeschlagen werden. Aber das Bezeichnende ist, daß von dieser Macht wohl die einzelnen Herrscher, nicht das Reich Vorteil zogen. Das Königthum war eben viel zu sehr persönlich angelegt. Das Reich, das Königtum an sich, blieben darüber schwach. Wunderbar genug, daß der König als solcher erledigte Reichslehen nicht behalten durfte, während ihn nichts hinderte, sie an seine Söhne zu vergeben. Das Reich selbst war hülflos. Sein größtes Gebrechen war, daß es keine ständigen Organe besaß, die ihm zu dienen verpflichtet waren, keine Behörden, welche die Aufgabe hatten, ihm besonders und allein ihre Kräfte zu widmen. Denn die Landvogteien entwickelten sich nicht in der rechten Weise und die Versuche, die Landfriedenseinrichtungen mit dem Reiche in Verbindung zu sehen, schlugen fehl. Der zweite große und noch schwerere Fehler war der Mangel an sicheren Reichsfinanzen. So hatte der König zwar Rechte genug, aber sie durchzusetzen, war ihm persönlich anheimgestellt.

Aus diesem sonderbaren Verhältnis ergab sich eine weitere verhängnisvolle Folge, der Unterschied, den man machte zwischen dem Reich, als dem beständigen, und dem Könige, als dem gewissermaßen zufälligen. Wie oft versicherten Verträge, die gegen den König gerichtet waren, die Treue gegen das Reich; geradezu in Gegensatz wurden die Krone und ihr jeweiliger Träger gestellt. Das Königtum genoß hohe Ehre und sollte große Aufgaben erfüllen, aber daneben wurde es gefürchtet oder wenigstens mit Mißtrauen betrachtet, wie eine den Reichsgliedern feindselige Macht.

Das Wahlkönigtum schien am geeignetsten, den unentbehrlichen König zu beschaffen und das Königtum nicht zu bedrohlicher Stärke anwachsen zu lassen. Den letzteren Zweck hat es nur zu gut erfüllt, denn diese Besetzung des Thrones durch die Wahl verhinderte wirklich, daß das Reich wieder zu Kräften und Ordnung gelangte. Sie wäre nur erträglich gewesen, wenn der Erkorene feste Reichseinrichtungen, ausreichende Mittel und Werkzeuge für seine Regierung vorgefunden hätte.

Als Rudolf gewählt wurde, war es bereits zur Rechtsthatsache geworden, daß sieben Fürsten den König kürten, und daran ließ sich nichts mehr ändern. Es war ein großer Uebelstand, daß der Sachsenspiegel in seiner Vorliebe für die Siebenzahl mehrere der bedeutendsten Häuser, wie die Habsburger, die baierischen Wittelsbacher, die Wettiner, die Welfen ausgeschlossen hatte und daß in seiner Auswahl die drei geistlichen Kurfürsten zwar nicht die Mehrheit, aber doch die größere Stärke bildeten. Wie dem nun auch sein mochte, in die Reichsverfassung war damit eine ganz neue Macht eingetreten. Zwar kam sie zunächst eigentlich nur für die Wahl in Betracht, aber wer erhob, konnte auch den Anspruch machen, zu stürzen, wie Adolf von Nassau erfahren hatte. Die ersten Proben, welche die neue Genossenschaft von ihrer Wirksamkeit gegeben, waren nicht günstig ausgefallen, denn bei den von ihnen getroffenen Wahlen kamen alle möglichen Zwecke in Anschlag, nur nicht der, dem Reiche einen machtvollen Herrn zu geben.

Die Kurfürsten schädigten sich dadurch selber. Ihre Einigkeit ging nicht über die Wahl selbst hinaus. Hätten sie wirklich von Anfang an die zielbewußte Absicht verfolgt, die ihnen gelegentlich von neueren Forschern zugeschrieben wird, ihrer Genossenschaft das Reichsregiment selbst auf Kosten des Königtums zu erringen, so wäre das Reich dabei immer noch besser gefahren, als bei diesem vollkommen planlosen Haschen nach gelegentlichen Vorteilen; dann wäre wenigstens eine stetige Politik im Reiche vorhanden gewesen. Nur einmal im Kurverein Rense hatten sie sich zusammengethan, aber wie schnell war ihre Einheit zerbröckelt! Hätten die Kurfürsten wirklich den Willen gehabt, sich zur leitenden Macht im Reich aufzuschwingen, so würden sie vor allem die unteren Gewalten, auch in dem fürstlichen Kreise, haben beugen müssen. Das konnten sie am besten erreichen im Bunde mit dem Königtum. Es stand mit ihnen ähnlich, wie mit den alten Herzögen, und wie diese haben sie nicht den rechten Weg erkannt, daher erlagen beide nicht dem Königtum, sondern den niederen Kräften.

Wie die Dinge standen, gab es drei Möglichkeiten, das Reich wieder in sich zu sammeln. Entweder das Königtum oder die Kurfürsten oder beide zusammen konnten das Werk verrichten. Das Königtum vermochte es nur, wenn es durch Erblichkeit die nötige Festigkeit und den ausreichenden Boden zum langsamen Fortschritt erlangte; vorläufig war darauf keine Hoffnung. Die Kurfürsten mußten einig sein und bleiben in folgerechter Haltung nach oben und nach unten, wozu die Zusammensetzung des Kollegiums wenig Aussicht bot. So blieb als einzige Hoffnung, daß Könige und Kurfürsten möglichst einträchtig zusammengingen, und vielleicht führte das gegenseitige Bedürfnis zur richtigen Erkenntnis.

So stand es um Deutschland, als der plötzliche Tod Ludwigs des Baiern am 11. Oktober 1347 Karl IV. den Weg zur Herrschaft über das ganze Reich eröffnete.

Zweiter Abschnitt.

Erwerbung und Behauptung der Herrschaft.
1347—1350.

Karl IV., am 14. Mai 1316 zu Prag geboren, stand im besten Mannesalter. Hinter ihm lag bereits eine lange Zeit der Thätigkeit und der Erfahrungen, denn in dem Alter, in welchem der Knabe sich zum Jüngling umbildet, mußte er schon schwere politische Arbeit verrichten, und vieler Menschen Länder und Sinn hatte er seitdem kennen gelernt. Der Sohn eines Vaters, der halb ein Deutscher halb ein Franzose war, und einer böhmischen Mutter kam er siebenjährig nach Paris, wo er acht Jahre blieb. Vermählt mit der gleichalterigen Prinzeß Blanka gehörte er zur königlichen Familie und wuchs wie ein französischer Prinz auf. Hang zur Frömmigkeit zog den frühreifen Knaben zu dem Abt Peter von Fécamp, dem späteren Papst Clemens VI. hin, der als ausgezeichneter Prediger sein Herz bewegte. Durch ihn wurde Karl eingeführt in die Kenntnis der heiligen Schrift und in die Formen der theologischen Gelehrsamkeit. Die ganze Umgebung, die Größe der Stadt Paris, die Bedeutung ihrer Universität, die Fülle der französischen Königsmacht, die Ordnung des Staatswesens hinterließen in Karls Seele bleibende Eindrücke.

Mit fünfzehn Jahren kehrte der Sohn zum Vater zurück und trat ein in den Strudel politischer Umtriebe, in dem König Johann sein Lebenselement fand, und in eine lockere, der wilden Lust nachjagende Gesellschaft. Nach kurzem Aufenthalt in dem kleinen Luxemburg wurde Karl nach Italien gerufen, wo Johann damals seine abenteuerlichen Pläne betrieb, und sah dort eine neue Welt vor sich. In einem von Grund aus verworrenen Getriebe mußte der kaum zum Jüngling Herangewachsene selbständig auftreten, ins Feld ziehen, Verhandlungen voll hinterlistiger Ränke führen. Er sah sich bedroht von dem mörderischen Gift boshafter Feinde, verlockt von der süßen Lust sinnlichen Genusses. Als die Aussichten auf günstigen Erfolg hinschwanden, setzte Karl es beim Vater durch, daß er Italien verlassen durfte, und ging nach Böhmen. In seinem Heimatlande fühlte er sich zunächst als Fremder; seine Mutter war gestorben, seine Geschwister in andere Länder zerstreut, er hatte selbst die böhmische Sprache vergessen. Dem Siebzehnjährigen fiel die Aufgabe zu, aus eigener Kraft das zerrüttete Reich zu ordnen; nicht eine einzige Burg stand zu seiner Verfügung. Wie war dieses verwilderte Böhmen anders, als Frankreich und Italien! Karls treffliche Waltung fand nicht den Beifall des Vaters, der eifersüchtig dem Sohne die Leitung Böhmens wieder entzog; zwischen den ganz anders gearteten Naturen wuchs fortan der Zwiespalt. Doch kam keine Zeit der Ruhe. Kreuz und quer gingen die Fahrten, welche ganz Europa umfassenden Plänen dienten, nach allen Himmelsgegenden. Das Verhältnis zu dem feindseligen Kaiser Ludwig nahm Karls gespannte Aufmerksamkeit in Anspruch und erfüllte ihn mit heftigem Groll gegen die Wittelsbacher und mit der festen Ueberzeugung, daß sie auf sein und seines Hauses Verderben sännen. Aufs tiefste empfand er die Schmach, welche die schnöde Verjagung seines Bruders aus Tirol auf die ganze Familie häufte, aber er mußte die Rache vertagen. Wenigstens erreichte er 1342 vom Vater die selbständige Regierung Böhmens. Endlich kam die ersehnte Stunde: sein ehemaliger väterlicher Freund und Lehrer, Papst Clemens VI. entschloß sich zum Bruch mit Ludwig und berief die Luxemburger nach Avignon. Wir wissen, wie Karl dort die schwierigen Verhandlungen mit erwägender Vorsicht führte, wie er dann im August 1346 in Rense von seiner Partei zum römischen Könige ausgerufen wurde. Der Tod seines Vaters auf dem Schlachtfeld von Crecy machte ihn zum Könige von Böhmen und Herrn aller luxemburgischen Erblande.

Von seinen unmittelbaren Vorgängern im Reich hatte sich keiner vor der Thronbesteigung in so schwierigen und weitverschlungenen Verhältnissen bewegt, wie Karl, keiner von ihnen kannte so die Welt und hätte sich mit ihm an Wissen messen mögen. Man hat darüber gestritten, welcher Nationalität Karl angehört habe. Wenn er auch unter Deutschen ein Deutscher war, den Böhmen versicherte, daß er ihnen durch Geburt angehöre, gab ihm seine ganze Vergangenheit etwas Internationales, Kosmopolitisches, wie er auch fünf Sprachen, Lateinisch, Deutsch, Böhmisch, Italienisch und Französisch gleich fertig sprach und schrieb. Daher aber auch die Befähigung, für seine Staatskunst die allgemeine europäische Lage in Berechnung zu stellen.

Was er erlebt, gesehen, erfahren, hatte Karl innerlich verarbeitet; seine ganze Regierung ist durchdrungen von dem Wunsch, das in der Lernzeit Erworbene zu verwerten, den aufgehäuften Schatz von Kenntnissen jeder Art nutzbringend anzulegen. Sein Charakter war vollkommen ausgeprägt, als er die Herrschaft beider Reiche übernahm.

Weder seinem Großvater, Heinrich VII., noch weniger seinem Vater, auch nicht seinem Oheim Balduin glich er. Ihre frische, obgleich bei jedem in etwas anderer Weise ausgeprägte Art fehlte ihm. Bei aller Lebhaftigkeit war er keine freudige, fröhliche Seele. Ein Erbteil von seiner unglücklichen Mutter scheint in ihm die väterliche Familienanlage überwogen zu haben und auch in der äußeren Erscheinung unterschied er sich von jenen. Zwar war er ebenfalls nur von mittlerem Wuchs, aber seine Haltung mit etwas vorgeneigtem Haupte verriet, daß ihn Denkarbeit mehr in Anspruch nahm, als körperliche Leistung. Er hat sich zwar auf dem Schlachtfelde die Ritterwürde erworben und gezeigt, daß er den Manneskampf nicht fürchtete; auch im Turnier versuchte er sich, wie es die Sitte der Zeit erforderte, er pflegte wohl die Jagd, aber ohne Leidenschaft. Sein Körper erfreute sich nicht der vollen Gesundheit, wiederholt überfielen ihn schwere Krankheiten, namentlich die Gicht und Lähmungen. Auch die Schwärze des Haares machte Karl seinen blonden Verwandten unähnlich. Das Vorderhaupt mit flacher Stirn wurde früh kahl, doch umrahmte ein voller Bart Lippen und Kinn. Dem Gesicht gaben vorstehende Backenknochen Breite und Fülle; die Augen waren dunkel, groß und lebhaft, die Nase stark, der Mund mit voller Unterlippe etwas geöffnet.

Die kurze Verirrung des Jünglings diente dem Manne als abschreckendes Beispiel, so daß der König ein untadelhaftes Eheleben führte, doch blieb er nie lange in dem ihn dreimal treffenden Witwerstande. Schlicht und einfach war seine persönliche Lebensführung. Die tägliche Kleidung, gewöhnlich ein enggeschlossener kurzer Rock, entbehrte jeden Schmuckes; Speisen, Getränke, Lagerstätte boten nur das Notwendigste. Doch hielt es Karl für seine königliche Pflicht, auch Glanz zu entfalten; große Feste fehlten an seinem Hofe nicht, bereitwillig nahm er an ihnen teil, wenn sie anderweitig dargeboten wurden. Ueberhaupt war er leicht zugänglich und geneigt, Bitten persönlich Gehör zu gewähren. Er forderte sogar dazu auf, ihm Beschwerden namentlich über die Rechtspflege vorzubringen. Redeten vor ihm Gesandte oder Andere, so sah er dem Sprechenden nicht ins Gesicht; seine Augen überflogen unruhig die Umstehenden, während die Hände sich mit Schnitzeln an Holzstäben beschäftigten. Kein Wort entging ihm dabei, und klar und bündig war die sofort erteilte Antwort. Er liebte es, an die vom Redner gebrauchten Worte anzuknüpfen, unter Umständen sie mit Ironie zurückzuwenden. Nicht durch seine Räte, obgleich er mit richtigem Blick sich dazu tüchtige Männer aussersah, sondern in Person pflegte er wichtige Angelegenheiten entgegenzunehmen.

An Karls vielgestaltigem Wesen springt vielleicht kein Zug so auffällig hervor, wie der einer unbegrenzten Kirchlichkeit und eines damit zusammenhängenden Aberglaubens. Die Zeit war freilich voll davon, aber Karl hing diesen Neigungen überschwenglich nach. Es hat wohl kaum je einen eifrigeren Reliquienjäger gegeben, seine vielen Reisen dienten zugleich seiner Sammelwut für Heiligtümer. Er ließ allenthalben Gräber und Reliquiarien öffnen und bedeckte die heiligen Reste mit andachtsvollen Küssen; über seine Funde und Erwerbungen ließ er ausführliche Verzeichnisse aufnehmen, die er dann wohl mit seiner eigenen Handschrift in großen, etwas schwerfälligen Zügen beglaubigte; Zweifel über die Echtheit seiner beinernen Schätze scheinen ihn nie berührt zu haben. Er, der die Arbeit so hoch schätzte, ließ den Reliquien zu Ehren besondere Festtage einsetzen; er, der das Geld so zu würdigen verstand, sparte weder Silber noch Gold noch Edelgestein, um die heiligen Schädel und Knochen zu schmücken oder in prachtvolle Gehäuse zu legen. Die Husiten verdankten ihm später überreiche Beute. Die neue böhmische Königskrone, welche er anfertigen ließ, zierte für gewöhnlich das Haupt des heiligen Wenzel und wurde von ihm nur entliehen, wenn er ihrer bedurfte, und zwar für reichen Borgzins an dessen Kirche und Geistlichkeit. Die Liste der Klöster und anderer kirchlicher Stiftungen, welche er ins Leben rief, ist von gewaltiger Länge; verwandelte er doch sogar ein Haus in einem oberitalischen Städtchen, in welchem er einst als Jüngling ein merkwürdiges Gesicht gehabt, nachher als Kaiser in eine geistliche Anstalt. Denn in ihm waltete ein ganz eigenartiger Mysticismus; Träume, Visionen, die er hatte, übten auf seine Seele einen mächtigen Einfluß aus. In der Geschichte seiner Jugend, welche er selbst verfaßte, gedenkt er ihrer ausführlich und mit lebhafter Betonung; auch im späteren Alter schenkte er ihnen Aufmerksamkeit. Er leitete von ihnen eine Gabe der Voraussagung her; der Prager Erzbischof Johann pries in der dem gestorbenen Kaiser gehaltenen Leichenrede als Zeichen seiner Heiligkeit, daß ihm Gott im Traum und im Wachen Wundererscheinungen sandte, daß Karl Künftiges vorher verkündigte und Dämonen austrieb. Der Kaiser und seine Ergebenen glaubten an ein unmittelbares Eingreifen Gottes zu seinen Gunsten. Mit Andacht besuchte er den Gottesdienst und nahm voll demutsvoller Rührung oft die Sakramente, in seiner letzten Krankheit empfing er viermal die letzte Oelung; auch sonst unterzog er sich Handlungen äußerlicher Devotion. An jedem Weihnachtsfeste und bei anderen feierlichen Gelegenheiten las er in kaiserlichem Schmuck als Diakon das Evangelium vor dem Altar, und die Reichsinsignien waren ihm nicht allein die Pfänder seiner Herrschaft, sondern auch deren hochheilige Symbole von geheimnisvoller Kraft. Nicht Berechnung, etwa um die Unterstützung der Kirche zu gewinnen, bestimmte ihn, unzweifelhaft that er einem inneren Drange genug.

In den theologischen Wissenschaften war Karl so bewandert, daß er für einen Professor hätte gelten können. Die Einleitung zu seiner Jugendgeschichte liest sich wie eine Predigt, und er flocht auch die Auslegung eines biblischen Textes ein, wie sie ihm auf seinem Lager im Halbschlaf und Traum einkam; eine andere theologisch-moralische Abhandlung von ihm ist handschriftlich vorhanden, auch eine Bearbeitung der Wenzellegende. Er verstand es, die Bibel auszulegen, und ließ sich, wenn er ruhte, gern aus ihr vorlesen. Hoch ehrte er den geistlichen Stand, den er nach Kräften in Böhmen vermehrte; an dessen Personen begangene Frevel ahndete er aufs strengste.

Auch für andere Wissenschaften hatte er Sinn und Verständnis, besonders für die Geschichte. Ein beredtes Zeugnis davon ist eben jenes Stück einer Selbstbiographie, welches er im Sommer 1348 verfaßt hat. Ein Kunstwerk ist sie freilich nicht. Die Erzählung geht in schwerfälligem Latein glatt und nüchtern dahin, die Dinge nach ihrer Zeitfolge berichtend, ohne politische Betrachtungen. Jener mystisch-kirchliche Zug tritt überall hervor, daneben ein gewisser hypochondrischer Anflug, die Furcht vor Nachstellungen und Hinterlist. Mit starkem Selbstgefühl verbindet sich der Ausdruck eines zielbewußten Geistes, der, wo es angeht, auf das einmal Begonnene wieder zurückgreift. Unangenehm berührt die geringe Schonung gegen den Vater, König Johann, während des Papstes Clemens mit größter Hochachtung gedacht wird.

Welche Pläne Karl für die Regierung des deutschen Reiches hegte, offenbart das Schriftchen nicht, aber manchen Staatsgedanken enthält die Vorrede zu einem für Böhmen bestimmten Gesetzbuch, welche noch in den ersten Regierungsjahren Karls entstand. Wie Rousseau leitet Karl den Unfrieden auf Erden von der Entstehung des Eigentums her, doch das Heilmittel dagegen wurden die Fürsten. Um dem Verderben, welchem Böhmen anheimgefallen, zu steuern, sei er daran gegangen, Besitztum und Gerechtsame der Krone zurückzuerwerben. Doch es genüge nicht, Früheres zu bessern und Gegenwärtiges wohl zu ordnen, sondern auch die Zukunft wolle bedacht sein. Daher habe er nicht nur neue Gesetze gegeben zur Erhaltung der Gerechtigkeit und des Friedens, sondern auch die guten alten aufgesucht und gesammelt, damit geschriebenes Gesetz statt der früheren Unsicherheit das Recht leite.

Man sieht, historischer Sinn paart sich mit der Erkenntnis, daß eine feste Grundlage vorhanden sein müsse, welche zu schaffen ist aus dem Vergangenen und dem Vorhandenen. Sie soll schriftlich begründet werden, eine moderne Ansicht gegenüber der mittelalterlichen, welche das Gewohnheitsrecht mündlich fortpflanzen wollte und es dabei verfallen ließ.

Daß Karl ein vortrefflicher Wirtschafter war, hatte er bereits bewiesen. Sparsam und haushälterisch sammelte er das Geld jedoch nur, um mit seiner Hülfe große Zwecke zu erreichen. Der kluge Rechner wußte, wieviel in dieser Welt das blanke Gold bedeute, daß der damit beladene Esel die Pforten besser öffne, als das scharfe Eisen. Aber er hatte auch gezeigt, daß er, wo Geld nicht half, nachdrücklich durchgreifen konnte, daß die Rüstkammer seines Geistes auch andere Waffen barg, die zähe Hinterhaltigkeit, die feine List, die Geschicklichkeit, den Gegner über seine Absichten zu täuschen und in wohlerwogenen Worten scheinbar viel zu versprechen und doch Hinterthüren offen zu halten.

So war dieser neue König geartet, gewiß eine merkwürdige und außerordentliche Erscheinung! Er mußte nun zeigen, was er zu leisten im stande war, wieweit er die angesammelten Ideen ausführen, die von seinen Vorgängern abweichende Sinnesweise zur Geltung bringen konnte. Sein Besitz lag in zwei Teile getrennt: im äußersten Westen und im äußersten Osten des Reiches; jedenfalls brachte er als Herr von Böhmen und Mähren, der Länder Görlitz und Bautzen, eines beträchtlichen Teiles von Schlesien, der Grafschaft Luxemburg eine unvergleichlich größere Macht als irgend einer der letzten Könige dem deutschen Königtum mit.

Vorläufig wußten die Deutschen von ihm kaum mehr, als daß er durch den Papst auf den Thron erhoben worden, und das diente keineswegs zur Empfehlung. Unzweifelhaft wäre es Karl schwer geworden, Ludwig selbst zu verdrängen, aber durch dessen plötzlichen Tod wandte sich das Blatt. Karl erfuhr die freudenreiche Botschaft in Taus an der Spitze eines Heeres, mit welchem er in Baiern einfallen wollte.

Die Grenze wurde überschritten, das baierische Land verheert; als erster Stützpunkt bot sich die Reichsstadt Regensburg dar, welche die Thore öffnete. Daß auch der Nürnberger Rat Karl einließ und als König anerkannte, gab die beste Bürgschaft für weiteren Erfolg; die Zollernschen Burggrafen, die Grafen von Wirtemberg, andere fränkische und schwäbische Herren, auch einzelne Reichsstädte leisteten bereits Huldigung. Weiter ging der Zug in den Elsaß, von

Straßburg nach Basel, dann wieder den Rhein abwärts nach Speier, Worms und Mainz; in Ulm unterwarfen sich selbst die verbündeten schwäbischen Reichsstädte. Als der König Ende Februar 1318 nach Böhmen zurückkehrte, war mit Ausnahme der Wittelsbacher und weniger noch Widerstrebenden ganz Süddeutschland für ihn gewonnen. Aus den nördlichen Teilen des Reiches kamen ebenfalls anerkennende Botschaften; der kluge Herzog Albrecht II. von Oesterreich ließ sich herbei, gegen wertvolle Zugeständnisse seine Lehen von Karl zu nehmen, und verlobte seinen achtjährigen Sohn Rudolf mit Karls sechsjährigem Töchterchen Katharina.

Nicht mit Waffengewalt war das alles erreicht worden. Freigebig streute Karl überall seine Urkunden aus, alte Rechte bestätigend, neue verleihend, ohne ängstlich zu markten; auch mit Schenkungen, mit Pfandverschreibungen, mit Geldverbriefungen sparte er nicht. Er erkaufte das Reich mehr, als daß es sich ihm unterwarf.

Der Papst gedachte, die Vorteile, welche ein von ihm erhobener König zu bieten schien, gründlichst auszunützen und betrachtete Karl als ergebenen Sohn, über den er zu gebieten habe. Erlaubte er sich doch, dem Könige Vorschriften zu machen, wie er sich seiner Würde entsprechend kleiden solle, und ermahnte ihn von Turnieren abzulassen. Er hatte eine Formel aufgestellt, auf Grund deren der Erzbischof von Prag und der Bischof von Bamberg die Reumütigen lossprechen durften; sie zeigt, wie er auch politisch den über Ludwig errungenen Sieg ausnützen wollte. Die in die Kirche wieder Aufzunehmenden sollten unter anderem erklären, sie hielten es für ketzerisch, daß der Kaiser einen Papst absetzen und einen andern ernennen könne; sie würden fortan keinem Kaiser gehorchen, der nicht zuerst von der Kirche approbiert wäre, und mit Ludwigs Witwe und Söhnen, solange sie in Rebellion gegen Kirche und König beharrten, keine Gemeinschaft pflegen. Karl ließ in den Städten diese Formel vorlegen, aber als sie, wie in Basel und Worms, entschiedenen Widerstand der Bürger hervorrief, einfach die Freisprechung erteilen. Indem er mit dem Papste fortgesetzt Verhandlungen über eine Milderung der Lösebedingungen führte, zog er die Angelegenheit hin, bis sie endlich gegenstandslos wurde.

Den Söhnen Kaiser Ludwigs gegenüber führte er gleichfalls eine selbständige Politik. Die Kurie wünschte, daß er an ihnen die Rache der Kirche vollstrecken solle, doch auch diese Hoffnung hat er nicht erfüllt.

Die Wittelsbacher betrachteten natürlich Karls Königtum als nicht zu Recht bestehend, und wenn sie ihre ganze Macht zusammennahmen, so konnten sie schon versuchen, ihm die Herrschaft streitig zu machen. Kaiser Ludwig hinterließ sechs Söhne, von denen drei, Wilhelm, Albrecht und Otto, noch unmündig waren. Von den anderen war Ludwig der Aeltere bei dem Tode des Vaters zweiunddreißig Jahre alt, der zweite, Stephan, ein Jahr jünger, der dritte, Ludwig der Römer, zählte erst neunzehn Jahre. Zunächst erbten alle sechs gemeinsam das Herzogtum Ober- und Niederbaiern; Holland war im Besitz der Kaiserinwitwe Margaretha. Das Haupt der Familie war demnach Ludwig, der zugleich Markgraf und Kurfürst von Brandenburg und durch seine Ehe mit Margaretha Maultasch Herr von Tirol war, ein schöner ritterlicher Herr, aber leichtlebig und haltlos, der in keinem der Länder, welche er regiert hat, die Zuneigung der Unterthanen erwarb. Wollte man den Böhmen nicht anerkennen, so mußte ihm ein anderer König entgegengestellt werden. Dazu war eine Wahl durch Kurfürsten erforderlich, für welche zur Verfügung standen die Stimme des Pfalzgrafen Rudolf, die Teilstimme der Herzöge von Sachsen-Lauenburg, die des vom Papste abgesetzten Erzbischofs Heinrich von Mainz und endlich die Ludwigs selbst als Markgrafen von Brandenburg. Eine Wahl war also zu machen, die als rechtmäßige gelten konnte. Am nächsten hätte gelegen, daß Ludwig selber als Bewerber auftrat. Aber gegen ihn sprach nicht allein, daß er der Sohn des von der Kirche gebannten Kaisers war, sondern noch vielmehr seine anstößige Eheverbindung. Auch die Pfälzer machte die Verwandtschaft mit dem verstorbenen Herrscher weniger geeignet.

Hätte man nur wenigstens schnell gehandelt! Aber weder trat Ludwig dem aus Böhmen herandringenden entgegen, noch suchte er Karl während dessen Aufenthalt im Reiche zu bekämpfen. Statt sofort einen deutschen Fürsten zu gewinnen, verfielen die Wittelsbacher auf einen absonderlichen Plan, der, selbst wenn er durchgesetzt wurde, kostbare Zeit in Anspruch nahm. Am 10. Januar 1348 wurde zu Lahnstein König Eduard III. von England gewählt, doch nicht von den Kurfürsten persönlich, sondern nur durch deren Bevollmächtigte. Aber Karl wußte seine Gegner zu treffen. Er zog Markgraf Wilhelm von Jülich, den Schwager des verstorbenen Kaisers und des englischen Königs auf seine Seite, indem er ihn mit dem vierten Teil der holländischen Erbschaft, welche die Baiern inne hatten, belehnte, und sandte ihn als geeignetsten Unterhändler übers Meer. Eduard war zufrieden, daß der deutsche König seinen Unterthanen gestatten wollte, im englischen Dienst gegen Frankreich zu fechten, und dankte für den angebotenen Thron. Vermutlich köderte auch ihn Karl außerdem mit Aussichten auf Erwerb in Holland.

Karl hatte Zeit gehabt, sich im Reiche zu befestigen; jetzt war es schon viel schwieriger, ihn zu stürzen. Die Baiern suchten nun nach einem deutschen Fürsten, der für sie eintreten wollte, und hofften ihren Schwager, Markgraf Friedrich von Meißen, zur Annahme des Königtums zu bewegen.

Karl zog einem offenen Kampfe vor, den Wittelsbachern anderweitig Schwierigkeiten zu erwecken, und Angriffspunkte gab es genug. Eben hatte er Störungen in Holland angebahnt, den in Tirol gegen Ludwig geführten Kampf ermunterte er fortwährend und auch die Mark Brandenburg, mit deren links von der Elbe gelegenem Teile er den Herzog Rudolf von Sachsen bereits belehnt hatte, bedrohte er. Erzbischof Otto von Magdeburg hatte gehuldigt, ehe noch der Kaiser starb; jetzt zog Karl auch die pommerschen Herzöge auf seine Seite und erhob die mit Stargard belehnten Mecklenburger Brüder zu Herzögen. Bei allen diesen Herren als erblichen Feinden der Mark erweckte das Luxemburger Königtum die frohe Hoffnung, das Land zerreißen zu können.

Gleichwohl war der König bereit, mit den Baiern ein Abkommen zu treffen, und Herzog Albrecht von Oesterreich übernahm die Vermittlung. Nach den Gelübden, welche Karl abgelegt, konnte er mit den Baiern eigentlich nicht verhandeln, und wenn er dem Papste vorher Mitteilung machte, so geschah es in der Absicht, sein Entgegenkommen zu begründen und auch bei der Kurie einen Ausgleich vorzubereiten. Indessen die Zusammenkunft in Passau nahm einen üblen Verlauf. Mit aller Leidenschaft trat Ludwig gegen Karl auf, seine Ritter beschimpften das königliche Wappen. So war vorläufig Kampf die nächste Losung.

Da durchflog plötzlich die deutschen Lande eine wunderjame Mär. Ein Mann war aufgetreten, der behauptete, er sei der Markgraf Waldemar, den man seit neunundzwanzig Jahren gestorben wähnte. Er habe damals eine andere Leiche in den Sarg legen lassen, selber aber aus Gewissensangst, weil er mit seiner Frau in zu naher Verwandtschaft gestanden, die Heimat verlassen und bis jetzt zur Buße in dem heiligen Lande gelebt.

Daß Betrug vorlag, ist nicht zweifelhaft, wohl aber, wer ihn veranlaßte, ob der angebliche Waldemar aus eigener List handelte oder von Anderen zum Werkzeug gemacht wurde. Denn wenn auch Zeitgenossen einzelne Fürsten, namentlich den sächsischen Herzog Rudolf, als Urheber der Täuschung beschuldigten, so war das nur ihre Vermutung; etwas Sicheres wußte niemand. Daher sind auch die Behauptungen, jener Mensch sei ein Müller oder Bauer gewesen und habe ursprünglich so oder so geheißen, nicht zu erweisen. Jedenfalls muß er irgendwie nähere Kenntnis von dem echten Waldemar, dem er mit seiner kurzen, untersetzten Figur glich, besessen oder erhalten haben, denn er gab über mancherlei Vorkommnisse aus jener Zeit richtigen Bescheid. Den dem Markgrafen Ludwig feindlichen Fürsten war er willkommen, und weil man gern glaubt, was man wünscht, so mögen sie sich leicht entschlossen haben, die Echtheit anzuerkennen und zu verteidigen. Von den Anhalter Grafen macht ihr Verhalten zu Waldemar auch nach seinem Sturz sogar glaublich, daß sie wirklich von ihm überzeugt waren. Als somit die Fürsten für den Wiedererschienenen eintraten, fand er auch beim Volke Glauben. Das Wunderbare reizt immer; war es doch noch gar nicht so lange her, daß die Sage, Friedrich II. sei nicht gestorben, Abenteurer veranlaßte, sich als den Kaiser vorzustellen, und auch sie hatten ihren Anhang gefunden.

Vom Magdeburger Gebiet aus geleiteten im Augustmonat Erzbischof Otto, Sachsen und Anhaltiner ihren Schützling mit Heeresmacht in die Altmark, deren Städte keine Schwierigkeiten machten und ihren vermeintlichen alten Herrn ehrenvoll empfingen. Die Pommern besetzten die Ukermark; bald war fast das ganze Land in den Händen der Verbündeten. Endlich eilte Markgraf Ludwig herbei und warf sich in die wohlbefestigte Stadt Frankfurt an der Oder.

Es ist nicht anzunehmen, daß Karl an der Aufstellung des Betrügers Anteil hatte, aber er zauderte nicht, sie auszunützen. Einige Fürsten und Herren, unter ihnen Herzog Rudolf von Sachsen und Graf Albrecht von Anhalt, welche den wirklichen Waldemar noch gekannt hatten, erhielten den Auftrag, die Person des gegenwärtigen „zu versuchen und zu erkennen," und ihr Spruch lautete wie zu erwarten dahin: „sie hätten auch bei anderen Leuten, welche den Markgrafen gekannt, gewißlich erfahren, daß er es sei". Daraufhin vollzog Karl vor Frankfurt feierlich die Belehnung und gebot allen Landesbewohnern Unterwerfung. Da von dem alten Manne keine Nachkommenschaft zu erwarten war, erhielten für den Fall seines erblosen Todes die jüngeren Herzöge von Sachsen und die Grafen von Anhalt die Belehnung mit der Mark. Doch mußte dem

Könige für seine Bereitwilligkeit sofort ein Preis ausgezahlt werden; Waldemar trat ihm die Niederlausitz ab.

Vergebens waren jedoch die Bemühungen, dem Markgrafen Ludwig Frankfurt zu entreißen, und nach einiger Zeit zog Karl ab. Auch Ludwig wagte, die Mark auf einige Zeit zu verlassen, denn wahrscheinlich schwebten zwischen ihm und dem Könige schon wieder Verhandlungen, da sie beide gleichzeitig im Dezember zu Dresden am Hofe des Meißener Markgrafen Friedrich erschienen. Friedrich hatte sich inzwischen von Karl das ihm von den Wittelsbachern angetragene Gegenkönigtum abkaufen lassen und den Luxemburger anerkannt. Ob er nun versuchte, die Gegner zu versöhnen, jedenfalls gelang es nicht und der Baier wußte wiederum keinen andern Ausweg, als den schon abgenutzten Gedanken, einen Gegenkönig aufzustellen.

Die Auswahl war freilich nicht groß, und die Eile zwang zu nehmen, wen er fand. Graf Günther von Schwarzburg, seit langem ein treuer Freund der Wittelsbacher, traute sich Mut und Glück zu, nach der Königskrone zu greifen. Sein Besitz war freilich mehr als gering, denn er umfaßte außer dem Stammsitz, der Blankenburg, nur wenige Ortschaften, an denen noch dazu Neffen Anteil hatten. Aber Günther stand im kräftigsten Mannesalter und war ein schlagfertiger, tapferer Rittersmann, aus mancher glücklichen und durch das Lösegeld Gefangener einträglichen Fehde bekannt. Er brachte also ein gutes Schwert mit, und dem Kühnen gehört die Welt! Mehr als er hatte Adolf von Nassau auch nicht gehabt und doch ritterlich und ruhmreich die Krone getragen!

Während Ludwig in die Mark zurückeilte, hatte seine Botschaft bei den Parteigenossen den gewünschten Erfolg. Heinrich von Mainz begab sich nach Frankfurt und lud von dort die Kurfürsten für den 16. Januar 1349 ein, dem durch Kaiser Ludwigs Tod erledigten Reich einen neuen Herrn zu geben. Er selbst, sowie die Pfalzgrafen, gaben alsbald am 1. Januar Günther zur größeren Sicherheit schriftlich die Erklärung, daß sie ihn zum Könige gewählt hätten, und das Gelöbnis der Unterstützung. Am festgesetzten Tage erschien wirklich Günther mit Streitmacht auf dem Felde vor Frankfurt, von den Kurfürsten nur der Mainzer. Die Wahlhandlung wurde daher hinausgeschoben, da sie durch die persönliche Anwesenheit mehrerer Kurfürsten größeres Gewicht erhalten sollte. Die Wittelsbacher kamen auch wirklich und so wurde am 30. Januar die Kur vollzogen. Nachdem die üblichen Vorfragen erledigt, die Erledigung des Reiches festgestellt und die Stimmen der nichterschienenen Kurfürsten als ausfallend erklärt waren, riefen Heinrich von Mainz, Pfalzgraf Rudolf mit seinem Bruder Ruprecht und Markgraf Ludwig, der auch die Lauenburger Stimme führte, den Schwarzburger als König aus, erließen die üblichen Schreiben ins Reich und verlangten von Frankfurt Einlaß. Dem Rate war trotz aller guten Gesinnung für Günther die Sache offenbar recht unangenehm und er suchte sich schlau aus der Verlegenheit zu ziehen, indem er behauptete, Günther müsse dem Herkommen gemäß erst sechs Wochen und drei Tage vor der Stadt lagern; eine neue willkürliche Bereicherung des deutschen Staatsrechts, mit welcher er für die Folgezeit allerdings Glück hatte. Indessen gab der Rat bald nach, wie es scheint unter der Bedingung, daß Günther vorher seine Truppen vor der Stadt entferne, und so konnte der Erwählte nach einigen Tagen seinen festlichen Einzug halten.

Günther blieb die nächsten Wochen in und bei Frankfurt, ohne daß sein Anhang sich vermehrte, nur die kleinen Städte Friedberg und Gelnhausen erkannten ihn an.

Sorgsam und vorsichtig arbeitete König Karl ihm entgegen. Erst versicherte er sich der Treue Thüringens, dann ging er nach dem Rhein, wo auch sein Gegner Freunde warb, um diesem den Weg nach Aachen zu verlegen. Erzbischof Balduin, der gute Haushalter, gab das nötige Geld her. Gegen große Verheißungen trat auch die mächtige Stadt Köln zu Karl über, eine große Zahl von rheinischen und westfälischen Herren folgte ihrem Beispiel.

Günthers Schicksal hing ganz davon ab, ob seine Wähler sich wirklich thatkräftig seiner annahmen. Er hatte auf einen fröhlichen Kampf gerechnet, aber große Schläge zu führen fühlte er sich offenbar zu schwach, so daß er die beste Zeit zum Handeln verstreichen lassen mußte. Karl aber verstand es, ihn gründlich matt zu setzen und führte einen meisterhaften Streich. Im vorigen Jahre hatte er seine Gemahlin Blanka durch den Tod verloren, und da er kein verächtlicher Ehemann war, zog er seine Wiederverheiratung alsbald in die Berechnung. Papst Clemens schlug gleich eine französische Prinzessin vor, aber das Bündnis mit Frankreich hatte augenblicklich keinen großen Wert. Mehr konnte der englische König bei seinen Beziehungen zu den Baiern nützen, und in der That verhandelte Karl über eine Heirat mit Eduards Tochter. Doch plötzlich traf er eine andere Wahl, indem er um Anna, die Tochter des Pfalzgrafen Rudolf warb. Ueberraschend schnell vollzog sich alles, schon am 4. März wurde in Bacharach die Hochzeit gefeiert. Die neue Gemahlin brachte Karl eine gute Mitgift mit, die auf Herrschaften der Oberpfalz verschrieben wurde, und sogar Aussichten auf den Erwerb der Pfalz. Die Hauptsache war jedoch, daß die feindliche Verbindung gesprengt, die baierischen Wittelsbacher von ihren nächsten Verwandten getrennt waren.

Vergebens hatte Karl sich inzwischen bemüht, den Gegenkönig zu Friedensverhandlungen zu bewegen, und so wurde Mitte Mai der Feldzug mit der Brechung der Mainz gegenüberliegenden Feste Kastel eröffnet. Günther war von Frankfurt aus bis dorthin vorgedrungen; als er dann nach dem festen erzbischöflichen Städtchen Eltville zog, erlitten seine Truppen durch Graf Eberhard von Wirtemberg eine arge Schlappe. Karl legte sich vor Eltville, aber unerwartet schnell kam der Kampf zum Ende.

Karl selber meldete seinen Freunden, Günther, Ludwig von Brandenburg, Heinrich und Pfalzgraf Ruprecht seien nach Eltville geflohen, wo er sie belagert und bezwungen habe. Nach anderen Nachrichten kam Ludwig von Brandenburg erst herbei, als Karl schon vor Eltville lagerte, doch nicht um zu kämpfen, sondern um Frieden zu schließen.

Jedenfalls führte nicht der kriegerische Erfolg Karls allein die Einigung herbei, wenn man ihn auch nicht ganz außer Anschlag lassen darf. Seine Gegner hatten eingesehen, wie fest er im Reiche saß, während ihr Geschöpf nichts Nennenswertes vorwärts gebracht hatte. Zudem war Günther ein gebrochener Mann, denn ein schweres körperliches Leiden hatte ihn schon in Frankfurt ergriffen. Das geschäftige Gerede gab, wie damals so oft, einer Vergiftung die Schuld, und allenthalben erzählte man sich die gleiche Geschichte. Ein Frankfurter Arzt Freibank bereitete dem sich unwohl fühlenden König einen Trank, aber gezwungen, ihn vorher zu kosten, erlag er zuerst dem hineingethanen Gift; König Karl hätte ihn bestochen, hieß es. Der Name des angeblichen Uebelthäters ist allerdings nicht erfunden. Freibank war ein gelehrter, reicher und angesehener Arzt, der in der That zur Zeit von Günthers Aufenthalt in Frankfurt starb. Ueber das Märchen, welches ja ergibt, daß Günther von selbst erkrankt war, noch ein Wort zu verlieren, ist überflüssig.

Karl kam in jeder Weise entgegen, wie die am 26. Mai geschlossenen Verträge zeigen. Sie stecken voll von politischen Kniffen, ganz entsprechend dem absonderlichen Zustande, in welchem Reich und Fürsten sich befanden. All' diese verwickelten Fragen ließen sich eben nicht einfach lösen.

Zunächst kam Erzbischof Heinrich in Betracht, dem Eltville gehörte und dessen Scharen die hauptsächlichste Kriegsmacht Günthers bildeten. Wie früher erzählt, hatte Papst Clemens Heinrich abgesetzt und an seine Stelle Gerlach von Nassau ernannt, der die Wahl Karls in Rense leitete. Jung und kraftlos vermochte er jedoch nicht im Stifte Fuß zu fassen. Der König gelobte nun, dem Erzbischofe Gerlach gegen Heinrich keinen kriegerischen Beistand mehr zu leisten und übergab letzterem eine Urkunde, welche die Stiftsprivilegien bestätigte, ohne einen der Erzbischöfe zu nennen. So war zunächst für Heinrich der Besitz des Erzstifts mindestens in dem gegenwärtigen Umfang gesichert, da Gerlach ohne die Hülfe des Königs keine große Sorge bereiten konnte. Dem Namen und Titel nach galt für Karl noch immer Gerlach als der rechtmäßige Bischof, aber der Nassauer mochte allein sehen, wie er sich in Besitz setzte. Für Papst Clemens und das päpstliche Ansehen war dieser Ausgang freilich wenig erfreulich, der König aber hatte den Vorteil, daß Gerlach wie Heinrich seiner Gunst bedurften.

Ganz ähnlich wie in der mainzischen Sache verhielt sich Karl in der märkischen. In allgemein gehaltenen Urkunden schloß er mit sämtlichen baierischen Herzögen Frieden und bestätigte ihnen alle ihre Länder und Rechte, ohne sie im einzelnen zu bezeichnen. Nach allem Vorangegangenen konnte Karl vorläufig den von ihm anerkannten Markgrafen nicht sofort und vollständig aufgeben, aber er versprach, dem „hochgeborenen Waldemar, Markgrafen von Brandenburg, seinem lieben Schwager und Fürsten" keinen Beistand zu leisten, wenn Ludwig gegen diesen Krieg führen wolle. Dagegen wurde der Streit um Tirol gleich beigelegt, indem der König für sich und seine Erben seine Rechte auf Kärnthen, Tirol und Görz aufgab und die Titel dieser Länder gleich Ludwig beilegte. Zugleich versprach er seine guten Dienste zur Lösung des Kirchenbannes, zu welchem Zwecke er selbst mit Ludwig nach Avignon gehen wollte. Ludwig im Namen seiner Familie erkannte dafür Karl als König an und versprach, die Reichskleinodien nach der Befreiung von den Kirchenstrafen ihm auszuliefern.

Auch gegen Günther, der auf das Reich verzichtete, benahm sich Karl sehr anständig, indem er ihm Reichsstädte und Reichseinkünfte verpfändete und seinen

Anhängern volle Gnade zusicherte. Der Todkranke wurde unter königlichen Ehren auf einer Bahre nach Frankfurt zurückgetragen, dessen Bürger er von dem ihm geleisteten Eide entband. Dann starb er am 14. Juni und wurde in des Königs Beisein ehrenvoll im Dom bestattet, wo noch heute die ihm bald darauf gesetzte Grabplatte sein Andenken bewahrt.

Günther unterschied sich in nichts von den übrigen Herren seiner Zeit, welche jede Gelegenheit zum Emporkommen begierig ergriffen, und nur sein trauriges Ende hat ihn mit einem romantischen Schimmer umgeben. Dagegen sollte Karl mehr Anerkennung finden, als ihm gewöhnlich zu teil wird. Er war zur Nachgiebigkeit bereit, sobald sich die Möglichkeit bot und soweit er für den Augenblick gehen konnte. Er vermied einen schweren Krieg und machte seinen Gegnern viel größere Zugeständnisse, als sie ihm. Er verlangte von ihnen nur die Anerkennung, die sie ihm kaum noch versagen konnten, und wagte es wiederum, den Papst zu enttäuschen. Clemens war tief verstimmt; als ihm Karl sofort seine baldige Ankunft mit dem Baiern meldete, schrieb er ihm zurück, die gegenwärtigen Zustände im Reiche machten ratsam, dort zu bleiben.

Heinrich, Rudolf und Ludwig meldeten ins Reich, daß sie nunmehr ihre Kur an Karl gekehrt hätten. Um die Mängel seiner Wahl und Krönung zu ergänzen, ließ er sich in Frankfurt auf den Altar des heiligen Bartholomäus setzen und darauf am 25. Juli in Aachen nochmals mit der Krone zieren. Der Kölner Erzbischof Walram weilte in Paris, wo er auch bald starb, aber er, der rechtmäßige Ausüber der Krönung, hatte ja seinerzeit seines Amtes in Bonn gewaltet, so daß nun Erzbischof Balduin ihn vertreten konnte. Auch Karls neue Gemahlin, die pfälzische Anna, empfing dort die Krone der Königin.

In der Mark hatte die allgemeine Lage inzwischen keine wesentliche Aenderung erlitten. Die Verbündeten hielten weiter zusammen und schlossen Verträge über die Ausnutzung und Teilung der Beute. Die Baiern fanden jedoch einen Bundesgenossen in dem thatenlustigen dänischen Könige, der mit den Mecklenburgern verfeindet bei Wismar landete und sich mit den Pommern verbündete. Er drang nach Berlin vor, welches zu Waldemar hielt, und lagerte vor der Stadt, ihm gegenüber die nachgerückten Mecklenburger, bis ein Waffenstillstand weiteren Kampf verhinderte. Markgraf Ludwig, der im Spätherbst in die Mark kam, errang nun manche Vorteile, wie die Aussöhnung mit Pommern; schon begannen sich märkische Herren und Städte ihm wieder zuzuwenden. Den gegen ihn Verbündeten sank darob der Mut, da auch ihre Mittel erschöpft waren, und der König trug nun kein Bedenken mehr, die in der Not ergriffenen Maßregeln rückgängig zu machen, wie er seit dem Eltviller Frieden beabsichtigte. Anfang Februar 1350 trafen zu Bautzen König Karl und die Wittelsbacher nebst Freundschaft und Anhang zusammen: Ludwig von Brandenburg und sein Bruder Ludwig der Römer, Pfalzgraf Ruprecht, Herzog Erich von Lauenburg, die Schwarzburger, schlesische Fürsten und andere Herren, auch König Waldemar von Dänemark. Die Wettiner kamen ebenfalls, aber ihre Familie leitete nicht mehr das bisherige Haupt, denn Markgraf Friedrich war vor wenigen Monaten erst neununddreißig Jahre alt gestorben. Man nannte ihn später den „Ernsthaften", und thatkräftig hatte er gewaltet. Er hinterließ zwei mündige Söhne,

Friedrich und Balthasar, von denen der ältere allein über die beiden unmündigen Brüder die Vormundschaft führen sollte. Auch Friedrich war erst siebzehn Jahre alt, ein schöner Jüngling von schlanker Gestalt und goldbondem Lockenhaar.

In Betreff des angeblichen Markgrafen bekannten die Fürsten, wenn sie einen Eid leisten sollten, würden sie eher schwören, daß er der rechte Waldemar nicht sei, als daß er es sei. Demgemäß erteilte Karl Ludwig und dessen beiden Brüdern Ludwig und Otto feierlich die Belehnung mit den Marken zu Brandenburg und zu Lausitz und dem Kurrechte. Auch mit Kärnthen und Tirol nebst Zubehör belehnte er Markgraf Ludwig. Er versprach zugleich sich zu bemühen, „als ob es sein eigen Ding wäre", daß die baierischen Brüder bis Michaeli aus dem geistlichen Bann kämen, und sollte es bis dahin nicht glücken, seine Anstrengungen fortzusetzen. Er verzichtete sogar auf die Niederlausitz, die er sich von Waldemar hatte abtreten lassen. Acht Tage nach Ostern wollte Karl in Nürnberg des Reiches Fürsten und Herren urteilen lassen, ob der zu diesem Zweck vorzuladende Waldemar wirklich der totgeglaubte sei, und als dort weder Waldemar noch jemand von dessen Partei erschien, lautete der Rechtsspruch des Gerichts einfach zu Ludwigs Gunsten, den der König feierlich in Ans und Gewere der Mark setzte.

Der König begnügte sich damit, daß Ludwig ihm die Reichsinsignien auslieferte. Wenn er auch nicht selber mit Waffen für den Wittelsbacher einschritt, fuhr er doch fort, ihn mit seinen Briefen und Befehlen zu unterstützen. Daher schadete es Ludwig nichts, als die Kurie, welche das Auftreten des falschen Waldemar als eine göttliche Fügung begrüßt hatte, bald nach dem Nürnberger Ausgleich auf Betreiben des Bischofs von Lebus Bann und Interdikt über den Markgrafen und dessen Anhänger erneuerte.

Feldzüge, im Spätsommer 1350 und im folgenden Jahre unternommen, brachten glücklichen Erfolg, namentlich die Unterwerfung von Berlin-Köln. Ludwig der Aeltere trat Ende 1351 die Mark an seinen Bruder Ludwig den Römer ab, der damit die Aufgabe übernahm, das Land völlig zurück zu gewinnen. Ohne schwere Opfer ging es schließlich nicht ab; Mecklenburg, Pommern, Magdeburg erhielten nicht unbedeutende Abtretungen, Sachsen eine Geldzahlung. So blieben nur noch die Anhaltiner übrig, die erst 1355 ihren Frieden schlossen. Sie empfingen Geldentschädigung, wogegen Waldemar seine letzten Getreuen, die Städte Brandenburg und Görzke, ihrer Pflicht entband und auf die Mark zu Gunsten Ludwigs verzichtete. Die Anhaltiner hielten ihn weiter in Ehren und bestatteten ihn nach seinem Tode ehrenvoll in ihrer Residenz Dessau.

Dritter Abschnitt.

Vorgänge und Veränderungen im Reich.
1350—1354.

Nichts vermag die Lebenskraft des menschlichen Geschlechtes zu brechen. Aus allen Nöten und Drangsalen bricht sie mit neuer, verstärkter Kraft hervor, der Ueberlebende freut sich des rosigen Lichtes, das er weiter schauen darf, und der leergewordene Platz des Nachbarn dient ihm zur freieren Regung der eigenen Arme, sobald die fortschreitende Zeit die Bilder des betäubenden Schreckens in seiner Seele verwischt hat. Das ganze Mittelalter hindurch wüteten die Würgengel der Völker, Seuche und Hungersnot, in Europa weit entsetzlicher, als in unseren Tagen, doch so fürchterlich hat nie eine Pest gehaust, wie „der schwarze" oder „große Tod". Aus Asien kam er gegen Ende 1347 an die Küste des Schwarzen und Mittelländischen Meeres; von dort aus drang er auf verschiedenen Wegen in das Innere der Länder. Er entvölkerte Italien, Frankreich, Spanien, doch ebenso England und die skandinavischen Gebiete bis nach Island hin. Deutschland wurde von verschiedenen Seiten her ergriffen und drei Jahre lang sanken ungezählte Opfer dahin; gewöhnlich dauerte die Seuche an den einzelnen Stellen mehrere Monate. Nur wenige Gegenden, wie Ostfranken und Böhmen, blieben merkwürdigerweise ganz oder zum größten Teil verschont. Meist verfielen die Ergriffenen schon am dritten Tag dem Tode, längstens bis zum siebenten. Es ist ganz unmöglich, auch nur annähernd den Menschenverlust zu schätzen, den Deutschland erlitt, denn selbst für einzelne Orte liegen nur unsichere Nachrichten vor, aber man meinte, es sei leichter zu zu zählen, wie viele übrig geblieben, als wie viele umgekommen seien.

Alle gesellschaftliche Ordnung stockte, wo die Pest die Herrschaft führte, und auch die menschlichen Gefühle erstarben in dem Jammer. So gesellte sich zum Gräßlichen Gräßliches. Schon das Vorspiel war schauerlich. Von Südeuropa her verbreitete sich der Wahn, die Juden vergifteten die Brunnen, und der wütende Haß gegen die fremde Kaste, den religiöse und wirtschaftliche Gründe immer lebendig hielten, flammte durch die Todesangst geschürt fürchterlich in allgemeinen Judenmetzeleien auf, die fast alle Städte Deutschlands mit Blut und Brand befleckten. Nur selten erhob sich ein schützender Arm über den Elenden, obgleich Vernünftige, wie Papst Clemens und andere Gelehrte, dem Aberglauben widersprachen. König Karl wehrte zwar in seinen eigenen Ländern die Verfolgung der Juden ab, aber das im Reich Geschehene nahm er hin und zog sogar seinen Vorteil aus dem „Judenschlag". Die Blutarbeit verrichteten vielfach die Geißelbrüder. Der Zorn Gottes, der seine Geißel über die entartete Menschengesellschaft schwang, sollte gesühnt werden durch freiwillige Selbstpeinigung; Botschaften vom Himmel selbst hatten dazu aufgefordert. Von Ort zu Ort, anwachsend wie die Lawinen, wälzten sich die Scharen der mit dem roten Kreuz bezeichneten Büßer; zweimal täglich vollzogen sie öffentlich unter düsteren Gesängen auf ihren entblößten Rücken die grausame Uebung. Mit ehrfürchtigem Staunen unter Glockengeläute wurden sie anfangs empfangen, aber bald wurde das anders. Nicht allein, daß sich Gesindel den ehrlichen Fanatikern zugesellte, ihre zügellose Phantasie richtete sich auch gegen Kirche und Geistlichkeit, deren Unwürdigkeit dem Opfer der Geißelung nicht gleichkomme. So erlosch die Bewegung, vom Papste verboten, von den Obrigkeiten verfolgt, doch tauchten ähnliche Erscheinungen später wieder auf, gerade wie die Seuche noch mehrmals zurückkehrte.

Allmählich beruhigten sich die Herzen, und „die Leute fingen wieder an fröhlich zu sein". Die Folgen der Verheerung blieben freilich lange fühlbar; noch nach Jahren wurde geklagt, daß den Feldern die Besteller fehlten. —

Die Wiedererstattung der Mark Brandenburg führte zu keinem dauernden Frieden zwischen König und Markgraf. Ludwig erhob mancherlei Klagen, namentlich daß der König nicht die versprochene Lösung vom päpstlichen Banne bewirkte. Aber wahrscheinlich war Clemens dazu nicht zu bewegen, da er längst gemerkt hatte, wie wenig sein ehemaliger Schützling den auf ihn gesetzten Erwartungen entsprach. Sein Verhältnis zum deutschen Könige wurde sehr kühl; er ernannte nach dem Tode Walrams einen andern Erzbischof von Köln, als Karl begehrte, und als dieser durch eine feierliche Gesandtschaft die Genehmigung seines beabsichtigten Romzuges nachsuchte, erhielt er ein nacktes Nein! zur Antwort. Karl ließ es die Wittelsbacher nie empfinden, daß sie im Kirchenbanne standen, und es war gewiß nicht allein seine Schuld, wenn zwischen ihm und Ludwig fortwährend Streitfragen schwebten. Darauf wirkten auch die inneren Verhältnisse der Wittelsbachischen Familie ein.

Entgegen den Bestimmungen des Vaters zerlegten die Söhne zu wiederholten Malen ihre Lande, so daß sie schließlich 1353 vier regierende Linien bildeten. Ludwig der Aeltere überließ die Mark Brandenburg seinen Brüdern Ludwig dem Römer und Otto, wogegen er Oberbaiern behielt. Niederbaiern teilte Stephan, der in Landshut seinen Sitz nahm, mit Albrecht und Wilhelm, welche den nördlichen Teil mit Straubing und die niederländischen Gebiete bekamen. Unter ihnen gab es wieder Parteiungen: Wilhelm in Holland zerfiel mit seiner Mutter Margaretha in bitterstem Haß, Albrecht schloß engste Freundschaft mit dem Könige, zu dem auch im allgemeinen Stephan hielt.

Am 2. Februar 1353 starb die zweite Gemahlin Karls, die blonde Anna von der Pfalz, erst dreiundzwanzig Jahre alt, ohne Kinder zu hinterlassen. Ihr folgte im Oktober der Vater Kurfürst Rudolf ins Grab nach, ein Mann von geringen Leistungen, der von einem schweren Augenleiden heimgesucht sich bereits seit einiger Zeit von der Regierung zurückgezogen hatte. Die Leitung des pfälzischen Hauses übernahm sein Bruder Ruprecht I., dem es beschieden war, obgleich er bereits in der Mitte der vierziger Jahre stand, noch fast vier Jahrzehnte hindurch eine erfolgreiche und gesegnete Regierung zu führen. Seit langer Zeit vollen Anteil an den Geschäften seiner Familie und des Reiches nehmend, hatte er stets Entschlossenheit und Zuversicht bewiesen, gelegentlich auch dem Kaiser Ludwig gegenüber, obgleich er sonst dessen Reichspolitik durchaus vertrat. Daher fand Karl anfangs in ihm einen entschiedenen Gegner, bis nach dem Eltviller Frieden zwischen beiden gute Freundschaft entstand.

„Pfalzgraf Ruprecht war der herrlichste und hochgemuteste Fürst, der im deutschen Lande sein mochte. Unter allen Fürsten, Grafen und Herren fand man nicht seinesgleichen an Herrschaft und großer Herrlichkeit, es wäre mit Hofhaltung und Turnieren, oder mit Kriegszug, zu Lust oder zu Ernst. Sein ganzes Leben und seine ganze Herrschaft hindurch fand man die Tugenden an ihm, daß er die Priesterschaft, Stifter, Kirchen und Klöster beschützte und beschirmte und Witwen und Waisen desgleichen that; dazu hatte er die Ritterschaft lieb und scheute daran keine Kosten." Solchen Ruhm rief später ein Zeitgenosse, der ihn wohl kannte, dem Fürsten ins Grab nach. Auch die Sänger rühmten, wie sein Hof würdiglich und freudenreich in schöner Zucht stehe, mit Herrschaft und mit Frauen möge man ihn köstlich schauen. In der That, alles was wir von diesem ersten Ruprecht, dem „Roten", wissen, zeigt ihn als einen Mann ruhiger und überlegender, durchaus fester Art. Er hatte Interesse am Reich, doch höher stand ihm der eigene Nutzen, dem er auch die verwandtschaftlichen Gefühle für die baierischen Wittelsbacher unterordnete. Gewaltthätig durchgreifend, wo er Hemmnisse fand, war er seinen Nachbarn wenig bequem und vor Fehden scheute er nicht zurück. Sein Land pflegte er mit Weisheit, aber er forderte auch große Abgaben. Selbst der Gedanke, seinem Hause das Königtum zu erwerben, lag ihm nicht fern.

Dem kinderlosen Ruprecht I. stand als künftiger Erbe zur Seite sein Neffe Ruprecht II. Der junge Mann hatte soeben einige Jahre in Gefangenschaft vertrauern müssen. Als er im Herbst 1348 seinem Vetter Markgraf Ludwig nach Brandenburg zu Hülfe zog, stieß er auf überlegene Feindesscharen. Ein erfahrener Kriegsmann riet zum Rückzuge, aber Ruprecht soll ihm zugerufen haben: „Sprich nicht, daß ich in meinem ersten Kampf zurückweichen soll!" So fiel er in die Gefangenschaft des Herzogs Rudolf von Sachsen und erst nach fünf Jahren bewirkte König Karl seine Lösung. Nach dem Tode Pfalzgraf Rudolfs begnügte er sich mit einem kleinen Landesanteil und hielt getreulich zum Oheim und wie dieser zum Könige.

Ludwig der Aeltere von Baiern dagegen beanspruchte auf Grund früherer Verträge Anrechte an Pfalzgraf Rudolfs Erbschaft, obgleich er vorher Karl und dessen Gemahlin Anna gegenüber auf sie verzichtet hatte. Ruprecht I. aber trat dem Könige einen großen Teil der nördlichen Oberpfalz ab. Gewiß ein schöner

Erwerb für Böhmen, der Ludwigs Eifersucht erregen konnte. Indem Karl dem Pfalzgrafen das alleinige Kurrecht zusprach, erlitten die wittelsbachischen Hausverträge eine weitere Beeinträchtigung.

Schon dachte Ludwig, gegen den König, den er als abgefeimten treulosen Lügner betrachtete, das Schwert zu ziehen, aber für einige Zugeständnisse gab er nach und sicherte Karl ungehinderten Durchzug durch seine Lande nach Italien zu. So erfolgte am 1. August 1354 zu Sulzbach der Friedensschluß, der freilich nicht das gegenseitige Mißtrauen hob.

Eine Mittelsperson für diese Irrungen war Herzog Albrecht II. von Oesterreich, der, obgleich er seit zwanzig Jahren an Händen und Füßen so gelähmt war, daß er weder allein essen noch gehen konnte, doch mit nie versiegender Kraft die ganze habsburgische Herrschaft leitete. Er stand sowohl zu Karl, wie zu Ludwig in Freundschaft, und er bedurfte beider als Bundesgenossen zu einem schweren Kampf, in den er sich verwickelt sah.

Der Sieg von Morgarten hatte die drei Waldstätte Schwiz, Uri und Unterwalden zu dauernder und unauflöslicher Einheit zusammengeschweißt. Die Freiheit war erworben und behauptet, aber deswegen doch nicht die Gefahr, welche von Oesterreich drohte, gänzlich beseitigt. Das östliche, nördliche und westliche Ufer des Vierwaldstätter Sees standen noch unter der Herrschaft oder dem Einfluß der Habsburger und von dort aus dehnte sich ihr Machtbezirk weithin. Zwar wandte das Haus seine Kraft vornehmlich dem Hauptgebiete an der Donau zu, aber unbeachtet ließ es die Vorlande nicht und die dortigen kleinen Gebilde blieben unausgesetzt unter dem Druckgefühl einer ihnen, solange sie vereinzelt waren, durchaus überlegenen Macht. So konnte es nicht ausbleiben, daß an die drei Waldstätte sich diejenigen anlehnten, welche von ihrer grundsätzlichen Feindschaft gegen Oesterreich Schutz und Beistand zur Erringung größerer Unabhängigkeit erwarteten. Daher wurde der innere Unterschied, der zwischen jenen Bauerngemeinden und städtischen Genossenschaften bestand, überwunden. Zuerst schloß das aufblühende Luzern 1332 einen ewigen Bund mit den drei Thalgemeinden, so daß es fortan „vier Waldstätte" gab.

Nach einiger Zeit wirkte die bestehende politische Fügung weiter. Eine überaus glückliche Entwickelung hatte Zürich genommen, welches seit Kaiser Friedrich II. unmittelbar zum Reiche gehörte. Ihre Lage an der großen Handelsstraße, welche vom Elsaß durch Graubünden nach Italien führte, gab der Stadt früh Anlaß, nach dem Rheine hin wie nach Italien Verbindungen anzuknüpfen, unter deren Einfluß sich das innere Leben bereicherte und entfaltete. Schon im dreizehnten Jahrhundert gab die Bürgerschaft ihrer stolzen Kraft durch mächtige Kirchenbauten Ausdruck. Mitglieder der vornehmen Geschlechter erwarben Bildung und Wissen in ungewöhnlichem Umfange. Sie huldigten mit Begeisterung der edlen deutschen Sangeskunst, und mag auch vielleicht die berühmte bildergeschmückte Handschrift der Minnelieder, welche jetzt Deutschland wiedergewonnen ist, mit Unrecht den Namen der Manesse tragen, so ist sie doch eine Frucht des Geistes, welcher diese Männer beseelte und von ihnen weiter ausging.

Neben den großen Patrizierfamilien füllte die Stadt ein fleißiger Handwerkerstand; die Seidenindustrie blühte schon damals.

Das Zusammenwirken der Einflüsse von Süden und Norden mochte auch die Ursache sein, daß sich in Zürich für eine Zeitlang eine Gewalt bilden und behaupten konnte, welche, diesseits der Alpen einzig dastehend, mehr italischen Gestaltungen entsprach. Im Jahre 1336 schwang sich Rudolf Brun aus einer der ältesten Stadtfamilien zum lebenslänglichen unverantwortlichen Bürgermeister empor, und es glückte ihm, vierundzwanzig Jahre lang bis zu seinem Tode die Leitung der Bürgerschaft zu behalten.

Seinem Geschick und seiner Entschlossenheit war es zu verdanken, daß ein verräterischer Plan gegen die Stadt fehlschlug. Graf Johann von Habsburg-Laufenburg, dessen Vater die Züricher in einer Fehde erschlagen hatten, kam am Abend des 23. Februar 1350 mit mehreren Edelleuten in die Stadt; im nächtlichen Tumult wollten sie die Thore aufsprengen und die draußen harrenden Bewaffneten hereinlassen. Aber sie wurden im Straßenkampfe bezwungen, der Graf selbst gefangen. Seine Burg Alt-Rapperswyl fiel einem Rachezug der Bürger zum Opfer, aber da sie österreichisches Lehen war und auch die Stadt selbst von den Zürichern zum großen Teil zerstört und verödet wurde, betrachtete Herzog Albrecht die That als Feindseligkeit gegen sich und rüstete zum Kampf.

Daher schloß Zürich im Mai 1351 mit den vier Waldstätten ein ewiges Bündnis. Die Eidgenossenschaft griff so Zwischenräume überspringend über ihren naturgemäßen Kreis hinaus, auf dem sie erwachsen war, und nahm einen mehr politischen Charakter an. Der sich entspinnende Krieg gewann dadurch eine viel umfassendere Bedeutung, die örtliche Fehde ward zum grundsätzlichen Kampf, indem auch Oesterreich wieder seine alte Stellung in diesen Gegenden zurückerobern wollte. Daher kam es, daß Lande, welche die habsburgische Herrschaft ungern ertrugen, Glarus und Zug, den Eidgenossen keinen Widerstand leisteten, sondern sich anschlossen.

Auch Bern vereinbarte 1353 mit den drei Waldstätten Schwyz, Uri und Unterwalden einen ewigen Bund, der nicht wieder getrennt wurde. Von dem Zähringer Berthold V. gegründet, blüte das neue Gemeinwesen fröhlich empor, ungestört durch bürgerliche Unruhen und in seiner Verfassung immer einen aristokratischen Zug bewahrend, ebenso wie Zürich unmittelbar zum Reiche gehörig. Gelegen auf der Grenze von Alemannien und Burgund und nach keiner Seite hin durch natürliche Schranken abgeschlossen, war die Stadt umgeben von einem starken, kriegslustigen Landadel und mitten hineingestellt in den Wettstreit der größeren Häuser von Savoyen und Habsburg. Dadurch entstand früh Notwendigkeit und Uebung, den Blick hinaus zu richten, weitere Landstrecken in Betracht zu ziehen, der Politik einen größeren Wurf zu geben. Die Städte in der Senkung zwischen Alpen und Jura, namentlich Freiburg und Solothurn, boten Gelegenheit zu mancherlei Verbindung. Man begnügte sich nicht mehr mit dem eigenen Haus, sondern wollte ihm auch die Umgebung hinzufügen, der Stadt auch Landesgebiet verschaffen. Die Erwerbung der Herrschaft über das Haslithal 1334 war der erste vielverheißende Anfang zum Gewinn des ganzen Oberlandes. Sie führte auch zur ersten Freundschaft mit den Waldstätten und wie diese einst den habsburgischen Adel niederschmetterten, halfen sie getreulich den Bernern, als diese 1339 den ruhmvollen Sieg bei Laupen über den hakerfüllten burgundischen Adel erfochten. Die Gemeinsamkeit der Interessen führte dann 1353 zu dem ewigen Bunde Berns mit den drei alten Waldstätten.

Nachdem Friedensverhandlungen bei der ersten Belagerung von Zürich im Herbst 1351 gescheitert waren, rüstete Herzog Albrecht im folgenden Sommer ein mächtiges Heer. Trotzdem kam es nicht zu großen kriegerischen Handlungen, sondern Markgraf Ludwig von Brandenburg brachte vor der belagerten Stadt einen Frieden zu stande. Aber da er kaum den Winter überdauerte, legte sich König Karl IV. selbst ins Mittel und besuchte im Oktober 1353 mit Albrechts Sohn Rudolf und herzoglichen Räten die Stadt Zürich, welche zum festlichen Empfange Straßen und Häuser mit Laub und Kränzen schmückte. Die Bauern der Thäler brachten zum Ehrengeschenk ihr treffliches Vieh herbei. Im nächsten Frühjahr erschien er dort wiederum, und erst als seine Absichten abermals scheiterten, erklärte er im Juni 1354 Zürich und dessen Helfern den Krieg. Unter den üblichen Verheerungen legten sich die Heere des Königs und des Herzogs vor die Mauern, doch aufs neue war den Bürgern das Glück hold. Die Belagerer schwächte Uneinigkeit und der König, dem gegenüber die Züricher ihre Stellung als Reichsstadt betonten, gab den Kampf auf. Erst 1355, als Karl aus Italien zurückgekehrt war, stiftete er zu Regensburg eine Aussöhnung der bisherigen Gegner, indem die gemachten Eroberungen dem Herzoge zurückgegeben wurden und Zürich gegen fernere Rechtseingriffe Bürgschaft leistete. Glarus und Zug traten wieder unter die österreichische Obmacht zurück, aber die anderen Bündnisse blieben bestehen. Oesterreich erreichte nur einen augenblicklichen Erfolg, die Eidgenossenschaft trug dagegen aus diesen Jahren fortdauernden Gewinn davon, den die folgende lange Friedenszeit befestigte.

König Karl zeigte in dem ganzen Verlaufe, daß ihm, obschon er sich auf des Herzogs Seite schlug, friedliche Vermittelung am meisten im Sinn stand. Derselbe Zug ging auch durch sein sonstiges Reichsregiment in diesen Jahren.

Im Sommer 1353 begann er eine lange und weite Fahrt ins Reich, um vor seinem Aufbruch nach Italien die Zustände zu ordnen. Ihm folgte eine junge Königin nach, um in Aachen die Krone zu empfangen, denn soeben hatte er zum drittenmal Hochzeit gefeiert.

Die Fürsten des weiten, aber in viele Herrschaften zerstückelten Landes Schlesien erkannten alle die böhmische Lehensoberhoheit an, nur nicht der mächtigste unter ihnen, der Herzog Bolko II. von Schweidnitz-Jauer, dessen Gebiet die fruchtbaren Fluren längs des Riesen- und Eulengebirges bis über Bunzlau hinaus und bis in die Nähe von Liegnitz und Breslau hin umfaßte. Als unmittelbarer Nachbar Böhmens beherrschte er manchen wichtigen Gebirgspaß, und seine Lande lagen wie ein mächtiger Sperriegel vor dem Osten. Ein rühriger thatkräftiger Mann, unterstützt durch seinen Reichtum und mit Polen und Ungarn befreundet und verbündet, spielte Bolko eine große Rolle in jenen Gegenden. Früher ein Feind der Luxemburger, machte er 1348 mit König Karl Frieden und näherte sich ihm zu immer festerer Freundschaft. Da Bolko keine Kinder hatte, war seine Nichte Anna die künftige Erbin und Karl hatte ihr bereits zum Gemahl sein von der pfälzischen Anna geborenes Söhnchen bestimmt. Als nun Kind und Mutter starben, entschloß er sich sofort, selber die erst vierzehnjährige Prinzeß zu heiraten. In Ofen, wo Anna am Hofe König Ludwigs erzogen wurde, fand im Juni 1353 die Hochzeit statt, und der Oheim säumte nicht, der Nichte die Herzogtümer zu vermachen, welche nach seinem oder seiner Gemahlin Agnes Tode an sie übergehen sollten. Doch Vasall wurde er nicht.

Der Weg, den Karl durchs Reich nahm, wird bezeichnet durch Verträge zu Landfrieden und zur Beilegung von Unruhen. Für Baiern, Franken, Schwaben, für den Oberrhein und den Mittelrhein und für Lothringen errichtete er Landfriedensbündnisse oder bekräftigte die bestehenden. Schwierig lagen die Verhältnisse in Schwaben wegen der vielen Reichsstädte. Kaiser Ludwig sah in ihnen seine besten Bundesgenossen und schloß 1331 mit ihnen, zweiundzwanzig an der Zahl, darunter Augsburg und Ulm als den mächtigsten, für sich, seine Familie und sein Land ein Bündnis. Aber er hielt es selber für geraten, diesen Städtebund, welcher auf die Dauer Schwaben in zwei feindliche Heerlager der Reichsstädte und der Herren zerreißen mußte, durch die Einfügung in einen Landfrieden, an dem auch Fürsten und Herren teilnahmen, seines einseitigen Wesens zu entkleiden. Gleich nach des Kaisers Tod schloß die Mehrzahl der Städte einen neuen Bund, hauptsächlich, um sich gegen Verpfändung zu schützen, doch als sie König Karl durch ein Versprechen davor sicherte und ihnen erlaubte, Angriffe auf ihre Freiheiten gemeinsam abzuwehren, leisteten sie ihm im Januar 1348 zu Ulm ihre Huldigung. Sie schlossen darauf 1349 einen neuen Vertrag, doch mit dem Vorbehalt, wenn der König zu dessen Genehmigung nicht zu bewegen sei, solle er abgethan sein. Da Karl die Ansicht seines Vorgängers von der Gefährlichkeit eines solchen Sonderbundes und zwar mit vollem Rechte teilte, „löste er 1350 in Nürnberg die Eidgenossenschaft der schwäbischen Städte auf mit dem Willen und Befehl, daß Edle und Städte sich gegenseitig gegen die Störer des Rechtes verteidigen und helfen sollten". Jetzt in Ulm „machte er guten und allgemeinen Frieden, die Landherren und die Städte mit freundlichen und drohenden Worten dazu veranlassend".

Allgemeine Verfügungen gegen Sonderbündnisse, sowie Vorschriften, um die Klagen der Herren über die Städte namentlich des Pfahlbürgertums wegen abzustellen, hat Karl damals wie es scheint noch nicht erlassen, doch that er es zu Gunsten einzelner Fürsten. Da ihm der Schutz der Kirche am Herzen lag, gab er im Januar 1354 eine Verfügung für die Geistlichkeit Niedersachsens, welche wiederholt erneuert und erweitert noch in späteren Zeiten allgemein als Grundsäule der kirchlichen Freiheit im Reiche galt, wenn sie auch wenig beachtet wurde. Sie richtete sich gegen die Uebergriffe der Laien und namentlich der Stadtobrigkeiten, welche durch willkürliche Gesetze die Rechte der Kirche beschränkten, den Erwerb von weltlichem Besitz verhinderten, Erkommunikationen nicht beachteten, geistliches Gut an sich rissen und besteuerten, die kirchlichen Zufluchtsstätten verletzten. Karl bestätigte auch den Satz, daß wer ein Jahr unter Kirchenbann stehe, der Reichsacht verfalle.

Obgleich die Städte den König nicht als ihren Freund betrachten konnten, empfanden sie ihn doch auch nicht als Feind. Seine Bemühungen um den öffentlichen Frieden kamen auch ihnen zu gute; ihre alten Rechten wurden bestätigt und willig manche neue hinzugefügt.

Im Erzstifte Mainz währte noch der alte Streit zwischen den beiden Erzbischöfen. Heinrichs Sache führte der Verweser Kuno von Falkenstein-Münzenberg, der damit zugleich in eine langdauernde von großen Erfolgen begleitete Laufbahn und in die Reichsgeschichte eintrat. Als jüngerer Sohn von Jugend auf zur kirchlichen Laufbahn bestimmt hatte er fleißig studiert, doch darüber die Uebung im Waffenhandwerk nicht vernachlässigt und trotz aller geistlichen Würden, die er nachher bekleidete, ist er sein Leben lang vornehmlich Kriegsmann gewesen; er scheute sich nicht, selbst in die Reihen der Stürmenden einzutreten. Dazu hatte ihn auch die Natur bestimmt. Gewaltigen, starken Leibes „stand er wie ein Löwe auf seinen Beinen". Das mächtige Haupt mit hoher Stirn, über der sich dickes braunes Haar emporsträubte, das scharfgeprägte Antlitz mit vollen roten Wangen, die breite eingedrückte Nase mit weiten Nasenlöchern, der kleine Mund mit derben Lippen, das kräftige Kinn: alles drückte körperliche und geistige Straffheit und Zuversicht aus. Fürchterlich war sein Zorn, in dem sich die Backen gewaltig aufblähten. So war Kuno stets ein Schrecken der Feinde, deren eine reiche Menge die Stärke seines Armes zu fühlen bekam. Immer unerschrocken bewahrte er auch in plötzlich hereinbrechenden Gefahren Besinnung und Klugheit; er galt für den Beherztesten unter allen Deutschen. Auch das fröhliche Waidwerk verschmähte er nicht. Graden Sinnes, dem Unehrlichkeit und Schmeichelei verhaßt war, leutselig gegen Untergebene, in seinem persönlichen Wandel untadelhaft, faßte er Leben und Verhältnisse mit klarem Verständnis auf, und er bewies später, daß er als Verwalter und Landesfürst ebenso Ausgezeichnetes leisten konnte, wie als Krieger. Auch dem Papsttum gegenüber ohne Furcht und immer bereit, unbegründeten Ansprüchen der Kirche entgegenzutreten, war er durchaus eine weltlich-politische Natur.

Mit eiserner Faust, unbekümmert um die päpstlichen Bannbullen, die er mit eigener Hand zerriß, kämpfte Kuno für Heinrich. Die Klagen über seine Gewaltthaten nötigten den König, der seit dem Eltviller Vertrage neutral geblieben, gegen ihn aufzutreten, aber da Heinrich plötzlich im Dezember 1353 starb, ließ sich alles leichter ordnen, indem Kuno nunmehr Gerlach als Erzbischof anerkannte und eine sehr bedeutende Abfindungssumme erhielt.

Der letzte Rest des kirchlichen Streites aus den Tagen Ludwigs des Baiern her war damit beseitigt, für den König ein großer Vorteil, da er nun dem Papst gegenüber vollkommene Freiheit hatte.

In Frankfurt erhielt er die Trauernachricht, daß sein Oheim am 21. Januar 1354 gestorben war. Ein Alter von achtundsechzig Jahren hatte Balduin erreicht, von denen er fast siebenundvierzig das Erzstift Trier leitete. Mit ihm ging ein Mann dahin, der wie wenig andere auf das Reich eingewirkt hatte. Die letzten Jahre hielt er mehr zurück, indem er sich darauf beschränkte, seinen Neffen mit großen Geldmitteln zu unterstützen, doch war sein Ansehen deswegen nicht geringer. Ueber seiner Thätigkeit als Kur- und Reichsfürst hat Balduin nie sein Erzstift vergessen, dem er erst den Umfang und Machtinhalt verschaffte, welchen es dann weiterhin behauptet hat. Er vereinigte in seiner Person den Reichsfürsten, den Landesherrn und den Geistlichen in glücklicher Weise. Die Waffen mit Nachdruck gebrauchend strafte er streng Ungehorsam und Friedensbruch und mehrte den Lehensbestand seines Fürstentums; für die Sicherheit des Landes und die Erhaltung der Herrschaft sorgten zahlreiche feste Burgen und reisige Kriegsmannschaft. Ein ausgezeichneter Wirtschafter, wußte er das Geld zusammenzuhalten, doch legte er es auch nutzbar an und für die großen Summen, die er Reichs- und Familienzwecken opferte, erwarb er reichen Ersatz durch Privilegien jeder Art, die er sorgfältig buchen und durch Abschriften bewahren ließ, so für sein Stift einen wertvollen Schatz bis auf unsere Zeit begründend. Er pflegte und erweckte Betriebsamkeit, indem er Wege schuf, Brücken über die Bäche baute, und während heute die von ihm errichteten Schlösser nur noch als Ruinen in die Thäler hinabschauen, steht fest und stark auf ihren schweren, gewaltigen Pfeilern seine Brücke über die Mosel bei Koblenz, der erste große Steinbau dieser Art in Deutschland. Auch der Wissenschaft und Kunst bewies er Wohlwollen und Förderung, und die Beschreibung seines Lebens in der Trierer Bistumsgeschichte beweist, daß er auch in dieser Hinsicht nicht vergebens wirkte. So blieb er thatkräftig im vollen Leben stehen und selbst wenn er sich als Greis gern in das Karthäuserkloster zurückzog und dort in einfachster, jeder Bequemlichkeit entsagender Lebensweise frommen Betrachtungen nachhing, vernachlässigte er doch nie die Pflichten, welche ihm sein Amt sonst auferlegte.

Das Kapitel wählte schleunigst in der, wie sich bald zeigte, gerechtfertigten Furcht, der Papst möchte willkürlich über den erledigten Stuhl verfügen, wohl im Einverständnis mit dem Könige, den greisen Archidiakon Boemund Grafen von Saarbrücken zum Erzbischofe, der auch die päpstliche Bestätigung erhielt.

Bis nach Metz, wohin seit den Staufern kein deutscher König mehr gekommen war, dehnte Karl seinen Zug aus, um auch an diesen äußersten Grenzen die Majestät des Reiches zu zeigen. Ein glänzendes Gefolge umgab ihn, als er eintrat. Er erhob dort seinen jüngsten Bruder Wenzel, dem er das Erbland seines Hauses Luxemburg übertragen hatte, zum Reichsfürsten und Herzog, den Grafen Robert von Bar schmückte er mit dem Titel eines Markgrafen von Pont-a-Mousson. Auch einen Landfrieden verfügte er; immerhin war ein Anfang gemacht, diese vernachlässigten Gegenden wieder enger mit dem Reichsganzen zu verbinden.

Mit Befriedigung durfte Karl auf diese ersten Jahre seines Regimentes zurückblicken, denn seine Thätigkeit hatte gute Früchte gebracht. Sein Königtum war allgemein anerkannt, die äußere Ordnung hergestellt und so gut es ging gesichert. Mit seinen Feinden hatte er sich in kluger Nachgiebigkeit vertragen, daneben zuverlässige Freunde gewonnen. Seine Mühewaltung blieb nicht ohne Anerkennung. „Weise und mächtig war er beschäftigt, seit dem Sommer 1333 bis in das Frühjahr hinein, die Großen und Gewaltigen von Franken, Baiern, Elsaß, vom Rhein und in der Wetterau und anderen Provinzen Deutschlands durch beschworene Landfrieden schnell zu beruhigen und anderes der Bewunderung und des Lobes Würdige für den Frieden, als ein friedenbringender König, nicht nur in Deutschland, sondern auch besonders in Böhmen zu wirken".

Vierter Abschnitt.

Italien und Karls Kaiserkrönung. 1347—1355.

Was erlebte doch die Welt Wunderbares in diesen wenigen Jahren! Auch aus Italien kam im Jahre 1347, als das Reich zwei Könige hatte, überraschende Kunde nach Deutschland. „In Rom erhob sich ein Schreiber wunderbarerweise zur Herrschaft". „Die Römer krönten einen gewissen Nikolaus zum Tribun und so traten gleichzeitig drei als Könige der Römer auf, Ludwig, Karl und Nikolaus. Ich glaube, daß das Ende des Reiches herankommt nach dem Worte des Erlösers: Jede in sich geteilte Herrschaft wird verfallen. Der Tribun lud Ludwig und Karl und alle Kurfürsten und Fürsten vor sich, um zu prüfen die Rechte des römischen Volkes bei Erledigung des Imperiums".

In der That ward Cola, der Sohn eines Weinschenken Rienzo und einer Wäscherin, im Mai 1347 durch eine Erhebung des Volkes gebietender Herr von Rom. Sein Emporkommen verdankte er dem Zauber, den die unvergleichliche Geschichte der Stadt ausübt, und Cola hatte sich ihm mit inbrünstigem Herzen hingegeben. In den verfallenden Denkmälern der Kaiserzeit erblickte er die Zeugen einstiger Herrlichkeit der ewigen Stadt, in den Inschriften, in den klassischen Werken las er von ihrer Größe und Macht. Aber er kannte auch die Sagen, welche das christliche Mittelalter um die Reste des Altertums, um Bauten und Statuen geschlungen hatte. Neben ihnen standen die uralten Stätten der christlichen Legende; weniger ein Augustus, als ein Konstantin schwebte seiner Seele als Ideal vor. Wie traurig war da die gegenwärtige Lage im Vergleich mit der Vergangenheit! Rom war jetzt arm, erfüllt mit Trümmern, einem wilden Adel preisgegeben. Das Papsttum weilte fern; in der Stadt machtlos war es zugleich verhaßt, eben weil es sich den Römern entzogen hatte. Cola begleitete eine der zahlreichen Gesandtschaften nach Avignon, welche immer vergeblich die Rückkehr der Kurie erflehten oder forderten, er erregte dort Aufsehen durch seine Schönheit, durch sein Feuer, seine Kenntnisse und kehrte geehrt zurück. Das war die erste Staffel, emporzusteigen, und Cola erwog bald

Größeres. Eben daß das Papsttum über die Alpen gezogen war, bestimmte seine Gedanken, ließ in ihm Pläne entstehen, die er sonst kaum je gefaßt hätte. Rom war auf sich angewiesen; sollte es sich da nicht selbst helfen? Römische Bürger hatten von hier aus einst die Welt erobert und beherrscht; wenn nun wieder ein Bürger der Stadt ihnen nacheiferte, der vor jenen Heiden voraushatte die Kraft des göttlichen Geistes, der in sich altrömische Tugend verband mit der heiligen Weihe der Gnade Christi? Gott hatte das römische Kaisertum erhalten, aber auch dieses war fern von Rom durch ein barbarisches Volk in Besitz genommen. Nur von Zeit zu Zeit stieg einer dieser fremden Kaiser nach Italien hinab, aber was sie gebracht hatten, zeigte die Zerrissenheit des in ewige Kriege getauchten Landes. Zog Rom sein altes Kaisertum wieder an sich, so verschloß es jene Unglücksquelle und Italien ward frei. Das Papsttum hatte dem Unheil nicht gesteuert; mochte es in Avignon bleiben oder nach Rom zurückkehren, sein Herrschaftsrecht war verscherzt, dem des Volkes untergeordnet.

Verzückte Schwärmerei für das Altertum, von dem er freilich nur eine verworrene Vorstellung hatte, christlicher Mysticismus, politische Berechnung der augenblicklichen Lage, brennender Ehrgeiz: alle diese Elemente machten aus dem Sohne des armseligen Weinschenken den römischen Tribunen, als den ihn die Geschichte kennt, die Dichtung feiert. Beredt von Natur und von der in ihm lodernden Flamme erglühend, voll erfindungsreicher Phantasie erwarb er sich Anhang. Eine dunkle, märchenhafte Erinnerung an das alte Rom bestand immer und aus ihr entsprangen schon im früheren Mittelalter wiederholte Auflehnungen gegen die päpstliche Herrschaft. Diese jetzige kaiser- und papstlose Zeit nährte erst recht die Sehnsucht nach der Selbständigkeit Roms und ließ sie erreichbar erscheinen. Die meisten der Römer, welche Cola zujubelten, waren Zeugen gewesen, wie die Vertreter der Stadt Ludwig die Kaiserkrone aufsetzten, wie ein Gesetz vorschrieb, daß der Papst seinen Sitz in Rom haben müsse, wenn er sich nicht selbst seiner Würde berauben wolle. Sie hatten dann am 8. April 1341 das Kapitol umdrängt, als der römische Senat den Dichter Petrarca mit der Lorbeerkrone schmückte, und sie wußten den Grund: der Gefeierte verherrlichte die Größe und Erhabenheit Roms. Das brutale Gebaren der Barone erzeugte wilden Haß, und so abergläubisch und roh das Volk war, kannte es die schlechte Zucht seiner Geistlichkeit zu gut, um sie nicht gering zu schätzen.

Sieben Monate führte Cola sein Regiment. Er schuf mit rücksichtsloser Kraft Ordnung und bändigte die Barone, welche vor dem Lorenzothor eine blutige Niederlage erlitten. Er rief die Italiener zur Freiheit und zum Sturz der Tyrannen auf und lud Abgeordnete aller Kommunen nach Rom. Er erklärte, das römische Reich, Wahl, Gerichtsbarkeit und die Monarchie des gesamten heiligen Kaisertums gebühre der erhabenen Stadt und ihrem Volke und dem ganzen Italien; daher fordere er alle, die auf Wahl und Reich Anspruch erhoben, Ludwig, Karl und die Kurfürsten vor seinen Richterstuhl. Er schlug vor, einen italienischen Patrioten durch Volksabstimmung zu küren. So begnügte sich Cola nicht mit seinem Stande in Rom, sondern ließ seine Gedanken weit darüber hinausschweifen. Es wuchert seine phantastische Laune, seine Eitelkeit wird zum beleidigenden Größenwahn, der sich Luft macht in maßlosen Zeremonien und Titeln und dem Tribunen den Fluch der Lächerlichkeit anhaftet. Die Gegner, adeliche und päpstliche, gewinnen dadurch wieder Raum und als eine geringe Störung seinen stolzen Traum unterbricht, findet der plötzlich Aufgeschreckte in sich nicht die Kraft zum Widerstande. Rom war das Zauberwort gewesen, mit dem er seine Erfolge gewann, mit dem er seine Zeitgenossen blendete, aber Rom war eben nicht bloß eine Idee, sondern zugleich eine sehr derbe Realität, und über diese fiel Cola.

Er flüchtete in die wilden Abruzzen, wo heilige Eremiten in Einsamkeit ihr Leben führten. Die Gebete und frommen Bußübungen erstickten seinen Ehrgeiz nicht, doch die Entsagung, welche er um sich sah, befestigte in ihm die Ueberzeugung, daß die Kirche sich nicht mit irdischer Herrschaft zu befassen habe. Cola gab die Hoffnung nicht auf, in Rom zu gebieten, aber er erkannte, daß er dazu fremder Hülfe bedürfe, und so kam er im Frühjahr 1350 nach Prag zu Karl. Mit aller Anmaßung trat der ehemalige Tribun auf; auch er sei kaiserlichen Geblütes, denn Heinrich VII. habe ihn erzeugt, als er sich bei seiner Mutter in Rom vor feindlichen Nachstellungen verbergen mußte. „Wer ich bin und was ich gewesen bin zum Heil der Kirchen, Klöster und der Elenden, was für die Pilgrime und alle Menschen reinen Herzens, was gegen die Tyrannen und Räuber Italiens, kann ebensowenig verborgen sein, wie eine auf den Bergen thronende Stadt". Ein Einsiedler habe ihm offenbart, daß Gott eine allgemeine Reformation wolle, welche ein von Gott erwählter Heiliger gemeinsam mit dem erwählten Kaiser vollführen und die Geistlichkeit jeden irdischen Ueberflusses entkleiden würde. Daher wolle er Karl nach Rom führen, was er allein vermöge, denn er sei von den Römern ersehnt und erwartet und von allen Italienern geliebt. Er begehre nichts, als die kaiserliche Bestätigung seines Regiments.

Wiederholt trug Cola mündlich und schriftlich seine Meinungen und Ratschläge vor, denen Karl aufmerksames Gehör nicht versagte, aber der König antwortete dem Schwärmer wie ein Theolog und Bußprediger. Der Vorsicht halber übergab er den der Ketzerei Verdächtigen dem Erzbischof von Prag zur Bewachung in der Burg Raudnitz und ließ sich auch durch weitere Vorstellungen nicht zur Freilassung erbitten. Er meldete die Bekenntnisse des Gefangenen dem Papste, der die Auslieferung „dieses verderblichen Sohnes der teuflischen Bosheit" verlangte, doch Karl zögerte, das Begehren zu erfüllen, da Cola in seinen Händen ein wertvolles Pfand war. Erst im Frühjahr 1352 wurde der Römer nach Avignon geführt, froh, der Haft, welche ihm das nordische Klima noch bitterer machte, entledigt zu sein; der eitle Mann feierte unterwegs große Triumphe, da alles herbeiströmte, ihn zu sehen.

Bald schlugen ihm wieder bessere Stunden. Als Papst Innocenz den Kardinal Albornoz zu seinem Legaten für Italien ernannte, gab er ihm Cola mit, um dessen Rückkehr die Römer gebeten hatten. So kehrte er nun über die Alpen zurück, um die päpstliche Herrschaft, welche er noch vor kurzem das Unglück Italiens nannte und mit den dunkelsten Farben malte, aufrichten zu helfen. In der That begrüßten ihn, dem die merkwürdigen Schicksale der Zwischenzeit neues Ansehen gaben, die Römer mit Jubel, doch bald wandte sich das Blatt, als Cola, vom Legaten zum Senator ernannt, willkürlich und tyrannisch schaltete. Schon nach zwei Monaten, am 8. Oktober 1354, endete er sein Leben auf dem Kapitol, als er vor der entfesselten Volkswut fliehen wollte.

Der Tribun hat die volle Bewunderung seiner Zeitgenossen gefunden, obgleich ihn einige als Phantasten erkannten, und niemand hat ihn mehr gefeiert als Petrarca. Zwischen beiden Männern waltete eine geistige Beziehung ob, indem Verehrung des alten Rom sie gleichmäßig erfüllte. Der Tribun versuchte jedoch, aus ihr praktische Folgerungen für die Gegenwart, für die Politik zu ziehen, und indem er dabei die eigene Person aufs Spiel setzte, ging er jäh zu Grunde. Es lebte in ihm kein Heldengeist, aber auch wenn er ihn besessen hätte, würde er sich kaum viel länger behauptet haben, höchstens wäre er ruhmvoller zu Grunde gegangen. Was er wollte, war an sich unklar und völlig unerreichbar. Politisch war die Antike tot, unwiederbringlich tot, aber der Name des Tribunen ist für immer verknüpft mit ihrer geistigen Wiederbelebung. Mit steigender Kraft vollzog sich fortan dieser Prozeß in Italien, um später von dort aus die ganze abendländische Welt zu ergreifen.

Wir hatten Colas zu gedenken, weil er deutschen Boden betrat und König Karl für seine Pläne zu gewinnen gedachte und weil diese Verknüpfungen einen tieferen Einblick in Karls Denkweise gewähren. Zur selben Zeit, als der Tribun zu Raudnitz in Haft saß, sandte auch Petrarca ein formvollendetes Schreiben, das leidenschaftlich schilderte, wie Rom einst war und jetzt sei, und den König mahnte, nach Italien, das ihn sehnsüchtig erwarte, zu kommen und das Werk des Großvaters zu vollenden. Auch ihm blieb Karl die höfliche Antwort nicht schuldig, doch nicht wie zu Cola als kirchengläubiger Christ, sondern als umsichtiger Staatsmann zu einem überschwenglichen Idealisten redend; das alte Römische Reich sei vorbei und nicht wieder herzustellen.

Karl erwog ruhig, was ihm zu thun möglich und daher rätlich sei. Es fiel ihm nicht ein, den geschichtlichen Verlauf rückgängig zu machen, doch ebensowenig wollte er die Vorteile, welche die Gegenwart noch bot, fahren lassen. Seine Stellungnahme zu Italien war bedingt durch sein Verhältnis zu Kirche und Papsttum. Wir wissen, Karl war der Kirche aufrichtig ergeben und hielt sie ungemein hoch als unbedingte Notwendigkeit für die Menschheit. Er wußte ferner aus eigener Erfahrung, wie die Macht des Papsttums nicht zu unterschätzen sei, und auch deswegen wollte er gute Freundschaft mit ihm pflegen. Das geschah am besten, wenn die Linie des Rechtes streng innegehalten und von keiner Seite überschritten wurde. Da war nun ein großer Unterschied zwischen Italien und Deutschland, wie er ihn schon bei den Verhandlungen vor seiner Wahl gemacht hatte. Was er damals zugestanden, war er bereit, unverbrüchlich zu halten. Gerade Italiens wegen war stets der Zwist zwischen Papsttum und Kaisertum ausgebrochen und Karl entschloß sich, die Ursachen soweit hinwegzuräumen, als die von ihm und seinen Vorgängern getroffenen Verträge es erheischten, den Päpsten alles zu gewähren und zu erfüllen, worauf sie ein unzweifelhaftes verbrieftes Recht besaßen. Dazu gehörte der Besitz von Rom und des Kirchenstaates, ebenso Neapel, dessen Lehensabhängigkeit vom heiligen

Stuhle er durchaus anerkannte. Doch fühlte er sich nicht verpflichtet, dem Papste zur Behauptung seines Besitzes übermäßig dienstbar zu sein; der mochte selber für sein Haus sorgen.

Der König kannte von seiner Jugend her genau die italienischen Verhältnisse und sagte sich, eine wirkliche Herrschaft dort zu gründen, sei für die Deutschen unmöglich geworden. Doch meinte er durchaus nicht, Italien ganz aufzugeben; er wollte vielmehr bewahren, was von Reichsrechten noch lebte, nämlich die Oberhoheit über die Lombardei und Tuscien, die ihren Ausdruck hauptsächlich in Zahlungen von Abgaben und Ehrengeschenken fand. Ein Verzicht auf die ideelle Oberhoheit in Italien ließ sich auch deswegen nicht denken, weil nur dort die Kaiserwürde zu erlangen war, und der Weg nach Rom dem deutschen Könige von rechtswegen offen stehen mußte. Kaiser zu werden, trieb Karl schon seine mystische Gesinnung an, die ihm die höchste christliche Würde mit göttlicher Weihe umgab. Wie hätte er dieses uralte Erbteil Deutschlands verscherzen sollen? Doch gab er zu, daß der Papst die Krönung zu genehmigen habe, und wahrscheinlich die Rücksicht darauf hatte ihn einst bewogen, dem Papste die Approbation für Italien, an das die Kaiserwürde geknüpft war, zuzugestehen. War er erst Kaiser, dann stand er dem Papste viel freier gegenüber, auch mit Rechten der Kirche gegenüber ausgerüstet, dann wuchs sein Ansehen in Deutschland und eine Gegnerschaft, die ihn stürzen wollte, fand ungleich schwerere Arbeit.

Obgleich der König vom Anfang seiner Regierung an die Romfahrt beabsichtigte, mußte er sie bis nach dem Tode Clemens VI. hinausschieben, da dieser Papst ihn nicht in Italien sehen wollte, von der Selbständigkeit seines ehemaligen Schülers nichts Gutes erwartend. Als Clemens am 6. Dezember 1352 starb, kam die Neuwahl schnell zu stande. Sie traf natürlich wieder einen Franzosen, einen hochbejahrten Mann, der sich durch seine schlichte Lebensweise an der üppigen Kurie eines guten Leumundes erfreute. Nach der leichtsinnigen Wirtschaft des Vorgängers, der freilich auf der andern Seite es verstand, das Papsttum mit Glanz zu umgeben, brauchte die Kirche wieder einen Leiter, der zeigte, in Avignon sei nicht bloß die Weltlust zu Hause. Die Kardinäle, die zum weitaus größten Teil Clemens ihre Würde verdankten, wünschten jedoch an dem Regiment der Kirche fürderhin berechtigten Anteil zu haben und entwarfen in dem Konklave eine Wahlkapitulation, auf die sich der künftige Papst verpflichten sollte. Der gewählte Innocenz VI. hatte sie jedoch nur mit dem Vorbehalt unterschrieben: so weit sie auf dem Rechte beruhe, und trug daher nach einigen Monaten kein Bedenken, sie für nichtig zu erklären. Sein erstes Auftreten bewies, daß er wirklich die Mißstände bessern und seinen Hof reformieren wollte, und brachte ihn in den Ruf eines rauhen und strengen Mannes.

Indessen die Kirchen sollten bald sehen, daß deswegen ihre Lasten nicht gemindert würden, im Gegenteil. Denn Innocenz stellte sich als großes und berechtigtes Ziel seines Ehrgeizes, den Kirchenstaat in Italien wieder herzustellen, was um so notwendiger war, weil er eine Rückkehr nach Rom weder für jetzt noch für die Zukunft beabsichtigte. Zu jenem Zwecke war Geld und aber Geld erforderlich, und es zusammenzubringen, wurde schließlich der Hauptzweck dieses

Pontifikates. Mit glücklichem Griff wählte der Papst aus seinen Kardinälen den Mann heraus, der wie kein anderer geeignet war, die päpstliche Herrschaft neu zu begründen; Egidio Albornoz, ein spanischer Grande und trotz seiner geistlichen Aemter und kirchlichen Gesinnung ein berühmter Krieger, zugleich hochgebildet und staatsmännisch, ging als Legat mit ausgedehnter Vollmacht im Spätsommer 1353 über die Alpen. Er hat das auf ihn gesetzte Vertrauen überreich erfüllt.

Karl begrüßte das neue Kirchenhaupt mit einem eigenhändigen Briefe, in den er auch ergebene Ermahnungen einfließen ließ. Innocenz teilte entweder die Bedenken nicht, welche sein Vorgänger gegen die Romfahrt gehegt hatte, oder erhielt ihm ausreichend scheinende Bürgschaften; wahrscheinlich erachtete er es wegen der Opfer, die er von der deutschen und böhmischen Kirche erwartete, nicht für gut, Karl durch eine Weigerung zu verstimmen. Im Februar 1354 pflog das Kardinalkollegium über die Frage Rat, billigte die Krönung und besprach die einzelnen Maßnahmen, doch hielt es die Sache nicht für eilig. In der That schob Karl, der schon für das Frühjahr seine Ankunft angekündigt hatte, die Fahrt hinaus. Er wollte in Italien plötzlich und unerwartet erscheinen. Am 26. September 1354 brach er von Nürnberg auf und ging im eiligen Ritt über Salzburg durch die Alpen nach Udine, wo er am 14. Oktober ankam. Es war ein ganz ungewöhnlicher versteckter Weg, den er einschlug, sei es, daß er die Länder Ludwigs von Baiern umgehen, sei es, daß er das Geheimnis seiner Reise wahren wollte. Daher brachte er nur ein kleines Gefolge von 300 Reitern mit, von deutschen Fürsten nur seine beiden Getreuen, den Augsburger Bischof Markward von Randeck, einen Mann von entschlossener Thatkraft, Diplomat und Krieger in gleicher Vollendung, der in dem Patriarchate von Aquileja, welches er später lange Zeit inne hatte, das schöne Angedenken zurückließ: er sei edel von Abkunft, doch noch edler von Gesinnung gewesen, und den Mindener Bischof Dietrich, seine rechte Hand, der dem süddeutschen Amtsgenossen an vielseitiger Begabung gleichkam. Italienische Gesandte, die zu ihm nach Teutschland gekommen waren, hatte er bei sich behalten.

Der König erreichte so Italien im Gebiete des Patriarchates von Aquileja, welchem sein unehelicher Bruder Nikolaus vorstand, der sich alsbald anschloß. Auf dem Weitermarsch kamen auch die lombardischen Herren herbei, Jacobino von Carrara führte den König in seine Stadt Padua. Schon ließ sich übersehen, daß der Zug nach Rom möglich sein würde, und so ergingen nun erst die Aufgebote an die deutschen Reichsstädte, ihrer Pflicht zur Römerfahrt nachzukommen, und die Nachricht an die Königin, daß sie ihrem Gemahle folgen möge.

In Avignon hörte man die Nachricht von Karls Eintritt in Italien mit gemischten Gefühlen, doch Innocenz nahm die vollendete Thatsache mit Wohlwollen entgegen. Er bestimmte die Kardinäle, welche an seiner Stelle den König krönen sollten, befahl dem Kardinal Egidio, Karl förderlich zu sein, und traf Anordnungen, damit der König die eiserne Krone auch dann empfangen könne, wenn der Erzbischof von Mailand sie verweigern sollte. Die Abreise der Kardinäle verzögerte sich indessen von Tag zu Tag, durch verschiedene Gründe hinausgeschoben. Daß der Bischofkardinal Peter von Ostia in erster Stelle die

Krönung zu vollziehen und die Reise auf seine Kosten zu machen hatte, stand fest, aber ihn sollten zwei andere begleiten. Der Papst wollte ihnen jedoch nur seinen Segen, nicht aber Reiseentschädigung gewähren, und da auf Karls Freigebigkeit schlecht zu rechnen war, hatte es nichts Verlockendes, eine so beschwerliche und gefährliche Reise aus eigener Tasche zu unternehmen. Ohnehin machten sich an der Kurie Stimmen gegen die Gestattung der Krönung geltend, noch ein Nachhall der Politik, welche einst Johann XXII. in Bezug auf Italien befolgt hatte. So kam trotz aller Mahnungen und Bitten des Königs Ende Januar heran, bis der Kardinal von Ostia beauftragt wurde, allein nach Italien zu gehen; ihm sollte dort Kardinal Egidio zur Seite stehen und für diese Gefälligkeit vom Könige 40000 Gulden zu entleihen suchen. Schweren Herzens, voll Furcht vor den wilden Römern, die auch vor einem Kardinal keine Scheu hatten, brach Peter endlich im Februar 1355 von dem geliebten, gemütlichen Avignon auf und kam unter mancherlei Beschwerden, doch es sich möglichst bequem machend, am 12. März in Pisa an. Der König wußte sich in Erzeigung von Ehrfurcht und Höflichkeit kaum genug zu thun, um dem Prälaten seinen Dank zu zeigen, denn dieser fühlte sich gewaltig. Er hielt dem Könige eine Rede, in der er nicht nur sich und seine Verdienste gründlich beräucherte, sondern auch die kühne Behauptung aufstellte: in der Hand des Papstes stünden jede Gewalt und alle Rechte der Reiche, alle Grenzen der Erde und die Höhen der Berge; da er der Stellvertreter Christi sei, welcher sage: mir ist alles vom Vater übergeben worden, könne auch der Papst von sich sagen: mir ist jede Gewalt im Himmel und auf Erden gegeben worden.

Schon hatte der König auf eigene Hand glückliche Fortschritte in Italien gemacht.

Von den Signorengeschlechtern, die zur Zeit der italienischen Unternehmungen Ludwigs des Baiern Herrschaft ausübten, stieg keines so glücklich in die Höhe wie die Visconti in Mailand trotz aller Anfechtungen, welche sie erfuhren. Ihr Gebiet umfaßte allmählich die Städte und Landschaften von Vercelli bis an den Gardasee, von der Valtellina im Norden bis über das rechte Po-Ufer mit Alessandria, Tortona und Parma. Dazu fügte Giovanni, der zugleich Erzbischof von Mailand war, noch Bologna und Genua, das von allerhand Not bedrängt ihn zum Signoren wählte. Fortan war und blieb das Viscontische Mailand der Mittelpunkt für die politischen Bewegungen Ober- und Mittelitaliens, indem die anderen Gewalten seinem Uebergewicht zu begegnen suchten. Die Visconti waren bereits gewohnt, im Kirchenbann zu stehen, und hatten an sich selbst erfahren, daß er zumal in Italien nicht viel besagte; auch Erzbischof Giovanni ließ sich von ihm ebensowenig schrecken, wie seine weltlichen Vorfahren. Papst Clemens VI. entschloß sich daher, den Visconti als seinen Vikaren Bologna gegen einen Jahreszins zu überlassen und auch Innocenz VI. hielt die Freundschaft mit dem Erzbischofe aufrecht, der dafür dem nach dem Kirchenstaat ziehenden Kardinal Albornoz seinen Beistand gewährte.

Die Gegner der Visconti suchten dafür bei Karl IV. Anhalt. Die guelfischen Kommunen in Toskana hatten schon früher den König angegangen, jetzt thaten es die steten Feinde der Genuesen, die Venediger, welche Ende 1353 eine große Liga der lombardischen Herren gegen Mailand zusammenbrachten, an deren Spitze König Karl treten sollte. Seine Gesandten schlossen im März 1354 in der Sakristei der Markuskirche zu Venedig einen Kriegsvertrag, nach dem er bis zum Mai persönlich einen starken Heerhaufen nach der Lombardei führen wollte. Karls Zweck war wohl auch, sich den Austritt aus den Alpenpässen frei zu machen, und obgleich er zur festgesetzten Zeit nicht erschien und der Vertrag dadurch hinfällig wurde, blieb doch die geknüpfte Verbindung bestehen.

In Udine begrüßte den König die willkommene Nachricht, der gewaltige Erzbischof von Mailand sei soeben gestorben, seine Herrschaft drei Neffen hinterlassend. So konnte er seiner Neigung gemäß Friedensvermittelungen beginnen, in deren Folgen ihm die als Reichsvikare bestätigten Visconti einen festlichen Empfang in Mailand bereiteten, wo er am 6. Januar 1355 in San Ambrogio die eiserne Krone empfing. Die Herren benutzten die Gelegenheit, dem Könige ihren Reichtum und ihre kriegerische Kraft deutlich vor Augen zu führen, doch zahlten sie damals und noch nachher ganz gewaltige Summen und stellten Mannschaften.

Von Mailand eilte Karl nach der Stadt Pisa, die den Enkel des unvergessenen Kaisers Heinrich VII. mit unendlichem Jubel begrüßte. Der Parteihader drohte zwar alsbald den Frieden zu stören, aber das sichere und zweckmäßige Auftreten des Königs bewirkte, daß die herrschenden Bergolini es für geraten fanden, sich mit den vorher unterdrückten Raspanti auszusöhnen.

Lange Zeit mußte Karl in Pisa verweilen, bis endlich der Kardinalbischof von Ostia ankam. Schon vorher war unter dem Schutze des Erzbischofs von Prag die Königin Anna eingetroffen, welche trotz ihrer zarten Jugend wie eine gereifte Dame auftrat, mit ihr zahlreiche böhmische Ritter; bald folgten andere Truppen aus Deutschland und Italien. Der König hatte nun eine nicht unbeträchtliche Macht zu seiner Verfügung, welche ihm größeres Ansehen gab, und die Folgen machten sich rasch bemerklich. Er baute allerdings nicht auf kriegerische Unternehmungen, sondern auf die Uneinigkeit der Italiener. Sie war seine beste Unterstützung, denn indem er vermied, sich für irgend eine Partei zu entscheiden, erreichte er, daß jede ihn fürchtete und besorgte, ihn der andern zuzutreiben. Siena übertrug ihm die Signorie und selbst das stolze Florenz, das ihn anfänglich gar nicht als König und Kaiser anerkennen wollte, bequemte sich zur Huldigung, zur Zahlung der rückständigen Reichssteuer im Betrage von 100000 Goldgulden und zum Gelöbnis eines Jahreszinses von 4000 Gulden. Weder Heinrich VII. noch Ludwig hatten die trotzige Guelfenstadt beugen können; jetzt in ihrer Vereinzelung wagte sie nicht, einem Könige zu widerstreben, der ganz unkriegerisch herangezogen war „wie ein zur Messe reisender Kaufmann".

Nachdem er in Siena einem Volkstumulte die Neugestaltung der Stadtobrigkeit, welche ihn eingelassen hatte, zugestanden, vermied Karl auf dem Zuge durch den Kirchenstaat sorglich, den Gegnern der päpstlichen Herrschaft Hoffnungen zu erwecken, und so kam er glücklich am 2. April vor Rom an. Die Stadtvertretung erwartete ihn zum feierlichen Einzug, doch nur den Kardinal konnte sie einleiten, denn Karl war seitwärts ausgewichen. Getreu dem einst gegebenen Gelöbnis, nur am Krönungstage Rom zu betreten, wollte er sein Versprechen wenigstens in seiner Eigenschaft als König und zukünftiger Kaiser halten. Den Anblick der Heilig- und Altertümer, nach dem sein frommer und geschichtlicher Sinn begehrte, mochte er sich jedoch nicht versagen. Da er von Innocenz die Erlaubnis erhalten hatte, Rom vor seiner Krönung zu besuchen, pilgerte er als Privatmann zwei Tage durch die heiligen Stätten. Erst am frühen Morgen des Ostersonntages, am 5. April, zog er im königlichen Ornat, seine Gemahlin zur Seite, gefolgt von 1500 Bewaffneten, aus dem Lager vor der Stadt in den Petersdom. Von deutschen Fürsten standen nur die Herzöge Stephan von Baiern und Otto von Braunschweig, die Bischöfe von Speier und Minden, die beiden Burggrafen von Nürnberg und einige Grafen dem neuen Kaiser an seinem Ehrentage zur Seite, außerdem zahlreiche böhmisch-schlesische Vasallen und italienische Bischöfe und Herren. Der Kardinal Albornoz blieb fern. Nach dem althergebrachten Zeremoniell vollzog der Legat die Krönung, welcher der glänzende Ritt nach dem Lateran folgte, wo in später Nachmittagsstunde das Festmahl begann. Doch als die Sonne sich neigte, stand Karl von der Tafel auf, legte seinen Schmuck ab und ritt nach einem vor den Thoren liegenden Kloster, wohin ihm die Kaiserin und die Kriegsleute folgten.

In raschen Märschen kehrte der Kaiser nach Siena zurück und von dort nach Pisa. Der Zwist der beiden Parteien, von denen jede die vornehmliche Gunst des Kaisers zu gewinnen strebte, hielt die Stadt noch immer in Unruhe und fast wäre ihm der Herrscher zum Opfer gefallen. Es verbreiteten sich Gerüchte, Karl wolle die Pisa unterworfene Stadt Lucca an Florenz verkaufen oder ihr wieder zur Freiheit verhelfen. Das erste war gewiß unwahr, doch ist möglich, daß Karl Luccheſen, welche ihre Vaterstadt wieder selbständig machen wollten, ein gewiſſes Gehör lieh, aber für den Augenblick lagen wohl nur Vermutungen und willkürliche Schlüsse aus Maßnahmen Karls und seiner Diener vor. Da der größte Teil der Truppen bereits den Rückmarsch nach Deutschland angetreten hatte, wäre von Karl eine Thorheit gewesen, sich durch Verrat persönlich der Rache der Pisaner preiszugeben, und er hat sofort seine Unschuld beteuert. Da brach zur selben Zeit nachts in dem Anzianenpalaste, den der Kaiser bewohnte, ein gewaltiges Feuer aus, vor welchem er und seine Gemahlin nur in jäher Eile im Nachtgewand flüchten konnten; ihr Gerät, sowie die großen und kostbaren Waffenvorräte der Pisaner fielen der Flamme zum Raube. Da das Volk durch jenes Gerede schon erregt war, entfesselte der plötzliche Brand die Leidenschaften vollends.

Die Bürgerschaft, von den Häuptern der Bergolini aufgestachelt, griff zu den Waffen und es entspann sich ein heißer Kampf um die Arnobrücken, in dem jedoch die Kaiserlichen unter schweren Verlusten siegten, nachdem sich ihnen die Raspanti angeschloſſen hatten. So traf die Bergolini, denen der Brand des Palastes und die Absicht, den Kaiser zu töten, zur Last gelegt wurden, schwere Strafe; sieben der Angesehensten verfielen dem Schwerte des Henkers, die anderen erlitten Verbannung und Vermögensverlust.

Schon am folgenden Tage verließ der Kaiser die Stadt, welcher ihre Anhänglichkeit an die Deutschen wiederum teuer zu stehen gekommen war; noch nachträglich mußte sie großen Schadensersatz leisten. Eiligst wandte sich der Zug nun heimwärts durch das Gebiet der Visconti, die dem Kaiser zürnten, weil er den Markgrafen von Monferrat zum Reichsvikar von Pavia ernannt hatte; ihre Stadtbehörden ließen wohl Karl, nicht aber seine Truppen ein. Schließlich ritt man auch die Nächte hindurch, bis endlich durch das Veltlin in der Richtung auf Zürich der deutsche Reichsboden erreicht wurde. In den ersten Julitagen 1355 kam der Kaiser wieder in Augsburg an.

Es ist kein Wunder, wenn die Italiener hinter Karl her spotteten. Am meisten thaten es die Florentiner, die nun erkannten, daß sie ihre schönen Goldgulden ruhig hätten behalten oder besser zur Verteidigung gegen die kurze Gefahr verwerten können. „Voll Aerger eilte er nach Deutschland, wohin er zurückkam mit der Krone, die er ohne einen Schwertstreich erlangt hatte, die Börse, welche er leer mitbrachte, gefüllt mit Gold, aber mit wenig Ruhm heldenhafter Thaten und mit viel Schande, weil er die kaiserliche Majestät erniedrigt hatte". Diesen schnöden Nachruf widmete der florentinische Geschichtschreiber Matteo Villani dem vorher so Gefürchteten. Auch Petrarca sah trostlos seine hohen Erwartungen für Italien getäuscht. Er verfaßte einen Brief an den Kaiser, von dem es freilich zweifelhaft sein mag, ob er ihn auch abschickte, voll leidenschaftlicher Vorwürfe: „Tapferkeit ist kein erbliches Gut. Obgleich ich glaube, daß Du regieren und kriegführen kannst, so fehlt Dir doch die Quelle aller Thaten, der Wille. O, wenn Dir auf den Alpen Großvater und Vater begegnet wären, was meinst Du, das sie Dir gesagt hätten? Glaube mir, daß Du in meinen Worten jene hörst: Gewaltiger Cäsar, Du hast Ausgezeichnetes geleistet mit Deinem Zug nach Italien, den Du solange hinausgeschoben hast, und mit Deinem schnellen Abzug. Du bringst zurück die eiserne und die goldene Krone, aber auch den kaiserlichen Titel ohne Inhalt. Du Kaiser der Römer mirst nur König von Böhmen genannt werden!"

Auch in Deutschland wußte man, daß Karl sich durch Italien mit List und Heimlichkeit durchschlug, ohne es ihm sonderlich zu verargen. Nur vereinzelte Männer verfolgten sein Auftreten mit Verwunderung und erklärten es sich dahin, der Papst habe ihn verpflichtet, keine Gewalt zu gebrauchen, aber ihm gestattet, die sich freiwillig Unterwerfenden anzunehmen.

Jedenfalls war das Ziel erreicht, wie es Karl beabsichtigt hatte. Unbestritten führte er den kaiserlichen Titel. Auch kein Zerwürfnis mit dem Papste folgte aus der Krönung. Karl erneuerte und bestätigte alle Gelöbnisse, zu denen er sich vorher verpflichtet hatte, doch ging er keine neuen Verpflichtungen ein. Auch für die Eroberung des Kirchenstaates leistete er nichts von Belang, obgleich er einzelne Gefälligkeiten, solange er in Italien weilte, nicht versagen konnte. Alles war möglich geworden, weil er peinlich sein gegebenes Wort hielt. Man pflegt das sonst für eine Tugend zu achten, ihm wurde es zum Vorwurfe gemacht: ruhmlos habe er jedes Recht aufgegeben auf die Stadt, von welcher er den Titel führte.

Freilich Ruhm und Ehre hatte der Kaiser nicht geerntet, aber dafür größere Erfolge erzielt, als seine letzten Vorgänger, welche vergebliche Sisyphusarbeit verrichteten. Er hatte die Rechtstitel des Kaisertums und des Reiches wieder erneuert und obgleich der von ihm zurückgelassene Reichsvikar Bischof Markward sich nicht behauptete, erloschen sie doch nicht gänzlich. Das Papstum hatte dulden müssen, daß der Zusammenhang Italiens mit dem Reiche bewahrt wurde, und somit die Politik Johanns XXII. aufgegeben. Die Italiener höhnten Karl des Geldes wegen, eben weil sie es hatten zahlen müssen, und man sollte ihre Schmähungen nicht so ohne weiteres nachsprechen, denn welcher der deutschen Herrscher hat je auf die Einkünfte Italiens verzichten wollen? Es war überhaupt erreicht worden, was sich in Italien noch erlangen ließ. Hatte Heinrich VII. beide Parteien beherrschen, Ludwig die Guelfen durch die Ghibellinen besiegen wollen, so hatte Karl mit verschlagener List jede ausgenützt. Die Pisaner durften sich allerdings mit Recht über Karls Unehrlichkeit beklagen, aber sonst hätte in dem Hader, der Italien zersetzte, selbst ein Engel vergeblich den graden Weg gesucht.

Fünfter Abschnitt.

Die Goldene Bulle. Die Reichstage von Nürnberg und Metz. 1356.

Nur wenige Monate verweilte Karl in Böhmen, welches die Ehre, daß sein König nun Kaiser war, wohl zu schätzen wußte, dann zog er wieder hinaus nach Nürnberg, wohin er einen großen Reichstag berufen hatte. Er kam mit umfassenden Absichten und Plänen, dem Reiche für die Zukunft Ruhe und Gedeihen zu schaffen. Offen sprach er seine Ziele aus: ein geordnetes Münzwesen, Verringerung der Zölle auf dem Rheine und der Geleitsgelder zu Lande, Friede für alle Wasser- und Landstraßen, endlich Ordnung der Königswahl, damit um das Reich kein Krieg mehr entstünde.

Das Wahlgesetz trat bei den Verhandlungen in erste Stelle, denn wie es das wichtigste war, ließ es sich auch am schnellsten durch eine einmalige gesetzgeberische Handlung vollbringen, während die anderen Maßregeln nur mit der Zeit zur Durchführung kommen konnten.

Allmählich langten die Kurfürsten an, die schon Anfang Dezember bei einander waren. An ihrer Spitze stand der Erzkanzler Erzbischof Gerlach von Mainz, der getreulich zu Karl hielt, nunmehr in dem unbestrittenen Besitz seines Stiftes, noch ein junger Mann von gegen dreißig Jahren, eine milde, zarte Natur von gutem Willen, aber ohne Selbständigkeit und bewußte Kraft. Ihn überragte der Kölner Erzbischof Wilhelm von Gennep, welcher seit 1349 den Krummstab trug. Gegen den Willen des Königs war er von Papst Clemens VI. ernannt worden, dem er 70000 Goldgulden zu zahlen versprach, aber zwischen ihm und Karl entstand trotzdem bald ein freundschaftliches Verhältnis. Sein Vorgänger Walram, sanft und schwankend, hatte ihm eine schlechte Erbschaft hinterlassen, das Stift tief verschuldet, alle Güter und Burgen verpfändet oder entfremdet. Wilhelm, ein Mann in den mittleren Jahren, schön, beredt, von glänzendem und festem Auftreten, welt- und geschäftskundig, schuf bald Wandel; Krieg nach Thunlichkeit vermeidend, ordnete er umsichtig die Finanzen und zeigte in der Geldwirtschaft seine starke Seite, freilich mit hartem Druck auf geistliche und weltliche Unterthanen; er erwies sich durchaus als entschlossen und einsichtsvoll. Dem dritten geistlichen Kurfürsten Boemund von Saarbrücken war als Nachfolger des ausgezeichneten Erzbischofs Balduin von Trier eine schwere Aufgabe zugefallen, welcher der hochbejahrte wackere Herr mit Friedensliebe nach besten Kräften gerecht zu werden suchte, von der königlichen Gunst unterstützt. Karl konnte demnach auf die Ergebenheit und Willfährigkeit der geistlichen Kurfürsten rechnen, und wie nahe ihm der angesehenste der weltlichen, Pfalzgraf Ruprecht I. stand, wissen wir bereits. Der von Brandenburg, Ludwig der Römer und dessen Bruder Otto, der Mitinhaber der Mark, hatten die Feindschaft ihres älteren Bruders Ludwig gegen den König nicht geteilt und empfingen damals in Nürnberg die Belehnung. Dem greisen Herzoge Rudolf von Sachsen-Wittenberg, den sein gleichnamiger Sohn vertrat, mochte es zwar schwer angekommen sein, als der König seine Hoffnungen auf brandenburgischen Erwerb, mit denen er sich sein Leben lang getragen, wieder vereitelte, aber er fügte sich den Umständen und schließlich ging er auch nicht ohne Entschädigung aus, indem Karl ihm und seinen Erben Anwartschaft auf das Herzogtum Lüneburg erteilte.

Sämtliche Kurfürsten standen somit auf des Kaisers Seite, aber das Recht auf die Kur war bei zwei Stimmen streitig, bei der pfälzischen und der sächsischen. Sollte das Wahlverfahren so geregelt werden, daß für alle Zukunft nie mehr ein Zweifel entstehen konnte, ob ein König rechtmäßig gekoren sei, mußte unbedingt über sie eine Entscheidung getroffen werden, sonst war alle Mühe vergeblich.

Als unverrückbare Norm galt, daß der Stimmen sieben sein sollten. Nun war das Herzogshaus von Sachsen gespalten in die zwei feindlichen Geschlechter von Lauenburg und Wittenberg, welche beide bisher das Stimmrecht gebraucht hatten. Die Lauenburger Linie stammte von dem älteren Bruder her und gründete darauf ihr Recht, obgleich zur Zeit der Trennung ein Kurfürstentum im späteren Sinne noch kaum bestand; doch war sie an Besitz und Ansehen geringer und in sich gespalten. Da außerdem die Wittenberger nachwiesen, daß sie in regelmäßiger Folge seit König Rudolf die Kur geübt, während die Rechtstitel der Lauenburger trotz allen Eifers, welchen sie von jeher an deren Bewahrung gelegt hatten, nicht so unzweifelhaft lauteten, fiel die Stimme den Wittenbergern zu. Sicherlich nicht allein die Rücksicht, die der Kaiser seinem einstigen Wähler Herzog Rudolf schuldete, bewog ihn und die anderen Kurfürsten zu diesem Urteil, das zwar nicht dem Rechte der Erstgeburt, wohl aber der Billigkeit entsprach.

Schwieriger lag die Sache bei der zweiten Kurstimme, die dem wittelsbachischen Hause zustand. Ursprünglich hatten Baiern und Pfälzer gleichmäßig ein Kurrecht in Anspruch genommen, unter dem Einfluß der Siebenertheorie ließ sich jedoch für das Gesamthaus nur Eine Stimme behaupten, über deren jedesmalige Abgabe zwischen Baiern und Pfalz mancherlei Streit gepflogen und Verträge geschlossen wurden. Daß Karl sich für die Pfälzer entschied, sobald sie mit ihm Frieden gemacht hatten, war natürlich, aber auch den Verhältnissen entsprechend. Wenn fortan nur einer, entweder der Herzog von Baiern oder der

Pfalzgraf wählen sollte, so war es in Rücksicht auf des letzteren Stellung im Reiche nicht angänglich, ihn des Rechtes zu entkleiden, und das Zustandekommen des so wohlthätigen Gesetzes nur unter dieser Bedingung überhaupt denkbar. Der baierischen Familie verblieb ja auch eine Kurstimme, die für Brandenburg, und wenigstens ein Teil ihrer Mitglieder hatte gegen die pfälzische Kur nichts einzuwenden.

Am 10. Januar 1356 verkündigte Kaiser Karl IV. „in feierlicher Reichstagssitzung zu Nürnberg, umgeben von allen Kurfürsten und zahlreicher Menge anderer Fürsten, Grafen, Barone, Vornehmer, Edler und Städteboten, sitzend auf dem Throne kaiserlicher Majestät und geschmückt mit Kaisergewand und Kaiserkrone" die von ihm „aus kaiserlicher Machtvollkommenheit" erlassenen Gesetze.

Die Form der Abfassung ist schwerfällig und unbeholfen. Ohne rechte Gedankenfolge und logischen Aufbau werden die Bestimmungen in schleppenden und eintönigen Sätzen aneinandergereiht. Den Zweck der Gesetze preist mit gezierten Wendungen eine schwülstige Einleitung: es gilt, die Helferin aller Untugenden, die weltverderbende Zwietracht zu beseitigen, welche vielfach auch die Kurfürsten ergriffen hat, „durch die wie durch sieben in der Eintracht des siebengestaltigen Geistes leuchtende Kandelaber das heilige Kaiserreich erhellt werden soll".

In weitschweifigster Form und mit aller Gründlichkeit folgen die Vorschriften darauf über die Königswahl, deren wesentlichen Inhalt wir zusammenfassen.

Kurfürsten sind zunächst die drei Erzbischöfe von Mainz, Köln und Trier. Sie bekleiden das Amt des Erzkanzlers, der von Mainz für Deutschland, der von Köln für Italien, der von Trier für Gallien oder Welschland, nämlich das linksrheinische Land außer dem Elsaß und dem Kölner Sprengel und das Königreich Arelat. Diese Würde bezog sich nicht mehr wie in früheren Zeiten auf die Länder, für welche die kaiserlichen Urkunden ausgestellt wurden, sondern derjenige Erzkanzler, in dessen Amtsbezirk der Herrscher gerade verweilte, galt als das augenblickliche Haupt der Reichskanzlei. Es war im großen und ganzen nichts weiter als eine Ehrenwürde, die nur bei feierlichen Gelegenheiten und persönlicher Gegenwart des Königs ins Leben trat.

Der erste der weltlichen Kurfürsten war der König von Böhmen, der Erzmundschenk, dann der Pfalzgraf vom Rhein, der Erztruchseß, ferner der Herzog von Sachsen, der Erzmarschall, und der Markgraf von Brandenburg, der Erzkämmerer.

Sobald der Erzbischof von Mainz den Tod des Königs erfährt, ladet er innerhalb eines Monats in vorgeschriebener Form die Kurfürsten in die Stadt Frankfurt am Main, und indem er berechnet, bis zu welchem Tage das Schreiben an jeden gelangt sein kann, anberaumt er von diesem drei Monate später die Wahl. Erfüllt er seine Pflicht nicht, so sollen die Kurfürsten von selbst zusammentreten. Zum Wahltage kommen die Kurfürsten persönlich oder schicken Bevollmächtigte. Die Reise hin und zurück steht ebenso wie der Aufenthalt in Frankfurt unter sicherem Geleite, welches genaue Vorschriften bestimmen und dessen Bruch den schwersten Strafen unterliegt. Wer weder erscheint noch sich vertreten läßt, verliert sein Stimmrecht und kommt für die vorliegende Wahl nicht in Betracht.

Die Wahlhandlung findet in der St. Bartholomäuskirche statt. Nachdem die Messe vom heiligen Geist gesungen, leisten die Kurfürsten oder ihre Boten vor dem Altar den Eid: einen geeigneten König zu wählen nach bestem Wissen und Vermögen nicht durch Geld oder sonstigen Gewinn bewogen. Der Erzbischof von Mainz frägt zuerst den Erzbischof von Trier, dann die übrigen Kurfürsten der Reihe nach um ihre Stimme und gibt zuletzt die seinige ab. Wen die Mehrheit bezeichnet, der ist gewählt, und seine Wahl gilt als einstimmig getroffen.

Es genügte also die Mehrheit zu einer gültigen Wahl. Indessen sollte nach der Meinung des Gesetzgebers, obgleich er sie nicht ausdrücklich aussprach, diese Mehrheit immer soviel betragen, wie die der im Kollegium überhaupt vertretenen Stimmen, also vier, auch wenn nicht alle Kurfürsten an der Kur teilnahmen. Allerdings war anzunehmen, daß in der Regel sämtliche Kurfürsten persönlich oder durch Gewaltboten votieren würden, weil sonst ihr kostbarstes Recht ruhte. Selbst wenn nur wenigstens vier Stimmen vertreten waren, mußte schließlich ein Ergebnis herauskommen, da die Wähler eidlich verbunden waren, nicht eher Frankfurt zu verlassen, als bis eine Majoritätswahl erfolgte; wenn sie sich binnen dreißig Tagen nicht einigten, sollten sie nur Wasser und Brot genießen, eine den Bestimmungen für die Papstwahl nachgebildete Satzung. Wer vorher wegging, büßte sein Wahlrecht ein.

Es konnte nun aber geschehen, daß nur vier Kurfürsten teilnahmen und von diesen drei den vierten küren wollten. Verboten war freilich nicht, für sich selber zu stimmen, aber das konnte doch Anstoß erregen oder jener mochte aus Schamgefühl sich vielleicht nicht dazu entschließen. Um ihn diesem Zwange nicht auszusetzen und doch eine gültige und unanfechtbare Wahl zu ermöglichen, wurde angeordnet, daß sein Votum mitrechnen und die nötige Mehrheit vollzählig machen sollte. Wenn weniger als vier sich beteiligten, konnte also eine Wahl nicht erfolgen, aber ein solcher Fall galt für so unwahrscheinlich, daß er gar nicht besprochen wird.

Ehe der Gewählte irgend ein anderes Reichsgeschäft vornimmt, hat er den Kurfürsten ihre Gerechtsame zu bestätigen. Denn sie sind „die nächsten Glieder des Reiches", „auf deren Einmütigkeit Glanz und Ruhm des Reiches und die Ehre des Kaisers und des Staates beruhen, die als erhabene Säulen den heiligen Bau mit dem sorglichen Pflichtgefühl ihrer umsichtigen Klugheit tragen, deren Unterstützung die Rechte der kaiserlichen Gewalt stärkt, und je enger sie sich verknüpfen in liebevoller gegenseitiger Gunst, desto reicher fließen die beglückenden Segnungen des Friedens und der Ruhe dem christlichen Volke zu". Damit unter ihnen kein Zwist entstehe, sind ihre Rangordnung, die Rechte und Pflichten, welche ihnen bei feierlichen Hoftagen zustehen, genau festgesetzt. Daher wünscht der Kaiser, sie möchten öfter als bisher zusammentreten, um über die Reichsgeschäfte zu verhandeln und da sie in weit von einander getrennten Ländern ihren Sitz haben, könne jeder über die Bedürfnisse der ihm bekannten Gegenden berichten und ratschlagen. Deswegen sollen sie sich in Zukunft jährlich einmal vier Wochen nach Pfingsten in einer Stadt des Reiches versammeln, wozu für das gegenwärtige Jahr gleich Metz bestimmt wird; künftighin werden Kaiser und Kurfürsten den Ort für das nächste Jahr vereinbaren. Damit jedoch diese Zusammenkünfte nicht der Fröhlichkeit mehr, als den Geschäften dienen möchten, weil die Kurfürsten sich gegenseitig einzuladen pflegten, verbot Karl sorgsam, sämtliche Fürsten zu einem Gelage zu bitten, was er schon damals in Nürnberg nicht gestattete. — Die Dauer dieser Einrichtung steht in dem Gutachten des Kaisers und der Kurfürsten.

Etwaigen Zwist innerhalb der Kurhäuser über die Führung der Stimmen zu verhüten, dienen mehrere Anordnungen. Das Kurrecht geht über auf den ältesten Sohn oder Enkel, und wenn solche nicht vorhanden sind, in gleicher Folge auf den ältesten Bruder, der auch nötigenfalls die Vormundschaft über einen minderjährigen Kurfürsten führt, bis dieser volle achtzehn Jahre zählt. Das kurfürstliche Recht und das Erzamt beruhen auf der Inhaberschaft des Kurlandes, das nicht geteilt werden darf.

Wie die Kurfürsten vor den anderen Fürsten durch ihren Rang hervorragen, besitzen sie auch besondere Rechte: das Bergwerks- und Münzregal, das Recht, Juden zu halten, die herkömmliche Zoll- und Steuerbefugnis, die vollkommene Gerichtsbarkeit über ihre Unterthanen aller Stände, die vor keinem andern als dem landesherrlichen Tribunal belangt werden dürfen; nur wenn ihnen Justiz verweigert wird, können sie beim Hofgericht Berufung einlegen. Keinerlei Verleihung an Andere vermag die kurfürstlichen Gerechtsame zu kränken; sie ist, ob früher geschehen oder künftighin erfolgend, von selbst ungültig.

Mit ausgezeichneten Vorzügen wurde der böhmische König bedacht. Er ist der erste unter den weltlichen Kurfürsten und hat bei Hofe den Vortritt vor jedem andern König; sein Erzamt braucht er nicht mit der Krone geschmückt auszuüben, wenn es nicht sein freier Wille ist. Ihm ist es gestattet, überall Güter jeder Art, auch Reichsgüter zu erwerben, von seiner Gerichtsbarkeit giebt es in keinem Falle eine Berufung, also auch nicht an den Kaiser. Die anderen Kurfürstentümer kann der Kaiser, wenn sie erledigt werden, nach seinem Ermessen vergeben und erteilen, die Böhmen dagegen wählen in diesem Falle den König.

Bei einer Erledigung des Reiches durch Tod ist der Pfalzgraf der Verweser am Rhein, in Schwaben und in den Ländern fränkischen Rechtes, der Sachse überall da, wo sächsisches Recht gilt; nur Fahnenlehen zu vergeben, steht ihnen nicht zu. Wird gegen den Kaiser selbst ein Prozeß angestrengt, so hat er vor dem Pfalzgrafen zu antworten, doch darf dieser nur in Gegenwart des Kaisers darüber richten. Natürlich sind damit nur privatrechtliche Klagen gemeint, keineswegs wurde an eine Gerichtsbarkeit des Pfalzgrafen über den König in politischen Fragen gedacht, welche etwa zu einem Reichsprozeß gegen ihn oder gar zu seiner Absetzung führen konnte.

Doch auch der übrigen Fürstenschaft kamen einige Anordnungen zu gut. Die eine sicherte die Lehnsherren gegen die Kniffe der Vasallen, welche nur scheinbar, um jene bekriegen zu können, Lehen aufsagten, die anderen richteten sich gegen die Städte. Ihnen wurde verboten, Bündnisse unter sich oder mit

Unterthanen von Herren abzuschließen; nur die bereits geschlossenen Landfriedensbündnisse zwischen Fürsten, Städten und anderen blieben bis auf weiteres gestattet. Unerlaubte Vereinigungen in den Städten selbst wurden ebenso verpönt. Auch das Pfahlbürgertum verfiel dem Spruche, indem die Städte bei strenger Strafe nicht mehr Anderer Unterthanen zu Bürgern aufnehmen durften, wenn diese nicht wirklich in die Städte zogen und dort an den Lasten und Pflichten teilnahmen.

Der Allgemeinheit endlich dienten die Verfügung über ordentliche Ansage der Fehde, die sonst als Friedensbruch zu bestrafen war, das freilich sehr allgemein gehaltene Verbot ungerechter Kriege, der Erhebung ungewöhnlicher Zölle und Geleitsgelder.

Diese Nürnberger Gesetze erhielten auf dem Reichstage zu Metz, von dem noch näher zu reden sein wird, am 25. Dezember desselben Jahres 1356 mehrere Zusätze. Der größte Teil von ihnen betraf die Ordnung bei den Hoftagen, den feierlichen Aufzug, die von den Kurfürsten zu leistenden Ehrendienste, die Anordnung der Tafel und dergleichen Dinge. Außerdem wurden die Personen der Kurfürsten für unverletzlich erklärt und unter den Schutz des römischen Majestätsgesetzes gestellt, auch die Bestimmungen über die Unteilbarkeit und Vererbung der Kurfürstentümer fanden Ergänzung und Erläuterung. Ganz dem Sinne des Kaisers entspricht die Anweisung an die Kurfürsten, ihre Söhne vom siebenten Jahre ab in der italienischen und böhmischen Sprache unterrichten zu lassen, weil in diesen Zungen hochwichtige Reichsgeschäfte erörtert würden.

Die Nürnberger und Metzer Satzungen wurden als Einheit betrachtet und sind unter dem Namen der Goldenen Bulle bekannt. Die Benennung rührt nicht eigentlich von dem Goldsiegel her, welches die Ausfertigungen schmückt, denn dieses ist nichts Absonderliches und wurde auch an zahlreiche andere Urkunden gehängt, da es nur darauf ankam, ob der Empfänger die hohen Kosten dafür bezahlen wollte. Es ist eben nur eine der Kürze halber gebrauchte und allerdings fast gleichzeitig in Uebung gekommene Bezeichnung.

Wir besitzen von der Goldenen Bulle mehrere Ausfertigungen aus der Zeit Karls IV. selbst. Alle sind kleine Bücher von Pergament: die Besiegelung wurde an ihnen vollzogen, indem man durch sämtliche Blätter unten links in der Nähe des Rückens ein Loch bohrte, durch welches die schwarzgelbe Schnur läuft, an der die Goldbulle hängt. Das Hauptexemplar ist das böhmische, das Karls IV. selber, jetzt in Wien, welches schon in Nürnberg ausgefertigt und besiegelt wurde und daher nur die dort getroffenen Verordnungen enthält; der zweite Teil mit den Metzer Gesetzen ist später nur in Abschrift hineingeheftet worden. Die drei geistlichen Kurfürsten und die Pfalz ließen sich Exemplare ausstellen, welche jetzt in Wien, Darmstadt, Stuttgart und München liegen. Auch die Stadt Nürnberg besorgte sich aus der kaiserlichen Kanzlei eine Ausfertigung, gegenwärtig in München, begnügte sich aber mit dem Wachssiegel. So ist von den Originalen der Goldenen Bulle nur eines noch an seinem alten Orte, das bekannteste von allen, das 1366 geschriebene Frankfurter, das von der Stadt als kostbarer Schatz gehütet bei den Königswahlen diente.

Im Grunde genommen enthält die Bulle wenig neues, aber ihre Bedeutung liegt darin, daß sie eine fortan allgemein gültige Zusammenfassung wichtiger Gesetze gab. Daher bezeichnet sie eine neue Periode der Reichsgesetzgebung, deren Unterlage sie geblieben ist, so lange es überhaupt ein heiliges römisches Reich gab, als erstes und vornehmlichstes schriftliches Grundgesetz. Karl fing an, nachzuholen, was zum allgemeinen Schaden Jahrhunderte lang versäumt worden war.

Es stand eben wie mit dem Ei des Kolumbus, wenn Kaiser Karl zwar nicht gerade neues ersann, aber trotzdem schöpferisch wirkte. Allem menschlichen Voraussehen nach konnte Deutschland fortan nicht mehr durch den Streit über die Rechtmäßigkeit einer Königswahl in Verwirrung geraten. Nicht weniger hoch war anzuschlagen, daß die Wahl als rein deutsche Angelegenheit erschien, jede päpstliche Einmischung ausgeschlossen wurde. Die Goldene Bulle spricht vom Papste gar nicht, schneidet so stillschweigend, ohne sich in einen Streit einzulassen, alle die Anmaßungen ab, welche der Mangel fester Ordnungen bisher begünstigt hatte. Die Beschlüsse des Renser Kurvereins von 1338 erhielten dauernde Gesetzeskraft, obgleich ihrer nicht gedacht wird. Aber nur von der Königswahl ist die Rede. Zwar wird das Recht des Königs auf das Kaisertum durchaus festgehalten, er heißt stets der „zum Kaiser zu befördernde", doch die Kaiserkrönung blieb außerhalb der Verfügungen. Karl hielt sich streng an das Notwendige und an das offenbare Recht, und eben dadurch schuf er Zustände, welche für die Kurie rechtlich unanfechtbar waren. Die Kaiserkrönung konnte und wollte er dem Papste nicht bestreiten, für sie blieb also eine Vereinbarung erforderlich, welche indessen wenig Schwierigkeiten bot, sobald der deutsche König seine eigene Krone ohne den Papst gewann und trug. Ganz ebenso wurde auch der päpstliche Anspruch, bei Erledigung des Kaisertums das Reich zu verwalten, hinfällig gemacht, wenigstens für Deutschland, da der Pfälzer und der Sachse nach dem Tode eines Oberhauptes die Verweserschaft übernahmen. Ueber Italien erfolgte keine Bestimmung, indem Karl bei dem beharrte, was er einst 1346 mit der Kurie vereinbart hatte.

Karl gedachte durch die Goldene Bulle noch mehr zu erreichen: eine größere Festigkeit der Reichsregierung durch die Unterstützung der Kurfürsten. Jene Absicht, jährliche Zusammenkünfte der Kurfürsten zu veranstalten, nimmt das höchste Interesse in Anspruch. War sie ehrlich gemeint? Man hat in neuerer Zeit daran gezweifelt und vermutet, jene Verheißung sei durch die Kurfürsten, welche vollen Anteil am Regiment begehrten, erzwungen, von dem Kaiser nur in abgeschwächter und mangelhafter Weise gegeben worden, um sie zu umgehen und baldmöglichst abzuthun. Aber daran ist nicht ernstlich zu denken.

Vom Beginn seiner Regierung an suchte Karl die Kurfürsten an sich zu ziehen und begünstigte sie; die zahlreichen Willebriefe, die er selbst veranlaßte, lassen erkennen, welchen Wert er auf ihre Beistimmung legte. In der Goldenen Bulle bestätigte und festigte er ihren ausgezeichneten Rang vor den anderen Fürsten und trug Sorge, ihr Gewicht auch für die Zukunft aufrecht zu erhalten, indem er ihnen große Vorrechte verbürgte, ihre Landeshoheit verstärkte und die den Familien so schädlichen Teilungen für die Kurländer verbot. Nichts weist darauf hin, daß er dem Kurfürstentum übel wollte. Zu den Kurfürsten, mit denen er das Gesetz vereinbarte, stand er auf bestem Fuße und es wäre schwer, einen von ihnen zu nennen, der ihm hätte entgegentreten, ihm das Kurfürstenkollegium als höhere Macht aufzwingen wollen. Auch in seiner späteren Regierung hat er die Kurfürsten stetig und viel herangezogen; man muß geradezu sagen: erst Karl hat das Kollegium zu seiner Bedeutung gebracht. Wenn die jährlichen Vereinigungen nicht in der geplanten Weise zu stande kamen, lag die Schuld kaum an dem Kaiser. Fast jedes folgende Jahr war er im Reiche und die Kurfürsten hätten sich, den empfangenen Schein in der Hand, auch ohne Aufforderung bei ihm einfinden können. Außerdem zwang ihn niemand, die Goldene Bulle überhaupt zu erlassen.

Karl hat es mit seinem Plane gewiß redlich gemeint und ihn klug ersonnen, und sein Scheitern bewies nur, daß Kurfürsten und Verhältnisse für ihn noch nicht reif waren. Die Beteiligten scheuten wahrscheinlich die Opfer, welche sie bringen sollten an Geld und Bequemlichkeit, und sie verkannten, nur den augenblicklichen Vorteil ihrer Personen in Anschlag bringend, welche reichen Zinsen die an das Reich gewandte Mühe auch für sie und ihre Nachkommen getragen hätte.

Die Thätigkeit, welche den Kurfürsten auf den Vereinstagen zugedacht war, überschritt allerdings nicht Berichterstattung und Ratschläge über die öffentliche Lage; von einer konstitutionellen Körperschaft wären sie weit entfernt geblieben. Man hat wohl gemeint, den Kurfürsten sei ein „Aufsichtsrecht" zugedacht worden, aber auch das ist zu viel gesagt. Der Gedanke war einfach der, das Königtum in dauernde Fühlung mit den wichtigsten Gliedern des Reiches zu bringen, diese selbst untereinander zu verbinden und so eine glückliche, das Reich umfassende Harmonie zu schaffen, um die Zwietracht, welche Karl als die schlimmste Feindin des Reichs mit beredten Worten schilderte, zu verhindern und in Einmütigkeit zu verwandeln.

Doch wenden wir uns noch einmal zur Goldenen Bulle zurück. Eine Reichsverfassung von allgemeinem Umfang enthält sie nicht, da sie nur einzelne staatsrechtliche Punkte regelt. Der Grundgedanke ist eben, alle Anstöße zur Zwietracht zu beseitigen und den öffentlichen Frieden zu sichern, und von ihm aus erklären sich die Gesetze, welche sie sonst enthält. In erster Stelle diejenigen, welche die Städte trafen, und wie sie damals von den Bürgern mit Mißvergnügen aufgenommen wurden, haben sie auch später als Beweis für Karls städtefeindliche Gesinnung gegolten. Indessen that er mit ihnen nur, was des Reiches Nutzen erforderte. Das Bündniswesen war wirklich, wie es Karl nannte, eine „Korruptel", und daran änderte nichts, daß die Städte manchmal dazu gezwungen waren, um sich ihrer Haut zu wehren. Die Selbsthilfe entfremdete sie dem Zusammenhange mit dem Ganzen, zerriß das Reich in feindliche Parteien und diente oft genug dazu, das Recht gewaltthätig zu überschreiten. Auf der andern Seite mußte jedoch auch das Reich dazu thun, daß die Städte der Notwendigkeit überhoben wurden, sich untereinander zu verbinden, und dafür zu sorgen, lag in Karls Absicht. Ueber Bündnisse der Bürgerschaften mit ihren Unterthanen beschwerten sich die Fürsten mit vollem Recht, und die Verschwörungen innerhalb der Städte führten nur zu oft zu blutigen Ausschreitungen. Zünfte und Innungen fielen selbstverständlich nicht unter das Verbot. Die Pfahlbürger endlich dienten den Städten vortrefflich, doch Herren und Fürsten erlitten durch diese Einrichtung, welche alle Vorgänger Karls bekämpft hatten, unleugbar die größten Beeinträchtigungen, und wo es den Frieden des ganzen Reiches galt, durften städtische Interessen, welche ihn gefährdeten, nicht allein den Ausschlag geben. Uebrigens ist die Fassung eine so sorgsame und genaue, daß nur wirkliche Auswüchse beschnitten wurden.

Abgesehen von den Reichsverhältnissen hat die Goldene Bulle auch große Bedeutung für die Ausbildung der kurfürstlichen Staaten gehabt und noch heute beruhen auf ihr manche Bestimmungen des Hausrechts der in Teutschland regierenden Familien.

Die Verheißungen, welche Karl beim Beginn des Reichstags von Nürnberg den Straßburgern machte, waren so zum guten Teil erfüllt. Einige eigneten sich nicht dazu, in einem für die Ewigkeit bestimmten allgemeinen Gesetz erledigt zu werden, da sie nur in einzelnen Kreisen und mit Berücksichtigung gegebener Verhältnisse durchführbar waren. Ueber Fehde, Zölle und Geleitsgeld ließen sich nur Grundsätze aufstellen, wie es auch geschah; den Landfrieden sollten noch besondere Vereinbarungen sichern und über die Münze gab Karl gleichzeitig ein eigenes Gesetz.

Der Kaiser hatte ursprünglich die Absicht, von Nürnberg nach Metz zu gehen und dort einen zweiten Reichstag abzuhalten, aber wichtige Angelegenheiten veranlaßten ihn, nach Prag zurückzukehren, wo er den Besuch des Polenkönigs Kasimir empfing und die Beziehungen zu diesem Herrscher freundschaftlich ordnete. Es handelte sich darum, mit König Ludwig von Ungarn Verabredungen zu einem Kriege gegen Venedig zu treffen, welchen dieser auch im Sommer begann und nach mancherlei Wechselfällen glücklich zu Ende führte, so daß die Republik im Februar 1358 ihm Dalmatien abtrat. Karl gewährte ihm Unterstützung, weil er sich den kinderlosen Herrscher Ungarns möglichst eng verpflichten wollte, da Ludwig auch bereits Aussicht auf den polnischen Thron hatte.

Von der einen Himmelsgegend schaute er nach der andern entgegengesetzten, dem Westen, und im Herbst trat er die verkündete Fahrt nach Metz an. Haussachen, wie Reichsangelegenheiten, riefen ihn dorthin. Sein Bruder Wenzel von Luxemburg hatte eine vielversprechende Ehe mit Johanna, der Erbin von Brabant und Limburg geschlossen, aber ihr ausschließliches Recht wurde von dem Grafen Ludwig von Flandern mit Glück angefochten, zudem bestürmte Papst Innocenz VI. seit langem den Kaiser mit Bitten, für Frankreich etwas zu thun und dem niedergeschlagenen Lande zum Frieden zu helfen.

Nach der Schlacht bei Crecy, in der Karl auf Frankreichs Seite focht, und der Eroberung der Stadt Calais durch die Engländer kam es zu einer längeren, doch nur halben Waffenruhe, und König Eduard III. entschloß sich Anfang 1355 aufs neue den Krieg im großen Maßstab zu führen. Die fortgesetzte angestrengte Vermittlung des Papstes führte zu keinem glücklichen Ende. Auch zu Kaiser Karl, als er noch in Italien war, ging eine englische Botschaft, und die Kurie schwebte in Sorge, er möchte sich einseitig von England umstricken lassen. Nach Deutschland zurückgekehrt, sah er sich umworben von Frankreich, von England, vom Papste, aber er gedachte die Gelegenheit auszunützen, um die gefährdeten Reichsrechte im Westen zu wahren.

Jene Verpflichtungen, welche er einst bei seiner Erhebung in Bezug auf Frankreich eingegangen, ließ Karl für die Folgezeit auf sich beruhen, da sie ohnehin nur in ganz allgemein gehaltenen Zusicherungen bestanden; er näherte sich sogar nachher England. Frankreich zeigte sich ihm wenig freundschaftlich gesinnt, bereitete ihm manches Hemmnis und fuhr namentlich fort, seinen Einfluß in den Grenzländern zu stärken und zu erweitern. Der deutsche König faßte diese Verhältnisse alsobald ins Auge; obgleich er in dem Drange seiner ersten Regierungsjahre über schriftliche Thaten nicht hinauskam, suchte er doch wenigstens den Rechtsstandpunkt zu wahren, in Cambrai und Verdun, besonders im Königreich Arelat, um welches sein Vorgänger nur selten und ohne Erfolg Sorge getragen hatte. Er entließ zwar Avignon, welches Papst Clemens von der Königin Johanna von Neapel kaufte, aus dem Reichsverband, aber er erreichte, daß ihm die Königin und ihr Gemahl während seines Aufenthaltes in Italien für die Provence Huldigung leisten ließen. Frankreich erzielte jedoch einen überaus großen Erfolg, indem ihm 1349 Humbert II. sein Land, den Delfinat, abtrat, so daß der französische Kronprinz Johann zuerst den Titel eines Dauphin führen konnte. Die Rechte des Reiches wurden zwar dabei äußerlich nicht verletzt, aber von dieser starken Stellung aus konnte Frankreich hoffen, allmählich das ganze Burgund an sich zu bringen. Dachte man doch bereits daran, Karl IV. zu bewegen, daß er ganz Arelat mit königlichem Titel als erbliches Lehen an den Dauphin abtrete oder ihn zum Reichsvikar ernenne.

Indessen so leichtes Spiel ließ Karl IV. nicht mit sich treiben. Dem König Johann, der ihn um Hülfe gegen England anging und den früheren Vertrag einfach erneuern wollte, übersandte er einen andern, welcher die Rückgabe der Städte Verdun, Cambrai und Vienne erheischte und den Dauphin wie den Pfalzgrafen von Burgund verpflichtete, als Lehnsträger Huldigung zu leisten. Johann sandte jedoch die von Karl bereits vollzogene Urkunde zurück, und so verstrich die Zeit, bis am 19. September 1356 die Franzosen die furchtbare Niederlage von Maupertuis erlitten, welche ihren König als Gefangenen in die Hände der Engländer brachte. Voll schmerzlicher Aufregung meldete der Papst dem Kaiser das Unglück und bat ihn flehentlich, den Frieden herzustellen. Karl war bereits auf dem Wege nach dem Rhein, als er die große Botschaft erfuhr, und beschleunigte seine Fahrt nach Metz, wo er am 17. November mit glänzendem Gefolge eintraf, von der Stadt mit höchsten Ehren empfangen.

Aber die Angst um Frankreich war nicht der einzige Grund, der den Papst eifrig um des Kaisers Gunst buhlen ließ. Innocenz war der deutschen Geistlichkeit gegenüber in eine recht unangenehme Lage geraten. In jeder Weise suchte er zu Gelde zu kommen, da die geplante Eroberung des Kirchenstaates ungeheure Kosten verursachte. In der Meinung, daß es sich um die Sache der Kirche handle, zu der die ganze Christenheit beisteuern müsse, wandte sich Innocenz an die deutschen Erzbischöfe teils mit allgemeinen, teils mit persönlichen Forderungen, endlich begehrte er 1355 geradezu die Abgabe von drei

Zehnten. Aber er hatte von Anfang an wenig Glück; überall erhob sich ein Sturm von Unwillen, und die Erzbischöfe erklärten, die Armut ihrer Kirchen mache die Zahlung unmöglich, es sei zu besorgen, daß die Geistlichkeit den Gehorsam verweigern, selbst die Laien sich dagegen erheben würden.

Der Papst wies den Widerspruch mit scharfen Tadeln und Vorwürfen gegen die verhärteten und undankbaren Gemüter zurück, aber neue feierliche und dringliche Proteste liefen bei der Kurie ein. Herzog Albrecht von Oesterreich unterstützte lebhaft die Gegenvorstellungen des Salzburger Erzbischofs und der Papst empfand nicht geringen Aerger, als der Ueberbringer kurzweg die Schreiben abgaben und heimkehrten, ohne auch nur einen Bescheid abzuwarten.

Der Kaiser, der ersucht wurde, seinen guten Willen dazu zu thun, gab wohl freundliche Worte, die ihm den Dank des Papstes eintrugen, aber mit der Stimmung in Deutschland vertraut und berechnend, daß er hinter ihr die beste Deckung finden werde, verschob er die Angelegenheit auf den künftigen Reichstag. Der Papst dagegen wurde, nachdem die Hiobspost von Manpertuis eingetroffen, dringender und kleinlauter. Den Widerspruch der deutschen Geistlichkeit hoffte er freilich noch immer durch Drohungen niederschlagen zu können.

So begann der Reichstag in Metz, welcher durch Glanz und Pracht, durch die Zahl und den hohen Rang der Besucher weithin durch alle Lande Aufsehen erregte. Manche der Herren, die dort erschienen, mochten erinnert werden an den großen Hoftag, welchen fast zwanzig Jahre früher Kaiser Ludwig zu Koblenz feierte. Auch damals war die Zahl der Gäste ungemein groß, der vornehmste von ihnen der englische König Eduard III., mit dem sich Deutschland gegen Frankreich verbündete. Aber jene Festtage verrauschten ohne Folgen, der Bund mit England löste sich thatenlos auf. Zu Kaiser Karl kam jetzt der Regent von Frankreich, der Dauphin Karl, um für sich und seinen gefangenen königlichen Vater Rat und Hülfe zu suchen gegen den siegreichen Eduard und gegen sein empörtes Land; ohne eigene Anstrengung war Deutschland der Vorteil zugefallen, den mißgünstigen Nachbar gedemütigt zu sehen. Auf dem Koblenzer Tage wurden streitbare Gesetze gegen das Papsttum verkündigt; nach Metz sandte der Papst einen der vornehmsten Kardinäle, Talleyrand von Perigord, und den Abt Androin von Clugny, um den deutschen Kaiser zu begrüßen und sein Wohlwollen für Frankreich und die Kirche zu erbitten. Und Talleyrand war Zeuge, als die Schlußkapitel der Goldenen Bulle verkündet wurden, des Gesetzes, in welchem Karl mit beredtem Schweigen eine vierzig Jahre lang getriebene rechtlose Papstpolitik durchstrich.

Mancherlei Feste, Erteilungen des Ritterschlages, Belehnungen, auch feierliche Gerichtssitzungen füllten die Zeit neben den Geschäften. Den Gipfel allen Glanzes brachte jedoch das Weihnachtsfest. Zur Frühmette, die der Kardinal abhielt, erschien Karl in kaiserlichem Ornate und las, das blanke Schwert in der Hand, das Evangelium, dann empfing er von dem Kardinal das Abendmahl. Beim Festgottesdienst sang der Erzbischof von Köln die Messe. Wahrscheinlich wurden darauf nur im engeren Kreise der Kurfürsten und der vornehmsten Gäste, des Kardinals und des Dauphins die Zusätze zur Goldenen Bulle verkündet und das ganze Gesetz nochmals verlesen.

Die vornehme Gesellschaft zog hoch zu Roß zum Prunkmahl, welches zugerichtet war in dem Park vor dem bischöflichen Palais unter einem prächtigen offenen Gezelt, da die ungewöhnlich milde Witterung den Aufenthalt im Freien begünstigte. Den Zug eröffneten die Kurfürsten von Sachsen, Pfalz und Brandenburg mit Schwert, Apfel und Scepter, ihnen folgten die Erzbischöfe von Mainz und Köln und Fürsten, welche die Kronen von Deutschland und Italien trugen. Unmittelbar vor dem Kaiser, der im weißen Waffenkleid mit der Krone einherritt, hielt der Erzbischof von Trier auf silbernem Stabe die Siegel des Reiches, während Herzog Wenzel als Vertreter des Böhmenkönigs den Beschluß dieser Verkörperung des Reiches bildete. In einiger Entfernung folgte die Kaiserin Anna, gleichfalls in weißem Gewand mit gelöstem Haar unter der Krone, umgeben von ihren Ehren- und Hofdamen. Der Kaiser nahm allein Platz auf erhöhtem Gestühl, die Kaiserin saß an einer niederen Tafel, zu ihren Seiten der Kardinal und der Dauphin, ringsum die übrigen Fürstlichkeiten; die ritterlichen Standesgenossen speisten an besonderen Tischen. Sobald der Kaiser Platz genommen, legten die Erzbischöfe die Siegel vor ihm nieder und sprachen den Segen; dann trug der Erzmarschall, der Herzog von Sachsen, in einem silbernen Gefäß Hafer herbei, welchen er dem Vizemarschall für die kaiserlichen Pferde übergab. Der Erzkämmerer, der Markgraf von Brandenburg, überreichte darauf in einem vergoldeten Becken Wasser, mit dem der Kaiser sich die Hände benetzte, und ein reich verziertes Trockentuch. Der Pfalzgraf als Erztruchseß setzte dem Kaiser Schüsseln mit Speisen vor, Herzog Wenzel als Erzmundschenk brachte den mit Wein gefüllten Becher, beide kosteten erst gebührend vor. Sie alle verrichteten ihren Dienst gepanzert auf stattlichen Streitrossen. Während des Mahles stürmten Landgraf Friedrich von Meißen als Erzjägermeister und sein Gehilfe der Graf von Schwarzburg unter fröhlichem Klange der Jagdhörner und mit der kläffenden Meute heran und legten vor dem Herrscher einen Hirsch und einen Eber nieder.

Nach dem Mahle folgten nicht minder prunkvolle Handlungen der Lehnserteilung. Der französische Kronprinz empfing den Delfinat und Markgraf Wilhelm von Jülich wurde hoch geehrt, indem er zum Herzoge erhoben wurde.

Auch das ringsum zusammengescharte Volk erhielt seinen Anteil an der Lust. Besonders für die Feier gemünztes Geld wurde ausgeworfen, und wie gewöhnlich an solchen Festen ein ganzer Ochse am Spieß gebraten, in dem, wie erzählt wird, ein Schwein steckte, welches einen Hammel enthielt, der wieder eine Gans, in dieser ein Huhn und in ihm ein Ei, in sich barg. „Es war ein Gelage so groß, daß sich niemand eines ähnlichen erinnert".

Die ernsten Geschäfte wurden jedoch nicht vernachlässigt. Das wichtigste war das französische, aber der Dauphin schied kaum befriedigt von seinem Oheim, wohl mit gutem Rate, doch mit nichts tröstlicherem versehen, und ersteren bezahlte er noch teuer genug. Karl nahm von ihm kostbare Geschenke entgegen, darunter ein mit Edelsteinen und Perlen geziertes Schwert, das achtzehntausend Gulden wert war, und ließ sich von ihm noch fünfzigtausend Gulden versprechen. Dafür erteilte er dem Prinzen die Belehnung mit dem Delfinate und ernannte ihn zum Reichsvikar desselben. Da auch der Graf von Burgund damals huldigte, hatte Karl seine Absichten voll erreicht, wie er sie mit jenem Vertrage bezweckte, den König Johann übermütig zurückgewiesen hatte. Das verdankte er freilich zumeist den Engländern, und gegen sie Hülfe zu versprechen, ließ er sich nicht bewegen, indem er mit Frankreich nur den alten nichtssagenden Vertrag erneuerte. Er hat später, als die Verwirrung in Frankreich den höchsten Gipfel erreichte, die Absicht gehabt, dem Dauphin zu Hülfe zu kommen, aber er dachte dabei wohl hauptsächlich an den Schutz der deutschen Grenzen, und unterließ auch den Zug. Er blieb mit den streitenden Mächten in Verbindung und Verhandlungen, bis der Vertrag von Bretigny den Frieden brachte.

So wird auch der Kardinal Talleyrand mißvergnügt heimgezogen sein. Karl beriet sich mit den anwesenden Bischöfen, und dem Papste wurde statt der gewaltigen Summe, welche er begehrte, nur eine bescheidene Geldunterstützung geboten, die er auch annahm. Nachdem Karl auch den Aachenern Gelegenheit geboten, ihn in seiner kaiserlichen Zierde auf dem Stuhle Karls des Großen zu bewundern, und, was wichtiger war, in den Niederlanden seinem Bruder und seinem Hause Anrechte auf die Herzogtümer Brabant und Limburg gesichert hatte, welche sogar deren Erwerbung in Aussicht stellten, kehrte er nach Böhmen zurück. In ganz Deutschland blickte man mit Stolz und Genugthuung auf die Metzer Tage und schlug es dem Kaiser hoch an, daß er hier im fernen entfremdeten Westen des Reiches Ehre und Macht gewahrt und entfaltet habe. „Seit langer Vergangenheit liest man von keinem Kaiser, der einen herrlicheren Reichstag gehalten hätte; seit den Tagen Ottos III. hatten die Metzer keinen Kaiser mehr empfangen". — Es war in der That der Höhepunkt von Karls Ansehen und Ruhm.

Sechster Abschnitt.

Herzog Rudolf IV. von Oesterreich. 1357—1365.

Auch im Auslande bemerkte man, wie festbegründet Karls Stellung im Reich, wie gut sein Verhältnis zu den Fürsten war. So glücklich ging es jedoch nicht weiter, und der heimgekehrte Kaiser mußte sogar zu den Waffen greifen. Karl, stets bedacht, überall im Reiche Erwerbungen und Käufe zu machen, hatte von dem Regensburger Bischof Burg und Herrschaft Donaustauf an sich gebracht, zum Schrecken der baierischen Herzöge und der ganzen Umgegend, da die Feste von großer Wichtigkeit war. Als daher Herzog Albrecht von Baiern den Vermittler des Handels, seinen ehemaligen Biztum Peter Ecker, züchtigen wollte, kam Karl diesem zu Hülfe und ein großer Kampf schien bevorzustehen. Bei den Baiern herrschte große Streitlust, denn so manche von ihnen sahen mit bitterem Groll, wie der wittelsbachische Löwe vor dem böhmischen zurückwich; bei ihrer Ueberzahl rechneten sie auf sicheren Sieg. Doch ihre Erwartungen täuschte ein friedlicher Vergleich, der dem Herzog Albrecht von Oesterreich den Schiedsspruch übertrug. „Wegen dieses Ausganges seufzte ganz Baiern von Herzen, denn der betrügerische Kaiser verfolgte Baiern stets mit hinterlistiger Bosheit". Und in der That, obgleich die Fehde zwischen Böhmen und Baiern noch einmal ausbrach, entschloß sich Herzog Albrecht, mit dem Kaiser, der Donaustauf behielt, vollen Frieden zu machen. Die Wittelsbacher gingen durch eigene Schuld, durch planloses Handeln und Uneinigkeit, immer mehr zurück. Ludwig der ältere, dem Kaiser noch immer feindlich, ohne sich zu Thaten aufraffen zu können, klammerte sich in seinen andauernden Verlegenheiten an Herzog Albrecht II. von Oesterreich, mit dessen Hülfe er endlich vom Papste die Befreiung vom Kirchenbann erreichte. Herzog Stephan, gleichfalls Karl abgeneigt, verschloß seinen Groll in sich, während Ludwig der Römer und der junge Otto im Fahrwasser der kaiserlichen Freundschaft verharrten. Herzog Albrecht endlich mußte fortan anderen Gegenden seine vornehmliche Aufmerksamkeit zuwenden und kam für die süddeutschen Verhältnisse wenig mehr in Betracht. Denn der leidenschaftliche Herzog Wilhelm von Holland verfiel dem Wahnsinn, „obgleich er gescheiter war, als alle seine Brüder". Zwischen ihm und der Mutter Margaretha war infolge der im Lande herrschenden Zerrüttung ein grauenhafter Krieg ausgebrochen, der dann in den wütenden Kämpfen der „Hoet" und der „Kabeljau", der adeligen und der städtischen Partei, über 150 Jahre dauerte. Albrecht übernahm die Regierung von Holland mit Geschick und schuf für einige Zeit Ruhe.

Nicht allein das luxemburgische, auch das habsburgische Haus überflügelte die Wittelsbacher. Wie sticht gegen ihre Zerfahrenheit ab die ruhige und stetige Politik des lahmen Herzogs Albrecht II., der nach allen Seiten hin sein Ansehen und Gewicht geltend machte, ein Meister in Bewahrung der eigenen Selbständigkeit und in glücklicher, ihn selbst hebender Vermittlung, weil nicht Schwäche, sondern besonnene und kraftbewußte Ruhe ihre Wurzel war! Freilich dem Reiche nutzte er nur insoweit, als sein gedeihendes Land diesem angehörte, denn er war ganz ausschließlich Landesfürst. Am 20. Juli 1358 ging er mit neunundsechzig Jahren dahin, schmerzlich beklagt. „Der Schande Dorn hat ihn nie versehrt an den Kräften seiner Würde, nie hat er mit Willen Böses gethan und sein Herz von Sünde gefreit. Er konnte die Kriege verschreiben und verriegeln, verschließen und verriegeln zur friedlichen Sühne, Kaiser und Könige nahmen von ihm getreuen Rat über alle ihre Not". „Er war Gott und den Menschen vieler Lande lieb, fromm, segenstiftend, ein Freund des Friedens und ein Zerstörer der Zwietracht, ein heilvoller Vater vieler Könige und Fürsten, die seinem Rate wunderbar gehorchten". Selbst die Schweizer versagten ihm trotz der Feindschaft, welche er ihnen angethan, nicht das Lob eines „mannhaften, kräftigen, unverzagten Herrn".

Erst in vorgerückten Jahren war ihm Kindersegen und dann reichlich zu teil geworden. Nur der älteste Sohn Rudolf war bei des Vaters Tod mündig, auch er kaum neunzehn Jahre alt, bereits vermählt mit der sechzehnjährigen Tochter des Kaisers, Katharina. Ein schönes Paar, der Herzog von hochragendem Wuchs, seine Frau zierlich, mit blitzenden Falkenaugen.

In dem Jüngling brannte eine Seele von hektischer Aufregung. Der Ehren konnte er nicht genug haben, erfinderisch zierte er sich mit neuen prunkenden Titeln und umgab seine Handlungen mit ungewöhnlicher Pracht. So hoch schätzte er sein eigenes Dasein, daß er das Zimmer, welches seine Geburt gesehen, in eine Kapelle umwandelte und in den Urkunden seine Lebensjahre zählte. Als Nachkomme von deutschen Königen hielt er sich für vornehmer als die anderen Fürsten, er wollte seine Würde überhaupt niemandem verdanken als Gott und in seiner Machtvollkommenheit keine Schranken dulden.

Schmerzlich empfand er, daß er bei all seiner Herrlichkeit doch nur ein Fürst und als solcher Kaiser und Reich untergeordnet war, daß den Kurfürsten größere Ehren zukamen. Ein seltsames Auskunftsmittel sollte helfen, die Fälschung von Urkunden, und da man den verhängnisvollen Weg einmal betrat, so geschah es gleich gründlich. Fünf Urkunden wurden angefertigt, welche angeblich die Könige Heinrich IV., Friedrich I., Heinrich VII., Friedrich II. und Rudolf für österreichische Fürsten ausgestellt hatten. Selbst die alten römischen Weltgebieter

Julius Cäsar und Kaiser Nero wurden heraufbeschworen, um die Freiheit und Erhabenheit Oesterreichs darzuthun; Heinrich IV. sollte ihre Gebote bestätigt haben. Die Grundzüge der Erfindungen bildeten die völlige Lossprechung von allen Pflichten gegen das Reich, welches dafür gehalten ist, den Herzog zu unterstützen, die unumschränkte Verfügung und Regierung über die Länder, deren Unteilbarkeit, die Verherrlichung der herzoglichen Person.

Der Betrug war arg, aber nicht ungeschickt gemacht und einzelne dieser Pergamente haben bis in unsere Zeit gläubige Verteidiger gefunden.

Karl, der anfangs seinem Schwiegersohn große Gnaden erwiesen, betrachtete dessen Rührigkeit alsbald mit bedenklichen Blicken und traf Vorsichtsmaßregeln. Von den neu aufgetauchten Privilegien, auf die sich Rudolf berief, schienen ihm wenigstens die Cäsars und Neros so verdächtig, daß er bei Petrarca als kundigem Gewährsmann anfragte, der denn auch in kräftigsten Ausdrücken „die lahme Lüge" bloßstellte.

Der Herzog, von seiner Ehrsucht geblendet, verschmähte auch die Verleumdung nicht, um den Kaiser durch Drohungen zu schrecken und sich gefügig zu machen. Er raunte Karl ins Ohr, Kurfürsten hätten sich mit dem Papste verschworen, ihn abzusetzen und den König von Ungarn an seine Stelle zu erheben. Er machte sogar, wie es scheint, den Versuch, bei der Kurie die Meinung zu erwecken, man beabsichtige in Teutschland eine Thronumwälzung. Aber alle Schliche verfingen nicht, Rudolf erreichte bei Karl nichts, selbst die Belehnung unterblieb, und er ging daran, auf anderm Wege seine Ziele zu erreichen.

Rudolf rechnete wohl darauf, daß in der That zwischen dem Papste, dem er die größte Ergebenheit zeigte, und dem Kaiser eine Spannung eingetreten war. Karl verlangte von Innocenz ein Einschreiten gegen die Verweltlichung der deutschen Geistlichkeit und nahm zugleich selbst das Besserungswerk in die Hand. Er wußte die Sache auf seine Weise anzufassen. Im März 1359 auf einem Reichstage zu Mainz, dem die Kurfürsten beiwohnten, kam es über die päpstlichen Geldforderungen zu erregten Auseinandersetzungen und Karl erklärte dem Legaten die Notwendigkeit einer Reform, sonst würden die geistlichen Einkünfte von den Laienfürsten mit Beschlag belegt werden. In demselben Sinne erließ er auch alsbald scharfe Schreiben ins Reich an die hohe Geistlichkeit, selbst an den Erzbischof Gerlach von Mainz. Das Ganze war wohl nur ein Schreckschuß gegen den Papst, verabredet mit den der Kurie höchst abgeneigten Erzbischöfen. Dem Papsttum sollte vor Augen geführt werden, wie gröblich es über den Gelderpressungen die kirchlichen Pflichten vernachlässige, so daß selbst die weltliche Gewalt einschreiten müsse.

Innocenz erließ auch gleich große Schreiben über die Sittenbesserung, doch mit ausdrücklicher Verwahrung gegen etwaige Eingriffe in die kirchliche Freiheit. Und Karl, um den Verdacht, sie schädigen zu wollen, abzuwehren und sich als den Schirmherrn der Geistlichkeit zu zeigen, erneuerte in größerem Umfange die Verordnungen, welche er schon 1354 zum Schutz des kirchlichen Standes gegen die Laien erlassen hatte. Der Kaiser verlangte auch vom Papste die Zurücknahme der Bullen, welche einst Clemens V. gegen den verstorbenen Heinrich VII.

erlassen hatte und die immer als der Würde des Reiches widersprechend angesehen wurden, doch weigerte sich Innocenz dessen entschieden.

Karl war so wenig besorgt, daß er nicht ins Reich ging, sondern Pfalzgraf Ruprecht beauftragte, die Enthüllungen Herzog Rudolfs den geistlichen Kurfürsten mitzuteilen, welche sie mit begreiflicher Entrüstung zurückwiesen; das Gleiche thaten andere Reichsstände. Der Oesterreicher aber legte sich ungescheut auf Grund seiner gemachten Privilegien hochtrabende Titel als Pfalzerzherzog, Reichsoberst, Jägermeister, Fürst zu Schwaben und Elsaß bei und ließ sie in sein neues Siegel eingraben, das an Größe und stattlicher Ausführung das kaiserliche weit übertraf. Er suchte und fand Bundesgenossen; selbst die Hoffnung, nach Karls Tode den Kaiserthron zu besteigen, sprach er aus und damit deutete er noch weiter zielende Pläne an.

Nachdem Karl sich persönlich mit König Ludwig von Ungarn verständigt, der es übernahm, den jungen Feuerkopf zu beruhigen, erteilte er Rudolf seine Reichslehen und machte ihm sogar kleine Zugeständnisse, aber sorgte auch dafür, künftigen diplomatischen Ränken Rudolfs durch ihm abgenommene Erklärungen einen Riegel vorzuschieben. Aber der Herzog verharrte bei seinen überschwänglichen Entwürfen und vermehrte seinen Anhang, so daß Karl es für erforderlich hielt, zunächst gegen seinen hauptsächlichsten Bundesgenossen, Graf Eberhard von Wirtemberg, einzuschreiten. Eberhard, wegen seiner Streitsucht „der Greiner", wegen seines wallenden Bartes der „Rauschebart" genannt, hatte bisher dem Kaiser wichtige Dienste geleistet, aber auf seine Treue war nicht viel zu bauen. Das Muster eines fröhlichen Ritters, „ein frischer, freier Raßbalger und Kriegsmann", schwang er allzeit sein Schwert mit unvergleichlicher Tapferkeit, aber stets klug seinen Vorteil berechnend, Partei nehmend, wo die besten Aussichten lockten, dabei ein guter Haushalter. Sein Land war nicht groß, aber ausreichend, um einem kühnen Manne die Mittel zum Emporkommen zu gewähren; die Zersplitterung Schwabens in kleinste Gebiete gab oft gute Gelegenheiten und Eberhard ergriff sie begierig. Daher erhoben sich gegen ihn zahlreiche Klagen, namentlich der Städter, und als Eberhard und sein Bruder Ulrich auf dem Reichstage in Nürnberg im Sommer 1360 die Forderungen Karls zurückwiesen, begann gegen sie der Reichskrieg. Der Zweck wurde schnell erreicht, die Grafen traten vom österreichischen Bündnis zurück und Rudolf, gegen den das ganze Unternehmen eigentlich gemünzt war, hielt es nun für geraten, des Kaisers Gnade zu suchen, der sie ihm schonungsvoll gewährte.

Wie nun auch Innocenz über Karl denken mochte, er sah sich genötigt, ihn mit Vorsicht zu behandeln, als der Kaiser die trotzigsten Feinde des Papstes, die Visconti begünstigte, Verlangen in Bezug auf das Königreich Burgund stellte und zuchtlose Söldnerscharen, die traurige Frucht des französisch-englischen Krieges, die Gegend von Avignon unsicher machten. Innocenz ließ sich zwar nicht herbei, die clementinischen Bullen zurückzunehmen, aber gab ihnen die mildernde Erklärung, sie seien nur Vorsichtsmaßregeln gewesen, welche der Ehre Heinrichs keinen Eintrag thäten, er bemühte sich, das Einvernehmen zwischen Karl und Herzog Rudolf wiederherzustellen und ernannte den besten Freund und Ratgeber des Kaisers, Bischof Dietrich von Minden, zum Erzbischofe von

Magdeburg. Karl ließ dafür die Visconti fallen, aber auch seine kirchlichen Reformpläne gab er auf.

Dem bereits fünfundvierzig Lebensjahre zählenden Kaiser wurde sein heißester Wunsch erfüllt: Anna gebar ihm am 26. Februar 1361 in Nürnberg einen Knaben, den späteren König Wenzel. Freudenvoll meldeten die Eltern nach allen Seiten hin das glückliche Ereignis, das Erscheinen eines „kräftigen und wohlgestalteten Sprößlings". Mit unerhörter Pracht wurde die Taufe gefeiert, wie ein Festtag des ganzen Reiches. So viel Gold, als das Kind wog, schickte der Vater nach Aachen; von der Wiege aus sollte das Glück des künftigen Kaisers an den Stuhl Karls des Großen geknüpft werden.

Das Leben erhielt für Karl neuen Inhalt und Wert.

Gewiß wird Herzog Rudolf die Geburt seines kleinen Schwagers mit geringem Vergnügen gesehen haben, weil sie seine schönsten Hoffnungen durchkreuzte. Er fuhr fort, unberechtigte Titel zu führen und sich unangemessen zu gebahren. Er kam auch nicht zur Taufe Wenzels, doch im Sommer erhielt er ein zweites Mal die Verzeihung Karls und dessen Beistand, als er seinem Thatendrang andere Ziele suchte. Nicht lange dauerte es und Rudolf spann wieder höchst gefährliche Ränke an.

Er ließ sich dazu von dem ungarischen König verlocken, der im Bunde mit Kasimir von Polen einen Krieg gegen den Kaiser plante. Karl ersah des Herzogs schlimme Absichten wahrscheinlich aus einem in seine Hände gekommenen Briefe an den jungen Meinhard von Tirol und berief alsbald die Kurfürsten zu sich nach Nürnberg. Nur Wilhelm von Köln, den mißliche Händel daheim festhielten, und der in der Mark weilende Ludwig der Römer, den sein Bruder Otto vertrat, fehlten, die anderen vier gelobten „wegen des kundlichen Verdrusses, der dem heiligen Reiche von den Herzögen von Oesterreich oft widerfahren", beim Tode Karls weder Rudolf noch einen seiner Brüder zu Königen zu wählen, während der greise Boemund von Trier in ihrem Auftrage an den rebellischen Herzog die Aufforderung erließ, sich seiner mannigfachen Verschuldungen wegen zu verantworten. Kurfürsten und Reich hielten auch weiter die Treue, Rudolf war von Anfang an vereinzelt, ohne Aussicht, den Kaiser zu verdrängen.

Obgleich sich im Sommer die Heere an den mährischen Grenzen gegenüberstanden, kam es zu keinem größeren Kriege, da Karl ihn vermied, und der Streit schleppte sich hin.

Da traten plötzlich neue Verwicklungen ein, welche für den Augenblick und die Folgezeit von höchster Wirksamkeit waren. Ludwig der ältere von Baiern hinterließ, als er am 18. September 1361 starb, aus seiner Ehe mit Margaretha Maultasch als Erben nur einen schwächlichen Sohn Meinhard, der mit Margaretha, einer Schwester Herzog Rudolfs, vermählt war. Um den Einfluß auf ihn stritten sich seine Mutter, die baierischen Räte, welche die Unterstützung des Kaisers suchten und fanden, und endlich der Oheim Stephan, der schließlich den Jüngling in seine Gewalt brachte. Meinhard entwich jedoch nach Tirol, aber starb bereits am 13. Januar 1363.

Daher entbrannte der Streit um die Erbfolge in Tirol und in Oberbaiern. Dort griff Rudolf sofort mit Glück ein; die alte Margaretha übergab

ihm Tirol als Schenkung und verzichtete im September zu seinen Gunsten auf
die Regierung, womit die Stände einverstanden waren. Sie selbst zog sich nach
Wien zurück, wo sie nach einigen Jahren starb. Häßlich und „dick wie ein
Bierbrauer" geworden, blieb sie die Zielscheibe der bösen Zungen und im übelsten
Leumund; nachdem sie den ersten Gemahl durch ihre zügellosen Gelüste ver-
trieben, sollte sie den zweiten Gatten und sogar ihren Sohn vergiftet haben.
In der ganzen Welt sprach man von dieser deutschen Messalina und verglich sie
mit Chrimhild, der gleich sie „Land und Leute in Kummer und Arbeit" versetzt.

Gegen die Besitznahme Tirols durch Rudolf erhoben die Wittelsbacher
Widerspruch, denen der Streit um die Meinhardsche Erbschaft zum verderblichen
Erisapfel wurde. Denn entgegen den bestehenden Familienverträgen nahm
Herzog Stephan sofort Oberbaiern für sich in Besitz, unterstützt von den Pfalzgrafen. Darüber erzürnten seine Brüder Ludwig der Römer und Otto, die
ihm mit gleicher Münze vergalten. Sie vermachten am 18. März für den Fall,
daß sie ohne männliche Erben stürben, Brandenburg und die Lausitz an Kaiser
Karl und dessen Nachkommen, Otto wurde zugleich mit des Kaisers fünfjähriger
Tochter Elisabeth verlobt. Freilich war die Wahrscheinlichkeit, daß beide ohne
männliche Erben sterben würden, nicht allzu groß, da der Römer zwar noch
kinderlos, aber seit wenigen Jahren in zweiter Ehe vermählt und erst drei-
unddreißig Jahre alt war und Otto wenig mehr als zwanzig Jahre zählte,
aber der Vorteil für Karl, der ihm so aus der Wittelsbacher Zwietracht in
den Schoß fiel, war schätzbar genug. Im Sommer zog er mit einer starken
Kriegerschar in die Mark und erreichte mit Drohungen und guten Worten, daß
die Stände, wenn auch widerwillig, ihm und seinem Hause Huldigung leisteten.

Vermutlich versprach der Kaiser den Brüdern nur, über die Meinhardsche Erbschaft einen Rechtsspruch zu fällen. Auch Herzog Stephan, der im Herbste vergeblich
Tirol zu erobern suchte, wandte sich an Karl, dem somit die Baiern ganz freie Hand
gaben. Durch den heillosen Zank der Wittelsbacher gesichert und nicht gewillt,
ihretwegen Krieg zu führen, entschied er gegen sie zu Gunsten Rudolfs, mit dem
er sich bereits ausgesöhnt hatte. Da seine dritte Gemahlin, die pfälzische Anna,
im Juli des verflossenen Jahres 1362 gestorben war, gebot der Wunsch nach
weiterer männlicher Nachkommenschaft baldige Wiederverheiratung. Er ersah dazu
Elisabeth, Tochter des Herzogs Bogislaw von Pommern und Enkelin des polnischen
Königs Kasimir. Dadurch löste er sofort das gegen ihn bestehende feindliche Bündnis; schon auf der Reise nach Krakau schloß er mit König Ludwig von Ungarn und
mit Herzog Rudolf Waffenstillstand und feierte dort im Mai 1363 seine Hochzeit.

Die neue Kaiserin machte ihrer pommerschen Heimat Ehre. Ihren zart-
gearteten Vorgängerinnen glich sie wenig, denn sie war von so gewaltiger Leibes-
stärke, daß sie Hufeisen und Schwerter mit den Händen zerbrach und eiserne
Panzerhemden zerriß; doch gab sie frommen und bescheidenen Sinnes nur auf
Befehl des Gatten Proben ihrer Herkuleskraft. Sie erfüllte auch die Hoffnungen
Karls und schenkte ihm reiche Nachkommenschaft; sie hat ihn dann lange überlebt.

Im Februar 1364 kam in Brünn ein vollständiger Friedensschluß zwischen
Ungarn, Oesterreich und den Luxemburgern zu stande, den, wie Karl rühmend
aussprach, besonders die kluge Vermittelung seiner Tochter Katharina, der Ge-

mahlin Rudolfs, vollbrachte. Indem der österreichische Herzog „in Rücksicht auf seine nahe Verwandtschaft mit Margaretha und auf die Verfügung der letzteren" die Belehnung mit Tirol empfing, erntete er aus allen diesen von ihm angerichteten Wirren die schönste Frucht. Am 10. Februar wurde ein gegenseitiger Erbvertrag zwischen den Häusern Luxemburg und Habsburg besiegelt. Wenn die männliche und weibliche Nachkommenschaft Karls und seines Bruders erloschen wäre, sollten ihre sämtlichen Länder an die Herzöge von Oesterreich fallen, umgekehrt in gleicher Weise die Luxemburger die österreichischen Lande erben, wenn die gesamte Nachkommenschaft der gegenwärtigen Herzöge und ihrer Schwester Margaretha, sowie die des ungarischen Königshauses ausstürbe. Zwischen Herzog Rudolf und König Ludwig bestand wahrscheinlich ein Familienerbvertrag, der berücksichtigt werden mußte. Jene österreichische Margaretha, die Witwe Meinhards, heiratete gleichzeitig den verwitweten Markgrafen Johann Heinrich von Mähren. Was mag wohl Margaretha Maultasch bei der Hochzeitsfeier in Wien empfunden haben, als ihre bisherige Schwiegertochter dem Manne die Hand reichte, den sie einst in schmählichster Weise verunehrt und verjagt hatte.

  Dieser Brünner Erbvertrag ist einer der folgenreichsten, welche je geschlossen worden sind. Für beide Häuser standen damals die Aussichten auf weiteres Fortbestehen ziemlich gleich und es hing von unberechenbaren Zufällen ab, welche der beiden Familien zuerst aussterben werde. Das Ergebnis für den Augenblick war der Gewinn Tirols für Oesterreich. Daß Karl das einst seinem Bruder so schnöde entrissene Land nicht den Wittelsbachern, die gar keine Ansprüche darauf hatten, wiedergab, sondern es durch seine Tochter bei luxemburgischer Abstammung erhalten wollte, ist leicht begreiflich. Für die Baiern war die Erwerbung Tirols zum Fluche geworden, der auch jetzt noch weiter wirkte, indem Ludwig der Römer und Otto sich mit Rudolf gegen Stephan verbündeten. Während des Kampfes starb Ludwig der Römer kinderlos am 17. Mai 1365, und da sein Bruder Otto unthätig blieb, behielt Stephan unangefochten Oberbaiern. Dagegen dauerte der Streit um Tirol noch lange, bis er endlich 1369 geschlichtet wurde, indem Stephan und Albrecht einiges Gebiet und Geldentschädigung von Oesterreich erhielten.

  Auch Herzog Rudolf war am 27. Juli 1365 gestorben, in Mailand, wo er Bernabo Visconti zum Bundesgenossen für seine Entwürfe auf Oberitalien gewinnen wollte. Kaum sechsundzwanzig Jahre hatte er erreicht, aber welche Fülle von Leistungen und Thaten war in den sieben Jahren seiner Regierung zusammengedrängt!

  Herzog Rudolf IV. erscheint als einer jener thatbedürftigen, rastlosen und sich nie genug thuenden Geister, wie sie das Habsburger Haus mehrfach hervorgebracht hat, zuletzt in Kaiser Josef II., mit dem man in der That den Ahnen verglichen hat. Freilich, das achtzehnte und das vierzehnte Jahrhundert sind von einander soweit verschieden, daß ein Vergleich nicht über äußerliche Punkte hinausgehen kann, aber an Lust zur Machterweiterung, an Selbstgefühl, an Vielseitigkeit, an Ueberstürzung, an Wechsel der Pläne bei stetig bleibenden Grundgedanken sind sich die beiden überaus ähnlich, und selbst in der Anlage des Körpers, der vorzeitig der Selbstaufreibung zum Opfer fiel, erinnert der Herzog an den Kaiser.

Rudolf war glücklicher als Josef, aber er steht hinter ihm an Seelengröße zurück. Seine Urkundenfälschungen bleiben trotz aller Milderungsgründe ein häßlicher Flecken, und nicht allein Sorge um die Größe seines Hauses, sondern auch Prahlsucht und Großthuerei bestimmten ihren Urheber. Wir finden zwar in einer Urkunde Rudolfs auch ein schönes Wort, wie sie so zahlreich von seinen Nachkommen überliefert sind: „Ruhm und Macht der Fürsten beruhen allein in dem festbegründeten Glück der Unterthanen", doch abgesehen davon, ob es von ihm persönlich herrühren mag, dürften Rudolfs Unterthanen kein übergroßes Glück genossen haben. Er besaß allerdings Verständnis für den Wert des Bürgertums und für wirtschaftliche Verhältnisse, aber die Unruhe und Kostspieligkeit seiner kurzen Regierung ließen keine anhaltenden großen Verbesserungen zu. In kirchlichen Kreisen bewahrte man ihm trotz seiner Stiftungen und seiner Reliquiensucht kein holdes Angedenken. Da er die Kräfte der Geistlichkeit gründlich in Anspruch nahm und in den Städten die Ausdehnung des Besitzes der toten Hand beschränkte, schalt man ihn einen zweiten Pharao, einen Verwüster und Verfolger des Klerus, der geprahlt hätte, da er vom Stamme Nero sei, wolle er die Geistlichen schinden und sein eigener Papst und Bischof sein; auch von seinen Freunden erzählte man die schrecklichsten Dinge.

Unvergängliche, herrliche Denkmäler hat sich Rudolf in seiner geliebten Stadt Wien gesetzt, in dem St. Stephansdom und der Wiener Universität. Zu jenem legte er selber 1359 den Grundstein und konnte bereits den Chor weihen lassen, doch kam der großartige Plan dann nicht zur völligen Ausführung, indem nur der eine der beiden geplanten Türme ausgebaut wurde. Bedeutungsvoll war der Gedanke einer Universität in Wien, und es nimmt ihm nichts an Wert, daß er der Nachahmung eines größeren Musters, der von Karl gestifteten Prager Hochschule entsprang. Ob Rudolf selber gelehrtes Wissen besaß, wissen wir nicht, aber er verstand wenigstens die Feder zu handhaben, was nicht alle Fürsten seiner Zeit vermochten. Auch die Universität kam nicht zu rechter Ausführung, da der Papst die Errichtung einer theologischen Fakultät versagte und Geldmangel sie drückte, bis später sein Bruder und Nachfolger Albrecht III. ihr volles Leben verlieh. Doch auch hier gilt das Wort, Großes gewollt zu haben, genügt.

Unter Rudolfs politischen Thaten steht der Erwerb Tirols obenan, schätzbar schon dadurch, daß er die Verbindung des Hauptlandes mit den Vorlanden herstellte und den Zugang zu Italien erleichterte. Die Erbverbindung mit dem luxemburgischen Haus trug zwar erst lange nach seinem Tode ihre Früchte, aber er war und blieb der Urheber.

Von den beiden Brüdern, welche dem kinderlosen Rudolf nachfolgten, Albrecht III. und Leopold III., zählte der älteste noch nicht sechzehn Jahre, und da sie von manchen Schwierigkeiten umgeben waren, schien es ihnen geraten, sich eng an den Kaiser anzuschließen. Albrecht heiratete dessen Töchterchen Elisabeth und das Band, welches die beiden Familien umschlang, schloß sich durch Erneuerung der Erbverträge noch enger, indem gleichzeitig der österreichisch-ungarische Bund aufgehoben wurde. Solange Karl lebte, gelangten die beiden Brüder nicht dazu, das Gewicht Oesterreichs in der Weise geltend zu machen, wie es ihre Vorgänger gethan.

Siebenter Abschnitt.

Die Fahrt nach Burgund und der zweite Romzug.
1365—1370.

Während der Ehrgeiz Rudolfs dem Kaiser so viele Sorgen verursachte, war Papst Innocenz VI. am 12. September 1362 gestorben. Bei allen seinen guten Absichten konnte er nur geteiltes Lob ins Jenseits hinübernehmen, denn seine italische Politik mit allen ihren Folgen verhinderte ihn, sich der kirchlichen Pflichten so anzunehmen, wie er es selbst wohl gewünscht hätte, und brachte ihn in den Ruf eines geldgierigen Mannes. Ein bedeutender Politiker ist er nicht gewesen, und was in Italien wirklich erreicht wurde, verdankte der heilige Stuhl weniger ihm, als dem großen Kardinal Albornoz. Man verkannte nicht, wie fleißig und eifrig Innocenz war und daß er mit Strenge die Kurie verbessern wollte, aber er zog sich den Vorwurf zu, seine Verwandten übermäßig zu begünstigen. Seine selbstbereitete Zwangslage, für Italien Geld zu schaffen, nötigte ihn, die Augen über mancherlei Mißstände zuzudrücken, um nicht den Widerstand zu vermehren. Es blieb ihm nichts übrig, als sich mit den weltlichen Mächten gut zu stellen; er mußte die furchtbare Niederlage seines geliebten Frankreichs hinnehmen und sich mit Vermittlung begnügen, er machte den Königen große Zugeständnisse in der Besetzung der Bistümer und rief dadurch die Klage hervor, daß er nicht nach Würdigkeit verfahre. So nach einer Seite hin friedfertig, erschien er auf der andern kriegerisch: „gelobt sei Gott, der aus dem Fischer nicht allein einen Orator, sondern auch einen Imperator gemacht hat," hieß es spöttisch. In Deutschland nahm unter ihm das päpstliche Ansehen stark ab, während das des Kaisers stieg.

Seine letzten Tage durchlebte Innocenz unter schweren Körperleiden, welche die Last des Alters noch drückender machten, so daß die Frage um den Nachfolger schon geraume Zeit vor seinem Tode die Kurie beschäftigen mochte. Wahrscheinlich zeigte sich dabei die Unmöglichkeit, die Parteien zu einer einmütigen Wahl zu versöhnen, und so ergab das Konklave nach stürmischem, aber

kurzem Verlauf einen außerhalb des Kollegiums stehenden Mann, was seit Clemens V.
nicht mehr geschehen war. Welchen Umständen Urban V. seine Würde zu verdanken hatte, ist ungewiß. Von Anfang an betrachtete man sein Emporkommen
als ein unmittelbares Werk Gottes. Wahrscheinlich empfahl ihn seine genaue
Kenntnis der italischen Verhältnisse, und seine Erhebung bedeutete demnach, daß
das Kollegium die Fortsetzung der von Innocenz begonnenen Unternehmung
wünschte. Geboren in Südfrankreich aus adeligem Geschlecht, damals dreiundfünfzig Jahre alt, hatte sich Urban frühzeitig den Studien gewidmet und nachdem er in den Benediktinerorden getreten, als gefeierter Hochschullehrer gewirkt,
bis Clemens VI. ihn in den politischen Dienst zog, in dem er namentlich in
Italien thätig war. Dort verweilte er auch, als ihn die Wahl traf. Unzweifelhaft war er ihrer würdig.

Eine seiner ersten Handlungen war der Erlaß einer heftigen Bulle
gegen Bernabo Visconti, der gemeinsam mit seinem Bruder Galeazzo Mailand
beherrschte; man erzählte sich, Urban sei einst von dem Tyrannen durch Todesdrohungen gezwungen worden, eine überbrachte päpstliche Bulle herunterzuwürgen.
Der Kampf gegen diesen genialen, glänzenden, hochgebildeten, aber bis zur Scheußlichkeit grausamen Fürsten blieb fortan die Hauptaufgabe des Papstes, auch als
Bernabo 1364 auf Bologna verzichtete. Die unermeßlichen Reichtümer, über
welche die Visconti verfügten, öffneten ihnen allenthalben an den europäischen
Höfen Thür und Thor und die edelsten Familien nahmen keinen Anstoß, sich
mit ihnen zu verschwägern: hatte doch vor kurzem der Neffe Bernabos Giovanni
eine Tochter König Johanns von Frankreich geheiratet. Auch die deutschen
Fürsten in ihrer Geldbedürftigkeit holten sich nachher gern eine reiche Mitgift
aus den Goldtruhen des Mailänders und die vielen Töchter Bernabos fanden
bei den vornehmsten Häusern, selbst den Wittelsbachern und Habsburgern, reißenden Abgang.

In seiner frommen Begeisterung ergriff Urban noch einen andern weitaussehenden Plan, einen Kreuzzug gegen die Türken zu eröffnen, zu dem er vom
Orient aus durch den König Peter von Cypern, der hülfeflehend nach Europa
kam, angeregt wurde. Doch während er den Blick in weite Fernen schweifen
ließ, bedrohten ihn Not und Gefahr in nächster Nähe, denn jene Banden wilden
Kriegsvolkes, die sein Vorgänger nur durch große Zahlungen von der Plünderung Avignons abgehalten, trieben ihr gräßliches Wesen noch immer fort.
So ergab sich von selbst, daß Urban die gute Meinung und die Dienste des
Kaisers zu gewinnen suchte, indem er sich zugleich bemühte, dessen Zwietracht mit
Ungarn und Oesterreich beizulegen.

Karl trug sich mit großen Gedanken: er wollte die Rückkehr des Papstes nach
Rom durchsetzen. Die Völker und Staaten Europas sahen das dauernde Verweilen der Kurie in Avignon mit großem Mißvergnügen. Namentlich Deutschland schrieb die Unbilden, die es unter Johann XXIII. und seinen Nachfolgern
erlitten, der Einwirkung des feindseligen Nachbars im Westen zu, und Karl
wußte am besten, wie eng Frankreich und Papsttum zusammenstanden. Zwar
ist es übertrieben, wenn man die avignonesische Zeit als eine Knechtschaft der
Päpste unter Frankreich bezeichnet, aber sie wäre wahrscheinlich entstanden, wenn

nicht der englische Krieg Frankreich gelähmt hätte, und konnte in der Zukunft noch werden. Denn in der That wurde das Papsttum mehr und mehr französisch. Nur Franzosen stiegen noch zur höchsten Kirchenwürde empor, die große Mehrheit des Kardinalkollegiums setzte sich ständig aus solchen zusammen und stand unter den Einflüssen des Pariser Hofes. Daher war stets die Gefahr vorhanden, daß das Papsttum seine Macht zu Gunsten Frankreichs in die Wagschale warf. Ein Papst in Italien und in Rom, ohne den Schutz Frankreichs, war für Deutschland weit weniger gefährlich, denn dort konnte ihm der Kaiser am ehesten Schwierigkeiten bereiten. Außerdem hielt das Papsttum, wenn es in Rom saß, die italischen Verhältnisse im Gleichgewicht, indem es im eigenen Interesse das Aufkommen starker Gewalten verhindern mußte. Jedenfalls nahm es dort wieder seinen universalen Charakter an, der auch den Landeskirchen und besonders der deutschen wieder einen gewissen Anteil an ihm gab. Und sollten sich die Kaiser für immer damit begnügen, nur von einem apostolischen Legaten die Krone zu empfangen?

Von Innocenz war die Rückkehr nach Rom nicht zu erlangen gewesen; jetzt bot Karl seine diplomatischen Künste auf, um den Nachfolger dafür zu gewinnen. Durch den Kardinal, der dem Friedensschlusse in Brünn beiwohnte, ließ er Urban Eröffnungen machen; vielleicht wußte er, daß der neue Papst in seinem Herzensgrunde den gleichen Wunsch hegte, wieder an den Gräbern der Apostelfürsten seinen Sitz aufzuschlagen. Zwar konnte Urban vorderhand nur auf die unendlichen Schwierigkeiten hinweisen, welche einer Uebersiedelung nach Rom im Wege standen, aber indem er seinen eigenen Bruder nach Prag sandte, bewies er, wie sehr ihm die glückliche Lösung am Herzen lag. Karl entschloß sich daher, persönlich nach Avignon zu gehen, um alle Hindernisse aus dem Wege zu räumen.

Der Kaiser nahm eine großartige auswärtige Politik in Angriff. Wie er von Jugend auf gewöhnt war, ganz Europa zu überschauen, so faßte er auch jetzt Papsttum und Frankreich, Italien und Ungarn, das Reich und nicht zum wenigsten seine Familienzwecke zusammen in einer höchst merkwürdigen und kunstreichen Verflechtung. Seitdem er die apenninische Halbinsel verlassen, hatte er stets den Zusammenhang mit ihr bewahrt, und obgleich sie ihm hinter den in Deutschland verfolgten Plänen nur in zweiter Linie stand, wollte er dort die Reichsoberherrschaft erhalten, wenn auch mit möglichst geringen Opfern. Dabei kam noch eine andre Macht in Frage, der glänzende König Ludwig von Ungarn, der nach allen Seiten hin und bis tief in die Balkanhalbinsel hinein vollauf beschäftigt dennoch seiner Abstammung gemäß seinem Ehrgeize als vornehmliches Ziel steckte, in Italien Einfluß zu erlangen. Kein andrer Fürst hat Karl so viel Mühe verursacht, wie dieser König Ludwig, gegen dessen Unbeständigkeit alle politische Klugheit nichts half, der bald Freund, bald Feind war, oft nur von augenblicklicher Laune bestimmt, der aber auch über so große Macht und gute Verbindungen in Deutschland verfügte, daß er keinen Augenblick aus den Augen gelassen werden durfte.

Doch am schwersten fiel ins Gewicht, daß Ludwig noch keine Kinder hatte, denen er seine Reiche hinterlassen konnte. Als mutmaßliche Erbin galt seine Nichte Elisabeth, die anfänglich mit dem mährischen Prinzen Jost verlobt, jetzt dem jungen Herzoge Albrecht III. von Oesterreich zugesagt war. Doch Karl begehrte sie in seinem Herzen für sein Söhnchen.

Der Kaiser wünschte natürlich, nach Möglichkeit Ungarn von Italien abzuhalten, aber auf der andern Seite konnte er durch dort erwiesene Gefälligkeiten sich Ludwig verpflichten. Er wollte auch in Italien die bestehenden Zustände erhalten, um nicht große Verwicklungen entstehen zu sehen, damit auch das Papsttum dorthin zurückkehren und doch nicht übermächtig werden könne. Daraus erklärt sich sein wechselndes Verhalten zu den Visconti. Sie beseitigen zu wollen, wäre bei ihrer Macht ein ganz aussichtsloses Unternehmen gewesen. Ihre Stellung beruhte jedoch rechtlich auf dem Reichsvikariat, das der Kaiser geben und nehmen konnte, und so ganz gleichgültig war ihnen demnach Karl auch nicht, um so mehr, da beide das gemeinsame Interesse hatten, keine fremde Macht in Oberitalien aufkommen zu lassen. Karl hat daher mit seiner Gunst und Ungunst gegen die Mailänder reichlich und klug Wucher getrieben, gegen Ungarn wie gegen den Papst; sie waren eine seiner wichtigsten Figuren im diplomatischen Schachspiel, die er nach Gutdünken bald so, bald so verwandte.

Zum Südwesten, diesen fast verlorenen Gegenden, hatten sich Karls Gedanken bereits früher gewandt. Er faßte das Verhältnis Burgunds zum Reiche ähnlich, wie das Italiens: er wollte die Besitztitel nicht verfallen lassen. Bei dem ersteren Gebiete war die Gefahr des Verlustes noch größer, da sich dem Wettbewerb Frankreichs schwerer entgegentreten ließ, als den in Italien wirksamen zersplitterten Kräften, und solange ein franzosenfreundliches Papsttum mitten im Lande saß, war der Rest des deutschen Einflusses erst recht gefährdet. Da er Frankreich nicht mit Waffengewalt herauswerfen konnte noch wollte, war auch hier kluge Vorsicht geboten. Die Hauptstütze Karls in diesen Gegenden war der „grüne" Graf von Savoyen Amadeus VI., der 1361 auf seinen Wunsch aus dem Verband mit dem Königreich Arelat unmittelbar an das Reich genommen wurde.

Soeben hatte in Burgund ein neues Herrscherhaus seine Laufbahn begonnen, dem es bestimmt war, durch glückliches Wachstum für Deutschland wie für Frankreich gleich bedeutungsvoll zu werden. Ende 1361 war der junge Philipp von Rouvre gestorben, der die zum Reiche gehörige Freigrafschaft, sowie das französische Herzogtum Burgund innehatte, aber letztere übertrug 1363 König Johann seinem dritten Sohne Philipp dem Kühnen; die Freigrafschaft dagegen kam nach längerem Streit an Margaretha von Flandern. So hatte der neue König entschieden, Karl V., mit dessen Regierung für Frankreich eine bessere Zeit begann, da er die durch seine Feldherren errungenen Erfolge trefflich auszunützen verstand. Schwächlichen Körpers und unkriegerisch, voll Wissen und Gelehrsamkeit, klug bis zur Arglist, bei aller Vorsicht entschlossen, glich er in vielen Stücken seinem kaiserlichen Oheim. Bei seiner Krönung in Rheims trugen ihm deutsche Fürsten, der Herzog von Lothringen und Herzog Wenzel von Luxemburg, der Bruder des Kaisers, die Fahnen voran!

Ueber Basel, Lausanne und Chambery zog der Kaiser nach Avignon, wo er von den Kardinälen feierlich eingeleitet am 23. Mai 1365 im kaiserlichen Schmuck seinen Einzug hielt; ihm voran wurde ein lebendiger Adler als Sinn=

bild des Imperiums getragen. Er machte allen Kardinälen persönlich Besuch; seine demutsvolle Ergebenheit gegen die Kirche ließ ihn den Einen als Heiligen, den Anderen als Thoren erscheinen. Er war keines von beiden und wußte ganz genau, was er wollte.

Um vor aller Welt seine Herrschaftsrechte darzuthun und die französische Begehrlichkeit, die sich mit allerlei Anträgen herandrängte, abzuweisen, ließ sich Karl am 4. Juni in Arles zum burgundischen Könige krönen, der erste Kaiser seit Friedrich I., aber auch der letzte, der das that. Die Goldmünzen sollten hinfort sein Bild und seinen Namen tragen.

Der französische König hatte seinen Bruder nach Avignon gesandt, auch die Lehnsinhaberin der Provence, Königin Johanna von Neapel, war erschienen. Für den Papst stand in erster Linie der Kreuzzugsplan und dieser sollte noch einen weiteren Zweck erfüllen: für den Kampf gegen die Ungläubigen wollte man die Soldbanden in Frankreich und Italien verwenden, und so die Heimat von diesen furchtbaren Plagegeistern säubern. Davon hing auch des Papstes Fahrt nach Italien ab; schon früher hatte er als deren hauptsächliches Hindernis die Freischaren bezeichnet.

Der Kaiser mußte auf diese Ideen eingehen, wenn er von Urban etwas erreichen wollte. Er hat es einmal ausgesprochen, eine Eroberung des heiligen Landes sei wertlos, da man es nicht behaupten könne. Richtiger war es jedenfalls, die Türken wieder aus Europa zu verdrängen, wo sie seit 1357 durch die Eroberung von Gallipoli festen Fuß gefaßt und 1363 Adrianopel zu ihrer Residenz gemacht hatten. Daher erbot er sich, die Scharen durch Deutschland zu geleiten, doch nur unter der Bedingung, daß der König von Ungarn damit einverstanden wäre. Lehnte Ludwig ab, dann sollten sie durch Italien über Venedig zur See nach dem Orient befördert werden; zur Deckung der Kosten wollte er die Hälfte dreijähriger Einkünfte seines Königreiches Böhmen hergeben. Jedenfalls mußte erst mit Ungarn verhandelt werden und somit war Zeit gewonnen.

Ueber die Rückkehr nach Rom hat Urban kaum bereits feste Zusagen gegeben. Aber Karl versprach thatkräftige Hülfe und Unterstützung, Teilnahme an dem Einzuge in Rom, der Papst erklärte seinen guten Willen und stellte seine Bedingungen, die der Kaiser im allgemeinen zusicherte.

Der Papst erfüllte auch andere große Wünsche Karls, so daß beide mit gegenseitiger Befriedigung von einander schieden. Für einen Teil von Deutschland hatten jedoch die Verhandlungen traurige Folgen. Wie es scheint, hielt sich der Führer der vereinigten Soldkompanieen Arnold von Cervola, der Erzpriester genannt, für berechtigt, schon jetzt in Deutschland einzurücken. Anfang Juli überschritt ein großes Heer durch Lothringen heranziehend die elsässische Grenze und drang bis Straßburg vor. Viele dieser Engländer, wie man sie nannte, waren kostbar gekleidet und mit Harnisch und Rüstung wohl ausgestattet, aber mit ihnen lief auch viel elendes, halbnacktes Gesindel. Sie wüsteten und plünderten, selbst die kleinsten Dinge nicht verschmähend, die Gefangenen wurden gemartert, Frauen und Mädchen geschändet, Knaben aufgegriffen und als Pferdebuben mitgeschleppt, doch mit der gewissen Spitzbubenehrlichkeit hielten sie gegebenes Wort. Die Angst erzeugte das allerdings erklärliche Gerücht, der Kaiser selber habe sie gerufen.

Karl traf sofort Maßregeln und da sein Ruf allenthalben Gehör fand, kam in einiger Zeit ein so stattliches Heer zusammen, daß „die Teufelssöhne" keinen Kampf wagten, sondern nach vier Wochen unheilvollen Aufenthalts das Land räumten. Nur hausten die Befreier nicht weniger schlimm. Da die Söldner bald darauf aus Frankreich nach Spanien zogen, wurde der Kaiser seiner Verpflichtungen ledig; in Italien blieben sie freilich.

Auf einem Reichstage in Frankfurt im September 1366 erklärten sich die Fürsten mit dem Zuge nach Italien einverstanden, dessen Kosten die deutsche Kirche mit einem Zehnten aller Jahreseinkünfte decken sollte. Der Papst erließ die nötigen Verordnungen und verkündigte, im nächsten Mai werde er aufbrechen und seinen Sitz zunächst in Viterbo aufschlagen. Karls Anfrage, ob er vor oder nach ihm in Italien einrücken solle, beantwortete Urban, wenn es auch wünschenswert erscheine, daß der Kaiser zuerst in Italien eintreffe, wolle er ihm die Entscheidung überlassen. Der Papst, der mit Bernabo in Verhandlungen stand, zog es also vor, zuerst zu gehen.

So geschah es auch. Urban setzte gegenüber den Kardinälen, die viel lieber in dem behaglichen Avignon geblieben wären, und trotz der Vorstellungen und Abmahnungen Frankreichs seinen Willen durch. Am 30. April 1367 verließ er Avignon, von Marseille aus fuhr er auf einer prachtvollen Flotte, welche die italischen Seestädte gestellt hatten, über Genua nach Corneto, wo ihn Albornoz demutsvoll begrüßte, bald darauf schloß der Kardinal sein großes Lebenswerk mit dem Tode ab. Nach längerem Aufenthalte in Viterbo, um die römische Fieberzeit verstreichen zu lassen, hielt Urban am 16. Oktober seinen Einzug in Rom.

Geraume Zeit verging, ehe der Kaiser nachkam. Die Erhebung des Zehnten rief aufs neue Unwillen und Widerstand hervor, da sich in einzelnen Diöcesen die Geistlichkeit geradezu gegen die Zahlung verbündete; nur langsam und unvollständig ging er ein. Als dann der Kaiser die Städte aufforderte, Truppen zum Zug über die Berge zu stellen, erhielt er vielfach als Antwort die Versicherung des Unvermögens. Bedenklicher war, daß die alten Freundschaften mit dem Pfälzer und dem Mainzer sich gelockert hatten. Ueberhaupt stand es im Reiche wenig günstig. Die Prophezeiung, 1367 werde ein Unglücksjahr sein, ging in Erfüllung. Die Pest raffte wiederholt ausbrechend eine Unzahl von Menschen dahin, Mißwachs, Heuschreckenschwärme, Ueberschwemmungen vernichteten die Hoffnung des Landmanns und riefen Teuerung und Hungersnot hervor. Allenthalben tobten Fehden. „In dieser Zeit vervielfältigten sich die Uebel der Menschen im Lande, so daß jeder den Begegnenden auf Feld und Straßen angriff und das Recht des Stärkeren entschied; überall zogen Räuber umher und schonten niemanden, weder Geistliche noch Landleute, die Fürsten kriegten unter einander und es geschah viel Ungehöriges, das Volk lebte wie das Vieh, die Rechte wurden nicht geachtet und Befehle, selbst geistliche, verschmäht; alle Reisenden in Schwaben und am Rhein, wo einst der Friede blühte, waren in Furcht; Prozesse des geistlichen Gerichtes wurden erst gar nicht angenommen, denn es waren böse Zeiten und die Lebensmittel unerschwinglich".

Obgleich Karl wissen mochte, in wie unbefriedigendem Zustande er Deutschland hinterließ, konnte er sein vor aller Welt gegebenes Wort nicht brechen. Gerade jetzt durfte er dem Papste nicht Grund zur Unzufriedenheit geben! Denn Urban wünschte nunmehr dringend sein Kommen, da er mit Bernabo völlig zerfallen war. So stand nun auch noch ein Krieg mit dem mächtigen Mailänder in Sicht.

Mit einem stattlichen Heere, bei dem sich jedoch von Reichsfürsten außer einigen befreundeten Bischöfen nur der junge Herzog Albrecht von Sachsen und Markgraf Wilhelm von Meißen befanden, erreichte der Kaiser im Mai 1368 durch Friaul Italien, wo seine Macht bald auf angeblich 70 000 Mann anwuchs. Bernabo, der bereits den Krieg mit einem Angriff auf das dem Gonzaga vom Reich übertragene Mantua eröffnet, schickte Gesandte entgegen, wurde aber zurückgewiesen, da der Kaiser nichts ohne den Papst thun wolle. Der Kampf begann, aber die angelegten feindlichen Festungen zeigten sich unüberwindlich, die Wasserfluten, welche durch die durchstochenen Dämme des Po hereinbrachen, die Hitze, die mangelnde Verpflegung rafften mehr Menschen dahin, als das Schwert. Auch ein Zug gegen die mit den Visconti verbündeten Herren von Verona, die Scala, mißglückte, so daß Karl, nachdem drei Monate verflossen, sich Ende August zum Frieden bereit finden ließ, dem auch der Papst notgedrungen beitrat. Gegen das Reichsheer hatte auch Herzog Stephan III. von Baiern auf der Seite seines Schwiegervaters Bernabo gekämpft und sein Bruder Herzog Friedrich, dessen Tochter mit einem Visconti vermählt war, übernahm die Vermittlung. Als Bernabo sehr günstige Bedingungen erhielt, erging gegen den Kaiser die üble Nachrede, er habe sich bestechen lassen. Sie war gewiß unbegründet, obgleich der Mailänder sicherlich mit Geld den Frieden bezahlte. Karl hatte ungewöhnlich große Anstrengungen gemacht und immerhin den Visconti seinen Ernst bewiesen; es lag nicht in seiner Art, über eine gemessene Grenze hinauszugehen.

Nachdem das Heer zum größten Teile entlassen worden, zog Karl über Lucca, Pisa und Siena nach Viterbo, wohin ihm Urban entgegenkam, und dann weiter nach Rom, wo er am 21. Oktober den ihm nachfolgenden Papst feierlich einholte, dabei nach alter Sitte Stallmeisterdienste verrichtend, indem er eine Strecke weit zu Fuß den Zelter Urbans am Zügel führte. Die Römer spotteten darüber, wie einst die Avignonesen über des Kaisers Demut. Der Papst erteilte der Kaiserin Elisabeth die Krönung. Ohne daß irgend eine Störung vorgefallen wäre, verließ Karl nach zweimonatlichem Aufenthalt die Stadt und den Papst.

Es war doch ein großartiger Augenblick, als wieder Papst und Kaiser einträchtig in Rom zusammen waren, was seit 1220 nicht mehr geschehen war. Das alte Kaisertum schien wieder auferstanden zu sein, aber dieser unvermeidliche Rückgriff in verflossene Zeiten brachte Karl nur Verlegenheiten, weil seine gewohnte Handlungsweise nicht zu ihr stimmte.

In der von Parteikämpfen erfüllten Stadt Siena, die ihm bei seinem Durchzug die Signorie übertragen hatte, brach bei der Rückkunft des Kaisers ein wilder Volkstumult aus; seine Truppen, die er hatte Partei ergreifen lassen, wurden von den Bürgern geschlagen, er selbst in dem Palast eingeschlossen, bis er gegen gewährte Verzeihung mit einer Entschädigung entlassen wurde.

Er ging wieder nach Lucca, wo er längeren Aufenthalt nahm. Er hob

Lucca aus der Herrschaft von Pisa und gab ihm die Reichsunmittelbarkeit, welche die Stadt bis zur französischen Revolution behauptete. Dafür floß ihm großes Geld zu. Auch das schwer geschädigte Pisa mußte noch zahlen und Florenz kaufte seine Einmischung mit großen Summen ab. Es ist nicht recht klar, was ihn gegen seine Gewohnheit so lange in Lucca zurückhielt, wahrscheinlich Verhandlungen mit dem Papste, dem er auch gegen eine Soldtruppe erfolgreiche Hülfe leistete, und mit Ungarn. Urban war sehr unzufrieden, denn Bernabo brach den Frieden und die fremden Kompanieen schalteten nach wie vor in Italien. Zwar entsetzte Karl den Visconti seiner Güter und Würden, aber der trotzige Tyrann kümmerte sich nicht darum. Urban wandte sich vom Kaiser ab und neigte sein Ohr dem Ungarnkönig, von dem er sich mehr versprechen mochte.

Als Karl über Bologna und Udine im August 1369 nach Deutschland zurückging, sah ihm Urban enttäuscht und erzürnt nach. Der Papst begann, seinen Schritt zu bereuen. Unerwartet erklärte er im Mai 1370 den Entschluß, nach Avignon zurückzukehren, um den wieder ausgebrochenen Krieg zwischen Frankreich und England zu schlichten. Im September bestieg er in Corneto die Schiffe, aber nur wenige Wochen des Lebens waren ihm in Avignon beschieden. Am 19. Dezember erlag der kräftige Mann einer plötzlichen Krankheit. Er starb im Rufe der Heiligkeit, aber sein schneller Tod galt als Strafe des Himmels, weil er Rom wieder verlassen hatte. Petrarca sah sich nun auch vom Papste enttäuscht; Frankreich hatte über Italien und Deutschland triumphiert.

Urban V. verdiente, mit dem Maßstabe seiner Zeit gemessen, den Ruhm eines Heiligen. Sittenrein, ganz seinen Pflichten lebend, gerecht, mildthätig, unparteiisch und ohne Nepotismus strebte er danach, Kurie und Kirche bessernd umzugestalten, und der geringe Erfolg war der Kürze seines Pontifikates und der bewegten Zeit zuzuschreiben. Er verschonte den Klerus nach Möglichkeit mit Auflagen, obgleich er sie nicht ganz umgehen konnte. Zwar Mönch und in seinen persönlichen Bedürfnissen anspruchslos und bescheiden, stand er doch mitten im Leben. Ihn erfüllte ein lebhafter Thätigkeitsdrang. Gern baute und schmückte er Kirchen und Paläste. Seine Maßnahmen atmen eine gewisse Hast und Leidenschaft, in den geistlichen, wie in den politischen Sachen. Aber er erhob sich nicht zu einer großen Auffassung, von der aus er den Kern der Dinge von der Schale hätte lösen können; er kam nicht dazu, sich über persönliche Neigungen dauernd zu erheben. Er war ein eifriger Feind der Irrgläubigen. Vom Kaiser kräftig unterstützt, ließ er namentlich den Begarden und Beginen nachstellen. Seine Verfolgung der Ketzer mag entschuldbar scheinen, aber andere Päpste haben sich ihnen gegenüber maßvoller verhalten. Seine Kreuzzugspläne krankten daran, daß ihm die Hauptsache blieb, die Griechen zur Anerkennung des römischen Suprimates zu bewegen; indem er die allgemein christlichen und menschlichen Gedanken dem kirchlichen unterordnete, begann er das Feilschen und Markten um Dogma und Kirchenkram, dem ein Jahrhundert später Konstantinopel zum Opfer fiel. Er erkannte die Notwendigkeit, nach Rom zu gehen, aber er kehrte jäh zurück, weil schließlich die Liebe zu Frankreich in ihm alle anderen Stimmen übertönte, weil sein Denken nicht ausreichte, alle Seiten der großen

Frage zu umspannen. Auch Karls Verhalten kann ihn nicht entschuldigen. Urban zeigte damit, daß auch sein erster Entschluß mehr einer Regung des Herzens als des Verstandes entsprang, mehr dem kirchlichen Bedürfnis, die hochheiligen Stätten in Rom andachtsvoll zu verehren, als dem Bewußtsein, daß an sie das Schicksal des Papsttums geknüpft sei.

Das Konklave währte nur einen Tag. Aus ihm ging Gregor XI. hervor, ein Neffe von Clemens VI., dessen zahlreiche Familie im Kollegium stets großen Einfluß behauptet hatte. Obgleich er kaum vierzig Jahre zählte, war er bereits seit zweiundzwanzig Jahren Kardinal. Gregor war ein sehr gelehrter Mann und geschickter Redner; auch als Papst pflegte er die Wissenschaften weiter und begünstigte ihre Vertreter. An die Geschäfte wandte er großen Fleiß; mild, bescheiden, freigebig gewann er die allgemeine Liebe. Aber sein zarter Körper und seine schlechte Gesundheit ließen ihn nicht zur rechten Frische gedeihen. „Eine Jungfrau an Geist und Leib" war er unentschlossen und abhängig von Ratgebern, unter denen seine von ihm hoch begünstigten Verwandten die erste Stelle einnahmen.

Dem Kaiser war der Wechsel im Papsttum hoch willkommen, denn während Urban ihm zuletzt wenig wohlwollte, galt Gregor als sein ganz besonderer Freund.

Achter Abschnitt.

Die Erwerbung der Mark Brandenburg.
1366—1373.

Als Karl Deutschland verließ, um dem Papste sein Versprechen zu halten, stand es dort nicht gut, denn die frühere Eintracht zwischen Kaiser und Kurfürsten war gestört. Besonders Pfalzgraf Ruprecht ließ die enge Freundschaft, die er jahrelang mit Karl gehalten, fallen und dachte daran, selbständig seine eigenen Wege zu gehen. Der Grund wird Unzufriedenheit und Mißtrauen gewesen sein. Denn das war offenbar, seitdem Karl sich eines Sohnes erfreute, schlug er dem Reiche gegenüber ein anderes Verfahren ein; indem er die allgemeinen Verhältnisse weniger in sorgsame Obhut nahm, dachte er mehr an sich und sein Haus. Daß er von Anfang an wünschte, seinem Sohne Wenzel die Nachfolge im Reiche zu verschaffen, war selbstverständlich, und auch wenn er davon noch nichts verriet, brauchten die Fürsten nicht sonderlich scharfsinnig zu sein, um es zu vermuten. Gestalt und Geist der Verhältnisse und der Zeit machten natürlich die großen Herren zu Gegnern einer Erbfolge, vollends, wenn sie ein so mächtiges Geschlecht am Ruder erhalten sollte. Der Kaiser aber hegte nun doppelten Eifer, Besitz und Einfluß seines Hauses, die dereinst dem Erben zu gute kommen sollten, zu vermehren.

Damit hatte er Glück und er bot alle Mittel auf, namentlich trieb er einen unschönen Eheschacher mit seinen Kindern. Es glückte ihm zunächst mit Hülfe des Papstes Urban, der die aussichtsvolle Erbin für Philipp von Burgund frei machen wollte, die Verlobung der ungarischen Prinzeß Elisabeth mit Albrecht III. von Oesterreich zu trennen und die Braut im Juni 1366 seinem Sohne Wenzel zu gewinnen. Der Herzog erhielt zur Entschädigung und um ihn im Familienverbande zu halten, zur Gattin die jüngste Tochter des Kaisers, Elisabeth. Auch diese mußte erst entlobt werden, denn sie war dem Markgraf Otto von Brandenburg versprochen. Der nahm für sie die älteste Tochter des Kaisers, Katharina, die Witwe Rudolfs von Oesterreich, die ihm gleichalterig war; der schönen, klugen Frau vermochte der unreife Einfaltspinsel, der nicht einmal sein Land verwalten konnte, kaum den genialen ersten Gatten zu ersetzen.

Doch nun regte sich Widerstand und zwar von seiten der Wittelsbacher. Der so wenig befähigten unmittelbaren Nachkommenschaft Kaiser Ludwigs folgte ein thatkräftigeres Geschlecht nach in den Söhnen Stephans II. Der älteste, dem Vater gleichnamig, Stephan III., der „Kneifsel" genannt, war ein kleiner zierlicher Herr, der bis in sein spätes Alter das Leben stets von seiner heiteren Seite zu nehmen wußte. Immer köstlich gekleidet und eitel geputzt fand er seine Welt in allerlei Lustbarkeiten, denen er durch fast ganz Europa nachging, in Turnier, Tanz und Liebschaften, die ihm manche unehelichen Kinder eintrugen; das Geld lief ihm flink durch die Finger. Aber das Volk gewann ihn lieb wegen seiner Freigebigkeit und Milde und er wußte ihm Dank dafür: dem auf seine Leibwache und die Furcht seiner Unterthanen allein sich verlassenden Galeazzo Visconti rief er das schöne Wort zu: „Wir haben zu den Unseren in unserem Lande solches Zutrauen, daß keiner ist, in dessen Schoß wir nicht die Nacht ohne Sorge schlafen wollten". Zum Kriegsmann eignete sich seine kecke und erregte Art ganz gut, aber nicht zur Politik, so gern er sich in ihr versuchte. Noch weniger taugte für sie der jüngste Bruder Johann. Der „fromme, einfältige Herzog" überließ die Mühe der Regierung Anderen und zog es vor, auf den weiten Ebenen um München Weidwerk und Falkenbeize zu treiben.

Die eigentliche Seele der Familie war der zweite Sohn Stephans, Friedrich, der Vater, Oheime, Brüder und Vettern geistig weit überragte. Auch in ihm lag Neigung zu größerem Prunk und Glanz, als seinen Mitteln entsprach, denn er liebte ebenfalls Turnier und Festlichkeiten und sein beweglicher Geist hat ihn weit in Europa herumgeführt. Aber er war thatkräftig, reich an Entwürfen, unverdrossen thätig, auf seine fürstliche Stellung und ihre Hebung bedacht, dabei gewaltthätig und frisch zugreifend. Doch überlegte er auch die Schwierigkeiten und wußte zur rechten Zeit einzuhalten, ein nicht verächtlicher Feind, doch ein unzuverlässiger Freund. Er muß etwas Fesselndes, selbst seine Gegner Gewinnendes an sich gehabt haben. Schade nur, daß er, in den unglücklichen Familienstreit der Wittelsbacher hinein geboren, dessen schädliche Luft von Jugend an einatmete.

Die Zurückdrängung ihrer Familie durch das luxemburgische Haus, die mancherlei Verluste, namentlich Tirols, nahmen diese jungen Herren nicht mit Gleichgültigkeit hin. Mit ihnen verständigte sich der alte Pfalzgraf Ruprecht, der, obgleich er zu dem Rückgang des baierischen Herzogshauses viel beigetragen hatte, nun durch die Verhältnisse, durch den Blick auf die Zukunft beunruhigt wurde. Der Kaiser empfand das und zeigte unverhohlen sein Mißtrauen, entzog ihm die Landvogteien von Niederschwaben und überging ihn bei der Einsetzung des Reichsvikars für seine Abwesenheit, indem er seinen Bruder Herzog Wenzel von Luxemburg als solchen bestellte. Auch Gerlach von Mainz wurde durch den Pfalzgrafen in seiner stets bewährten Ergebenheit gegen den Kaiser wankend gemacht, so daß Karl ihn durch den Papst ermahnen ließ, er möge sich nicht in mißfällige Dinge einlassen und des Kaisers Vorsätze nicht hindern. Auch mit dem Nebenbuhler Karls, dem ungarischen Könige, knüpfte der Pfalzgraf ebenso wie die Baiern Verbindung an. Karl kam daher, ehe er nach Italien zog, nochmals ins Reich, schloß dort mit Nürnberg und anderen Städten ein Schutzbündnis, auch für seinen Sohn, versammelte in Frankfurt die Kurfürsten um sich und stärkte den Landfrieden.

In Italien traf, wie wir sahen, der Kaiser die baierischen Herzöge in dem Heere seines Feindes, des Mailänders, und es ist wahrscheinlich, daß Viscontisches Gold sie ermunterte, weiterhin gegen ihn zu arbeiten. Nachher erfuhr Karl, daß König Kasimir von Polen gegen ihn ein Bündnis mit Ungarn gemacht hatte, weil durch den Tod des Herzogs Bolko dessen schlesische Fürstentümer an das luxemburgische Haus gefallen waren. Mit Ludwig kam es endlich zu völligem Bruch, da Karl die Verlobung Wenzels mit dessen Nichte nicht mehr achtete, seitdem dem ungarischen Könige eine Tochter geboren war. Und kaum war der Kaiser über die Alpen gekommen, so fuhren die beiden Pfalzgrafen und die Herzöge Stephan und Friedrich die Donau hinab nach Preßburg, wo sie im September 1369 mit König Ludwig Bündnisse schlossen, die nur gegen den Kaiser gerichtet sein konnten.

So war eine weitausgedehnte Verbindung gegen Karl entstanden, während auch Papst Urban ihm grollte und mit Ungarn Freundschaft hielt. Als er aus Italien heimkehrte, eilte er, ohne Prag zu berühren, gradeswegs nach Schlesien, um es gegen einen polnischen Einfall zu sichern. Er vermutete die Hauptgefahr von Osten her und daher steigerte sich seine Besorgnis, als er sah, daß der feste Halt, den er dort in der Mark Brandenburg zu haben glaubte, zusammengebrochen war.

Markgraf Otto hatte früher, weil das Land tief verschuldet war, die Regierung auf sechs Jahre dem Kaiser übertragen. Als jedoch Karl in Italien weilte, verdrängte der märkische Adel, an dessen Spitze Klaus von Bismarck stand, die vom Kaiser bestellten fremden Räte. Karl beanspruchte seine landesherrlichen Rechte weiter und ließ zum Schutz gegen Polen bei Fürstenberg eine befestigte Brücke über die Oder schlagen, die auf dem einen Ufer Ottos Land berührte. In der Mark entstand darüber Aufregung, während auch der Kaiser fürchtete, der Markgraf möchte unter den bestehenden Verhältnissen die 1363 geschlossenen Erbverträge brechen, und sich deswegen vorsah.

Auch im Reiche that er Schritte zu seiner Sicherung. Im April 1370 ließ er durch seinen Kanzler mit Augsburg, Ulm und anderen schwäbischen Städten ein gegenseitiges Schutzbündnis für seine Lebenszeit und darüber hinaus im Namen seines Sohnes Wenzel abschließen. Um die Wittelsbacher zu veruneinigen, warb er bei Herzog Albrecht von Baiern-Holland um dessen Tochter Johanna für Wenzel und feierte im September zu Nürnberg die Hochzeit.

Bei dieser Gelegenheit vollzog sich der Bruch zwischen Karl und Otto von Brandenburg. Es scheint, daß der Kaiser nur den weiteren Bestand der früheren Verträge forderte, der Markgraf aber durch seine baierischen Verwandten, namentlich Herzog Friedrich, zum Widerstand aufgereizt wurde.

„Denen, die Gott lieben, gedeihen alle Dinge zum besten, denn Gott kämpft für sie unsichtbar, indem er ihre Feinde ohne Kampf und Blutvergießen beseitigt". Mit diesen Worten leitet der fromme Geschichtschreiber Karls, der Böhme Beneß, seine Erzählung vom Tode des Polenkönigs, des Papstes und des Mainzer Erzbischofs ein. Allerdings kamen die drei Todesfälle Karl zur geeigneten Zeit. An die Stelle des grollenden Urban trat Papst Gregor, der ihm alsbald die wichtigsten Dienste leistete. Zwar wurde nun Ludwig von Ungarn auch König von Polen, aber der feurige Kasimir hätte als unmittelbarer Nachbar der Mark viel ernstere Not bereiten können, als jener vielbeschäftigte; gerade die empfindlichste Stelle Karls erhielt Erleichterung. Erzbischof Gerlach erlag am 12. Februar 1371 seinen qualvollen Steinleiden und der Kurpfuscherei eines Doktor Eisenbart, der dafür in den Fluten des Mains Todeslohn erhielt. Er hinterließ das Andenken eines guten, aber schwachen Mannes, der sich zu seinem Schaden allzu leicht leiten ließ. Dem Kaiser gab sein Tod willkommene Gelegenheit, das Mainzer Erzbistum an einen zuverlässigeren Mann zu bringen. Zum Glück für ihn spaltete sich das Kapitel, indem die nassauische Partei den erst achtzehnjährigen Neffen Gerlachs, Graf Adolf von Nassau, den der Verstorbene in seinen letzten Lebenstagen zum Administrator ernannt hatte, erwählte, während die Mehrheit eingedenk seiner bewährten Weisheit den Erzbischof Kuno von Trier postulierte. Doch dieser lehnte ab, und der Kaiser arbeitete an der Kurie so erfolgreich, daß die päpstliche Entscheidung überaus schnell erfolgte. Gregor ernannte den bisherigen Bischof von Straßburg, Johann von Ligne aus Luxemburg, einen Verwandten Karls. „Er war der stolzeste, schönste Mann von Leib und Antlitz, den man finden mochte, aber einfältig, sanftmütig und töricht und achtete nicht, wie es im Lande zuging, sondern nur daß man ihm viel zu essen auftrug, denn er war ein Fresser und aß eine Gans oder einen Kapaun auf einmal. Er gab morgens niemandem Bescheid, ehe er nicht eine Suppe und ein Huhn gegessen. Das Bistum stand mehr unter seinen Amtleuten, als unter ihm, und die thaten, was sie wollten. Seiner Einfalt wegen nannten ihn einige: ‚Bischof Bettlaken.'" Es war nicht Bosheit, welche dem Straßburger diese derbe Schilderung in die Feder gab, denn auch die Mainzer Chronik beschreibt Johann kurzweg: „kindisch in Sitten, stattlich an Figur, zur Regierung ungeeignet, ganz unbedeutend". Das Raubwesen am Rhein sei nun erst recht in Schwang gekommen.

Es ist möglich, daß Karl seinen Verwandten höher anschlug, denn eine solche Strohpuppe hätte ihm in der Bedrängnis wenig genützt. Gab sich doch Johann bald dazu her, einen sehr energischen Protest des Mainzer Klerus gegen die päpstlichen Steuerforderungen mit seiner Person zu decken.

Mit dem neuen Jahr 1371 trat Herzog Friedrich von Baiern offen hervor. Er warb Erzbischof Piligrim von Salzburg zum Bundesgenossen, gewann durch Ungarn ziehend das Hülfsversprechen König Ludwigs und eilte dann durch Polen in die Mark. Otto brach nun die letzten Brücken hinter sich ab; indem er in einem Manifest vom 10. Juni seine Klagen gegen den Kaiser zusammenstellte, von dem er nicht wisse, wessen er sich zu ihm zu versehen habe, erklärte er Herzog Friedrich zu seinem Erben, dem er in der Mark huldigen ließ. Die Gründe, welche Otto vorbrachte, konnten den Rechtsstand nicht erschüttern, und was auch Karl von ihm verlangt haben mochte, eine feindselige Handlung, auf die sich berufend Otto den Vertragsbruch hätte rechtfertigen können, lag unseres Wissens nicht vor.

Karl erließ sofort am 21. Juni als Antwort die Kriegserklärung und rückte in die Mark ein. Doch obgleich die Ungarn in Mähren und Erzbischof Piligrim in der böhmischen Oberpfalz plünderten, kam es nirgends zu einem größeren Zusammenstoß und Mitte Oktober wurde zu Pirna ein Waffenstillstand bis Pfingsten 1373 geschlossen. Ihm traten auch die Markgrafen von Meißen bei, die gleichfalls gegen den Kaiser Fehde erhoben, weil er in ihren Ländern ausgedehnte Erwerbungen gemacht hatte.

Wenn König Ludwig den Baiern nicht thatkräftig half, durfte der Kaiser hoffen, mit ihnen fertig zu werden; daher war es sein nächstes Bestreben, ihn wieder zu versöhnen. Das ging leicht genug, indem Karl nach seiner Weise wieder ein Eheangebot machte, und so kamen beide überein, Karls zweiter Sohn Sigmund sollte Maria, Ludwigs zweitgeborene Tochter heiraten. Zwar gelang es dem Kaiser, obgleich ihn ein päpstlicher Legat nach Kräften unterstützte, vorläufig nicht, Ludwig von den Baiern zu trennen, denn dieser blieb hartnäckig dabei, er müsse ihnen helfen, wenn es nicht zu einer Versöhnung käme. Die Herzöge schlugen den vom Kaiser wiederholt angebotenen Rechtsweg aus, ein großer Fürstenkongreß, der im Oktober an der mährisch-ungarischen Grenze stattfand, verlief sogar unter dem Einflusse des Pfalzgrafen ganz unfriedfertig, so daß Karl des Papstes Hülfe nachsuchte. Aber Ludwig war bei der ganzen Sache nur mit halbem Herzen gewesen und begehrte jetzt sein Kriegsglück gegen Venedig zu versuchen; er ließ das Bündnis mit den Wittelsbachern fallen. Die Verlobung Sigmunds mit Maria kam wirklich zum Vollzug, doch wurde die Ehe erst viel später unter ganz veränderten Verhältnissen geschlossen.

So waren die Baiern, die noch dazu im verflossenen Sommer ihre Kräfte in süddeutschen Kämpfen zersplittert hatten, ganz auf sich angewiesen, als Karl nach Ablauf des Waffenstillstandes Ende Juni 1373 in die Mark einbrach, unterstützt von seinen Bundesgenossen, dem Erzbischofe von Magdeburg und den Herzögen von Sachsen und Mecklenburg. Friedrich und Otto verteidigten sich, aber sie sahen das Nutzlose weiteren Kampfes ein und mußten froh sein, daß ihnen Karl für die völlige und sofortige Abtretung der Mark einen überaus hohen Preis bewilligte. Am 15. August wurde in Fürstenwalde der Vertrag besiegelt. Otto behielt für die Zeit seines Lebens den Titel und die Rechte eines Kurfürsten und empfing ein gutes Jahresgehalt und zu lebenslänglicher Nutznießung eine Anzahl Städte und Schlösser der Oberpfalz, die der Kaiser nach seinem Tode nur für einen hohen Preis von den Baiern wieder einlösen konnte. Diese erhielten außerdem 200 000 Gulden teils bar, teils in Anweisungen, die auch in kurzer Frist ausgezahlt wurden, dazu für 100 000 Gulden Pfandschaften. Dem Kaiser kam der Kauf alles in allem auf 500 000 Gulden zu stehen, doch verstand er es, einen guten Teil und zwar die hauptsächlichste Barsumme auf Andere abzuwälzen, wie sich noch zeigen wird.

Markgraf Otto war so Kurfürst und Erzkämmerer, Pfalzgraf am Rhein und Herzog von Baiern ohne einen Fußbreit Land. Ein besseres Los hatte der Tropf nicht verdient. Sein ganzes Leben ist er nicht darüber hinaus ge-

kommen, von Anderen geleitet und gegängelt zu werden, nur Geld auszugeben
verstand er frühzeitig. In den letzten Streit mit Karl trieben ihn erst die
Märker, dann seine Verwandten, namentlich Herzog Friedrich. Daß der Kaiser
mit ihm ein Ende machte, war wenigstens für die Mark ein Segen. Auch der
Markgraf scheint sich dabei ganz wohl befunden zu haben; er raffte sich sogar
dazu auf, eine Pilgerfahrt ins heilige Land zu machen. Mit seiner Gemahlin
Katharina kam er nicht auf rechten Fuß; sie zog es vor, möglichst am Prager
Hofe zu verweilen, während ihr Gatte sich in den Armen einer schönen Müllerstochter Margarethe tröstete; doch starb er schon 1379.

Das beste Geschäft hatte die Familie des Herzogs Stephan gemacht, denn
obgleich sie nach den Verträgen von 1363 keinen Anspruch auf die Mark besaß,
erhielt sie eine reiche Entschädigung. Das verdankte sie dem Herzog Friedrich.
Freilich, verloren waren nun fast alle großen Erwerbungen, welche einst Kaiser
Ludwig gemacht, derentwegen er sich beinahe ums Reich gebracht hätte; nur
Holland war geblieben.

Auch Karl durfte mit der schließlichen Lösung der gefährlichsten Lage, in
der er sich je befunden, zufrieden sein. Außer der eigenen Geschicklichkeit verdankte er sie dem Papste. Die Erwerbung der Mark hatte sich aus den Verhältnissen heraus als eine Notwendigkeit ergeben, denn es ist nicht zu erweisen,
daß er sie von jeher, etwa gar von Anfang seiner Regierung an, beabsichtigt
hätte. Uebrigens hat Karl den Baiern ihren Widerstand und ihre Feindschaft
nicht nachgetragen, ihren bedeutendsten Führer, Herzog Friedrich, sogar nachher
mit reicher Gunst überschüttet, so daß bis zu seinem Tode keine weiteren
Irrungen eintraten.

Rätselhaft bleibt das Verhalten des Pfalzgrafen. Unzweifelhaft trug sein
Ansehen das meiste dazu bei, den großen Bund gegen Kaiser Karl zu stande
zu bringen, da auch der ungarische König ungemein viel von ihm hielt. Ruprecht
hat auch die baierischen Herzöge in ihrer Feindseligkeit bestärkt, aber ihnen keinerlei
Hülfe geleistet. Er blieb trotz seiner inneren Teilhaberschaft äußerlich ganz
außer dem Geschäfte und hat dadurch das Mißlingen wesentlich mit verschuldet.

Nicht die Art und Weise, wie er die Mark erwarb, sondern wie er sich
einen bedeutenden Teil der aufzuwendenden Gelder verschaffte, ist ein Schandfleck in der Geschichte Karls. Er vernichtete dadurch selbst einen guten Teil der
Früchte, welche sein verständiges Regiment bis dahin gezeitigt, trübte sein Angedenken in weiten Kreisen und schuf Schwierigkeiten, deren weder er selbst noch
sein Nachfolger Herr werden konnten.

Karl hatte sich den Städten bisher nicht unfreundlich gezeigt. Er zog
ihnen in der Goldenen Bulle gewisse Schranken, doch damit beging er kein
Unrecht, handelte vielmehr im Sinne der Ordnung und der Gerechtigkeit. Seine
Sorge für den Landfrieden kam ihnen zu gute, auch seine wirtschaftlichen Bestrebungen in den Erblanden nützten dem deutschen Handel. Zwar nahm er
auf die Fürsten und Herren viel Rücksicht, aber eine durchgehende Parteinahme
für sie befolgte er nicht. Die Städte dienten ihm auch oft und reichlich, das
gegenseitige Verhältnis gestaltete sich im allgemeinen sehr günstig. Karl hatte
seine Freude an dem stattlichen Reichtum der Bürger, gern sah er, wenn sie

ihn in Wehr und Waffen oder in prunkendem Kleiderschmuck begrüßten, und er
erging sich dann in höflichen und liebenswürdigen Worten. Mit den großen
Familien in Nürnberg pflegte er vertrauliche Beziehungen als Hausfreund.

Schon vor seiner Romfahrt hatte er sich auf seine Lebenszeit mit den
Städten Nürnberg, Rotenburg, Windsheim und Weißenburg in Baiern zum
gegenseitigen Schutz gegen jeden Angriff verbündet, ein Vertrag, der nach seinem
Tode auch für den Sohn Wenzel gelten sollte, bis eine rechtmäßige Königswahl
erfolgt sei. Dieselbe Einigung ging Karl im Frühjahr 1370 mit den schwäbischen
Reichsstädten ein, und da solche Vereinbarungen streng genommen der Goldenen
Bulle widersprachen, schloß er seine städtischen Bundesgenossen zu einem Land-
frieden zusammen, an dessen Spitze er den Grafen Ulrich von Helfenstein stellte.
Eigentlich wurde somit der ehemalige Bund der Reichsstädte erneuert.

In Süddeutschland und besonders in Schwaben war die Ritterschaft überaus zahlreich vertreten, deren ruheloses Wesen Herren wie Städten gleich un-
bequem war. Graf Eberhard von Wirtemberg wurde im Frühjahr 1367 von
dem Ebersteiner und anderen adeligen Gesellen im Wildbad überfallen, so daß
er nur durch eilige Flucht auf heimlichen Waldwegen der Gefangenschaft entkam. Trotz dieser Reibereien bestand zwischen Rittern und Herren eine gewisse
Gemeinschaft, während die Bürger vor beiden auf der Hut sein mußten. So
glaubten sie auch, die Gesellschaft der Kroner, die sich im Januar 1372 bildete,
sei gegen die Städte gemünzt, und der Verdacht erhielt Bestätigung, als der
Landfriedenshauptmann durch einige Ritter gefangen wurde, hinter denen der
Wirtemberger stecken sollte.

Als die Städte zu Ulrichs Befreiung einen Feldzug unternahmen, griff sie
Graf Eberhard von Wirtemberg, vielleicht gereizt durch jene Beschuldigung, an
und brachte ihnen am 7. April bei Altheim nicht weit von Ulm eine schwere
Niederlage bei, welche sie tief entmutigte. Bald darauf wurde eines Morgens
der Graf von Helfenstein in seinem Kerker mit abgeschnittenem Halse gefunden
und erlag nach kurzer Frist seinen Wunden; der böse Greiner sollte auch diese
That, die vielleicht Selbstmord war, veranlaßt haben.

Als Karl bald darauf ins Reich kam, erhob der Wirtemberger Klagen
gegen die Städte, um sein Eingreifen zu entschuldigen. Der Kaiser nahm sie
an, obgleich der Graf bei der Absage die Bestimmungen der Goldenen Bulle
nicht beachtet hatte, aber Eberhard half ihm gegen die Baiern; daher wollte
Karl zwischen beiden den Schiedsspruch fällen. Er verbot dann die Rittergesellschaften und bewirkte die Entlassung der in der Schlacht Gefangenen, aber
der Greiner blieb in seiner Gunst und die Reichsstädte hielten es für besser,
sich mit diesem zu vertragen. Es heißt, daß der Kaiser ihnen zürnte, weil sie
keine Verpflichtung Geld zu zahlen übernehmen und bei ihm nicht bleiben wollten;
wahrscheinlich weigerten sich also die Städte, den Forderungen, welche Karl auf
Grund seiner Bündnisse mit ihnen erhob, nachzukommen. Er scheute sich, in
seiner bedrängten Lage mit den Herren zu brechen und wollte doch die Städte
weiter ausnützen. Er ließ sie nicht los, sondern begehrte, um den bevorstehenden
Krieg mit Brandenburg zu führen, von ihnen als seinen Bundesgenossen neue
riesige Schatzungen, welche die Städte abzuwenden suchten; eben Graf Eberhard,

der dann auch zum Hauptmann eines neu errichteten Landfriedens ernannt wurde, erhielt den Auftrag, sie einzutreiben. Nachdem dann die Mark Brandenburg erworben war, mußten die Städte weiter bluten, denn der Kaiser beschuldigte sie des Vertragsbruches, daß sie ihm zum Kriege keine Hülfe geleistet hätten. Sie mußten 200000 Gulden aufbringen und vier von ihnen sollten gar den Baiern verpfändet werden. Es war nichts anderes als Erpressung. Kein Wunder, wenn die Bürger bitteren Groll faßten, wenn sie ihrerseits den Kaiser des gebrochenen Wortes beschuldigten und ihn den Zerstörer der Christenheit nannten.

Doch dem Kaiser kam es jetzt mehr auf die Fürsten, als auf die Städte an, denn seine ganze Seele war erfüllt mit dem Gedanken, das Werk seines Lebens würdig zu krönen, indem er seinem Sohne Wenzel die Nachfolge im Reiche verschaffte.

Neunter Abschnitt.

Die Wahl Wenzels. Karls Tod. 1373—1378.

Den Kaiser umgab jetzt eine stattliche Nachkommenschaft. Zu den noch lebenden Kindern aus seinen früheren Ehen, Katharina, Elisabeth und Wenzel, hatte ihm Elisabeth von Pommern noch zwei Söhne, Sigmund und Johann, und zwei Töchter, Anna und Margaretha, geboren. Die beiden jüngeren Söhne mußten, damit sie ein standesgemäßes Leben führen konnten, dereinst mit Landgebiet ausgestattet werden, und schon hatte der Kaiser die Verfügungen über seine Erbschaft erwogen. Um so mehr war es geraten, den ältesten Sohn, der bereits zum böhmischen Könige gekrönt war, mit besonderem Ansehen auszurüsten, damit er die Hausmacht zusammenhalten konnte. Dazu eignete sich am besten die Kaiserwürde; ohnehin ließ sich ein Gewinn, wie der Brandenburgs war, wahrscheinlich nur dann für die luxemburgische Familie behaupten, wenn sie den deutschen Thron behielt.

Von all den Aufgaben, welche sich Karl bisher gestellt hatte, war diese letzte und größte auch bei weitem die schwierigste. Die Ansicht, daß der Sohn dem Vater auf den Thron nicht nachfolgen dürfe, war zwar kein Rechtssatz, aber doch den Zeitgenossen ins Blut gedrungen. Wenn die aus der Erblichkeit folgende Stärkung der königlichen Gewalt stets den Reichsgliedern bedenklich erschien, wie mußten sie ihr jetzt widerstreben! Die Macht des herrschenden Hauses kam der weiland Ottokars von Böhmen an Umfang gleich und übertraf sie weit an innerem Wert; im Reiche gab es nirgends ihresgleichen.

Jedenfalls mußte die Wahl Wenzels noch bei Lebzeiten des Vaters erfolgen, denn darüber hinaus gab es keine Bürgschaft. Die Goldene Bulle, die jetzt zum erstenmal in Kraft treten sollte, nahm nur eine Wahl bei durch Tod erledigtem Thron in Aussicht. Es gab zwar die Auskunft, daß Karl abdankte, aber das war ein zweischneidiges Mittel und hätte auch kaum viel geholfen. Wenn der Kaiser auch von einer Thronentsagung gesprochen hat, faßte er sie kaum je ernstlich ins Auge. Alles hing demnach an dem guten Willen der

Kurfürsten, mit dem man auch über die Goldene Bulle hinwegkommen konnte. Dann war die römische Kurie zu berücksichtigen, aber diese, von tausend Bedrängnissen umgeben, durfte keine ernstliche Einsprache wagen, wenn die Kurfürsten einmütig für Wenzel eintraten. Also Einstimmigkeit, nicht allein Mehrheit war erforderlich, damit gar kein Widerspruch sich regte.

Um die sächsische und brandenburgische Stimme brauchte der Kaiser nicht besorgt zu sein, aber über sie hinaus hatte er keine Sicherheit. Mit dem einflußreichsten Kurfürsten, dem zähen, eigensüchtigen Ruprecht von der Pfalz stand er seit Jahren auf gespanntem Fuß. Ohne diesen war nichts zu machen, das war klar. Außerdem hatte der Pfalzgraf Freundschaft mit dem ihm an geistiger Kraft ebenbürtigen Erzbischof von Trier. Das war, seitdem der altersschwache Boemund 1362 abgedankt hatte, jener Kraftmensch, der ehemalige Verweser von Mainz, Kuno von Falkenstein. Zwar war er nie gegen Karl feindselig aufgetreten, aber der selbstbewußte Mann, der sich mehr um sein Erzbistum, als um das Reich kümmerte, war nicht so leicht zu haben. An ihm hing zugleich die Kölner Stimme.

Das Kölner Erzbistum hatte merkwürdige Schicksale erfahren, die so recht zeigen, wie es mit diesen geistlichen Stiftern stand. Erzbischof Wilhelm war am 15. September 1362 gestorben und im Chor des Domes in dem marmornen Sarkophage, den er selbst hatte arbeiten lassen, beigesetzt worden. In den letzten Jahren seines Lebens stand er dem Kaiser nicht mehr so nahe, wie früher. Trotz seines redlichen Friedenswillens machte ihm der unruhige Zustand seines Erzbistums daheim Arbeit genug und seine Strenge, sowie die Notwendigkeit, schwere Auflagen einzutreiben, entfremdeten ihm die Gemüter seiner Unterthanen. Aber sie sollten sich bald nach den Zeiten Wilhelms zurücksehnen. Das Kapitel wählte den Dechanten Johann von Virneburg, doch eine kleine aber rührige Gegenpartei unter dem Einfluß der mächtigen westfälischen Grafen von der Mark postulierte ein Mitglied dieser Familie, den Bischof Engelbert von Lüttich. Der Papst ernannte indessen den Neffen Engelberts, den Bischof Adolf von Münster, einen jungen, schönen Mann, der in Montpellier kanonische Studien getrieben; seinem bisherigen Stifte hatte er freilich durch die Einmischung in die Geldernschen Streitigkeiten nur Unheil gebracht. Sein Gegner Johann, der in das erledigte Münstersche Bistum versetzt wurde, verschwendete, ehe er wich, die Güter der kölnischen Kirche in unerhörter Weise und ein päpstlicher Bote raubte unter dem Vorwande, die Hinterlassenschaft Erzbischof Wilhelms für die Kurie einzuziehen, schamlos Alles, was Johann noch übrig gelassen. Adolf setzte das Geschäft, das Erzbistum zu ruinieren so gründlich fort, daß die Domherren beim Papste Klage erhoben. Schließlich warf er nach neun Monaten den Krummstab beiseite, um wieder weltlich zu werden. Da er, wie viele Bischöfe der Zeit, die geistliche Weihe nicht erhalten hatte, konnte das mit päpstlicher Genehmigung geschehen. Denn das märkische Haus war in Gefahr auszusterben, außerdem lockte Adolf die Aussicht, die Grafschaft Kleve zu erben, was dann auch geschah. Der ehemalige Bischof und Erzbischof heiratete die Gräfin Margaretha von Berg, welche ihm sechzehn Kinder gebar; er wurde so einer der Stammväter des hohenzollernschen Hauses. Bei seinem Abzuge nahm er alles mit, was nicht niet- und nagelfest war; „nicht ein Tischlaken wurde in des Stiftes Besitz gefunden, nur ein einziges Stück Wein". Bei der Kurie hatte er erreicht, daß nun wirklich sein Oheim Engelbert Nachfolger wurde. Obgleich dieser, eine ehrliche Natur, mehr Krieger als kluger Berater, in Lüttich nicht ohne Ruhm regiert hatte, stürzte er das erschöpfte Kölner Stift noch tiefer in Schulden, so daß er, da ihn körperliche Leiden ergriffen, als Retter in der Not den Mann herbeirief, der als Meister weiser Verwaltung galt, den Erzbischof Kuno von Trier. Er übertrug ihm als Koadjutor Ende 1366 die Leitung der kölnischen Kirche. Da der Papst nach Engelberts Tod sich weigerte, die vom Kapitel vollzogene Wahl Kunos zu bestätigen, weil sich nicht auf sein geliebtes Trier verzichten wollte, blieb er Administrator und ihm gelang es in der That, das tief gebeugte Erzbistum einigermaßen wieder aufzurichten. Durch den glücklichen Kauf und Erwerb der Grafschaft Arnsberg vermehrte er die Machtstellung der Erzbischöfe in Westfalen und verhinderte, daß dort die Grafen von der Mark das Uebergewicht erlangten. Auf seinen Vorschlag wählte endlich das Kapitel seinen Neffen, den Grafen Friedrich von Saarwerden. Vergebens suchte der Kaiser bei Urban V. zu Gunsten seines Verwandten, des Straßburger Bischofs Johann, den er dann nach Mainz brachte, die Bestätigung zu hintertreiben. Friedrich war erst zweiundzwanzig Jahre alt, als er im November 1370 Erzbischof wurde. Durch Studien in Bologna gebildet und reich begabt, ein stattlicher Mann von schönem kräftigem Antlitz, seinem Oheim gleichend mit dem dichten krausen Haupthaar und der starken breitflügeligen Nase, eine echt fürstliche Natur, kriegerisch und prachtliebend, zielbewußt und entschlossen, ein guter Finanzmann, aber auch voll Eifer für seine kirchlichen Pflichten, hat er fast ein halbes Jahrhundert den Stuhl eingenommen und auf die Geschicke des Reiches mächtigen Einfluß geübt.

Nur war es für den Anfang eine üble Mitgift, daß er der Kurie für seine Ernennung die ungeheure Summe von 120 000 Gulden versprechen mußte. Sie hat ihn dann energisch zur Zahlung gedrängt, schonungslos ihn suspendiert und interdiziert, sogar die Stadt Köln, mit der Friedrich, wie fast alle seine Vorgänger, in Kampf geriet, zum Beistand gegen den schlechten Schuldner aufgerufen. Zunächst stand Friedrich unter der Leitung seines Oheims Kuno, der in kluger Voraussicht des Kommenden ihn schon 1371 verpflichtete, bei der Wahl eines römischen Königs mit ihm zu stimmen und seine Einwilligung zu einer Wahl bei Lebzeiten des Vorgängers nur mit seinem Willen zu geben.

Zum Unglück Karls war Erzbischof Johann von Mainz, sein Geschöpf, im April 1373 gestorben. Das Kapitel entschied sich für Adolf von Nassau, für den ein Teil schon bei der letzten Stuhlerledigung gestimmt hatte, und der bald darauf Bischof von Speier geworden war; der thatkräftige junge Mann benützte die althergebrachten Verbindungen seiner Familie und setzte sich sofort im Stifte fest, ohne die päpstliche Bestätigung abzuwarten. Aber der Kaiser dachte anders. Da ihm die Wettiner aus mancherlei Gründen wichtiger waren, als die Nassauer, bewirkte er, daß der Papst einen Landgrafen von Meißen, den lebenslustigen Bischof Ludwig von Bamberg, zum Erzbischof ernannte. Allerdings gelang es dem Kaiser, solange er lebte, nicht, Adolf aus dem Stifte zu verdrängen, aber

Ludwig, von Papst und Kaiser anerkannt, führte unbestritten die Mainzer Stimme. Merkwürdig genug, daß bei den Wahlen Karls und seines Sohnes gleichmäßig vom Papste dem Kapitel aufgedrungene Mainzer Erzbischöfe mitwirkten, aber Gerlach war gegen den damaligen Kaiser Ludwig ernannt, während es jetzt umgekehrt stand.

Ende 1373 finden sich die ersten Spuren, daß Karl die Wahl Wenzels vorbereitete, der Herbst des folgenden Jahres brachte bereits den Plan der Vollendung nahe. Im Oktober 1374 vollzog der Kaiser eine gründliche Auseinandersetzung mit der baierischen Familie und es gelang ihm, den Pfalzgrafen Ruprecht zu versöhnen und zu gewinnen, zunächst zur Unterstützung des Erzbischofes Ludwig, doch wohl auch schon für weiteres. In Mainz gaben darauf Kuno und Friedrich, der erstere mit einigem Vorbehalt, das Versprechen, Wenzel bei des Vaters Lebzeiten zu küren und nach einigen Monaten, im Februar 1375 erteilte auch Ruprecht mit seinem Neffen die erforderliche Zusage. Schon vor ihm hatte Ludwig von Mainz seine Beihülfe bedingungslos gelobt, dasselbe that der Kurfürst von Sachsen. Einzelne wichtige Reichsfürsten, wie Eberhard von Wirtemberg, Burggraf Friedrich von Nürnberg, der überhaupt bei den Verhandlungen durch seine weitverzweigte Verwandtschaft eine wichtige Vermittlerrolle spielte, Herzog Albrecht von Oesterreich, die Wettiner erklärten dem gewählten Könige getreu sein zu wollen.

Damit konnte das Ziel als erreicht gelten. Aber welche Opfer hatte der Kaiser bringen müssen, um Ruprecht, Kuno und Friedrich günstig zu stimmen! Ungeheuere Zugeständnisse machte er in Zusagen von Geld und Geldeswert, von Verpfändungen, von Vergünstigungen jeder Art; der kümmerliche Reichsbesitz mußte gewaltig herhalten. Wieder gab es einen Handel schlimmster Art, „Handsalben" zum Ueberfluß, und das ließ sich vor den Augen und den Ohren der Welt nicht verbergen; allüberall im Reich und draußen spottete man oder entrüstete sich über das Kaufgeschäft, bei dem „der Gulden so tapfer mitlief"; der Kaiser und sein Sohn, wie die Kurfürsten erfuhren gleich heftigen Tadel. Da Wenzel noch so jung war, wartete Karl mit dem Vollzug der Kur, bis er das fünfzehnte Lebensjahr zurückgelegt hatte, mit dem nach altem Rechte der König mündig wurde.

Dann kam es darauf an, welches Gesicht der Papst machen würde. Zum erstenmal sollte eine Königswahl vollzogen werden durch die Kurfürsten allein, ohne daß jener sich einmengen durfte. Diese Kur sollte zudem eine ungewöhnliche sein, den Sohn des Vorgängers und noch dazu bei dessen Leben treffen, was seit mehr als hundert Jahren nicht geschehen war. Der päpstlichen Politik konnte ein solcher Vorgang nicht weniger widerwärtig sein, wie der reichsfürstlichen.

Karl beabsichtigte nicht, einen Bruch mit der Kurie herbeizuführen, sondern er wollte ihre Zustimmung gewinnen, ohne die Rechtsfrage zu beeinträchtigen. Das erforderte seine ganze Geschicklichkeit und er wußte in der That die Sache schlau und gewandt zu leiten. Er rechnete darauf, daß die Kurfürsten, nachdem sie einmal ihren Entschluß gefaßt, jeden Eingriff von Avignon her entrüstet abweisen würden. Gregor stand außerdem vor dem

großen Unternehmen, wieder nach Rom zu gehen, aber die Zustände in Italien
lagen nicht besser wie früher, denn die Visconti verharrten unbezwungen in
ihrem alten Trotz. Da ihm so die Hände gebunden waren, mußte er seine
Hoffnungen auf den Kaiser setzen, trotzdem dieser seit Jahren nicht mehr als
schöne Worte für ihn und pergamentene Drohungen gegen seine Gegner dargeboten
und die ihm vom Papst geleisteten Dienste kärglich vergolten hatte. Anfang
1375 teilte Karl dem Papste seine Absicht mit, Wenzel wählen zu lassen, ohne
selber das Reich aufzugeben. Die Kurie war bestürzt, aber wagte nicht, sofort
und ganz ablehnend zu antworten. Sie erkannte nicht völlig die Lage in
Teutschland und glaubte, Karl werde ohne Papst nichts durchsetzen können.
Man gedachte daher, zwar dem Kaiser seinen Wunsch zu gewähren, aber die
schwersten Bedingungen daran zu knüpfen, den durch die Reichsgesetzgebung
bestrittenen Boden wieder zu gewinnen, indem die Wahl durchaus an die päpstliche Erlaubnis gebunden werden sollte. Karl und Wenzel sollten erst persönlich nach Avignon kommen und dort die Eide leisten, die einst Karl und sein
Vater 1346 geschworen, dann den Papst bitten, daß er den Kurfürsten die
Vornahme der Wahl erlaube; die Krönung dürfe erst nach der päpstlichen
Approbation erfolgen. Beide hätten zu geloben, daß in Zukunft nie mehr ohne
ganz besondere Genehmigung des Papstes ein Sohn bei des Vaters Lebzeiten
zum Könige gewählt werde, worüber der Papst eine ausdrückliche Festsetzung
erlassen wollte.

Karl hielt mit halben Zusagen die päpstlichen Diplomaten hin, bis die
Zeit zum Handeln gekommen war. Ende März 1376 meldete er von Nürnberg aus Gregor kurz und bündig, die Kurfürsten hätten beschlossen, am 1. Juni
die Wahl in Frankfurt zu vollziehen und ihr die Krönung in Aachen unmittelbar folgen zu lassen. Ein zweites vertrauliches Schreiben lautete zwar ver-
bindlicher, machte jedoch keine wirklichen Zugeständnisse. Die Briefe riefen in
Avignon die höchste Aufregung hervor, und zum Unglück war auch noch in
Italien ein weitverzweigter Aufstand gegen die kirchliche Herrschaft ausgebrochen,
welchen Florenz, die alte Guelfenstadt, mit Bernabo im Bunde leitete. Es blieb
nichts übrig, als nachzugeben. Die Kardinäle verdeckten zwar den Rückzug
mit Drohungen und großen Forderungen, aber sie wollten zufrieden sein,
wenn wenigstens die Krönung bis nach Einholung der Approbation aufgeschoben wurde.

Schleunigst ging ein Bote nach Teutschland, der Karl auf dem Wege nach
dem Rhein traf. Der Kaiser vernahm die hochklingenden Worte mit Ruhe
und machte dem Gesandten den Standpunkt klar. Nicht er, sondern der Papst
müsse sich hüten. Nachdrücklich hielt er dem Gesandten vor, wie gereizt die
Stimmung in Teutschland sei. Der Papst kenne nicht die Bosheit und Nichts-
würdigkeit vieler Herren, und wenn er sich nicht in acht nehme, würde das
Kaisertum an einen Feind der römischen Kirche kommen. Er möge sich doch
überlegen, welche Häuser ihm ergeben waren. Karl bewies sofort, wie wahr
er gesprochen. Als er einfach den Kurfürsten das päpstliche Schreiben vorlegte,
konnte der Gesandte sich überzeugen, in welch hellem Zorn jene aufflammten. Nichts
mehr, als einen Aufschub der Wahl um einige Tage, bis zum 10. Juni be-

willigte der Kaiser, bis wohin ein von Gregor verheißener Legat, wenn er sich beeilte, eingetroffen sein konnte.

Mittlerweile versammelten sich die Kurfürsten in Bacharach um den Kaiser, der sie durch neue Privilegien in ihrem Vorsatz bestärkte und den Mainzer Gegenerzbischof Adolf von Nassau, der noch immer der wirkliche Herr des Stiftes war, durch Verheißungen von Feindseligkeiten abhielt. Gewohnt, entgegengesetzte Forderungen zu vermitteln, fand er auch diesmal einen Ausweg, um den von den Kurfürsten für die Wahl festgesetzten Tag, den 1. Juni aufrecht zu erhalten und doch sie selbst seinem dem Papste gegebenen Versprechen gemäß bis zum 10. aufzuschieben. Er hatte nämlich vorher, auf Verlangen Kunos von Trier, den Satz der Goldenen Bulle, daß die Wahl in Frankfurt geschehen solle, aufgehoben, „damit sie frei sein möge", und auch hier galt es, um allen Ansprüchen zu genügen, einen Mittelweg zu finden. Daher wurden in Rense, das einmal zu Ansehen gekommen war, am 1. Juni die Vorberatungen gehalten und die Wahl beschlossen, am 10. Juni erfolgte dann in Frankfurt, in der Sakristei von St. Bartholomäus die eigentliche Kur einstimmig und ohne Widerspruch. Sigmund, des Kaisers zweiter Sohn, gab dabei die brandenburgische Stimme ab.

So wurde Wenzel wirklich gewählt und das Geschehene dem Reiche verkündet, ohne daß der Papst vorher seine Genehmigung gegeben hatte. Nur ungern entschlossen sich die Kurfürsten auf des Kaisers Wunsch, Gregor das Geschehene zu melden und ihn um seine Gunst für den Erwählten zu bitten. Der Meinung, welche Karl von der Erteilung des Kaisertums durch den Papst hatte, entsprach es, daß in besonderen ausführlicheren Schreiben Gregor gebeten wurde, Wenzel dereinst mit dem kaiserlichen Diademe zu schmücken. Das böse Wort „Approbation" wurde ganz vermieden. Doch brauchte es der neue König in der Urkunde, mit welcher er versprach, die einst von seinem Großvater und Vater dem apostolischen Stuhle geleisteten Eide zu bestätigen, weil sich diese auf Italien und das Kaisertum bezogen.

Ehe noch eine Antwort aus Avignon ankommen konnte, wurde auch die Krönung in Aachen am 6. Juli feierlich vollzogen. Wenzel war nun rechtmäßiger König und trat als solcher auf; die Goldene Bulle war zur Wahrheit geworden. Doch hat Karl hinterher nach langen, mit aller Vorsicht geführten Verhandlungen noch ein kleines Zugeständnis gemacht. Als sich Gregor hartnäckig weigerte, Wenzel als König anzuerkennen, stellte er ein Schreiben aus, welches vor den Wahltag zurückdatiert wurde, in dem er Gregor um Genehmigung bat, daß sein Sohn bei seinen Lebzeiten zum Könige gewählt werden dürfe, und der Papst ließ die entsprechende Gegenurkunde ausfertigen. Auch versprach Karl, daß er und Wenzel, solange sie Kaiser wären, nicht die Kur eines anderen Königs zulassen wollten. Die gewöhnliche Wahl, wie sie das Reichsgesetz allein im Auge hatte, wurde dadurch nicht berührt. Ueber diesen Verhandlungen starb Gregor, und sein Nachfolger mußte froh sein, daß Wenzel überhaupt noch die Approbation von ihm annahm.

Die Vorgänge in Frankfurt hatten bereits ihren Schatten ins Reich geworfen. Die süddeutschen Reichsstädte argwöhnten, Karl möchte auch diesmal die Kosten ihnen aufbürden, und ganz mit Recht, denn schon begann er mit Verpfändungen. Während die Fürsten den jungen König nach Aachen geleiteten, verbündeten sich am 4. Juli vierzehn schwäbische Reichsstädte, Ulm, Konstanz, Ueberlingen, Ravensburg, Lindau, St. Gallen, Wangen, Buchhorn, Reutlingen, Rottweil, Memmingen, Biberach, Jsny und Leutkirch bis zum April 1380 gegen jedermann ohne Ausnahme, der sie mit Schatzung, Verpfändung oder in anderer Weise bedrängen würde. Ein Bürgermeister von Ulm soll die Anregung gegeben haben. Als dann Karl mit seinem Sohne nach Nürnberg kam, um die Huldigungen entgegen zu nehmen, verlangten die Genossen erst Bürgschaft für ihre Unverletzlichkeit, der Kaiser aber beschloß, den Bund, über dessen Glieder er die Reichsacht verhängte, an der Wurzel anzufassen, und legte sich mit den Fürsten und einem starken Heer vor Ulm. Doch mit Spott mußte er abziehen, die Fortsetzung des Krieges Baiern und Wirtemberg überlassend, aber der junge Graf Ulrich, des Greiners Sohn, erlitt am 14. Mai 1377 von der städtischen Uebermacht die berühmte Niederlage von Reutlingen. Der Städtebund, dem inzwischen Kaufbeuren, Weil, Kempten und das kräftige Eßlingen beigetreten waren, hatte seine erste Probe glänzend bestanden.

König Wenzel, zum Reichsverweser ernannt, schloß Ende Mai in Rotenburg einen Frieden, durch den die Städte vor jeder Verpfändung sicher gestellt wurden und sogar das Recht gemeinsamer Verteidigung erhielten. Der Bund, erweitert durch die Aufnahme der Städte Nördlingen, Gmünd, Hall, Dinkelsbühl, Wimpfen, Weinsberg, Bopfingen, Aalen und des Ländchens Appenzell, verlängerte sich bis 1385; bald kamen auch noch Rotenburg an der Tauber, Pfullendorf, Buchau, Giengen und Wyl im Thurgau hinzu. Selbst die österreichischen Herzöge Albrecht und Leopold schlossen mit ihm Vertrag. Unterdessen nahm der Krieg gegen Wirtemberg unter greulichen Verwüstungen seinen Fortgang, bis ihn im Sommer 1378 Karl persönlich zu Gunsten der Städte beilegte. Durch mancherlei Landfriedensordnungen suchte er die Ruhe herzustellen.

Der alte Kaiser hatte vorher trotz seiner qualvollen Körperleiden eine weite Reise unternommen. Von Tangermünde aus zog er durch Westfalen, das seit Otto IV. kein König mehr besucht hatte, über den Rhein nach Paris, der Stätte seiner frohen Jugendjahre. König Karl V. ehrte ihn mit glänzenden Festen, doch wog er sorgsam die Formen ab, um nicht den Kaiser als einen Höherstehenden erscheinen zu lassen. Es handelte sich nicht allein darum, den künftigen Kaiser mit der benachbarten und befreundeten Herrscherfamilie bekannt zu machen und die kirchlichen und politischen Angelegenheiten vertraulich zu besprechen; mehr lag wohl dem Kaiser am Herzen, seinem Zweitgeborenen eine große Zukunft zu sichern. Sigmunds Verlobung mit Maria, der zweiten Tochter Ludwigs von Ungarn, hatte nämlich inzwischen durch den Tod der ältesten einen noch höheren Wert erhalten. Diese, Katharina, war dem zweiten Sohne Karls V., dem Prinzen Ludwig von Orleans versprochen gewesen, und die Verträge bestimmten, wenn sie vorzeitig stürbe, sollte eine Schwester an ihre Stelle treten. Dadurch war Gefahr, daß Sigmund um seine Braut, die jetzige Haupterbin kam. In diesem Zusammenhang wird ein großes Zugeständnis verständlich, welches der Kaiser den Franzosen machte: er übertrug dem Dauphin, dem ältesten Sohne Karls V., den Reichsvikariat über das ganze Königreich Burgund mit umfassenden Rechten. Die lange, nicht mühelose Arbeit, die Karl daran gewandt hatte, diesen äußersten Vorposten enger mit dem Reich zu verknüpfen, wurde dadurch vernichtet, denn die Folge konnte nur sein, daß Frankreich noch größere Anziehungskraft auf Burgund ausübte. Karl mochte sich damit beruhigen, daß diese Ernennung nur den gegenwärtigen Dauphin betraf.

Die wiederholten Erkrankungen, denen er ausgesetzt war, hatten dem Kaiser nahe gelegt, rechtzeitig über seine Hinterlassenschaft zu bestimmen. Johann erhielt ein neu geschaffenes Herzogtum Görlitz in der Oberlausitz und die Neumark, während Sigmund die Mark Brandenburg, dem Könige Wenzel alle übrigen Länder zufielen. Karl ging in der Teilung der Lande nicht weiter, als es die Notwendigkeit erforderte. Die jüngeren Söhne mußten sichergestellte Einnahmen haben, die Mark Brandenburg mit ihrer Kurstimme konnte Wenzel nicht selbst behalten, sobald er wirklicher Herrscher von Böhmen geworden war. Seine Macht überwog die der Brüder bei weitem.

Am 29. November 1378 erlag der Kaiser, zweiundsechzig Jahre alt, in Prag einem schleichenden Fieber; seine Leiche empfing der von ihm begründete Dom auf dem Hradschin. Es ist erklärlich, daß über Persönlichkeiten, wie Karl IV. eine war, sehr verschiedene Urteile gefällt werden. Seine Thätigkeit war eine so ungemein vielseitige, sein Charakter aus scheinbar so widersprechenden Eigenschaften zusammengesetzt, daß es darauf ankommt, von welchem Standpunkt aus der prüfende Blick auf ihn richtet, ob er mehr den böhmischen König oder den deutschen Kaiser, den Kulturschöpfer oder den Politiker, den Herrscher oder den Menschen erfassen will. Und wenn auch über einzelne Werke des Kaisers anerkannte Einstimmigkeit herrscht, um so weiter gehen die Meinungen über den Wert anderer auseinander. Schon bei seinen deutschen Zeitgenossen, abgesehen von den böhmischen Lobrednern, stand es so. Auch sie fanden sich diesem vielgewandten Odysseus gegenüber in Verlegenheit, wußten ihn nicht recht zu deuten. Zuerst schlugen sie ihn gering an, dann konnten sie ihm selbst widerwillige Bewunderung nicht versagen, aber ein Herz zu ihm faßten die wenigsten. Aehnlich ist es Karl in der neueren Zeit gegangen; man konnte sich einer gewissen Anerkennung nicht entziehen, aber hob mit stärkerem Nachdruck seine weniger erfreulichen Eigenschaften hervor.

Vielleicht hätten seine Richter an das alte Wort denken sollen: „Wo viel Licht, ist auch viel Schatten". Mit dem moralischen Seziermesser wurde so lange an Karl herumgeschnitten, bis ein Tartüffe verzwittert mit einem Macchiavellischen Fürsten übrig blieb. Namentlich sein Vorgehen gegen die baierischen Wittelsbacher galt als ein schändliches Gewebe von List, Betrug und Gewalt. Und doch zeigt eine ruhige Betrachtung, daß Karls Politik gegen die Baiern keine grundsätzlich feindselige war; oft genug von ihnen zur Verteidigung gezwungen, benutzte er die sich darbietenden Mittel, die Fehler seiner Gegner, und suchte, wie jeder Staatsmann thut, gelegentlich die Abwehr auch im Angriff.

Die Verschlagenheit hoben schon die Zeitgenossen als Karls stärkste Eigenschaft neben seiner Liebe zum Gelde hervor. Ihnen fiel eben an ihm ganz besonders auf, daß er nach Möglichkeit jeden Waffentanz vermied, und die damaligen Menschen waren noch zu kriegerisch gestimmt, als daß sie Karls Friedfertigkeit recht hätten würdigen können. Daß er trotzdem staunenswerte Erfolge errang, war erst recht ein Grund, sie hinterhaltigen Mitteln zuzuschreiben, besonders für die, welche den Schaden davontrugen. Freilich, der Kaiser war nicht allein klug, sondern auch schlau und listig bis zur Täuschung; seine größte Meisterschaft war, die Schwächen der Gegner auszunützen und sie zu vereinigen. So ist auch zuzugeben, daß er Bestechung übte und den Schwächeren leicht vergewaltigte; wer mit ihm zu thun bekam, mochte sich hüten. Aber alles das berechtigt nicht dazu, Karl als schleichenden Bösewicht darzustellen. Verstandesmenschen, wie er, vermögen selten eine warme Teilnahme zu wecken, sie werden wohl geschätzt, doch nicht geliebt und kommen am ehesten in Gefahr, für schlechter gehalten zu werden, als sie sind. Sein argwöhnischer, schwermütig-mystischer Zug war auch nicht dazu angethan, Karl volkstümlich zu machen.

Doch hatte der Kaiser auch als Mensch seine guten Seiten. Von Natur ebenso zum Jähzorn geneigt, wie seine ganze Familie, verstieg er sich zu den heftigsten Drohungen, selbst zu Handgreiflichkeiten, aber die wirkliche Ausführung stand nachher unter ruhiger Erwägung. Nie hat er danach gestrebt, seine Feinde völlig zu vernichten; im Gegenteil, er pflegte sie nach dem Siege überraschend mild zu behandeln. Er hatte auch Sinn für Familie, wußte die Menschen zu nehmen und zu würdigen ohne Rücksicht auf Stellung und Geburt.

Dem späteren Angedenken Karls hat nichts so sehr geschadet, als das geflügelte Wort Maximilians I., der ihn den Erzvater Böhmens, den Erzstiefvater des Reiches nannte.

Karls Ruhm als Regent von Böhmen, als Verwalter seiner Erblande ist unantastbar, und da Böhmen zum Reiche gehörte, würde er in der deutschen Geschichte auch dann eine ehrenvolle Stelle verdienen, wenn er nichts weiter gethan hätte, als sein Land zu heben; was ist denn von den anderen Fürsten jener Zeit durchschnittlich besseres zu sagen? Schade nur, daß er nicht seine höchsten Pläne erreichte. Daß er die Majestas Carolina, das Gesetzbuch, welches die innere Ordnung des Landes fest begründen sollte, gegen den Adel nicht durchzusetzen vermochte, war ein Unglück für Böhmen; es hätte das Königreich zum geregelten Staate gemacht. Karl hatte eine große Hinneigung zum römischen Recht, zum „Kaiserrecht," aber dem widerstrebten Adel wie Städte, so daß aus ihm nicht viel mehr als äußere Formen und Benennungen ins Leben drangen. Doch auch so erhob Karl sein Böhmen zu dem bestregierten Lande in Deutschland, obgleich er die Zuchtlosigkeit nicht völlig austilgen konnte und manchmal über unliebsame Dinge hinwegsehen mußte.

Bekannt genug ist, wie er unausgesetzt die Wirtschaftlichkeit förderte und manche neuen Erwerbsarten einführte. Land und Stadt erfreuten sich gleich sorgsamer Pflege. Neben dem Getreide- und Hopfenbau entwickelte sich die Gärtnerei, die auch feinere Obstsorten aus der Fremde heimisch machte. Karl bezog Reben aus Ungarn, Burgund und vom Rhein und unterstützte den Weinbau auf jede mögliche Weise; auch den Waid führte er ein. Der Wald wurde geschont und gepflegt, die Fischzucht durch Anlegung neuer Teiche vermehrt. Der Bergbau auf Silber, Gold und Zinn, das Erbteil seiner Vorfahren, fast ausschließlich von Deutschen betrieben, stieg von zeitweiligem Rückgange durch Ordnung und Vorrechte zur höchsten Ertragsfähigkeit. In den Städten mehrten sich die Handwerke, sie selbst gediehen rüstig, allen voran Prag, vergrößert durch die Neustadt. Karl entwarf selber für die Neugründung den Plan, der auffällt durch die weiten Plätze und in seinem bis heute nicht ausgefüllten Umfang zeigt, welche Zukunft Karl für seine Lieblingsstadt erhoffte. Die Altstadt verband er durch die gewaltige Steinbrücke über die Moldau mit der Kleinseite.

Prag wurde einer der ersten Handelsplätze Europas. Karl erkannte, daß alle Hervorbringung auf reichem und bequemem Absatz beruht. Daher trieb er zum Straßenbau, zur Regelung der Flußläufe, gründete neue Märkte, gewährte fremden Kaufleuten Vorteile, schloß Verträge mit auswärtigen Staaten, obgleich er auch nach der Weise seiner Zeit mit Einfuhrverboten und Verleihung örtlicher Sonderrechte arbeitete. Sein Plan war, Prag zum Mittelpunkt des Handels vom Süden, von der Donau und von Italien her nach dem Norden hin zu machen. Die Erwerbung der Mark Brandenburg leistete darin Vorschub; eine späte Ueberlieferung erzählt, daß er die Elbe durch einen Kanal mit der Ostsee verbinden wollte, und eine Reise nach Lübeck 1375 sollte wohl hauptsächlich dazu dienen, mit der Hansa Beziehungen anzuknüpfen. Wie für Böhmen, begann auch für Schlesien eine neue Zeit und die Mark Brandenburg, wo Tangermünde noch heute die Denkmäler seiner Schaffenslust aufweist, genoß unter seiner kurzen Herrschaft wieder einige glückliche Jahre.

Prag wurde nicht nur eine große und reiche, sondern auch eine schöne Stadt. Karl war Bauherr und Kunstfreund. Den Grund zu dem herrlichen St. Veitsdom legte er bereits 1344, daneben entstanden andere Kirchen, während die Burg auf dem Hradschin nach dem Vorbild des Louvre umgestaltet wurde. Auch im übrigen Land erhoben sich auf sein Geheiß Klöster und Kirchen in kunstvollendeter Schöne. Das wunderbare mit aller erdenklichen Pracht ausgerüstete Bauwerk des Karlsteins war Festung, Königsitz und Heiligtum zugleich. Gemälde an den Wänden und auf Tafeln schmückten kirchliche und weltliche Gebäude, ebenso Werke der Bildhauerei in Stein und Holz und Erzguß; die Kleinmalerei verschönte die Bücher, die Goldschmiedekunst füllte Kirchen und Kapellen sowie die Schatzkammern mit Meisterstücken.

Meist fremde Künstler, französische, italienische und deutsche rührten die fleißigen Hände nicht im Dienste eines prahlenden Tyrannen, sondern eines verständnisvollen Gönners, der sie zu würdigen und zu ehren wußte. Die Büsten der Leiter und Mitarbeiter am Bau erhielten im Dom ebensogut ihren Platz, wie die von Mitgliedern der kaiserlichen Familie. Auch die Gelehrten genossen höchste Achtung. Dem kenntnisreichen Heinrich von Herford ließ Karl ein ehrenvolles Grabdenkmal errichten. Wie Friedrich der Große Voltaire, schätzte Karl Petrarca. Er unterhielt mit ihm einen lebhaften Briefwechsel, nahm sich die Mühe, seine Meinungen gegen ihn zu verteidigen und lud ihn wiederholt nach Prag. Als er ihn 1354 in Mantua persönlich empfing, führte er ein geistreiches und herzliches Gespräch mit dem Dichter, als mit einem Gleichberechtigten, doch verstand

Karl, es fein zu leiten, und sobald Petrarca seine Weisheit über Staatsan=
gelegenheiten auskramen wollte, entschlüpfte der erlauchte Plauderer mit ergötzlicher
Gewandtheit.

Karl IV. hat in seinem persönlichen Wesen und Walten, wie ja auch in
der Art seines Emporkommens eine nicht geringe Aehnlichkeit mit dem großen
Staufer Friedrich II., dem Begründer der Universität in Neapel. Prag sollte
nicht nur eine Heimstätte der Kunst, sondern auch der Wissenschaften sein. Nach=
dem Papst Clemens VI. am 26. Januar 1347 genehmigt, daß fortan für ewige
Zeiten in Prag ein Studium generale bestehe, erließ Karl am 7. April 1348
die Stiftungsurkunde, welche Lehrern und Schülern dieselben Rechte, wie zu
Paris und Bologna zusicherte. „Damit unser Königreich Böhmen, wie es durch
das Geschenk einer durch Gottes Gnade fruchtbaren Natur an leiblichen Gütern
Ueberfluß hat, durch unsere Sorge und Veranstaltung auch mit einer Fülle von
einsichtigen Männern geschmückt werde, auf daß unsere getreuen Unterthanen,
welche nach der Kunst der Wissenschaft unaufhörlich hungern, im Lande den Tisch
des Mahles finden und es für überflüssig halten, Wissenschaft suchend den Erdkreis
zu durchwandern, fremde Völker aufzusuchen und in auswärtigen Ländern zu
betteln, vielmehr es für rühmlich achten, Fremde zur Süßigkeit des Genusses
und zu dankbarer Teilnahme herbeizuziehen", so bezeichnete der König den Zweck
seines Werkes. Es sollte zunächst dem eigenen Lande dienen, aber gleich wurde
die Hoffnung ausgesprochen, auch Fremde würden herbeikommen, welche sich reich=
lich erfüllte.

Auch hier entfaltete Karl die reiche Fülle seines Interesses. Er sammelte
kostbare Bücher, gleichviel ob sie biblische oder klassische Texte enthielten; auch
einen botanischen Garten legte er an. Der Liebe zur Geschichte blieb er sein
Leben lang getreu, versäumte er doch nicht, als er durch Westfalen kam, das
Grab des Sachsenhelden Widukind aufzusuchen. Römische Münzen, die ihm
Petrarca schenkte, nahm er mit größter Freude an. Er hatte ein Verständnis
für die begeisterte Liebe des Italieners zum Altertum, wenn er auch die
daraus abgeleiteten politischen Phantasien zurückwies; obgleich den Kaiser an
Rom am meisten das Heilige anzog, wollte er doch die ewige Stadt auch mit
Petrarcas Augen sehen. Der hochberühmte Johann von Marignola, der durch
Asien bis nach Peking und um die beiden Indien herum über den Euphrat zu=
rück gereist war, erhielt den Auftrag, eine Geschichte von Böhmen zu schreiben.
Es entstand in der That ein merkwürdiges Buch, nur daß der Hauptzweck sehr
mangelhaft erfüllt wurde. Auch die anderen böhmischen Geschichtschreiber unter
Karl schufen nichts hervorragendes.

Denn die Gelehrsamkeit schlug nicht gleich neue Bahnen ein. Zwar
sandte die humanistische Richtung von Italien aus auch hierher manche Strahlen,
aber im großen und ganzen beharrte man in Prag auf dem hergebrachten Be=
stande, wie ihn die ausländischen Universitäten boten. Die Luft an Karls Hof
war nicht von Aufklärung durchweht; sein Hauptgeschichtschreiber Beneš von
Weitmül, allerdings ein beschränkter Kopf, strömt über von Frömmelei und
Aberglauben. Die Kirche stand für den Kaiser in unendlicher Hoheit da und
jede Abweichung verabscheute er. Daher hat er über die für ketzerisch gehaltenen

Begarden und Beginen im ganzen Reiche die schwersten Verfolgungen verhängt, so daß selbst der Papst Gregor die strengen Bestimmungen milderte. Doch erkannte Karl wohl, wie wenig die Geistlichkeit seinem Ideal entsprach. Er gab allerdings die für das Reich geplante Kirchenreform auf, vielleicht weil er nicht zu tief in den Wirkungskreis des Papstes eingreifen wollte, und beschränkte sich auf Böhmen. Sein Freund, der erste Prager Erzbischof Arnest von Pardubitz, ein vortrefflicher Mann nach allen Seiten, bemühte sich, die böhmische Kirche zu verbessern und die Verwaltung zu regeln; sein Nachfolger Johann Očko von Wlaschim folgte ihm darin würdig nach.

Trotzdem blieben Uebelstände genug und Karls Neigung zur äußerlichen Kirchlichkeit, die Begünstigung der Geistlichen, die Bereicherung der Kirchen wirkten geradezu schädlich ein. Daher übernahmen es feurige Prediger, wie Konrad von Waldhausen und der schwärmerische Milicz von Kremsier, der Geistlichkeit und dem Volke ins Gewissen zu reden. Der letztere mußte zwar, als er den Kaiser ins Angesicht den Antichrist nannte, für kurze Zeit ins Gefängnis wandern, aber sonst ließ Karl ihre Begeisterung gewähren.

Daß alle Frömmigkeit Karl nicht hinderte, auf politischem Gebiet den Päpsten gegenüberzutreten, immer als ergebener Sohn die Form wahrend, jeden Zusammenstoß vermeidend, viel versprechend und wenig haltend, hat er genugsam bewiesen. Auch im kleinen hielt er darauf, daß die Kirche nicht in Weltliches eingriff. Seitdem er allgemein anerkannter König von Deutschland war, trug er einen Erfolg nach dem andern über das Papsttum davon. Er vereitelte die Hoffnungen, welche Clemens VI. auf ihn setzte, schob den päpstlichen Einfluß aus der Königswahl, hintertrieb allzu arge Ausbeutung der deutschen Geistlichkeit, führte den Papst aus Avignon nach Rom, setzte die Wahl Wenzels durch. Auf die Besetzung der deutschen Bistümer übte er größeren Einfluß aus, als irgend einer seiner Vorgänger und Nachfolger. Die Kurie fand hier ihren Meister, der nie über Grundsätze streitend sie zwang, ihm in Thatsachen dienlich zu sein.

Das war überhaupt das Wesen Karls, die Dinge selber anzugreifen, nicht am Aeußeren zu haften. Eine realistische Natur durch und durch, voll juristischer Logik, strebte er nach festen Grundlagen. Daher seine Vorliebe für schriftliche Aufzeichnung. Die Majestas Carolina, die Goldene Bulle, das Gesetz über die kirchliche Freiheit sind dafür die besten Zeugen. Seine wissenschaftliche Bildung, seine juristischen Kenntnisse kamen ihm dabei zu statten; man darf bei diesen Gesetzen wohl persönliche Mitwirkung annehmen. In der Mark, wie im Fürstentum Breslau ließ er hochwertvolle Landbücher anfertigen, welche die liegenden Güter und die darauf haftenden Renten und Zinsen verzeichneten, um Willkür auszuschließen und die Finanzwirtschaft zu sichern. In Schlesien wurde auch ein Landrecht auf Grund des Sachsenspiegels aufgestellt. Auch die kaiserliche Kanzlei nahm unter ihm, der die französischen und päpstlichen Einrichtungen kannte, neue und feste Formen für ihre Geschäfte an, die auf die Folgezeit übergingen. Viele der Beamten hatten Universitätsstudien gemacht. Ihr langjähriger Leiter Johann von Neumarkt übte nicht nur durch seine Formelbücher weitreichenden Einfluß auf Stil und Geschäftsführung aus, er war auch ein tüchtiger Gelehrter mit humanistischem Anflug, Dichter und Uebersetzer, Kenner des römischen Rechts und Freund der deutschen Dichtkunst. Die Unterfertigung der ausstellenden Kanzleibeamten gab den Urkunden eine bessere Bekräftigung, der Registraturvermerk verbürgte ihre Eintragung in die Kanzleibücher. Die dem schwarzen Reichsadler auf goldenem Felde nachgebildete schwarzgelbe Schnur, mit welcher das Majestätssiegel angehängt wurde, brachte diese Farben als kaiserliche zur allgemeinen Geltung.

Wie diese Schöpfungen nicht nur Böhmen, sondern auch das deutsche Volk geistig förderten, bedarf kaum einer Ausführung. Die kaiserliche Kanzlei bediente sich in steigender Ausdehnung der deutschen Sprache und aus der von ihr angenommenen oberdeutschen Form hat sich dann das Hochdeutsche herausgebildet. Deutsche Dichter fanden bei Karl freundliche Aufnahme; Heinrich von Mügeln, zugleich Uebersetzer lateinischer Werke und Geschichtschreiber, widmete ihm ein wunderliches Lobgedicht. Wie schon früher nahm Böhmen einen ehrenvollen Platz in der deutschen Litteratur ein; hier entstanden Bibelübersetzungen und unter Wenzel wurde in Saaz das beste deutsche Prosawerk der ganzen Zeit geschrieben, der „Ackermann aus Böhmen". Karl versicherte zwar wiederholt seine Liebe zur teuren böhmischen Muttersprache und gründete zur Pflege der slavischen Mundart für den Gottesdienst das Emauskloster, aber seine Urkunden für Böhmen sind nur lateinisch oder deutsch verfaßt. Unter ihm blieb das Verhältnis, wie es schon unter seinem Vater bestand, daß in den größeren Städten, vor allen in Prag, das Deutsch durchaus überwog.

Karl war aber auch in politischer Beziehung nicht „Erzstiefvater" des Reiches. Was die Goldene Bulle bedeutete, und daß es nicht Karls Schuld war, wenn sie weniger leistete, als sie sollte, ist bereits erörtert worden. Man darf überhaupt nicht denken, Karl habe sich wenig um das Reich gekümmert. Er erinnert an die alten Kaiser, welche rastlos durch das Reich zogen, nur daß er zugleich einen festen Wohnsitz hatte. Er bewies eine erstaunliche Beweglichkeit, die selbst schwere körperliche Leiden nicht beeinträchtigten. Nicht die Hälfte seiner Regierung hat er in Prag zugebracht. Abgesehen von der zweimaligen Romfahrt, dem Zuge nach Burgund, der letzten Reise nach Frankreich, den wiederholten Aufenthalten in Ungarn, Oesterreich und Brandenburg, ist er über dreißigmal im Reiche gewesen, siebenmal in Aachen. Gegenden und Orte wurden besucht, die seit Jahrhunderten keinen Kaiser gesehen, wie Westfalen, Metz und Lübeck. Nürnberg, wo er oft ganze Monate verweilte, war seine zweite Residenz. Diese Reisen verursachten große Kosten, die durch die Ehrengaben und sonstige Einnahmen gewiß nicht gedeckt wurden. Von allen Reichsgeschäften zog ihn am meisten das Friedenswerk an; wie viele Landfrieden hat er zu stande gebracht! Es war freilich eine Danaidenarbeit, aber eine wohlgemeinte und notwendige. Das kaiserliche Ansehen hat er entschieden gefördert, und mehr als unter seinen Vorläufern kam durch ihn die Einheit des Reiches zum Ausdruck. Selbst Italien und Burgund hielt er im Zusammenhang. Wer die Tausende seiner Urkunden durchblättert, wird am besten sehen, wie er überall hin zu wirken suchte, wenn es auch oft nicht gelang, dem gebietenden Wort die Ausführung zu sichern.

Karls Reichspolitik entspricht seiner ganzen sonstigen Herrscherweise. Dieselbe Vorsicht waltet in ihr ob. Er erkennt die einmal bestehenden Verhältnisse und Gewalten an und verzichtet darauf, sie rückgängig zu machen, aber er sucht sie seiner Oberherrlichkeit einzufügen und zu ordnen, ganz ähnlich, wie einst Heinrich I. mit den Herzogtümern verfuhr. Gern war er bereit, Zugeständnisse zu machen, wenn er die oberste Autorität ins Bewußtsein gerufen hatte. Oft begnügte er sich, seiner Auffassung Ausdruck zu geben, die rechtliche Frage zu entscheiden. Es ist nicht zu vergessen, daß seine Zeit unsere feste Staatsordnung nicht kannte und nicht begehrte; mit äußerster Gewalt wäre weder ihm noch dem Reiche gedient gewesen. Er beabsichtigte auch nicht, seine eigenen Kräfte einseitig und allein für Deutschland zu verwenden und daranzusetzen; waren doch die Fürsten und Stände so gestellt, daß ihnen die Hauptpflicht für die Wahrung des öffentlichen Friedens zugeschrieben werden durfte. So gab es auch unter seiner Regierung arge Störungen, die bittere Klagen hervorriefen. Die Zerrüttung aller Verhältnisse durch die Pest übte nebenbei ihre schädlichen Wirkungen aus.

Es scheint, daß er allmählich erkannte, wie viel Geduld erforderlich sei, und daß der einzige Weg, auf dem sich für die Zukunft etwas Großes erreichen ließ, die Stärkung der persönlichen Königsmacht war. In seinen ersten Jahren bis zur Goldenen Bulle hat er die Reichssachen eifriger und anders betrieben als nachher, wo die Absicht, seine Kräfte zusammenzuhalten und den Hausbesitz zu vergrößern, viel schärfer hervortritt. Es ist freilich unbestreitbar, daß Karl zuerst an Böhmen dachte und dieses sein Erbland begünstigte. Gleich in seinen Anfängen ließ er durch den Papst den alten kirchlichen Zusammenhang mit Mainz aufheben, weil Entfernung und Verschiedenheit der Sprache die Trennung erforderten, und Prag zum selbständigen Erzbistum machen; ebenso gab er den böhmischen Königen in der Goldenen Bulle besondere Vorrechte. Die Erwerbungen durch das ganze Reich hin machte er als böhmischer König: die Mark, Schlesien, die Lausitzen verleibte er der böhmischen Krone ein. Aber er dachte sich seine Nachfolger, die Könige von Böhmen als künftige Kaiser; er wollte eine dauernde Vereinigung Böhmens mit dem Reiche und daher sollten auch die Söhne der Kurfürsten böhmisch lernen. Böhmen konnte dann noch mehr in das Reich hineinwachsen, wie es erst durch Karl aus seiner bisherigen Sonderstellung in engere Verbindung mit dem übrigen Deutschland kam, und wenn der Geist Karls in seinen Nachkommen weiter lebte, mußte ein solches Verhältnis eher das Deutschtum in Böhmen stärken, als zur Czechisierung des deutschen Volkes führen.

Im allgemeinen stützte sich Karl auf die Fürsten, aber er hat auch den Städten gewährt, was sie von Rechts wegen zu fordern hatten. Nur die letzte große Plünderung war eine arge nicht zu rechtfertigende Verschuldung und hat auch böse Folgen gehabt.

Ein Vorwurf ist allerdings Karl zu machen. Er hat schließlich den Westen darangesetzt, um im Osten zu gewinnen, beherrscht von dem Wunsch, Ungarn und Polen an sein Haus zu bringen. Diese beiden Reiche sollten allerdings dem zweiten Sohne zufallen, also nicht unmittelbar mit Deutschland vereinigt werden; doch da Sigmund zum Kurfürsten von Brandenburg bestimmt war, wäre ein gewisser Zusammenhang entstanden. Aber sind diese Ideen schlechtweg tadelnswert? Noch waren die Türken nicht die furchtbare Macht geworden, die nachher Ungarns Bestand in Frage stellte, noch war Polen nicht durch die Vereinigung mit Littauen in einen neuen Abschnitt seiner Geschichte getreten, noch blühte der Orden an der Ostsee in herrlichster, von der Welt bewunderter Kraft. Eben durch die Vermittlerrolle, welche Böhmen mit seinen Nebenlanden übernehmen sollte, schienen sich hier auch für Deutschland, namentlich für seine Betriebsamkeit, große Aussichten zu eröffnen.

Die Ergebnisse dieser nach Osten gewandten Politik haben von Karls Walten die nachfolgenden Zeiten bis auf den heutigen Tag überdauert. Aber auch die Goldene Bulle ist des deutschen Reiches vornehmlichstes Grundgesetz geblieben bis an sein seliges oder unseliges Ende. Die von ihm durchgesetzte Wahl seines Sohnes zum Nachfolger in Deutschland, der Anfang einer Erblichkeit, konnte eine neue Zukunft bedeuten, und daß diese ganz gegen seine Berechnung ausschlug, ist nicht ihm zum Vorwurfe zu machen. Die Schlußsumme von Karls Regierung ergibt, auch wenn man alle denkbaren Abzüge macht, noch einen Ueberschuß: Karl IV. hat Deutschland in aufsteigende Bahnen geleitet. Geschichtliche Personen sind nicht allein nach dem zu beurteilen, was von ihrem Wirken als Thatsache übrig blieb, auch ihr Wollen ist in Anschlag zu bringen, vollends wenn sie bereits die Ausführung ihres Wollens für die nachfolgende Zeit möglich gemacht haben.

Zweites Buch.

Die Zeiten der Könige Wenzel und Ruprecht.

Erster Abschnitt.

Der Ursprung des großen Schisma. 1378—1383.

Seine ganze Regierungszeit hindurch hatte Karl den päpstlichen Stuhl mit Aufmerksamkeit und mit Sorge beobachtet, ihn bei allen seinen politischen Berechnungen als Freund oder Gegner in Anschlag gebracht. Das Schicksal fügte es, daß er noch seine letzten Gedanken ihm zuwenden mußte, denn in Rom traten Ereignisse ein, wie sie die Welt noch nicht erlebt hatte.

Nachdem Gregor XI. ein sorgenvolles Jahr in Rom zugebracht, ergriff ihn ein altes Leiden so heftig, daß er den Tod erwarten mußte. Von gerechtfertigter Angst gequält, weil das Papsttum sich in Rom noch nicht sicher und gefestigt fühlen konnte, erließ er Vorschriften, um die Wahl eines Nachfolgers zu beschleunigen und zu erleichtern, mit dem Wunsche, daß sie einen Franzosen treffen sollte. Dann starb er am 27. März 1378.

Das Kollegium zählte dreiundzwanzig Mitglieder, von denen sechs noch in Avignon weilten. In Rom waren sechzehn Kardinäle anwesend, einer, der von Amiens, in Geschäften außerhalb der Stadt. Von diesen stammten nur vier aus Italien, zu denen auch der aus Spanien gebürtige Petrus von Luna hielt, die anderen zwölf aus Frankreich. Die Gallier hätten demnach die erforderliche Stimmenzahl besessen, aber sie zerfielen in zwei sich befehdende Parteien, von denen keine der andern das Papsttum gönnte, und daher machten sie weder von Gregors Bulle Gebrauch, noch einigten sie sich rechtzeitig über das künftige Oberhaupt. Die Römer boten inzwischen alles auf, um als neuen Papst einen Italiener, wo möglich einen Sohn ihrer Stadt, zu erreichen, da ein solcher ihnen allein Bürgschaft gab, daß die Kurie in Rom blieb. Eine gewaltige Erregung ergriff die Stadtbevölkerung. Die Behörden trafen Maßregeln für das Konklave, um die Ruhe aufrecht zu erhalten und fremde Einmischung zu verhindern, freilich so, wie sie ihren Absichten förderlich sein konnten. Unter denen, welche sich Hoffnung machten, war der Erzbischof Bartholomäus von Bari. Als Vizekanzler den Kardinälen wohl bekannt, erfreute er sich als geschäftskundiger, sittenstrenger Mann eines guten Rufes, als Italiener rechnete er auch auf die Geneigtheit der Stadtvorsteher, mit denen er gute Beziehungen unterhielt.

Erst am Abend des 7. April zogen die Kardinäle in das im Vatikan eingerichtete Konklave, umringt von einer dichten Volksmasse, welche unaufhörlich schrie: „Wir wollen einen Römer oder einen Italiener!" Viele drängten nach, so daß es erst spät gelang, die Ordnung einigermaßen herzustellen, doch unterblieb die übliche Vermauerung. Die ganze Nacht hindurch schwärmten die Lärmenden um den Palast und durch die Stadt. So brach unruhevoll der Morgen heran. Die Kardinäle traten nach der Messe zur Beratung zusammen; noch war ganz unsicher, welches ihr Ergebnis sein würde. Einige verwiesen auf den draußen herrschenden Tumult, der eine freie Wahl unmöglich mache, aber endlich erhielt der Vorschlag, den Erzbischof von Bari zum Papst zu ernennen, so viel Zustimmung, daß seine Wahl als vollzogen gelten konnte. Denn es erschien gewiß, daß kein Mitglied der Wählerschaft die erforderliche Mehrheit erringen werde; ein langes Zaudern verbot die besorgte Rücksicht auf die Römer, und wenn sie einen Italiener erhoben, welcher sein Emporkommen den Franzosen verdankte, so glaubten sie auf seine Ergebenheit rechnen zu dürfen. Ehe sie zum Schlusse schritten, ließen die Herren den Erzbischof und andere Geistliche zu sich bescheiden. Vor dem Palaste ging es wieder wild zu, die Glocken vom Kapitol und St. Peter stürmten, und tosend erklang das Geschrei nach einem römischen Papste.

Nachdem die Herbeigeholten erschienen, gingen die Kardinäle in die Kapelle, wo die Inthronisation erfolgen sollte. Eine hastige nochmalige Abstimmung ergab für Bartholomäus mindestens die erforderliche Mehrheit, doch in diesem Augenblicke brachen die Römer, die ihr Ungestüm nicht mehr zügeln konnten, da verschiedene Gerüchte über eine bereits erfolgte Wahl zu ihnen gedrungen waren, in den Palast und in die Kapelle ein. Gellend scholl es den bestürzten Kardinälen in die Ohren: „Wir wollen einen Römer!" Da kam einem der zum Tode Erschrockenen ein rettender Gedanke: „Der Kardinal von St. Peter ist Papst!" rief er den Einstürmenden zu. Der alte von der Gicht gelähmte Tibaldeschi, der ein geborener Stadtrömer war, wurde trotz seines Sträubens und seiner Schmerzen als Papst geschmückt, auf einen Sessel geschoben und während ihm die in ihren Wünschen Befriedigten die herkömmliche Verehrung bezeigten, entschlüpften die anderen Kardinäle. Endlich gelang es dem armen Greis, den Irrtum aufzuklären, der Erzbischof von Bari sei der wahre Papst. Bartholomäus glückte es, sich im Palaste zu verbergen, sonst wäre er vielleicht den Enttäuschten zum Opfer gefallen.

Am folgenden Morgen, nachdem sich das Volk beruhigt, teilte der Erzbischof seine Erhebung den Offizialen mit, die ihn sogleich anerkannten und für ihn eintraten. Vorsichtig verlangte er erst, daß die Kardinäle noch einmal ihren Willen erklärten, und so gelang es allmählich, die in der Stadt gebliebenen im Palast zu versammeln, auch die auf die Engelsburg geflüchteten kamen nach einigem Zögern herbei. Ihrer zwölf sprachen sie sich nochmals für Bartholomäus aus und inthronisierten ihn; er nannte sich Urban VI. Er wollte damit andeuten, daß er ganz der Stadt Rom, der Urbs, angehöre und dort unwiderruflich bleiben wolle. Als auch die in die Campagna geflohenen Kardinäle in die Stadt zurückkehrten, wurde Urban am Ostersonntage, dem 18. April vor dem gesamten Kollegium gekrönt und nahm feierlich den Lateran in Besitz. Die in Avignon gebliebenen Kardinäle erkannten ihn ebenfalls an.

So hatte wieder ein Italiener den heiligen Stuhl inne, nachdem vor ihm sieben Franzosen hintereinander die Schlüssel Petri getragen. Die große Mehrheit der Kardinäle hatte das anfänglich nicht beabsichtigt und nur eine eigentümliche Verknüpfung von Umständen führte zu diesem Ausgange. Halb freiwillig, halb gezwungen, hatten die Wähler in dem Konklave für Urban gestimmt, aber indem sie ihn nachträglich nochmals bestätigten und einhellig alle Handlungen, welche einen Papst in seine Würde einführen, vornahmen, machten sie das dort nicht ganz Vollendete fertig und endgültig. Urban sorgte dafür, daß sie sowohl gesamt wie jeder einzelne die Welt von seiner Wahl und deren Rechtmäßigkeit unterrichteten, und sie vollzogen seinen Willen.

Die Kardinäle haben nachher behauptet, alles, was sie für Urban gethan, sei ihnen durch die Todesfurcht abgepreßt worden. Wenn sie das auch für das eigentliche Konklave mit einem starken Schein der Richtigkeit versichern konnten, so doch nicht mehr für ihre folgenden Handlungen, namentlich nicht für die Krönung, noch weniger dafür, daß sie Urban dann wochenlang als Papst handeln ließen, ihm zur Seite blieben und von ihm Gunsterweisungen begehrten und annahmen. Es war so gut, als ob sie ihn nochmals gewählt hätten.

Indessen, wie die Dinge verlaufen waren, fand die Zweifelsucht Anhalt genug. Der Zwiespalt der Kardinäle war der eigentliche Grund gewesen, dem Urban sein Glück verdankte, und nun bewirkte er, daß die Entzweiten sich einigten und der Preis der Einigung wurde er selbst. Seiner Leidenschaftlichkeit, die er als Diener der Kurie beherrscht hatte, ließ er als ihr Herr freien Lauf. Fahlen Gesichtes, von starkem gedrungenem Körper war er, obgleich bejahrt, ein Mann von unerschöpflicher Unternehmungslust und unwandelbarem Mut, und jetzt, wo er gebieten konnte, folgte er, von der Bedeutung seines Amtes berauscht, nur seinem eigenen Kopfe. Er kannte gründlich das kanonische Recht, schätzte die Wissenschaften, hielt die kirchlichen Pflichten hoch, haßte die Üppigkeit und den Eigennutz; er verabscheute den schmählichen Geldschacher, der am päpstlichen Hofe heimisch war. Als Italiener mißbilligte er die französische Politik seiner Vorgänger — so war er in allem der Gegensatz zu den ultramontanen Kardinälen, und er gedachte sofort die Kurie nach seinem Sinn ganz und gar umzugestalten, sie mit einem Schlage in Wandel und Wesen zu bessern. Er wollte ein großer, gewaltiger Papst sein, die ganze Welt nach seinem Willen beugen, aber ihm fehlte die umsichtige Klugheit; er beleidigte und stieß roh zurück.

Das war nicht die rechte Weise, auf dem glatten Boden der Kurie vorwärts zu kommen. Bald nach der Krönung langte der Kardinal von Amiens an, die Verkörperung des welschen Kardinalstums, und sofort überwarf sich Urban mit ihm. Jean de la Grange hatte nicht mitgewählt, war also weniger gebunden als die anderen, und von Anfang an scheint er darauf gesonnen zu haben, die Wahl rückgängig zu machen; er ist als der eigentliche Anstifter des Unheils zu betrachten. Seine Einflüsterungen erregten die erzürnten Genossen und gaben ihnen Mut, und wie das, was man wünscht, leicht als das allein Richtige erscheint, so entstanden nun in dem Kollegium Bedenken; es mochte jetzt den Herren, wenn sie die Vergangenheit von neuen Gesichtspunkten aus überdachten, selber so vorkommen, als ob ganz allein die Furcht sie zu dem brutalen Italiener getrieben hätte. Die Kirchengesetze erklärten eine aus Furcht vollzogene Wahl für ungültig, erfüllten sie also nicht geradezu ihre Pflicht, wenn sie den widerwillig Erhobenen wieder stürzten?

Die Kardinäle dachten sich ihr Vorhaben leicht ausführbar. Was sollte Urban denn thun, wenn ihn seine ganze Gefolgschaft verleugnete? Selbstverständlich erschien ihnen, daß die Kirche, die Welt ihrem Worte folgen würden. Es war die ungeheure Selbstüberschätzung, an welche sich die Geistlichkeit gewöhnt hatte, der hier eine sorgfältige Ueberlegung zum Opfer fiel, die den höchsten Fürsten der Kirche den traurigen Mut gab, sich als Feiglinge hinzustellen.

So versetzten die Kardinäle selber dem Papsttum und der Kirche den furchtbarsten Schlag, den sie bis dahin erlitten.

Seit dem Mai zogen sich die Kardinäle allmählich „aus Gesundheitsrücksichten" nach Anagni zurück, nur die italischen harrten noch bei Urban aus, der seinen Sommeraufenthalt in Tivoli nahm, und suchten zu vermitteln. Am 9. August forderten die dreizehn Ultramontanen in einer leidenschaftlichen Erklärung die gesamte Christenheit auf, Urban nicht mehr zu gehorchen; am 20. September wählten sie in Fondi den Kardinal Robert von Genf zum Papst. Man erkor ihn, weil er nicht geborener Franzose war — denn der Anschein, als sei alles nur zum Vorteil Frankreichs, sollte vermieden werden —, doch noch mehr sprach für ihn, daß er gewaltige Energie und kriegerische Fähigkeiten besaß. Bei der Weihe am 31. Oktober nahm er den bedeutsamen Namen Clemens VII. an: Clemens V. hatte das Papsttum aus Italien entführt, Clemens VI. war der französischste der avignonesischen Päpste. Die italischen Kardinäle wohnten der Wahl bei, ohne zu stimmen, aber auch ohne zu widersprechen; sie zogen sich gleichfalls von Urban zurück, in dem Gedanken, in dieser Irrung könne nur ein allgemeines Konzil helfen. Der weitere Gang der Dinge sollte ihnen Recht geben.

Urban ließ sich nicht erschrecken. Da ihn alle Kardinäle verlassen hatten, ernannte er einige zwanzig neue, meist Italiener, doch auch die Erzbischöfe von Gran und Prag. Denn nun galt es, die Könige zu gewinnen, und beide Päpste, die sich gegenseitig verfluchten, warben um deren Gunst durch Briefe und Boten. Da zeigte sich bald, daß die politischen Interessen den letzten Ausschlag gaben, daß die europäischen Staaten Selbständigkeit genug erlangt hatten, auch in kirchlichen Sachen das eigene Interesse zu verfolgen. Am wichtigsten war zunächst Italien. Die Königin Johanna von Neapel, von Urban gekränkt, trat zu Clemens und wurde dessen eifrigste Freundin, Ober- und Mittelitalien dagegen hielten fast ausschließlich zu Urban, namentlich die Visconti. Natürlich blieb ihm Rom getreu, und als seine Soldscharen im April 1379 die Bretonen des Gegenpapstes vor den Thoren der Stadt besiegten und darauf der ultramontane Befehlshaber die Engelsburg, welche er bisher Urban vorenthalten, übergeben mußte, sah sich Clemens genötigt, Italien zu verlassen und nach Avignon zu gehen. Denn

Karl V. von Frankreich hatte trotz des Widerstrebens der Pariser Universität die Partei des Kardinalkollegiums ergriffen. England seinerseits nahm schnell und entschlossen Stellung bei Urban, worauf das mit Frankreich verbündete Schottland Clemens anerkannte, und so kam es allmählich dahin, daß die Romanen mit Ausnahme von Ober- und Mittelitalien und Portugal zu Avignon, die germanischen und slavischen Völker zu Rom hielten. Das Schisma stand da, riesengroß und tiefgewurzelt.

Auf einmal verwandelte sich die europäische Machtstellung des Papsttums. Der eine Papst war gewohnt, zu gebieten, seine Gunst teuer zu verkaufen; zwei Päpste zu gleicher Zeit unterlagen der Entscheidung der einzelnen Staaten, buhlten um deren Zuneigung und waren bereit zu geben, was sie nur bieten konnten. Die bisherige Welt war auf den Kopf gestellt.

Niemand konnte damals ahnen, daß ein Jahrzehnt nach dem andern dahingehen würde, ohne daß die Kirchenspaltung ein Ende nahm. Daher wurde das einfachste Mittel, welches sie im Keime erstickt hätte, beide Päpste nicht anzuerkennen und badurch die Kardinäle zu einer neuen Wahl zu zwingen, nicht angewandt. Nur die Einmütigkeit der europäischen Fürsten hätte das erreichen können, und diese war damals kaum denkbar. Vorläufig glaubte noch jede Macht, dem Papste, welchem sie beitrat, zum Siege über den Gegner verhelfen zu können. Es begann daher der erste Abschnitt dieses kirchlichen Trauerspiels, das dann später zur Posse herabsank: das Ringen der beiden Parteien um die Oberhand. In die allgemeine europäische Politik trug nun der Papststreit einen neuen Grundstoff hinein, der mit den bisherigen Verhältnissen seine Verbindungen einging und sie umgestaltete. Jede politische Sache nahm ein doppeltes Gesicht an, weil jede Machtverschiebung auch für den Ausgang des Wettlaufes zwischen Urban und Clemens ins Gewicht fiel und umgekehrt päpstlicher Einfluß für jede Unternehmung zur Verfügung stand.

Karl IV. hat nur die Anfänge der Kirchenspaltung mit ansehen müssen. Als ihm von beiden Parteien die ersten Nachrichten über den beginnenden Zwiespalt zwischen Urban und den Kardinälen zukamen, bemühte er sich, das aufkommende Aergernis zu unterdrücken, und zwar, wie es am nächsten lag, zu Gunsten des Papstes. Als alle Kardinäle von ihm gewichen waren, mußte Urban daran denken, sich Freunde zu erwerben. Noch schwebte an der Kurie die Approbation Wenzels. Gregor hatte nach langem Sträuben sie aussprechen wollen, als ihn der Tod überraschte, doch Urban in seinem Hochmut verzögerte sie, bis ihm das Wasser an den Hals ging. Er erteilte sie am 26. Juli in Tivoli, obgleich er seine von Karl und Wenzel ausgestellten Urkunden, welche die gegnerischen Kardinäle beiseite brachten, in Händen hatte, und betraute mit ihrer Ueberbringung eine Gesandtschaft, die dem Kaiser auch eine Denkschrift über die Wahl überreichte und ihn von den Umtrieben der Kardinäle unterrichtete. Der Papst empfing nicht einmal von dem Approbierten die versprochenen Gegenurkunden.

Karl nahm daraufhin gegen die Kardinäle entschlossen Partei, trotz der heimlichen Meldungen, die er von ihnen erhalten hatte. Mit seinem Sohne richtete er an sie abmahnende Schreiben und forderte Kurfürsten und Fürsten zu gleicher

Haltung auf. Noch wußte er nicht das Schlimmste, die Wahl des Gegenpapstes. Der Führer der kaiserlichen Gesandtschaft, welche die ganze Zeit über in Rom weilte, Konrad von Wesel, war zu den Kardinälen übergegangen, doch traf er bei seiner Rückkehr nach Prag den Kaiser nicht mehr unter den Lebenden und dessen Sohn völlig von den Urbanisten eingenommen.

An die Stelle des weisen Greises trat nun ein kaum achtzehnjähriger Jüngling. Wenzel war stattlich und stark, von angenehmen Zügen, lebhaften Sinnes und mit ausreichender Begabung von der Natur bedacht. Sorglich erzogen, besaß er manches Wissen, wie er auch die lateinische Sprache neben der deutschen und böhmischen vollkommen beherrschte; er hatte auch einige Neigung zu gelehrten Dingen, für Bücher und Kunst. Die Bauwerke des Vaters wurden weitergeführt; manche Handschrift verdankt ihren Ursprung dem Könige, der sie mit seltsamen, noch unerklärten Zeichnungen schmücken ließ. Er faßte vorgetragene Sachen rasch und richtig, gab treffende Antworten, manchmal mit gewandtem und schnellem Witz; leutselig und lustig in seinem Wesen, dabei mit einem Zuge zur Gutmütigkeit, konnte er wohl gefallen. Der Vater hatte ihn eifrig in die Regierungsgeschäfte eingeweiht und auf vielen Reisen Deutschland kennen gelehrt. Allerdings, die Lust, in Feld und Wald der Jagd nachzugehen, war Wenzel auch angeboren und die erlangte Selbständigkeit gab dazu gern benutzte Gelegenheit.

Kein anderer abendländischer Regent war mehr berufen als er, Wege und Mittel zur Lösung der obwaltenden Irrung vorzuschlagen. Doch seine Ratgeber, namentlich der Prager Erzbischof, fühlten sich von Urbans Recht so durchdrungen und verpflichtet, es zu verfechten, daß sie kein Zaudern kannten. Zwar bot Clemens ebenfalls die Approbation an, aber sie wurde zurückgewiesen; zwar wühlten seine Anhänger in Böhmen und selbst Wenzels Vettern neigten ihm zu, doch der König blieb fest. Indem er sofort für Rom eintrat, verzichtete er auf eine höhere Stellung über den Streitenden und auf den Versuch, dem Kaisertum wieder eine allgemeine Bedeutung zu erringen.

Es galt daher, Urban im Reiche als rechtmäßigen Papst einzuführen und auswärtige Mächte auf seine Seite zu ziehen.

Im Februar 1379 hielt Wenzel in Frankfurt seinen ersten stark besuchten Reichstag. Wie der Vater wollte er die großen Reichssachen im Einvernehmen mit den Kurfürsten, ordnen und die vier rheinischen, welche anwesend waren, traten durchaus für Urban ein; eine französische Gesandtschaft, die für Clemens wirken sollte, wurde sehr unfreundlich abgefertigt. Feierlich gelobten am 27. Februar der König „als alleiniger und rechter Vogt, Beschirmer und Handhaber der römischen Kirche, des Papstes und des christlichen Glaubens" und die Kurfürsten, Urban beizustehen, seine Anhänger zu beschirmen, Robert von Genf und seine Zuhalter nach Möglichkeit zu stören und zu hindern. Auch die etwaigen Nachfolger des Königs und der Erzbischöfe sollten vor ihrem Regierungsantritt diese Verpflichtung übernehmen, wie es Ruprechts Erben schon jetzt thaten. Die Reichsstände wurden schriftlich zu gleichem Gelöbnis aufgefordert, Anwesende stimmten bereits zu.

König und Kurfürsten als Vertreter des Reiches übernahmen demnach im

Verein die Vorsorge für die kirchliche Einheit. Bald darauf kam ein Kardinal Urbans, Pileus von Ravenna, nach Prag, wo er sich von der zuverlässigen Gesinnung Wenzels überzeugen konnte, der durch einen Eid seine Treue gegen den römischen Papst besiegelte; der Kardinal wirkte dann eifrig im Reiche für die Sache seines Herrn.

Anfang Juni trafen Wenzel und König Ludwig in Altsohl zusammen und erließen eine gemeinsame Kundgebung für den römischen Papst. Dem Ungarn hatte der Gang der Dinge wieder die alten Pläne gegen Johanna von Neapel wachgerufen; für Wenzel entsprang daraus der große Vorteil, daß die bisherige Freundschaft zwischen Ungarn und Frankreich sich auflöste. Die Verlobung Sigmunds mit Maria wurde nun endgültig abgemacht und der Prinz ging nach Ungarn, um sich für seinen künftigen Beruf vorzubereiten. Die jüngere Tochter Ludwigs war mit Wilhelm von Oesterreich versprochen, und obgleich sie nur mit Geld ausgestattet werden sollte, hielt es Wenzel schon jetzt für geraten, weitere Ansprüche für die Zukunft abzukaufen. Daher hatte er sich bereits mit Wilhelms Vater, Herzog Leopold, verständigt, um ihn anderwärts zu entschädigen, und so kam in seine Reichspolitik ein fester Grundzug, die Freundschaft mit Oesterreich um jeden Preis. Indem er nun Leopold in Schwaben stark begünstigte, rief er den Widerspruch der gesamten Wittelsbachischen Familie hervor. Unter diesen Umständen forderten die Kurfürsten den König auf, einen neuen Reichstag zu berufen, den er für den September nach Frankfurt ausschrieb.

Es galt, zugleich eine andre Wunde am Leibe des Reiches zu schließen. Um das Erzstift Mainz stritten noch immer Ludwig von Meißen und Adolf von Nassau, der den Besitz behauptete. Der König hielt gleichwohl an ersterem fest, Pfalzgraf Ruprecht war jetzt ebenfalls ein Gegner Adolfs, während die beiden anderen Erzbischöfe ihm günstig gesinnt waren. Der findige Mann kam nun darauf, einen starken Trumpf auszuspielen, indem er sich an Clemens wandte.

Zu dem Reichstage in Frankfurt kam Wenzel nicht selber, er schickte nur den Kardinal-Erzbischof von Prag und Räte. Dort erschien Urbans Kardinal Pileus, auch eine Gesandtschaft des Gegenpapstes, die jedoch ohne Erfolg abziehen mußte. Die Kurfürsten blieben bei ihrem früheren Beschluß; die Reichsglieder, die sich für Urban verpflichteten, erhielten im Namen des Königs ausgestellte Schutzversicherungen. Adolf und das Mainzer Kapitel verweigerten jedoch die Erklärung, und gleich darauf vollzog der Erzbischof öffentlich seinen Uebertritt zu Clemens, der ihm das Pallium verliehen hatte. Auch sonst machte der Gegenpapst Fortschritte, und vielleicht war den Kurfürsten schon bekannt, daß auch Herzog Leopold mit Clemens in Verhandlungen stand.

Abhülfe mußte geschaffen werden. Die Kurfürsten nahmen sie selbst in die Hand, da ihren eigenen Häusern unmittelbare Gefahr drohte. Denn daß Mainz beim Gegenpapste verharrte, ließ sich unmöglich dulden, der ganze Reichsorganismus war gestört und den feindlichen Umtrieben eine sichere Stätte mitten zwischen den kurfürstlichen Ländern selbst dargeboten. Entweder mußte Adolf verjagt oder zu Urban zurückgeführt werden. Das erstere war vielleicht nach dem Sinne Ruprechts, aber weniger nach dem seiner Kurgenossen.

Da sich erwarten ließ, daß Adolf sofort zurücklenken würde, sobald ihm

Mainz gesichert war, fanden beide an sich widersprechende Gesichtspunkte Vereinigung in dem Bündnisse, welches die drei Kurfürsten von Köln, Trier und Pfalz am 11. Januar 1380 zu Oberwesel schlossen. Es lautete gegen jedermann ohne Ausnahme, der zu dem falschen Papst halte; sie wollten einen solchen nach bestem Vermögen angreifen und bekriegen, bis er zum Gehorsam zurückkehre. In seiner allgemeinen Form richtete sich der Weseler Vertrag gegen alle Clementisten, aber einzelne Bestimmungen lassen erkennen, daß er hauptsächlich Adolf galt. Ruprecht erhoffte Hülfe zum Kampfe gegen ihn, die anderen Bundesgenossen wollten den Mainzer nur damit schrecken. Indem Erzbischof Ludwig nicht aufgenommen wurde, bewahrten sich die Vertragschließenden für jeden Fall freies Handeln.

Ohne daß Wenzel, der bisher Ludwigs Ansprüche sogar gegen einen vom Papste vorgeschlagenen Ausgleich verfochten hatte, selber erschien, war kein Austrag zu erzielen. Die Kurfürsten hatten sehr übel vermerkt, daß er nicht nach Frankfurt gekommen war, und in einem fast drohenden Tone, den sie sich dem Jünglinge gegenüber erlauben zu können meinten, erinnerten sie ihn von Wesel aus an seine Pflicht als Regent. Wolle er sie nicht erfüllen, so möge er „von seinetwegen das Reich mit Rat der Kurfürsten bestellen", da es ohne Verwesung und Haupt nicht sein könne, bis er die nötige Liebe zum Reiche fasse; besser sei es freilich, wenn er selber regiere. Sie setzten ihm geradezu einen Zeitpunkt, bis zu welchem sie ihn erwarteten.

Den Kurfürsten stieg bereits ein Gedanke auf, der nachher immer wieder auftauchte: die Einsetzung eines Reichsverwesers, der ständig im Reiche regieren sollte, für den Fall, daß Wenzel ihm seine Gegenwart nicht öfter und für längere Dauer schenken wollte.

Wenzel folgte der Aufforderung, im März kam er zu längerem Aufenthalt an den Rhein. Er entschied sich für die Aussöhnung mit Adolf, gegen den er gleich eine freundliche Haltung einnahm; wahrscheinlich gab der Erzbischof schon entsprechende Zusagen. Denn als Ruprecht im Sommer schwere Fehde gegen ihn führte, erhielt er von seinen Weseler Bundesgenossen, da sie ihren Zweck bereits erreicht sahen, keine Hülfe. Doch erst im folgenden Jahre 1381 gelang es, für Ludwig einen Ersatz in dem Erzstifte Magdeburg zu eröffnen und damit alles beizulegen. Adolf trat zu Urban zurück; Ludwig aber, der seinen Tausch schnell bereute, fand bald darauf ein jähes Ende. Als er im Rathaus zu Calbe an der Saale mit festlichem Tanze Fastnacht feierte, entstand plötzlich Feuerlärm. Unter dem Gedränge der Flüchtenden brach die Treppe zusammen, deren Trümmer den Erzbischof erschlugen.

Die friedliche Lösung, welche der Mainzer Bistumsstreit erhielt, war für das Reich die beste, obgleich für den König nicht allzu ehrenvoll. Wahrscheinlich folgte er dem Rate der Erzbischöfe von Trier und Köln, doch auch sonst zeigte er nicht die Neigung, die Gegner Urbans mit den Waffen anzugreifen. Er sparte zwar nicht mit Briefen und Befehlen und erreichte dadurch auch einige Erfolge, aber mit Leopold von Oesterreich, der sich für schweres Geld zu Clemens bekannte und dessen Legaten in seinem Lande Aufnahme gewährte, blieb er im besten Einvernehmen.

Soweit der Einfluß Leopolds reichte, griff daher das avignonesische Papst-

tum um sich, in den Bistümern Straßburg, Basel und Konstanz. Der Straß=
burger Bischof Friedrich II., Graf von Blankenheim, überhaupt ein Mann von
üblen Eigenschaften, trat gelegentlich geradezu als Clementist auf, in den beiden
anderen Bistümern kam es zu einem örtlichen Schisma, indem Bischöfe beider
Obedienzen miteinander stritten. Sonst anerkannte die deutsche Geistlichkeit
Urban, nur im Westen, wo Frankreich und Burgund ihre Anziehungskraft
übten, in den Bistümern Cambrai, Metz, Toul und Verdun, ebenso in Genf,
Lausanne, Sitten und Chur siegte der französische Papst. Auch Herzog Karl
von Lothringen und andere Herren dieser Gegenden standen zu diesem, manche
schwankten wenigstens zeitweilig zu ihm hinüber. Ueberall setzte Clemens, der
Mann „von weitem Gewissen", seine Hebel ein, jeden kleinen Vorteil be=
nutzend; allenthalben durch das ganze Reich gelang es ihm, hin und wieder
seine Bullen einzuschmuggeln, mit Gunstbezeigungen, Versprechen und selbst
mit barem Geld zu locken. Es war gar zu verführerisch, daß nun Avignon
sofort gewährte, was etwa Rom verweigerte. Die Verwahrlosung, der nachher
Urbans Kirche und Sache verfiel, wurde von seinem Nebenbuhler reichlich aus=
genutzt. Trotzdem änderte sich an dem allgemeinen Stande wenig, weil die Ab=
neigung der Deutschen gegen Frankreich der zuverlässigste Halt des römischen
Papsttums blieb; man meinte sogar, das Schisma sei eine französische Mache,
um die Kaiserkrone zu erlangen.

Daß Wenzel Leopolds abweichende Haltung so lange unbeachtet ließ, als ihm
politische Zwecke Stillschweigen geboten, war tadelnswert, aber die anderen Reichs=
fürsten handelten ebenso, und für Deutschland war es ein Glück, daß das Schisma
nicht einen Bürgerkrieg herbeiführte. Der König folgte des Vaters Ratschlägen, den
Frieden zu bewahren, und so nahm er nach außen hin ebenfalls dessen Auffassung
zu seiner Richtschnur. Die von ihm ererbte Freundschaft mit dem französischen
Königshause suchte auch er zu bewahren, unbeirrt durch die Wendung der Ver=
hältnisse. Daher erneuerte er mit Karl V. die alten Familienverträge, welche
an sich wenig verbindlich doch wirkliche Feindseligkeiten ausschlossen; selbst seine
Schwester nach Frankreich zu verheiraten, war er anfänglich bereit. Die kirchen=
politische Lage führte indessen zu einem engen Bunde mit England, dessen jugend=
licher König Richard II. feurig für Urban eintrat, mit der Absicht, als Vorkämpfer
des römischen Papsttums gegen den französischen Erbfeind Vorteil zu ziehen. Ihm
gab Wenzel 1381 seine Schwester Anna zur Frau; doch dieser zum Schutze des
römischen Papsttums geschlossene Bund sollte später seltsame Folgen haben. Der
deutsche König beabsichtigte indessen nicht, die Hoffnungen seines englischen Schwagers
zu erfüllen und ihm zuliebe mit Frankreich zu brechen. Als auf Karl V.
im September 1380 sein noch im Jünglingsalter stehender Sohn Karl VI.
folgte, verharrte Wenzel in der friedlichen Richtung. Freiwillig gab er sofort
beruhigende Erklärungen, als er seine Schwester verlobte, und erbot sich zur
Vermittelung zwischen den beiden Reichen. Auch später ließ er sich weder von
Richard noch von Urban in den Krieg gegen Frankreich treiben.

Jedenfalls hatte Karl IV. seinem Sohne auch den Rat erteilt, baldmög=
lichst seiner königlichen Würde die rechte Ergänzung durch die Kaiserkrone zu
geben. In der That trug sich Wenzel von Anfang an ernstlich mit dem Plane

der Romfahrt. Mit Freuden sah Urban seinem Kommen entgegen und mahnte ihn ungeduldig wiederholt selbst und durch Reichsfürsten, auch der englische König trieb zum Aufbruch und bot seine Hülfe an. Endlich war alles vorbereitet, zu Ostern 1383 wollte der König bestimmt die Alpen überschreiten. Laut jubelte der Papst, der Befreiung von seinen Bedrängnissen in Italien erwartete, aber zu seiner höchsten Entrüstung wurde er bitter getäuscht. Der Ersehnte kam nicht, weder damals noch später. Zu seinem größten Schaden unterließ es Wenzel, sich durch die Krone Karls des Großen höheres Ansehen zu erwerben. Nicht die Trägheit, die noch nicht seine besseren Eigenschaften erstickt hatte, auch nicht die Rücksicht auf die mit jedem Tage wachsende Unsicherheit des Friedens im Reiche haben Wenzel daheim gehalten, sondern der Eifer für die Fortführung des größten Planes, den ihm sein Vater hinterlassen hatte.

Zweiter Abschnitt.

Die Erwerbung Ungarns durch Sigmund.
1378—1387.

Während das Reich nach außen hin kaum seinen Bestand zu wahren vermochte, erhoben sich an seinen Flanken neue Gewalten, welche glücklich emporstrebend ihm die Glieder vom Leibe abzureißen drohten, die neuburgundische Herrschaft und das jagellonische Königtum. Seitdem die Macht, zu der einst Boleslaw Chabry sein eben erst aus der Barbarei hervorsteigendes Reich erhoben, unter seinen Nachfolgern rasch wieder zusammengebrochen war, hatte Polen lange Zeit für Deutschland und Europa wenig Bedeutung. Da jedoch die Luremburger als Könige von Böhmen das Mittelland Schlesien für sich zu gewinnen trachteten, gerieten sie in vielfache, häufig unliebsame Berührung mit dem Nachbarreiche. Die Besitznahme der Mark Brandenburg dehnte die Linie, auf der sich die Grenzen beider Gebiete berührten, noch weiter aus; die natürliche Lage, wie die Verwandtschaft des Volkstums forderten die Beherrscher von Böhmen und Schlesien geradezu auf, sich eine Vereinigung dieser ganzen Ländermasse unter ihrer Führung als Ziel zu setzen.

Daran wäre freilich kaum zu denken gewesen, wenn nicht damals in Polen das alte Geschlecht der Piasten in Kasimir dem Großen seinen letzten Sproß gehabt hätte, und der Zufall fügte, daß auch Ludwig von Ungarn, seinem Nachfolger, nur Töchter beschert waren. Wir wissen, wie Wenzel vollendete, was Karl IV. vorbereitet hatte, die Verlobung seines Bruders Sigmund mit Ludwigs ältester Tochter Maria. Die Erbfolge in Ungarn-Polen war die große in der Zukunft schwebende Angelegenheit nicht allein für den Osten, sondern infolge der anjovinischen Herkunft Ludwigs auch für Italien und Frankreich, und die weitere Ausgestaltung des Schisma hing wesentlich davon ab, ob ein Clementist oder ein Urbanist bereinst Ludwigs Platz einnehmen würde.

Jahre vergingen, bis die letzte unzweifelhafte Entscheidung fiel, Jahre voll von Ereignissen, welche denkwürdig zu machen es keiner Sage, keiner ausgeschmückten Ueberlieferung bedurfte, denn die nackten Thatsachen sind überraschend, wunderbar, gräßlich genug. Obgleich sie sich alle außerhalb des Reiches vollzogen, war Deutschlands Geschick alsbald und auf lange hin eng mit ihnen verflochten, und so mögen ihre Bilder in rascher Folge vorgeführt werden.

Noch ehe Ludwig seine rastlos nach Erfolgen ausspähenden Augen für immer schloß, gab der Streit der Päpste die Veranlassung zu einem Unternehmen, welches die ruhige Ordnung der Erbfolge zu erleichtern verhieß. Jene „schöne Sünderin", die Königin Johanna von Neapel, hatte 1345 ihren ersten Gemahl, den Prinzen Andreas von Ungarn, ermorden lassen. König Ludwig vergaß nie das klägliche Ende seines Bruders, doch mußte er darauf verzichten, ihn zu rächen, bis nach langen Jahren die Stunde kam. Johanna, von jeher der Schützling der avignonesischen Päpste, überwarf sich mit Pabst Urban VI., der die ganze Leidenschaft seines grimmigen Hasses gegen sie wandte und sie ihres Thrones zu berauben beschloß. Er rief gegen sie den ungarischen Prinzen Karl von Durazzo, im Einvernehmen mit König Ludwig, welcher um so lieber darauf einging, weil so der einzige männliche Sproße der anjovinischen Familie, der künftig den Töchtern des Königs im Wettbewerb um die Krone von Ungarn gefährlich werden konnte, abgefunden und beschäftigt wurde. Karl kam mit großer Kriegsmacht nach Rom, wo ihm Urban als Lehnsherr Neapels am 1. Juni 1381 das Königreich übertrug. Auch Johanna, unfähig, allein zu widerstehen, hatte bereits nach fremder Hilfe getrachtet und sie bei Frankreich gesucht; sie nahm Ludwig von Anjou als Sohn an, der von dem Gegenpapst Clemens ebenfalls die Belehnung mit Neapel empfing. Da jedoch Ludwig durch den Tod seines Bruders, des Königs Karl V., zurückgehalten wurde, kam ihm der Ungar zuvor; leicht eroberte er im Juli 1381 Neapel und ließ im Mai des folgenden Jahres Johanna im Kerker erdrosseln. Doch nun erschien Ludwig jenseits der Alpen. Anfang Oktober 1382 stand er vor Neapel, seines Sieges sicher. Aber er zauderte ungeschickt, seine Uebermacht zu verwerten; Hunger, Winterkälte und Pest lichteten bald die Reihen seines Heeres.

Während so der Kampf um Süditalien stand, starb am 11. September 1382 König Ludwig von Ungarn. Sigmund und Wilhelm von Österreich hatten ihre Bräute Maria und Hedwig noch nicht geheiratet, überhaupt war bisher nichts festgesetzt worden. Für politische Ränke öffnete sich ein weites Feld und es ließ sich erwarten, daß wer nur irgend konnte, in diesem geheimnisvollen Glückstopf nach dem großen Lose haschen würde.

Sofort nach des Vaters Tode wurde Maria zum „Könige" von Ungarn gekrönt, aber ungewiß war, wie sich Polen verhalten werde. Sigmund hegte die Hoffnung, beide Königreiche zu gewinnen. Ludwig selbst hatte bereits seinen künftigen Schwiegersohn nach Polen geschickt, damit er sich in diesem Lande, in welchem die ungarische Herrschaft nicht festgewurzelt, sogar unbeliebt war, Anhang und Freunde erwürbe. Sigmund ließ sich von seinem Bruder Johann die Neumark abtreten, um durch den Gesamtbesitz der Mark Brandenburg größeres Ansehen im Nachbarlande zu gewinnen. Schon bezeichnete er sich als den Herrn des Königreichs, aber die Polen wollten durchaus nicht mehr mit Ungarn unter einer Herrschaft vereinigt sein, wenn sie auch schließlich bereit waren, eine Tochter Ludwigs als Königin anzunehmen. Die Königin-Witwe Elisabeth kam ihnen entgegen, indem sie Hedwig als Herrscherin vorschlug; die kluge, aber ränkevolle Bosnierin haßte die Deutschen, und wenn es nach ihr ging, sollten weder Sigmund noch Wilhelm ihre Bräute wirklich heimführen und deren Kronen tragen.

Wahrscheinlich war es König Wenzel, der Elisabeth nötigte, ihre Wünsche zu vertagen und Hedwig vorläufig in Ungarn zurückzuhalten. Eben diese Verhältnisse bestimmten ihn, den beschlossenen Aufbruch nach Italien zu unterlassen, und um dem Bruder zu helfen, lud er sogar den Vorwurf der Zweideutigkeit auf sich.

Da Ludwigs von Anjou sorgenvolle Lage durch die Ankunft Wenzels in Italien zu einer verzweifelten geworden wäre, machte Karl VI. von Frankreich noch in letzter Stunde den Versuch, den deutschen König günstig für den Oheim zu stimmen. Papst Clemens drängte sich in die Verhandlungen ein und ließ in hochtrabenden Worten Wenzel Bestätigung, Kaiserkrönung und jede Förderung anbieten; kundig der Welt, wies er zugleich 50000 Gulden aus seiner Schatzkammer zur Bestechung der königlichen Räte an. Als die Gesandtschaft in Böhmen eintraf, hatte Wenzel auf die Romfahrt bereits verzichtet, doch schien es ihm ratsam, Frankreich einigermaßen entgegenzukommen, damit es nicht Sigmund in Ungarn Schwierigkeiten bereite. So weit, wie Frankreich begehrte, ging Wenzel allerdings nicht. Er hatte soeben seinen Vetter Jost zum Generalvikar von Italien mit den ausgedehntesten Rechten ernannt und erteilte ihm nun unter dem Eindruck der französischen Verhandlungen Anweisungen, welche nicht klar und bestimmt zu Gunsten Urbans lauteten, um so bedenklicher, da Jost ohnehin kein taktfester Anhänger des römischen Papstes war. Offenbar war es Wenzel ganz recht, wenn der Franzose den gefährlichen Mitbewerber um Ungarn festhielt. Denn schon hatte dort Karl von Durazzo eine Partei für sich.

Die Vollmachten für den Mähren blieben zwar in seinem Archiv in Brünn liegen und wurden wahrscheinlich gar nicht bekannt, auch die Gesandtschaft betrachtete ihre Aufgabe für gescheitert, aber daß Wenzel ihr und den Anträgen des Gegenpapstes Gehör gewährt hatte, genügte, um böse Gerüchte über seine Untreue hervorzurufen, welche er durch neue Verordnungen gegen die Clementisten zu widerlegen suchte.

Papst Urban, von Wenzel im Stich gelassen, stürzte sich in ein tollkühnes Wagnis. Als er Karl belehnte, hatte er ihm drückende Verpflichtungen auferlegt, darunter auch die, den besten Teil seines Reiches dem Neffen Urbans, Francesco, als päpstliches Lehen abzutreten. Da Karl keine Neigung zeigte, diese unerhörte Forderung zu erfüllen, entschloß sich Urban, trotz des Abratens seiner Kardinäle, ihn persönlich zu drängen und lieferte sich so in die Gewalt des treulosen Königs, der ihn wie einen Gefangenen behandelte. Endlich freigelassen, blieb er trotzdem im Lande und begab sich zu zum Wahnsinn gesteigerter Hartnäckigkeit nach dem Schlosse Nocera, das Karl dem Francesco als geringe Entschädigung übergeben hatte, um den König zur Erfüllung seines ganzen Versprechens zu zwingen. Mochte inzwischen die ihm anhangende Christenheit machen, was sie wollte. Er bildete sich ein, den König, den er gemacht, auch wieder stürzen zu können, aber diesem sicherte der Tod Ludwigs von Anjou im

September 1384 die Herrschaft. Als der Papst über ihn den großen Kirchenfluch aussprach, brauchte Karl Gewalt; er belagerte Urban, auf dessen Kopf er einen Preis setzte, regelrecht in Nocera, bis der Papst sich im Juli 1385 zur Flucht entschloß. In seiner Erregung hatte Urban gegen sechs bei ihm befindliche Kardinäle, die nur darauf gesonnen hatten, wie seiner Willkür Schranken gesetzt werden könnten, den Verdacht gefaßt, sie hätten sich gegen sein Leben verschworen, und die Unglücklichen gräßlich foltern lassen; jetzt schleppte er sie auf seiner wilden Jagd nach der Küste des Adriatischen Meeres in Fesseln mit. Glücklich erreichte er die Galeeren, welche ihm Genua gesandt hatte, und in dieser Stadt nahm er längere Zeit seinen Aufenthalt.

Ihm wurde wenigstens die Genugthuung, bald den Untergang des verhaßten Verräters mitten im höchsten Glücke zu erleben.

Trotzdem daß Wenzel sich für ihn bemüht hatte, mußte Sigmund einsehen, er könne nicht beide Königreiche behaupten, und es zulassen, daß Hedwig im Oktober 1384 in Krakau gekrönt wurde. Die Polen wollten ihrer dreizehnjährigen Herrin einen Gemahl zur Seite geben, aber nicht ihren deutschen Verlobten, und als der Großfürst von Litthauen um Hedwig warb, widerstanden sie seinen glänzenden Anerbietungen nicht. Jagiello war noch Heide, aber er versprach, mit allen seinen Verwandten und Unterthanen zum Christentum überzutreten; er wollte seine weiten litthauischen und russischen Lande auf ewige Zeiten mit der Krone Polen vereinigen, auch den Bräutigam Hedwigs abfinden. Der jungen Maid graute vor dem zugedachten Bräutigam, den sie sich als wildes Ungetüm vorstellte, mit ganzem Herzen hing sie an Wilhelm, mit dem sie gemeinsam die Kinderjahre verlebt. Auf ihren Ruf eilte der junge Prinz nach Krakau, um seine Rechte geltend zu machen, wo Hedwig, durch die Liebe zu rücksichtsloser Entschlossenheit gehoben, das Band mit ihm zu einem vermeintlich unauflöslichen machte. Aber der Roman nahm ein trauriges Ende. Wilhelm mußte vor den Nachstellungen der Polen fliehen und seiner Braut blieb nichts übrig, als den Litthauer, der in der Taufe den Namen Wladislaw annahm, am 18. Februar 1386 zum Gatten zu empfangen. „Wie Judas Gott verriet, verkauften die Polen Wilhelm und sein Weib an einen Heiden, der fälschlich getauft wurde, mehr um Land und Leute, als um des Christentums willen".

Noch längere Zeit verstrich, ehe der ungarische Thron endgültig besetzt wurde. Da Elisabeth den Vollzug der Ehe zwischen Maria und Sigmund hinausschob, mußte der Prinz Ungarn verlassen, um die Hilfe seiner Verwandten anzuflehen. Es geschah nun wirklich, was Wenzel befürchtet hatte: Frankreich benutzte die Gelegenheit, Sigmund den Rang abzulaufen und die abgerissenen Fäden mit Ungarn wieder anzuknüpfen. Im Sommer 1385 vollzog eine französische Gesandtschaft die Verlobung der Königin Maria mit dem Bruder des Königs Karl VI., dem Herzog Ludwig von Orleans, der alsbald in sein künftiges Königreich geleitet werden sollte.

Die Ungarn nahmen teils für den Deutschen, teils für den Franzosen Partei, aber eine dritte Gruppe wollte von keinem der beiden etwas wissen und wandte sich an Karl von Durazzo. Nach einigem Zögern nahm er den Ruf an, um sein neapolitanisches Königreich, das der Sohn des verstorbenen Ludwig von Anjou in Anspruch nahm, durch die Erwerbung Ungarns zu sichern. Als er im September 1385 an der dalmatinischen Küste landete, mußte er allerdings erfahren, daß Sigmund, unterstützt von seinen mährischen Vettern, in Ungarn eingefallen war und die Hochzeit, die leibliche Verbindung mit Maria erzwungen hatte. Daß der französische Prinz Ungarn gewann, war damit ausgeschlossen, aber da Sigmund, aus Furcht vor Mordanschlägen, bald wieder nach Böhmen zurückkehrte, rückte Karl nach Ofen vor und erzwang die Krönung in Stuhlweißenburg am 31. Dezember. Sein Glück dauerte nur wenige Wochen, denn die haßerfüllte Elisabeth dang einen Mörder, welcher am 7. Februar 1386 Karl, den sie unter dem Scheine der Freundschaft zu sich bitten ließ, in ihrer Gegenwart mit einer Streitaxt niederschlug. Da man ihn für tot hielt, flüchteten seine Truppen, doch erst am 27. Februar erlitt der der Genesung Entgegengehende dasselbe Schicksal, welches er Johanna bereitet: er wurde im Kerker erdrosselt.

Bald darauf führte König Wenzel seinen Bruder mit Heeresmacht nach Ungarn zurück und schloß mit den Königinnen einen Vertrag, aber noch standen Sigmunds Gegner in Ungarn unbezwungen und gegen sie waren neue Rüstungen erforderlich, derentwegen er nochmals das Land verließ. Da überfielen die Horvathi, um Karls Ermordung zu rächen und seinem Sohne Ladislaus den Weg auf den Thron zu bahnen, Elisabeth und Maria auf einer Reise, metzelten ihre Begleiter nieder und schleppten die Frauen als Gefangene in ein festes Schloß, von wo sie nach der Burg Novigrad an der dalmatinischen Küste gebracht wurden. Nun endlich, in der allgemeinen Bestürzung, welche die Unthat hervorrief, konnte Sigmund festen Fuß in Ungarn fassen, von den Venedigern, welche die Vereinigung Ungarns und Neapels nicht dulden konnten, unterstützt. Am 31. März 1387 wurde er in Stuhlweißenburg gekrönt, aber noch schmachtete seine Gemahlin in Gefangenschaft und in Todesgefahr. Die Rebellen bekundeten ihren wilden Trotz, indem sie Elisabeth erwürgten, bis sie endlich ohne Hoffnung auf Entsatz die vielgeprüfte Maria auslieferten.

Großes war erreicht, und welche Aussichten eröffneten sich jetzt dem Luxemburgischen Hause! Schmerzlich war freilich der Verlust Polens und nur zu bald sollte sich zeigen, welche schlimmen Folgen dem Reiche aus der Verbindung Litthauens mit Polen erwuchsen. Wenzel hatte sich um den Bruder die größten Verdienste erworben. Für ihn verzichtete er auf die Romfahrt und ließ Italien außer Acht, denn der Bischof Nikolaus von Konstanz, den er im Sommer 1385 dorthin als seinen Vertreter sandte, konnte nicht ernst genommen werden. Er vernachlässigte außerdem über der Sorge um Sigmund seine Pflichten gegen das Reich, obgleich er bereits hatte erfahren müssen, wie übel ihm die Kurfürsten das nahmen. Indem er für seine Familie arbeitete, beeinträchtigte er sich selbst, und das Schlimmste war, daß der Dank, den er von den Seinigen erwarten durfte, sich in den schnödesten Undank verkehrte.

Dritter Abschnitt.

Fürsten, Ritter und Bauern.

Aus der Regierung König Wenzels ist nichts bekannter, als der Streit zwischen Fürsten und Städten. Die Dichtungen Uhlands, schon von der Schule her lieb und vertraut, führen uns Menschen und Zeit so lebendig vor Augen, wie keine andere Schilderung es vermag. Wir sehen den alten Greiner als unerschrockenen Vorfechter des Herrenstandes, die beutelustigen Ritter, die mutigstolzen Städte, die Bauern, die alle Unkosten tragen müssen; poetisch verklärte und doch der Geschichte abgelauschte Bilder.

Der sogenannte Städtekrieg entsprang aus der Fülle des ganzen Lebens, des politischen, wie des wirtschaftlichen. Beginn, Verlauf und Ausgang lassen einen tiefen Blick thun in die Verhältnisse, in denen damals unser Volk sich bewegte, in den Ueberschuß an Kraft, der seine Adern schwellte, aber auch in die arge Zersplitterung, welche wie ein Sandboden diese reichen Ströme aufsog und verschlang, ohne befruchtet zu werden.

Die politische Geschichte wird nicht verständlich, wenn nicht auch die allgemeinen Zustände in Erwägung kommen, überhaupt, wer möchte von ihnen absehen? So gewiß es ist, daß die staatlichen Verbände die Grundlage der geschichtlichen Betrachtung geben müssen, weil sie gewissermaßen der Leib sind, der den inneren Kräften erst die Möglichkeit zu wirken giebt, indem er sie zusammenhält und ihnen seine Muskeln darbietet, so fordert doch das zusammengesetzte Volkseinzelwesen nicht nur für seine äußere Erscheinung und Thätigkeit, sondern auch für sein eigentümliches alltägliches Leben unsere volle Aufmerksamkeit. Es ist allerdings eine übertreibende Ansicht, daß die ganze Geschichte eigentlich auf den wirtschaftlichen Verhältnissen beruhe, denn sie ziehen nur bestimmte Grenzlinien, innerhalb deren noch genug andere Bewegung frei bleibt; gerade wie der freie Wille der Menschen neben allem ursächlichen Zusammenhange bestehen bleibt. Wie in der Geschichte jede Ursache zugleich Wirkung ist, so sind auch die wirtschaftlichen und gesellschaftlichen Zustände in den historischen Zeiten geschaffene, von den politischen abhängige, wenn auch ihr Einfluß auf

diese zum bestimmenden werden kann. Die Geschichte verträgt keine einseitige
Erklärung, von welcher Seite her man sie auch suchen wolle; nur in der Zu=
sammenfassung aller vorhandenen Triebkräfte beruht die rechte Erkenntnis.

Ich will daher versuchen, die Bedingungen zu schildern, welche das regel=
mäßige Leben, die gewohnte Arbeit der verschiedenen Stände im Volke be=
stimmten, ihnen Form und Norm für ihr Auftreten in der Oeffentlichkeit gaben.
Ich vermeide dabei, auf Einzelheiten, auf örtliche Besonderheiten einzugehen,
denn es kann sich nur darum handeln, aus der Vielheit der Erscheinungen das
allgemein Gültige hervorzuheben. Ich nehme den Ausgang von dem Zeitraum,
in dem unsere Erzählung steht, von dem Ende des vierzehnten Jahrhunderts,
soweit eine Erörterung langdauernder und nur allmählich gebildeter und langsam
veränderter Zustände auf eine zeitliche Grenze beschränkbar ist.

Die letzten Jahrhunderte des Mittelalters gelten als die Epoche, in der
die Landesherrlichkeit fester begründet wurde. Das ist, wenn man das Ergebnis
für das ganze Reich zusammenfassen will, für das fünfzehnte Jahrhundert un=
zweifelhaft richtig, für das vierzehnte erst im beschränkten Grade. Seitdem die
in den einzelnen Reichsteilen gebietenden Gewalten als domini terrae be=
zeichnet worden, hatte sich ihre Macht keineswegs in stetig aufsteigender Linie
bewegt, vielmehr manchen Rückschlag erlitten. Ihnen widerstrebten Ritter, Geist=
lichkeit und Städte; dasselbe Wirrnis gegen einander streitender, nur für sich
sorgender Kräfte herrschte in den Landschaften, wie im Reiche selbst. Es war
eine saure Arbeit, oft unterbrochen und gestört, ehe sie zum glücklichen Ende
führte, doch viele der fürstlichen Häuser erwarben sich außerordentliche Verdienste.
Sie ließen sich nicht beirren durch die bösen Urteile, die über sie gefällt wurden,
denn da den Zeitgenossen meist das Verständnis für die tiefer greifenden Auf=
gaben des Fürstentums fehlte, erblickten sie in seinem Vorgehen oft mit Unrecht
nur Gewalt, Willkür und Habsucht.

Die Wurzeln der Landesherrlichkeit reichen weit über unsere Zeit hinauf;
die Grafschaft, die gemeine Gerichtsbarkeit, die Grundherrschaft, die Lehnsherrlich=
keit, die Militärmacht, das Steuerrecht sind als solche bezeichnet worden. Sie
sind das auch alle gewesen, mehr oder weniger. Die Verfassungsverhältnisse des
Mittelalters haben sich nicht überall gleichmäßig gebildet und es ist daher ver=
geblich, allgemeine Formeln dafür zu suchen; die Lebensfülle in ihrer mannig=
fachen Ausprägung war eben zu groß und zu ungleichartig, als daß allenthalben
der gleiche Fortgang hätte eintreten können. Daher kam es auch, daß am Ende
des vierzehnten Jahrhunderts die Fürstenmacht je nach den Territorien anders
stand, so etwa in der Pfalz ungleich höher, als in den braunschweigischen
Landen oder gar in der Mark Brandenburg.

Im allgemeinen Umriß bedeutete die Landeshoheit den Uebergang der
Gerechtsame des Königtums, welche dieses einst seinen Beamten übertrug, der
Gerichtsbarkeit, des Kriegs= und des Finanzwesens in den Besitz der örtlichen
Gewalten. Der Landesherr wurde der eigentliche Regent seiner Unterthanen,
obgleich er der Idee nach seine Rechte lediglich vom Könige empfing, aber diese
hafteten an dem Lande. Die Landesherren verstärkten einmal ihre Unabhängig=
keit von Reich und König, aber ebenso suchten sie nach unten die selbständigen,

feudalen Gewalten zu brechen, ihr Gebiet selbst in sich fester zu fügen und nach außen abzurunden und abzuschließen.

Für die Ausbildung der Landesfürstentümer war nichts wichtiger, als die Entwickelung des Steuerrechtes; während das Reich an dem Mangel fester und ausreichender Einkünfte unheilbar krankte, ergriffen die Fürsten dieses wichtigste aller Machtmittel und gründeten darauf eine neue Ordnung. Das Reich kam nicht dazu, den Uebergang von der Naturalwirtschaft zur Geldwirtschaft zu vollziehen, einen ausreichenden Ersatz für den Zusammenbruch der ersteren zu gewinnen. Für die Fürsten wurde das bare Geld immer notwendiger und lange Zeit waren sie, wie die Könige, auf die leidige Auskunft der Verpfändung an Gut und Rechten angewiesen, die so manches kleinere Haus zu Grunde gerichtet hat. Daher gezwungen, andere Quellen zu eröffnen, brachten sie die „Bede", wie sie oft heißt, zu größerer Einträglichkeit und Regelmäßigkeit. Als eine Art Grundsteuer meist in Geld erhoben, fiel sie hauptsächlich auf die ländliche Bevölkerung und auf die Städte, die sich jedoch Erleichterungen durch besondere Abkommen zu verschaffen wußten. Die Geistlichkeit für einen Teil ihrer Besitzungen und die Ritterschaft gingen frei aus.

Die regelmäßigen Landeslasten reichten indessen oft nicht für die Bedürfnisse der Fürsten aus, welche außerordentliche Leistungen, sogenannte Notbeden, verlangten. Da begegneten sie dem Widerspruch der Stände, welche die Bedrängnis ihrer Herren benützten, um für sich Vorteile, einen Anteil am Landesregiment zu erringen. So entwickelte sich allmählich, oft auch durch politische Verhältnisse begünstigt und im ursächlichen Zusammenhange mit dem herrschenden Genossenschaftstrieb die landständische Verfassung, welche darauf beruhte, daß die Stände, Geistlichkeit, Ritterschaft und Städte nicht nur das Recht erwarben, in gewissen Fällen gefragt zu werden, sondern auch ein wirkliches Zustimmungsrecht erstritten, bei außerordentlicher Besteuerung, auch bei der Landesgesetzgebung, bei der Verfügung über das Landesvermögen, bei der Ordnung der Erbfolge. Hemmten sie die scharfe Ausprägung des Fürstentums und vertraten sie nur zu oft mehr ihre eigenen Interessen, als die des Landes, so trugen sie doch auch dazu bei, das Land in sich einheitlicher zu gestalten.

In allen größeren Territorien griff eine solche landständische Verfassung Platz, hier früher, dort später, vielfach erst im fünfzehnten Jahrhundert. Da sie mit ihrer Mannigfaltigkeit der Geschichte der einzelnen Länder angehören, genügt es hier, an einem Beispiel zu zeigen, wie sie beschaffen waren. Sehr früh und zu umfangreicher Wirksamkeit entwickelte sich die landständische Verfassung in Baiern. Ihre Anfänge reichen hinauf bis ins Ende des dreizehnten Jahrhunderts, ein Freibrief nach dem andern wurde erworben und den Fürsten nicht eher gehuldigt, als bis sie diese bestätigt und durch einen neuen vermehrt hatten. Die Landstände hatten das Recht, Steuern zu bewilligen, deren Anlage und Erhebung ein Ausschuß bestimmte; sie nahmen teil an der Landfriedensgesetzgebung, berieten und beschlossen über bäuerliche und landwirtschaftliche Verhältnisse, über Besserung der Rechtspflege, über Handel, Münzwesen und Polizei, entschieden auch über Streitigkeiten zwischen den Herzögen und Landesinsassen, selbst auf die Landesteilungen und die äußere Politik gewannen ihr Einfluß. Durch eingebrachte Beschwerden erreichten sie oft die Abstellung von Mißständen.

Die Verwaltung entwickelte sich allmählich zu größerer Stetigkeit und festeren Formen. Sie war erschwert durch die Unklarheit und Vermischung der verschiedenen Zweige, da Kriegswesen, Geldwesen und Gericht oft mit demselben Amt verbunden waren. Die früheren Zeiten hatten dahin geführt, daß bei jedem Amt die Einkünfte, bei denen Naturerzeugnisse und Geld bunt durcheinander gingen, die Hauptsache ausmachten; daher wurden die Aemter zu dinglichem Besitz, waren verpfändet und verkauft. Besonders das Gerichtswesen litt darunter, daß es oft nur als Einnahmequelle, an der manchmal mehrere Inhaber Anteil hatten, gehandhabt wurde. So gab es allenthalben viele Streitigkeiten und schwierige Arbeit, um diese Rechte zurückzugewinnen. Doch bildete sich nun ein von den Landesherren persönlich abhängiges Beamtentum, dem Verwaltung und Gericht zufielen. Das Schreibwesen, anfänglich oft nur eine Unterstützung des Gedächtnisses, gewann dadurch an Umfang und Sicherheit. Als Grundlage der Verwaltung erhielt sich meist das alte Recht; das römische drang in diesen Zeiten noch nicht zur Herrschaft durch.

Das Leben an den fürstlichen Höfen richtete sich natürlich in der Regel nach dem Einkommen. Es lag in der Zeitrichtung, daß es zwischen Verschwendung und gewisser Dürftigkeit schwankte. Große Feste, besonders Turniere wurden mit reicher Pracht gefeiert, doch wohl nicht mehr so üppig, wie noch zu Beginn des Jahrhunderts. Manche Fürsten legten noch immer Wert auf eine stattliche Umgebung, die große Kosten verursachte, und hielten die alte Freigebigkeit, den offenen Hof fest. Doch sonst war die Lebensführung eine sehr bescheidene, in Speise und Trank, in Kleidung nicht über den Aufwand einer bemittelten Bürgerfamilie hinausgehend; auch für die Frauen wurde dabei keine Ausnahme gemacht. Die Schlösser und Burgen boten nur beschränkten Raum und wenig Bequemlichkeiten und standen an Ausstattung zurück hinter den prächtigen, behäbigen Häusern, wie sie damals die reichen Bürger zu errichten begannen.

Die durchschnittliche geistige Bildung der Fürsten ist nicht hoch anzuschlagen. Sie richtete sich sehr nach persönlichen Neigungen. Unzweifelhaft gab es im vierzehnten Jahrhundert noch manche Fürsten, die nicht schreiben und lesen konnten, doch trat damals der Umschwung zum besseren ein. Vorteilhaft war es, daß jüngere Söhne oft für den Kirchendienst bestimmt wurden und daher Unterricht empfingen, dann aber dem weltlichen Leben erhalten blieben. So war in diesem Stande große Mannigfaltigkeit vorhanden; neben wilden Kriegsgurgeln und harten Gewalthabern gab es stille fleißige Verwalter und auch solche, die höheren Dingen Geschmack abgewonnen hatten. Unter den Frauen, welche die unnatürliche Geziertheit der Minnezeit ablegten, hört man von mancher vortrefflichen Dame, doch war ihr Einfluß gering.

Die aufstrebende Fürstengewalt suchte sich nach allen Seiten hin Raum zu verschaffen und wie sie nach außen hin zahllose Kämpfe aufnehmen mußte, sah sie sich auch genötigt, im eigenen Lande die einzelnen Bevölkerungsklassen in bindendere Unterthänigkeit zu zwingen. Auch wenn sie nicht willkürlich und widerrechtlich vorging, blieb ihr nichts übrig, als mit überlieferten Verhältnissen aufzuräumen, eine freiere und ergiebigere Verfügung über die Kräfte der Insassen zu erzielen, diese den Landesgesetzen voll zu unterwerfen. Alle Stände mußten allmählich auf frühere Gerechtsame verzichten. Zunächst kam diejenige Klasse ins Gedränge, welche größere Ansprüche erhob, als sie machen und verteidigen konnte, welche überhaupt jeder Unterordnung widerstrebend sich am liebsten den Fürsten gleichberechtigt zur Seite gestellt hätte.

Durch das Reich überall zerstreut saßen die zahllosen Ritter, ein Erzeugnis der mittelalterlichen Zustände, zu den veränderten Verhältnissen nicht mehr passend. Einst die wohlversorgte und geehrte Dienerschaft der Könige oder der Fürsten, wurden sie dann frei und unabhängig, büßten aber damit den sicheren Grund für ihren Bestand ein. Das Reich in seiner gegenwärtigen Beschaffenheit hatte für diese reisigen Massen keine Verwendung. Die Fürsten, für deren Unterthanen sie oft eine schwere Plage waren, verlangten von ihnen Unterwerfung unter das Landesrecht und suchten sie zur Dienstbarkeit herabzudrücken; doch auch der Hofdienst bot bei den beschränkten Geldmitteln nur wenigen ein ausreichendes Unterkommen. Der Besitz der Ritter, wenn sie überhaupt welchen hatten, war meist zu klein, um ein standesgemäßes Leben zu gestatten, und nur Ein Erwerb stand ihnen offen, denn nur der mit Schwert und Schild erfochtene galt für ehrenvoll und erlaubt. Gern wollten sie in freier Bundesgenossenschaft, gegen guten Lohn dem, der sie begehrte, Hülfe leisten, aber meist blieb nichts übrig, als in Abhängigkeit zu treten, sich einem Herrn oder gar einer Stadt gegen Sold zu verkaufen. Das hielten viele für erniedrigend und außerdem war das Angebot größer als die Nachfrage, denn schier unerschöpflich waren diese kriegerischen Kräfte, und so viel davon auch stetig das Ausland verbrauchte, daheim blieb übergenug. Ein großer Theil dieser rauflustigen Gesellen, bitter arm aufgewachsen in den kleinen Burgen und Türmen, welche kaum die in engstem Raume zusammengepferchten Bewohner fassen konnten, unterschied sich in Bildung und geistigem Können in nichts von dem gemeinen Knecht und dem Bauern und war demnach auch nicht anders zu verwenden, aber Geburt und Stand ließen ihn höheres begehren und verblendeten ihm die Augen über den wirklichen Stand der Dinge. Die Vorschriften der ritterlichen Ehre waren das einzige Gebot, nach dem sie leben wollten; sie verlangten von der Allgemeinheit, daß sie ihre Ansprüche erfüllte, und wurden ihr Feind, da sie das nicht thun konnte. Viele glaubten sich berechtigt, das Schicksal zu verbessern, zu nehmen, was ihnen nicht gegeben wurde, und da sie nur kriegerische That als ihrer würdig ansahen, so war es ihnen gleichgültig, gegen wen und zu welchem Zwecke sie solche verrichteten; der sittliche und gesellschaftliche Begriff erstickte in Not und Standesdünkel. Warenzüge zu überfallen, Lösegeld von Gefangenen zu erpressen, Raub selbst am armen Wanderer galt nicht für unehrenhaft und wurde zur lieben Gewohnheit; sie brachten es dahin, daß im Auslande die Deutschen für ein wildes Räubervolk galten, denn die schimpflichsten Geschichten waren an der Tagesordnung. Wurden doch selbst die französischen Ritter, welche durch Süddeutschland dem König Sigmund zu Hülfe gegen die Türken zogen, von Scharen beutelustiger Schnapphähne verfolgt.

Werner Rolevinck, der gegen Ende des fünfzehnten Jahrhunderts ein an-

ziehendes Büchlein über seine westfälische Heimat schrieb, gibt von den armen
Rittern eine lebendige Schilderung, welche vollkommen auch auf unsere Zeiten paßt.

„Nun füge ich auch einiges über die Räuber bei, deren Leben mir wie
ein Weltwunder vorkommt. Sie sind nämlich von edelem Geschlecht, hohen
Wuchses, starken Leibes, unternehmenden Geistes, von Natur gutmütig, ehr=
begierig, unter einander höchst treu, nur aus Zwang gewaltthätig. Hätten sie
genug Geld, würden sie nicht aus ihrer Behausung heraus auf Raub ausgehen.
Zu vielem Bösen treibt sie als Lehrerin die unselige Armut. Ihre Güter sind
unfruchtbar und würden wüst liegen, wenn sie nicht selbst sie bewohnten. Dort
ringen schmucke Junker täglich um dürftigen Lebensunterhalt und um Kleidung
und setzen sich dem Galgen und Rad aus, um Mangel und Hunger zu ver=
treiben. Ihnen gilt es für ihr gutes Recht, den Nachbarn Fehdebriefe zu senden,
und dann halten sie alles, was sie verüben, für gerechtfertigt und ehrenhaft.
Sie sind nicht blutdürstig; Grundbesitz, Reichtümer, Turniere, kostbarer Auf=
wand kommen ihnen gar nicht in den Sinn, nur überhaupt das Leben zu fristen,
ist ihr höchster Zweck.

Das Noviziat wird mit Qual erkauft. Aus der Wiege gerissen werden
fünfjährige Knaben, an den Sattel angebunden, auf hohe Rosse gesetzt. Die
starken Ritter machen bisweilen mehrere Tagesritte, aber dann essen sie und ruhen
auf Betten, Knaben werden ohne Umstände in den Mist gebettet, wo sie liegen
bleiben, bis der Stallmeister kommt, naß und schmutzig, zerbissen und zerschlagen.
Dann läßt der Ritter die Bürschchen exerzieren, ob sie vielleicht gute Hoffnungen
geben; sie werden geschlagen, gescholten, hin und her gestoßen, und das jugend=
liche Alter muß Unglaubliches leisten. Beinahe dieselbe Zucht herrscht an den
Höfen der Fürsten, welche Krieg führen müssen. Sind sie stärker geworden, so
werden sie zum Schildamt berufen, gegürtet, mit Lanze, Helm, Schwert und
Armbrust ausgerüstet und bald ziehen sie, gleichsam dem Galgen geweiht, zu
Felde. Wenn sie siegen, ist es gut; wenn sie gehängt werden, kümmert man
sich nicht sonderlich darum. Die Hauptführer werden gleichsam ehrenhalber dem
Schwerte vorbehalten oder schlimmeren Falls ans Rad geflochten. Das ist das
Erbe der Knechte dieser Welt, welche singen: ‚Reiten, rauben, das ist keine
Schand‘, das thun die Besten in dem Land‘. Die Bauern aber antworten:
‚Hängen, rädern, köpfen, das ist keine Sünde; wär das nicht, wir behielten
nichts im Munde‘!

Auch von den reicheren Rittern und kleinen Herren standen viele geistig
nicht höher als die kecken Schinder der Landstraße, die zu St. Georg um einen
reichen Fang beteten. Sie machten mit ihnen ungescheut gemeinsame Sache
und nahmen einen ungewöhnlichen Glücksfall gern mit. Doch war nicht der
ganze Adel und die gesamte Ritterschaft so arg verwildert; viele beschieden sich,
auf ihren Gütern ein friedliches Dasein zu führen, griffen wohl selbst rüstig
die Feldarbeit an und standen mit ihren Bauern in altväterlichen Verhältnissen;
denn auf seinem Rosse zu eggen, das Getreide in der Scheune bergen zu helfen,
die Pferde zu beschlagen, war dem Ritter nicht durch Standesehre verwehrt.
Oft wurde allerdings der Landbesitz an Bauern verpachtet. Andere befleißigten
sich noch der höfischen Zucht und nahmen selbst an der Dichtung Anteil.

Zu den Turnieren sollte nicht zugelassen werden, wer eine unehrliche That verübt; er lief sogar Gefahr, mit derben Prügeln aus den Schranken gejagt zu werden. Doch klagten die Sänger allgemein über den Verfall der ritterlichen Zucht. Auch die Turniere verloren allmählich ihre Bedeutung, indem die minder gefährlichen Arten des Kampfes, namentlich das Stechen mit der stumpfen Lanze und ganz geschlossenem Helm, das alte Scharfrennen verdrängten.

Das regellose, kleinliche Fehdewesen wirkte noch nach einer andern Seite hin schädlich: es erstickte die höhere Kriegskunst. Bei dem Auflauern, dem wilden Ansprung, von wenigen gegen wenige unternommen, konnte sich keine eigentliche kriegerische Tüchtigkeit bilden, und da in der Regel nur schwächere Scharen überfallen oder angegriffen wurden, entstand kein rechter Schlachtenmut. Auch in den größeren Kriegen traten sich viel zu geringe Streitkräfte gegenüber, als daß man sich über das bloße Dreinschlagen erhoben hätte. Die Belagerung der Burgen, die meist nur durch Abschneiden der Lebensmittel fielen, bildete keine sonderliche Kunstfertigkeit aus: es blieb bei den althergebrachten Maschinen und gutbefestigte Städte wurden gewöhnlich ganz aus dem Spiele gelassen. Auch die Anwendung des Feuergeschützes brachte nur langsam eine Aenderung der Kriegsführung. Die bei den üblichen Verheerungen des Landes gewohnte Gewaltthat gegen Wehrlose entsittlichte außerdem Krieg und Krieger. Obgleich das Fußvolk bereits mehrfach seine Bedeutung erwiesen hatte, verharrte man bei dem unbehülflichen und kostspieligen Glefnerwesen, das sich einer größeren taktischen Einheit nicht einfügen konnte; die bunt zusammengesetzten Abteilungen widerstrebten der geschlossenen Führung. Aber es gab auch keine Führer und Feldherren, die große Heere hätten leiten können, da kein Deutscher, wenigstens daheim, sich dazu entwickeln konnte. So verlumpte die deutsche Kriegsführung und wurde ganz unbrauchbar für einen Kampf im großen Stil; der einzelne Mann, der im kleinen Handgemenge sich ausgezeichnet bewährt hätte, verlor seine Haltung und wußte sich nicht zu beraten, wenn es eine wirkliche Schlacht galt.

Waren die hohen Herren nicht die besten Freunde der Ritterschaft, so boten immerhin noch der gemeinsame Zug der ritterlichen Ehre, die Turniere und kriegerische Fahrten vielfache Punkte freundschaftlicher Berührung und des Ausgleiches.

Anders stand das mit den Bürgerschaften. Zwar zählten viele Patrizierfamilien zur Ritterschaft und viele Adelige fanden im städtischen Solde ihr Unterkommen, aber die Kluft zwischen den beiden Ständen wurde dadurch nicht überbrückt. Es waren eben ganz entgegengesetzte Lebensbedingungen, die sich hier gegenüberstanden. Da die Städter das Land zurückdrängten, hatten die Ritter halb unbewußt das richtige Gefühl, daß das Bürgertum ihnen die altgewohnte Lebensluft abschnitt. Sie vergalten dafür mit Verachtung und Haß. Wo gab es auch einen lohnenderen Erwerb, als den strotzenden Geldbeutel der reichen Krämer zu erleichtern? Der Kaufmann galt vielen Rittern als die ihnen von Gott und Rechts wegen zustehende Quelle, aus der sie schöpfen durften, soviel sie konnten. Aber das war eben die Sache, daß die Städter sich das nicht gefallen ließen, die Raubnester brannten und brachen und manchen adeligen Räuber um seinen Kopf kürzer machten. Es bestand ein beinahe ewiger Kriegszustand, von dem die städtischen Fehdebücher fast unglaublich scheinendes berichten. Wie oft wird erzählt, daß niemand die Stadt verlassen konnte. Je mehr sich die Städte zusammenthaten, um so bedrohlicher wurde ihre Macht den kleinen Feinden, und durch das Geschützwesen, welches gegen Ende des Jahrhunderts in den Städten in Uebung kam und rasch, namentlich für Belagerungen, einen großen Aufschwung nahm, erlangten die Städte ein gewaltiges Uebergewicht; früher für unüberwindlich geltende Steinfesten brachen wie mürbes Holz zusammen.

Die Not der Ritter vermehrten die Landfrieden, welche die geringeren oft schwer trafen. Da es keine andere Polizei gab, die den nötigen Nachdruck gehabt hätte, mußte immer gleich kriegerische Gewalt angewandt werden. So von Fürsten, von Städten, vom öffentlichen Recht bedroht, gerieten die Ritter in eine verzweifelte Lage und nur möglichste Zusammenfassung der einzelnen Kräfte konnte helfen. Daher entstanden die Ritterbünde. Schon unter Kaiser Ludwig tauchten ihrer mehrere auf, deren Zweck, gegenseitige Hülfe in Fehden, bald zu Raubzügen ausartete. Gemeinsame Abzeichen, etwa das Bild eines Schwanes oder eines Rabes, machten die Genossen kenntlich. Allmählich erweiterte sich der Grundgedanke nach außen wie nach innen; außer der Verteidigung wollte man die schädlichen Streitigkeiten untereinander friedlich beilegen, Freiheit und Recht eines jeden gemeinsam wahren. Aber der Begriff: „Freiheit und Recht" war dehnbar; wie leicht entstand darüber Streit mit einer Stadt oder einem Fürsten. Indem nun die Gesellschaft für die einzelnen Glieder einzutreten hatte und die Prüfung der Rechtsfragen zumeist eine flüchtige oder parteiische war, verwandelte sich die Verteidigung leicht in Angriff und die Ritterbünde wurden eine neue Gefahr für den öffentlichen Frieden. Da die Einigungsgenossen nur von sich Recht nahmen, entzogen sie sich jeder andern Rechtsgewalt, auch der des Reiches.

Unter Karl IV. schossen diese Ritterbünde gewaltig ins Kraut, im Süden und im Norden. In Hessen und in der Wetterau, dann in Schwaben war ihr rechter Tummelplatz. Der Bund der Sterner, der dem Landgrafen Hermann II. von Hessen schwere Arbeit machte, soll über 2000 Ritter in sich vereinigt haben; auch Fürsten schlossen sich ihm an, was bei anderen Bündnissen gleichfalls geschah. Im Norden gelang es der fürstlichen Gewalt leichter, der Ritter Herr zu werden. Die Fürsten traten selbst an die Spitze der Vereinigungen und machten sie dadurch unschädlich.

In Süddeutschland richteten sich die Rittervereinigungen hauptsächlich gegen die Städte. Es war für die Fürsten ein Glück, daß zwischen beiden diese Todfeindschaft bestand; denn wären die Bürgerschaften auf den Gedanken gekommen, sich jener gegen die großen Herren zu bedienen, was sie bei ihrer Geldkraft wohl gekonnt hätten, dann wäre die Lage sehr gefährlich geworden.

Hatten die Ritter zu viele Feinde, so besaßen die Bauern zu wenig Freunde. Die bessere öffentliche Ordnung, welche die wachsende Fürstenmacht schließlich herstellte, gereichte ihnen freilich zum Vorteil, aber darüber verging lange Zeit, und die Bauern mußten dafür reichlich bezahlen. Als die am wenigsten widerstandsfähige Bevölkerungsklasse bekamen sie den unvermeidlichen Druck der Landesherrlichkeit am ehesten und am schmerzlichsten zu fühlen, und ihnen hauptsächlich wurden die Kosten aufgehalst.

Von den Bauern redet die politische Geschichte des Mittelalters wenig oder gar nicht; erst bei seinem letzten Schluß wird das anders und es bereitet sich ein Ende mit Schrecken vor. Die Ursachen, welche diese scheinbar plötzliche Aenderung herbeiführten, müssen schon in die Vorzeit hinaufreichen, denn wenn ein Stand, wie der der Bauern, dessen Grundzug das Beharren in herkömmlichen Verhältnissen bildet, aus seiner ruhigen Bahn hervorbrechend geradezu Umsturz betreibt, so hat der Druck, der ihn emporpreßt, sicher schon lange gelastet.

Natürlich war damals die Lage der Bauern durch das weite Reich keine gleichmäßige. Natur und die durch sie gebotene Wirtschaftsart unterschieden den Süden und Westen vom Norden und Osten, damals sogar noch stärker wie heute. Der Stand der Landwirtschaft war anders, je nachdem sie auf uraltem, starkbesetztem Kulturland wie am Rhein oder auf noch nicht lange bestellten Fluren wie im Osten, wo noch Raum war, betrieben wurde. Sie richtete sich auch danach, ob die oberste Herrschaft eine kleine oder große war; endlich übten zufällige Verhältnisse, wie Seuchen und Kriegsnöte, einen viel größeren Einfluß aus als heutzutage.

Im eigentlichen Deutschland waren Rodung und Besiedelung bereits vollzogen und kaum noch zu erweitern. Im Gegenteil, sie hatten sich sogar in Striche hinein erstreckt, die für den Ackerbau unbrauchbar waren, in die Heide und sandige Kieferwälder. Es gab damals mehr Dörfer als jetzt, und viele Wüstungen entstanden nachher nicht allein durch die Kriege, sondern weil das nutzlose Ringen gegen eine überkarge Erde aufgegeben werden mußte, oder allzukleine Gemeinden sich zusammenschlossen, auch in die benachbarten Landstädte aufgingen. Für uns kommen hauptsächlich der Westen und der Süden in Betracht, weil hier das eigentliche Reichsleben am stärksten war. Nicht die Betriebsweise des Landbaues, sondern die gesellschaftliche Stellung der bäuerlichen Volksklasse beansprucht unsere Aufmerksamkeit.

Durchschnittlich war die äußerliche Lage des Bauern eine gute; wo sein Boden nahrhaft war, gebot er über eine stattliche Wohlhabenheit. Ihrer erfreute er sich schon seit langen Zeiten, und der Dörfler, der seines Reichtums bewußt trotzig auf seine wohlgefüllte Tasche pocht und etwas daraufgehen läßt für Leibesnahrung und Genuß, für prunkende Kleidung, bildete schon in der staufischen Zeit die Zielscheibe des Witzes. Vielleicht übertrieben die boshaften Spötter, denn wer hochmütig oder gar neidisch auf jemanden herabsieht, mißgönnt ihm leicht auch die unschuldigste Lebensfreude und legt sie als Anmaßung aus. Die Urteile von adeliger und bürgerlicher Seite sind daher nicht ohne einiges Mißtrauen anzunehmen. Wie heute, gab es neben sehr reichen Bauern auch sehr arme, aber man sprach nur von ersteren. Das Leben auf dem Dorfe war nicht ohne Lust und Abwechselung. Die vielen Feste geistlicher und weltlicher Art boten reichliche Erholung von der Arbeit, mit Spiel und Tanz und oft übermäßigen Spenden von Speise und Trank, denen Schlägereien folgten. Das Volkslied erklang hier in seinen vielartigen Tönen, die aus der Urzeit ererbte

dichterische Anschauung breitete noch ihren reizvollen Schleier über Flur und
Hain, selbst über das Thun des Tages und das Recht. Die Weistümer der
ländlichen Gerichte mit ihrer kraftvollen und poetischen Sprache legen oft Zeugnis
ab von menschlich=mildem Sinn, von Rücksicht auf die Armen und Schwachen,
von einem schönen Verhältnis zwischen Herren und Unterthanen. Viele von
ihnen atmen den Geist früherer einfacher Zeiten, in denen es auf ein Maß
Getreide, auf eine Fuhre Holz nicht so ankam, dagegen ist der Rechtsinhalt
anderer kaum älter, als die Stunde, in der sie gefunden wurden. Denn das
Weistum füllte oft nur eine Lücke des Rechtes aus, wenn man nicht recht wußte,
was und wie, doch meist mit Zurechtlegung und Erweiterung alter Formen.
Außerdem gingen sie meist aus den Kreisen selbst hervor, deren Verpflichtungen
bestimmt werden sollten, und lauten demnach zu ihren Gunsten. Sie alle ohne
weiteres als reine geschichtliche Quelle zu nehmen, ist daher kaum statthaft, und
wir dürfen uns durch sie nicht über die Wirklichkeit täuschen lassen.

 Die große Auswanderung, die sich im dreizehnten Jahrhundert nach dem
Osten ergoß, war für den Westen eine Wohlthat. Aehnliche Dienste, nur in
trauriger Weise hatte soeben der schwarze Tod mit den ihm nachfolgenden großen
Sterben geleistet. Die Uebervölkerung, die in vielen Gegenden am Rhein und
in Schwaben bereits übermäßige Zersplitterung und Zerteilung der bäuerlichen
Besitzungen veranlaßt hatte, wurde dadurch für einige Zeit beseitigt oder beschränkt.
Wurde so Raum geschaffen, führte wahrscheinlich die zeitweilige Unterbrechung
der alten Zustände eine ungünstige Wendung für die Bauern herbei; ihre Herren
gewannen größere Gewalt über sie. Doch hat eine Einwirkung des römischen
Rechtes erst sehr viel später stattgefunden.

 Der persönliche Rechtsstand der Bauern zeigte je nach den Ländern viele
Verschiedenheiten. Im Westen war nicht der große zusammenhängende Grund=
besitz vorhanden, der im Osten überwog. Während der östliche Bauer mehr
dem Gutsherrn preisgegeben, namentlich stark zu Frohnden verpflichtet war, stand
der im engeren Teutschland mehr unter der landesherrlichen Gewalt. Hier gab
es viele freie Bauern, doch die große Menge war in größerem oder geringerem
Grade hörig. Die letzten Jahrhunderte hatten die verschiedenen Klassen der
Unfreiheit oder Abhängigkeit einander genähert, im allgemeinen ihr Drückendes
gemildert. Die Freizügigkeit war nicht unmöglich gemacht, das Recht der Ehe=
schließung nicht allzu beschränkt und vor allem die regelmäßigen Zinsen, die
anderen vertragsmäßigen Leistungen, wie Frohnden, Erbschaftsabgaben u. dgl.
gingen nicht zu hoch, weil sie dieselben geblieben waren, wie vor alten Zeiten,
während seitdem Wert und Ertrag von Grund und Boden sich ungemein gesteigert
hatten. Die Grundherren bezogen daher sehr dürftige Einnahmen, die den ver=
änderten Lebensbedingungen nicht mehr entsprachen; daher auch der Niedergang
des Adels, die Minderung der Einnahmen von geistlichem Besitz. Diese Abgaben
zu erhöhen, war nicht recht thunlich, da sie feststanden; die Herren halfen sich
daher einmal durch außerordentliche Steuern, dann durch Beschränkung der
Nutzungsrechte, welche den Bauern an der Mark, an Wald, Weide und Wasser
zukamen. Grundherren wie Landesherren forderten für Kriege und Ausnahme=
fälle, für Ausstattung ihrer Kinder, vielleicht auch für Loskauf aus der Gefangen=

schaft besondere Abgaben; die Landstände, in denen die Bauern nicht vertreten waren, verstanden es bald vortrefflich, auf sie den größten Teil der Landesabgaben abzuwälzen. Die Herren begannen die Marktrechte für sich in Anspruch zu nehmen oder verlangten für sie Steuern, und die vielen Weistümer zu ihrem Schutz zeigen ebenso, welchen Bedrohungen sie unterlagen. Der „Jagdteufel" war schon damals in die vornehme Welt gefahren und veranlaßte sie, die althergebrachte Waldnutzung zu erschweren. Der Bauer konnte schwer Widerstand leisten, weil die Geschlossenheit der alten Markgenossenschaften sich längst gelöst hatte, die Gemeinden waren vereinzelt und die Unfreiheit machte sich nun mit allem Nachdruck geltend. Es scheint, daß gerade diese unregelmäßigen Anforderungen den Bauer schwer trafen; oft nach Feuerstellen veranlagt, fielen sie gleichmäßig auf Arme und Reiche und wurden meist gerade dann erhoben, wenn das Land ohnehin in Not lag.

Die Verwüstungen, welche damals jeden Feldzug begleiteten, oft ihn allein ausmachten, ergossen sich fast ausschließlich über den Bauer. Das verbrannte Holzhaus ließ sich in seiner Einfachheit zwar schnell wiederherstellen, aber die fahrende Habe nicht immer retten; schlimmer war es, wenn die Weinberge ausgerottet, die Wiesen umgepflügt, die Obstbäume umgehauen oder abgeschält, die Felder durch gesäetes Unkraut unfruchtbar gemacht wurden; in jedem Fall schadete die oft gebotene Unterbrechung der regelmäßigen Bestellung. Damit stand es je nach den Ländern verschieden, indem die einen sich längerer Ruhe erfreuten, die anderen immer erneuten Stürmen unterlagen. In manchen Gegenden, besonders in Norddeutschland, hausten die Fehden so furchtbar, daß der Bauernstand an den Rand des Unterganges geriet und selbst an Zahl abnahm. Um die Bewirtschaftung neu zu beginnen, mußte der Bauer Geld aufnehmen, bei der Kirche, bei den Kaufleuten, bei den Juden; der hohe Zinsfuß, die Renten, mit denen er sein Gut belastete, schmälerten seine Einnahmen. Er verkaufte wohl auch die Feldfrucht auf dem Halm, die Wolle auf dem Schaf im voraus.

Die Herren hatten die Pflicht, ihre Leute zu schützen und zu schirmen. Waffenlos war das Landvolk allerdings nicht und es versuchte auch, seine Habe zu verteidigen. Viele Dorffluren, Dörfer oder einzelne Höfe waren mit Graben und Landwehr oder Hecke umgeben; die ummauerten Kirchhöfe, selbst die Kirchtürme dienten oft als Zufluchtsstätten für Mensch, Vieh und Gut und als Festungen. Auch Aufgebote zur Unterstützung der reisigen Kriegsscharen, besonders bei Belagerungen und zum „Nachjagen", kamen vor. Aber Waffenehre besaß der Bauer nicht mehr, Krieg war höchstens einmal seine Pflicht oder traurige Notwehr, nicht sein Recht. Aehnlich war es mit dem Gerichtswesen bestellt, an dem ihm nur für bescheidene Verhältnisse eine Mitwirkung zukam, auch diese mehr Zwang, als Vorteil.

So stand es mit dem Bauern: er hat seine Pflichten, die Rechte liegen mehr oder minder in der Hand der Herren, und es kam die Zeit, in der diese zum Teil von der eigenen schlechten Lage gezwungen daran gingen, ihre Gerechtsame gründlichst auszunützen. Woher sollte dann der Bauer Schutz gewinnen? Eine bedrückende Unsicherheit schwebte über ihm, und schon warnten einsichtige Männer davor, den Bogen zu überspannen.

Der Landmann war stolz darauf, daß sein Stand der wichtigste sei, denn wie sollten ohne ihn die anderen leben? Das letztere gab man ihm gerne zu, nur leitete man daraus nicht die erwünschten Folgerungen ab. Der Bauer war eben gut dazu, Adel, Geistlichkeit und Bürger zu nähren, aber Dank fand er dafür nicht. Der grobe, dumme Dorftölpel war einmal zu nichts besserem geschaffen; er hieß „der arme Mann", nicht wirklicher Armut wegen, sondern zur Bezeichnung seines geringen Ansehens. Von dem öffentlichen, dem politischen Leben war er ganz ausgeschlossen, aber ebenso von dem geistigen. Das machte sich doppelt empfindlich, seitdem die Städte so mächtig emporgekommen waren. Sie boten zwar einen ausgezeichneten Absatz für die Erzeugnisse des Ackerbaus und brachten vor allem bar Geld unter die Bauern, aber sie zogen auch den handwerksmäßigen Erwerb möglichst an sich vom Lande weg und beschränkten somit dessen Schaffenskreis. Alle Lebensanregungen vereinigten sich im Bürgertum, das Landvolk war ohne Anteil, zurückgesetzt, in den alten Schranken gehalten, ohne die Fähigkeit, sich selbst geistig emporzuarbeiten, und niemand hielt es für nötig, dazu die helfende Hand zu bieten. Wie viele Bauern waren in die Städte gezogen und thaten es noch, obgleich man dort bereits anfing, den Zufluß zu beschränken! Das waren in der Regel nicht die ärmsten und untüchtigsten, die ihr Glück im neuen Sein erprobten; das Land gab brauchbare Kräfte ab, aber erhielt selbst keinen Ersatz, keine Zufuhr unternehmender, frischer Gedanken. Verglich der Bauer sich mit dem Städter, so mochte er wohl unzufrieden sein. Ein ganz anderes vor Gefahren gesichertes Dasein, mancherlei Freude, die er, weil er sie nur gelegentlich mitgenießen konnte, in ihrem Wert überschätzte, eine geordnete Verwaltung, feste Rechtssätze, frohes Selbstbewußtsein erblickte er hier mit Neid, während ihm vielleicht eben sein Haus in Asche gesunken war, sein Herr ihn mit willkürlichen Anmaßungen bedrängte. Dabei sahen die Bürger, unter ihnen vielleicht auch Verwandte, die einst nichts besseres gewesen waren, als er, auf ihn herab; er fühlte sich als einer geringeren Menschenklasse angehörig. Eben das Vorbild des Bürgertums mußte den Bauern aufreizen, auch seinerseits nach einem festen, geschützten Rechte zu streben, und der Stachel wundete unaufhörlich, bis er die harte Haut des bäuerlichen Gleichmutes durchbohrte.

Auch die Städte mußten schließlich der Landeshoheit Rechnung tragen. Während die fürstliche Arbeit langsam vor sich ging und nur widerwillige Anerkennung damals und später errang, hat das Bürgertum ganz anders Bewunderung und Beifall auf sich gezogen, und wenn ihm auch nicht die unbedingte Huldigung gebührt, die ihm entgegengetragen worden ist, es gehört zu den großartigsten und glänzendsten Erscheinungen in unserer Geschichte.

Vierter Abschnitt.

Das Bürgertum.

Wunderbar und unvergleichlich ist die Geschichte unseres Volkes. Es gehen gleichsam zwei Geschichten neben einander her. Die eine erzählt von großartigen Leistungen im wirtschaftlichen und geistigen Schaffen, die andere redet von politischem Unheil und nationaler Schmach. Nicht einmal, sondern wiederholt bestand ein ungeheurer Gegensatz zwischen dem inneren Werte Deutschlands und seiner äußeren Geltung, seiner staatlichen Gestalt. Es war sein Unglück, daß es bis zur neuesten Zeit nicht dazu gelangte, das rechte Ebenmaß zu finden zwischen der Stärke und der Schwäche, welche gleichmäßig seiner natürlichen Begabung entspringen. Die ureigene Anlage des Deutschen ist die freie Entfaltung der in jedem einzelnen liegenden Kraft, das Recht der Persönlichkeit für sich, die Neigung und Fähigkeit, das von außen Dargebotene aufzunehmen und zum Eigentum zu machen. Wohl hat der Deutsche das Streben und das Vermögen, sich mit Genossen zu gleichem Zwecke zusammenzuschließen, aber auch diese Genossenschaften werden leicht zum Einzelwesen. Er will auch im größeren Kreis sein eigenes Sein nicht aufgeben, nicht sich unterordnen in Hingabe und Unterwerfung; selbst in den Zeiten, wo die Deutschen als Bedientenseelen gelten konnten, behielt sich der Mann eine kleine Welt in seinem Innern vor, möchte sie noch so gering, vielleicht gar nur eine Selbsttäuschung sein. Daher kam es, daß die Deutschen immer wieder den Quell der Gesundung in sich selbst fanden, daß das eigene Sein siegreich die fremden Schichten, welche sich darüber lagerten, durchbrach.

Der Deutsche war jedoch dieser Eigenschaften wegen weniger befähigt, ein großes Staatswesen zu bilden, dessen Natur gebieterisch verlangt, daß das Individuum sich ihm mit einer gewissen Selbstentsagung einfüge, daß es sein Sondersein nicht als ersten Lebenszweck betrachte. Erst die bittere Not und die sich in begrenzten Gebieten emporarbeitende Fürstengewalt haben langsam und allmählich in harter Zucht den spröden Volksstoff geschmeidig gemacht, in der großen Schule festgegründeter Staatswesen die Ecken und Spitzen abgeschliffen und geglättet, ohne doch den guten Kern zu zermalmen und zu vernichten. Was so in kleinen Kreisen vorgearbeitet wurde, konnte endlich zu einem Ganzen vereinigt werden.

Ueber all dem Elend und Unglück, welches diese Richtung zum Sondertum über unser Volk gebracht hat, soll aber nicht übersehen werden, was sie an Großem geschaffen hat. Wir dürfen die Augen nicht schließen vor dem, was der Deutsche aus eigener Kraft herausgebildet hat, auch wenn sich hinter dem farbenprächtigen Gemälde ein dunkler Hintergrund ausbreitet, auch wenn wir uns zugleich bewußt sind, daß diese Kraft nachher nicht ausreichte, ihr Erzeugnis auch ganz zu erhalten.

In der Geschichte vor der Reformation gibt es keine Erscheinung, auf welche der Deutsche mit größerem Stolze zurückblicken mag, als auf das alte Bürgertum. Noch erzählen uns von ihm mit lebendiger Beredsamkeit die Denkmäler, welche es sich selber errichtet hat: die mächtigen Kirchen, die stattlichen Rathäuser, die hochragenden Giebelhäuser mit reichem Schmuck und Zierat ausgestattet, die festen Thore und Thürme der ehemaligen Stadtmauern. Hier und da sind noch die Zeichen der strengen, von der Gemeinde selbst geübten Gerichtsbarkeit sichtbar, welche dem Uebelthäter drohten, dem friedlichen Bürgersmann Schutz verhießen. Unsere Sammlungen bergen in ihren Räumen die bunten Dinge, welche damals Kunst, Erfindungskraft und rühriger Fleiß schufen, Waffen, Gemälde, Stoffe und Hausgerät jeder Art; keines gleicht ganz dem andern, denn ihre Bildner hatten in sich schöpferischen Geist genug, um immer neue Formen zu geben, und doch atmen alle in gleicher Weise Reichtum, Wohlhabenheit, Lebensgenuß und Lebensfreude und zuversichtliches Können. Wir schmücken unser eigenes Heim gern mit dem wunderlichen Altertum, unser Kunsthandwerk sucht in seiner Nachahmung neues Blut in die seit langer Zeit vertrockneten Adern zu leiten. Auf Bildern, auf Grabdenkmälern erscheinen uns die Vorfahren, wie sie leibten und lebten, in ihren seltsamen Trachten; sie machen den Eindruck eines anders gearteten, stärkeren aber auch härteren Geschlechtes; dem Antlitz verleihen feste Linien einen herben, selbstbewußten Ausdruck. Und schlägt der Forscher die städtischen Bücher auf, die Bücher der Rechte und der Gerichte, des gemeinen Haushalts und der Geschichte: welch vielfarbiges, sonderbares, fesselndes und auch abstoßendes Bild entrollen Pergament und Papier vor dem Geist, der die sich hin und her schlingende Zeichnung kaum zu fassen vermag.

Allerdings, das meiste dieser spärlich aus dem ehemaligen Ueberfluß geretteten und doch noch immer reichen Schätze entstammt dem letzten Ende des Mittelalters, denn erst in den Zeiten, welchen unsere Betrachtung gilt, kam das deutsche Bürgertum so recht zum Bewußtsein des bisher Errungenen, fing es an, sich seines Lebens voll zu erfreuen. Damals erst wurde allgemein das enge Heim zur Behaglichkeit ausgestaltet, begannen die Städte, ihr Inneres, die Straßen und Plätze, den Bedürfnissen der Bequemlichkeit und der Gesundheit anzupassen und den bisherigen urwüchsigen Zustand in einen menschenwürdigeren umzuwandeln. Selbst die größten und reichsten Städte standen, wie sie durchschnittlich noch das vierzehnte Jahrhundert hindurch aussahen, an Sauberkeit und Ordnung weit hinter den dürftigsten Landstädtchen unserer Zeit zurück: die Straßen ungepflastert und unbeleuchtet, ein Tummelplatz für das liebe Vieh und Geflügel, durch Haufen von Schmutz verunstaltet, verengt durch allerhand Verschläge, Vorbauten und Ziehbrunnen; die Schätze des Handels, die Erzeugnisse des Handwerks standen noch nicht verlockend in großen Läden zur Schau ausgebaut.

Auch die Bevölkerungszahl selbst der größten Städte Deutschlands war bei weitem nicht so beträchtlich, wie man denken möchte, denn wahrscheinlich zählten die volkreichsten nicht über 40000 Bewohner; Nürnberg hatte z. B. um die Mitte des fünfzehnten Jahrhunderts etwa 20000. Doch dafür enthielt so manche kleinere Stadt mehr Menschen als heute. Wenn auch manchmal die Stadtumwallung eine sehr viel größere Zahl hätte fassen können, so umschloß sie häufig nicht bloß die Häuser, sondern auch Garten- und anderes Nutzland, während freilich anderorts, wo der erste Mauerring nicht erweitert wurde, vielfach die engzusammengedrängten Häuser mit schmaler Straßenseite in mehreren, übergetragenen Stockwerken emporstiegen. Es entwickelte sich eben jede Stadt verschieden nach ihren eigenen Bedingungen und keine glich ganz einer andern. Obgleich es schon früh allenthalben einzelne stattliche Steinhäuser gab, war damals das Bürgerhaus gewöhnlich aus Fachwerk gebaut, niedrig und eng, meist noch mit Stroh gedeckt. Da die Landwirtschaft auch in vorwiegend gewerbthätigen Städten nicht ganz aufhörte, in anderen sogar die Hauptbeschäftigung blieb, trug das ältere Bürgerhaus durchschnittlich mit kleinen Aenderungen noch den Grundzug der Landwohnungen. Wie heute die alten Städte aussehen, namentlich die größeren unter ihnen, verdanken sie ihr stattliches Wesen erst dem fünfzehnten oder gar dem sechzehnten Jahrhundert. Nur Rotenburg an der Tauber zeigt in den Bürgerhäusern noch ganz den Zuschnitt um 1400.

Die Lust an schönen und reichen Bauten kam zuerst und schon früh den Kirchen zu gute, doch wurden jetzt auch öffentliche Werke des gemeinen Nutzens, wie Brunnen, Rathäuser und Thore, mit bildnerischem Schmuck ausgestattet. Allmählich folgten dann die Wohnhäuser nach, die neu zu errichten häufige Brände Veranlassung gaben. Voran ging der Norden mit seinem Backsteinbau; Landesart und der in der Nachbarschaft am besten vorhandene Stoff, Stein, Ziegel oder Holz bedingten allenthalben Abwechselung in Form und Verzierung.

Jede Stadt war eine Festung. Sie umgab die durch den Wallgang zur Verteidigung geschickte Mauer, um die sich, wenn es die Oertlichkeit erlaubte oder gebot, ein tiefer Graben zog, vor dem sich oft noch eine niedrigere Mauer erhob; manchmal war auch der Mauerring doppelt. Draußen in weiterer Entfernung umgürtete besonders im Norden eine Landwehr oder ein Gebück die Stadtmark oder standen einzelne Wachttürme, um zu verhindern, daß nicht eine schnell ansprengende Reiterschar sich unbemerkt der Stadt nähern konnte. Auf der Stadtmauer erhoben sich in angemessenen Entfernungen voneinander Türme; die Thore, deren Zahl möglichst beschränkt war, wurden durch die stärksten Befestigungen gedeckt. Die gewölbten Thorwege, manchmal mit mehreren Pforten oder Abteilungen hintereinander ausgestattet, führten durch Turmanlagen, an denen das Stadtwappen oder anderes Gebild prangte. Zugbrücken, Fallgitter und die schweren mit Eisen beschlagenen Thorflügel sperrten zur Kriegszeit oder in der Nacht den Eingang, während bei Tage Wächter oben und unten auf die Ankommenden ein scharfes Auge hatten. Diese starke, meist unbezwingliche Wehr gab hauptsächlich dem Bürgertum seine sichere Stellung.

Gar so angenehm war nach unseren Begriffen gemessen das Leben in den Städten nicht. Der Tag verstrich unter der Arbeit, der Abend brachte wohl ein Plauderstündchen, im Sommer auch einen Reigen auf den Straßen oder Plätzen, die freilich spärlich und eng waren. Die Reichen hatten vor den Thoren ihre Gärten, doch ein weiterer Spaziergang ins Freie war nicht immer ratsam; wenn die Stadt Fehden hatte, konnten die Bürger manchmal lange Zeit draußen nicht friedlich verkehren. Auch die zahlreichen und vielbenutzten warmen Bäder boten Gelegenheit zur Unterhaltung; ebenso gab es Brüderschaften, wie die Kalande, die neben anderen Zwecken auch der Geselligkeit dienten. Größere Abwechselung brachten jedoch nur die hohen Kirchenfeste und die damit verbundenen prunkvollen Prozessionen, und besonders die Märkte mit ihrem lärmenden Treiben, den fremden Kaufleuten, dem hereinströmenden Landvolk, den fahrenden Leuten, Gauklern, Sängern und Geheimniskrämern, den erstaunliches bergenden Schaubuden. Gelegentlich führten auch Versammlungen und Beratungen Gäste herbei.

Kamen gar der Kaiser oder hohe Fürsten, so gab es viel zu sehen. Da zogen manchmal Turniere die benachbarte Ritterschaft herbei; auf dem Rathause vereinigten frohe Tänze die Gäste und den vornehmen Teil der Bürgerschaft. Doch die Stadt hatte dann große Kosten: sie verehrte Ehrengeschenke, goldene oder silberne Becher oder andere Erzeugnisse der städtischen Kunst, den Frauen Geschmeide, den Dienenden andere nützliche Gaben, Stoff zu Kleidern oder etwa schöne Hüte; hoch und gering empfingen außerdem je nach Würde reiche Spenden von Wein und Bier.

Jede Stadt feierte auch ihre eigentümlichen Volksfeste, an denen die Ausgelassenheit hell emporschlug; nur zu oft wurde von den Erhitzten Schwert und Messer zur blutigen Gewaltthat gezückt. Herbergen, Gasthäuser und Schenken gab es genug; die vornehmeren Herren und die Innungen hatten ihre besonderen Trinkstuben, aber wenn nicht gerade Markt war, hatte die Zechfreude durch strenges Gebot abends ein frühes Ende. Auch die derbe Sinnlichkeit fand Befriedigung, denn Frauenhäuser bestanden in allen Städten.

Bei festlichen Anlässen machte sich der Unterschied zwischen reich und arm viel schärfer geltend, als heutzutage, weil dann Männlein und Fräulein ihre herrlichste Kleidung anzulegen wetteiferten. Das war eine kostspielige Sache, denn die Mode von Kopf bis zu Fuß wechselte schnell. Dem weiten Gewande folgte ein kurzes und überknappes auch bei den Frauen, das sogar die Ehrbarkeit verletzte, um dann wieder von einem stoffverschwendenden ersetzt zu werden. An die Stelle der breiten Schuhe traten die unsinnigen Schnabelschuhe. Alle denkbaren Stoffe fanden Verwendung als Außenteil oder als Futter; heute bequem, morgen eingezwängt, bald in schreienden vielfältig geteilten Farben, bald in dunkleren Tuchen stolzierten männliche und weibliche Stutzer einher. Oft wurde Gold- und Silberstickerei im Uebermaß, selbst pfundweise, angebracht. Auch die Bewaffnung war der Mode unterworfen.

Mehrere Ursachen wirkten zusammen, um die Bürgerschaften ständig an Wohlstand und Erwerbsfähigkeit wachsen zu lassen. Das Städtewesen beruhte hauptsächlich auf der Geldwirtschaft.

Der Umsatz der Erzeugnisse des Handwerks und der Handelsgegenstände erfolgte gegen bare Zahlung, auch die grundbesitzenden Bürger verwerteten die Erträge ihres Landbaues für Geld. Der städtische Haushalt gründete sich auf Einkünfte in Münze. Die Hauptquelle bildete fast überall das Ungeld, eine Abgabe von Lebensmitteln, doch traten dazu auch andere Steuern und besonders für einzelne Fälle ausgeschriebene unmittelbare Auflagen. Die Städte waren dadurch in der Lage, ihre Mauern zu bauen und zu bessern, für Krieg und Fehde Gerät und Mannschaften zu beschaffen. Aber sie vermehrten auch durch Ankauf ihren Besitz vor den Thoren, erwarben Rechte inner- und außerhalb ihres Umkreises, schlossen gegen Jahresrenten Verträge mit benachbarten Herren zu Schutz und Schirm und verpflichteten sich durch Ausleihen auch große Fürsten.

In den Städten entwickelte sich zuerst eine geordnete Verwaltung. Da hier das Schreibwesen früh in Anwendung kam, entstand ein geordnetes Archivwesen, das an so manchen Orten bis auf den heutigen Tag kostbare Denkmäler gerettet hat. Das Stadtrecht war schriftlich festgestellt; die Schreine bargen die Rechtsurkunden, die Stadtbücher bewahrten wichtige Beschlüsse. So kam man zeitig über den lockeren Boden der bloßen Ueberlieferung heraus, war willkürlicher Rechtsdeutung und Rechtsschöpfung überhoben und brauchte nicht immer wieder von vorne anzufangen. In den Zünften dauerte freilich mündliche Ueberlieferung länger fort und namentlich äußerliche Formen pflanzten sich nur durch sie weiter, doch allmählich wurden auch ihre hauptsächlichsten Sätze aufgezeichnet. Geldwesen und Schriftwesen trugen und ergänzten sich gegenseitig und verliehen dem Ganzen, wie die Befestigung nach Außen, Sicherheit im Innern.

Daraus ergab sich auch eine bessere und wirksamere Handhabung der Gerechtigkeitspflege. Vor allem galt in der Stadt nicht das heillose Fehderecht. Jeder Bürger mußte sein Recht an gebührender Stelle nehmen und sich damit begnügen; wem das nicht behagte, der mochte aus der Stadt weichen. Auch nach außenhin, selbst in weite Fernen, vertraten die Städte Rechte und Ansprüche ihrer Bewohner.

Man kann sich denken, welche Anziehungskraft diese Verhältnisse ausüben mußten; mitten im wilden Meere der Zeit waren die Städte ruhige gesegnete Eilande, in deren Schutz die Bedrängten gerne flüchteten. Daher der andauernde Zudrang vom Lande her, wobei allerdings auch manch unsaubrer Gesell der draußen seiner harrenden Gerechtigkeit zu entgehen suchte. Der Mann, der Jahr und Tag lang unangesprochen in der Stadt sein eigenes Brot gegessen hatte, galt für frei; die Luft der Stadt macht frei, war ein Satz von bestrickender Wahrheit nach allen Seiten hin. Für die Bürgerschaften war diese

fortgesetzte Erneuerung des Blutes, diese stetige Ergänzung durch frische Kräfte
von großem Segen, und als sie sich später dagegen abschlossen, blieb der Schaden
nicht aus.

Die großen, nie versagenden, sondern immer neue Ströme ergießenden
Quellen aller dieser glücklichen Zustände waren der Handel und die Gewerbs=
thätigkeit.

Der deutsche Handel umfaßte damals die ganze bekannte Welt, obschon
der Kaufmann nicht allenthalben selbst an Ort und Stelle die Waren holte
und einkaufte, sondern sie teilweise durch Vermittlung anderer bezog. Der
Handel bestand aus Einfuhr und Ausfuhr, indem das Ausland teils Waren, teils
Rohstoffe lieferte, das Inland die Erzeugnisse des Landbaues, die Ausbeute der
Bergwerke, wie die Schöpfungen des Gewerbfleißes versandte. Doch bildete
Teutschland nicht sozusagen ein einheitliches Handelsgebiet, sondern es zerfiel in
mehrere Gruppen. Die Trennung des Südens vom Norden zeigte sich auch
hier, nur daß sich beide im Westen vielfach berührten; der binnenländische Osten
stellte mit gewisser Selbständigkeit die Verbindung her.

Süddeutschland mit den großen Städten Nürnberg, Augsburg, Ulm,
Straßburg pflegte naturgemäß in erster Stelle Beziehungen zu Italien und
durch dessen Vermittlung mit dem Orient. Es holte von Venedig, wo das
stattliche Haus des Fondaco am Rialto jahrhundertelang dem deutschen Handel
diente, auch aus Genua und anderen Orten die beliebten Gewürze, Oel, Süd=
früchte, die feurigen und süßen Weine, Metall= und Glaswaren, auch Baum=
wolle zur Verarbeitung und trug dorthin besonders Leinwand, Wollgewebe und
Lederwaren. Der Weitervertrieb ging nach Frankreich und den Rhein hinab,
ebenso die Donau hinunter nach Oesterreich und nach Schlesien. Der Nürn=
berger Patrizier Ulman Stromer zeichnete gegen Ende des Jahrhunderts
mancherlei auf über „Gewicht und Kaufmannschaft"; er spricht von Genua,
Venedig, Mailand und Neapel, von Barcellona und Avignon, von Brügge, von
Krakau, Lemberg und Asow, von Wien; man sieht daraus, wie weit Nürnbergs
Handel reichte. Doch Ulman Stromer legte sein Geld nicht allein im Kauf=
mannsgeschäft an: er errichtete mit Arbeitern, die er aus Italien kommen ließ,
eine Papiermühle, wohl die erste in Teutschland, kaufte Häuser in der Stadt
und auf dem Lande draußen, schlug Holz nieder und forstete auch auf.

Im Osten bildeten Wien und Breslau die großen Stapelplätze, in denen
der Verkehr von allen Seiten her einmündete und von denen er wieder aus=
strahlte. Von hier aus wurden Polen und Ungarn versorgt, die dafür Salz,
Pelzwerk, Häute lieferten. Während der süddeutsche Handel mehr auf Einfuhr
und Weiterversendung fremder Waren beruhte, überwog im Norden die Aus=
fuhr. Der nördliche Handel beherrschte die weite Linie von England und Brügge
bis Nowgorod in Rußland und die skandinavischen Lande. Zwar bezog man
für eigenen Gebrauch auch hier mancherlei aus der Ferne, wie die kostbaren
flandrischen Tuche, die Weine aus Italien, Frankreich und vom Rhein, aber die
Hauptsache bildete neben dem Umsatz der erhandelten Südwaren die Verarbeitung
der vom Auslande gelieferten Rohstoffe: Pelzwerk, Wachs, Erze, Tierfelle, Hölzer,
die dann in nutzbare Gegenstände verarbeitet wieder zurück oder in andere

Gegenden, bis zur spanischen Halbinsel wanderten. Es wurden ferner verschifft Getreide, Bier, allerhand Geräte des Handwerks und der Kunst, für Krieg und Frieden, wie Waffen und Altarschreine. Der wichtigste Vertrieb war jedoch, daß die Ostseestädte, vor allen Lübeck, die abendländische Welt mit dem Trocken- und Salzfisch, dem Stockfisch und dem Hering versorgten.

Neben dem Handel mit dem Auslande ging ein schwunghafter in Deutschland selbst. Er verteilte nicht allein die aus anderen Ländern herbeigeholten Kostbarkeiten, sondern auch heimische Sachen fanden weithin Vertrieb, indem die einzelnen Gegenden austauschten, was jede in besonderer Trefflichkeit erzeugte. Hier braute man gute Biere, die oft fernhin versandt wurden, dort fertigte man herrliche Werke aus Edelmetall, anderweitig Holz- und Blechsachen, Töpfergeschirr, Messer, oder verstand sich vorzüglich auf die Gerberei, und was sonst Natur oder besondere Geschicklichkeit der Bearbeitung darboten.

Der Handel war ungemein gewinnbringend, sonst würde er nicht die Schwierigkeiten überwunden haben, von denen wir in unseren glücklichen Zeiten uns kaum eine Vorstellung machen. Wie kostspielig war schon die langwierige Beförderung auf den elenden Wegen und Straßen mit den schweren Wagen oder auf Saumtieren. Für das Durchziehen der einzelnen Gebiete waren schwere Geleitsgelder zu entrichten, ein oft ganz willkürlich gehandhabtes Zollwesen, besonders auf den großen Flüssen drückte dem Kaufmann manchen Gulden ab. Dazu kamen andere Hemmnisse, wie das Stapelrecht gewisser Städte, in denen die durchgeführten Waren erst zum Verkauf ausgelegt werden mußten, ehe sie weiterbefördert werden durften, der Zwang, bestimmte Wege einzuschlagen. An der See wurde das Strandrecht von den Bewohnern sogar raubmäßig geübt, aber auch das Schiff, das auf einem Flusse verunglückte, der Wagen, der auf der Straße umschlug, wurden oft mit ihrem Inhalt von dem Grundeigentümer beansprucht. Die ewige Friedlosigkeit, das Raubgesindel aller Art gefährdeten die Warenzüge; politische Streitigkeiten veranlaßten manchmal die Beschlagnahme des Kaufmannsgutes und nicht selten mußte in der Fremde der Kaufmann für wirkliche oder angebliche Übeltaten anderer Heimatsgenossen haften. Auch die Unbeständigkeit der in ihrem Werte arg schwankenden hunderterlei Münze, die vieler Orten zur gewissenlosen Ausbeutung benutzt wurde, war nicht die geringste aller Plackereien.

Trotzdem blühte und mehrte sich der Handel noch das ganze folgende Jahrhundert hindurch und häufte gewaltige Reichtümer an, bis Ursachen, die zum großen Teil nicht in den deutschen Verhältnissen allein lagen, ihn herunterdrückten. Er war erwachsen aus günstigen geschichtlich-geographischen Bedingungen, aber der Bürger hatte die Zeit verstanden, die Gelegenheit ausgenützt. Das Reich, die Kaiser haben, abgesehen von Privilegien, welche sie erteilten, so gut wie nichts gethan, ihn zu fördern, sein Gedeihen war eigenes Verdienst des Bürgertums, das durch die zu überwindenden Hindernisse zunächst nur gestählt wurde. Es war eine Leistung des einzelnen Mannes, dann der einzelnen Gemeinwesen, endlich des Zusammenschlusses mehrerer; selbst dann kam es doch immer in erster Stelle auf die eigene Kraft an. Nie ist die deutsche Kaufmannschaft einheitlich zusammengefaßt gewesen, nie hat sie von Reichs wegen eines festen Schutzes genossen. Welch ungeheure Summe an Kraft wurde durch die Zersplitterung vergeudet! Kein Wunder, wenn das Bürgertum in dem Bewußtsein, daß es allein die Bahn gebrochen, die Unabhängigkeit schätzen und auch überschätzen lernte.

Der Handel mit seinem allseitig anregenden Einfluß hat die Gewerbe groß gezogen. Der Absatz gegen Bargeld, das infolge der gestiegenen Kaufkraft wachsende Bedürfnis, die Kenntnis fremder Erzeugnisse, der über das bloße Tageserfordernis der nächsten Umgebung gehobene Umfang der Arbeit förderten die bestehenden Handwerke und riefen neue hervor. Dadurch kam in der städtischen Bevölkerung rasch ein Bestandteil in die Höhe, der außer seiner Wohlhabenheit und Rührigkeit auch seine Masse gewichtig geltend machte. Die Zünfte, in denen die Handwerker von alters her vereinigt waren, ergaben den Zusammenschluß, der ihnen nicht allein für die betriebene Arbeit, sondern auch für die Geltung innerhalb der Gemeinde Vorteile eintrug. Denn die Zünfte verfolgten sowohl gewerbliche und wirtschaftliche, wie auch sittliche, kirchliche, kriegsmäßige und politische Zwecke. Allerdings kam es an jedem Platze darauf an, wieweit es ihnen glückte, die frühere Abhängigkeit abzustreifen, doch im allgemeinen erlangten sie für ihre Angelegenheiten freie Bewegung. Sie übten den Zunftzwang so, daß jeder, der in der Stadt ein Handwerk ausüben wollte, der Zunft beitreten mußte. Diese regelte die Bedingungen der Aufnahme, das Verhältnis der Meister zu Gesellen und Lehrlingen, die Arbeitszeit, die Arbeit selber bis ins kleine, Ankauf und Verwendung des Rohstoffes; sie beaufsichtigte die Güte der Arbeit und traf Bestimmungen über deren Verkauf. Häufig, wenn auch nicht immer, stand ihr allein die Gewerbepolizei und die Gewerbegerichtsbarkeit zu, und wo sie erlangt war, gab sie der Zunft große Gewalt über ihre Glieder. Sie fühlte sich als geschlossene Gemeinschaft von gleichem Können, gleicher Sitte und gleicher Standesehre und in der Regel hielten die Innungen einer Stadt zusammen. Gleichen Pflichten der Genossen entsprachen gleiche Rechte, oft auch gleiche Beschränkungen zu Gunsten der einzelnen Mitglieder, damit jedes den Vorteil seiner Arbeit genieße, nicht von einem andern überflügelt und niedergedrückt werde, denn dem Wettbewerb untereinander wurden Schranken gesetzt. Doch herrschten anfänglich freiere Anschauungen, und erst allmählich, zunächst wohl in den kleineren Städten gestaltete sich das Zunftwesen zu einem Monopol weniger Begünstigter, in deren Kreis zu gelangen immer mehr erschwert wurde. Die Genossenschaften verfolgten dann nur ihr Interesse, nicht mehr das der Allgemeinheit.

Die Zunft übte über ihre Angehörigen auch die sittliche Zucht, wachte über ihr Wohlverhalten und ihren Anstand, und wie die Kirche überall ins Leben eingriff, lagen ihnen auch religiöse Verpflichtungen ob. Die Handwerker bildeten den Kern der städtischen Kriegsmacht und waren deswegen zu Wehr und Waffen verbunden; sie hatten nicht allein die Mauern zu verteidigen, sondern auch an den Auszügen teilzunehmen. Doch war letztere Pflicht meist beschränkt und erforderte nicht mehr als eine Tagfahrt, so daß abends wieder in die Stadt heimgekehrt wurde. Weiter aussehende Fehden blieben Söldnern überlassen. Die Führer waren angesehene Bürger, etwa Patrizier, häufig gedungene Adelige.

Trotz mancher glänzenden Kriegsthaten, welche bürgerliche Heere verrichteten, darf man sich von ihrer Waffenfähigkeit keine allzu große Vorstellung machen; zu größeren Feldschlachten waren sie nicht geeignet.

Indem so die Zünfte einen großen Theil der öffentlichen Lasten trugen, war es natürlich, daß sie danach strebten, auch bei dem Regiment der Stadt mitwirken zu dürfen. In der That brachte das vierzehnte Jahrhundert und noch das folgende eine lange Reihe von Bewegungen hervor, in denen die Zünfte daraus ausgingen, die althergebrachte Regierung der herrschenden Geschlechter zu stürzen, und oft krönte die Auflehnung Erfolg. Gewöhnlich gaben die gleichen Beschwerden den Anlaß: die Klage, daß der städtische Haushalt von den Bevorrechteten zu eigenem Nutzen ausgebeutet, keine oder falsche Rechnung darüber gelegt werde, daß der Rat mit seinem Gericht Unrecht und Gewalt ausübe. Die vornehmen Kaufherren, stolz auf ihren rittermäßigen Stand, ihren Reichtum und ererbten Einfluß, ließen die niedern Bürger ihren Uebermut manchmal schwer empfinden. Hin und wieder erfolgte der Umschwung friedlich, oft auch unter bösem Tumult, in welchem die Leidenschaften sich wild austobten mit Vertreibung der verhaßten Herren, selbst mit Blutvergießen; Justizmorde aus Haß oder Uebereilung befleckten viele Städte. Manchmal schwankte es lange, ehe die eine Partei endgültig obsiegte; die Erkenntnis, daß man zu weit gegangen war, oder rücksichtsloses Auftreten der Sieger wandten wiederholt das Blatt. So vereinigten sich 1372 in Köln die Zünfte wieder mit den Geschlechtern gegen die Weber, welche die Oberhand erstritten hatten, und warfen sie in der „Weberschlacht" nieder. Schade, daß wir von diesen Vorgängen so wenig Näheres wissen. Sie waren sicherlich von nicht geringerer Bedeutung, wie die Kämpfe in den italienischen Kommunen, die unser lebhaftes Interesse in Anspruch zu nehmen pflegen. Aber unsere damalige Geschichtschreibung hält uns eine genauere Kenntnis der handelnden Personen und ihrer Beweggründe vor; wir hören wohl Namen, aber Leben und Körper haben sie für uns nicht. Doch blieb den deutschen Städten das fortwährende Schauspiel der Parteien und herrschenden Persönlichkeiten, das jenseits der Alpen die städtische Kraft erschöpfte, meistens erspart, und in keiner einzigen Stadt hat sich eine Signorie, eine Tyrannis gebildet oder irgend zu behaupten vermocht.

Der einfache Gegensatz zwischen Armen und Reichen, der später zu bürgerlichen Erschütterungen führte, machte sich zu dieser Zeit politisch noch wenig bemerkbar. Aber in der Luft lag er bereits. Der Magdeburger Chronist ermahnt daher „die lieben alten weisen Bürger", sie möchten eine redliche gute Polizei und Regierung führen, daß man dem gemeinen Volke seinen Willen nicht allzusehr lasse. „Man halte sie in guter Hut und in Zwang, denn zwischen Armen und Reichen ist ein alter Haß gewesen, weil die Armen alle, welche etwas haben, hassen und sie sind bereiter, den Reichen zu schaden, als die Reichen den Armen". In Süddeutschland fing man auch an, den „Pöbel" zu fürchten.

Außer etwa in Nürnberg erlangten in den größeren süd- und westdeutschen Städten die Zünfte Zutritt zum Rat und zur Stadtleitung; oft fiel ihnen das gesamte Regiment zu. Die Patrizier gingen dann entweder in ihnen auf oder zogen sich auf das Land zurück; ohnehin entstand die Meinung, eine Beschäftigung „mit Elle und Wage" sei für sie unziemlich. In den norddeutschen Städten, namentlich in Lübeck, erwies sich meistens der aristokratische Teil als der stärkere, und wo dieser das Heft in den Händen behielt, blieb in der Regel die äußere Politik eine ruhigere. Doch darf man sich weder die zünftisch regierten Bürgerschaften als Demokratien in unserem Sinne, noch die anderen als einer Willkürherrschaft verfallen denken. Die Regierungsweise wurde wenig durch die Herkunft der Ratsherren beeinflußt, denn ob Zünftiger oder Geschlechtiger pflegten sie getreulich ihrer Aemter zu warten.

Für die gestrengen Herren war es keine leichte Aufgabe, die Stadt weise zu leiten. Heute umfaßt eine städtische Verwaltung freilich eine lange Reihe von Aufgaben, an welche jene Zeiten nicht dachten, aber sie betreffen lediglich innere Verhältnisse, während damals den Behörden auch die Gerichtsbarkeit, die Kriegs= verfassung, die Polizei und der Friedensschutz in ihrem ganzen Gebiete, sowie die politische Vertretung nach außen oblagen. Gerade letztere Pflicht stellte oft die schwierigsten Anforderungen und es ist den Biedermännern nicht zu verdenken, wenn ihnen häufig Abwarten als höchste politische Weisheit erschien. Doch galt das nicht immer und es hat unter den Bürgermeistern jener Zeit hervorragende und thatkräftige Männer gegeben.

Unter den vielen Sorgen, welche die Beziehungen nach außen machten, stand eine obenan: die Stadt bei ihren Freiheiten und Privilegien zu erhalten, gegenüber dem Landesherrn oder dem König, je nachdem. Alle Städte hatten gleichmäßig ihre liebe Not mit dem umgesessenen Adel und Herrentum; nur zu oft flogen die Fehdebriefe in Massen in die Stadt, und da hieß es, nicht allein sie selbst vor einem Ueberfalle zu schützen, sondern auch draußen Plünderung und Brand abzuwehren oder zu rächen, die auswärts weilenden Kaufleute zu warnen oder zur rechten Zeit hereinzugeleiten. Die meisten Streitsachen verursachten unklare Verhältnisse zu auswärtigen Gerichten, des Reiches sowohl wie anderer Gerichtsherren.

Am verdrießlichsten waren die Händel mit der geistlichen Gerichtsbarkeit, die ebenso übergriff, wie sie auch widerrechtlich bestritten wurde. Allerhand Fragen, namentlich auch wirtschaftliche gaben Anlaß. Häufig entstand arger Lärm gegen Geistliche und Mönche, nicht selten verließen sie freiwillig oder unfreiwillig die Stadt, dann kam das Interdikt, das sich nur mit großen Opfern, oft erst an der Kurie, beseitigen ließ. Recht oder Unrecht war schwer zu unterscheiden, und Geld oder Macht trugen gewöhnlich den Sieg davon. Daher mußten beide sorg= lich zusammengehalten und geschont werden, denn ohnehin waren die laufenden Lasten groß, ja übergroß. Aus diesen Gründen gewann allmählich eine engherzige Kirchturmpolitik in den Städten die Oberhand.

Da bei aller Verschiedenheit eine gewisse Gleichförmigkeit der Interessen bestand, lag es für die Städte nahe, sich mit anderen gleichgestellten und benach= barten zur Erreichung gemeinsamer Zwecke zu verbinden. Deswegen die vielen Städtebündnisse, die vergingen und wieder entstanden, von wechselndem Umfange und Zweck. Wahrung der Rechte, Befriedung des Landes, Verteidigung gegen Feinde bildeten den Grundzug, doch führten auch gelegentlich Verhältnisse des Augenblicks Stadtgemeinden einander näher. In der Regel nur für eine kurze, bestimmte Zahl von Jahren geschlossen, wurden auch Verträge immer wieder erneuert, so daß sie ganze Geschlechter überbauerten, während andere zerfielen, ehe die Zeit, für welche sie vereinbart wurden, ablief. Denn auch die Bundespflicht vermochte nicht immer den Geist beschränkter Selbstsucht zu bannen.

Von diesen Städtebündnissen hat keines länger gebauert, ist aber auch keines eigenartiger gewesen, als die Hansa. Das Wort begegnet schon im Gothischen, gleichbedeutend mit Gilde, Gesellschaft, dann im Auslande, in England als Bezeichnung der Genossenschaft deutscher Kaufleute; erst um die Mitte des vierzehnten Jahrhunderts wurde es in Deutschland zum üblichen Namen für den gesamten Bund selbst. Die Hansa ist nicht durch einen bestimmten einmaligen Vertrag gegründet worden, sie entstand vielmehr allmählich und die erste Veranlassung boten die Vereinigungen deutscher Kaufleute zu gemeinsamer Fahrt und zum Erwerb gemeinschaftlicher Rechte und Niederlassungen im Auslande. Die westlichen Städte am Niederrhein und in Westfalen haben schon früh die Handelsseefahrt getrieben, nach dem Osten wie nach dem Westen. Ihre Kaufleute erwarben in England gleiche Rechte und die Gildhalle der Kölner in London, der spätere Stahlhof, ging schon in der Mitte des dreizehnten Jahrhunderts auf alle deutschen Kaufleute über. Auch in Holland und Flandern wurden Vorrechte erworben; hier gedieh in Brügge die großartige Niederlage.

Aber den rechten Antrieb zu großen Dingen gab erst die Deutschwerdung der Ostseeländer. Dorthin, namentlich nach der östlichen Küste, segelten schon früher deutsche Kaufleute, denen die Insel Gothland als willkommener Haltepunkt auf allzu langer und beschwerlicher Fahrt diente. Von Wisby aus, welches sich zum glänzenden Vereinigungspunkt der verschiedensten Völker und Zungen emporschwang, ging die Reise nach Schweden, wo Stockholm fast eine deutsche Stadt wurde, und nach Rußland, nach Nowgorod am Ilmensee, wo wie der Stahlhof in London, der Petershof das stadtgleiche Quartier der Hansa bildete. Als die südlichen Küsten der Ostsee sich mit deutschen Ansiedlern füllten, dort bis zum finnischen Meerbusen hin deutsche Städte, allen voranschreitend Lübeck, entstanden, zogen die wendischen Städte die Gothlandsfahrt an sich, und es ergab sich für sie zugleich die Notwendigkeit engerer Bündnisse und Einungen zum Schutz des Handels, denen auch Hamburg beitrat, als Bindeglied zwischen Nordsee und Ostsee.

So erwuchs langsam seit dem dreizehnten Jahrhundert die Hansa als ein Bund der deutschen Kaufmannschaft, welche über die nördlichen Meere handelte, ganz und gar ein Handelsbündnis, zusammengehalten durch das dauernde Bedürfnis, welches ein so festes Band schlang, daß es die fehlende Gründungsurkunde ersetzte und lange Zeit keine festvereinbarten Satzungen erforderte. Selbst der Umfang des Bundes war nicht immer derselbe, indem Mitglieder bald zu ihm hielten, bald für eine Zeit fern standen.

Gemeinsame Angelegenheiten beriet man auf den Hansatagen, die oft in Lübeck, doch auch anderwärts stattfanden, aber nie von allen Städten gleichmäßig beschickt wurden. Die Beschlüsse pflegten in Rezessen zusammengefaßt zu werden. Doch waren nur die, welche reine Handelssachen betrafen, für alle Mitglieder bindend, nicht aber Vereinbarungen der hohen und äußeren Politik; da that nur mit, wer dabei seinen Vorteil zu finden glaubte. Die Hansa hat nie als Ganzes, als Bund ihre Kriege geführt; gegen den Norden thaten das gemeinlich nur die wendischen Städte, denen dort die hauptsächliche Führung zufiel. Gleichwohl verzweigte sich der Bund weithin. Um die Mitte des vierzehnten Jahrhunderts teilte er sich in drei Drittel: in das wendische mit den sächsischen und brandenburgischen Städten, in das westfälisch-preußische mit den westlichen und östlichen Städten und in das gothländisch-livländische. Lübeck, Köln und Wisby waren je die Vororte.

Trotz dieser losen Fügung und obgleich es keine regelmäßige Bundessteuer gab, konnte die Hansa Großes und Dauerndes leisten; es war eben der allmächtige, immer rege und lebendige Handelsgeist, der sie zusammenhielt. Er bildete den eigentlichen und alleinigen Lebensnerv und nur deswegen war es möglich, daß so viele Städte von ganz verschiedener geographischer und politischer Lage in ihr sein konnten. Die weitaus große Mehrzahl waren fürstliche Landstädte, denn eigentliche Reichsstädte gab es wenige im Norden, und die Hansa vermied es, sich in das Verhältnis der Städte zu ihren Fürsten zu mengen, etwa einen grundsätzlichen allgemeinen Kampf für städtische Freiheit zu beginnen; wohl aber schritt sie manchmal gegen inneren Aufruhr ein. Kriegerische Abenteuer ohne Not aufzusuchen, verbot schon die Rücksicht auf das Eine, dessen Gedeihen man ausschließlich wollte, auf den Handel.

Daher kam es auch, daß die Hansa, so sehr sie der Wohlfahrt des deutschen Volkes diente und seine Ehre emporhob, keinen Einfluß auf die staatsrechtliche Gestaltung und Entwickelung des Reiches ausübte, nie daran dachte oder denken konnte, als geschlossene Körperschaft einen Platz in der Reichsverfassung einzunehmen. Sie ging ihre eigenen Wege, und diese führten nach dem Auslande; außer etwa Karl IV. hat kein deutscher Kaiser sich viel um sie gekümmert. So konnten Angehörige des Reiches gewaltige Unternehmen beginnen, großartige Kriege mit dem Auslande führen, ohne daß des Oberhauptes Mitwirkung oder auch nur Billigung in irgend einer Weise angeboten oder gewünscht wurde, ohne daß das Reich dabei in Mitleidenschaft kam. Wären wir allein auf die süddeutschen Geschichtsquellen angewiesen, so würden wir gar nicht wissen, daß eine Hansa überhaupt bestand, blieben diese ruhmreichen Blätter unserer deutschen Vorzeit uns verschlossen.

So vollzog sich auch hier eine großartige Leistung aus der Kraft des Volkes heraus, aus der freiwilligen Zusammenwirkung einzelner, wie schon die ganze Gewinnung des Ostens eine solche war, aber schließlich gingen auch hier die Früchte verloren, weil kein Reich dahinter stand, welches das Errungene hätte bewahren, gegen das erstarkende Ausland aufrecht erhalten können. Es ist vielleicht zu beklagen, daß Deutschland im Mittelalter nie einen König hatte, der von der Nord- oder Ostsee herstammte, der Liebe für das Meer und Verständnis für die dort obschwebenden großartigen Interessen besaß. Es war kein Zufall, daß späterhin Brandenburg, sobald es Fuß an dem Meere faßte, wenn auch tastend und unsicher und zu ungünstiger Zeit, eine neue Wendung herbeizuführen suchte.

Das Lebenselement der Hansa war trotz ihrer großartigen Beziehungen auch nach dem Westen hin die Behauptung und ausschließliche Ausübung des Handels in der Ostsee und diese erreichte sie in schweren Kämpfen, welche fast allein die wendischen Städte führten. Es war eine langwierige und harte Arbeit, welche Kraft und Selbstbewußtsein mächtig hob. Wie that das überhaupt das ganze Leben dieses nordischen Kaufherrn!

In der Jugend machte er vielfach die eiserne Zucht durch, die in den überseeischen Niederlassungen und Kontoren, in London, Bergen oder Nowgorod oder anderswo geübt wurde, wo die ganze Führung den strengsten Geboten unterlag, schärfer fast als im Kloster und nachdrücklicher gehandhabt, so daß selbst für das bescheidenste Vergnügen kaum Raum blieb, aber er lernte die Dinge und Menschen draußen kennen, durchdrang sich mit dem stolzen Gefühl hansischer Macht und hansischen Reichtums, die zu bewahren sein vornehmster Zweck blieb. Auch der Kaufherr fuhr selbst hinaus in seiner rundbauchigen starkgekielten, hochbordigen Kogge aus schwerem Eichenholz, die zugleich zum Kampfe dienen konnte. Nur auf das Segeln eingerichtet, unterschied sie sich ganz und gar von den langen, schmalen Galeeren der südlicheren Meere, die für Ruderbetrieb gebaut waren. Der hansische Schiffer mußte wie der Matrose auf den heutigen Kriegsfahrzeugen zugleich Seemann und Krieger sein, er hatte nicht nur zu kämpfen mit Sturm und Unwetter, mit Meeresuntiefen und Klippen, denn zahlreicher noch und wilder als die Schnapphähne des Festlandes waren die Seeräuber. Ihnen gegenüber handelte es sich nicht um Lösegeld, sondern nur um Leben oder Tod; ohne Erbarmen, mit entsetzlicher Grausamkeit wurde gegenseitig das Recht des Siegers gehandhabt. Der Vorsicht halber fuhren gewöhnlich ganze Flotten zusammen aus, aber wer bürgte dafür, daß sie nicht der Wind auseinanderwarf? So erscheinen diese nordischen Kaufleute rauh und gewaltthätig, voll eherner Kraft, nur dem eigenen Selbst vertrauend und seinen Geboten allein folgend, gegossen aus noch härterem Metall, als die süddeutschen Standesgenossen.

Damals gelangte die Hansa zu ihrer höchsten Macht und erwarb die unbeschränkte Herrschaft in der Ostsee.

Das geschah in dem Kriege gegen Dänemark und dessen König Waldemar Atterdag. Er war ein bedeutender Mann, zäh und beharrlich, thätig und reich an Entwürfen, aber auch hart und treulos. Als er im Juli 1361 aus Feindschaft gegen Schweden Wisby eroberte und ausplünderte, doch nicht zerstörte, entschlossen sich die wendischen und preußischen Städte zum unvermeidlichen Krieg im Bunde mit Schweden und Norwegen. Doch das Glück war ihnen nicht hold; mehrere Jahre zogen sich hin in Waffenstillstand und faulem Frieden, bis endlich der Kampf aufs neue begonnen wurde, nachdem 1367 die Kölner Konföderation gemeinsame Maßregeln gegen Dänemark und Norwegen beschlossen hatte. Waldemar wich dem Sturme aus und verließ sein Reich, dessen feste Schlösser zum größten Teil in die Hände der Hansa fielen. Daher schloß der dänische Reichsrat am 24. Mai 1370 den Stralsunder Frieden, der das ganze dänische Reich dem hansischen Handel öffnete und ausgedehnte Rechtsvorteile gewährte. Auf fünfzehn Jahre erhielten die Städte schonische Schlösser in Verwahrung; wenn König Waldemar zurückträte oder stürbe, so sollte Dänemark keinen Herrn empfangen, als mit dem Rate der Städte, nachdem er ihre Freiheiten bestätigt. Irrig hat man das dahin ausgelegt, den Hansestädten sei auf alle Zukunft für jede dänische Königswahl die entscheidende Stimme eingeräumt worden. Aber sie hatten sich die Herrschaft auf den nordischen Gewässern auf lange hinaus gesichert, ihren Bund trotz mancher Schwankungen, die er durchgemacht, gefestigt.

Ihrer Macht that es auch keinen Abbruch, als Waldemars Tochter, die schwarze Margaretha, nachdem sie den Mecklenburger Albrecht vom schwedischen Throne gestürzt, durch die Kalmarer Union 1397 die Vereinigung der drei nordischen Königreiche unter einem Könige zu einer bleibenden machte.

Ganz anderer Art als die Hansa waren die Bündnisse der süddeutschen Städte, vor allem das, welches wir im Jahre 1376 entstehen sahen. Ging jene sozusagen neben dem Reiche her, so lebte und webte dieses ganz innerhalb des Reiches.

Fünfter Abschnitt.

Die Reichsstädte, die Fürsten und der König. Ausdehnung der Städtebünde. 1378—1386.

Das wirtschaftliche und innere Leben der Reichsstädte und der größeren Fürstenstädte unterschied sich nicht wesentlich. Doch ist es nicht richtig, deswegen das Bürgertum als eine Einheit aufzufassen, deren Vertreter die Reichsstädte gewesen wären, und ebenso irrig ist es, von einer grundsätzlichen Feindschaft zwischen Bürgertum und Fürstentum zu reden.

Die Reichsstädte sind niemals die Vorfechter eines Gesamtbürgertums gewesen und haben es niemals sein wollen. Sie schlossen nur einen Bruchteil der bürgerlichen Bevölkerung ein. Die übrige an Zahl weit überwiegende Menge der Städte war verteilt unter die vielen Landesherrschaften und dadurch von Anfang an verhindert, zu Einem Körper, zu Einem durch das ganze Reich wirksamen und geltenden Stande zusammenzuschmelzen. Wenn man auch allenfalls die Städte als eine wirtschaftliche Einheit betrachten könnte, eine politische sind sie nie gewesen.

Den Fürsten war das Städtetum in ihren Landen an sich durchaus nichts unliebsames. Sie haben sogar viele bürgerliche Gemeinwesen mit Fleiß und Opfern künstlich geschaffen, weil sie von ihnen Einnahmen und Förderung des Gesamtwohls erwarteten, und ihre Schöpfungen sorgfältig gepflegt; oft bestand zwischen Herrschaft und Bürgern ein sehr herzliches Verhältnis. „Darum sind die Städte in aller Welt erbaut und befestigt, damit in ihnen jeder das Seine vor Gewalt und Unrecht beschirme und behalte und man darin viele Dinge, deren die Leute bedürfen, finden und hegen möge", sagt ein Braunschweiger Herzog. Auch Reichsstädte und Reichsfürsten haben oft beste Freundschaft gehalten, sich gegenseitig geehrt und geachtet, und so mancher hohe Herr durchlebte fröhliche Stunden in den Prunkhallen der Bürger. Zwischen ihnen wurden zahllose Bündnisse zu allerlei Zwecken vereinbart. Daß die Fürstentümer monarchisch, die Städte demokratisch regiert wurden, rief keine Feindschaft hervor, weil die Anschauungen nicht so weit entwickelt waren, um darin einen unvereinbaren Gegensatz zu erblicken; auch waren beide Regierungsformen noch nicht scharf ausgeprägt. Auch Kapitalwirtschaft und Geldwirtschaft bedingten nicht einen entscheidenden Unterschied. Fürsten, denen es ein verständiger Haushalt erlaubte, arbeiteten ebenfalls mit Kapital, das sie zwar nicht im Handel, sondern im Grundbesitz anlegten, und das thaten Bürger und Städte auch. Denn selbst den Großstädten lag die Landwirtschaft keineswegs fern, während viele kleinere Stadtgemeinden aus ihr sogar den vornehmlichsten Unterhalt zogen. Die Behauptung, der Kampf zwischen Fürsten und Bürgerschaften sei eine Reaktion des Landes gegen die Stadt, gewissermaßen ein Widerstand gegen die bloße Geldmacht gewesen, ist daher wohl geistreicher als richtig. Die Fürsten haben ihre Städte nicht selten zum Nachteil des platten Landes begünstigt, und es war in Deutschland nicht zu besorgen, daß die Städte das Land aufsaugen würden, wie es in Italien geschehen ist. Freilich, einigen Neid hegten wohl auch Fürsten gegen die Krämer, von denen sie oft Geld borgen mußten, aber der bittere Haß gegen die Städte war nur den kleineren, den Rittern eigen.

Die Kämpfe der Fürsten gegen die Städte entstanden, soweit nicht unedele Leidenschaften die Veranlassung gaben, aus politischen Gründen, wenn schon diese mit wirtschaftlichen zusammenhingen. Einem französischen Gelehrten, Jean von Montreuil, der im Anfang des fünfzehnten Jahrhunderts Westdeutschland besuchte, fiel nichts so sehr auf, wie der Drang der Städte, sich jeder Unterordnung zu entziehen.

„Sie erhalten sich so nachdrücklich in ihrer Freiheit und verweigern, unter welcher Herrschaft sie auch stehen mögen, so sehr jede Unterwürfigkeit, daß sie nur die geringfügigsten Gerechtsame leisten oder kaum anerkennen und niemanden, auch nicht einen ihnen Genehmen, einziehen ließen, und wenn es auch der Kaiser wäre. Von Abgaben darf ihnen niemand reden, wenn er nicht mit dem Worte sein Leben hingeben will; eher müßte ihnen der Henker die Augen ausreißen, als daß er ihnen wider Willen einen Pfennig abpreßte".

Die Landstädte trachteten meist, sich der fürstlichen Hoheit zu entziehen und viele setzten ihre Absichten durch. Zahlreiche größere Gemeinden streiften fast alle Verpflichtungen ab durch Vertrag oder durch Gewalt und bewahrten ihre Freiheit und was sie als ihr gutes Recht betrachteten, mit Stolz, selbst mit Anmaßung. „Wir gestehen unseren Herren zu, was Bürger ihren Herren billig zu thun schulden, was nicht ist wider der Stadt und der Bürger Recht und Freiheit und gegen ihre Privilegien; doch wir gestehen niemandem, er sei geistlich oder weltlich, diejenigen Briefe zu, die er erworben hat oder noch erwerben möchte, welche gegen der Stadt und der Bürger Recht und Freiheit sind und wider die Privilegien oder mit denen man sie brechen möchte", erklärte kühnen Sinnes die Stadt Lüneburg.

So erwuchs viel Feindschaft zwischen Landherren und ihren Städten, zu ihrer beiden Ungemach. Doch niemals erhoben sich diese Kämpfe zu einer allgemeinen Sache durch das Reich hin, so daß etwa alle landsässigen Städte oder auch nur ein größerer Teil von ihnen zusammen gegen die Herren losgeschlagen hätten. Wohl aber wurde der Streit zwischen den Fürsten und den Reichsstädten zu einer Reichssache. Allein auch nur auf begrenztem Raum im

Süden und Südwesten, denn weder haben jemals alle Fürsten und alle Reichs=
städte von ganz Deutschland in zwei vereinigten Lagern sich gegenübergestanden,
noch haben sich je die mittel= und norddeutschen Reichsstädte mit den süddeutschen
gegen die Fürsten verbunden.

Die süddeutschen Reichsstädte sind also nicht die Vertreter des gesamten
Reichsstädtetums und noch weniger des ganzen Bürgertums gewesen. Sie standen
unter der steten Furcht, in ihrer Reichsfreiheit gemindert oder gefährdet zu werden.
Wurde eine Stadt vom Könige verpfändet, so geschah das in der Regel an einen
Fürsten, der dadurch die Möglichkeit gewann, bei einer längeren Dauer der Pfand=
schaft die Reichsstadt zu seiner Landstadt zu machen, wie es genugsam geschehen
ist, wenn auch nur kleinere diesem Schicksal verfielen. Insofern hegten also die
Reichsstädte gegründeten Argwohn gegen die Fürsten. Außerdem hatten sie mit
ihnen Streit und Hader genug, weil sie in einer Beziehung auf gleichem Fuße
standen. Die meisten von ihnen besaßen nämlich Gebiet außerhalb ihrer Mauern,
waren also auch Territorialherren.

Reichsstädtischer und herrschaftlicher Besitz lag bunt durcheinander, und so
gab es die unter Nachbarn üblichen Streitigkeiten um Grenzen, Rechte und allerlei
Dinge. Bei den Fehden geschah es leicht, daß einer der beiden Teile irgendwie
übergriff und dem andern Schaden zufügte. Dazu kam die alte Klage der Herren,
daß die Reichsstädte auf ihre Unterthanen magnetische Kraft ausübten, und auch
andere Unterjassen ließen sich mit gutzahlenden Städten in Verträge ein, die sich
mit ihrer Pflicht nicht vertrugen. Also Gründe zu Mißhelligkeiten gab es genug,
und man kann den Reichsstädten nicht nachsagen, daß sie im Zugreifen blöde
gewesen wären; sie handelten gerade so wie die Fürsten. Die Schuld lag auf
beiden Seiten gleich.

Diese Streitigkeiten waren demnach hauptsächlich politischer Natur und gingen
hervor aus den Reichszuständen, wie sie einmal lagen. Die Reichsstädte waren
eben auch Herrschaften und fühlten sich als solche. Daher verfolgte jede für sich
ihre ganz besonderen örtlichen Interessen, welche den Hang, nur für das eigene
Sein zu sorgen, verstärkten. In dieser Beziehung hatten sie genau denselben
Standpunkt inne, wie die großen und kleinen Fürsten, und ihre Politik stimmte
mit der im Reich gangbaren überein. Bei aller Bewunderung, welche dem
Bürgertum gebührt, muß man doch sagen, daß die Reichsstädte viel dazu bei=
trugen, die Zersplitterung des Reiches zu vermehren, und nicht minder eigensüchtig
verfuhren, als die übrigen Reichsstände. Auch der Widerstreit der Landstädte
gegen ihre Herren ist nicht so unbedingt zu billigen, denn er ging oft hinaus
über das zur freien Entwickelung Nothwendige und artete in Unbotmäßigkeit aus.
So großartig die wirtschaftliche Leistung der Städte war, ihre politische war
gering. Beide sind auseinander zu halten, wenn man die Bedeutung des Bürger=
tums richtig würdigen will.

Damals drohte nun eine Verschärfung des Verhältnisses zwischen Reichs=
städten und Fürsten. Wenn auch jede Reichsstadt für sich einen Staat bildete,
waren doch ihre Interessen viel gleichartiger als die der Fürsten, und daher kamen
von jeher Bündnisse unter ihnen leicht zu stande. Soeben hatte eine große Anzahl
einen neuen Bund geschlossen, zunächst um ihre Freiheit gegen den Kaiser zu ver=

leidigen, aber auch gegen jede andere Verunrechtung. Die Fürsten mußten nun befürchten, bei den unausbleiblichen Händeln mit einer einzelnen Stadt alle gegen sich zu haben. Denn wie bei den Ritterbündnissen lag auch hier für die außerhalb Stehenden die Gefahr darin, daß die Gesamtheit für das Glied eintretend jeden Rechtshandel vor ihr nicht immer unparteiisches Forum zog und ihn zur Machtfrage umgestaltete. Der ordentliche Rechtsweg wurde so gut wie abgeschnitten und der öffentliche Rechtsstand dem Belieben selbstherrlicher Gewalten preisgegeben. Daher konnte auch hier ein Zusammenstoß erfolgen. Die Parteien arbeiteten sich in einen zur Unversöhnlichkeit steigenden Groll hinein, der in beiden Lagern die unglückliche Meinung erweckte, der Gegner sinne auf völliges Verderben. In Wirklichkeit wünschte jede Partei nur ihren Stand unverletzt zu erhalten. Wohl mochten einzelne Fürsten das Gelüst haben, die eine oder die andere Reichsstadt unter ihre Gewalt zu beugen oder große Beute zu machen, aber die Fürsten verstiegen sich in ihren Träumen gewiß nicht soweit, daß sie hofften, die gesamten Reichsstädte als solche abthun zu können. Ebensowenig beabsichtigten die Städte, das Fürstentum von sich abhängig zu machen.

Es war also im Grunde nur gegenseitiger Argwohn, der die Waffen schlagfertig zu halten riet. Es bereitete sich eine Fehde vor, wie sie Unverträglichkeit und mangelhafter Rechtszustand unausgesetzt erzeugten, nur daß diese alle anderen an Ausdehnung zu übertreffen drohte. Noch war sie zu vermeiden. Daher zögerten auch beide Teile so lange, ehe sie sich zu dem Furchtbaren entschlossen.

Von den vielen Lasten, welche die jugendlichen Schultern des Königs zu tragen hatten, war die Aufgabe, unter solchen Umständen Ruhe und Gleichgewicht im Reiche zu erhalten, vielleicht die drückendste. Wir sahen bereits, wie Wenzel in allem, was er that, die Politik einzuhalten suchte, die Karl IV. mit so großem Glück gehandhabt hatte. Aber ihm fehlten des großen Meisters Erfahrung, Geschick und unverdrossene Thätigkeit. Die trefflichen Räte, welche der Vater erzogen hatte, waren dahingegangen, und der Sohn wußte sich keinen Ersatz zu schaffen. Die Reichsfürsten behandelten ihn seiner Jugend wegen mit Mißtrauen und geringerer Achtung und verlangten von ihm williges Entgegenkommen.

Schon in der Kirchensache hatte Wenzel die Absicht dargethan, zu allen Reichshandlungen Rat und Beistimmung der Kurfürsten einzuholen in der Absicht und Hoffnung, dann freier seinen Hausangelegenheiten nachgehen zu können. So kam er gleich in einen Widerspruch hinein: er wollte vom Reiche nicht beschwert sein, die Kurfürsten dagegen, weil sie ohne den König nicht viel durchsetzen konnten, gedachten ihn nach ihrem Sinn tüchtig in Bewegung zu setzen. Sie stellten an ihn große Anforderungen, die er mit seinen eigenen Kräften und auf seine Gefahr hin erfüllen sollte.

Auf der Tagesordnung der bringenden Reichssachen stand obenan der Bund der schwäbischen Städte, eine Lebensfrage für alle süddeutschen Fürsten. Mehrere von diesen sind uns bereits bekannt. Nachdem 1379 der ehemalige brandenburgische Markgraf Otto gestorben, regierten die drei Söhne Stephans II., der rührige Stephan III., der kräftige Friedrich und der stille Johann in Eintracht ihre baierischen Lande. In gutem Ansehen auch bei den Städten stand der wackere und friedfertige Burggraf Friedrich V. von Nürnberg, befreundet beim

Könige, dessen Schwester Margarethe mit seinem ältesten Sohne Johann verlobt war und auch später vermählt wurde. In Wirtemberg herrschte noch der Greiner Eberhard, der gehaßte Feind der Städte, von denen mehrere an sein Land grenzten. Auch die Pfalz stand noch unter ihrem bewährten alten Gebieter, dem umsichtigen und entschlossenen, seinen Besitz wie seinen kurfürstlichen Einfluß kräftig wahrenden Ruprecht I. Wie die Unruhe im Uhrwerk, wirkte allenthalben Herzog Leopold III. von Oesterreich. Der vierte Sohn Herzog Albrechts II. hatte er, zum Jüngling herangereift, sich alsbald in Kriegen versucht, und um seinem Thatendrange ein größeres Feld zu eröffnen, seinen älteren Bruder Albrecht III. 1379 gezwungen, eine vollständige Teilung vorzunehmen, die diesem nur Oesterreich ließ, ihm selbst aber alle übrigen Lande einbrachte. Seitdem war er in ruheloser Ueberstürzung bemüht, Ruhm und neuen Besitz zu erringen; er hoffte auf Erfolge bald in Oberitalien, wo ihn Treviso lockte, bald in den südwestlichen Vorlanden, wo ein frisches Handeln inmitten dieses Gewirrs kleiner Herrschaften Gewinn verhieß. Ein kühner, glänzender, prunkender Kriegsheld, „die Blume der Ritterschaft", „der Biberbe", später auch mit Ueberschätzung „der Glorreiche" genannt, wurde er von den Freunden bewundert und von den anderen gefürchtet. Seine Unterthanen schätzten an ihm Strenge und Gerechtigkeit, und so kriegerisch er war, führte er die Regierung mit Geschick und Aufmerksamkeit. Er hatte einen guten Blick für politische Verknüpfungen, sein Fehler war nur, daß er zuviel auf einmal unternahm und seine Mittel vorzeitig erschöpfte, und dann wurde er wetterwendisch und unzuverlässig. Mit seinem ruhiger veranlagten Bruder Albrecht stand er schlecht, und selbst in der kirchlichen Haltung trennten sie sich, indem Leopold es für vorteilhafter hielt, den avignonesischen Papst anzuerkennen, während Albrecht bei Urban blieb. Eben diese Kirchenpolitik zeigt, wie selbständig Leopold zu Werke ging; daß er mit ihr ganz allein unter den großen Reichsfürsten stand, kümmerte ihn nicht. Sehr viel bedeutete er bei dem Könige, der um Ungarns willen über die clementistische Gesinnung des Herzogs hinwegsah, ihn mit Gnade und Gunst überschüttete; Leopold durfte hoffen, mit Wenzels Hülfe die Vorherrschaft in Schwaben zu erreichen. Den Fürsten und den Städten machte sein unberechenbares Wesen gleiche Sorgen.

Leider wissen wir sehr viel weniger Bescheid in den städtischen Kreisen. Von dem Geist, der sie beseelte, leuchtet aus der Masse der hinterlassenen Papiere nur ein matter Abglanz; nicht eine einzige der führenden Persönlichkeiten läßt sich lebendig erfassen.

Es herrschte eine unbehagliche Stimmung. Fortwährend erwartete man den Krieg, aber da ihn beide Parteien scheuten und kein rechter Grund für ihn vorhanden war, schob sich der Ausbruch jahrelang hinaus. Mittlerweile wurden allerhand Verträge, Landfrieden, Einungen, Stallungen geschlossen und Tage auf Tage gehalten. Es lohnt sich nicht, das fortwährende Hin= und Herschwanken zur Darstellung zu bringen; es wäre wenig unterhaltend und nicht sehr lehrreich.

Wenzel, an den beide Parteien mit ihren Wünschen herantraten, meinte am besten zu fahren, wenn er keine begünstigte. Die Städte begehrten, daß er ihr Bündnis gestatte, und boten ihm dafür Hülfe an, wenn ihn jemand an dem

Reich irren wollte, was vorläufig auf den König keinen großen Eindruck machen konnte. Die Fürsten dagegen verlangten die Aufhebung des Bundes, welche einen großen Krieg veranlaßt hätte, dessen schwerste Last wahrscheinlich dem Könige zugefallen wäre. Daher wich er den Städten wie den Fürsten aus. Da die gesamten Wittelsbacher sogar selber mit den Städten einen Bund machten, als er Leopold die schwäbischen Landvogteien verschrieb, verzichtete der König darauf, sie jetzt dem Herzoge zu übergeben, und so blieb vorläufig die Ruhe gewahrt.

Solange nur der schwäbische Bund in seiner anfänglichen Ausdehnung bestand, brauchten die Fürsten nicht allzu ängstlich zu sein. Aber nicht allein, daß er stetig wuchs, — am 20. März 1381 bekundeten auch die großen Städte Mainz, Straßburg, Worms, Speier, Frankfurt, sowie Hagenau und Weißenburg einen Bundesvertrag bis Weihnachten 1385, um sich in allen Kriegen, die sie in dieser Zeit zu führen hätten, behülflich zu sein. Es war ein Bündnis zur Verteidigung auf eigene Hand. Denn nicht die Furcht vor Verpfändung oder anderweitiger Schmälerung ihrer Gerechtsame führte diese Städte zusammen, sondern die Sorge vor neuen Rittergesellschaften, deren gleich drei sich gebildet hatten, von St. Georg, von St. Wilhelm und vom Löwen. Die letztere war weitaus die größte; vorwiegend von Herren und Rittern der Wetterau gegründet, dehnte sie sich schnell den ganzen Rhein entlang bis nach Baiern und dem Thüringer Walde aus. Auch Graf Ulrich von Wirtemberg, der Sohn des Greiners, alle größeren Herren Schwabens, die Bischöfe von Augsburg und Straßburg, selbst die Stadt Basel traten ihm bei.

Da die Glieder des schwäbischen Bundes gleichfalls überzeugt waren, daß die Ritterbünde gegen sie gerichtet seien, lag ein Zusammengehen der Städte nahe. Schnell kam auch die Einigung zu stande, schon am 17. Juni. Die beiden Bündnisse gingen jedoch nicht in eines auf, sondern jedes blieb für sich bestehen, aber sie gelobten sich Beistand gegen jeglichen Angriff und gegen Raub an Kaufmannsgut; ein Nebenvertrag bestimmte Hülfe gegen jeden — also unter Umständen auch gegen den König —, der die Städte von ihrem Bunde trennen wollte.

Im November brach der Krieg gegen die Ritter aus, in welchem die schwäbischen Städte von den rheinischen unterstützt mit Vorteil fochten, bis Herzog Leopold Waffenstillstand und im April 1382 durch die sogenannte Ehinger Einigung Frieden vermittelte. Er selbst bedurfte der Ruhe für seine eigenen Pläne; die Rittergesellschaften aber hatten gesehen, wie stark die Städte waren, und schon das Scheitern dieser ersten Probe genügte, um sie der Auflösung entgegenzuführen, der sie allmählich unterlagen. Nur die Georgsgesellschaft erhielt sich in veränderter Gestalt noch über ein Jahrhundert.

Die beiden Städtebünde vergingen jedoch nicht, sondern verlängerten im Oktober 1382 ihren Vertrag bis 1391.

Wenn früher von den Kurfürsten nur der Pfalzgraf sich unmittelbar bedroht sah, waren es jetzt auch die rheinischen Erzbischöfe; sofort nach der Entstehung des rheinisch-schwäbischen Bündnisses verabredeten die vier zu Wesel, in ihren Ländern keinerlei Gesellschaften zu dulden. Sie betonten dabei ihre Stellung als Kurfürsten; dem Könige und dem Reiche zu Ehren und der Würde ihres Kurfürstentums zu Nutz hätten sie sich verbunden. Um so mehr erwarteten sie vom Könige, daß er sich ihnen anschließe.

Wenzel hielt unentwegt an seiner Freundschaft mit Leopold, dem 1382 wirklich die schwäbischen Landvogteien übergeben wurden. Indem der Oesterreicher sich mit den Baiern zu einem Verteidigungsbündnis gegen die Reichsstädte vertrug, schloß sich der feindliche Ring um die Städte enger, und Wenzel sah sich genötigt, den Fürsten mehr die Hand zu reichen, als bisher. Im Begriff, nach Italien zu gehen, hielt er im März 1383 einen Reichstag in Nürnberg, der überaus glänzend besucht war.

Nur durch von Zeit zu Zeit errichtete Landfrieden konnte für die öffentliche Ordnung und Sicherheit gesorgt werden. Da die nur einzelne Länder umfassenden Verbindungen, wie sie Karl IV. zahlreich geschaffen, manche Nachteile hatten, so war es wohl eines Versuches wert, Ordnungen herzustellen, welche für das ganze Reich galten, wie das in früheren Zeiten der Fall gewesen war. Diesen Gedanken hatten die Kurfürsten, welche im September 1381 auf dem Frankfurter Reichstag einen solchen, freilich nicht völlig ausgearbeiteten Entwurf vorlegten, aber sie zogen Fragen hinein, welche nicht reine Landfriedenssachen waren, wie die Anerkennung Urbans und das Verbot des Pfahlbürgertums. Daher bekämpften die Städte ihren Vorschlag und verlangten zugleich, alle bereits geschlossenen Bündnisse, also auch die ihren, sollten in Kraft bleiben. Ihnen lag nichts an einem Landfrieden, der sie genötigt hätte, vorkommendenfalls mit den Fürsten zusammen gegen ein Bundesglied einschreiten zu müssen. Die Kurfürsten dagegen wollten gerade durch die Einteilung in Bezirke die Städte von einander trennen und sie mit Fürsten zusammenbinden.

Die Einsetzung eines Landfriedens war jetzt, wo der König das Reich verlassen wollte, durchaus notwendig, und da die Städte nicht mitthun mochten, so umfaßte der in Nürnberg vom Könige verordnete nur Fürsten und wurde daher der Herrenbund genannt. Er erstreckte sich über das ganze Reich, das in vier „Parteien" eingeteilt wurde; die Dauer bis 1395 war ungewöhnlich lange bemessen. Der Beitritt von Städten wurde nicht grundsätzlich ausgeschlossen und sogar auf Bestimmungen verzichtet, die für sie besonders unangenehm gewesen wären, doch verbot der König, daß ein Landfriedensmitglied Bürger oder Bundesgenosse einer Reichsstadt würde. Um ein so weitangelegtes Werk zustande zu bringen, faßte man die vorgeschriebenen Maßregeln ziemlich locker, so daß der Landfriede an sich keine große Kraft hatte, aber er band doch die Fürsten zusammen und verschärfte daher die besorgte Aufmerksamkeit der Bürger. Als Anfang 1384 der Ehinger Frieden ablief, bestand auf fürstlicher Seite lebhafte Neigung, die drückende Schwüle durch einen großen Schlag zu klären.

Die Städte waren darüber wohl unterrichtet und nun erfuhren sie auch noch, daß einige Fürsten „Veränderung am Reiche thun und einen König in deutschen Landen haben wollten". „Böhmisch und deutsch sind nicht überein," schrieb damals auch ein Städter, der zugleich der Meinung war, der König würde es am liebsten sehen, wenn sich Städte und Fürsten gegenseitig vernichteten. Der Vorwurf, die Reichsinteressen über den Hauszwecken zu vernachläsigen, der schon Karl IV. gemacht wurde, konnte wirklich an seinen Sohn gerichtet werden. Obgleich Wenzel mehrmals im Reiche war, hatte er weder den fürstlichen Wünschen genug gethan, noch die Städte befriedigt, überhaupt nichts bedeutendes vollbracht; eben hatte er auch auf die Romfahrt verzichtet. Seine Umgebung bildeten vorwiegend Böhmen, die er auch sonst begünstigte. Aber ob die Fürsten gegen ihn den Kampf beginnen wollten in einem Augenblicke, wo sie ihre ganze Kraft gegen die Städte zusammenhalten mußten, ist sehr fraglich. Schon einmal hatten die Kurfürsten dem Könige angedeutet, wenn er sich um das Reich nicht kümmern wolle, möge er eine andere Leitung bestellen. Jetzt tauchte wahrscheinlich diese Idee wieder auf; unter dem König in deutschen Landen, von dem das Gerücht sprach, ist ein Reichsverweser zu verstehen. Ob der Plan zu fester Gestalt gedieh, ob alle Kurfürsten an ihm beteiligt waren, steht dahin; es scheint, daß der geschäftige Adolf von Mainz ihn im Sinne trug.

Vielleicht bewirkten diese Umtriebe, daß Nürnberg nunmehr nach langem Bedenken dem Städtebunde beitrat. Seit Anfang 1379, wo er zweiunddreißig Reichsstädte und das Ländchen Appenzell umfaßte, war er stetig gewachsen; 1379 nahm er Augsburg, 1381 Regensburg auf, beides hochwichtige Plätze, 1383 Windsheim und Weißenburg in Baiern; jetzt im Juni 1384 traten Basel, das sich damit von dem Schlepptau Oesterreichs freimachte, und eben Nürnberg bei. Diese Stadt hatte ihre feste Freundschaft mit dem verstorbenen Kaiser auf den Sohn übertragen, aber auch nach den anderen Seiten wußte sie gute Beziehungen zu erhalten, denn die vorsichtige, aller Ueberstürzung abgewandte Politik des aristokratischen Rates war stets eine des Friedens. So war Nürnberg zur Vermittelung zwischen den Parteien wie geschaffen und in dem Bunde trat es beschwichtigend neben das stürmische Ulm. Nicht unmöglich sogar, daß eine Verständigung mit dem Könige voran ging, der von den dunkeln Anschlägen gegen ihn Kunde erhalten hatte.

Wenzel hielt es endlich für geraten, selber ins Reich zu kommen, da er auch eilen mußte, sich Luxemburg zu sichern, wo sein Oheim, Herzog Wenzel, im Dezember 1383 gestorben war und eine von französischen Großen getragene Partei ihr Wesen trieb. Der König fand schon einen Vergleich der großen Parteien vorbereitet und es gelang ihm, das Friedenswerk durch die Heidelberger Stallung vom 26. Juli 1384 zu vollenden. Auch sie war im Grunde nichts als ein Waffenstillstand, ein Landfriede für mehrere Jahre, den die beiden Städtevereine und die in diesen Gegenden sitzenden Mitglieder des Nürnberger Herrenbundes schlossen. Die Städte erreichten durch ihn, daß die Fürsten ihre Bündnisse thatsächlich anerkannten und machten dafür manche Zugeständnisse. Der König selbst wurde jedoch nicht Mitglied dieser Stallung, um nicht dadurch von Reichs wegen die Bündnisse als rechtsbeständig zu bezeichnen. Trotzdem war es seine Absicht, persönlich mit den Städten die engste Verbindung für eigene Zwecke anzuknüpfen.

Die beiden Städtebünde waren in fortgesetzter Zunahme begriffen. Dem rheinischen waren seit seiner Gründung beigetreten Pfeddersheim, Schlettstadt, Oberehenheim, Selz und die drei Reichsstädte in der Wetterau, Wetzlar, Friedberg und Gelnhausen; selbst mit Metz und Köln wurde nunmehr über einen Anschluß verhandelt. Schon pflog der schwäbische Bund Beratungen mit den schweizerischen Eidgenossen, um auch sie heranzuziehen. Soeben war ihm auch ein geistlicher Fürst, Bischof Friedrich von Eichstedt, beigetreten, nachdem schon früher beide Bünde mehrere Grafen und Herren zum Beistande verpflichtet hatten.

Das wichtigste war nun, daß der König selber durch seine Räte mit den Städten über eine „Einmütigkeit" verhandelte. Er versprach ihnen seinen Beistand gegen jedermann, der ihre Rechte bedrängen wollte, wofür sie gegen alle helfen sollten, „welche sich gegen ihn und das römische Reich setzten". Zugleich schlug er eine gemeinsame Ausplünderung der Juden vor und wollte die Münze nach den städtischen Wünschen regeln.

Leider ist nicht bekannt, woran diese Unterhandlungen scheiterten, aber zu vermuten steht, daß die rheinischen Städte in ihrer zurückhaltenden Weise, die später klar zu Tage trat, so weitgehende Verpflichtungen nicht übernehmen wollten; sie mögen auch Metz und Köln aus denselben Gründen abgewiesen haben. Nur das Münzgesetz und der Anschlag auf die Juden, „damit der Schatz in der Christenheit von ihnen nicht ganz entfremdet werde und in ihren Händen bleibe", kamen 1385 zur Ausführung. In den Städten des schwäbischen Bundes wurden an einem Tage sämtliche Juden verhaftet und ihnen die Schuldverschreibungen abgenommen; die auf die Städte selbst lautenden wurden vernichtet, die Beträge der übrigen von den Schuldnern, welche Ermäßigung erhielten, eingezogen. Der König empfing den verhältnismäßig geringen Gewinn von 40 000 Gulden, während die Städte ein glänzendes Geschäft machten; Nürnberg allein erpreßte von seinen Juden 80 000 Gulden.

Vielleicht war bei dem ganzen Handel für Wenzel das Geld die Hauptsache. Er kümmerte sich fortan wenig um das Reich, das er in den Jahren 1385 und 1386 gar nicht besuchte. Seine fürstlichen Gegner hatten die bösen Gedanken gegen ihn wenigstens vertagt; Erzbischof Adolf führte zusammen mit Friedrich von Köln und zahlreichen Bundesgenossen Krieg gegen Hessen, und die Fürsten begnügten sich mit dem friedlichen Zustand, welchen die Heidelberger Stallung geschaffen. Dagegen arbeiteten die Städte an der Erweiterung ihres Bundes und brachten am 21. Februar 1385 den Vertrag mit Bern, Solothurn, Zürich und Zug wirklich zustande. So sehr begehrte man die Schweizer, daß deren Hülfspflicht auf ihre eigenen Kreise beschränkt blieb, während die Reichsstädte ihnen auch dort beistehen mußten. Allerdings hatte das Bündnis seine schwachen Stellen. Denn Schwiz, Uri und Unterwalden nahmen nicht teil, in dem stolzen Vertrauen, die selbst errungene Freiheit auch allein verteidigen zu können, und nicht gewillt, für andere fechten zu müssen; nur Luzern beteiligte sich mittelbar. Der rheinische Bund war zwar mit im Bündnis, aber die eigentlichen Verpflichtungen lagen auf den schwäbischen Städten.

Sechster Abschnitt.

Die Sempacher Schlacht und der Städtekrieg.
1386—1389.

Die Besorgnis vor Herzog Leopold war es, welche die Reichsstädte und die Schweizer zusammenführte. Da Wenzel entrüstet über die Haltung, die der Habsburger in Ungarn gegen Sigmund einnahm, seinem ehemaligen Freunde im August 1385 die schwäbischen Landvogteien entzog und sogar gegen ihn als Clementisten aufreizte, brauchte man vom Könige nichts zu fürchten, wenn der Kampf gegen Leopold ausbrach. Besonders die Schweizer waren darauf begierig, denn obgleich seit dreißig Jahren Frieden bestand, starb das alte gegenseitige Mißtrauen nicht ab. Als die Luzerner in den letzten Tagen des Jahres durch Feindseligkeiten den Herzog zur Absage nötigten, beschloß der schwäbische Bund loszuschlagen trotz des Widerspruches, den die Friedenspartei erhob, und zwar auf der ganzen Linie in Baiern, Schwaben und Franken, um die mannigfachen Beschwerden gegen die Fürsten allenthalben abzustellen; der Heidelberger Stallung achtete man nicht. Aber auch diesmal kam es nicht zum Aeußersten, und wahrscheinlich waren es die rheinischen Städte, welche den schon glimmenden Brand erstickten.

Denn abgesehen davon, daß der rheinische Bund fortwährend von Mißhelligkeiten unter seinen eigenen Mitgliedern heimgesucht wurde, betrachtete man dort die Dinge viel ruhiger. Straßburg verfolgte hier eine ähnliche Haltung, wie jenseits des Rheins Nürnberg, und suchte möglichst Krieg zu vermeiden. Von Anfang an war man dort nicht sehr bereit gewesen, mit dem schwäbischen Bunde Vertrag zu schließen, denn der vornehmste Grund, welcher jenen hervorgerufen hatte, bestand für Straßburg, Mainz, Worms und Speier nicht, da sie als Freistädte nicht verpfändet werden konnten, und auch Frankfurt brauchte ein solches Schicksal nicht zu besorgen. Diese großen Städte waren für das Handeln des Bundes allein maßgebend, während jenseits des Rheins die zahlreichen kleinen sich zur Geltung bringen konnten. Der einzige Zweck, den die rheinische Genossenschaft verfolgte, war Verteidigung gegen Belästigungen durch Fürsten und Adel, aber daß man, wie Ulm und seine Gesinnungsgenossen es wünschten, in dem Angriff die beste Deckung gesucht hätte, lag der herrschenden Stimmung ganz fern. Wahrscheinlich wollte Straßburg, in dessen Mauern ohnehin manche Familien lebten, denen die Freundschaft mit Habsburg ein von den Vätern überkommenes Erbteil war, nicht in einen Krieg verwickelt werden, der keinerlei Vorteil, nur schwere Lasten und unübersehbare Verwickelungen bringen konnte. Aehnlich dachten wohl andere Glieder; die Heidelberger Stallung wurde hier ehrlich gehandhabt.

Der Waffenstillstand, welchen demgemäß Boten der Städte zwischen Leopold und den Eidgenossen vermittelten, verhinderte freilich nicht, daß nach seinem Ende im Juni 1386 der Krieg ausbrach, doch zunächst nur zwischen jenen beiden. Am 9. Juli traf Leopold mit seiner und der zu seinen Fahnen geeilten süddeutschen Ritterschaft bei Sempach, einer österreichischen Landstadt, welche die Luzerner vor kurzem an sich gezogen, auf die an Zahl sehr viel geringeren Eidgenossen. Die Ritter stiegen von den Pferden, da sie auf dem schwierigen Boden nicht vorwärts konnten, ungeduldig den verachteten Feinden entgegeneilend, die zu einem Keil geordnet aus dem Walde heranzogen. Obgleich die Schweizer schwere Verluste erlitten, hielten sie zusammen, sprengten die Kette der Ritter durch und verrichteten auseinanderschwenkend mit ihren Hellebarden die Blutarbeit an den zerstreuten und durch die unerträgliche Hitze erschöpften Gepanzerten; viele konnten nicht mehr zu ihren Pferden gelangen, mit denen die Knechte feig davonsprengten, die Nachhut mit sich reißend.

Wieder war es das Fußvolk, das sich den schwerfälligen Rittern überlegen zeigte. Der Sieg, dessen Kunde ganz Europa mit Staunen erfüllte, erschien später so wunderbar, daß er nur auf ganz besondere Weise errungen sein konnte. Den herrlichen Erfolg schrieb man der aufopfernden Tapferkeit eines Mannes zu, des Arnold Winkelried, der mit seiner Brust die Speere der Ritter auffangend und sie im Falle niederreißend der Freiheit einer Gasse machte. So hatte einst auch ein sagenhafter Vorfahr Arnolds den Lindwurm überwunden, indem er ihn durch ein in den Rachen gestoßenes Dornenbündel verteidigungsunfähig machte; aber an dem giftigen Drachenblut, das ihm auf die bloße Haut floß, mußte der Held sterben. Der ganze Vorgang ist unmöglich, wie neuerdings treffend bemerkt worden ist, denn ein einzelner Mann wäre gar nicht instande gewesen, die Speere von auch nur drei ihm gegenüber stehenden Gepanzerten zu fassen und sich in die Brust zu stoßen.

Unter den ausgeplünderten Leichen, welche drei Tage lang dem heißen Strahl der Sonne ausgesetzt blieben, war auch die des Herzogs Leopold, der den Rat zu fliehen hochherzig zurückgewiesen und sich todesmutig zwischen seine unterliegenden Krieger gestürzt hatte. In dem Kloster Königsfeld erhielt er, den in der Blüte der Jahre und aus großen Plänen der Tod weggerissen hatte, die letzte Ruhestätte. Ihn umstrahlte der Ruhm, die Zierde der Ritterschaft gewesen zu sein, und genug hatte er sich bemüht, seine und seines Geschlechtes Macht zu heben. Ihm verdankte Oesterreich den Erwerb von Triest und manch wertvollen Besitz in Schwaben, aber durch seine Uneinigkeit mit dem Bruder Albrecht, durch verfehlte Unternehmungen schwächte er den Einfluß, welchen das Gesamthaus auf das Reich hätte ausüben können.

Der Schweizer Krieg fand vorläufig ein Ende, indem die Reichsstädte einen Frieden für einige Zeit vermittelten. Befreit von dem gefährlichsten Gegner atmeten sie erleichtert auf, und da die erschreckten Fürsten auch nicht an weiteren Kampf dachten, schien die Sempacher Schlacht den Frieden gesichert zu haben.

Da brachte das folgende Jahr 1387 Neuigkeiten in reicher Fülle, seltsame Kreuz- und Winkelzüge des Königs. Mit den Reichsfragen verquickte sich in sonderbarer Weise die Kirchensache.

Papst Urban hatte nach dem neapolitanischen Abenteuer seinen Aufenthalt in Genua genommen, aber sein Ansehen war unrettbar geschädigt. Mehrere Kardinäle sagten sich von ihm los, „weil er einem Wahnsinnigen und Wütenden gleich durchaus unverbesserlich und in seinem Glauben verdächtig sei". Urban überbot noch seine bisherigen Frevel. Jene unglücklichen Kardinäle, die er aus Nocera mitgeschleppt, hielt er auch in Genua in qualvoller Haft und rief dadurch das Mitleid der Bevölkerung für sie wach; als man seiner überdrüssig ihm nahe legte, die Stadt zu räumen, ließ er sie bis auf einen, den er aus Rücksicht auf den englischen König freigab, ermorden und die Leichen verscharren; dann zog er im Dezember 1386 wütend ab und ging nach Lucca.

Da Urban es seinem Anhang überaus schwer machte, ihm die Treue zu bewahren, hielt der stets wachsame Papst Clemens seine Zeit für gekommen. Gleich zu Anfang des Schisma hatten die italienischen Kardinäle ein Konzil als einzigen Ausweg vorgeschlagen, aber damals war Clemens dagegen. Jetzt griff er selber diesen Gedanken auf, dessen gewiß, daß Urban unter allen Umständen widersprechen und dadurch noch mehr die allgemeine Achtung verscherzen werde. Daher war es für Clemens unbedenklich, mit dem Feuer zu spielen, aus dem ihm nur ein Heiligenschein erglühen konnte. Die Könige von Frankreich und Spanien übernahmen es, in Europa für ein Konzil zu werben und wandten sich auch an die deutschen Kurfürsten. Diese wiesen die Vorschläge wenigstens nicht zurück und luden Wenzel ein, mit ihnen in Würzburg darüber zu beraten.

Sehr wahrscheinlich ist es, daß sie ihm noch andere Eröffnungen machten, denn plötzlich und schnell brach er auf und kam, dem Rufe folgend, im März 1387 nach Würzburg.

Ein geheimnisvolles Dunkel liegt über den Vorgängen dieser Monate und die wenigen Nachrichten gestatten nur Vermutungen. Wie es scheint, waren die Kurfürsten auf den früher gefaßten Gedanken zurückgekommen, von dem Könige die Einsetzung eines Stellvertreters, eines Reichsverwesers zu verlangen. Wenzel mag in Würzburg aus Zwang eine verlegene Zusage gegeben haben, gegen deren Folgen er sich sofort zu schützen suchte. Denn wenige Tage darauf, am 21. März, erteilte er zu Nürnberg den versammelten Boten der schwäbischen Städte, mit denen er bereits vorher heimlich verhandelt hatte, das mündliche Versprechen, ihren Bund nie abzuthun noch zu widerrufen, und schriftlich sicherte er ihnen zu, sie mit einander bei sich und dem Reiche zu erhalten, sie gegen alle Beeinträchtiger ihrer Rechte und Freiheiten zu unterstützen. Die Städte legten dafür das schriftliche Gelöbnis ab, ihm innerhalb Teutschlands beizustehen, wenn sich jemand gegen ihn als römischer König aufwerfen und ihn vom Königreiche drängen wolle.

Die vier rheinischen Kurfürsten verabredeten am 23. April zu Oberwesel, nur gemeinsam zu genehmigen, „wenn Wenzel das römische Reich übergeben und an jemand anders wenden werde oder wenden wolle". Ihr Vertrag spricht nicht von einer Wahl, die bei einer Erledigung des Reiches entweder durch Abdankung oder gar durch Absetzung Wenzels unumgänglich gewesen wäre; sie verlangten nur bei der Bestimmung des Reichsvikars mitzuwirken. Denn Wenzel wollte die Statthalterschaft, wenn sie überhaupt ins Leben trat, jedenfalls nur einem Mitglied seiner Familie, etwa Jost von Mähren, übertragen, den Fürsten dagegen konnte nur ein Mann genehm sein, der im Reiche allzeit gegenwärtig war.

Während der König vorläufig nach Böhmen zurückkehrte, verhandelte ein vertrauter Rat mit den rheinischen Städten, um auch sie an den König zu ketten. Frankfurt und die kleineren waren bereit, in die dargebotene Hand einzuschlagen, aber nicht das vorsichtige Straßburg und die anderen. Darüber war der König, als er Ende Juli wieder nach Nürnberg kam, sehr mißgestimmt, und als auch der dortige Rat ihm nicht genugsam willfahrte, ergrimmte er, doch das Strohfeuer seines Zornes brannte rasch nieder. So viel sah er, daß er nicht unbedingt auf die Städte rechnen durfte, und bemühte sich daher, den durch eine Fehde des schwäbischen Bundes gestörten Frieden wieder herzustellen.

Zahlreiche Fürsten waren in Nürnberg anwesend, doch die wichtigste Angelegenheit, die Bestellung eines Reichsverwesers, kam nicht zum Austrag. Wahrscheinlich wurden dazu die baierischen Brüder, in erster Stelle Herzog Friedrich vorgeschlagen, wie ein in diesen Tagen geschlossener Vertrag bezeugt. Am 25. Juli vollzogen nämlich die Reichsstädte ein schon lange in Beratung stehendes Bündnis mit einem beständigen und erbitterten Gegner der Baiern, mit Erzbischof Piligrim von Salzburg. Die Städte des schwäbischen Bundes gelobten dem Erzbischofe Hülfe auf fünf Jahre, ausschließlich gegen die Baiern, deren Freunde, Diener und Helfer. Auch wenn die Baiern zusammen oder einer von ihnen zu Vikaren des Reiches gesetzt oder das Reich ihnen in Deutschland oder in Welschland empfohlen und sie zu Pflegern des Reiches erwählt würden, gilt die Hülfspflicht, selbst wenn der König den Baiern das Reichspanier leihen oder ihnen Hülfe schicken würde, sobald das nicht eine Reichssache betrifft.

Die Städte bezeichnen sich in diesen Schriftstücken nicht, wie sie es sonst zu thun pflegten, als Bund. Der Erzbischof hätte dagegen kaum etwas eingewendet, da er durch das Bündnis an sich einen überaus gefährlichen Schritt that und die anderen Fürsten in der Heidelberger Stallung bereits die Nennung des Bundes geduldet hatten. Nur eine Rücksichtnahme auf den König, der den Bund schriftlich nie anerkannt hatte, kann veranlaßt haben, die Bezeichnung zu unterdrücken. Auch er wollte nichts von dem baierischen Vikariat wissen, aber er wurde vielleicht noch gezwungen, es zuzugestehen, oder dasselbe konnte gegen seinen Willen aufgerichtet werden. Gegen diese Möglichkeiten, nicht gegen Wenzel selbst, verwahren sich die Schlußbestimmungen des Vertrages.

Daher ist anzunehmen, daß Wenzel um ihn wußte und ihn begünstigte. An genau demselben Tage stellte er außerdem für Erzbischof Piligrim eine ganz persönliche, sehr sonderbare Vollmacht aus. Die Kurfürsten hatten seine Gegenwart verlangt, um über ein Konzil schlüssig zu werden. In der That ging dann eine Gesandtschaft von „gewissen großen Fürsten und Prälaten" zu Urban, um ihn zur Eintracht mit Clemens zu ermahnen. Wenzel beteiligte sich, soweit wir wissen, an ihr nicht, sondern beauftragte ganz im geheimen den Salzburger Erzbischof, mit Clemens zu verhandeln. Wenn „der Papst von Avignon" rechtlich erweise, daß er der wahre Papst sei, solle Piligrim mit ihm abmachen, wie man die Sache der Einigung anhebe. Offenbar wollten er und Piligrim, der in der That mit dem französischen Papste Verhandlungen begann, dessen und damit Frankreichs Beistand für alle Fälle nachsuchen.

Wahrscheinlich waren die Fürsten über die baierische Statthalterschaft nicht einig, so daß sie dem Könige noch nicht abgerungen wurde. Der Fortgang der Ereignisse unterbrach diese eigentümlichen Zwischenspiele und zwang die Kurfürsten, andere Dinge zu erwägen, als Reichsverweserschaft und Kirchenstreit.

Noch einmal wurde im November unter der Mitwirkung königlicher Gesandter zu Mergentheim die Heidelberger Stallung verbessert und verlängert. Indem der schwäbische Städtebund sie in ihrer neuen Fassung annahm, während der rheinische sich mit der früheren begnügte, gab er damit den Beweis, daß in ihm augenblicklich die Friedenspartei die Oberhand hatte. Da nahmen am 27. November die baierischen Herzöge Stephan und Friedrich den Erzbischof Piligrim, den sie zu einer Unterredung in das Kloster Raitenhaslach eingeladen hatten, treulos gefangen und brachten ihn auf eine Feste. In seiner Not versprach der Erzbischof, vom Bunde mit den Städten abzulassen, und machte seinen Bedrängern große Zugeständnisse, aber als er freigelassen wurde, verwarf sie das Salzburger Domkapitel und blieb bei den Verbündeten.

So war denn der so lange vermiedene Krieg endlich zur Thatsache geworden, die wohl berechnete Gewaltthat der Baiern hatte dem lose hangenden Steine den Stoß versetzt, der ihn vernichtend herabdonnern ließ. Wie es sich gebührte, sagten die beiden Städtebünde den Baiern die Fehde an, die mit Nachdruck eröffnet über das Land schweres Elend brachte. Auch Wenzel, nachdem er sichere Nachricht erhalten, kündigte den Herzögen den Krieg an, aber mehr wie ein Reichsfürst, denn wie ein Reichsgebieter, und gern hätte er gesehen, wenn ein schneller Frieden weiteres Unglück verhütet hätte. Auch die Städte, dann der alte Pfalzgraf, der sich redlich bemühte, teilten diesen Wunsch, aber erst der Trotz der Baiern, dann die durch ihn hervorgerufene Unnachgiebigkeit der Vertreter des schwäbischen Bundes vereitelten die Wiederherstellung des Friedens.

Anfang Juni 1388 begann der Krieg wieder mit grauenhaften Verwüstungen; bald breitete er sich auch über ganz Schwaben und Franken aus, da die Fürsten den Baiern beistanden. Die Städte führten die weiter ins Land greifenden Streifzüge meist mit Söldnern aus und größtenteils aus solchen bestand das starke Heer, welches zu Anfang des August verheerend in Wirtemberg eindrang. Am 23. August kam es dort zu einem heißen Kampf. Das städtische Heer umlagerte den Kirchhof von Döffingen, in den die Bauern der Umgegend ihre Habe geflüchtet hatten, als es früh morgens von Graf Eberhard angegriffen wurde. Graf Ulrich und andere Herren sprangen von den Rossen und stürmten gegen die Feinde an, aber er selbst fiel und neben ihm sanken zahlreiche Ritter. Doch der alte Graf verlor nicht mit den Mut; mit Gewalt und anfeuerndem Zuruf trieb er seine Scharen vorwärts. So kam der Kampf zum Stehen, bis neue herankommende Scharen die städtischen Truppen in eine wilde, verlustreiche Flucht trieben.

Es war die größte Feldschlacht, die zu jener Zeit auf deutschem Boden geschlagen wurde, obschon auf jeder Seite nicht viel mehr als 4000 Mann gefochten haben mögen. Die Niederlage schüchterte die Städte nicht ein, aber der Krieg löste sich nun in lauter einzelne Kämpfe auf, und da von den Beteiligten jeder für sich genug zu thun hatte, kam es nicht mehr zu großen Unternehmungen. Allenthalben stritt man, aber wie die Städte nicht im offenen Felde gesiegt hatten, so vermochten die Fürsten auch nicht eine einzige Bundesstadt zu erobern; vor dem drei Monate lang belagerten Regensburg erlitten die Baiern endlich eine böse Schlappe.

Die rheinischen Städte genügten treulich ihrer Bundespflicht und sandten den schwäbischen die schuldige Unterstützung, doch erst Mitte September entschlossen sie sich, den Pfälzern abzusagen. Auch ihnen war das Glück auf offenem Felde nicht hold; im November brachte ihnen Pfalzgraf Ruprecht II. in der Gegend von Alzei große Verluste bei.

Wirklich war es zu einem allgemeinen Kampfe zwischen den Bünden und den Fürsten gekommen, in den einzutreten auch die, welche lieber Frieden gehalten hätten, sich genötigt sahen. Wie allmählich klar wurde, gestaltete sich für beide Teile der Krieg aussichtslos; keine Partei durfte hoffen, die andere zu bezwingen. Süddeutschland geriet in tiefes Elend. „Es verdarben mehr Leute und wurden arm gemacht, als sonst in viel hundert Jahren geschah, denn die Dorfleute mußten den ganzen Winter in den Städten und Festen zubringen. Besonders Schwabenland und Wirtemberg wurden so verheert und verbrannt, daß in manchen Gegenden zehn bis zwölf Meilen um die Städte und Festen herum nicht ein Haus oder Dorf stehen blieb. Allein im unteren Elsaß wurden gegen 150 Dörfer verbrannt und gebrandschatzt und manches Dorf so völlig verheert, daß weder Haus noch Kirche übrig blieb. Die verödeten Handelsstraßen überzogen sich mit Gras und Disteln". Auch von Mainz aus wird geklagt, die öffentlichen Straßen seien so öde geworden, daß auf ihnen Gras wuchs wie auf Wiesen.

Die Fürsten blieben einmütiger als die Städte. Von diesen versagte jede, wenn sie sich bedroht glaubte, der andern Hülfe, verlangte vielmehr selber solche. Bitter beklagte sich später Regensburg über die Untreue mancher Bundesgenossen. Die Quellen gewohnter Thätigkeit waren allen abgeschnitten, und so regte sich in mancher Gemeinde kräftig der Wunsch nach wiederhergestellter Ordnung.

Wo war bei all diesem Elend der König? Der blieb, trotzdem er den Städten verbunden war und auch den Baiern abgesagt hatte, in Böhmen, trieb die Jagd, sammelte aus der ganzen Welt schöne Hunde für seine wilde Meute und trug sich mit Heiratsgedanken, da seine erste Gemahlin gestorben war. Allmählich befreundete er sich sogar mit dem Herzoge Friedrich von Baiern; um ihn von dem Streben nach der Reichsverweserschaft abzubringen, warb er um die Hand der schönen, gescheiten Sophie, der Tochter des Herzogs Johann von München, und heiratete sie auch. Vielleicht hatte er anfangs auf einen schnellen Sieg der Städte gerechnet; als dieser nicht erfolgte, schwenkte er zu den Fürsten zurück. Ihn bewegte nur die Sorge, sich seinen Thron zu erhalten. Da kam ihm Erzbischof Adolf von Mainz entgegen, der aller Wahrscheinlichkeit nach bisher der Hauptschürer gegen Wenzel gewesen war. Der kluge Mann hielt sich trotz der Bande, welche ihn an die Fürsten knüpften, vom Kriege fern, pflegte sogar mit den rheinischen Städten gutes Einvernehmen, denn er gedachte sie für seine eigenen Pläne auszunützen, die sich gegen Hessen und vielleicht auch gegen die Pfalz richteten. Er erschien bei Wenzel in Böhmen und ließ sich von ihm das durch den Nürnberger Herrenbund verbotene Recht erteilen, mit Reichsstädten Bündnisse zu schließen, wie es ihm nützlich dünke, außer gegen das Reich, den König und die Krone Böhmen; zugleich gelobte er, wenn Wenzel das Reich aufgebe, einen von dessen Brüdern und Vettern, je nach des Königs Wunsch zu wählen. Das gleiche Versprechen ließ sich Wenzel bald darauf von dem sächsischen Kurfürsten Rudolf geben.

Jetzt handelte es sich um eine wirkliche Thronentsagung, aber kaum gedachte Wenzel, sie so bald auszuführen. Er wollte nur den Reichsvikariat hintertreiben, etwaigen erneuten Forderungen mit dem Anerbieten der Abdankung begegnen. Stand dann hinter ihm ein Bruder oder Vetter als neuer König, so konnte das den Fürsten wenig helfen, und im Notfall blieb wenigstens das Reich bei der luxemburgischen Familie. Der Erzbischof dagegen gewann mit seinen wichtigen Schriftstücken die Städte Mainz, Worms und Speier, die sich mit ihm eng verbündeten und gelobten, denjenigen König anzuerkennen, welchen Adolf mit zwei oder mehr Kurfürsten „aufrückte und haben wollte", sobald Wenzel stürbe oder das Reich sonstwie ledig würde.

Wenzel, befreit von der Angst, die ihn dem schwäbischen Bunde in die Arme getrieben hatte, ging nun daran, das Friedenswerk anzugreifen, dem bereits Verhandlungen der Kriegführenden selbst vorgearbeitet hatten. Diesem Zwecke diente der Reichstag zu Eger, den viele Fürsten und die Boten aller Städte besuchten. Der König beschloß, einfach den Knoten durchzuhauen und ohne viel nach den einzelnen Streitpunkten zu fragen, eine allgemeine Entscheidung herbeizuführen, welche die Städte zum Frieden zwang. Er verlangte, beide Parteien sollten ihre Bündnisse aufgeben und sich mit ihm zu einem Landfrieden vereinigen, was die Fürsten gern, die Städte schwer bewilligen konnten, aber ihre Uneinigkeit erleichterte dem Könige sein Werk.

Am 2. Mai 1389 gebot Wenzel den Reichsstädten in Ober- und Niederschwaben, im Elsaß, am Rhein, in der Wetterau, in Franken und in Baiern ihre Bündnisse aufzuheben, von denen „er ganz genau erkannt und eingesehen habe und wisse, daß sie wider Gott, wider ihn und das heilige Reich und wider das Recht seien". Bei Strafe des Verlustes aller ihrer Rechte befahl er ihnen, in den allgemeinen Landfrieden, den er gemacht habe, einzutreten. Dieser wurde am 5. Mai veröffentlicht. Die königliche Kanzlei machte sich mit ihm leichte Arbeit, indem sie eine alte Ordnung von 1378 hervorholte, sie zweckentsprechend veränderte und einige neue Bestimmungen einschaltete.

Der Landfriede sollte gelten für einen großen Teil des Reiches, den Rhein,

Baiern, Schwaben, Franken, Hessen, Thüringen und Meißen; die gute Idee von 1383, das ganze Reich zu umspannen, ward aufgegeben. Für jeden Kreis wurde ein Landfriedensgericht eingesetzt, zu dem Fürsten und Städte je zwei Bevollmächtigte ernannten, der König aber einen Hauptmann beigab. Die Befugnisse wurden gut und reichlich abgemessen; an sich war an den Bestimmungen wenig auszusetzen, da sie ehrlich gehandhabt nützlich wirken konnten. Aber ausdrücklich wurde „der gemeine Bund der gemeinen Städte" aufgehoben, der Nürnberger Herrenbund dagegen nur gegenüber denjenigen Städten, welche sich mit den Fürsten rechtlich oder gütlich versöhnten und dann in den Egerer Landfrieden eintraten. Endlich sollten alle Pfahlbürger „gänzlich absein und fürder Niemand solche haben noch empfangen".

Regensburg, Nürnberg und das baierische Weißenburg erklärten gleich in Eger ihre Bereitwilligkeit, dem Könige zu gehorchen. Auch die übrigen Städte verzichteten auf Widerstand und so wurden in der nächsten Zeit allenthalben Friedensverträge vereinbart, zunächst am Rhein, langsamer in Schwaben, Baiern und Franken, wo die mannigfachen Streitpunkte nicht rasch beglichen werden konnten.

Die Städtebünde waren getrennt und sie sind nie wieder in dieser Gestalt und in diesem Umfange aufgenommen worden, wenn auch kleinere Vereinigungen nahe gelegener Städte weiter bestanden oder wieder zustande kamen. So hielten die sieben Städte am Bodensee ihren Bund fest, für den sie auch die königliche Genehmigung erreichten, und seit 1390 entstand ein neues Bündnis von Ulm und kleineren Städten, dem eine lange Dauer bis ins folgende Jahrhundert hinein beschieden war. Doch hatte es nicht entfernt die Bedeutung des großen Städtebundes und diente nur der Verteidigung. Die Reichsstädte gingen aus dem großen Kampf hervor ohne Minderung ihrer Rechte und ihres Ansehens und hatten durchgesetzt, was die schwäbischen in erster Stelle hatten erreichen wollen, nicht mehr verpfändet zu werden. Aber der weitere Zweck, fortan mit vereinten Kräften den Fürsten geschlossen gegenüber dazustehen, mußte aufgegeben werden. Das war teils die Schuld der ungleichartigen Interessen, welche die verschiedenen Mitglieder dem Bunde zugeführt hatten, teils die üble Frucht der Uneinigkeit und des Eigennutzes, teils der mangelhaften Verfassung des Bundes, der ohne feste einheitliche Leitung, selbst ohne gemeinsame Kasse, diese Hindernisse nicht zu überwinden vermochte. Auch die vereinzelte Lage der Städte, die von einander durch andere Gebiete getrennt wurden, erschwerte das gemeinsame Handeln, so daß doch immer manche Glieder genötigt waren, sich auf die eigene Kraft zu verlassen; wenn das trotz des Bundes erforderlich war, so wollten ihn viele lieber entbehren. Doch auch die allgemeine Erkenntnis kam zum Durchbruch, daß man in der Erregung weiter gegangen war, als nötig. Es zeigte sich, daß der Kampf, wie er sich zugespitzt hatte, unnatürlich und zwecklos gewesen war. Daher stellte sich bald das frühere leidliche Verhältnis zwischen Fürsten und Städten wieder her.

Trotz seines gewaltigen Umfanges war der Krieg nur ein örtlicher gewesen, geführt zwischen den süddeutschen Reichsstädten und ihren fürstlichen Nachbarn; höhere Zwecke kamen in ihm nicht zum Ausdruck und Verfolg. Die verbündeten Städte haben nicht daran gedacht, alle Reichsstädte in deutschen Landen zu gemeinsamem Handeln zu vereinigen, und noch weniger, die fürstlichen Städte an sich zu ziehen. Von dem Plane einer Reichsreform auf Grund städtischen oder auch nur reichsstädtischen Wesens ist nichts zu merken.

Es ist oft gesagt worden, der Ausgang des Kampfes zwischen Fürsten und Städten sei für die gesamte Entwickelung des Reiches und Volkes verhängnisvoll gewesen, und man hat ihn daher tief beklagt. Ein solches Urteil überschätzt stark die handelnden Kräfte und deren Absichten, sowie die Möglichkeit des etwa Erreichbaren. Wenn die Reichsstädte ihren Zusammenhang behauptet hätten, wäre es ihnen höchstens gelungen, auf die Reichsangelegenheiten etwas größeren Einfluß zu gewinnen, aber dieser wäre auch nur ihnen, nicht dem Ganzen förderlich gewesen, und eine regelmäßige Vertretung auf den Reichstagen haben sie später auch so erlangt. Freilich, der Hang zum Sondertum, der bereits in den Städten lag, wucherte nun erst recht empor.

Selbst wenn der König den Städten geholfen hätte, wäre nicht viel mehr herausgekommen. Seine gaukelhafte Unbeständigkeit und endliche Treulosigkeit entfremdeten ihm den zuverlässigsten Anhang, den er im Reiche haben konnte, denn wenn den Reichsstädten ein gewaltsamer Thronwechsel auch jetzt noch unerwünscht sein mußte, die Person dieses Königs wurde ihnen mindestens gleichgültig. Der Stoßseufzer des Regensburger Stadtschreibers: „Gott gebe dem Reich und der heiligen Christenheit eines Tages ein rechtes Haupt", war auch den anderen Bürgern aus der Seele gesprochen. —

Auch in der Schweiz war der Kampf wieder ausgebrochen, als im Februar 1388 österreichische Ritter die arglose Besatzung in Weesen überfielen. Am 9. April rückte vom Wallensee her eine gewaltige Schar in das Land Glarus ein und überwand die das Linttal schirmende Verschanzung, aber die tapferen Glarner, von einem Trupp Schwizer unterstützt, stürmten von einer Berghalde bei Naefels herab auf die Uebermacht, welche sich sengend und plündernd aufgelöst hatte, und brachten ihr eine völlige Niederlage bei. Erst im folgenden Frühjahr bewirkten die Reichsstädte einen dauernden Frieden, der den Schweizern ihre beträchtlichen Eroberungen ließ und 1394 auf zwanzig Jahre ausgedehnt wurde. Die Eidgenossenschaft schloß sich noch enger zusammen und gab ihrer Wehrverfassung eine feste Gestalt für eine lange Folgezeit. Die fürstliche Gewalt in der Schweiz hatte den Todesstoß erhalten, hier stand einer bewußten Weiterbildung der republikanischen Formen und Ideen kein Hindernis mehr im Wege.

Gleichzeitig mußte eine norddeutsche Reichsstadt ihre Freiheit verteidigen. Vereinigt mit dem Grafen Engelbert von der Mark und unterstützt von einer überaus zahlreichen Ritterschaft, belagerte Erzbischof Friedrich fast zwei Jahre lang vergebens die Stadt Dortmund, nach der seine Vorgänger schon seit anderthalb Jahrhunderten getrachtet hatten; schließlich begnügten sich die Herren im November 1389 mit einer geringen Geldentschädigung.

Unter den norddeutschen Fürsten wurde 1388 ebenfalls ein großer Krieg geführt, in dem die Welfen dem sächsischen Kurfürstenhause Lüneburg wieder entrissen. Auch hier ließ Wenzel geschehen, daß der Plan Karls IV., die befreundete anhaltinische Familie zur vorwiegenden Macht in Niedersachsen zu machen, vereitelt wurde.

Lieber als auf diesen Kämpfen von Reichsgliedern gegen einander ruht der Blick auf einem kühnen Manne, der zur selben Zeit deutsche Waffenehre und deutschen Mannesmut gegen feindliche Uebermacht bewies. Der junge Herzog Wilhelm von Geldern, der Sohn des Jülicher Herzogs Wilhelm, trat aus Feindschaft gegen die Herzogin Johanna von Brabant in das Dienstverhältnis des englischen Königs Richard und schickte an Frankreich eine lecke Absage, die dort gewaltiges Aufsehen erregte. Daher sollte über den Herzog ein strenges Strafgericht ergehen. Großartige Rüstungen wurden getroffen, ein für jene Zeiten ungeheures Heer von gegen 100000 Mann zusammengebracht, und so setzte sich im September 1388 die große Armee siegesbewußt in Bewegung; die Blüte der französischen Ritterschaft, fast alle Großen mit gewaltigem Troß nahmen an diesem Zuge eines Riesen gegen einen Zwerg teil. Da das Brabanter Land geschont werden sollte, ging der Marsch durch die wilden Ardennen, in denen vorausgeschickte Arbeiterhaufen Weg und Steg bereiteten, dann durch Luxemburg in das Jülicher Land. Der greise Vater des Uebelthäters warf sich am Widerstand verzweifelnd bemütig dem Könige Karl VI. zu Füßen, doch sein Sohn vertraute unerschrocken auf den Schutz, den die mächtigen Gewässer seinem Lande darboten, und auf die Unbilden des Wetters im herannahenden Winter, die den Feind mürbe machen würden. Schon hatten die Anstrengungen der langen Märsche durch menschenleere Waldböden die Kräfte der Franzosen erschöpft; strömender Regen, Mangel an Lebensmitteln, ringsum lauernde Räuberbanden erstickten den Uebermut. Endlich ließ sich Wilhelm von Geldern durch die dringende Bitte des Vaters zu der Erklärung bewegen, er bedauere den unziemlichen Ton des Fehdebriefes, der nicht von ihm herrühre, und wolle künftighin Krieg gegen Burgund und Frankreich ein Jahr vorher ankündigen, aber entschieden weigerte er sich, das Bündnis mit England aufzugeben. Stolz wie ein Sieger erschien er vor dem französischen Könige in dessen Lager, mit den höchsten Ehren empfangen und reich beschenkt. Karl war froh, den äußeren Schein gewahrt zu haben, doch der Rückzug brachte ihm noch schwere Verluste.

König Wenzel hat nichts gethan, um diese Verletzung des deutschen Reichsbodens zu verhindern. Er zog sich von den Reichsgeschäften fast ganz zurück, die meist durch die Hände eines wenig würdigen böhmischen Günstlings gingen, des Borziwoi von Swinar, der sogar Landvogt in Schwaben und im Elsaß wurde. Eine nochmalige Judenplünderung bereicherte den königlichen Schatz, aber Recht und Gerechtigkeit waren bei Hofe nicht zu finden und mit dem öffentlichen Frieden stand es so übel wie nur je. Wenzel konnte indessen ruhig in Prag weilen, denn von den Kurfürsten hatte er zunächst nichts zu besorgen. Die durch den Städtekrieg erzeugte Erschöpfung war für den König vorteilhaft. Der greise Kuno von Trier, der in den letzten Jahren still daheim gesessen, legte im April 1388 kurz vor seinem Tode seine erzbischöfliche Würde nieder, die mit päpstlicher Bewilligung an seinen Neffen überging. Aber leider erbte Werner von Königstein nichts von dem Geiste seines Cheims; kränklich, mattherzig, ja geistesschwach fast bis zur Blödigkeit, entbehrte er jeder Thatkraft. In den Reichsfragen folgte er meist der Leitung seines thatkräftigen Vetters Friedrich von Köln.

Im Februar 1390 wurde Adolf von Mainz von einem frühen, plötzlichen

Tode hinweggerafft. Die Hauptthätigkeit seiner unruhigen kriegerischen Regierung richtete er auf den Streit mit Hessen, wo man von ihm sagte: „Erzbischof Adolf beißt um sich wie ein Wolf"; auch sonst hatte er sich wenig Freunde gemacht. Das Erzstift drückte er mit großen Auflagen, doch zollten ihm seine dortigen Freunde das Lob eines hochherzigen, frommen und mächtigen Mannes, der die Kirche ehrenvoll geleitet, ihre Güter gut verwaltet habe. Sein Nachfolger Konrad von Weinsberg war ein alter, friedfertiger, redlich denkender Mann, „dem ein Röcklein besser stand, als ein Panzer". Nur gegen die Waldenser schritt er mit Strenge ein. Zehn Tage später als Adolf starb sein kurfürstlicher Genosse und oft auch Gegner, Ruprecht I. von der Pfalz. Bis in die letzten Zeiten seines langen Lebens bewährte er seine Kraft und Geschicklichkeit, und man muß ihm nachrühmen, daß er in dem großen Städtekriege, obgleich er den Anforderungen seiner fürstlichen Stellung entsprechend gegen die Bürgerschaften auftrat, stets Versöhnlichkeit an den Tag legte. Sein Land machte unter ihm ausgezeichnete Fortschritte, und noch heute prangt als lebendiger Zeuge seiner Weisheit die von ihm gegründete Universität Heidelberg.

Ihm folgte sein Neffe, Pfalzgraf Ruprecht II., oft auch Adolf genannt, der bereits über sechzig Jahre alt schon reiche Erfahrungen gesammelt hatte, noch geistig frisch und lebendig, Geld und Macht schätzend und klug mehrend, aber harten Gemütes; in dem letzten Kriege hatte er sechzig ergriffene Freibeuter in die Glut eines Ziegelofens werfen lassen. Wie der Oheim nahm er regen Anteil an den Reichsverhältnissen und behauptete dessen hochgeachtete und einflußreiche Stellung. Mit seinen rheinischen Kollegen pflegte er daher Freundschaft und verabredete mit ihnen getreuliche Hülfe, wenn jemand ohne ihren Willen mit Gewalt nach dem Reiche stellen sollte, damit es in Wesen und Ehren bleibe, wie das Herkommen sei.

Auch der alte Greiner von Wirtemberg trat 1392 von dem Schauplatze seiner irdischen Thätigkeit ab und hinterließ seinem Enkel das Land erheblich vergrößert. Eberhard erhielt später den Beinamen des Milden, denn er suchte seine Stärke in der Bewahrung des Friedens.

Siebenter Abschnitt.

Neue Verwickelungen. 1389—1395.

Der Geschichtsschreiber Wenzels hat eine undankbare Aufgabe zu erfüllen, die mit jedem weiteren Abschnitt seiner Regierung unerfreulicher wird. Das ist nicht allein Wenzels Schuld; die ganze ihn umgebende Gesellschaft, seine nächsten Verwandten, die Fürsten, mit denen er in Berührung tritt, die Diener, welche er in sein Vertrauen zieht, und endlich die gesamten Verhältnisse bieten nirgends und nichts, was wärmere Teilnahme erregen könnte. Alles zerreibt sich im elenden Getriebe gemeinsten Eigennutzes.

Wenzel selbst sinkt von Stufe zu Stufe. Die guten Eigenschaften, welche ihm angeboren oder vom Vater anerzogen waren, erstickten im öden Schlamm eines trägen, nichtsnutzigen Lebens, aus dem ihn auch seine Leidenschaftlichkeit nicht herausriß, weil sie eben so schnell erlosch, wie sie aufflammte. Zwar war er nicht der wüste und kindische Unhold, zu dem ihn die spätere Sage gemacht hat; eine gewisse Gutmütigkeit bewahrte er trotz aller Gewaltthaten, und treulose, schleichende List war ihm gar nicht eigen. Sein Hauptfehler blieb die Unlust an wirklicher Thätigkeit, das Unvermögen, gute Anläufe, die er gelegentlich machte, auch soweit fortzusetzen, daß sie zum Ziele führten. Es sind bei ihm sogar Versuche zu einer Reichspolitik im großen Stile bemerkbar, indem er die Besetzung oder Verwaltung von Reichsbistümern unmittelbar an den König ziehen wollte, wie in Riga, Camin, Passau, Würzburg und anderwärts; aber nirgends erreichte er seine Absicht. Stets überwogen in ihm wieder seine Unbeständigkeit, seine unberechenbare Laune, immer versagte er gerade dann, wenn rasches sicheres Handeln noch hätte helfen können. Ihn übermannte das Laster des Trunkes, dem er Nächte durch huldigte, der Hang zum Herumschweifen, zur Unsittlichkeit und zum ungeordneten Leben; schlechte Gesellen drängten sich an ihn heran und machten ihn treuem Rat unzugänglich. Seine beste Seite war noch die Wirtschaftlichkeit, aber auch sie schlug leicht in Geiz um; selbst in der größten Not gewann es Wenzel nicht über sich, Geld herauszugeben.

Des Königs größtes Unglück war die eigene Familie. Den ältesten Bruder

Sigmund hatte er sehr zu seinem eigenen Schaden aufs beste unterstützt, aber der stattete seinen Dank ab durch rücksichtsloses Ränkespiel; der zweite Bruder, der junge Johann von Görlitz, hat sich allerdings besser geführt und für Wenzel gethan, was in seinen Kräften stand. Geradezu der Fluch des luxemburgischen Hauses war jedoch Markgraf Jobocus oder Jost, der Sohn von Karls Bruder Johann Heinrich, welcher zusammen mit seinem jüngsten Bruder Prokop Mähren innehatte; ihr mittlerer Bruder Johann Sobieslaw wurde durch Wenzel auf den Patriarchensitz von Aquileja befördert, aber nach kurzer Regierung und schandbarem Lebenswandel ermordet.

Jost besaß eine gute Bildung und Liebe zu den Wissenschaften; er sammelte Bücher, stand mit italienischen Gelehrten im Verkehr und galt sogar für hochgelehrt. Sonst ist nichts Rühmliches von ihm zu berichten. Rasch verlebt, so daß er frühzeitig den Eindruck eines hinfälligen Greises machte, war er nicht zum Krieger geschaffen. Die vielumfassenden Pläne, mit denen er sich ununterbrochen trug, führte er daher nie mit den Waffen, sondern mit Arglist und Trug durch. Er war schnell zur Hand mit Schwüren, die er auf seinen mächtigen Bart abzulegen liebte, aber er hieß „der große Lügner". Ein Meister in der Geldkunst ließ er seine Gulden gewinnbringend arbeiten; so oft er auftrat, schloß er einen Handel ab oder übte eine Treulosigkeit aus. Ein ungemeiner Ehrgeiz erfüllte ihn, er hätte am liebsten die ganze Welt für sich zusammengekauft, freilich nur zu dem Zwecke, dabei wieder zu verdienen, und wehe den Ländern, die unter seine gierigen Finger kamen!

Sigmunds Unternehmungen gegen Ungarn gaben Jost Gelegenheit, sich diesem wie dem Könige Wenzel unentbehrlich zu machen. Schon 1383 wurde er zum Generalvikar von Italien ernannt, aber er blieb in Mähren und schacherte mit seinen Vettern weiter. Anfang 1388 ließ er sich von Wenzel das Herzogtum Luxemburg und die Landvogtei des Elsaß, die er indessen nicht in Besitz nehmen konnte, verpfänden; im Mai versetzte ihm Sigmund die Mark Brandenburg auf fünf Jahre für eine so hohe Summe, daß sie sicherlich nie zurückbezahlt werden konnte. Schon stieg in dem Markgrafen die stolze Hoffnung auf, auch deutscher König zu werden, die Wenzel selbst bestärkte; daher ließ er sich 1389 von Albrecht von Oesterreich treulichen Beistand versprechen, wenn er nach irgend welchen Ehren oder Gewalt in dem römischen Reiche streben und greifen würde, wogegen der Markgraf schwur, wenn er König würde, nach dem Rate Albrechts zu handeln und ihn und seine Erben in besonderer Liebe und Freundschaft zu halten. Bald darauf ernannte der König Jost zum zweitenmale zu Generalvikar von Italien, doch nahm er ihm das Versprechen ab, weder einem Nebenbuhler Unterstützung zu leisten noch ohne sein Vorwissen nach dem Reiche zu stellen. Noch im folgenden Jahre 1390, als Wenzel wieder die Absicht hatte, nach Rom zu fahren, bestimmte er seinen Vetter, daß er vorausziehend ihm die Wege ebene. Auch jetzt hatte Jost besseres zu thun, als über die Alpen zu gehen, während ihm daheim seine Saatfelder blühten. Jene Vereinbarung mit Oesterreich war bereits gegen Wenzel gerichtet.

Albrecht III. vereinigte nach dem Falle seines Bruders Leopold, dessen ältester Sohn Wilhelm, der unglückliche ehemalige Bräutigam der polnischen

Königin, auf die Regierung verzichtete, die gesamten habsburgischen Länder unter seiner Leitung, sehr zu ihrem Glück. Ganz im Gegensatz zu seinen Brüdern war ihm ein friedlicher Sinn beschieden. Obgleich er von jeher Anhänger des römischen Papstes gewesen war und auch dessen Obedienz in Leopolds Länder einführte, bedrängte er doch nicht die dortigen Clementisten. Als Lustsitz baute er sich das Schloß Laxenburg, wo er sich an Fischteichen und Tiergärten ergötzte und ungestört seinen frommen Neigungen nachhängen konnte. Die Nacht vor dem Sonntag brachte er stets wachend im Gebet zu, jeden Morgen besuchte er andachtsvoll die Messe; gegen Ketzer übte er furchtbare Strenge. Doch besaß er fröhlichen Sinn und liebte ritterlichen Glanz; zum Gedenken daran, daß ihm einst eine schöne Frau aus Liebe ihren Zopf verehrt hatte, stiftete er eine Rittergesellschaft, die den Zopf als Abzeichen trug. Täglich stand jedem Unterthan der Zugang zu ihm offen und als „rechter Schirmschild" sorgte er für sein Land. Die Wissenschaften, besonders Astronomie und Theologie, „die heilige Schrift und göttliche Kunst" waren ihm vertraut; der Wiener Universität wurde er der zweite Gründer. Aber stille Wasser sind tief; wie Albrecht langsam zum Zorn, dann aber in ihm nachdrücklich war, hatte er auch seinen Ehrgeiz und bei aller Friedfertigkeit wußte er mit gemächlicher doch zielbewußter Ausdauer seine Macht zu bewahren und zu erweitern.

Mit Wenzel kam er in heftigen Zwiespalt durch einen langjährigen Streit um das Bistum Passau, in dem er seinen Bischof gegen den vom König begünstigten durchsetzte, und obgleich schließlich ein äußerliches Einvernehmen hergestellt wurde, näherte sich Albrecht dem Markgrafen Jost und bald trat auch Sigmund zu ihnen, so daß im Juni 1790 zwischen den dreien ein gemeinsames Verteidigungsbündnis entstand. Der Herzog ließ auch die Vorderlande nicht aus den Augen, und dem von Leopold verfolgten Ziele, Habsburg zur vorwiegenden Macht in Schwaben zu machen, kam er mit seiner ruhigen Geduld näher als dieser, da die Baiern infolge ihres gewaltthätig dreinfahrenden Wesens dort keine Freunde hatten. Sie selbst erleichterten ihm dies Werk. Trotz aller bitteren Erfahrungen nahmen die drei Brüder 1392 eine Teilung vor, die natürlich zum Zwist führte; als dann Friedrich, der Urheber des Städtekrieges, plötzlich am 4. Dezember 1393 starb, zankten Stephan und Johann um die Vormundschaft über das von ihm nachgelassene Söhnchen Heinrich.

Ueber Wenzel hatte sich inzwischen ein böses Geschick zusammengezogen. Die böhmischen Könige hatten von jeher einen schweren Stand den Landherren gegenüber, und wenn ein Karl IV. sie nicht niederdrücken konnte, vermochte das ein Wenzel noch weniger. Mancherlei Unbotmäßigkeit regte sich, und da der König geflissentlich Günstlinge niederer Herkunft bevorzugte, verletzte er den Stolz der Großen. Ein Prager Bürgerssohn, Sigmund Huler, erhielt das wichtige Amt des Unterkämmerers, und als er scharf und schneidig vorging, fand er Widerstand, in welchem der König eine Verschwörung gegen seine eigene Person argwöhnte.

Zuerst zerfiel er mit dem Prager Erzbischofe Johann von Jenzenstein, einem unliebenswürdigen, gereizten, sich immer verfolgt wähnenden Manne voll geistlichen Hochmutes, der durch sein herbes und strenges Wesen schon lange Wenzels

Gunst verscherzt hatte. Ein Streit um kirchliche Rechte und Gerichtsbarkeit veranlaßte den Erzbischof zu dem kühnen Schritte, über Huler und wahrscheinlich auch andere königliche Räte den Kirchenbann auszusprechen. Der ergrimmte König, dem Johann in einer leidenschaftlichen Klageschrift den Zustand Böhmens in den schwärzesten Farben schilderte, forderte ihn vor sich mit einem Brief, der kurz und bündig lautete: „Du Erzbischof! gib mir das Schloß Raudnitz und meine anderen Schlösser wieder und weiche aus meinem Lande Böhmen! Wenn Du etwas gegen mich oder die Meinigen unternimmst, lasse ich dich ertränken und dem Streit ein Ende machen. Komm nach Prag!"

Niemand dachte, daß er mit seiner Drohung Ernst machen würde, aber als Johann vor dem Rasenden erschien, wurde er mit Schmähworten empfangen und samt dem Official Puchnik nebst dem Generalvikar Pomuk und anderen Domherren verhaftet. Auf die Einzelnen deutend schrie der König: „Dich und dich will ich ersäufen, fort auf das Kapitel, denn ich will sehen, wer der Rädelsführer gewesen ist". Der Erzbischof suchte auf den Knieen den Zorn zu beschwichtigen, doch höhnend äffte Wenzel seine Angstgebärden nach und befahl, die Ergriffenen fortzuschleppen. Dem Erzbischofe gelang es, auf sein Schloß zu entweichen, aber der Official Puchnik und Pomuk, welche wahrscheinlich gemäß ihres Amtes den Prozeß gegen den Unterkämmerer geführt hatten, wurden auf die Folter gespannt, und wie der Erzbischof erzählt, der König selber legte mit Hand an und brannte die Gequälten an ihrem ausgereckten Körper. Puchnik erhielt endlich die Freiheit, aber Johann von Pomuk, so schwer verletzt, daß er die Marter nicht überleben konnte, wurde mit gefesselten Händen, den Mund mit einem Holzpflock aufgesperrt, die Füße an den Kopf gebunden, daß der Leib wie ein Rad gekrümmt war, von der Moldaubrücke in den Strom gestürzt. Es war am 20. März 1393.

Rasch verflog die Wut des Königs, der in tiefe Reue verfiel, aber die Greuelthat war nicht mehr gut zu machen und belastete für alle Zeiten ihren unsinnigen Urheber. Die spätere Legende flocht um Nepomuks Haupt den strahlenden Sternenkranz des kirchlichen Märtyrers; weil er dem Könige nicht die Beichtgeheimnisse seiner Gemahlin habe verraten wollen, sei er als Opfer gefallen. Das ist unrichtig, sein Tod war ein politischer Justizmord, aber vielleicht hat die Forderung des Königs, er wolle wissen, auf wessen Rat alles geschehen sei, den ersten Anstoß zu jener Ueberlieferung gegeben. Erzbischof Johann rief vergebens Bonifacius IX. um Hülfe an und legte nach einigen Jahren sein Amt nieder.

Ob Pomuk wirklich im Einverständnis mit den Landherren gegen die königlichen Räte aufgetreten war, wissen wir nicht; jedenfalls kam die Verschwörung bald zum Ausbruche unter der Führung des Jost von Mähren. Die Hoffnungen, die er auf Wenzel gesetzt, hatten sich nicht erfüllt; dagegen nahm jetzt sein Bruder Prokop, mit dem er in Feindschaft geraten war, den ersten Platz beim Könige ein. Wenzel betrachtete außerdem, wie es scheint, seinen jüngsten Bruder Johann, dem nach den Verträgen die Erbfolge in Böhmen zustand, als den künftigen Erben seiner gesamten Macht, und verstimmte dadurch auch Sigmund, der schon mit Jost und Albrecht von Oesterreich im Bunde war. Der Mähre gewann als Bundesgenossen auch noch seinen Schwager, den Markgrafen Wilhelm von Meißen, der schon viel Späne mit Wenzel gehabt hatte.

Der König versuchte teils durch gütliche Verhandlungen, zu denen er Sigmund aus Ungarn herbeirief, teils durch ein Bündnis mit Polen den Gegnern zu wehren, aber am 8. Mai 1394 fiel der Streich: Jost und die Barone überraschten Wenzel im Kloster zu Beraun und führten ihn als Gefangenen nach Prag. Er fügte sich und nahm den Schein an, als ob alles nach seinem Willen ginge, ernannte sogar Jost zum Starosten von Böhmen; insgeheim rief er jedoch Johann herbei, der sofort öffentlich erklärte, der König sei unfrei, und mit Prokop sich den Eintritt in Prag erzwang. Daher entführten die Barone den König erst auf ein Schloß des mächtigen Rosenbergers, dann nach Wildberg bei Linz, das den österreichischen Herren von Starhemberg gehörte. Der Landesfürst, Herzog Albrecht that nichts zu seiner Befreiung. Er hatte in der letzten Zeit in Süddeutschland Bündnis auf Bündnis geschlossen, darunter auch mit Wirtemberg und mit dem neu gebildeten schwäbischen Städtebund. Er ließ sich von den Städten Beistand versprechen, wenn binnen neun Jahren der Thron ledig würde und einer von den Oesterreichern danach trachten sollte. Fünf Tage später wurde Wenzel gefangen, und als er nachher Albrecht beschuldigte, dieser habe nach der Krone getrachtet, hatte er demnach nicht so Unrecht.

Die Nachricht von der Vergewaltigung des Königs erregte in Deutschland begreiflicherweise ungeheures Aufsehen. Pfalzgraf Ruprecht II. nahm alsbald für sich den Reichsvikariat in Anspruch, als ob das Reich erledigt wäre, aber in ehrenwerter Weise, um dem Könige zur Freiheit zu helfen. Die Drohungen, welche sein Sohn Ruprecht III. nach Böhmen überbrachte, zusammen mit den kriegerischen Rüstungen des Görlitzers entmutigten die Rebellen, so daß sie am 2. August den König losgaben.

Wenzel warf seinen Haß vornehmlich auf den Habsburger, gegen den er Herzog Stephan von Baiern zum Bundesgenossen aussah, worauf Albrecht sich offen mit den böhmischen Landherren verbündete. Der wirre Zustand in Böhmen dauerte fort; auch Stephan verzweifelte an dem Könige, der haltlos hin und her schwankte und schließlich in wilder Aufwallung Jost zu vergelten suchte, was dieser ihm angethan, indem er den Markgrafen nach dem Karlstein lockte und dort gefangen nahm. Doch seine kriegerischen Entwürfe hatten keinen Fortgang; bald mußte er Jost wieder freilassen und in Böhmen und Mähren brach der helle Krieg aus. Auch Albrecht nahm daran teil; jetzt schien der Augenblick für ihn gekommen. Er ließ sich am 9. August 1395 von Jost und dessen Genossen versprechen, daß ihm von Wenzel, „oder wie es sich sonst schicke," der Reichsvikariat übergeben werde. So lebte der alte Plan wieder auf, dem Könige, ohne ihn gerade zu enthronen, das Reichsregiment zu entziehen. Aber drei Wochen später am 29. August starb Albrecht eines schnellen Todes und da seine Erben alsbald uneinig wurden, trat Habsburg für einige Zeit wieder in den Hintergrund.

Der Krieg in Böhmen ging weiter. Die Launenhaftigkeit des Königs durchkreuzte fortwährend die Bemühungen seines Bruders Johann, den endlich schnöder Undank aus dem Lande trieb. Eines Morgens, am 1. März 1396, fand man ihn tot im Bette, vergiftet, wie es hieß. An demselben Tage schlossen in Prag Wenzel und Sigmund einen gegenseitigen Erbfolgevertrag über ihre Königreiche, und nun stiftete Sigmund Frieden. Weder Jost noch ein anderer sollte bereinst die deutsche Krone erhalten, die der Ungarnkönig für sich selber beanspruchte; sie wurde fortan das stete Ziel seiner Politik, so oft ihm auch Verhältnisse hindernd in den Weg traten. Gleich darauf ließ er sich am 17. März zum Generalvikar des ganzen Reiches auf Lebenszeit mit königlichen und kaiserlichen Rechten ernennen.

Vorläufig nahm er nur die kostbare Urkunde in Empfang, um erst als Bezwinger der Türken seine Stirn mit dem höchsten Ruhmeskranze zu schmücken. Schon verbreitete sich in Deutschland über ihn ein guter Ruf, aber am 28. September vernichtete Sultan Bajesid in der furchtbaren Schlacht bei Nicopolis das von Kreuzfahrern aus fast ganz Europa gebildete Heer. Als Flüchtling kehrte Sigmund zu Anfang des nächsten Jahres nach Ungarn zurück, dessen Herrschaft seinen Händen zu entgleiten drohte. Da seine Gemahlin Maria 1395 kinderlos gestorben war, betrachteten ihn viele nicht mehr als den rechtmäßigen König von Ungarn; die anjovinische Partei, die Ladislaus von Neapel als Erben der Maria ansah, fing wieder an, sich zu schließen und zu regen.

Wenzel mußte sich daher bequemen, im Februar 1397 mit Jost Frieden zu machen. Er erfolgte auf Kosten Sigmunds, indem am 3. April Jost die Belehnung mit der Markgrafschaft Brandenburg erhielt.

Der König, der sich in solche Unehre brachte und nicht einmal seines Erb= landes Herr war, hatte gleichwohl noch immer die Absicht, sein wüstes Haupt mit der Kaiserkrone zu schmücken. Die Päpste Urban und dessen Nachfolger Bonifacius blickten stets sehnsüchtig nach dem Norden, ob der Ersehnte nicht komme, denn sie würden als Verleiher des Kaisertums einen Vorsprung vor dem avignonesischen Nebenbuhler erlangt haben.

Auch die Deutschen sahen ungern, daß ihr König nicht Kaiser wurde. Nicht allein fühlten sie ihren nationalen Stolz unbefriedigt, allgemein hielt man an alten Titeln fest und schrieb ihnen gleichsam eine Zauberkraft zu, obgleich der geschichtliche Fortschritt längst über sie hinweggegangen war. Als der Städte= krieg ausbrach, wußte den der Dichter Suchenwirt keinen besseren Rat, als daß Wenzel „einen kaiserlichen Zug nach Rom ziehen" möge; aber in Böhmen mausere der Adler und recke sich nicht, die Welt habe einen Papst zu viel und einen Kaiser zu wenig. Selbst aus Italien erklangen Mahnrufe an den säumigen König, nicht nach den harmlosen Tieren, sondern nach den höchsten Ehren zu zielen. Daß Wenzel nicht Kaiser war, erleichterte nachher den Kurfürsten die Absetzung beträchtlich, selbst die so oft angeregte Reichsverweserschaft hätte sich zu seinem Vorteil leichter einrichten lassen.

Auch Sigmund hatte den lebhaften Wunsch, daß sein Bruder sich aufraffe und nach Italien gehe, wohin er ihn begleiten wollte; er gedachte wohl, ihn dazu zu zwingen, denn nachdem Wenzel in die Haft seiner Barone gefallen war, verhandelte der Ungarnkönig mit Venedig über ihrer beider Empfang in Italien. Ihn selbst drängte es dorthin, denn von Neapel aus wurde seine Herrschaft in Ungarn bedroht. Ueberhaupt wurde Unteritalien der Knotenpunkt der Kirchen= frage und der gesamten damit verknüpften europäischen Politik und blieb es für die folgenden Jahrzehnte. Für beide Päpste war es geradezu eine Lebensfrage, wer dort gebot. Bis in seine letzten Lebenstage wurde Urban von der Leidenschaft beherrscht, Neapel zu erobern, aber entblößt von allen Mitteln, mit krankem und erschöpftem Leibe kehrte er nach Rom zurück, wo er am 15. Oktober 1389 verschied. Indem die Kardinäle ihm am 2. November in Bonifacius IX. einen Nachfolger gaben und das Recht Roms unbedingt festhielten, ohne die Not der Christenheit zu bedenken, blieb das Schisma unverändert, die Gruppierung der einzelnen Staaten in ihm die gleiche.

Die Wahl war geschickt getroffen, wenn es bei ihr allein darauf ankam, einen Mann zu finden, der die weltliche Seite des Papsttums vertreten konnte. Bonifacius, ein Neapolitaner, verhältnismäßig noch jung, war ein großer, schöner Herr, sehr im Unterschied zu seinem Vorgänger liebenswürdig und gewandt in seinem Benehmen. Mit höchster Klugheit wußte er sich in den schwierigen Lagen, in die ihn sein Pontifikat brachte, zu bewegen, indem sein einziges Ziel war, unter allen Umständen das römische Papsttum zu behaupten. Dazu diente ihm die große Politik in Italien, namentlich die nächstliegende Stütze, das Königreich Neapel, suchte er in der Hand zu behalten. Wie viel er durchsetzen konnte, bewies er durch die Bändigung der trotzigen Stadt Rom, der er ihre Selbständigkeit nahm. Er brauchte daher viel Geld, und da persönliche Leidenschaft hinzu kam, schuf er ein Ausbeutungssystem der Kirche, das selbst in dieser an Roms Unersättlichkeit gewöhnten Zeit die tiefste Entrüstung hervorrief. Noch nie hatte ein Papst mit allem, was Rom zu bieten hatte, mit Heiligtum und mit Stellen so schamlosen Handel getrieben, und die Käufer wurden noch dazu von dem wucherischen Geschäftsmann betrogen.

Zur selben Zeit, als Bonifacius gewählt wurde, krönte Clemens zu Avignon in Gegenwart des Königs Karl VI. den jungen Ludwig von Anjou, den Sohn des 1384 in Bari gestorbenen Herzogs, zum Könige von Neapel. Die Witwe Karls von Durazzo, die mannhafte Margaretha, hatte sich im Königreich trotz mancher Widerwärtigkeiten behauptet, bis sie 1387 durch den Gemahl der ermordeten Königin Johanna, Herzog Otto von Tarent, einen braunschweigischen Prinzen von merkwürdigen Schicksalen, aus Neapel nach Gaëta gedrängt wurde. Daher gab Bonifacius IX. die verkehrte Politik seines Vorgängers auf und ließ am 29. Mai 1390 Ladislaus, den Sohn der Margaretha, zum Könige krönen. Bald darauf landete Ludwig in Neapel; der Krieg zog sich jahrelang hin, bis endlich 1400 Ladislaus als Sieger hervorging, während Ludwig wieder heimzog. Ladislaus, obgleich er daheim alle Hände voll zu thun hatte, richtete von Anfang an seine Hoffnungen zugleich auf Ungarn, als dessen rechtmäßigen König er sich in Erbschaft seines ermordeten Vaters betrachtete. Da er dort nunmehr eine starke Partei hatte, lebte Sigmund in steter Sorge vor einem Angriff des kühnen Jünglings. Für das römische Papsttum konnte dieser Streit innerhalb der eigenen Zelte mit der Zeit gefährlich werden.

Wer Neapel besitzen will, darf die übrige Halbinsel nicht außer acht lassen, und der Weg von Frankreich nach dem Süden führt durch Oberitalien. Vor einem Jahrhundert bereits waren die Franzosen nahe daran gewesen, die Herren von Italien zu werden, damals von der Gunst der Päpste getragen. Kaiser

Heinrich VII. unterbrach die Fortschritte Frankreichs, Papst Johann XXII. mit seiner selbständigen italienischen Politik hielt sie weiter auf, und endlich wurden die französischen Könige durch den englischen Krieg ganz von Italien abgezogen. Jetzt war das Königreich wieder zu Kräften gekommen, und alsbald lenkte Karl VI. in die früheren Pfade ein. Ein unendlicher Ehrgeiz erfüllte den Jüngling; wo setzte er nicht überall die Hebel ein, um seine Macht zu fördern? Schon lange sprach man in Deutschland davon, daß er das Kaisertum begehre. Aber inmitten der größten Hoffnungen traf den Herrscher ein furchtbares Unglück. Im Sommer 1392 packte Karl tobsüchtiger Wahnsinn, und obgleich er wieder genas, wiederholten sich die Anfälle in Zwischenräumen und machten ihn zeitweilig regierungsunfähig. Die Oheime, die Herzöge von Burgund und Berri, und der Bruder des Königs, der Herzog Ludwig von Orleans, stritten alsbald um die Leitung des Reiches und störten für lange Zeit die feste Einheit der französischen Politik.

Jede auswärtige Macht, welche in Italien etwas erreichen wollte, war genötigt, um die Herren von Mailand zu werben. Der schreckliche Tyrann Bernabo Visconti war plötzlich zum Staunen der Welt von der Bühne verschwunden; sein Neffe und Schwiegersohn Giovanni Galeazzo warf am 6. Mai 1385 den in die Falle gelockten Machthaber in das Gefängnis, in dem er starb, und verjagte dessen fünf Söhne.

Giovanni Galeazzo ist das rechte Muster der italischen Fürsten, wie sie die Renaissancezeit in reicher Fülle hervorbrachte. Persönlich kein Kriegsheld, füllte er doch die längste Zeit seiner Regierung mit Kämpfen aus, um zu erobern oder die durch seine Gewaltthaten hervorgerufenen Angriffe abzuwehren. Er war treulos, hinterlistig, gewissenlos, aber er liebte die Künste, wie der Mailänder Dom und die Certosa bezeugen, und die Wissenschaften. Er sammelte eine großartige Bibliothek und berief hervorragende Gelehrte. Seine Staatseinrichtungen, obgleich durch und durch despotisch, enthielten manchen guten, der Zeit voraneilenden Gedanken. Unermeßlich war sein Reichtum, nichts schien ihm unmöglich, was durch Geld und sklavische Menschenkraft zu schaffen war. So wenig ihn das Sittengesetz kümmerte, verachtete er doch nicht die Kirche; wie Karl IV. häufte er mit Leidenschaft Reliquien an, denen er eine eigentümliche Verehrung widmete.

Er wollte die kleinen Gebiete fürstlicher oder städtischer Herrschaft in Ober- und Mittelitalien zu einem lombardischen Reiche vereinen, für das er sogar vom Papst Urban, dem er große Geschenke verehrte, den Königstitel begehrt haben soll. In kurzer Frist entriß er den Scala ihre Herrschaft über Verona. Um Frankreichs Freundschaft zu gewinnen, vermählte Galeazzo 1387 seine einzige Tochter Valentine mit dem Herzoge Ludwig von Orleans, der fortan stark in italienischer Politik arbeitete und sich ein Königreich Adria gründen wollte. Aber bei allem Liebäugeln mit Frankreich verfolgte der Mailänder seinen eigenen Weg; alles sollte seinen Zwecken dienen. Daher blieb er der römischen Obedienz getreu, und als Frankreich die Herrschaft über Genua begehrte, nach der er selber strebte, wandte er sich an den deutschen König. Er schlug Wenzel vor, den Titel eines Reichsvikars, unter dem er Mailand beherrschte, in einen erblichen umzuwandeln, und wurde in der That am 11. Mai 1395 zum Herzoge erhoben. Galeazzos Gold führte ohne Zweifel für ihn die überzeugendste Sprache, und es mag zweifelhaft sein, wie weit man einem Wenzel höhere Beweggründe zuschreiben darf. Sie lagen allerdings offen da: der Herzog konnte ein Damm gegen Frankreichs Gelüste auf Italien, eine Stütze für den römischen Papst sein, außerdem willkommene Förderung für den Romzug gewähren.

Die Erhebung des Visconti zum Herzoge war aber nicht allein eine Standeserhöhung, sondern änderte auch das Rechtsverhältnis eines großen und wichtigen Gebietes. Mailand gehörte bisher unmittelbar dem Reiche, die Vikare waren nur dessen absetzbare Beamte; jetzt wurden sie Landesherren und Mailand hörte auf, Reichsgut zu sein. Verfügungen über Reichsgut konnten nach der allgemeinen Anschauung nur mit Zustimmung der Kurfürsten geschehen. Doch gab es darüber keine festen Satzungen, auch war zweifelhaft, inwieweit sie für Italien gegolten hätten; außerdem blieb es in der That ziemlich gleichgültig, ob Galeazzo Reichsvikar oder Herzog genannt wurde, da seine Herrschaft auf seiner unerschütterlichen Macht beruhte. Der König mochte daher nicht erwarten, daß seine Verfügung auf Widerspruch in Deutschland stoßen würde. Gleichwohl wurde ein solcher mit Nachdruck erhoben, und die Mailänder Frage erlangte bald eine ungemeine Wichtigkeit.

Zu all diesen Verwickelungen kam noch hinzu, daß das Schisma aus der einfachen Frage, ob Rom, ob Avignon, unter der es bisher gestanden, heraustrat. Die französische Regierung gab aus inneren Gründen die einseitige Parteinahme für Avignon auf und stellte sich die Aufgabe, die Kirchenspaltung zu beseitigen. Die Pariser Universität erwog sorgfältig alle möglichen Wege, welche zu dem großen Ziele führen konnten. Da gewiß war, daß das Schisma nicht von selbst, durch den Sieg des einen Papsttums über das andere, aufhören würde, lagen drei Lösungen vor, entweder der „Kompromiß", also gegenseitiger friedlicher Ausgleich, oder die „Cession", indem beide Päpste abdankten, oder die Berufung eines allgemeinen Konzils. Der Abschluß eines Kompromisses war ganz unwahrscheinlich, ein Konzil bot große Schwierigkeiten; daher schien die Cession der beste Ausweg. Da von beiden Kirchenhäuptern nicht zu hoffen war, daß sie freiwillig abdanken würden, so stand im Hintergrund die „Substraktion", daß man sie zur Entsagung zwang, indem die einzelnen Reiche je ihrem Papste die Obedienz entzogen. Sie war aber nur dann zweckmäßig, wenn sie allgemein auf beiden Seiten erfolgte, und da war wieder die Schwierigkeit, welches der Reiche damit beginnen sollte. Nur eine Einigung und gleichmäßiges Handeln der größten Reiche konnte die Substraktion wirkungsvoll machen.

Da starb Clemens am 16. September 1394, voll Zorn über die Wendung der Dinge. Erhielt er keinen Nachfolger, dann konnte die Beilegung des Schisma nicht schwer sein, bringend mahnte sofort Karl VI. die Kardinäle von einer Wahl ab. Doch am 28. September erkoren sie als Benedikt XIII. den unzweifelhaft bedeutendsten aus ihrer Mitte, den Spanier Peter von Luna, der einst erst Urban, dann Clemens gewählt hatte; wie seine übrigen Genossen hatte er vorher eidlich gelobt, für die Einigung zu wirken, und wenn die Mehrheit der Kardinäle es für wünschenswert erachte, zum Zweck jener seine Würde niederzulegen.

Bald zeigte sich, wie wenig ehrlich er seinen Schwur meinte, denn obgleich ein französisches Nationalkonzil sich für die Abdankung aussprach, die Prinzen von Geblüt ihn persönlich darum ersuchten und auch die Kardinäle dafür waren, lehnte Benedikt sie entschieden ab. Da Frankreich Bedenken tragen mußte, die Obedienz einseitig aufzukündigen, suchte es erst die Anhänger des Bonifacius für denselben Weg zu gewinnen. Doch handelte es nicht ganz folgerecht, da die Nebenbuhlerschaft von Burgund und Orleans fortwährende Schwankungen der Kirchenpolitik veranlaßte.

Das Vorhaben Frankreichs, die versumpfte Kirchenfrage wieder in Fluß zu bringen, fand auch in Deutschland Beifall. Bei Clemens' Tode hatten die Kurfürsten von Köln, Mainz und Pfalz den französischen König gebeten, die Wahl eines Nachfolgers zu verhindern, und verheißen, auch ihren König zur Thätigkeit für die Einigung anzuspornen. So war weitere Verbindung gegeben.

Auf wiederholte Anregung Frankreichs richteten die Kurfürsten im Oktober 1395 von Boppard aus an Wenzel die Aufforderung, endlich ins Reich zu kommen, sonst „würden sie gedenken, was sie dazu zu thun hätten". Sie erwogen dabei zugleich die trostlose Lage, in der sich das Reich befand.

Achter Abschnitt.

Die Regierung Wenzels bis zu seiner Absetzung.
1395—1400.

Seit dem Sommer 1387 war Wenzel nicht mehr im Reich erschienen. Die Ausführung des Egerer Landfriedens überließ er den Reichsständen, so daß wenig dabei herauskam, und der Böhme Borziwoi, sein Vertrauter, stiftete nur Unruhen an, um dabei seinen Gewinn zu machen. Die Reichsstände wurden so zu dem bedenklichen Bündniswesen förmlich gezwungen, um wenigstens einiger Freundschaften sicher zu sein. Auch die Ritter rührten sich wieder allerwärts und schlossen allerhand Bündnisse, von denen der Bund der Schlegler aufs neue Fürsten und Städte in Süddeutschland beunruhigte. Daher schritten die Fürsten ein, an ihrer Spitze Pfalzgraf Ruprecht; dem Grafen Eberhard von Wirtemberg glückte es, im September 1395 in dem in Brand geschossenen Städtchen Heimsheim drei „Könige" der Gesellschaft zu fangen und dadurch die größte Gefahr abzuwenden. Der Bund, den auch der König verbot, wurde zur Auflösung gezwungen.

So sehr die Reichsstände es liebten, der höchsten Gewalt ihre Selbständigkeitsgelüste entgegenzustellen, zeigte sich doch stets in den Zeiten der Not, daß der König unentbehrlich war. In der Kirchensache ließ sich vollends ohne ihn nichts thun.

Wenzel folgte nicht dem Rufe der Kurfürsten und lehnte auch nach einigen Verhandlungen die französischen Anträge ab, indem er an Bonifacius festhielt. Denn Frankreich wühlte unausgesetzt in den deutschen Grenzländern, um dort die Zahl seiner Anhänger noch zu vermehren, und arbeitete zugleich rüstig an der Befestigung seiner Macht in Italien. Ende 1396 unterwarf sich Genua dem Könige Karl VI., der nur durch den Wiederausbruch seiner Geisteskrankheit verhindert wurde, selber über die Berge zu ziehen, um sich dort den kaiserlichen Titel zu erwerben. Den einzigen Halt gegen ihn bot noch der Visconti, den der König daher mit neuen Gnaden schmückte und auch der Papst sich zum

Bundesgenossen erkor. Galeazzo triumphierte siegreich über alle seine Feinde; Pisa und Siena nahmen ihn zum Herrn, Perugia zum Signoren an. Vor ihm erzitterten die Florentiner, die dem Gewalthaber immer entgegengearbeitet hatten, und sie sind es ohne Zweifel gewesen, welche die Gründung des Herzogtums bei den deutschen Fürsten zum Reichsverrat aufbauschten.

Auch die Einmütigkeit der Kurfürsten, mit der sie die französischen Cessionsvorschläge entgegengenommen hatten, freilich in der Voraussetzung, daß Benedikt zuerst abdanken sollte, schwand dahin. Der Tod des Erzbischofs Konrad von Mainz am 19. Oktober 1396 rief wieder den herkömmlichen Streit um die höchste Kirchenwürde Deutschlands hervor. Papst Bonifacius hatte sich die Besetzung vorbehalten, doch war deswegen eine Wahl des Kapitels nicht ausgeschlossen.

Sofort ließ der Domherr Graf Johann von Nassau, der Bruder des ehemaligen Erzbischofs Adolf, alle Minen springen, um den kostbaren Preis zu erringen. Vielleicht hatte er sich schon vorher mit den Pfälzern verständigt, denn wenige Tage nach Konrads Tode gelobte er ihnen für alle Zukunft getreue Freundschaft, welche Würden und Herrschaften er auch erreichen möge, und versprach, ihnen „zu allen Ehren und Würden, nach denen sie stellen würden, geistlicher oder weltlicher Art" mit ganzen Kräften behülflich zu sein.

Gegen Johann, der somit die Pfälzer, außerdem die Stadt Mainz und gemäß der Familienüberlieferung einen großen Teil des stiftischen Adels für sich hatte, bewarb sich der gelehrte Domherr Jofsrid von Leiningen, für den sein Oheim, der Erzbischof Friedrich von Köln, mit allen Mitteln wirkte. Der Ausschuß, dem das Kapitel die Wahl übertrug, entschied am 17. November für Jofsrid. Wahrscheinlich hatten die Herren allesamt keine reinen Hände und Johanns Partei erhob sofort Einspruch gegen die simonistische Wahl. Er selbst eilte nach Rom, während Jofsrid thörichterweise zu Haus blieb, und gewann von Bonifacius die Bestätigung, natürlich für schweres Geld, doch sprach auch für ihn, daß Erzbischof Friedrich für einen Anhänger Frankreichs und damit für einen Gegner des römischen Papsttums galt. Sicherlich gab Johann für sich wie im Namen der Pfälzer die bündigsten Versprechungen in dieser Hinsicht, während er die andere Partei als Feinde des Papstes und des Königs darstellte.

König Wenzel kam bei dem Handel zu spät. Er wollte das Erzbistum dem Bischofe Friedrich von Utrecht verschaffen, an dessen Stelle Johann von Nassau treten sollte. Erst als Jofsrid den Markgrafen Wilhelm von Meißen für sich gewann, scheint Wenzel auf dessen Antrieb hin für ihn in Rom gesprochen zu haben, aber die Sache war bereits erledigt. Der König erkannte Johann an, nachdem dieser im Hochsommer 1397 von seinen Gläubigern in Rom losgelassen glücklich heimgekehrt war, und vermittelte später zwischen ihm und den Anhängern seines Nebenbuhlers.

Dem Erzbischof Friedrich lag Jofsrid nicht so sehr am Herzen, daß er sich deswegen mit dem Pfälzer überworfen hätte. Noch ehe über Mainz entschieden war, beschlossen Pfalz, Trier und Köln, unter allen Umständen eine Versammlung zu berufen, gleichviel ob der König, der bisher ihre Ermahnungen verschmäht hatte, käme oder nicht. „Große Not und Sachen der heiligen Kirche, des Christenglaubens, des heiligen römischen Reiches und der Christenheit" führten sie als die Gründe an, derentwegen sie auf den 13. Mai 1397 einen Reichstag nach Frankfurt beriefen. Ihr Auftreten war ungewöhnlich, dem Herkommen widersprechend, aber begründet durch die sträfliche Nachlässigkeit des Königs.

Zwei Tage früher hatte auch Wenzel Einladungen für einen Reichstag auf den 29. April nach Nürnberg ergehen lassen, aber angesichts der Aufforderung der Kurfürsten gab er ihn auf und begnügte sich damit, den Gang in Frankfurt beobachten zu lassen. Dort erschienen in der That über dreißig Fürsten, zahlreiche Grafen und Herren und städtische Boten. Eine lange Beratung ergab den Beschluß, „den König aufzufordern, daß er einen Hauptmann setze und gebe, der von des heiligen Reiches wegen Friede und Gnade in dem Lande mache und bestelle". Die Antwort wollte man auf einem weiteren Tage in Frankfurt am 25. Juli entgegennehmen, und lautete sie ablehnend oder erschiene der König nicht selbst, dennoch das dem Reiche Notdürftige anordnen.

Also die Idee eines Reichsvikars lebte wieder auf. Wenzel selbst hatte ihr durch die Ernennung Sigmunds, die im Reiche bekannt war, vorgearbeitet. Doch von dem Ungarnkönig war jetzt bei seiner schwierigen Lage nichts zu hoffen und nichts zu fürchten; die Fürsten wollten einen Verweser, der im Reiche selbst wirken konnte. Zugleich ging nach Prag eine Liste von Beschwerden über Hofgericht und Zollverleihungen, über die Begünstigung des Mailänders und das Bündnis mit Polen. Wenzel unterstützte nämlich erst den Erzbischof von Riga in seinem Streite mit dem Orden und suchte dann das Erzbistum an einen pommerschen Prinzen zu bringen; da er von Polen Hülfe gegen seine aufrührerischen Barone erhielt, verbot er dem Orden, den König Wladislaw anzugreifen, worauf der Hochmeister sich an die Kurfürsten wandte.

Nicht geringe Zeit nahm die Erörterung der andern großen Sache in Anspruch. Die Könige von Frankreich, England, Aragon und Kastilien, die Herzöge von Burgund und Bretagne, die Herzogin von Brabant, die Universität von Paris hatten Bevollmächtigte geschickt, selbst die beiden Päpste waren durch Abgesandte vertreten.

Es scheint, daß man überein kam, an beide Päpste Gesandte zu schicken, um sie zur Nachgiebigkeit, selbst zum Rücktritt zu bewegen. Die deutschen Fürsten, geleitet von den Erzbischöfen von Köln und Trier, — der Pfälzer beteiligte sich jedoch nicht — richteten an Bonifacius allein ihre Vorstellungen, während die Könige beide Päpste angingen. Bonifacius wählte den klugen Ausweg, die Deutschen durch Gnaden zu beschwichtigen und sie von Frankreich zu trennen, indem er auf dessen Umtriebe in Italien, namentlich auf die Besitznahme von Genua aufmerksam machte; sie sollten in Wenzel bringen, daß er die Gallier zurückweise. Die erwünschte Wirkung blieb nicht aus, nur daß sie den König Wenzel traf, was der Papst nicht beabsichtigt hatte.

Als Borziwoi in Böhmen Bericht von dem Frankfurter Tage abstattete, entstand dort Aufregung und Bestürzung, deren nächste Folge eine Bluttat war. Am 11. Juni, während Wenzel in Beraun verweilte, traten die königlichen Räte auf dem Karlstein zu einer Beratung zusammen. Der Herzog Hans von Troppau schickte Borziwoi hinaus, dann schloß er die Thür und erstach mit Hülfe von drei Baronen vier königliche Räte mit dem Ausrufe: „Ihr seid die, welche Tag und

Nacht unserm Herrn Könige raten, daß er nicht nach Deutschland soll, und wollt ihn vom römischen Reiche bringen!" Dann stiegen die Mörder zu Pferde und eilten zum Könige; vor ihm niederknieend meldeten sie ihre That.

Die Erschlagenen hatten in der letzten Zeit dem Könige sehr nahe gestanden und hauptsächlich die Geschäfte geführt. Gleichwohl scheint es, daß er von ihrer Schuld überzeugt wurde, denn er erwies den Mördern fortan reiche Gunst. Dagegen überwarf er sich mit Jost, den er aus dem Königreich verwies; offenbar glaubte er, die Getöteten seien mit dem Markgrafen im Einverständnis gewesen. Ob er selber den Mord befohlen hat, oder ob der Herzog und seine Helfer versönliche Rache ausübten und dann den König überredeten, bleibt ungewiß.

Trotz des glänzenden Besuches, welchen der kurfürstliche Reichstag herbeigelockt hatte, meinten einige und nicht unrichtig, es sei dort nichts zu stande gebracht worden. Die Kurfürsten und wenige andere Fürsten kamen zwar verabredeterweise zum 25. Juli zusammen, doch faßten sie keine weiteren Beschlüsse, und so fand der König, als er nun endlich im September in Nürnberg erschien, freies Feld für seine Thätigkeit, die er nach so langem Stocken um so reicher zu entfalten gedachte. Er wollte zeigen, daß ein Reichshauptmann nicht nötig sei, er allein ganz gut das Reich regieren könne. Er machte gleich einen tüchtigen Anfang, indem er nicht nur eine neue Landfriedensordnung erließ, sondern auch Burgen des adeligen Raubgesindels erstürmen ließ. Erregte er damit das Wohlgefallen der Städte, brachte er anderweitig die Fürsten gegen sich auf.

In dem Würzburger Stift war innerer Krieg ausgebrochen, da Bischof Gerhard, um seine zerrütteten Geldverhältnisse zu bessern, schwere Auflagen verhängte und zwar mit Erlaubnis Wenzels. Die Städte des Bistums hatten die Kurfürsten um Hilfe angegangen, die auch den König aufforderten, jene Genehmigung zu widerrufen. Da aber der Bischof auf seiner Forderung beharrte, empörte sich die Stadt Würzburg, in der die Zünfte und die Weinbauern eine starke demokratische Partei bildeten, und stürzte das landesherrliche Regiment, während die Bischöflichen die Feste des Frauenberges behaupteten und die benachbarten Adeligen und Fürsten zur Hülfe Gerhards herbeieilten. Die Bürger richteten die, wie es heißt, mit großem Geld unterstützte Bitte an den König, sie in des Reiches Schutz zu nehmen. Wenzel erfüllte den Wunsch, indem er, „um ewiges Verderben von dem Bistum abzuwenden", alle Städte desselben zwar nicht reichsfrei machte, aber sie für seine Lebenszeit unter seinen und des Reiches Schirm stellte, so daß dem Bischofe nur die von alters her rechtmäßig besessenen Rechte verblieben. Die Fürsten sahen diese Unterstützung der rebellischen Stadt mit Unwillen.

Erst in Frankfurt fanden die eingehenderen Beratungen statt. Zwei neue Persönlichkeiten traten hier ein: Johann von Mainz und Pfalzgraf Ruprecht III. in Vertretung seines kranken Vaters, der dann am 6. Januar 1398 starb.

Auf Verlangen Wenzels überreichten ihm die Kurfürsten ihre Beschwerden, indem sie zu den alten reichlich neue hinzufügten. Des Papstes Vorstellungen, die gegen Frankreich zielten, waren auf fruchtbaren Boden gefallen, aber auch die Florentiner, die Feinde des Visconti, hatten kräftig in Deutschland gewühlt. So entstand eine sonderbare Vermischung ganz entgegengesetzter Dinge. Nicht

nur wurde der Verlust Genuas, den er hatte verhindern wollen, Wenzel in die
Schuhe geschoben, sondern man warf ihm, dem Gegner Frankreichs, auch vor, den
einzigen Mann, der die Pariser Anschläge auf Italien verhindern konnte,
begünstigt zu haben. Die Florentiner hätten sich mit Frankreich, das Genua
weggenommen, deswegen verbünden müssen, weil der König Galeazzo zum Herzog
von Mailand und Grafen von Pavia machte. Aber nicht allein in der Lombardei, sondern auch in Savoyen, in Flandern und Brabant habe das Reich
Verluste erlitten, dazu die Bistümer Cambrai, Metz, Toul und Verdun. Die
Zwietracht, welche die Widerpäpste von Avignon angestiftet, solle der König richten
und könne es auch wohl, wenn er daran nur redlich arbeiten wolle. Florentinischen Ursprunges war auch die Anschuldigung, der König lasse besiegelte
Pergamente ausgeben, auf welche die Empfänger zu des Reiches Schaden schreiben
könnten, was sie wollten. Dann hielt man ihm vor, wie er unschuldige geistliche und weltliche Personen töte. „Wir wissen noch viele andere Gebrechen.
Der König hat dem Reiche noch vielen andern Verlust, Schaden und Unrecht
zugefügt".

Wenzel mußte die bitteren Pillen hinunterschlucken, von denen er ein gutes
Teil verdient hatte. Er setzte das schon in Nürnberg begonnene Werk fort, den
Frieden zu bestärken; in der Würzburger Sache kam er einigermaßen entgegen,
indem er die bedenklichen Sätze seiner Verfügung abschwächte und die königliche
Verwaltung auf den Zeitraum von sechs Jahren beschränkte.

Die Hauptsache waren jedoch die Beratungen über die Kirchenfrage. Die
Kurfürsten hatten vordem selbst den König aufgefordert, mit Frankreich zu verhandeln und sich für die Cession, wenn auch in gemäßigter Form ausgesprochen;
Wenzel, der anfänglich von ihr nichts wissen wollte, durfte daher des guten
Glaubens leben, daß er ihre Wünsche erfülle, wenn er in diesem Sinne weiter
mit Frankreich verkehrte. Bereits hatte er mit Karl VI. eine persönliche Zusammenkunft verabredet, die demnächst in Rheims stattfinden sollte. Aber jetzt
waren die Kurfürsten gegen Frankreich aufgebracht und Johann von Mainz wie
Ruprecht III. ganz an Bonifacius gebunden. Der letztere überreichte ein Gutachten in schärfster Form, das die Fahrt nach Rheims durchaus verwarf, den
König ermahnte, männlich gegen Frankreich einzuschreiten, und unbedingt Bonifacius
als den allein rechtmäßigen Papst hinstellte. Möglich jedoch, daß Köln und
Trier nicht ebenso dachten und Wenzel dadurch Ermutigung fand, dennoch im März
1398 nach Rheims zu gehen. Zugleich war das die beste Gelegenheit, Frankreich
von seinem bisherigen Verhalten gegen das Reich abzubringen.

König Karl VI., umgeben von den meisten Prinzen königlichen Geblüts,
bereitete einen überaus feierlichen und glänzenden Empfang. Wenzel betrug sich
leider nicht, wie es sich ziemte; gleich am ersten Tage war er durch völlige
Trunkenheit unfähig, dem Prunkmahl beizuwohnen.

Auf französischer Seite leitete die Geschäfte der Herzog von Orleans,
Galeazzos Schwiegersohn, der schon lange mit dem deutschen König in Verbindung
ihn gegen den Herzog von Burgund zu gewinnen suchte. Wenzel gab sich ihm
ganz hin; sogar die einzige Erbtochter seines Hauses, Elisabeth, das Kind des
verstorbenen Johann von Görlitz, verlobte er mit Karl, dem Sohne des Herzogs.

Da der Prinz im Gegensatz zu dem Burgunder in der Cessionsfrage entschiedene Schritte gegen Benedict vermeiden wollte, wurde beschlossen, beide Päpste zum Rücktritt zu ermahnen, doch vorläufig in diesen Dingen gegen niemanden Gewalt zu brauchen.

Der König trug den Erfolg nach Prag heim, daß er die Einsetzung einer Reichsverweserschaft hintertrieben hatte. In Böhmen begannen aufs neue die widerlichen Zwistigkeiten der königlichen Familie, die wir nicht näher verfolgen mögen. Sigmund und Jost arbeiteten zusammen gegen Prokop, mit dem sie in offenem Kriege lagen, als die verhängnisvolle Kunde von Wenzels Absetzung eintraf.

Das Reich verfiel in den früheren Zustand zurück: es hatte einen König und doch keinen, und wo Wenzel oder vielmehr seine Vertrauensmänner eingriffen, entstand nur Unheil. Auch die Gesandtschaften an die Päpste waren fruchtlos und Wenzel blieb trotz allen französischen Zuredens Bonifacius getreu. Er gab diese Haltung auch nicht auf, als Frankreich im Juli 1398 dem Papste Benedict den Gehorsam entzog und darauf die Kardinäle selber sich gegen den hartnäckigen Mann empörten, ihn in der festen Burg von Avignon regelrecht belagern und in Haft setzen ließen, in der er bis 1403 verblieb.

Neunter Abschnitt.

Die Entthronung Wenzels. 1399—1400.

Das allgemeine Urteil über den König lautete vernichtend, wie es nicht anders sein konnte; daß sein Königtum irgendwie ein jähes Ende nehmen würde, erzählten sich die Leute auf den Straßen. Jetzt war er wieder hinter dem Böhmerwalde verschwunden und blieb den Deutschen unsichtbar, fast unerreichbar und unnahbar. Die Absicht, durch einen Reichsverweser den schreiendsten Uebelständen abzuhelfen, war an seinem Widerstande gescheitert. Es ist zu verwundern, daß man die Entfernung Wenzels nicht früher ernstlich in Angriff genommen hat; denn die Ansicht, die Geschichte Wenzels sei auch die Geschichte seiner Absetzung, welche die Pfälzer von Anfang an betrieben hätten, ist nur ein leicht zu machender, aber unrichtiger Rückschluß von dem später Geschehenen auf die vorangegangenen Zeiten. Wenzel zehrte lange an dem vom Vater überkommenen Erbteil der Furcht vor seiner Macht, aber sie schwand, als seine Erbärmlichkeit immer greller hervortrat und der ständige Hader in dieser unseligen Familie ihn ungefährlich erscheinen ließ. Im Reiche hatte Wenzel keine Freunde, die geneigt gewesen wären, für ihn Gefahren zu übernehmen. Je leichter es demnach jetzt erschien, Wenzel zu stürzen, desto mehr gewann die Ueberzeugung Raum, daß des Reiches Zustand einen Wechsel bringend erheische.

Die Kurfürsten konnten sich sagen, daß sie unendliche Geduld bewiesen und alles gethan hätten, um den König auf bessere Wege zu bringen. Die rheinischen waren gerade durch die Mißregierung Wenzels einander genähert worden. Was Karl IV. nicht erreicht hatte, das Kurfürstenkollegium oder dessen Mehrheit zu einem ständig wirksamen Bestandteil der Reichsverfassung zu machen, vollbrachte sein Sohn, leider anders, als der Vater gewünscht hatte. Er wurde zum Keil, der die Säulen von der Kuppel des Reiches trennte.

Noch das ganze Jahr 1398 hielten die Kurfürsten still zurück. Auch jetzt entwickelte sich alles nur langsam und zögernd, aber eine treibende Kraft wird allmählich fühlbar. Von wem sie ausging, läßt sich mehr vermuten als bestimmt nachweisen, aber es kann kaum ein Zweifel bestehen, daß der Erzbischof von Mainz das Feuer schürte, um sein Eisen zu schmieden.

Johann stand, als er Erzbischof wurde, im Anfang der dreißiger Jahre. Von Jugend auf hatte er, obgleich zum Geistlichen bestimmt, das Waffenhandwerk geübt. Seine gelehrte Bildung war gewiß nicht groß; die Gründung der Universität Erfurt, die er in Beginn seiner Regierung einweihte, ging nicht von ihm aus. Ein kleiner Mann hatte er doch einen kräftigen Körper; man erzählte, daß er zum Bau eines Schlosses selber Steine hinzugetragen habe, und tadelte, daß er, auch wo er nur als Geistlicher zu erscheinen hatte, in voller Eisenrüstung mit reisigem Gefolge auftrat. So war er ganz weltlich und Kriege hat er sein ganzes Leben hindurch geführt, doch seine stärksten Waffen waren List und Treulosigkeit, wie jeder, der mit ihm zu thun bekam, erfahren hat. Man traute ihm die schlimmsten Dinge zu. Einfluß, Macht und Besitz für sich und sein Stift wollte er erringen, gleichgültig wie; ohne jeden festen Grundsatz kannte er keine höheren Zwecke. Alles, Menschen und Verhältnisse, König und Papst, Reich und Kirche, Feinde und Freunde nutzte er dazu aus. Wenn er, wie seine Vorgänger auf dem Erzstuhl, ebenfalls Könige stürzte und erhob, konnte es ihm nicht an Gewinn fehlen.

Der Erzbischof bedurfte dazu eines weltlichen Fürsten, der von ihm vorgeschoben dennoch nur sein Werkzeug sein sollte, und ersah sich dazu den Pfalzgrafen Ruprecht III., der ihm bei seiner Bewerbung um das Erzbistum so gute Dienste geleistet hatte.

Der Pfalzgraf, 1352 geboren, war neun Jahre älter als Wenzel, von schlankem Wuchs, mit feinem Gesicht, dem starkes, buschiges Haupthaar, Schnurr- und Kinnbart einen stattlichen Ausdruck gaben. Durch den Großoheim und den Vater wurde er früh zur Teilnahme an der Regierung herangezogen, so daß er mit Politik und Verwaltung wohl vertraut war. Auch in dem Städtekriege und anderen Fehden hatte er mitgefochten. Ihn umgab eine reiche Schar von Kindern, denn seine Gemahlin Elisabeth, die Tochter des Burggrafen Friedrich V. von Nürnberg, die er schon 1374 heimführte, hatte ihm sechs Söhne und drei Töchter geboren. Sein ältester Sohn hieß ebenfalls Ruprecht, und da es so gleichzeitig in der Familie vier Ruprechte gab, erhielten die jüngeren zum Unterschiede besondere Namen oder Spitznamen. Ruprecht II. wurde oft Adolf oder Alf genannt, der jüngste Pipan; unser Pfalzgraf erhielt den Beinamen Klem. Irrtümlicherweise glaubten schon damals Fernstehende, der Pfälzer heiße eigentlich Clemens, oder man dachte an eine Ableitung von klemmen, festhalten, und erdichtete Anekdoten darüber. Der Beiname „der Klemme" begegnet auch sonst zur Bezeichnung eines festen Charakters, aber wahrscheinlicher ist Ruprechts Name im Schoß der Familie entstanden und daher, wie es bei solchen Scherznamen oft der Fall ist, nicht mehr zu erklären. Möglich auch, daß Klem eine Koseform von Wilhelm ist. Sein ältester Sohn war damals schon gestorben, so daß jetzt der auch bereits erwachsene Ludwig der künftige Erbe der Pfalz war. Die älteste Tochter Margaretha hatte den Herzog Karl von Lothringen geheiratet, die zweite, Agnes, wurde vom Grafen Adolf von Kleve heimgeführt.

Ein Italiener nannte Ruprecht den gebildetsten unter allen Fürsten seiner

Zeit, doch war das grobe Schmeichelei. Aber es gereicht dem Pfalzer zur Ehre, daß er wirklich Gelehrsamkeit hochschätzte. Wie seine Vorgänger widmete er der Universität Heidelberg eine zärtliche Liebe und Fürsorge; selbst in den Zeiten arger Geldbedrängnis war er darauf bedacht, sie zu heben und die Lehrer besser zu stellen. Professoren waren seine vornehmlichen Räte; von einer ganzen Anzahl wissen wir, daß sie ihm sehr nahe standen und in wichtigen Sachen dienten, und unter ihnen waren hochberühmte Männer, wie Matthäus von Krakau. Schnelle Redegabe scheint Ruprecht nicht besessen zu haben, in der Regel ließ er seinen Hofmeister oder andere für sich sprechen. Er stand im besten Rufe als milder und gerechter Herr; in seinem Lande sorgte er mit wackerem Eifer für Ordnung und Zucht und wies seine Söhne und Räte an, herumzureiten und den armen Leuten ihr Recht zu geben. Ganz ergeben war er der Kirche. Er machte nicht nur Stiftungen, sondern war auch wirklich fromm, ein fleißiger Beter, der manchmal „das Paternoster nicht zeitig genug an die Wand hing", um den Feinden zu widerstehen. Als er später als König in Speier einzog und die aus der Stadt Verwiesenen wie üblich seine Gnade anflehten, verzieh er allen außer einem vornehmen Manne, der beim Spiel wiederholt Gott gelästert hatte. Bei einer schweren Erkrankung weigerte er sich lange, die letzte Oelung zu empfangen, weil er glaubte, daß er dann sterben müsse; als er jedoch die Gebete hörte, bereute er sein Zögern, denn er hätte nicht gewußt, daß sie auch dem Menschen auf Erden zu gute komme. Wer etwas von ihm erreichen wollte, that gut, vorher den Beichtvater günstig zu stimmen. In der Kirchenpolitik hatte er die entschiedene Meinung, daß allein das römische Papsttum berechtigt sei.

Wenn Ruprecht auf die Pläne des Mainzer Erzbischofs einging, so ist es natürlich, daß ihn dabei ein gewisser Ehrgeiz und auch der Wunsch, seiner zahlreichen Familie zu nützen, bewegte. Aber sicherlich nährte sich die Flamme seiner Ehrbegierde nicht allein von unreinem Stoffe. Ihm ging wirklich die Not und Schande des Reiches ans Herz und er hielt sich für verpflichtet mitzuhelfen, daß es aus dem Schlamme, in den es Wenzel versenkt, zu neuem Glanze emporgehoben werde. Am besten Willen hat es ihm damals wie später nicht gefehlt.

Mit dem Könige stand Ruprecht von Anfang an schlecht. Auf der Rückreise in Koblenz kam es zwischen beiden zu bösen Worten, wie es heißt, des Herzogs von Geldern wegen, der späterhin auch als Ruprechts erklärter Feind auftrat. Doch reinigte sich nachher der Pfalzgraf von den gegen ihn vorgebrachten Verdächtigungen und gelobte dem Könige treu zu dienen, während ihm Wenzel versprach, sein gnädiger Herr sein zu wollen.

Zollverleihungen, die Wenzel mehreren Fürsten und namentlich dem Herzoge Wilhelm von Berg erteilt hatte, veranlaßten im Februar 1399 die vier rheinischen Kurfürsten zu einem Bündnisse gegen jeden, der auf dem Rheine zwischen Straßburg und Rees einen neuen Zoll erhöbe, aber gleich darauf im April verabredeten Mainz, Köln und Pfalz zu Boppard ein weiteres auf Lebenszeit, in allen Reichs- und Kirchensachen gemeinsam zu handeln, nicht zu dulden, daß jemand ohne ihrer aller Zustimmung nach dem Reiche stünde oder sich dessen unterwinde mit Vikariat oder anderswie. Wenn der König oder jemand anders das Reich schmälern wolle, so werden sie sich gemeinsam widersetzen, auch nicht bestätigen, was bereits in dieser Hinsicht geschehen sei, namentlich nicht die Bewilligungen an Mailand. Die Kurfürsten konnten sich die wahrscheinlichen Folgen, wenn sie mit diesem Vertrage Ernst machten, nicht verhehlen, aber nur ein kleiner Satz an versteckter Stelle weist auf diese Erkenntnis hin: wenn das Reich ledig wird, behält sich jeder seine kurfürstlichen Rechte vor, also dann darf jeder thun, was ihm gut dünkt. Für die Wahl und über die Person eines künftigen Königs banden sich also die Vertragschließenden nicht. Der vorsichtig zurückhaltende kann nur Friedrich von Köln gewesen sein, der sich nicht für Ruprecht verpflichten wollte.

Anfang Mai traten mit Ruprecht und Erzbischof Johann in Forchheim mehrere andere Fürsten zusammen, Landgraf Hermann von Hessen, die Wettiner Balthasar und Wilhelm, Stephan von Baiern und sein Sohn Ludwig, Bischof Albrecht von Bamberg und Burggraf Friedrich V. von Nürnberg. Sie verabredeten, durch die noch bestehenden Unruhen im Bistum Würzburg veranlaßt, einen Bund auf fünf Jahre gegen die Städte, auch gegen Landstädte und untreue Vasallen, aber insgeheim wurde Wichtiges vorbereitet. Erzbischof Johann benutzte die Gelegenheit, der Verschwörung gegen den König Genossen zuzuführen, selbst aus seinen bisherigen Feinden, denn alle die weltlichen Herren, die er dort in Forchheim um sich sah, waren wohl berufen und geneigt, in des Reiches Angelegenheiten ein Wort mitzureden.

Herzog Stephan III. mit seiner rastlosen, eitlen Abenteuersucht ist uns bereits bekannt; er war jetzt besonders stolz darauf, daß seine Tochter Elisabeth, die später so berüchtigte Isabeau, 1385 als Gemahlin Karls VI. den französischen Thron bestiegen hatte. Wie er bereits vordem die Zwietracht in sein Geschlecht getragen, wollte er auch den Tod seines Bruders, des Herzogs Johann II. von München ausbeuten. Darin war er eines Sinnes mit seinem Sohne Ludwig VII., dem Bärtigen, der frühzeitig die in ihm wohnende wilde Kraft entfaltete. Beide zusammen ergriffen die Waffen gegen die Söhne Johanns Ernst und Wilhelm. Stephan war jetzt mit dem Könige verfeindet, der seinem Schwager Ernst beistand.

Landgraf Hermann II. von Hessen, nahezu sechzig Jahre alt, herrschte schon seit 1376 selbständig. Sein Leben hatte eine andere Wendung genommen, als ihm eigentlich bestimmt war; zum Geistlichen erzogen, besuchte er die hohen Schulen von Paris und Prag und wurde Domherr in Magdeburg; daher führte er später den Beinamen des Gelehrten. Doch da unvermutet der Erbe von Hessen starb, trat Hermann in den weltlichen Stand zurück und heiratete erst eine nassauische Prinzeß, dann Margarethe, die Tochter des Burggrafen Friedrich V. von Nürnberg. Die geistliche Erziehung hatte seiner Waffenfähigkeit keinen Eintrag gethan und das war ein Glück für den Landgrafen, da er fast ununterbrochen von den schwersten Kriegsnöten heimgesucht wurde. Allerdings war er selber nicht ohne Schuld, doch in diesen Gefahren stählte sich sein Sinn und reifte sein Charakter, über dessen Unzuverlässigkeit früher die Nachbarn, die an ihm nichts lobenswerthes finden wollten, heftig klagten; Hermann erwies sich als ebenso fest und streng, wie rastlos thätig. Mit dem Könige hatte er nur in äußerlichen Beziehungen gestanden. Durch seine geographische und politische Lage war Hessen wie mit dem Erzstift Mainz, so auch mit dem Lande der Markgrafen von

Thüringen und Meißen in unausgesetzten Berührungen bald freundlicher, bald feindlicher Art.

Die Wettiner hatten sich an den schweren Schlägen, welche im Anfang des Jahrhunderts die Familienzwietracht ihrem Hause versetzte, eine heilsame Lehre genommen und die vier Söhne Friedrichs des Ernsthaften hielten getreulich zusammen und mehrten glücklich ihren Besitz. „Recht wie ein edeler Adler über andere Vögel steige, nehme ihre Ehre von Jahr zu Jahr zu", sang von den Brüdern ein Dichter, der nicht in ihrem Solde stand. Obgleich Enkel Kaiser Ludwigs wahrten sie mit einer kurzen Unterbrechung gute Freundschaft mit Karl IV., der noch zuletzt dem dritten unter ihnen, Ludwig, das Erzbistum Mainz zudachte. Erst 1379 nahmen sie eine „Oerterung" vor, die 1382, nach dem Tode des ältesten Bruders, zu einer dauernden Teilung wurde. Friedrich der Strenge — wie er wegen seines löblichen Eifers gegen Uebelthäter hieß — hinterließ drei Söhne, welchen das Oberland zufiel, Friedrich, Wilhelm und Georg, von denen der älteste, „der Streitbare", seinem Hause dereinst eine noch größere Zukunft eröffnen sollte; doch erst nach der Mutter Tode, 1397, kam er zur selbständigen Regierung, nachdem er schon in auswärtigen Unternehmungen seine kriegerische Begabung erprobt. Die beiden Oheime, von denen Balthasar Thüringen, Wilhelm Meißen bekam, blieben stets einig. Balthasar, ein heiterer fröhlicher Mann und Freund schöner Damen, leistete auch das Seinige, doch trat er hinter dem berühmteren Bruder zurück. Er warb eben für seinen Sohn Friedrich um Lucia, eine Nichte des Mailänders, dessen Emporkommen ihn also bisher nicht in seinem Reichsgewissen beunruhigt hatte. Wilhelm, der dann nach dem Verluste eines Auges der Einäugige hieß, war so ungelehrt, daß er weder lesen noch schreiben konnte, aber natürliche Begabung ersetzte reichlich die Mängel seiner Erziehung. Man rühmte ihn als einen der weisesten Fürsten und pries das außergewöhnliche Glück, das seine Unternehmungen begleitete, und er war in der That seines Glückes eigener Schmied. Durch überaus schwierige Verhältnisse wußte er sich hindurchzuwinden, mit ungemeiner Gewandtheit, aber auch mit glänzender Treulosigkeit. An anderen tadelte er freilich scharf ihre Unzuverlässigkeit und Untugend; überhaupt war er eine herbe, scharfe Natur, entschlossen zum Schwerte, wenn es nicht anders ging, sorgsam für die Ordnung in seinem Lande, doch auch dessen Kräfte gewaltig und rücksichtslos ausnutzend, der Kirche ergeben und mit Werken der Frömmigkeit nicht sparsam, aber ohne Scheu packte er die Geistlichkeit an. Da sein Landesteil von den böhmischen Gebieten fast umklammert war, richtete er seine Politik vornehmlich danach ein, zudem war er durch seine kluge Gemahlin Elisabeth, die er sehr liebte, obgleich ihm Kindersegen versagt blieb, der Schwager des mährischen Markgrafen Jost. Nachdem er in den ersten Jahren seiner Regierung zu König Wenzel bald gut, bald schlecht gestanden hatte, geriet er tief in die Familienwirren hinein, zunächst von Jost als Bundesgenosse herangezogen, doch stets seine Freiheit im Handeln wahrend. Er trug den Nutzen davon, daß ihn Jost 1395 zum „mächtigen Vorsteher der alten und neuen Mark" von Brandenburg ernannte, wovon das Land freilich wenig Gewinn zog. Dann wurde er Gegner Johanns von Mainz und begann eine große Fehde mit dessen Stadt Erfurt, spielte dazwischen eine Intrigue mit seinem andern Schwager,

Prokop von Mähren, gegen Joft und Wenzel; jetzt in Forchheim schloß er plötzlich mit dem Mainzer einen ihm sehr günstigen Frieden. Wahrscheinlich wußte er, daß König Wenzel vor kurzem in Rheims die hoffnungsreiche Erbtochter seines Gesamthauses, Elisabeth von Görlitz, die er vor Jahresfrist dem Sohne Balthasars und künftigen Erben Wilhelms versprochen, dem französischen Prinzen zugesagt hatte.

Mit den Wettinern, dem Landgrafen Hermann von Hessen und dem Pfalzgrafen Ruprecht III. waren verschwägert die Burggrafen von Nürnberg. Balthasar hatte zur ersten Frau eine Base Friedrichs V., dieser selbst zur Gemahlin Balthasars Schwester Elisabeth, die ihm außer den beiden Söhnen Johann III. und Friedrich VI. mehrere Töchter gebar, deren älteste Elisabeth, die Gemahlin Ruprechts, eine andere Margaretha die des hessischen Landgrafen war. Der alte Burggraf trat nach einem friedfertigen und gesegneten Leben 1397 zurück und teilte seine Lande unter die Söhne, von denen Johann mit Margaretha, der Schwester König Wenzels verheiratet, Friedrich noch ledig war. Beide Brüder verkehrten viel an dem Hofe ihres Schwagers, Johann begleitete sogar Sigmund auf seinem unglücklichen Feldzug gegen die Türken und blieb dann dessen geliebter Freund, Friedrich, der rührigere von beiden, hatte sich auch schon sonst in der Welt umgesehen, um das Glück zu suchen, und bemühte sich mehrmals, Wenzel mit den Verwandten zu versöhnen. Hatte er sich nun an dem dortigen Treiben verekelt oder glaubte er, daß die Zwecke des Hauses am besten durch eine Teilung der Rollen gefördert werden könnten, — während Johann Wenzel getreu blieb, schlug er sich entschlossen zu dessen Feinden, zu seinem andern Schwager Ruprecht.

Gewiß, es waren stattliche Herren, welche in Forchheim die beiden Kurfürsten umgaben, und unter ihnen kein einziger, der sich durch bloße Redekünste hätte fangen lassen, jeder wußte, wenn er etwas that, genau, warum er es that. Daß sie für die schnöde Lage des Reiches ein Gefühl hatten, soll ihnen unbestritten sein, aber nicht deswegen allein boten sie die Hand zur Verschwörung. Ist auch nicht anzunehmen, daß sie alle selbst auf die zu erledigende Krone hofften, gedachte doch sicherlich jeder, bei der Veränderung irgendwie zu gewinnen. Wie weit die Dinge bereits in Forchheim gefördert wurden, wissen wir nicht, denn noch verging einige Zeit, bis der bestehende kurfürstliche Bund, dessen drittes Mitglied, Friedrich von Köln, nicht anwesend war, die Absetzung Wenzels als bestimmtes Ziel bezeichnete. Am 2. Juni in Marburg trat ihm Kurfürst Rudolf III. von Sachsen bei, der nach dem Wenigen, was von ihm bekannt ist, als ein ruhiger, etwas prunksüchtiger Mann erscheint, dem nur sein Rang Bedeutung gab. Vielleicht zog ihn sein Schwiegervater, Landgraf Balthasar, heran und er wollte nicht hinter den anderen Kurgenossen zurückbleiben. Bisher hatte er sich an den Reichsgeschäften wenig beteiligt, doch war er zugegen auf dem Frankfurter Reichstage vom Dezember 1397, auf dem die Kurfürsten Wenzel ihre Beschwerde überreichten. Daß er nach dem Königtum strebte, ist sehr wenig wahrscheinlich, denn dazu fehlten ihm ausreichende Verbindungen.

Mitte September auf einer Versammlung in Mainz trat auch Werner von Trier in den Bopparder Bund, der nun alle Kurfürsten bis auf Brandenburg umfaßte. Der von Sachsen war nicht selbst zugegen, doch schickte er einen Bevollmächtigten. Der König, dem die Umtriebe nicht verborgen blieben, kündigte an, er wolle in das Reich kommen mit seinem Bruder Sigmund, dessen Reichsvikariat zur Wahrheit zu machen er nun im Notfall bereit war, denn Wenzel glaubte, es handele sich wie früher nur um die Bestellung eines Reichsverwesers. Burggraf Johann kam in seinem Auftrage nach Mainz, um über einen Reichstag zu verhandeln, aber die Kurfürsten gaben eine ablehnende Antwort.

Wenn sie so weit gingen, mußten sie zum Aeußersten entschlossen sein. In der That liegt eine Urkunde vor, am 19. September in Mainz gegeben, welche die Absetzung Wenzels als Ziel ausspricht. In ihr erklären die Forchheimer Genossen, die Herzöge Stephan und Ludwig von Baiern, die Mark- und Landgrafen von Meißen-Thüringen, Wilhelm, Balthasar mit seinem Sohn Friedrich und ihre drei Neffen, Landgraf Hermann von Hessen und Burggraf Friedrich von Nürnberg: „Um den vielen, großen und schweren Gebrechen, Mißhelligkeiten und Irrungen, welche in dem heiligen römischen Reiche seit langer Zeit auferstanden und gekommen sind, zu widerstehen und damit dasselbe in seinen Würden und Ehren und bei seinen Rechten gehandhabt werden und bleiben möge", hätten sie sich „Gott zu Lobe, der heiligen Kirche zu Ehren und Frommen und ihnen selbst und dem gemeinen Lande zu Nutz und Trost" mit den fünf Kurfürsten verbunden, „um einen andern römischen König zu erwählen und zu setzen". Wird dieser aus den Geschlechtern von Baiern, Meißen, Hessen, der Burggrafen von Nürnberg, der Grafen von Wirtemberg erwählt, so wollen sie alle den Erkorenen anerkennen und unterstützen; für einen andern sind sie dazu nicht verpflichtet, soweit sie es nicht aus freiem Willen thun. Gegen jeden, der wider den Willen der Kurfürsten nach dem Reiche mit Vikariat oder anderswie trachtet, wollen sie ihnen Unterstützung leihen.

Da nicht alle genannten Fürsten anwesend waren, so kann das Schriftstück damals noch nicht zum Vollzug gekommen sein, aber sein Ursprung, der Grundgedanke rührt wohl von diesen Mainzer Tagen her. Das Merkwürdigste sind die Vorschläge für die Neuwahl. Da die aufgezählten Häuser meist mehrere Fürsten umfaßten, so ergibt sich ein Ueberschuß an Reichtum der für möglich gehaltenen Personen. Daher hat zunächst größere Bedeutung der Ausschluß: vor allem die Luxemburger, dann die Oesterreicher, die Braunschweiger und andere große Familien kommen nicht in Betracht. Dagegen wird das verhältnismäßig kleine Wirtemberg genannt, aber Eberhard der Milde hatte viel Freunde, abgesehen von den Oesterreichern die Pfälzer und den Erzbischof Johann; er stand mit den Reichsstädten gut und war ein Enkel Kaiser Ludwigs; er erscheint auch sonst als früh in die Verschwörung eingeweiht. Die Häupter der anderen Geschlechter, ausgenommen vielleicht der Nürnberger, durften wohl stolze Gedanken hegen. Also ein bloßer Schein ist diese Liste nicht; nur zeigt gerade ihr Umfang, wie wenig klar doch die Hauptfrage lag.

Bei aller Fülle von sonstigen Geschlechtern ist kein kurfürstliches genannt. Bei Sachsen ist offenbar, daß es ausgeschlossen sein soll, nicht so bei der Pfalz, denn sie könnte einbegriffen sein in dem Geschlechte von Baiern. Aber warum sollte Sachsen, das mit im Bunde war, nicht wenigstens ehrenhalber genannt sein, da das nicht allzuviel bedeutete, wo so freigebig Aussichten eröffnet wurden?

Hätten sich die Kurfürsten etwa darauf geeinigt, den neuen König nur aus dem Westen des Reiches zu holen, so mußten sie auch Stephan, den Nürnberger, vollends Wilhelm von Meißen übergehen. Die Absicht ging vielmehr offenbar dahin, keinen Kurfürsten aufzustellen, also auch nicht Ruprecht.

Vielleicht brachte diese schwierige Frage die Sache ins Stocken, denn ein für den November nach Frankfurt verabredeter Tag wurde nur von Johann und Ruprecht in Person besucht, die eine vom König eingehende und in sehr bescheidenem Tone gehaltene Botschaft barsch zurückwiesen. Dagegen erhielt Wenzel von den zu Eßlingen versammelten rheinischen und schwäbischen Städten, an die er sich gewandt hatte, eine nicht ungünstige Antwort, allerdings mit dem Bedeuten, das beste müsse er selber thun.

Erst Ende Januar 1400 setzten die Kurfürsten von Köln, Mainz, Trier und Pfalz, Herzog Stephan, Wilhelm von Meißen mit dem Sohne Balthasars, Friedrich von Nürnberg und die Botschafter von Sachsen und Hessen in Frankfurt ihre Beratungen in größter Heimlichkeit fort. Sie entschlossen sich, nun doch auch Kurfürsten in die Wahlliste aufzunehmen; indem Sachsen hinter das baierische Haus eingeschaltet wurde, erhielt letzteres auch die Deutung auf die Pfalz. Da damit die in Mainz entworfene Urkunde der Fürsten, die mittlerweile vollzogen und besiegelt worden, unbrauchbar wurde, stellte man neue Urkunden aus; die Kurfürsten sagten den mit ihnen Verbündeten unbedingte Hilfe zu.

Die Kurfürsten schrieben auch an den Papst. Doch redeten sie zu Bonifacius ganz anders, als es früher geschehen wäre, in dem Bewußtsein, daß er sie brauchte, und fügten drohend hinzu, wenn er ihrem Beginnen nicht beistimme, sei zweifelsohne zu befürchten, daß ganz Teutschland sich zur Neutralität neigen werde. Der Brief läßt deutlich den Einfluß des für Rom nicht begeisterten Kölner Erzbischofs erkennen. Da Bonifacius zwischen Hammer und Ambos und in dem Unvermögen, den endlichen Ausgang zu berechnen, sehr kurz erklärte, eine Antwort vorläufig nicht geben zu können, vollzogen die Kurfürsten nachher Absetzung und Neuwahl, ohne ihn nochmals zu fragen.

An Fürsten und Städte erging die Aufforderung, mit den Kurfürsten am 20. Mai in Frankfurt über Notdurft der Kirche, des Reiches und der Allgemeinheit zu beraten, sich nicht durch Anderer Einrede abziehen zu lassen, mit der Bitte um botenwendenden Bescheid. In der That war die pünktlich eröffnete Versammlung gut besucht, die Kurfürsten, mit Ausnahme des kranken Trierers, von den Verschworenen Stephan und Ludwig, Wilhelm und Friedrich der Streitbare, Burggraf Friedrich, dann Friedrich und Bernhard von Braunschweig-Lüneburg, einige andere Fürsten und viele Grafen erschienen persönlich, die Herzöge Leopold und Wilhelm von Oesterreich, der Markgraf von Baden und mehrere Bischöfe ließen sich durch Gesandte vertreten. Auch die rheinischen und schwäbischen Städte schickten Boten. Doch fehlten ein bisher Einverstandener, Landgraf Hermann von Hessen, und Eberhard von Wirtemberg.

Auch eine Gesandtschaft der Könige von Frankreich und Kastilien, sowie Abgeordnete der Pariser Universität waren gekommen, in der irrigen Meinung, Wenzel habe den Tag berufen und werde selbst erscheinen. Sie erfuhren nun zu ihrer Verwunderung den Thatbestand, trugen aber doch ihre Werbung vor, die freundliche Entgegennahme fand. Ueber die Kirchensache erhielten sie allerdings den ausweichenden Bescheid, ohne ein Reichsoberhaupt ließe sich nichts thun, aber gleich suchte man Frankreich einem Herrscherwechsel geneigt zu machen. Eine Botschaft der Kurfürsten ging dann nach Paris; daß gerade Frankreich dem Reiche argen Abbruch gethan, hatte man ganz vergessen. Herzog Stephan schien als Karls VI. Schwiegervater geeignet, die verbindende Brücke zu schlagen.

Mehrere Tage dauerten die in tiefstes Geheimnis gehüllten Besprechungen. Dazwischen überbrachte in höchster Eile ein Bote Wenzels, der Seneschall von Luxemburg Hubard von Elteren, das Verbot, in Abwesenheit des Königs Beschlüsse über Reich und Kirche zu fassen, und das Anerbieten, eine große europäische Versammlung über die Kirche zu veranstalten. Man ließ sich dadurch nicht aufhalten.

Neben der Frage, wie alles durchzuführen sei, war hauptsächlich zu beschließen, wer König werden sollte. In den ersten Tagen hielt man an den vorgeschlagenen Häusern fest, eben auf dieser Grundlage traten die beiden braunschweigischen Herzöge, dann Albrecht, der Bruder des Kurfürsten Rudolf von Sachsen, und Fürst Sigmund zu Anhalt dem Bunde bei. Aber plötzlich sagten sich Kurfürst Rudolf und die Braunschweiger von dem bisher betriebenen Werke los und verließen auch sofort die Stadt. Was sie forttrieb, wird nicht berichtet, aber die Folgezeit lehrt, daß sie Ruprecht nicht zum Könige wollten. Noch dauerte also der Widerspruch gegen die Wahl eines Kurfürsten fort, wie er von Anfang an bestand.

Die vier Kurfürsten richteten am 4. Juni an Wenzel, dem sie noch seinen vollen Ehrentitel gaben, ein Schreiben: da er ihre vielfachen Vorstellungen, die Gebrechen des Reiches zu beseitigen, nicht beachtet habe, so ersuchten und ermahnten sie ihn abermals, auf den 11. August zu ihnen und den anderen Fürsten nach Oberlahnstein zu kommen, um dort den Uebeln abzuhelfen und das Reich wiederherzustellen. Käme er nicht, so müßten sie gemäß dem Eide, mit dem sie dem Reiche verbunden wären, dafür sorgen, daß es nützlicher und redlicher gehandhabt werde, und sich der ihm geleisteten Eide für entbunden halten. Auch der Kurfürst von Sachsen und Jost von Mähren als Kurfürst von Brandenburg, der bereits zu diesem Frankfurter Tage geladen war, erhielten die Botschaft, mit dem Bemerken, wenn sie nicht erschienen, würde ohne sie vorgegangen werden.

Die anwesenden Städteboten hatten bereits dem königlichen Gesandten Hubard von Elteren erklärt, sie seien bereit, einen vom Könige ausgeschriebenen Tag zu besuchen und alles zu thun, was ihm lieb und dienlich wäre. Die Eröffnung der Kurfürsten nahmen sie schweigend entgegen; das getreue Frankfurt berichtete eiligst nach Prag.

Der Frankfurter Tag hatte ein blutiges Nachspiel. Kurfürst Rudolf von Sachsen und die ihn begleitenden Fürsten zogen am Mittag des 5. Juni, keine Gefahr ahnend, sorglos ihres Weges. Plötzlich brach in der Nähe von Fritzlar Graf Heinrich VI. von Waldeck mit einer Streitschar auf sie ein. Die Angegriffenen wandten sich zur Flucht, hinter ihnen drein jagten Verfolger, und dabei wurde Herzog Friedrich von dem Ritter von Hertingshausen hinterwärts niedergestochen. Der Kurfürst, der abseits zum Falkenstoß geritten war, und die anderen Herren, die nicht entkommen konnten, ergaben sich als Gefangene. Die Schreckenskunde durchlief schnell das Reich; Lieder und Geschichtsbücher klagten „um das edle Blut von Braunschweig, das jämmerlich ermordet ist wider Gott und wider Ehre". Der Walbecker hat nachher erklärt, er habe nur den Grafen von Hohnstein und die Braunschweiger fangen wollen, weil ersterer mit ihm in Fehde gelegen und die Herzöge ihm seine Rechte auf Lüneburg verweigert hätten. Den Mord habe er nicht beabsichtigt; Friedrich sei fliehend „in der Jagd und im Rennen ohne allen Vorsatz tot geblieben, wie es bei dergleichen Anlässen oft geschehe und geschehen sei". Seine Aussage erscheint durchaus glaubhaft, doch alsbald entstand das Gerücht, der Mainzer sei der eigentliche Urheber der That, Graf Heinrich, der mit ihm verschwägert und sein Vogt war, nur das Werkzeug. Der Bruder des Erschlagenen, Herzog Bernhard, eilte alsbald mit dieser Anklage zu Kurfürst Ruprecht, bei dem auch der Erzbischof sich einstellte, seine Schuldlosigkeit versichernd. Johann ging dann nach Hessen und bewirkte wenigstens die Befreiung des Kurfürsten, während er bie der anderen Gefangenen nicht erreichen konnte. Die bösen Reden verstummten jedoch nicht. Die Gerechtigkeit erfordert indessen, den Erzbischof von dieser Unthat freizusprechen, die an sich zwecklos ihm bei seinem gegenwärtigen Vorhaben recht ungelegen kam. Erst später wurde die Ermordung Friedrichs mit der bevorstehenden Königswahl in Verbindung gebracht, der Erzbischof habe in seiner Person ein Hindernis der Erhebung Ruprechts beseitigen wollen.

Hätte Wenzel sich schnell aufgemacht, so wäre vielleicht noch eine günstige Wendung möglich gewesen. Einen Augenblick dachte er daran; er selbst wollte ins Reich, Sigmund sollte mit unumschränkter Vollmacht zum Papste, Jost zum französischen Könige eilen, die beide durch vorläufige Boten benachrichtigt wurden. Bonifacius antwortete, er wolle unter allen Umständen „bis zum letzten Blutstropfen" bei Wenzel ausharren, doch vorläufig sparte er den kostbaren Saft für die Zukunft auf, denn er unterließ es, auch nur eine Abmahnung an die Kurfürsten zu richten. König Karl, welcher Wenzel sofort von der ihm gewordenen Botschaft der Kurfürsten in Kenntnis gesetzt hatte, versicherte seinen guten Willen, und ersuchte jene und seinen Schwiegervater Stephan, den nach Oberlahnstein angesetzten Tag hinauszuschieben. Aber Sigmund hielt in thörichter Verblendung den Augenblick für geeignet, von Wenzel großartige Zugeständnisse zu erpressen, und da sie verweigert wurden, blieb er ruhig in Böhmen. Der König verharrte ebenfalls „wie das Schwein in seinem Stalle" in Prag, unthätig sahen die Luxemburger dem nun Unvermeidlichen entgegen. Nicht die Kurfürsten entrissen ihnen die Krone, sie selber gaben sie preis! Jost ging wenigstens nach Dresden und bewirkte, daß Wilhelm, der sich jedenfalls von der Verschwörung zurückgezogen hatte, von den Aktenstücken Abschriften gab.

Der große Bund war so beschränkt auf die vier rheinischen Kurfürsten mit Stephan und Friedrich von Nürnberg, die alle am 10. August in Oberlahnstein zusammenkamen. Der Kurfürst Werner von Trier saß über die höchsten Angelegenheiten des Reiches zu Gericht, während sein Kapitel gegen ihn geistiger Unfähigkeit wegen in Rom ein Entmündigungsverfahren betrieb. Wollte man nun noch warten, ob Wenzel wirklich nicht kam, oder berücksichtigte man den Wunsch des französischen Königs, es verstrich noch eine Reihe von Tagen in Beratungen. Daß Ruprecht gewählt werden sollte, war wohl kaum noch zweifelhaft, und er erklärte sich bereit, die schwere Bürde auf sich zu nehmen. Da Wenzel abgesetzt wurde wegen seiner Verschuldungen, war es natürlich, daß der künftige König versprach, sie gut zu machen. Er gelobte den drei Kurfürsten, außer der Bestätigung ihrer Rechte und der Zusicherung seines Schutzes, für die heilige Kirche nach ihrem Rate zu sorgen, Mailand und die übrigen in Italien dem Reiche entfremdeten Lande zurückzubringen, Brabant, sobald es ledig würde, dem Reiche zu erhalten, alle neuen Zölle auf dem Rheine zu widerrufen und ohne Genehmigung der Kurfürsten keine weiter einzusetzen.

An einem Freitage, dem 20. August 1400 morgens gegen neun Uhr, wurde öffentlich verkündigt, was die Kurfürsten im Geheimen beschlossen hatten. Vor den Thoren von Lahnstein war ein Gestühl aufgeschlagen, auf dem die Kurfürsten Platz nahmen, ringsum standen als Zeugen Fürsten, Grafen und Herren, außerdem eine große Menge Volkes, des seltsamen Schauspieles harrend. Der Erzbischof von Mainz verkündete mit lauter Stimme das Urteil: „Aus vielen wichtigen Gründen und unerträglicher Gebresten wegen entfernen und setzen wir ab durch diesen unsern Spruch den Herrn Wenzel vom römischen Reich, als unnützlich, träg und für das römische Reich durchaus ungeschickt, und entbinden alle Fürsten, Edlen, Herren und Knechte, Städte, Länder und Völker, die dem römischen Reiche unterthan sind, von jeder Wenzel im Namen des heiligen Reiches geleisteten Huldigung und jedem Eid, und ermahnen sie bei ihrem dem Reiche geschworenen Eide, Wenzel nicht mehr zu gehorchen und keine einem römischen Könige gebührende Leistung zu thun, sondern das alles dem zu bewahren, welcher durch Gottes Gnade als nützlich und geschickt zum römischen Könige gewählt wird".

Am folgenden Morgen, am 21. August, fuhren die Kurfürsten über den Rhein nach Rense hinüber. Nachdem die Heilige-Geist-Messe gesungen und der in der Goldenen Bulle vorgeschriebene Eid geleistet worden, bestiegen sie den Königsstuhl. Karl IV. hatte den Ban angeordnet, dessen erster Dienst gegen seinen Sohn gerichtet wurde. Die drei Erzbischöfe von Mainz, Trier und Köln erwählten den Pfalzgrafen Ruprecht III. zum römischen Könige und zukünftigen Kaiser.

Die Kurfürsten leiteten das Recht, einen König abzusetzen, eben von ihrer Stellung als solche ab: weil sie den König wählten, so meinten sie ihn auch entfernen zu dürfen. Wie bei der Wahl gingen sie auch hier von der Prüfung der Tauglichkeit oder Untauglichkeit aus. Sie hatten alle Kurfürsten vorschriftsmäßig eingeladen; wer nicht kam, beraubte sich selbst seines Rechtes mitzuthun, und mit Ruprecht machten sie ja auch die vorgeschriebene Mehrheit aus.

Es gab keinerlei gesetzliche oder staatsrechtliche Bestimmung, daß die Kurfürsten den deutschen König absetzen dürften, und so sehr die Herren sich im Rechte fühlen mochten, der Schluß, den sie zogen, war ein irriger. Sie versuchten auch gar nicht, ein gerichtliches Verfahren einzuschlagen. Sie hatten dem Könige wiederholt erklärt, er müsse sein Regiment bessern, ihn noch einmal von

Frankfurt aus aufgefordert, ins Reich zu kommen, um die Klagen abzustellen, andernfalls würden sie ihn absetzen; da er nicht kam, vollzogen sie die Drohung. Alles war das Werk eigenen Beliebens, selbstgegebener Vollmacht. Ihr Eid, meinten sie, gelte dem Reiche, dessen Träger sie seien; der Treueid für den König gehe aus ersterem hervor, werde also durch ihn in seiner Kraft oder Unkraft bestimmt.

Mochten sie sagen, was sie wollten, mochten sie spitzfindige und fadenscheinige Gründe vorbringen, die Absetzung Wenzels war einfach eine Empörung, die sich von früheren gleichen Handlungen nur äußerlich dadurch unterschied, daß ihr kein Kampf vorangegangen war, weil der träge König nicht versucht hatte, seinen Feinden zuvor zu kommen. Doch es gibt Auflehnungen, die in sich ein natürliches Recht, sogar eine Notwendigkeit tragen und daher erklärlich, ja entschuldbar sind, und so könnte auch der Lahnsteiner Spruch in sich gerechtfertigt sein.

Die Kurfürsten ließen in Lahnstein neun Artikel verlesen, die ihren Urteilsspruch begründen sollten und zum größten Teil auch in die Absetzungsurkunde aufgenommen wurden. Obenan steht die Klage, „Wenzel habe der heiligen Kirche nie zum Frieden geholfen," wie es seine Pflicht gewesen sei und sie ihn oft ermahnt hätten, ein sehr allgemeiner, in dieser Form sogar ungerechter Vorwurf. Besonderes Gewicht liegt auf der zweiten Beschuldigung: Wenzel habe durch die Erhebung Galeazzos zum Herzoge von Mailand und Grafen von Pavia, die er noch dazu für Geld vollzogen, das Reich entgliedert. Ruprechts späteres Auftreten zeigt, daß die Kurfürsten die vollste Ueberzeugung hegten, hier liege eine schwere Versündigung gegen das Reich vor, und alle Welt teilte ihre Auffassung. Wenzel habe überhaupt, so heißt es weiter, „viel Städte und Länder in deutschen und welschen Landen, welche dem Reiche gehören und von denen ein Teil dem Reiche verfallen ist, (an andere) übergeben, auf sie nicht geachtet, noch sie an dem Reiche behalten". Die in Lahnstein verlesenen Artikel verweisen dabei namentlich auf Genua, das in der öffentlichen Urkunde vielleicht aus Rücksicht auf Frankreich nicht genannt wurde. Sonst war kein Reichsland verloren gegangen, kein Reichsgut von Bedeutung weggegeben worden.

Dann kommen wieder „die Membranen" an die Reihe, über welche schon auf dem Frankfurter Reichstage 1397 Klagen erhoben wurden. War mit ihnen Mißbrauch getrieben worden, so traf die Schuld weniger den König, als seine Räte.

Sehr viel richtiger war die Behauptung, Wenzel habe sich nicht gekümmert um die Kriege, die Teutschland verwüsteten, nicht für die öffentliche Sicherheit gesorgt, so daß allenthalben die traurige Unsicherheit herrsche. Nur traf ein guter Teil der Schuld auch die Kurfürsten und die Fürsten und die Reichsverfassung.

Endlich schildert das Schriftstück die von Wenzel verübten Grausamkeiten mit lebhaften Farben, wie er eigenhändig und durch seine schändlichen Diener „ehrwürdige und biderbe Prälaten, Pfaffen und geistliche Leute und auch viele andere ehrbare Leute ermordet, ertränkt und mit Fackeln gebrannt und sie jämmerlich und unmenschlich wider Recht getötet habe". Es ist klar, daß die

Hinrichtung Nepomuks die Vorlage zum entsetzlichen Bilde bot. So arg sie war, Wenzel hielt ihn für einen Ungetreuen und gebrauchte sein landesherrliches Recht, dessen andere Fürsten sich gleichfalls ohne Bedenken, wenn auch mit weniger Wildheit, bedienten; auch mit dem Karlsteiner Morde stand es so. Mochte der König auch sonst noch manche Handlung einer rohen und leidenschaftlichen Rechtspflege vollzogen haben, ein Massenmörder war er nicht. Man traute ihm aber alles zu; ging doch auch die Rede, er habe den Boten, der ihm die Vorladung nach Lahnstein brachte, ertränken lassen.

Unter allen einzeln aufgeführten Punkten wird stets die Trägheit, Unachtsamkeit und Unverbesserlichkeit des Königs mit allem Nachdruck hervorgehoben, denn hier hatten die Kurfürsten einen unbestreitbaren sicheren Stand und stimmte mit ihnen das ganze Reich überein. Wer auch noch zunächst oder späterhin Wenzel als König weiter anerkannte, that es aus anderen Gründen, nicht weil er ihn für einen brauchbaren Regenten gehalten hätte. Die Volksstimme sprach durchaus gegen ihn und kein damaliger Geschichtsschreiber hat seinen Sturz als Unrecht bezeichnet. Mochten auch die Punkte, welche die Kurfürsten herausgriffen, nicht alle zutreffend sein, Wenzels Regierung war im ganzen richtig gezeichnet, und es ist immer schwierig, Einzelheiten knapp und bündig, in einer für die Menge verständlichen Weise zusammenzufassen. Allerdings hatten die Kurfürsten recht, wenn sie Wenzel als einen unbrauchbaren Herrscher bezeichneten; kein deutscher König hat aus gerechteren Gründen den Thron verloren. Aber hatten sie auch recht, als sie ihn deswegen absetzten?

Die juristische Antwort muss, wie schon gesagt, Nein! lauten, aber wie stand es mit der durch höhere Rücksichten gebotenen Notwendigkeit und der Zweckmässigkeit?

Es ist den Kurfürsten auf ihr Wort zu glauben, dass sie wie von ihrem Rechte, in noch stärkerem Grade von dem dringenden Erfordernis eines neuen Königs überzeugt waren. Dass ein Johann von Mainz sich von Ruprecht besondere Vorteile versprach, ist freilich wahr, aber es fällt doch ins Gewicht, dass dieser Wahl nicht das übliche Kauf- und Schachergeschäft voranging, dass Ruprecht mit den edelsten Vorsätzen und mit reinen Händen den Thron bestieg und eine Fülle von schwerwiegenden Verpflichtungen übernahm.

War es trotzdem klug, Wenzel abzusetzen? Die Antwort wird die Geschichte von Ruprechts Königtum geben.

Für denjenigen Grund, der den heutigen Beurteiler am meisten gegen jenen gewaltsamen Regierungswechsel einnimmt, hatte damals allerdings niemand Verständnis. Die Durchbrechung der kaum erst wieder begonnenen Erblichkeit des Königtums war für das Reich ein grösseres Unglück, als die schlechteste Regierung bringen konnte. Leider hatte Wenzel die Abneigung gegen das Erbrecht gerechtfertigt. Das Werk Karls IV. war vernichtet, verloren war, was er dem Königtum an neuen Kräften zugeführt hatte.

Zehnter Abschnitt.

Ruprechts Anfänge. 1400—1401.

Als Wenzel durch den Eilboten des Frankfurter Rates die Wahl Ruprechts erfuhr, rief er wütend aus: „Ich will das rächen oder darum tot sein; er soll so tief herab, wie er erhöht worden ist!" — und schwur bei St. Wenzel, er wolle Ruprecht tot stechen oder dieser müsse ihn tot stechen. Auch Markgraf Jost beteuerte: „wir wollen das rächen oder ich will kein Haar in meinem Barte behalten". Der erste Gedanke war natürlich, sofort einen mächtigen Heereszug ins Reich zu veranstalten, und nach allen Seiten hin flogen deswegen die Boten. Aber der jämmerliche Mann konnte sich zu keiner frischen That aufraffen und wollte durchaus kein Geld darangeben; ein Plan kreuzte daher den andern. So sollte wieder Sigmund helfen, der den Rückweg nach Ungarn eingeschlagen hatte, als die Hiobspost eintraf. Aber der weigerte sich, zum Bruder zu kommen; er wollte dessen Not gründlich ausnützen und forderte, wie erzählt wird, unverfroren die Abtretung Böhmens. In der That schien es, als ob Wenzel auch noch seine zweite Königskrone verlieren sollte; allgemein erwartete man in Böhmen, daß Sigmund an seine Stelle treten würde und schon strömten diesem zahlreiche Anhänger zu. Endlich nach wiederholten Bitten ließ sich der Ungarnkönig zu einer persönlichen Zusammenkunft in Kuttenberg bewegen. Er erbot sich, nach Deutschland zu ziehen, wenn Wenzel das nötige Geld hergebe, Schlesien, die Lausitzen und Mähren abtrete und ihm die Erbfolge in Böhmen verbriefe. „Da kehrte sich Wenzel um, ließ sein Pferd bringen und zog ohne Antwort zu geben, davon." Sigmund wartete vergebens auf seine Rückkunft, und als er erfuhr, daß sein Bruder ruhig ins Bad geritten sei, brach er zornig auf und ging in sein Königreich. Es hieß sogar, er habe Ruprecht Hülfe gegen Mailand angeboten, wenn ihm Böhmen zu teil würde.

Die Berechnung der Kurfürsten, daß Wenzel nichts thun würde, um den Gegenkönig zu bekämpfen, hatte richtig zugetroffen. Wenn er selbst feig das Reich im Stich ließ, wer sollte dort für ihn eintreten? Seine Briefe, welche baldige Ankunft verkündeten, verfingen nicht, und als Woche auf Woche verrann, ohne daß die Botschaft zur Wahrheit wurde, mußten selbst seine besten Freunde an ihm verzweifeln. Die Fürsten konnten warten, ehe sie sich für oder wider den neuen König entschieden, nicht aber die Städte und am wenigsten die rheinischen, denen die Kurfürsten auf dem Nacken saßen. Besonders kam Frankfurt ins Gedränge, dessen Rat bisher Wenzel von allem Vorgefallenen benachrichtigt hatte. Der neue König wünschte baldmöglichst die Altarsetzung in der Bartholomäuskirche vollzogen zu sehen, um die Mängel seiner Erhebung zu ergänzen. Der Rat suchte Zeit zu gewinnen, ohne es mit einer der beiden Parteien zu verderben, und wohl schon vor den Lahnsteiner Tagen, in sicherer Erwartung des Kommenden, war er auf eine kluge Auskunft verfallen. Wie die Stadt schon 1349 gegenüber König Günther behauptet hatte, er müsse nach altem Brauch sechs Wochen und drei Tage vor ihren Mauern lagern, ehe er Einlaß erhalten könne, so erklärte sie es auch jetzt als ihre Pflicht gegen das Reich, darauf zu halten. Der Erzbischof von Köln war von Anfang an damit einverstanden, und es schien auch klüger, nachzugeben, als das neue Königtum sofort in einen Kampf zu stürzen, der allenthalben eine ungünstige Meinung erweckt hätte. Nach einigem Verhandeln fügte sich daher Ruprecht in das Unvermeidliche und machte aus der Not eine Tugend, indem er nachher dem In- und besonders dem Auslande das glücklich bestandene Königslager als einen Sieg und als endgültige Bekräftigung seines Königtums darstellte. Mit den Kurfürsten und anderen Freunden schlug er sein Lager auf dem Galgenfeld auf, doch ließ der rücksichtsvolle Rat vorher das unheimliche Gerüst von den Leichen säubern und durch einen Verschlag dem Anblick verbergen. Auch nicht ein Tag wurde geschenkt, obgleich Ruprechts dürftige Kasse die großen Ausgaben schwer empfand; erst als die Zeit voll abgelaufen war und Wenzel trotz aller Mahnungen sich nicht gezeigt hatte, um dem Nebenbuhler die Krone zu bestreiten, durfte der König am 26. Oktober seinen feierlichen Einzug in die Stadt und in den Dom halten.

Schon vorher hatten die Städte Köln, wo der Rat die Sache aus guten Gründen sehr eilig nahm, und ebenso Mainz, Speier und Worms sich Ruprecht zugewandt; ihnen folgten die Städte der Wetterau und Straßburg mit den elsässischen Städten. Boten des Königs, „gelehrte Pfaffen", unter denen sich auch Heidelberger Professoren befinden mochten, zogen umher, um die Gewissen über den verlangten Abfall vom alten Könige zu beruhigen; die Pflicht gegen das Reich und der rechtmäßige Vollzug der Neuwahl sollten den Eidbruch rechtfertigen.

Ruprecht hatte seine Krönung auf Ende November angesetzt, aber unerwartete Schwierigkeiten traten dazwischen, denn Aachen verweigerte ihm den Eintritt. Bereits hatte sich Köln um die Ehre beworben, Krönungsstadt zu werden, und Friedrich behauptete wie schon Erzbischof Heinrich II. bei der Krönung Friedrich des Schönen, päpstliche Privilegien zu besitzen, daß er die Krönung an jedem beliebigen Orte seines Sprengels vollziehen könne. Ruprecht drohte daher der widerspenstigen Stadt, mit den Kurfürsten festzusetzen, nie mehr solle ein König dort gekrönt werden, und ihr alle Würden und Gnaden zu entziehen, aber die trotzige stellte dieselbe Forderung, welche eben Frankfurt glücklich durchgesetzt hatte, Ruprecht solle erst sechs Wochen und drei Tage vor ihren Thoren lagern.

Deshalb geschah die Krönung am 6. Januar 1401 zu Köln in herkömmlicher Weise. Die Stadt gab sich alle Mühe, die Feier zu verherrlichen, und die Bürger vergnügten sich vortrefflich, aber außer den drei Kurfürsten und den Verwandten waren nur wenige hohe Gäste zugegen.

Ruprechts Königtum fing demnach recht bescheiden an und schon mußte er die Abhängigkeit von seinen Wählern empfinden. Er hatte ihnen versprochen, den Städten keine größeren Rechte zu bewilligen, als sie bereits besaßen, und da er auch den geistlichen Herren nicht nahe treten wollte, so boten die Verhandlungen mit den Bürgerschaften gleich anfangs Schwierigkeiten.

Daß er als gekrönter König nochmals alle die Versprechungen verbriefte, die er am 20. August vor seiner Wahl gegeben, war selbstverständlich. In besonderer Urkunde verbot er die in den letzten dreißig Jahren verliehenen Zölle am Rhein, „der im deutschen Lande die gemeinste königliche Straße ist", und gelobte ohne Zustimmung der Kurfürsten keine zu errichten. Sollte es aber geschehen, daß er aus Versehen oder „um der Verdrießlichkeit der Bittenden willen" Briefe geben würde, welche die Rechte der Kurfürsten am Rhein verletzten, so sollten sie von vornherein ungültig sein. „Denn die Kurfürsten sind des Reiches Glieder und feste, stete Säulen, und da ohne ihren Rat und Zuthun das Reich nicht bestehen und nicht gehandhabt werden kann, so ziemt es uns, ihre Freiheiten zu mehren und nicht zu mindern".

Die Krone trug Ruprecht nun, aber jetzt trat die größere Aufgabe an ihn heran, sie zu behaupten, die allgemeine Anerkennung inner- und außerhalb des Reiches zu erlangen. Den Krieg gegen Wenzel hatte er schon während des Frankfurter Lagers eröffnen lassen; die baierischen Herzöge eroberten Teile der Oberpfalz, worauf die Böhmen mit verwüstenden Rachezügen antworteten. Da Wenzel mit Frankreich im Bündnis stand, galt es, ihm etwaige Unterstützung von dorther abzuschneiden. Außerdem mußte Ruprecht versuchen, Italien und den Papst von den Böhmen abzuziehen und für den Römerzug einen Zugang nach der Halbinsel zu eröffnen. Gelang es ihm bei dem allen noch, Söhne und Töchter vorteilhaft zu verheiraten, so warf das Königtum gleich einen Gewinn ab.

Eine vielumfassende Arbeit lag also vor dem Könige, an deren Bewältigung er mit Eifer ging. Er ließ es an sich nicht fehlen, eher übernahm er gar zuviel auf einmal. Hätte er lieber seine ganze Kraft auf den Krieg gegen Wenzel geworfen, wäre es für ihn besser gewesen, aber gerade diesen trieb er nur nebenher.

Beide deutschen Könige wetteiferten jetzt um die Gunst des französischen Hofes, wo auch in dieser Sache gleich die Feindschaft der Parteien zu Tage trat. Der Herzog Ludwig von Orleans sprach natürlich für Wenzel, ihm sogar die Waffen ergriff, aber an der Grenze erkannte er die Nutzlosigkeit seines Unternehmens und kehrte um. Der Herzog Philipp von Burgund dagegen schrieb gleich nach der Wahl freundschaftlich an den neuen König. Zwar bot Frankreich seine Vermittelung an, aber da Wenzel sie mit der Erklärung, er wolle nichts als Rache, ablehnte, war von ihr nicht weiter die Rede. Der Wunsch Ruprechts, einem ältesten Sohn eine Prinzessin zur Gemahlin zu verschaffen, ging indessen

nicht in Erfüllung, weil man erst abwarten wollte, welche Gegendienste er in der
Papstfrage und gegen England leisten würde. Da war nun das mißliche, daß
Ruprechts Ansicht über die Lösung des Schisma der burgundischen gar nicht,
eher der orleanistischen entsprach, so daß er sich vorläufig mit nicht ehrlich ge-
meinten Verhandlungen durchhelfen mußte.

Der Pfälzer gedachte, mit zwei Stieren zu pflügen, seine Verpflichtungen
zu übernehmen und doch seinen Vorteil zu finden; die Verheiratung seines Sohnes
Ludwig sollte ihm Freunde und Geld, dessen er vor allem bedürftig war, ein-
bringen. Da es mit der französischen Braut nichts wurde, wandte er sich auf
seinem Krönungsfeste in Köln an England. Dort regierte nicht mehr der frühere
Verbündete des pfälzischen Hauses, denn König Richard war im Oktober 1399
durch Heinrich IV. von Lancaster und das Parlament gestürzt worden. Frankreich zürnte darüber heftig, da Richards Gattin die Tochter Karls VI. war,
und obgleich zunächst der friedliche Zustand erhalten blieb, stand Krieg in Aussicht. Beide Mächte suchten daher, wie üblich, die streitbaren deutschen Fürsten
an sich zu fesseln, und wenn Heinrich IV. auf Ruprechts Antrag, seine Tochter
Blanka dem Erben der Pfalzgrafschaft zu geben, sofort einging, so dachte der
Engländer gewiß, bei ihm Beistand gegen Frankreich zu finden. Der Deutsche
wollte jedoch keineswegs aus seiner Neutralität heraustreten und ließ in Paris
beruhigende Erklärungen über die englische Heirat abgeben.

In Frankreich drohte offener Krieg zwischen Philipp von Burgund und Ludwig
von Orleans, der sich mit Wilhelm von Geldern verbündete, auszubrechen. Da
Wilhelm Wenzel seine Treue bewahrte, war auch Ruprecht besorgt und suchte zugleich die gesamte Gegnerschaft der orleanistischen Partei zu einem Bündnis gegen
Mailand zu bewegen. Als jedoch Ludwig die Oberhand gewann, ließ der König
die Absicht, für seinen zweiten Sohn um eine französische Prinzessin zu werben,
fallen und begnügte sich, die Verbindung mit Burgund aufrecht zu erhalten. Nur
der französischen Familienzwietracht, nicht seiner widerspruchsvollen Haltung verdankte es Ruprecht, wenn sowohl Wenzel als der Visconti ohne Unterstützung blieb.

Wie den deutschen Reichsständen, hatten die Kurfürsten auch den Städten
und Herren Italiens geschrieben und sie zum Gehorsam gegen den neuen König
aufgefordert. Langsam liefen während des Winters die Antworten ein, die teils
zustimmend, teils zurückhaltend, aber auch ablehnend lauteten. Franz von Carrara,
der Herr von Padua, Galeazzos erbitterter Feind, nahm begeistert für Ruprecht
Partei und erteilte ihm guten Rat, wie er die Italiener gewinnen könne; auch
Florenz, das so wirksam an dem Sturze Wenzels mitgearbeitet hatte, bot seine
Dienste an. Da demnach Hoffnung war, in Italien Fuß zu fassen und den geplanten Römerzug auszuführen, erhielt Albrecht von Thanheim den Auftrag,
einen engeren Anschluß der dortigen Gewalten zu erwirken.

Wenn ein Gesandter nach Italien abgeordnet wurde, durfte der Papst
nicht vernachlässigt werden. Das war gleich eine der ersten übelen Folgen der
Absetzung Wenzels, daß man dem Papst wieder ein Einmischungsrecht in die
inneren Angelegenheiten Deutschlands einräumen mußte. Die drohenden Worte,
welche die Kurfürsten im Februar von Frankfurt aus an Bonifacius richteten,
hatten bei diesem nicht verfangen, und als dann wirklich der Schlag gegen

Wenzel geführt war, berichteten die Kurfürsten in ganz anderem Sinne nach Rom und baten sogar, die Person des „zum wahren König und künftigen Kaiser gewählten" zu approbieren. Ruprecht selbst schrieb bald darauf demutsvoll, aber nur mit allgemeinen Wendungen, durch Gottes Ratschluß habe ihn die Wahl getroffen, und er bitte, seine Gesandtschaft abzuwarten. Er wollte eigentlich erst nach Empfang der Krone Verhandlungen mit Bonifacius, der sich in Stillschweigen hüllte, eröffnen; da jedoch der Widerstand Aachens Verzögerung brachte, bevollmächtigte er schon am 14. Dezember Bischof Konrad von Verden und dessen Begleiter, bei dem Papste „die Approbation unserer zum römischen Königreich erwählten Person" und die Zusage der Kaiserkrone zu erbitten und jeden erlaubten und herkömmlichen Eid zu schwören. Er suchte nicht die Bestätigung seines Königtums nach, denn das übte er von Anfang an voll aus; die Approbation seiner Person begehrte er nur der Kaiserkrone wegen. Er handelte also nicht gegen die Goldene Bulle, sondern ganz nach Karls IV. Auffassung. Allerdings hatte die Sache einen eigentümlichen Beigeschmack; da Ruprecht wünschen mußte, daß der Papst sich für ihn gegen Wenzel entschied, kam doch zugleich eine Anerkennung seines Königtums in Frage.

Ob nun die Gesandtschaft erst später abging oder sich lange unterwegs aufhielt oder der Papst ihren Empfang hinausschob, erst im Februar 1401, nachdem Ruprecht gekrönt war, konnte Bischof Konrad in Rom vor Bonifacius treten und an ihn in pomphaften Worten das Gesuch richten, den König, welchen Gott selbst durch die Kurfürsten erhoben, zu approbieren und seiner Zeit zu krönen; bald werde Ruprecht selbst kommen.

Bonifacius war in großer Verlegenheit, denn sehr mit Unrecht nahm man in Avignon an, daß er die Beseitigung Wenzels bewirkt hätte. Er durfte nicht einen großen Teil seines fortwährend unsicherer werdenden Anhanges leichtsinnig dahingeben, Böhmen, Ungarn und vielleicht auch Polen. Wie sich Deutschland zu den streitenden Königen stellen würde, vermochte er noch nicht zu übersehen, und es war Gefahr, daß er auch dorthin den kirchlichen Zwiespalt trug. Andererseits ging es nicht an, den Pfälzer einfach zurückzuweisen, da er mächtige Freunde im Reiche hatte, darunter die drei bedeutendsten Kirchenfürsten. Außerdem kannte die Kurie den abgesetzten König zu gut, als daß sie von ihm Großes erwarten konnte, und wußte auch, mit welchen Schwierigkeiten Sigmund in Ungarn zu kämpfen hatte. Doch den hauptsächlichsten Gegenstand der päpstlichen Erwägungen mußte Italien bilden, denn der ganze Bestand des römischen Papsttums hing daran, daß es sich dort unangefochten behauptete. Was würde der Mailänder Herzog, der trotz mancher Schwankungen bisher die Treue gewahrt hatte, zu einer Bestätigung Ruprechts sagen? Die Florentiner und andere Italiener hingen an dem Pfälzer und betrieben sein Kommen. König Ladislaus dagegen, der die Franzosen von Neapel fernhielt, war Sigmunds und damit Wenzels Feind. Diese italienischen Verhältnisse wären nicht entfernt so schwer ins Gewicht gefallen, wenn Ruprecht sich auf Deutschland beschränkt hätte; gerade, daß er in nächster Zeit jenseits der Alpen erscheinen konnte, war für den Papst das Unangenehme.

Gegenüber diesen ungeheuren politischen Schwierigkeiten spielten die etwaigen

Formen der Anerkennung kaum eine Rolle; nicht auf Deutschland, sondern auf Italien kam es Bonifacius hauptsächlich an. Höchstens konnten jene dazu helfen, Ruprecht hinzuhalten.

Es blieb gar nichts andres übrig als die Sache hinzuzögern, und so ließ der Papst Wochen verstreichen, bis er in den letzten Märztagen einen Kirchenbeamten Antonius be Montecatino an den deutschen Hof absandte. Jedenfalls mußte er erst wissen, wie es mit dem neuen Könige stand, namentlich mit welcher Macht und mit welchen Aussichten er nach Italien kommen wolle. Daher waren auch Antons Aufträge darauf berechnet, nichts zu gewähren und Schwierigkeiten zu machen. Da bot sich von selber der Rechtspunkt dar. Das Wahlrecht durch die Kurfürsten ließ sich nicht bestreiten, aber waren sie auch berechtigt, einen vom Papst anerkannten König abzusetzen? Die Angelegenheit zerfiel also in zwei Fragen, und dadurch gewann der Papst Gelegenheit, unerwartete Querzüge zu machen, denen die deutsche Staatskunst nicht gewachsen war. Man erwog an der Kurie den eigenartigen Fall sorgfältig. Ein Gutachten des Kardinals Zabarella geht von den Sätzen aus, dem Papst gebühre es, einen Kaiser abzusetzen und sich in das Imperium zu mischen. Die römische Kirche habe den Kurfürsten das Wahlrecht verliehen, daher könne der von ihnen oder der Mehrheit Erkorene regieren auch vor der Krönung durch den Papst; sind es zwei, so regieren beide, bis der Papst sich für einen von ihnen entscheidet. Auch den Kaiser absetzen dürfen die Kurfürsten, „besonders wenn der Papst stillschweigend zustimmt".

Bonifacius erklärte zwar, daß er „eine rechtliche Grundlage der Wahl" bezweifle, aber deutete an, es würde ihm genügen, wenn Rechte und Ehren der Kirche bewahrt würden, was Ruprecht zweifelsohne beabsichtige, und wenn dieser bereit sei, sich mit dem Papste über die deutschen wie über die italischen Angelegenheiten zu verständigen. Anton erhielt auch den Entwurf einer Bulle, welche die Approbation aussprach. Sie geht aus von der Pflicht des Papstes, als Stellvertreter Christi über das Heil der Völker zu wachen. Da Wenzel trotz allseitiger Ermahnungen der Päpste und der Fürsten es unterließ, nach Italien zu ziehen, hätten die Kurfürsten ihm, dem Papste angezeigt, sie seien zu jener Absetzung entschlossen. Er habe darauf keine bestimmte Antwort gegeben, weil er die Sache erst reiflich überlegen wollte und überzeugt war, die Kurfürsten würden nichts widerrechtliches thun. Sie hätten das vielleicht für schweigende Billigung gehalten und, obgleich ihnen die Absetzung nicht zukam, im Vertrauen auf die päpstliche Güte Wenzel entfernt, Ruprecht erkoren. Darauf hätten sie Billigung der Absetzung und Wahl erbeten, die der Papst in Rücksicht auf die einhellige Kur und die Tüchtigkeit des durch sie Erhobenen hiermit erteile.

Bonifacius wollte also, entgegen der Auffassung Ruprechts, dem Papste das alleinige Recht, den deutschen König abzusetzen, wahren, und drehte daher, da sich nicht leugnen ließ, daß die Kurfürsten selbständig gehandelt hatten, die Sache so, als seien sie seiner schweigenden Zustimmung sicher gewesen. Der Versuch war ziemlich lahm, da Bonifacius sich darein ergab, daß Ruprecht sofort die Regierung übernommen hatte, während seine Vorgänger den Kern der Approbation gerade darin erblickten, daß der Gewählte erst ihrer Genehmigung zur

Herrschaft bedürfe. Mit Absicht führte Bonifacius auch als alleinigen Grund, der Wenzels Sturz erforderlich gemacht, den an, daß er die Romfahrt unterlassen. Aber das war nur nebensächliches Beiwerk und Aufputz verrosteter Rechtsansprüche früherer Zeiten; das Schwergewicht der päpstlichen Meinung lag in den gestellten Bedingungen. Bonifacius forderte außer umfassender Sicherung der Rechte und Freiheiten der Kirche genaue Auskunft, wie Ruprecht die italischen Dinge und den Romzug anfassen wolle, ferner daß er keinerlei Verbindung mit Frankreich oder einer andern schismatischen Macht eingehe und seine Kirchenpolitik ganz unter den päpstlichen Willen stelle und das Gegenpapsttum bekämpfe.

Während so die Verhandlungen mit dem Auslande noch schwebten, bemühte sich Ruprecht, daheim seine Herrschaft zu stärken. Auch hier ging alles einen langsamen Gang; die Hauptsache war, daß von Wenzels Seite kein Widerstand erhoben wurde, und daher die große Zahl der Reichsstände, welche die Huldigung für den neuen König und den Empfang der Lehen hinausschoben, ihm doch nicht eigentlich feindlich gegenüberstanden; Ruprecht fand wenigstens schweigende Anerkennung. Als großen Erfolg durfte er betrachten, daß obgleich die schwäbischen und die fränkischen Bürgerschaften ihm die Huldigung versagten, diejenige Stadt, welche als Reichshauptstadt gelten konnte, sich ihm anschloß. Da Wenzel seine wiederholten Prahlereien nicht zur Wahrheit machte, empfand Nürnberg keine Neigung, sich für ihn zu opfern, denn der Rat sagte sich mit Recht, selbst wenn er noch käme, würde er die Stadt nur in Ungemach bringen und sie darin sitzen lassen. Am 2. Februar 1401 zog Ruprecht dort ein und hielt dann seinen freilich schwach besuchten ersten Reichstag.

Zwar dachte Ruprecht noch nicht daran, in allernächster Zeit nach Italien aufzubrechen, aber er mußte dafür sorgen, daß ihm überhaupt die Straße dorthin offen stand. In ernstlichen Betracht konnte aus vielen Gründen nur der Brennerpaß kommen, der in der Gewalt der Habsburger war, und diese an sich zu ziehen, war auch sonst ein Gebot der Notwendigkeit, da sie als Bundesgenossen der Luxemburger ihn mehr gefährdet hätten, als irgend andere Reichsfürsten.

Der Streit, der unter den österreichischen Herzögen nach dem Tode Albrechts III. ausbrach, führte dazu, daß zwar eine eigentliche Teilung der Länder vermieden wurde, doch Albrecht IV., sein einziger Sohn, in Oesterreich regierte, von den vier Söhnen Leopolds Wilhelm Steiermark, Kärnten und Krain, Leopold IV. Tirol und die Vorlande erhielt. Das eigentliche Haupt der Familie war Wilhelm, der auch in Oesterreich die Mitregentschaft führte, seit den trüben Erlebnissen seiner Jugend ernst und ruhig entschlossen, mit einer gewissen Starrheit einmal gesteckte Ziele festhaltend. Er dachte nur an Oesterreich; während er dessen Nachbarlande nicht aus den Augen ließ, kümmerte er sich weniger um das Reich. Leopold, seines schweren Körpers wegen „der Fette" genannt, hatte vom Vater den eitlen, prunksüchtigen Sinn geerbt; er galt für unzuverlässig und unterlag leidenschaftlichen plötzlichen Aufwallungen. Albrecht dagegen fühlte sich am wohlsten, wenn er unter seinen geliebten Karthäusern in Mauerbach wie ein Ordensbruder leben konnte; seine Frömmigkeit ließ ihn sogar die gefährliche Wallfahrt nach dem heiligen Lande unternehmen.

An der Absetzung Wenzels waren die Herzöge nicht beteiligt, doch hatte

Ruprecht auf ihren Anschluß gerechnet. Wenzel, der sie sofort anrief, erhielt keine bestimmte Antwort. Ruprecht machte ihnen verlockende Anerbietungen, die Hand seiner Tochter Else mit reicher Ausstattung für den Bruder Wilhelms und Leopolds, Herzog Friedrich. Die Herzöge versuchten erst einen Ausgleich zwischen den beiden, aber die Sache zog sich fruchtlos in die Länge.

Da kam Botschaft aus Italien, welche in Ruprecht freudige Hoffnungen erweckte. Die Florentiner Obrigkeit, brennend vor Begierde, mit dem verhaßten und gefürchteten Mailänder anzubinden, beauftragte ihren Mitbürger Buonacorso Pitti, dem neuen Könige den Treueid zu überbringen und mit ihm Verträge zu schließen. Er möge baldigst in Rom die Krone holen und den Krieg gegen Mailand eröffnen; wenn er noch in diesem Jahre komme, wolle man ihm 100000 Goldgulden geben. Gegen Ende März nahm Ruprecht zu Amberg Pittis Botschaft bereitwillig entgegen. Der schlaue Handelsmann schwieg zunächst über die Geldleistung; erst als die Räte die ungeheure Forderung von 500000 Gulden thaten, wenn der König noch dieses Jahr kommen solle, rückte Pitti mit seinem geringen Angebot heraus, worauf ihn der König aufforderte, nochmals nach Florenz zu berichten.

Ruprecht erkannte ganz richtig, daß die Florentiner alles, was in ihren Kräften stand, aufbieten würden, um ihn noch in diesem Jahre in Italien zu sehen. Für ihn bot sich die unerwartete Aussicht, die Kosten seiner Heerfahrt zum großen Teil auf fremde Schultern abzuladen. So kam jetzt in sein Handeln beschleunigter Gang und ein fester Plan. Da es noch ungewiß war, ob die Habsburger die Alpen öffnen würden, ließ er vorläufig bei Amadeus von Savoyen anfragen, ob er nicht den Durchzug gestatten wolle. Schon lud er die Kurfürsten ein, mit ihm Anfang Mai in Nürnberg über die Zeit seiner Kaiserkrönung zu beraten.

Noch ehe er dorthin ging, entrann der König einer großen Lebensgefahr, wie er meinte. Pitti, überrascht von Ruprechts Sorglosigkeit, hatte ihn vor der Bosheit des Mailänders gewarnt. Da die Deutschen von jeher den Italienern die Ausübung der unheimlichen Giftmischerkunst zutrauten, fand der erregte Argwohn bald einen Gegenstand. Ein Fremder, den der König in Sulzbach in seiner Nähe erblickte und verhaften ließ, bekannte ohne Folter, er sei ein ehemaliger Diener des königlichen Leibarztes Hermann Poll und jetzt gesandt von dessen früherem Lehrer, dem berühmten Piero von Pusignano, dem Leibarzte Galeazzos, damit Hermann den König für großes Geld durch ein Klistier umbringe. Angeblich fand sich bei dem Manne der Brief vor. Der unglückliche Arzt wurde in Ketten geworfen, von dem Nürnberger Rat verurteilt und grausam hingerichtet. So überzeugt war man von Hermanns Schuld, daß die Heidelberger Universität seinen Namen aus ihren Büchern strich. Ruprecht selbst nutzte die Geschichte weidlich aus und meldete überallhin die schändlichen Pläne Galeazzos, der zu seiner Verteidigung die Florentiner beschuldigte, sie hätten aus Haß gegen ihn die ganze Sache angestiftet.

Ruprecht hatte ganz richtig vermutet, daß das niedrige Angebot der Florentiner nur vorsichtigem Markten entsprungen war. Die Stadt, die mittlerweile auch den Papst für Ruprecht günstig zu stimmen suchte und ihm ein Bündnis mit König Labislaus vorschlug, bevollmächtigte jetzt Pitti, 200 000 Gulden und jede mögliche Unterstützung anzubieten.

Auf diese Antwort hin ergriff Ruprecht mit aller Lebhaftigkeit den Gedanken, noch in diesem Jahre über die Alpen zu ziehen. Da Savoyen seine Anträge abgelehnt hatte, beauftragte er schleunigst Ludwig von Baiern, mit Leopold von Oesterreich zu verhandeln; zur Vorsicht wandte er sich auch an die Schweizer.

Da in Nürnberg keine genügende Anzahl von Fürsten erschien, mußten die Hauptverhandlungen auf einen neuen Reichstag in Mainz verschoben werden; Boten erhielten den Auftrag, inzwischen bei den Reichsständen gute Stimmung für die Fahrt zu erwecken. Doch wurde mit den Florentiner Gesandten ein vorläufiger Vertrag vereinbart, der natürlich erst daheim zu bestätigen war. Da der König mit Verdruß erkannt hatte, daß Bonifacius ihn nur hinhalten wollte, begnügte er sich, dem Papste und den Karbinälen seine Verwunderung auszusprechen und dessen Gesandten mit Aufklärungen heimzusenden, in der Hoffnung, bald der Kurie zeigen zu können, was er vermöchte.

Außer den Florentinern hatte sich noch ein unerwarteter Freund angeboten, König Martin von Aragonien. Martin war freilich ein entschiedener Feind des Papstes Bonifacius und gedachte nichts anderes, als mit Ruprechts Hülfe die Abdankung des römischen Papstes zu erreichen, da er von Benedikt XIII., seinem Freunde, das Versprechen erlangt hatte, zu entsagen, wenn das Papsttum seines Gegners irgendwie ein Ende nehme. Aber Ruprecht versprach sich gleichwohl von ihm gute Dienste für seine Beziehungen zu Frankreich und für das italienische Unternehmen und hoffte auch, seinen zweiten Sohn Johann mit einer aragonischen Prinzessin verheiraten zu können, wenn eine französische nicht zu erlangen war. Mehrmals gingen nachher Boten hin und her, aber da Martin erkannte, daß er für seine Kirchenpläne von dem deutschen Könige nichts zu erwarten habe, ließ er sich nicht zu ernstlichen Leistungen hervorlocken, so daß die Freundschaft später ergebnislos zerrann.

Da Ruprecht in wenigen Monaten Deutschland verlassen wollte, wünschte er mit Wenzel schnell fertig zu werden. Die Aussichten waren recht günstig, denn am 28. April hatten die unzufriedenen ungarischen Barone ihren König gefangen genommen und eine Regierung eingesetzt; zum Glück waren sie uneins, wen sie auf den Thron setzen sollten. Die einen dachten an Ladislaus von Neapel, andere an den polnischen König, andere endlich an Wilhelm von Oesterreich.

Die Gefangenschaft Sigmunds war für Ruprecht ein unerwartetes Glück, für Wenzel, der trotz aller Enttäuschungen seine besten Hoffnungen auf den Bruder setzte, ein schwerer Schlag. Denn nun griff Markgraf Jost, der noch immer die Landherren auf seiner Seite hatte, wieder den Plan auf, König von Böhmen zu werden, wobei ihm sein alter Verbündeter Markgraf Wilhelm helfen sollte. Der Meißner, gewohnt im Trüben zu fischen, suchte erst den deutschen und nun auch den böhmischen Thronstreit auszubeuten und brach daher gegen Ende Juni in Böhmen ein, zugleich im Einverständnis mit Ruprecht.

Dieser stand gerüstet in der Oberpfalz, aber noch ehe der Krieg recht in Gang kam, schloß er mit Wenzel am 20. Juni zu Amberg einen Waffenstillstand. Er begehrte Abtretung des deutschen Königtums, Auslieferung sämtlicher Reichs-

Insignien und des Reichsarchivs, namentlich der Briefe über Brabant, schriftlichen Empfang der Lehen durch Wenzel, endlich die Hand der aussichtsvollen Erbin Elisabeth von Görlitz, welche Wenzel 1398 dem Sohne des Herzogs von Orleans zugesagt hatte, für einen seiner Söhne. Dafür versprach er, Wenzel im böhmischen Königtum zu beschützen. Er hoffte, ohne Mühe und Anstrengung von dem Bedrängten alles zu erreichen und dabei für seine Nachkommenschaft bestens zu sorgen. Ihn zog es zugleich zu dem Reichstage, der über die Romfahrt entscheiden sollte, und so gab er in Eigennutz und Uebereifer, alles vollbringen zu wollen, die schönste Gelegenheit aus der Hand, auf Wenzel einen kräftigen Druck auszuüben.

In Mainz war neben anderen Geschäften, welche den öffentlichen Angelegenheiten galten, die Hauptsache der Römerzug. Denn von Florenz war günstige Antwort eingelaufen. Die Stadt sandte den Vertragsentwurf mit genauerer Ausführung, wonach der König bis Ende September in der Lombardei stehen sollte; die Florentiner wollten im September 110 000, im Oktober 90 000 Gulden zahlen, und deutsche Kaufleute versprachen, dem Könige eine Anleihe von 50 000 Gulden zu verschaffen, die er in Augsburg erhalten sollte. Denn dorthin wurden nach Reichstagsbeschluß für den 8. September die Kriegsscharen entboten.

Nun wurden auch die Verhandlungen mit Oesterreich, die Vorbedingung für den Antritt des Marsches, erledigt. Auch für diese war die Gefangenschaft Sigmunds förderlich. Denn Herzog Wilhelm, der ohnehin durch einen früheren Bündnisvertrag mit dem Mailänder gebunden war, hatte den Traum seiner Jugend, im Osten zur Herrschaft zu gelangen, nie aufgegeben. Er hatte sich nach dem Tode der polnischen Hedwig, seiner geliebten ehemaligen Braut, entschlossen, doch noch in die Ehe zu treten und warb schon seit einiger Zeit um Johanna, die Schwester des Königs Ladislaus, der Sigmund nicht als König von Ungarn anerkannte. Jetzt suchte er in Ungarn mit Hülfe seiner Partei die Krone zu erlangen. Dazu paßte vortrefflich, wenn Leopold mit Ruprecht abschloß, der, um bald nach der Lombardei zu gelangen, bereit war, die ungeheuersten Forderungen zu bewilligen. Er versprach am 2. Juli in Mainz außer manchen politischen und rechtlichen Vorteilen für des Herzogs Landesherrschaft Beistand gegen die Schweizer, damit sie Leopold wieder erstatteten, was seines Rechtes sei, 100 000 Gulden für die Oeffnung der Straßen nach Italien, binnen drei Jahren zu zahlen, ferner für 1000 Glefen, die der Herzog zum Kriege stellen wollte, monatlich 25 000 Gulden, Verheiratung seiner Else mit 40 000 Gulden Mitgift. Für die Hauptsumme sollte der Herzog nach Ablauf der drei Jahre etwa eroberte Gebiete in der Lombardei zum Pfande erhalten oder Reichsgut in Elsaß oder Schwaben; deshalb besiegelten die drei kurfürstlichen Erzbischöfe zusammen mit dem Könige den Vertrag.

In Heidelberg setzte der König die Vorbereitungen zu seinem großen Werke weiter fort. An den Papst sandte er den Protonotar Albrecht, seine bevorstehende Ankunft und den überaus günstigen Stand der Dinge zu melden und jeden Argwohn wegen der Beziehungen zu Frankreich zu heben. Indem er sich stellte, als ob Bonifacius ihm bereits goldene Berge versprochen habe, begehrte er, daß der Papst gegen den Mailänder Prozeß erhebe und ihm Hülfe leiste, deren Umfang er anheimstellte. Von der Approbation sprach er nicht; er meinte wohl, wenn er erst in Italien sei, werde der Papst schon ein Einsehen haben.

Aber in den vollen Freudenbecher fielen schon jetzt bittere Wermutstropfen. Die deutschen Kaufleute, mit denen er in Mainz abgeschlossen, erklärten nun, sie könnten in Augsburg die verheißenen 50000 Gulden nicht auszahlen, da ihre Hinterleute kein Geld hergeben wollten, nachdem sie den Zweck erfahren! Sie trauten eben dem armen Könige nicht, der ihnen noch keinen sicheren Schein der Florentiner vorweisen konnte. Mit Thränen im Auge klagte Ruprecht Pitti sein Leid und bewog ihn, schleunigst nach Italien zu eilen, um dort die Auszahlung von 25000 Gulden schon in Augsburg durchzusetzen. Er trug sich sogar mit der kühnen Erwartung, die Florentiner würden ihm gleich die 110000 Gulden übergeben lassen. Noch härter traf Ruprecht, daß er auf die Mitwirkung des Mannes verzichten mußte, auf den er sein ganzes Königtum gebaut hatte. Seine Bemühungen, dem Erzbischofe Johann von Mainz Frieden zu verschaffen, waren vergeblich; der verderbliche Krieg mit Waldeck, Hessen und Braunschweig brach wieder aus und verhinderte wirklich Johann, selbst wenn er anders gewollt hätte, mit nach Italien zu ziehen.

Endlich zerrannen auch die Aussichten, mit dem böhmischen Könige ein günstiges Abkommen zu treffen, zu Wasser, und der arme Prinz Johann mußte auch die dritte Braut sich aus dem Sinn schlagen. Ruprecht hatte von Heidelberg aus seinen Fehler, die Notlage Wenzels nicht auszunützen, gut zu machen gesucht, indem er wieder mit Jost anknüpfen wollte und seinen Sohn Ludwig beauftragte, gegen Böhmen vorzurücken, doch da kam Botschaft vom Markgrafen Prokop. Er gedachte, Ruprecht von den Feinden Wenzels, die zugleich seine eigenen waren, abzuziehen, und brachte auch Antwort auf die an Wenzel gestellten Forderungen. Ruprecht sollte König bleiben, aber Wenzel Kaiser werden, Elisabeth von Görlitz Ruprechts Sohn Hans heiraten und oberpfälzische Besitzungen und vielleicht einen Teil von Böhmen erhalten; für Hülfe zur Behauptung Böhmens bot er außerdem das Land Ellenbogen und einige Schlösser an.

Ruprecht war damit wenig zufrieden; er verlangte nochmals den unbedingten Verzicht auf das Reich und ebenso auf das Kaisertum, für Elisabeth das Herzogtum Luxemburg. Aber bald änderte sich die Lage in Böhmen. Zwar hatten sich Ende Juli vor Prag die Meißner mit Jost und den Landherren vereinigt, aber Wenzel sprengte am 12. August den Bund durch große Zugeständnisse an die Landherren und den abwesenden Sigmund. Die Meißner und Jost mußten enttäuscht und eilig abziehen. Ruprecht, der inzwischen alle von König Wenzel neu erteilten Privilegien für ungültig erklärt hatte, beschränkte sich darauf, seinen Sohn Ludwig zu weiteren Verhandlungen mit Wenzel zu ermächtigen. Sie wurden ganz aussichtslos, da Wenzel am 14. September auch Jost durch große Vergabungen versöhnte, und endlich wurde im Oktober Sigmund wieder frei.

Es war eine Thorheit, wenn Ruprecht es wagte, aufs Ungewisse hinaus Teutschland den Rücken zu kehren. Er hinterließ den böhmischen Grenzkrieg unbeendet und hatte nun alle Luxemburger zu Feinden. Wie leicht konnte während seiner Abwesenheit von Böhmen her ein Schlag gegen ihn geführt werden, da sein Sohn Ludwig von Geld und Truppen entblößt zurückblieb. Die baierischen Herzöge Ernſt und Wilhelm, die er mit Mühe beſchwichtigt, waren ganz unzuverläſſig, im Weſten Aachen und namentlich Wilhelm von Jülich ihm noch immer feind, in Mitteldeutſchland entſpann ſich ein heftiger Krieg und die Gegner des Erzbiſchofs Johann konnten gar auf den Gedanken kommen, ſich wieder zu Wenzel zu ſchlagen. Der weitaus größte Teil der Reichsfürſten hatte noch nicht gehuldigt, ſo daß eigentlich nur Süddeutſchland Ruprecht als König anerkannte. Dabei war Frankreich unſicher, ebenſo der Papſt.

Der König mochte ſich ſagen, daß wenn er jetzt zurücktrat, Florenz vielleicht nie mehr Geld geben werde, und vor allem, er dachte in der Kaiſerkrone den kräftigen Zauber zu finden, der alle böſen Geiſter bannte.

Pünktlich an dem feſtgeſetzten Tage, dem 8. September, traf der König in Augsburg ein, wo ſich die Scharen bereits ſammelten, welche ihm Reichsſtände und Vaſallen zuführten. Zum Vertreter im Reiche während ſeiner Abweſenheit ernannte er ſeinen Sohn, den Pfalzgrafen Ludwig. Allen Reichsangehörigen wurde bei Strafe der Reichsacht und des Verluſtes der Lehen verboten, dem Mailänder irgend welche Hülfe zu leiſten oder Hab und Gut der am Zuge Beteiligten anzutaſten.

Elfter Abschnitt.

Ruprechts Zug nach Italien. 1401—1402.

Ein schönes und tüchtiges Heer, gegen 15000 Pferde stark, kam inzwischen zusammen, auf das Ruprecht mit froher Hoffnung blickte; die Augsburger meinten, nie sei ein König mit so großer Macht bei ihnen erschienen. Die Reichsstädte stellten teils Truppen auf ihre Kosten, wie Straßburg, Mainz und Speier, teils fanden sie sich mit Zahlungen und Spenden ab. Die Fürsten dagegen erhielten für ihre Mannschaften Sold zugesichert, die weitaus meisten von ihnen nahmen überhaupt nicht teil. So blieb die Hauptleistung auf dem Könige, der seine Vasallen wie die fürstlichen Reisigen erhalten mußte. Der böhmische Krieg hatte schon viel Geld verschlungen, jetzt kratzte man zusammen, was zu erlangen war, durch Anleihen, Verpfändungen, Verkäufe, Vorerhebung künftiger Einnahmen. Aber die Erträgnisse reichten zusammen nicht entfernt aus, um nur die ersten Bedürfnisse zu decken; das Geld aus Florenz sollte das Loch zustopfen.

Pitti kam mit leeren Händen zurück. Die Florentiner hatten 50000 Gulden in Venedig bereit gemacht, doch zahlen wollten sie kluger Weise erst, wenn das Heer in Italien angelangt war. Ruprecht geriet in Verzweiflung; wäre er doch jetzt noch zurückgetreten! Aber das ging nicht an, wenn nicht alle bereits hineingesteckten Summen verloren sein sollten, und eine Auflösung des Heeres hätte neues Geld erfordert, das nicht vorhanden war. Und welche Beschämung für ihn! So entschloß er sich, 5000 Reiter zu entlassen und mit den übrigen in langsamen Tagemärschen nach Trient vorzurücken, wohin Pitti das Geld bringen sollte. Wenigstens wurde nun der Vertrag mit Florenz gemäß der früheren Abrede endgültig abgeschlossen.

Mitte September verließ Ruprecht mit seinem Heere Augsburg, um über Schongau, wo Burggraf Friedrich von Nürnberg seine Hochzeit mit Elisabeth, der Schwester des Herzogs Heinrich von Baiern-Landeshut feierte, und den Füßener Paß nach Innsbruck zu ziehen. Dort huldigten ihm Erzbischof Gregor von Salzburg und die Bischöfe der Alpengegenden. An Galeazzo von Mailand erging am 25. September die drohende Aufforderung, alles Reichsgut herauszugeben.

Trient bildete den Sammel- und Ausgangspunkt für den Feldzug. Den König, der dort am 10. Oktober eintraf, umgaben seine Gemahlin und die jüngeren Söhne Hans und Otto, der Erzbischof Friedrich von Köln, die Herzöge Leopold von Oesterreich, Ludwig von Baiern und Karl von Lothringen, Burggraf Friedrich von Nürnberg, der Deutschmeister Konrad von Egloffstein, die Bischöfe von Straßburg, Würzburg, Speier und Verden und eine Anzahl Grafen, also nicht allzuviele Reichsfürsten, aber doch mehr, als seine Vorgänger seit dem letzten Jahrhundert bei ihren Fahrten über Berg um sich gesehen hatten. Auch die ersten Unterstützungen aus Italien trafen hier ein, vertriebene Mailänder mit zwei Söhnen des beseitigten Bernabo und kleinere Herren, sie alle überragend Franz Carrara von Padua mit einer stattlichen Reiterschar.

Jetzt an der Spitze einer Kriegsmacht an den Thoren von Italien stehend nahm Ruprecht die Verhandlungen mit dem Papste wieder auf. Bonifacius mochte eingesehen haben, daß es mit dem Könige nicht so übel stand. Auch die Gefangenschaft Sigmunds, die dadurch erwachte Aussicht, Ladislaus auf den ungarischen Thron zu bringen, ermutigten ihn. Er erwiderte daher die Botschaft, die ihm Ruprecht Ende Juli aus Heidelberg gesandt hatte, durch die Abordnung des Bischofs von Imola, der einen fast gleichlautenden Entwurf der Approbationsbulle mitnahm, wie ihn Bonifacius gleich das erste Mal geschickt hatte. Eine Ergänzung zu seinen Aufträgen brachte darauf der zurückkehrende Gesandte Ruprechts, der Protonotar Albrecht, zugleich auch einen Brief des Papstes an die Königin, ein Zeichen der Annäherung. Ruprecht bevollmächtigte wieder wie im verflossenen Dezember den Bischof Konrad von Verden und den Protonotar Nikolaus Buman, Approbation und Zusage der Kaiserkrone zu erbitten; er fing die ganze Sache gewissermaßen wieder von vorn an, da er nun von anderen Voraussetzungen ausgehen konnte.

Pitti brachte als erste Zahlung von Florenz 50000 Gulden, die, ein Tropfen auf den heißen Stein, augenblicklich verteilt wurden. Ruprecht bewog ihn durch inständige Bitten, die er mit einem Adelsdiplom unterstützte, wieder nach Venedig zu eilen, um dort die zweite Anweisung flüssig zu machen, die er in Verona empfangen wollte. Die Geldverlegenheit hatte einen Zeitverlust von Wochen gebracht, die der Visconti trefflich benutzte. Ihm fehlte es nie an Geld und daher auch nicht an Truppen. Die an den gangbaren Alpenausgängen gelegenen Städte Vicenza, Verona und Brescia erhielten starke Besatzungen. Am einfachsten war es, trotz der von den Mailändern errichteten Sperren den Eintritt durch das Trientiner Thal nach Verona zu erzwingen, wie der König ursprünglich beabsichtigte, doch man hoffte, auf andrem Wege zum Ziele zu gelangen, durch Verrat Brescia einzunehmen. Obgleich auch hier Galeazzo schnell zur Hand gewesen war und die gegen ihn bestehende Verschwörung blutig unterdrückt hatte, wurde im Vertrauen auf die Gebirgsbewohner, die sich gegen Mailand empört hatten, der Plan festgehalten. Der König, dem Franz Carrara voranging, zog mit seinem Heere von Trient am Idrosee vorbei nach Brescia, in dessen Nähe er am 21. Oktober ein Lager bezog.

Die Deutschen zersplitterten in gewohnter, verkehrter Weise ihre Kräfte mit Streifereien, bei denen sie manche Verluste erlitten, namentlich am 24. Oktober, wo den Feinden ein größerer Schlag durch einen Hinterhalt glückte. Da sie daran verzweifelten, Brescia zu gewinnen oder durchzubrechen, hielten der Erzbischof von Köln und Leopold von Oesterreich ein längeres Verweilen für zwecklos und erklärten ihren Entschluß, nach Hause zu ziehen. Dem Könige blieb daher nichts übrig, als das Lager aufzugeben und nach Trient zurückzugehen.

So scheiterte der Römerzug in seinen ersten Anfängen an der Mutlosigkeit der deutschen Fürsten. Der Geschichtsschreiber des Francesco Carrara, Andrea Gataro, weiß freilich genau zu erzählen von einer großen Schlacht, in der die Paduaner allein das völlige Verderben von den Deutschen abwandten. In ihr sei Herzog Leopold gefangen worden und habe den Mailändern versprochen, Verrat an Francesco zu üben, doch als seine böse Absicht kund wurde, habe er mit Schande bedeckt König und Heer verlassen. Gataros gesamter Bericht, der bis heutigen Tag allgemeinen Glauben fand, ist nichts als eine Erdichtung zur größeren Ehre der Italiener, welche den über die gehaßten Deutschen errungenen Erfolg mit gehobenem Herzen begrüßten. Galeazzo prahlte, nur Gott könne ihn überwinden.

König Ruprecht, nach dem Abzuge jener Fürsten zu schwach, um den Krieg weiterzuführen, entließ auch den größten Teil des übrigen Heeres; gleichwohl wollte er selbst nicht zurück. Er beschloß, nach Padua zu gehen und dort den Winter zuzubringen; vielleicht ließ sich im Frühjahr mit neuem Zuzug aus Deutschland oder mit italienischer Hülfe eine glückliche Fortsetzung geben.

Während die entlassenen Truppen in Not und Elend mit Spott und Schande heimkehrten, zog Ruprecht langsam wieder die Etsch aufwärts über Bozen in das Pusterthal und von Lienz über den Fleckenpaß, Venzone und Conegliano nach Padua, wo er am 18. November seinen festlichen Einzug hielt, mit höchster Pracht wie ein siegreicher Imperator empfangen. Er brachte nur 400 Pferde mit sich.

Die zweite Zahlung der Florentiner von 60000 Gulden hat Ruprecht wahrscheinlich noch in Trient erhalten, aber auch sie war in Rauch aufgegangen. Als die Nachricht von dem unglücklichen Zuge nach Brescia in Florenz ankam, „verloren die Signoren und die Zehn und alle Bürger die Sprache vor Schmerz und sahen sich stillschweigend an". Sie beschlossen, Ruprecht in jedem Falle in Italien festzuhalten, doch die Zahlung der 90000 Gulden, die er noch zu fordern hatte, hinauszuschieben. Und darin hatten sie nicht unrecht, denn für die Stadt war es keine Kleinigkeit gewesen, die ungeheure bisher erlegte Summe aufzubringen, die nun völlig nutzlos dahingegeben schien.

Ruprecht rechnete dagegen auf jenen Schatz, und so gab es verdrießliche Hin- und Herreden, deren Folge gegenseitige Mißstimmung war. Während die Florentiner unausgesetzt im Sinne trugen, den Krieg gegen Mailand neu zu beleben, wünschte Venedig den Frieden in Italien zu erhalten. Seit seiner Thronbesteigung hatte Ruprecht zu wiederholten Malen Gesandte an die mächtige Lagunenstadt geschickt, aber nichts als freundliche Worte bekommen, welche die Venetianer mit Meisterschaft zu setzen wußten, ohne ihnen irgend greifbaren Inhalt zu geben. Von Trient aus begehrte er nochmals Anschluß und Beistand zum Kriege gegen Galeazzo. Obgleich der Rat dazu nicht die geringste Neigung hatte, hielt er es für angemessen, den König bei seinem Eintritt in Italien durch eine Gesandtschaft zu begrüßen, doch ehe sie abging, war Ruprecht genötigt, freien Durchzug durch das venetianische Gebiet zu erbitten, der ihm ehrenvoll gewährt wurde. Die eigentliche Absicht Venedigs war, die Ruhe in Italien wieder herzustellen, den König möglichst zum Frieden mit Galeazzo zu bewegen und in diesen auch Padua und Florenz zu ziehen. Ruprecht, über die Zähigkeit der Florentiner erbittert und hoffnungslos, dachte Anfang Dezember ernstlich daran, heimzukehren, aber damit war den Venetianern nicht gedient. Sie legten daher Ruprecht nahe, zu ihnen zu kommen. Da er wünschte, durch sie auf die Florentiner einzuwirken, langte er wirklich am 10. Dezember an. Der Doge Michael Steno fuhr ihm auf dem Bucentauro entgegen und begrüßte samt der ganzen Signorie den König mit gebeugten Knieen und entblößten Hauptes, doch Ruprecht bot ihm den Platz neben sich an. Seit Friedrich I. war er der erste deutsche Kaiser, der wieder die Königin der Meere besuchte, aber welcher Unterschied zwischen ihnen! Beide waren nicht im stande gewesen, Mailand zu bezwingen, aber der Staufer hatte in den Kämpfen seiner Ehre nichts vergeben, Ruprecht sie verloren. Friedrich war trotz des Mißlingens der mächtigste und reichste Herr der Christenheit, der andre ein Bettler. Zu dem Staufer kam der große Papst Alexander III., um mit ihm einen Frieden zu schließen, der dem Reiche nichts vergab, zu dem Pfälzer sandte der von der Hälfte der Christenheit verlassene Papst Bonifacius IX. einen geringen Bediensteten.

Ruprecht hatte dem Papste seine Ankunft in Padua gemeldet, ohne sein Mißgeschick zu erwähnen. Endlich um Mitte Dezember gab Bonifacius Antwort. Er wußte jetzt, daß Ruprecht ganz auf seine Gunst angewiesen sei, daß er von dem Deutschen weder etwas zu fürchten noch etwas zu hoffen habe; es lag also gar kein Grund vor, die bisherige Haltung zu verändern. Er hütete sich daher, eine offene Erklärung zu geben und verbot seinem Gesandten, einem Geheimschreiber, irgend ein festes Abkommen zu treffen. Um nicht mit Ruprecht ganz zu brechen, was er aus Rücksicht auf dessen Freunde nicht thun konnte, machte er zwar Angebote und stellte Forderungen, aber sie enthielten keineswegs sein letztes Wort und seine wirkliche Meinung.

Bonifacius erklärte sich bereit zur Approbation, für die er wiederum einen mit den königlichen Gesandten in Rom festgestellten Entwurf beigab. Sein Wortlaut entsprach im ganzen den früheren, nur daß der Papst sein alleiniges Recht der Absetzung viel schärfer betonte. Doch darauf kam wenig an, wie überhaupt die Form der Anerkennungsbulle in diesen Verhandlungen nicht besonders in Frage kam. Der Papst stellte die italienische Krönung in Aussicht und versprach Hülfe und Rat in allen Dingen, aber er machte alles abhängig von Bedingungen. Er forderte die unter eigenhändiger Unterschrift auszustellende Versicherung des Königs, daß er bisher mit seiner weltlichen oder geistlichen Macht einen die Kirchenfrage betreffenden Vertrag eingegangen sei und sie nur mit Genehmigung des Papstes betreiben wolle, es sei denn, um Bonifacius' Autorität über die Schismatiker zu begründen. Für den Augenblick war jedoch wichtiger, daß Ruprecht geloben sollte, Italien nicht zu verlassen, ehe nicht Galeazzos Macht so gebrochen wäre, daß er dem Papste nicht mehr schädlich sein könnte. Müsse der

König aus zwingenden Gründen fort, so werde er eine der Kirche genehme und getreue Persönlichkeit von ausreichender Macht zum Generalvikar bestellen und sie so mit Truppen ausrüsten, daß sie die Kirche schützen könne, außerdem wolle er mit Galeazzo nur unter Vermittlung der Kirche einen diese einschließenden Frieden eingehen. Der Papst wiederholte auch, um den Gegensatz zu Frankreich zu verschärfen, den alten Wunsch, Genua möge seinen Widersachern entrissen werden. Doch über eine zu gewährende Unterstützung gegen Galeazzo sprach sich der Gesandte wenig verheißungsvoll aus.

Der König, froh, daß sich der Papst scheinbar geneigt zeigte, sah wieder die Sonne in hellen Glanze strahlen. Er wollte in Florenz die italienische Krone von einem Kardinal empfangen, dann nach Rom ziehen; er war bereit, alles zuzugestehen, wenn er auch eine kleine Abschwächung der auf Galeazzo bezüglichen Forderungen wünschte. Die Schriftstücke wurden aufgesetzt, die Gesandtschaft bestimmt; es fehlte nur eine Kleinigkeit, sie abzuschicken, nämlich das Geld.

Mit Florenz war Ruprecht noch immer nicht einig geworden, denn die Stadt wollte nur 60000 Gulden geben und betrachtete den Rest als gedeckt durch Anwerbungen. Daher eröffnete Ruprecht den Venedigern, daß ihn der Papst approbieren und krönen wolle, und suchte um ein Darlehn von 60000 Dukaten nach. Da der Rat meinte, wenn Ruprecht vom Papste anerkannt und gekrönt sei, würde der Friede schon zu schaffen sein, wünschte er aufrichtig die Krönung und versprach Ruprecht, ihm 30000 Dukaten zu leihen, sobald seine Bestätigung durch den Papst feststehe und wenn er verspreche, vor der Rückzahlung Italien nicht zu verlassen. Damit war Ruprecht jedoch nicht geholfen und der gleichzeitige ernstliche Versuch der Signoren, die anwesenden florentinischen Gesandten zu einer besseren Zusage zu bewegen, blieb erfolglos. So mußte Ruprecht die Gesandtschaft an den Papst zurückhalten, und als die Florentiner nun erklärten, sie wollten das Geld nur auszahlen, wenn Venedig mit ihnen beiden ein Bündnis schlösse, schien alles aus zu sein. Der König entschloß sich plötzlich, den längst erwogenen Gedanken der Rückkehr nach Deutschland auszuführen. Dem Rat von Venedig war das zwar nicht recht, aber da er keine Verbindlichkeiten übernehmen wollte, gab er dem Könige ein Geschenk von 4000 Gulden und ließ ihn am 9. Januar 1402 unter stattlichem Geleite nach Latisana hinüberfahren. Herzog Ludwig blieb mit einigen Räten zurück, um noch einen letzten Versuch bei den florentinischen Gesandten zu machen.

Diese erschraken gewaltig, als der König so jäh davonging, und zeigten sich gefügiger; auf ihren Wunsch war der Rat von Venedig gern erbötig, mit ihnen zusammen dem Könige eine Gesandtschaft nachzusenden, um ihn zur Rückkehr zu bewegen. Nach einigem Bedenken ließ sich Ruprecht durch das Versprechen Pittis, 60000 Dukaten sollten ausgezahlt werden, in Caorle zur Umkehr nach Venedig bewegen. In der That hat er nachher in zwei Zahlungen noch 70000 Gulden erhalten. Er hatte jetzt außer Frau und Kindern nur noch den Herzog Ludwig, den Burggrafen Friedrich, den Deutschmeister und seine Räte bei sich. Die Zahl der Deutschen um ihn hatte in Venedig stetig abgenommen; jetzt benutzte auch der letzte mit Mühe festgehaltene Rest, die städtischen Mannschaften, darunter die Straßburger, die Gelegenheit, sich aus dem Staube zu machen.

Das notwendigste war nun, mit dem Papste zu einem Ende zu kommen. Ruprecht bedauerte jetzt, daß er in seiner verzweifelten Stimmung vor der Abreise den in Rom weilenden Bischof Konrad insgeheim beauftragt hatte, den Papst zu fragen, ob er nicht zwischen ihm und Galeazzo ein Uebereinkommen vereinbaren könne, und widerrief schleunigst seine Weisung. Die Freunde, der Rat von Venedig, die Florentiner Gesandten und Franz von Carrara, welche er über die vom Papste geforderten Verheißungen um Rat fragte, meinten einstimmig, er dürfe sie annehmen; nur schlugen sie vor, auch der Papst solle versprechen, nicht einseitig Frieden mit Galeazzo abzuschließen. Venedig ließ durchblicken, daß es gern die Friedensvermittlung übernehme, und erbot sich, durch seinen bei der Kurie weilenden Vertreter um Anerkennung und Krönung vorstellig zu werden.

Der König begehrte wenigstens einige Minderung der von ihm verlangten Gelübde; auch sollten die von ihm gegebenen Briefe geheim bleiben. Er bat den Papst, sofort öffentlich seine Anerkennung auszusprechen und darüber eine allgemeine Kundgebung zu erlassen. Die italienische Krönung wollte er, wie er schon vorher beabsichtigte, in Florenz entgegennehmen.

Graf Philipp von Falkenstein und Nikolaus Buman, sowie die sie begleitenden Florentinischen Gesandten wurden alsbald vom Papste empfangen, aber die Hoffnungen, welche dieser günstige Anfang erweckte, zerstörte Bonifacius sogleich grausam. Er antwortete auf die schönen Ansprachen rundweg, wenn er Ruprecht anerkenne, mache sich Galeazzo zum Todfeinde; diesem zu widerstehen sei nur möglich, wenn auch Venedig seine Hülfe zusage. Er wußte ganz gut, daß darauf keine Aussicht sei, wie auch gleich der Vertreter dieser Macht bestätigte. Drei Wochen lang gingen die Besprechungen, aber der Papst, dem seine Krankheit den Vorwand gab, die Zeit hinzubringen, blieb dabei: entweder tritt Venedig in die Liga, oder der König mit seinen Verbündeten stellt 6000 Lanzen, oder wenn her nur 5000 aufbringen, muß König Ladislaus, der dafür diesseits des Po als Generalkapitän bestellt wird, für 1000 Lanzen gedungen werden; dann wolle er 1000 hinzufügen und den König krönen. Sonst erklärte er die Krönung für unmöglich. Mit diesem Bescheide verließen die Gesandten Rom am 24. März.

Der König war inzwischen voll von schönen Plänen; nach Rom hoffte er sicherlich noch zu ziehen und auch vielleicht den Krieg gegen Galeazzo wieder zu eröffnen oder mit ihm einen glimpflichen Frieden zu schließen. Ende Januar ging er zurück nach Padua, in „seine kaiserliche Stadt", wie er sie prunkend stets nannte, um dort die Vorbereitungen zum neuen Zuge anzubahnen. Franz von Carrara redete auch ganz hoffnungsselig sich selber und seinen Freunden die herrlichsten Dinge vor, denn mancherlei günstige Nachrichten waren eingetroffen, aus England, aus Aragonien und von der französischen Königin.

Doch die Florentiner lehnten eine Fortsetzung des Krieges auf ihre alleinigen Kosten entschieden ab und nun kam die trostlose Botschaft des Papstes. Ruprecht brauste schmerzvoll auf; jetzt erkannte er endlich dessen wirkliche Gesinnung, über die er sich so lange getäuscht hatte. Der italienische Boden brannte unter seinen Füßen, aber selbst zum Fortkommen fehlte ihm das Geld. Daher gingen Friedrich von Nürnberg und der Deutschmeister nochmals nach Venedig, um dort

12000 Dukaten zu leihen, wenn sie auch ihre Sendung als eine politische aufstutzten. Der Rat wollte nichts mehr geben, und so wurde versetzt, was von Silbergeschirr noch vorhanden war, selbst die mitgebrachte Krone, die nun nutzlos war, versank in die stille Verborgenheit eines Pfandkastens. Einiges liehen deutsche Kaufleute, auch die Begleiter des Königs borgten, soviel sie erhielten. Am 15. April verließ Ruprecht Padua, um zu Wasser nach Latisana zu fahren, von wo er über San Daniele und Brunneck nach Innsbruck ging, unterwegs sich mit Schuldenmachen durchhelfend. Am 2. Mai war er wieder in München.

So ruhm= und ehrlos war noch kein Römerzug verlaufen, selbst der Ludwigs des Baiern erscheint gegenüber dem kläglichen Treiben Ruprechts wie eine Heroen= fahrt. In dem ganzen Verlaufe war auch nicht ein einziger Augenblick, der einigermaßen versöhnend aus dieser Jammergeschichte von Armut, Bettelei, gegen= seitigen Vorwürfen und Unentschlossenheit hervorleuchtete. Hatten die Deutschen auch von jeher kein Geld, so machte sie doch stets ihre Tapferkeit den Italienern furchtbar. Jetzt war auch das vorbei.

Ruprecht bürdete alle Schuld den Florentinern und dem Papste auf, und die Nachwelt hat sie gleichfalls haftbar gemacht und gescholten. Aber die ersteren hatten gethan, was sie konnten, und wahrhaft riesige Opfer gebracht; wenn eine von beiden Parteien sich über die andre beklagen durfte, so hatte Florenz das größere Recht. Der Hauptfehler, den die Florentiner machten, war doch der, daß selbst sie, die klugen Rechner, Deutschland und dessen Herrscher überschätzten, und den werden ihnen Deutsche am wenigsten übel nehmen dürfen.

Auch der Papst hat Ruprecht nicht anders behandelt, als es ihm die Pflicht der Selbsterhaltung gebot. Wie kam er dazu, sich furchtbaren Gefahren aus= zusetzen, weil es den deutschen Kurfürsten beliebt hatte, in einem höchst unglücklich gewählten Augenblick ihren König abzusetzen? Die ganze Approbationsgeschichte wird nur von dem Gesichtspunkt der großen Politik aus verständlich. Jede politische Handlung bewegt sich in Formen, die an sich nicht den Kern der Fragen und obwaltenden Interessen bilden; man macht Angebote und erwidert Nach= fragen, indem Bedingungen gestellt werden, auf die es nicht allein ankommt. Der verständige Staatsmann weiß das und läßt sich dadurch nicht über den End= zweck der andern Partei täuschen. Ruprecht hat das freilich nicht erkannt; wenn er thörichterweise aus den vom Papst gegebenen Antworten eine Ermutigung herauslas, so war Bonifacius viel mehr im Recht, wenn er nachher behauptete, ihm von dem Unternehmen abgeraten zu haben.

Zwölfter Abschnitt.

Allgemeine Verwirrung. Der Marbacher Bund.
1402—1408.

Die trübselige Gestalt, in welcher der König heimkehrte, bildete einen seltsamen Gegensatz zu den frohlockenden Nachrichten, die er noch in den letzten Tagen seines Aufenthalts in Padua nach Hause gesandt hatte. Auf den Straßen erklangen Spottlieder über den „Göggelmann", der mit leerer Tasche heimgekommen sei. Und wie fand er Teutschland! Sein Sohn Ludwig hatte als Reichsvikar nichts vollbringen können, weil er ohne alle Mittel war; ihn plagten dazu die Gläubiger des Vaters, an den er in seiner Verzweiflung das wunderliche Ansinnen richtete, ihm aus Italien Geld zu senden. Er gab sich zwar redliche Mühe, soweit sein Ansehen reichte, für den Frieden zu sorgen, aber der Krieg zwischen Johann von Mainz und dessen Gegnern ging weiter und allenthalben gab es Störungen; das Reich kümmerte sich nicht um seinen Verweser und Ruprechts Königtum machte keine weiteren Fortschritte. Als er heim kam, wurde es im Reiche nicht besser. Seine Vielgeschäftigkeit hatte Ruprecht in Italien nicht eingebüßt, aber leider an Klarheit nicht gewonnen. Die erste Aufgabe war, die zerrütteten Vermögensverhältnisse einigermaßen zu ordnen, und Ruprecht wollte ein ehrlicher Schuldner sein. Da er außerordentliche Beihülfen nicht entbehren konnte, begehrte er von den Reichsstädten 40 000 Gulden und einiges hat er auch von ihnen bekommen, doch die Verlegenheit, die Notwendigkeit, durch neue Verpfändungen alte Löcher zuzustopfen, peinigte ihn weiter. So war das Reichsregiment lahm und dürftig, und über Ordnung der Münzverhältnisse am Rhein, über eine Landfriedensordnung für Franken kam es nicht hinaus. Aachen ertrug mit Gleichmut die verhängte Reichsacht, ebenso Metz und Rotenburg an der Tauber. Ueberall tobten Fehden, schossen die Ritterbündnisse wieder empor. Auch vom Auslande wurde nicht viel erreicht. Allerdings heiratete am 6. Juli 1402 Pfalzgraf Ludwig seine englische Braut Blanka, aber die Auszahlung der Ausstattung ging nicht nach Wunsch vorwärts. Dagegen fand sich trotz fortgesetzten Suchens für Hans noch immer nicht die reiche Frau. Politisch-kirchliche Verhandlungen mit Frankreich, mit England, mit Aragon ergaben nichts, weil sich Ruprecht zu Thaten weder aufraffen wollte noch konnte. Für die Gestaltung der allgemeinen Verhältnisse in Europa blieben er und das Reich völlige Nullen.

Hätte er aus Italien die Erkenntnis heimgebracht, daß er nur als allgemein anerkannter König von Deutschland etwas bedeuten könne, so wäre der Zug doch nicht ganz vergebens gewesen. Sein ganzes Sinnen mußte darauf gerichtet sein, den früheren Fehler wieder gut zu machen, sein Verhältnis zur luxemburgischen Familie klar auszugestalten, da diese ihm fortgesetzt die Möglichkeit bot, mit einiger auf diesen Einen Punkt gerichteten Kraftanstrengung zum Ziele zu gelangen.

An der böhmischen Grenze hielt sich der Fehdezustand. Als die Ungarn im Oktober 1401 in den Gehorsam ihres Königs zurückkehrten, war Wenzel glücklich, daß ihm nun wieder der thatkräftigere Bruder zur Seite treten konnte; soviel er auch von Sigmund zu leiden gehabt hatte, hing er an ihm im Gefühl der eigenen Nichtigkeit und hoffte, mit seiner Hülfe Ruprecht zu stürzen. Wenzel wollte den römischen Titel nicht aufgeben; mit dem Ehrgeiz, der auch Schwächlingen hohe Ehren begehrlich macht, wünschte er Kaiser zu werden, wie er auch vordem Ruprecht vorgeschlagen hatte. Die Regierung in Deutschland sollte der Bruder führen, und so griff er zu der Idee der Reichsverweserschaft zurück und erkannte die jenem 1396 verliehene Würde wieder an. Ungeduldig, die Sache in Gang zu bringen, verkündigte er schon Anfang Januar 1402 von Kuttenberg aus die bevorstehende Vernichtung des Pfälzers, doch erst am 4. Februar wurde in Königgrätz das beiderseitige Verhältnis geregelt. Sigmund, dessen Forderungen nicht geringer geworden waren, erhielt zu den Regierungsrechten im Reich auch die in Böhmen, so daß für Wenzel nicht viel mehr als die königlichen Ehren blieben; vereint wollten beide alsbald nach Italien ziehen. Sigmund mit seiner Neigung für äußeren Prunk nahm für den Reichsvikariat ein eigenes Siegel an, das zum Zeichen der doppelten Gewalt des Kaisertums, der weltlichen und der geistlichen, den zweiköpfigen Adler zeigte.

„Nichts ist weiter zu thun, als daß wir die Sache ausführen", hatte Sigmund nach Mailand geschrieben, aber das war eben der böse Punkt. Denn die brüderliche Eintracht hielt nur ein paar Wochen; am 6. März ließ Sigmund den böhmischen König verhaften und in die Burg auf dem Hradschin als Gefangenen führen, wahrscheinlich weil Wenzel seine alte Halsstarrigkeit in Geldsachen nicht ablegte. Die Folge war, daß Prokop sich wieder von Sigmund lossagte und an der Spitze einer Partei, die für Wenzel gegen die drückende Herrschaft des Ungarnkönigs kämpfte, die früheren Beziehungen zum deutschen Könige wieder aufzunehmen suchte.

Auch jetzt handelte Ruprecht nicht schnell genug. Er hatte bereits in Italien den Umschwung in Ungarn und Böhmen erfahren, da gleichzeitig mit seinen Gesandten die Sigmunds beim Papste waren, der jedoch auf diesen ebensowenig gab wie auf Wenzel. In Innsbruck erzählte ihm der Hofmeister Leopolds, wie nur der Herzog durch entschiedenen Widerspruch seine Brüder Wilhelm und Albrecht abgehalten habe, Sigmund den Weg nach der Lombardei durch die österreichischen Lande zu gestatten. Der König eilte zwar darauf in die Oberpfalz, doch ohne etwas Rechtes zu thun.

Sigmund war geschickter. Er lockte treulos Prokop zu sich und nahm ihn ebenfalls gefangen, dann führte er im Juli Bruder und Vetter nach Oesterreich. Allen Ernstes wollte er Wenzel und Prokop durch den Grafen von Cilly nach Mailand bringen lassen, von wo Galeazzo den böhmischen König nach Rom zur Kaiserkrönung führen sollte. Es wäre ein seltsames Schauspiel gewesen, wenn ein gefangener Trunkenbold mit Gewalt zur höchsten Würde der Christenheit befördert wurde.

Indem Sigmund Böhmen behaupten wollte, kam seine Herrschaft in Ungarn wieder ins Wanken, da ein Aufstand der anjovinischen Partei in Dalmatien mächtig um sich griff. Er sicherte sich Böhmen wie Ungarn, wenn es ihm gelang, Wilhelm von Oesterreich, der sich bisher auch von Ruprecht ferngehalten hatte, von der alten Feindschaft gegen ihn abzubringen. Sigmund lieferte daher in August Wenzel als kostbares Pfand nach Wien aus, schloß mit Wilhelm, Albrecht und Ernst Bündnis, und versprach, einem von ihnen das Königreich Ungarn zu vermachen, wenn er ohne männliche Erben stürbe. In der That bestimmte er im folgenden Monate auf einem Reichstage zu Preßburg Herzog Albrecht zu seinem Nachfolger in Ungarn und widerrief feierlich die Rechte auf die Nachfolge, welche er einst Jost von Mähren erteilt. Denn dieser hatte, sobald Sigmund Böhmen verließ, gegen seine feierlich geschworenen Eide wieder die Herrschaft an sich zu reißen gesucht, indem er an die Spitze der Wenzelschen Partei trat und wie vordem Prokop sich an Ruprecht wandte. Der Pfälzer wiederholte die Forderungen, welche er früher an Wenzel gestellt, Niederlegung der deutschen Königswürde, Auslieferung der Reichskleinodien und Reichsregister, schriftliche Huldigung, und erklärte sich zur größeren Lockung auch nicht abgeneigt, Jost das Königreich Böhmen zu überlassen.

Aber Jost hatte sich bereits einen leistungsfähigeren Bundesgenossen ausersehen, den Herzog Ludwig von Orleans. Wir erinnern uns, daß Ludwig der Freund Wenzels und sein Sohn mit Elisabeth von Görlitz verlobt war, wie Ruprecht in steter Sorge vor ihm schwebte und jene Erbtochter gern seinem Sohne zugeführt hätte. Der Streit zwischen den Herzögen von Burgund und Orleans war im Januar 1402 durch die Königin beglichen worden, doch nur um wieder auszubrechen; indessen gewann Ende Juni der Herzog von Burgund die Oberhand. Ruprecht schickte daher an den französischen Hof den dort sehr beliebten Herzog Ludwig von Baiern, den Bruder der Königin Isabella, mit allerhand Aufträgen, deren eigentlicher Kern war, für seinen Sohn Hans doch noch die französische Prinzessin zu gewinnen.

Der König wußte damals noch nicht, daß der Herzog von Orleans gegen ihn die gefährlichsten Pläne schmiedete. Da er von Jost die Verwaltung Luxemburgs erhalten hatte, suchte der Herzog von diesem Stützpunkt aus den Kampf gegen Ruprecht zu eröffnen. Zum Bundesgenossen hatte er den Herzog Reinald von Geldern, der im Februar 1402 seinem ritterlichen Bruder Wilhelm gefolgt war und dessen Feindschaft gegen Ruprecht fortsetzte. Im September gewann Ludwig auch den Markgrafen Bernhard von Baden, der früher von Wenzel reich begünstigt sich durch Ruprecht beschwert fühlte, weil dieser die von jenem bewilligten Privilegien und Zölle nicht bestätigen wollte. Bernhard wurde gegen Jahrgeld Vasall des Herzogs.

Ruprecht, von zwei Seiten bedroht, mußte um so eher zugreifen, als ihm Herzog Albrecht im Namen Sigmunds, der noch an seinem Plane, Wenzel nach Rom zu führen, festhielt und nun Ruprecht dafür gewinnen wollte, Anerbietungen machte. Ruprecht stellte dieselben Bedingungen, wie vordem an Prokop und Jost, war bereit, Sigmund Böhmen oder die Mark Brandenburg zu überlassen, aber die Verhandlungen führten zu keinem Ergebnisse, vielleicht weil er nicht Wenzels Kaisertum zugestehen wollte. Sigmund, der den gefangenen Bruder nötigte, ihm und dem Oesterreicher die Regierung Böhmens völlig abzutreten, warf im Dezember mit einem ungarischen Heere den böhmischen Aufstand völlig nieder und nahm in Kuttenberg den überreichen, von Wenzel aufgespeicherten Schatz weg. Man fürchtete sogar einen Einfall ins Reich.

Ruprecht saß inzwischen in großen Sorgen vor Orleans und dessen Freunden. Er suchte daher den hessisch-braunschweigischen Krieg gegen das Erzstift Mainz beizulegen, damit nicht eine unheilvolle Verflechtung entstehe. Aber dabei stach er in ein Wespennest, er erbitterte seinen bisherigen Freund Johann. Der Erzbischof hatte ohnehin vom Könige nicht die einst verheißene Hülfe erhalten; der im Februar 1403 vereinbarte Frieden mißfiel ihm höchlichst, während Ruprecht seinen Gegnern daneben noch große Gefälligkeiten erwies; auch in anderen Dingen hielt sich der Mainzer für beeinträchtigt. So wurde er unsicher; man beschuldigte ihn, daß er sich nach Böhmen an den abgesetzten König, also wohl an Jost gewandt habe. Auch Bischof Friedrich von Eichstedt und dessen Brüder, die Grafen von Oettingen, vielleicht auch Johann von Nürnberg, standen mit dem Orleans, gegen den schon die Oesterreicher in den Vorlanden Verteidigungsmaßregeln trafen, in Verbindung.

Ruprecht brannte das Feuer auf den Nägeln, seine Hausbesitzungen waren unmittelbar bedroht. Er verlangte von dem Badener Markgrafen Sicherung, daß sein Bund mit Ludwig von Orleans nicht gegen ihn und das Reich gerichtet sei. Der Markgraf beteuerte es, gab aber seine dem Könige ausreichende Bürgschaft. Endlich nach vergeblichen Verhandlungen entschloß sich Ruprecht zum Kriege, in welchem ihn Wirtemberg, der Bischof von Straßburg, Basel und die elsässischen Reichsstädte unterstützten.

Die Entschlossenheit trug gute Früchte. Außerdem vermochte Johann von Mainz nicht den Erzbischof von Köln auf seine Seite zu bringen, der Herzog von Orleans aber war in Frankreich festgehalten, wo es ihm glückte, seinen Einfluß neben und über Burgund zu behaupten. Erzbischof Friedrich vermittelte darauf am 5. Mai 1403 in Worms einen dem Markgrafen sehr günstigen Frieden. Für das Versprechen, künftighin weder dem Herzoge von Orleans noch den Königen von Böhmen und von Ungarn noch dem Mailänder zu helfen, erhielt er alle ihm entrissenen Besitzungen wieder, dazu das wichtige Recht, seine Herrschaft auch in der weiblichen Linie zu vererben.

Auch mit Erzbischof Johann verglich sich der König im folgenden Monate zu dauerndem Frieden. Indem er versprach, ihn nicht von Reichswegen zu

bekriegen, es sei denn, daß Johann Reichsunterthanen verunrechte, gestand er
jenem eine übergroße politische Freiheit nach außen und im Reiche zu. Da jedoch
der Krieg zwischen Mainz und den Fürsten von Hessen und Braunschweig, denen
auch die Thüringer Landgrafen Beistand leisteten, bald von neuem ausbrach,
war Johann genügend mit sich beschäftigt. Die dringendste Gefahr war so beseitigt, aber einen besonderen Vorteil hatte der König nicht davongetragen, im
Gegenteil den Widersachern sehr günstige Bedingungen zugestanden. Darüber
verlor er ganz den Zusammenhang mit den Dingen im Osten.

Während Sigmund in Böhmen stand, schloß Jost im Februar 1403 mit
den Rebellen in Ungarn ein Bündnis und zwang dadurch Sigmund und die
österreichischen Herzöge zu einem Waffenstillstand mit ihm, der wahrscheinlich
Prokop die Freiheit wiedergab. Im Juli mußte Sigmund Böhmen aufgeben,
da er nicht länger zaudern durfte, nach Ungarn zu gehen. Denn Papst Bonifacius hatte ganz offen Partei ergriffen für Ladislaus, der im August in Zara
gekrönt wurde. Trotzdem gelang es Sigmund bald, ihn wieder zu verdrängen;
natürlich, daß er der ungarischen Kirche den Verkehr mit Bonifacius untersagte.

Doch inzwischen wurden die Oesterreicher selber Sigmund ungetreu. Wilhelm,
der vielleicht enttäuscht war, daß Sigmund nicht Albrecht zum Erben
Ungarns ernannt hatte, heiratete wirklich die Schwester des Königs Ladislaus und
war offenbar nicht abgeneigt, Sigmund zu verraten. Er ließ nun seinem Gefangenen, dem Könige Wenzel, größere Freiheit, schloß sogar mit ihm hinter Albrechts
Rücken unter der Vermittlung schlesischer Fürsten ein Bündnis gegen jedermann.
Er kam daher in den Verdacht der Mitwissenschaft, als Wenzel im November
verkleidet aus Wien entfloh, ohne daß sein Entweichen gehindert oder er verfolgt
wurde. In Böhmen fand Wenzel jetzt bereitwilligste Aufnahme, denn seine
Rückkehr war schließlich noch die beste Lösung aus all diesen schrecklichen Wirren.
Er einigte sich mit Jost und bestätigte auch die Verpfändung Luxemburgs an
Orleans, gegen die Sigmund vergebens Einsprache erhob. Seine Herrschaft
befestigte sich während der Jahre 1404 und 1405, auch Wilhelm von Meißen
versöhnte sich mit ihm. Sigmund zog zwar wieder die österreichischen Herzöge
Albrecht, Leopold und Ernst auf seine Seite und eröffnete mit ihnen Krieg gegen
Mähren, dessen räuberischer Adel eine furchtbare Plage für Oesterreich war; aber
Herzog Albrecht starb am 14. September 1404 erst siebenundzwanzig Jahre alt
mit Hinterlassung eines gleichnamigen Söhnchens. Da Wilhelm in seiner alten
Feindschaft gegen Sigmund im Februar 1405 mit Wenzel Frieden schloß, blieb
dem Ungarnkönige nichts übrig, als das Geschehene hinzunehmen und sich auch
mit Wenzel und Jost zu vertragen. Sein Wunsch war nur noch, Rache an
Wilhelm zu nehmen. So zog sich ein verheerender Grenzkrieg hin, der erst im
Mai 1406 sein Ende erreichte; bald darauf starb Wilhelm, ohne Kinder zu hinterlassen. Markgraf Prokop war schon ein Jahr früher verschieden. Auch Markgraf Wilhelm von Meißen schloß kinderlos im Februar 1407 sein an Thaten,
aber auch an Ränken reiches Leben. Das Haupt der wettinischen Familie wurde
nun der älteste Sohn Friedrichs des Strengen, Friedrich der Streitbare, hinter
dem sein Vetter Friedrich der Friedfertige, der Sohn des 1406 gestorbenen
Balthasar, zurücktrat.

Das Ergebnis so langer Kämpfe war, daß Wenzel König in Böhmen blieb. Ruprecht hatte eine klägliche Rolle gespielt. Stets bei den einmal aufgestellten Forderungen beharrend, ohne es zu versehen, die vielen sich darbietenden Glücksaugenblicke mit frischen Gedanken zu ergreifen, hatte er bis zuletzt mit allen Parteien verhandelt, mit Prokop, mit Jost, mit Wenzel, mit Sigmund, mit Wilhelm von Meißen, ohne Klarheit, ohne Nachdruck. Seine Schuld war es allein, wenn es dabei blieb, daß sein Königtum den Böhmer Wald und die Elbe zu Grenzen hatte. Ruprechts Ideal blieb die Kaiserkrone, die Zerstörung der Viscontischen Macht; doch hatte er es seit seiner Rückkehr mit der Approbation nicht mehr so eilig. Er beließ Bischof Konrad von Verden in Rom, aber ohne Vollmacht, etwas festzumachen. Natürlich nahm er die gemachten Zugeständnisse zurück; er wollte nur die herkömmlichen Eide schwören, darüber hinaus nur mit Beistimmung der Kurfürsten gehen. Den Reichsständen stellte er die Sache so dar, als seien die Verhandlungen mit dem Papste lediglich an dessen Forderungen in Bezug auf Schisma und Mailand gescheitert, die er nicht habe bewilligen wollen; daß er sie doch eigentlich zugestanden hatte, verschleierte er mit dem wunderlichen Vorwande, seine Gesandten hätten den Papst ins Unrecht setzen und dessen bösen Willen beweisen wollen. Er ging sogar daran, mit Frankreich und England über die Beseitigung des Schisma zu beraten, wobei ihm wieder die unklare Idee eines Konzils dunkel vorschwebte, aber er gestand sich selbst und anderen zu, er wisse nicht, was darin zu thun sei.

Bisher hatte den Papst die Furcht beherrscht, mit Galeazzo in Krieg zu geraten. Als jedoch der Herzog im Juli 1402 nach einer glücklichen Schlacht gegen die Florentiner und Franz von Carrara Bologna einnahm, mußte Bonifacius auf ernstliche Abwehr denken. Außerdem konnte unter diesen Umständen eine große Gefahr entstehen, wenn Sigmund, wie er fortwährend ankündigte, wirklich nach Italien kam und sich mit dem Mailänder vereinte. Deshalb begünstigte der Papst den Bewerber um Ungarn, den König Ladislaus, den er gern als Generalkapitän von Italien gesehen hätte. Da starb am 2. September 1402 der mächtige Tyrann von Mailand und in der Aussicht, seiner unmündigen Söhne Herr zu werden, nahm Bonifacius zusammen mit Florenz den Krieg gegen sie auf. Deswegen war er ehrlich geneigt, nunmehr Ruprecht anzuerkennen, der wiederum Boten nach Italien gesandt hatte, um einen neuen Zug vorzubereiten. Bischof Konrad von Verden überbrachte selbst im Oktober nach Deutschland die Bedingungen. Wenn Ruprecht im nächsten Frühjahr käme und geradewegs nach Rom zöge, wollte ihn der Papst approbieren, sobald er in Padua stünde und ihn dort durch einen Kardinal zum italienischen Könige krönen lassen. Als Gegenleistung stellte Bonifacius über Schisma und das Verhältnis zu Mailand ziemlich dieselben Forderungen wie früher und verlangte den Eintritt Ruprechts in die Liga mit den Florentinern.

Der König nahm sich diesmal Zeit zur Antwort und gab im Januar 1403 durch den rückkehrenden Bischof den Bescheid, er müsse vorher mit den deutschen Fürsten Rücksprache nehmen. Erst Anfang März gingen Bischof Raban von Speier, der königliche Kanzler und der berühmte Heidelberger Professor Matthäus von Krakau nach Rom. Der König erkannte endlich, daß der Papst seiner mehr bedürfe, als er des Papstes. Daher zeigte er sich zäher als vorher, wollte sogar unter Umständen lieber die ganze Sache fahren lassen.

Es war für ihn beim besten Willen unmöglich, jetzt zu kommen, und das erklärte er offen; der bestehende Krieg mit Böhmen und Ungarn, der drohende mit dem Herzog von Orleans halte ihn fest. Wohl habe er die Absicht, in Italien zu erscheinen, aber vor drei Jahren werde es kaum angehen und auch dann nur, wenn der Papst ihm zwei Zehnten der deutschen Kirche bewillige. Deswegen sei es ihm auch unmöglich, in die Liga einzutreten oder auch nur Truppen zu senden; bestünde der Papst darauf, so verzichte er lieber auf die Approbation. Trotz mancher Bedenken wollte er das Versprechen bezüglich des Schisma ablegen; unbedingt forderte er dagegen, wenn der Papst Abschwächungen in den Bestimmungen über Mailand nicht annehme, müsse er wenigstens vollkommene Gegenseitigkeit zugestehen. Zugleich verlangte er alsbaldige öffentliche Approbation.

So war Ruprecht der Fordernde geworden, allerdings nicht durch sein persönliches Verdienst. Auch sein Gesandter Matthäus von Krakau sprach in der Antrittsrede zum Papste zwar ehrfurchtsvoll und demütig, aber nicht unwürdig. Bonifacius mußte nun eilen, Ruprecht fest an sein Papstum zu ketten. Denn im Mai setzte Frankreich Benedikt XIII. wieder als rechtmäßigen Papst ein und der Herzog von Orleans wollte ihn auch in Mailand zur Anerkennung bringen. Außerdem war damals Wenzel, wie es schien, in dauernder Gefangenschaft und Böhmens für immer beraubt, so daß er auch nicht mehr als Ruprechts Gegenkönig gelten konnte, und gegen Sigmund trat Bonifacius Anfang Juni offen auf, indem er zur Unterstützung des Ladislaus einen Legaten, den Kardinal Branda, nach Ungarn abordnete.

Am 10. Juli faßte das Kardinalkollegium den Beschluß der Approbation, doch ihre feierliche Verkündigung erfolgte erst am 1. Oktober. Der Papst unterließ nicht, auch Wenzels Absetzung ausdrücklich zu bestätigen.

Die Bulle hielt in der Hauptmasse des Textes die von Anfang an entworfenen Sätze fest, nur daß die Stelle über das päpstliche Absetzungsrecht wieder gemildert wurde. Es hieß nun, die Kurfürsten seien, da dem Papste allein das Absetzungsrecht zukäme, auf die päpstliche Autorität gestützt an Wenzels Entfernung gegangen, was freilich durchaus unwahr war. Ruprecht habe darauf um Bestätigung der Absetzung Wenzels wie seiner Wahl gebeten, die der Papst hiermit ausspreche. Den Reichsständen wie auswärtigen Fürsten teilte Bonifacius das Geschehene mit und befahl ersteren, dem Könige getreu zu sein. Wenzel hat später behauptet, Bonifacius habe Ruprecht für Geld bestätigt und es nachher bereut, aber bare Zahlungen hat der Pfälzer damals gewiß nicht geleistet. Er mag sie, und in nicht unbeträchtlichem Umfange, nur versprochen haben aus den erhofften Beträgen der zwei Zehnten, die ihm Bonifacius wirklich bewilligte.

Die hochtönende Approbationsbulle und die begleitenden Schreiben des Papstes übten in Deutschland wenig Wirkung aus. Man hat dort zwar mit einiger Genugthuung verzeichnet, daß Ruprecht vom Papste anerkannt war, auch ließen sich später die Aachener die Anerkennungsbulle vorlegen — ein Nachklang früherer Zeiten —, aber der König gewann deswegen keinen Anhänger mehr, als er schon besaß.

Der König hatte sonach mit einiger Vorsicht die Approbationssache zu einem leidlich glimpflichen Ende gebracht, aber durch das Versprechen, wieder nach Italien zu kommen, seine Zukunft aufs neue gebunden. Allerdings konnte er die Ausführung von dem Eingang des Zehnten abhängig machen, aber er wurde durch den Erfolg, den er seiner Ansicht nach errungen hatte, so eingenommen, daß gleich wieder Italien in den Vordergrund seiner Pläne trat. Trotz aller Mißlichkeiten, in denen er sich bewegte, begann er jenseits der Berge Verhandlungen und so ernstlich faßte er die Sache, daß er im Sommer 1404 schon neue Anleihen für den italienischen Zug aufnahm. Auch Bonifacius wünschte die Fahrt und erließ verschärfte Bullen über die Eintreibung des Zehnten, doch blutwenig kam ein, denn viele Diöcesen verweigerten die Zahlung. Ruprecht schrieb im März 1403 an Papst Innocenz, er sei bereit gewesen, in drei Tagen aufzubrechen, da sei ihm Nachricht gekommen, daß „die Sachen sich nicht so schickten, wie der von Padua fürgegeben, der nur seinen eigenen Nutzen gesucht habe". In Wahrheit hatte er kein Geld und keine Aussicht, in Italien eindringen zu können. Allerdings entriß Franz, nachdem er mit Mailand den Krieg begonnen, den zurückgekehrten Scala die Stadt Verona, die dem Reiche gehörte, aber Ruprecht würde sie ihm wohl gelassen haben, wenn nicht der Glücksstern der Carraresen, der kurze Zeit hell aufgeleuchtet hatte, schnell wieder erloschen wäre. Gegen ihn erhob sich Venedig, dem die Mailänder Regierung Verona, Vicenza und andere Gebiete überließ, und siegte allmählich in schweren Kämpfen; Franz und zwei seiner Söhne fanden als Gefangene Anfang 1406 ein schreckliches Ende. Venedigs festländische Macht legte sich nun als breiter schwerer Riegel bis zum Gardasee hin vor die Ausgänge der Alpen.

Ruprecht, der inzwischen selbst mit Mailand verhandelt und die viel umworbene Prinzessin Lucia für seinen Sohn Stephan begehrt hatte, mußte unter diesen Umständen daheim bleiben, aber der romantische Italientraum hat ihn noch nachher verfolgt, ohne je zur Wahrheit zu werden.

Wie diese Entwürfe von Anfang an sein Verhängnis waren, so hatten sie ihn auch in diesen Jahren nicht nur verhindert, die böhmischen Verhältnisse nachdrücklich anzufassen, sondern was noch schlimmer war, ihn verleitet, die Schulden, welche ihn fast erdrückten, noch zu vermehren. Dadurch geriet der König wider seinen Willen und gegen seinen eigentlichen Charakter auf die schiefe Ebene. Die Notwendigkeit, Geld zu schaffen, zwang ihn, nach Mitteln und Wegen zu suchen, die ihn als geldgierig, als Bedrücker erscheinen ließen. Es war seine ehrliche Absicht gewesen, das wenige den Stürmen entgangene Gut des Reiches zusammenzuhalten und nicht zu mindern; auch dagegen mußte er sündigen. So beschwor er sogar in dem kleinen Kreise der Reichsstände, die ihm wirklich gehuldigt hatten, Feindschaft empor, welche den ohnehin schwankenden Boden, auf dem sein Thron stand, zu unterhöhlen drohte. Gerade mit der Macht, auf die er am meisten angewiesen war, mit den Reichsstädten, kam der König in Streit.

Ruprecht schrieb im Januar 1403 an Heinrich von England: reicher Kindersegen der Könige sei ein Glück für ihre Völker, weil die gesicherte Thronfolge fortgesetzten Frieden begründe. Wenn das nur auch für Deutschland wahr gewesen wäre! Hier zwang im Gegenteil die Ungewißheit der Erbfolge den Königen die Sorge für die Nachkommenschaft als erste auf. Wollten sie für das Reich etwas leisten, mußten sie Hausgut angreifen, ein schmerzliches Opfer! Auch Ruprecht hatte im größten Maßstabe seine Pfalz belastet, und es war von seinem Standpunkt aus erklärlich, wenn er dafür Ersatz von Reichswegen suchte. Da er auf freiwillige Gaben nicht rechnen konnte, ließ sich Entschädigung nur auf außerordentliche Weise erreichen. Damit erregte er die beständige Angst der Reichsstände, über den engbemessenen Kreis ihrer Verpflichtungen hinaus herangezogen zu werden, und erweckte den Eindruck, er wirke nicht für das Reich, sondern für seine Familie. Wenzel war abgesetzt worden, weil er sich nicht um das Reich kümmerte, aber er hatte es nicht ungewöhnlich beschatzt; so schien es jetzt, als sei man aus dem Regen unter die Traufe gekommen.

Schon die Ernennung seines Sohnes Ludwig zum Reichsvikar war ungewöhnlich, da der König die Pfalz behalten hatte und Ludwig demnach nicht regierender Fürst war. Nun hatte Ruprecht die englische Aussteuer Ludwigs in Anspruch nehmen müssen, um seine Schulden zu bezahlen; dafür übertrug er ihm und seinen Erben im August 1402 die Pfandschaft von Oppenheim. Die Reichsstadt war den Pfälzern von Karl IV. verpfändet worden, aber weil Ruprecht König wurde, gewissermaßen wieder an Reich gekommen; jetzt ging sie wieder in pfälzisches Pfandrecht über. Ruprecht glaubte in seinem Rechte zu sein und Johann von Mainz, sowie später andere Kurfürsten, bestätigten seine Verfügung, aber sie machte die anderen Reichsstädte besorgt. Der König hatte ferner von ihnen zu seinem Romzuge und zum Kriege gegen Böhmen Beisteuern und Hülfe erhalten, dann neue Summen gefordert, Ende 1404 begehrte er wieder zum Entsetzen der Städte 150000 Gulden; daß er auch seine Pfalz über ihre Kräfte heranzog, erschien nicht als Milderungsgrund, sondern bestärkte nur die Meinung von seiner Härte und Habgier. Schon war böse Stimmung vorhanden, weil ruchbar wurde, die Aussteuer der königlichen Tochter Elisabeth, welche mit Herzog Friedrich von Oesterreich verlobt war, solle auf Reichsstädte in Schwaben oder Elsaß angewiesen werden, denn Ruprecht hielt es seltsamerweise mit Recht des Königs, seiner Tochter 40000 auf Reichsgut ausgesetzte Gulden mitzugeben. Darüber erschrak namentlich Basel, weil es in alter und gerechtfertigter Furcht vor den Habsburgern lebte, und glaubte, der König wolle nichts anderes, als Basel und Straßburg demütigen. Dieser Verdacht fand bei ihrer Bundesstadt guten Glauben, denn Straßburg stand auf schlechtestem Fuße mit seinem Bischofe Wilhelm von Diest, einem Mann von den übelsten Eigenschaften. Aber er war ein getreuer Freund des Königs, dem er unter dem Scheine eines Pfandes Besitzungen des Bistums übergeben hatte. Von diesen waren die Städte der Ortenau Reichspfandschaften, so daß sich der König für berechtigt hielt, sie einzulösen, aber er wollte sie für die Pfalz erwerben. Als sich nun Straßburg mit dem Kapitel, das gleichfalls seinen Bischof haßte, gegen diesen verbündete, rief Wilhelm den König an. Die Stadt aber wies dessen Schiedsspruch zurück, weil er selber Partei war, wodurch verletzt Ruprecht Reichsstände gegen sie aufbot. Zwar wurde im Juni 1405 ein einjähriger Waffenstillstand zwischen Bischof und Stadt geschlossen, aber letztere sah sich nach Bundesgenossen um und ward nun die treibende Kraft zum Widerstand gegen den König. Sie verhandelte zunächst um ein Bündnis mit dem ebenfalls aufgeregten schwäbischen Städtebunde, der die von Ruprecht 1401 erhaltene Zusage, die Städte nie zu verpfänden, zur Grundlage seines Vertrages gemacht hatte und sich durch die Bodenseestädte verstärkte. Wollte man dem Könige Widerstand leisten, mußte man ihn vereinzeln, ihm die Hülfe der umsitzenden Fürsten entziehen, ohne die er nichts ausrichten konnte. Straßburg betrieb daher einen Bund, der außer allen schwäbischen Reichsstädten auch Baden und Wirtemberg umfassen sollte. Markgraf Bernhard, obgleich seitdem in äußerlicher Freundschaft mit dem Könige, hatte die Niederlage von 1403 kaum vergessen, und Eberhard von Wirtemberg, der schon mit den schwäbischen Städten verbündet war, mochte auch mißtrauisch auf die pfälzische Hauspolitik sehen.

An diesem Bündnisse beteiligte sich auch Erzbischof Johann von Mainz und er war es offenbar, der dem Ganzen erst rechte Form und rechtes Geschick gab. Er zürnte Ruprecht, weil er ihm nicht gegen Hessen und Braunschweig beigestanden, außerdem gibt ein Zeitgenosse ganz richtig als Grund ihres Haders an: „weil sie viel Land hatten untereinander liegen". Es waren rein örtliche Streitereien um geringfügige Besitzrechte zwischen der Pfalz und dem Erzbistume, die hier zur Reichssache aufgeblasen wurden, denn Johann bekämpfte in dem Könige nur den Pfalzgrafen. Sein Groll hatte neue Nahrung erhalten, als jener eine Anzahl Raubritter in der Wetterau mit den Waffen niederwarf, die Johanns Lehnsträger und Helfer gegen Hessen waren, und zugleich unverhohlen Mißtrauen gegen die Zuverlässigkeit des Erzbischofs zeigte. Obgleich Johann eben noch mit dem Markgrafen Wilhelm einen Briefwechsel geführt hatte, in dem sie ärger als Marktweiber die ehrenrührigsten Schimpfworte einander an den Kopf warfen, schloß er plötzlich mit allen seinen Gegnern Frieden. Kaum beabsichtigte er, dessen Kräfte stark erschöpft waren, gegen den König selbst die Waffen zu erheben, aber ihm war jede Gelegenheit willkommen, diesen zu demütigen, und das war leicht zu erreichen, wenn er sich an die Spitze der Unzufriedenen stellte. Wo er dann seinen Vorteil fand, ob bei ihnen, ob bei dem zum Nachgeben gezwungenen Könige, mochte die Zukunft bringen.

Johann benutzte seine Stellung als Kurfürst, um der Widersetzlichkeit gegen den König einen Rechtstitel zu geben. Er stellte sich auf genau denselben Satz, durch den Wenzel gestürzt worden war, auf die verfängliche Lehre vom Unterschiede zwischen König und Reich. Das Reich sei ständig vertreten durch die Kurfürsten, die neben dem Könige Mitinhaber seien; in diesem Sinne bezeichnete Johann die Reichsstadt Frankfurt als „des Königs und seine Kammer". Die kurfürstlichen Vorrechte galten ihm als unbestreitbar und keinem Rechtsspruche unterworfen. Wenn also der König sie verletzt, dürfen ihm die Reichsstände nicht helfen; überhaupt geht die Pflicht gegen das Reich der gegen den König vor, wenn dieser unrecht thut. Er betrachtete demnach die Reichsstände für berechtigt, sich dem Könige unter Umständen zu widersetzen; die Entscheidung darüber kam dann natürlich nur den Kurfürsten zu, und in diesem Falle ihm! Nur um seine Person handelte es sich ihm. Er hatte gewiß nicht den weitergreifenden Plan, ein kurfürstliches Regiment neben und über das königliche zu setzen. Wie sollte er das auch thun? Der Trierer war seiner Krankheit wegen nicht voll zu zählen und da Böhmen, Brandenburg und Sachsen, die auf Wenzels Seite standen, gar nicht in Betracht kamen, hätte er mit einem einzigen Kurfürsten seine Absicht ins Werk setzen müssen, und dieser, Friedrich von Köln, war Ruprechts Freund.

Am 14. September 1405 wurde zu Marbach das lange beratene Bündnis abgeschlossen zwischen Erzbischof Johann, Markgraf Bernhard von Baden, Graf Eberhard von Wirtemberg, Straßburg und siebzehn schwäbischen Reichsstädten, von denen Ulm und Reutlingen die bedeutendsten waren. Aus Begierde nach Frieden und gemeinem Nutzen der Lande, allen Schutzbedürftigen zum Schirm und dem Reiche zu Ehren vereinigten sich die Genossen bis zum 2. Februar 1411 zu gemeinsamem Beistande. Sie nehmen zu allererst aus den König und die Pflicht gegen das Reich, wie sie einem jeden in Ehrbarkeit und mit guten Gewohnheiten herkömmlich sei; wenn aber der König oder irgend ein anderer sie in ihren Freiheiten und Rechten oder sonstwie verletzt, dann wollen sie allesamt des Schädigers Feind werden.

Der Bund gab sich, um berechtigt zu sein, den Schein eines Landfriedens, richtete aber seine Spitze gegen den König. Ob dieser ein Mitglied gegen sein herkömmliches Recht bedrängte, hatte der betroffene Teil eidlich zu versichern, war also allein darüber zugleich Kläger und Richter. Da von den Reichsstädten nur ein Bruchteil und nur zwei große mitmachten, die im Notfall gemeinsam aufzubringende Streitmacht zum täglichen Kriege nur gegen hundert Pferde betrug, bedeutete der Bund nicht viel. Zudem war wegen zu großer Entfernung Johann weder den Genossen noch diese ihm zu täglichem Kriege verpflichtet.

Der berühmte Vertrag war demnach vorläufig wenigstens nichts als eine Drohung an den königlichen Pfalzgrafen und Johann darin nur eine den Eindruck mehrende Figur. Um den Schein strengster Gesetzmäßigkeit zu wahren, schrieben die drei Fürsten sogleich in ehrerbietigster Weise dem Könige das Geschehene mit der Versicherung, er sei ausgenommen, sofern er nicht Rechte verkümmere, und baten, Ruprecht möge sich die Einung „behaglich und gefällig" sein lassen und sie schützen. Die Fürsten übernahmen überhaupt die eigentliche Leitung und Verantwortung.

Der König verfiel auf den richtigen Gedanken, diese eigentümliche Rechtsauslegung durch das Reich selber widerlegen zu lassen. Da unwiederbringlicher Schaden für Reich und Allgemeinheit zu besorgen sei, wenn solchen Handlungen nicht rechtzeitig widerstanden würde, berief er sofort auf den 21. Oktober einen Reichstag nach Mainz, zu dem er auch die Bundesglieder vorlud.

Die verschworenen Fürsten kamen nicht selbst, sondern ließen nur durch Boten die Vorgänge beobachten. Ruprecht beging nun einen großen Fehler. Er fühlte sich nicht nur in seiner Eigenschaft als König, der allein für den Frieden zu sorgen habe, sondern auch als Mensch verletzt; er meinte, nichts Unrechtes gethan zu haben und wollte nicht als harter Herr erscheinen, der Reichsglieder von ihrem Rechte dränge. Statt daher einfach die Rechtsfrage zu stellen, ließ er sich auf Erklärungen und Versicherungen ein, um seine Unschuld darzuthun, und erreichte dadurch nur, daß ein neuer Reichstag auf den 6. Januar 1406 anberaumt wurde, auf dem er den Gegnern Rede stehen wollte. Als sie darauf keine Antwort gaben, machte er den weiteren Fehlgriff, mit ihnen in Verhandlung zu treten. Sie benützten geschickt die Blöße, welche er sich gab, um eine Entscheidung durch das Reich hinauszuschieben. Unter der Maske der Ergebenheit betonten sie ihr Recht, ein Bündnis zu schließen, das von den sonst im Reiche üblichen nicht unterschieden sei; um dem Vorwurf zu begegnen, es sei gegen den König geschlossen, erklärten sie, gegen ihn gar keine Klagen zu haben, und wenn sie welche hätten, könnten sie das mit ihm ohne Reichstag persönlich abmachen. Ruprecht ließ sich fangen; voll Eifer, seine Unschuld darzuthun, sagte er ihnen zu, daß er keinen Rechtsstreit erheben, sondern nur gütlich mit ihnen sprechen wolle. So verführt er den Wagen vollständig.

Die Verbündeten erschienen in Mainz mit reisiger Macht, von dem Erzbischof vor den Thoren empfangen; mit über 900 Pferden zog die Schar, wie zum Kriege, nicht zu einem Reichstage gerüstet, in die Stadt ein, an der Herberge des Königs vorbei. Der Ausgang des Reichstages war, wie er nach den Fehlern Ruprechts nicht anders sein konnte. Die Genossen, indem sie mit aller Entschiedenheit erklärten, von ihrem Bunde nicht lassen zu wollen, lehnten zunächst ab, auf die Vorstellungen des Königs einzugehen; erst auf Betreiben Johanns ließen sie sich herbei, ihre Beschwerden auszusprechen, damit es nicht aussehe, als ob sie dem Könige nichts vorwerfen könnten. Der Erzbischof selbst reichte zuerst eine lange, offenbar wohl bereitete Liste von Beschwerden ein, die zum Teil gar nicht mit der eigentlichen Streitsache zusammenhingen, sondern rein persönlich waren, über seine angeblich gekränkten Rechte auf die Erzkanzlei und die königliche Kanzlei und die Juden, alte Schuldforderungen noch von Karls IV. Zeit her. Ihm folgte Bernhard von Baden; auch der Wirtemberger und die städtischen Boten brachten einiges vor, doch nur beiläufig, „nicht in klagender Weise". Ruprecht ließ dagegen ebenfalls seine Klagen vorbringen, bis der Erzbischof von Köln dem Gezänk durch den Vorschlag, einen neuen Tag zu setzen, ein Ende machte. Der König nannte eine große Zahl von Reichsfürsten, vor denen er zu Recht stehen wollte, aber die Marbacher gestanden wiederum nur „einen freundlichen Tag", keinen Rechtstag zu.

Es war die umgekehrte Welt; der König wünschte nichts mehr, als daß über ihn Recht gesprochen werde, während seine Gegner sich weigerten, es anzunehmen. Das einzige Ergebnis war gegenseitige Verbitterung. Beide Parteien fürchteten kriegerische Verwicklungen, für die Johann sich bereits vorsah; ein kleiner Ritter in der Wetterau, dessen Schloß Ruprecht bei jenem Zuge zerstört hatte, wagte schon dem Könige offen ins Gesicht zu trotzen. Ruprecht war besonders besorgt, der Mainzer möchte das frühere Bündnis mit dem Herzoge von Orleans, der in Lothringen unbekümmert um das Reich Krieg führte, wieder aufnehmen, und wohl nicht ohne Grund.

Aber die Städte waren die einzigen, welche die Lage grundsätzlich auffaßten, sich freies Bündnisrecht erstreiten wollten, wie Basel an Straßburg schrieb: „sollten sich Herren und Städte nicht verbinden dürfen ohne Erlaubnis eines Königs, so möchte niemand bei Freiheit nach altem Herkommen bleiben". Mit steigendem Mißtrauen verfolgten sie daher die wiederholten Vermittlungstage, welche der unermüdliche Erzbischof von Köln zu stande brachte, während der König Straßburgs Klagen nicht anhörte und die Stadt vor sein Hofgericht laden

ließ. Obgleich der Bund wuchs durch den Beitritt des Grafen Philipp von
Nassau-Saarbrücken und der Städte Worms und Speier, mißfiel den bürgerlichen
Gliedern die Eigenmächtigkeit, mit der Erzbischof Johann bei den Aufnahmen
verfuhr. Auch Herzog Ludwig von Baiern, der mit seinen Vettern zankte, und
Rotenburg meldeten sich, doch von ihnen waren eher große Anforderungen, als
Unterstützung zu erwarten.

Wiewohl Johann, um jeden Verdacht zu verscheuchen, die Verlängerung
des Bundes bis zum Tode Ruprechts beantragte, war er einem Vergleich mit
dem Könige nicht abgeneigt. Der Marbacher Bund hatte ihm nur dazu dienen
sollen, jenem seine Ueberlegenheit zu zeigen, und das war ihm gelungen;
deswegen gab er das Bündnis auch jetzt nicht auf, weil er es als Schreckmittel
weiter gebrauchen konnte. Ende Februar 1407 vollendete Friedrich von Köln zu
Heinsbach das Friedenswerk. Einige Ansprüche gab der König zu, andere blieben
einem Schiedsgericht vorbehalten; seine Forderungen auf die Kanzlei brachte
Johann nicht wieder vor. König und Erzbischof versprachen sich gegenseitig,
fortan keine Einungen mit Herren und Städten einzugehen ohne des andern
Willen und Verhängnis, eine Verheißung, die sich jedoch nur auf ihr persönliches
Verhältnis zu einander bezog. Johann versprach ferner, das Marbacher Bündnis
über seine festgesetzte Dauer nicht zu verlängern, ein Verzeichnis der Mitglieder
zu übergeben und soweit es an ihm liege, keine neuen aufzunehmen; wenn dann
noch die Aufnahme Ludwigs von Baiern und Rotenburgs vollzogen wurde, so
geschah das, weil sie bereits im Gange war. Auch mit Bernhard von Baden
verglich sich der König.

Damit war die Marbacher Einung ihrer rechten Bedeutung entkleidet und
obgleich sie sich noch hielt, sank sie zu einem gewöhnlichen Bündnis herab. Daß
noch 1408 Augsburg, Wangen und Lindau aufgenommen wurden, war nicht
verfänglich, da sie in ihrer Eigenschaft als neue Mitglieder des schwäbischen
Städtebundes beitraten. Andrerseits wagte der König freilich nicht, die Ausstattung der Elisabeth, als sie endlich Friedrich von Oesterreich heiratete, auf
Reichsgut anzuweisen, „weil es augenblicklich nicht gut anging", und verzichtete
auch auf neue außerordentliche Anforderungen an die Städte. Er verlangte
nicht mehr die Auflösung des Bundes, sondern wollte nur dessen Verlängerung
abwehren; nachdem er 1408 mit Speier, Straßburg und Wirtemberg besondere
Bündnisse geschlossen, hatte er von ihm nichts mehr zu fürchten.

Der Marbacher Bund ist sehr überschätzt worden. So unangenehm er für
Ruprecht war, für das übrige Reich kam er kaum in Betracht, weil eben die
Sache im wesentlichen eine pfälzische Angelegenheit war. Allerdings mußte
Ruprecht die Einung bestehen lassen und sogar durch seine Verträge mit den
einzelnen Teilnehmern mittelbar anerkennen, aber nachdem die gegen ihn gerichtete Schärfe abgestumpft war, konnte er sich bequemen, den Verband als ein
statthaftes Landfriedensbündnis zu betrachten, wofür ihn die Mitglieder von vornherein ausgaben. Er vermochte zwar nicht seine anfängliche, dem Königtum an-
gemessene Anschauung durchzufechten, doch die Städte, die überhaupt mehr auf
Verteidigung als auf Angriff bedacht waren, setzten ihre Forderung eines unbe-
schränkten Bündnisrechtes auch nicht durch. Da Ruprecht zudem seine Pfand-

schaften behauptete, zog eigentlich die Urheberin, die Stadt Straßburg, den kürzeren.

Auch die Gefahr, daß Wenzel mit Benutzung dieser Wirren wieder zu Ansehen gelangte, war nun beseitigt. Mit Behagen hatte der Böhme die Bedrängnis des Thronräubers verfolgt, sogar den Papst suchte man zur Verwerfung Ruprechts zu bewegen; auch Wenzels Freunde, der Kurfürst von Sachsen und Herzog Ernst von Baiern, faßten gute Hoffnungen. Selbst mitten aus dem Reich erging nach Prag ein Hülfsgesuch. In der Stadt Rotenburg an der Tauber führte der reiche Bürgermeister Heinrich Topler, begeistert für städtische Selbständigkeit und Macht, unsichtig und verwegen seit längerer Zeit das Regiment. Er riß die Bürgerschaft zu kühnen Entwürfen mit sich fort und suchte namentlich durch die Erwerbung eines großen Landgebietes die städtische Macht zu vermehren. Die Folge waren vielfache Kriege, namentlich mit Burggraf Friedrich von Nürnberg; daher pflog der Rat mit König Wenzel hochverräterische Verbindungen, die durch aufgefangene Briefe zu Ruprechts Kenntnis kamen. Da die Stadt, an welcher die schon früher verhängte Reichsacht vollzogen wurde, von den Genossen des bereits kraftlos gewordenen Marbacher Bundes keine Hülfe erhielt, mußte sie sich nach längerer Verteidigung Anfang 1408 unterwerfen. Heinrich Topler erlitt das Schicksal so vieler Volksführer, wenn ihnen das Glück den Rücken gekehrt hatte: des Verrates angeklagt, starb er im Kerker.

Ruprecht hatte sogar das Glück, eine erwünschte Bestätigung seines Königtums zu erlangen. Herzog Reinald von Geldern entschloß sich endlich, seinen Widerstand aufzugeben, und dadurch wurde auch Aachen von seinem Trotz abgebracht, zahlte sogar 8000 Gulden. Ruprecht ließ zwar keinen Zweifel an der Rechtmäßigkeit seiner ersten Krönung in Köln und an den angeblichen Rechten des dortigen Erzbischofes aufkommen, aber er erklärte auch, daß dadurch den Gerechtsamen Aachens kein Abbruch entstehen solle. Am 14. November 1407 nahm er feierlich seinen Platz auf dem Stuhle Karls des Großen ein.

Bald darauf befreite die Ermordung des Herzogs Ludwig von Orleans den König von einem rastlosen Feinde, der ihn bis in den letzten Sommer hinein beunruhigt hatte. Doch wurden dafür nun die Burgunder seine Widersacher. Unter den Gelöbnissen, welche Ruprecht bei seiner Wahl abgelegt und bei seiner Krönung bestätigt hatte, war auch das, Brabant beim Reiche zu erhalten, aber es ging damit, wie mit Mailand. Die alte Herzogin Johanna von Brabant hegte von jeher den Wunsch, ihre reiche Erbschaft auf die Burgunder zu übertragen, und erlangte endlich auch die Einwilligung der brabantischen Stände, daß der zweite Sohn des 1404 gestorbenen Herzogs Philipp von Burgund, Anton, ihr nachfolgen sollte. Als sie am 1. Dezember 1406 starb, ging die Herrschaft an den neuen Herrn über, ohne daß jemand nach dem Reiche fragte. Ruprecht erhob zwar den gebührenden Einspruch, aber er bekam von den Ständen nicht einmal Antwort. Dagegen hielt es König Wenzel für geraten, den jungen Herzog für sein Haus zu gewinnen. Er erkannte ihn als rechtmäßigen Herrn von Brabant und Limburg an und gab ihm die vielumworbene Erbin, Elisabeth von Görlitz, deren Ansprüche auf sämtliche Familienlande er bestätigte, zur Gattin. Das

Herzogtum Luxemburg ging ebenfalls nach dem Tode des Markgrafen Jost an das junge Ehepaar über.

Ruprecht gelangte aber nicht dazu, allgemein anerkannter König im ganzen Reiche zu werden, obgleich die letzten Jahre ihm noch einiges Wachstum seines Anhanges brachten. So wandte sich ihm auch die Stadt Lübeck infolge bürgerlicher Umwälzungen zu. Endlich glückte es auch nach so viel fehlgeschlagenen Versuchen, dem zweiten Sohne Hans eine Fürstentochter als Gattin zuzugesellen, die pommersche Prinzessin Katharina, die Schwester Erichs, dem bereits die Nachfolge in den drei skandinavischen Reichen zugesichert war. Ihr Sohn Christoph wurde nach zwanzig Jahren dort König. Aber diese Erfolge wogen nicht schwer. Obgleich der Kampf mit den Luxemburgern einschlief, kümmerte sich ein großer Teil der Reichsunterthanen weder um Ruprecht noch um Wenzel; in Verträgen wurde sogar ausgemacht, jeder möge bei dem Könige bleiben, bei dem er wolle.

Es war wahrlich nicht die Freude an dem schönen Heidelberg, welche Ruprecht dort festhielt, wie ihm ein begeisterter Reichsfreund vorwarf, sondern die durch die Verhältnisse aufgezwungene Beschränkung. Und doch hatte er den Kelch bitterer Erfahrungen noch nicht geleert; er mußte noch erleben, daß sein Königtum ganz ernstlich in Frage kam. Das hing zusammen mit allgemeinen Verflechtungen. Er, der vom Kaisertum nicht einmal den Titel führte, mußte leiden unter den geschichtlichen Erinnerungen, die noch an diesem hafteten.

Das Schisma, nun in seinem dritten Jahrzehnt stehend, ging einer plötzlichen Lösung entgegen, welche die großartigste Macht des Mittelalters vollständig umzuwandeln schien. Die ganze Christenheit nahm daran den lebendigsten Anteil, mit allen ihren Gliedern, von den höchsten bis zu den niedrigsten, geistlichen und weltlichen und bot ihr gesamtes geistiges Vermögen auf. Die großartigsten Ziele waren gesteckt, denn nicht allein sollte die Einheit des Papsttums, sondern auch die Reinheit der Kirche wieder hergestellt werden. Die Zeit lebte in dem Gefühl, daß die bestehenden Zustände unerträglich seien, und dafür machte sie die Kirche verantwortlich, weil diese bisher die Herrschaft auf allen Gebieten des menschlichen Daseins geführt hatte. Nicht plötzlich, nicht auf einmal traten solche Anschauungen auf; sie waren allmählich herangewachsen auf dem weiten Felde des öffentlichen Lebens, wie in der stillen Arbeitsstube der Gelehrten. Wenn sie sich auch auf einen Zweck vereinigten, waren sie daher sehr verschiedener Art. Die einen Gedanken entsprangen aus den Tiefen der sich freier regenden Volksseele, andere wurden erzeugt durch den Wandel allgemeiner Ideen, welchen das fortschreitende Leben der Menschheit mit elementarer Kraft stetig bewirkt, andere wieder ergaben sich aus wissenschaftlicher Forschung und religiösem Nachdenken, andere endlich waren Folgerungen, gezogen von dem prüfenden Blick, der sich betrübt auf das gegenwärtige Wesen der Kirche und des geistlichen Standes richtete.

Dreizehnter Abschnitt.

Das litterarische Leben in Deutschland.

Eine Schilderung des geistigen Lebens in jener Zeit muß versuchen, aus der Fülle des Einzelnen das Allgemeine herauszuschälen und zum Ausdruck zu bringen, aber was war das Allgemeine? Ebensowenig wie in dem politischen Treiben gab es geistig eine Einheit, nirgends feste Bildungen. Die mannigfachen Thätigkeiten hingen nicht unter einander zusammen, bedingten sich gegenseitig nur in sehr beschränktem Grade. So liegt die Gefahr vor, daß das Auge, beunruhigt und erregt durch die wechselnde Gestalt und Farbe der Bilder, die es fassen muß, das richtige, ruhige Maß verliert und vielleicht einen nur flüchtig verspürten Reiz für gleichwertig hält mit einem von größerer Stärke und Bedeutung.

Betrachtungen solcher Art lassen sich nicht auf ein einziges oder wenige Jahre beschränken, andrerseits ist es unthunlich, in einem Werke, das hauptsächlich die politische Geschichte verfolgt, die Entwickelung aller dieser Aeste und Zweige des großen Lebensbaumes in ihrem Verlaufe zu schildern. Ich will nur zeigen, wie es etwa stand zu der Zeit, als die großen Konzile ihren mächtigen Einfluß zu üben begannen.

Es ist ein eigentümlicher Zeitabschnitt: soll man ihn als Stillstand oder Bewegung, als Niedergang oder als Aufsteigen bezeichnen? Es ließen sich alle diese Deutungen rechtfertigen.

Darüber, daß die deutsche Dichtung seit der Stauferzeit mehr und mehr an Form und innerem Werte verloren hatte, besteht kein Zweifel. Gewöhnlich gelten der Verfall des Reiches und des Königtums, der überall herrschende Unfriede als Grund ihres Rückganges. Aber politische Größe und Macht zeitigen nicht immer hervorragende Schöpfungen auf geistigem Gebiet, die wie unsere zweite große Litteraturperiode auch entstehen, wenn die äußeren Verhältnisse sie nicht begünstigen. Die Regierung Philipps, die letzten Zeiten Kaiser Friedrichs II., die des Zwischenreichs übertrafen an Glück und Glanz keineswegs die Herrschaft Ludwigs oder Karls IV., aber wieviel größer sind ihre litterarischen Hervorbringungen! Die Ungunst der fürstlichen Kreise, die man schon damals wie noch heute als verderblich beklagt hat, traf zwar manche Sänger hart, doch die dichtende Kunst bedarf der Hülfe des Geldes viel weniger, als die bildende, und wenn die Fürsten älterer Zeit reichlicher spendeten, so thaten sie es erst, als ihre Teilnahme geweckt war, als das, was die Sänger priesen, auch ihnen am Herzen lag. Unter ihren Nachkommen ging Freigebigkeit an sich nicht unter, nur strömte sie nicht mehr in so reichem Grade über die Dichter, weil der Inhalt ihrer Verse nicht in gleicher Weise wie früher den Sinn der Herren bewegte. Der Stand der Dichtenden sank daher nicht allein deswegen, weil sie geringere Gaben empfingen, auch nicht weil die Ritter verwilderten, denn unter ihrer übergroßen Schar gab es immer noch Anständige und Gesittete genug, sondern weil die früher treibenden Kräfte erlahmt waren.

Die Ursachen des Rückschrittes lagen in den umgewandelten Anschauungen. Auch das Genie, das sich seine eigenen Bahnen sucht, erfährt von der Gunst oder Ungunst der Zeiten Vorteil oder Eintrag, denn es hängt davon ab, ob es ihm vergönnt ist, Töne anzuschlagen, welche die Herzen aller Zeitgenossen ergreifen. Sein Erfolg hängt davon ab, ob überhaupt Stimmungen oder Vorstellungen vorhanden sind, die den Mitlebenden gleich verständlich, gleich packend erscheinen. So seltsam es nun klingen mag: es gab damals keine den Sinn der Gesamtheit fesselnden oder erfüllenden Strömungen, denn die Zeit war ideallos und ideenlos. Die mittelalterlichen Tendenzen hatten abgewirtschaftet; sie beherrschten noch immer die Welt, aber sie begeisterten nicht mehr, sie waren noch nicht durch andere, lebendigere ersetzt und der gegenwärtige Ideenbestand gab keine Befriedigung. In der vorangegangenen Epoche hatten die kirchlichen und die ritterlichen Ideale die Welt entflammt. Aber die Kirche in ihrer gegenwärtigen Gestalt rief nur Klagen hervor, sie drückte, statt zu erheben; mochten auch weiter fromme Seelen ihre Lieder zum Lobe der Kirche ertönen lassen, einen allgemeinen Wiederhall erweckten sie nicht. Derjenige Gedanke jedoch, welcher neue Anregung hätte geben können, ihren ganzen Bau umzuwerfen, statt der in ihr sichtbar und körperlich vertretenen Einheit der Welt eine geistige zu errichten, lag in weitester Ferne, noch ganz unfaßbar. Die kirchlichen Reformfragen, der Streit um das Schisma konnten unmöglich eine Seele poetisch höher stimmen.

Auch die andere Quelle der Dichtung versiegte. Das Rittertum hatte teils aus dem kirchlichen Drange, teils aus der verfeinerten Weltlust seine Stoffe geschöpft. Allein die Kreuzzüge, jene mächtigen Geistespfleger, hatten mit einem ungeheuren ernüchternden Fehlschlag geschlossen, die reizvolle, aber in sich unwahre Minnedichtung vermochte sich auf die Dauer nicht gegenüber dem wirklichen Leben zu behaupten. Zwar hatten die epischen Dichtungen jener Zeit noch immer ihre begeisterten Verehrer und wurden weiter abgeschrieben und gelesen, noch immer klangen die Namen der gefeierten Helden als Vornamen in den Familien nach, besonders in Süddeutschland, aber jene Freunde des Alten kamen manchmal in die Gefahr, wie Don Quixote angesehen zu werden. Das Volk erfreute sich mehr an den Kraftproben, welche die Helden abgegeben, und an den wunderbaren Abenteuern, die sie erlebt hatten, und in einer diesem Sinn entsprechenden Form pflanzten sich die Sagenstoffe weiter. Die Feinheit und Zierlichkeit der älteren

Zeit wurde darüber abgestreift und verwischt, eigentlich neues nicht mehr geschaffen. Das Rittertum selbst entsprach, trotzdem es die Formen bewahrt hatte, seinem früheren Wesen nicht mehr. Die fürstliche Welt hatte sich darüber erhoben, die große Zahl des geringeren Adels war teils wirtschaftlich gesunken, teils hatte sich der alte romantische Flug zur Erde geneigt und die ehemalige ritterliche Zucht, die als eine künstliche Schöpfung nur andauern konnte, solange die Begeisterung währte, war in Vergessenheit geraten. Um die Wende des dreizehnten Jahrhunderts hatte diese Poesie noch bedeutendes geleistet; Konrad von Würzburg und Heinrich Frauenlob, ihren Vorgängern allerdings nicht ebenbürtig, dichteten noch unter Rudolf und dessen Nachfolgern, aber zur Zeit der ersten Habsburger schilderte bereits der sogenannte Seifried Helbling den Untergang der ritterlichen Zucht. Als einer der letzten, der die alten Anschauungen im Herzen trug, hat der Verfasser der steierischen Reimchronik mit Geschmack ritterliche Kämpfe geschildert und mit poetischer Gestaltungskraft Vorgänge und Persönlichkeiten gezeichnet. Am Ende des Jahrhunderts hielt noch Peter Suchenwirt seine eintönigen Ehrenreden, die schon mehr in die gereimte Erzählung verfallen; er zeichnete sich mehr durch politischen Blick und sein warmes Herz aus, als durch seine Verse.

Der Minnesang erhielt sich besser am Leben. Auch hier sammelte man lieber und verständnisvoll die vorhandenen Schätze, wie die Manessehandschrift zeigt, und noch im späteren vierzehnten Jahrhundert suchten einzelne Dichter die ererbte Weise fortzusetzen, wie Hadamar von Laber mit seiner spitzfindigen, doch sinnigen Allegorie, Hugo von Montfort und zuletzt der ritterliche Politiker Oswald von Wolkenstein. Das Minnelied wurde auch vom Volke weitergepflegt, doch weder so kunstreich in der Form noch so gekünstelt im Inhalt. Diese Volkslieder belebte mehr die wirkliche Herzensliebe, die menschliche statt der ritterlichen. An die Stelle der „Herrin" trat die Geliebte, die wirkliche oder die nur empfindungsvoll erdachte; auch das Sträuben gegen eine fesselnde Neigung, das Necken, wie der Schmerz über versagte Erwiderung fanden Ausdruck, während die Gedankenverbindung springender wurde, weil sie mehr aus dem Gefühl als aus dem Ueberlegen hervorging.

Die lehrende, sittenpredigende Dichtung trieb noch ihre Sprossen, die sogar manche Blüten zierten; Hugo von Trimbergs „Renner" mit seiner bissigen Schärfe, und der anspruchslosere, etwas hausbackene „Edelstein" Boners in seiner schlichten frischen Sprache gehören zu den besten Erzeugnissen der Zeit.

Minnelied und Lehrgedicht nebst der religiös-kirchlichen auf der allgemeinen scholastischen Bildung beruhenden Dichtung wurden indessen noch weiter kunstweise getrieben in dem städtischen Meistergesang. Seine volle Ausbildung gehört erst dem folgenden Jahrhundert an, doch führt sein Ursprung bereits zurück auf die handwerksmäßigen fahrenden Dichter des dreizehnten Jahrhunderts. In den bürgerlichen Kreisen wurde er dann zur zünftischen mit ängstlicher Strenge gehandhabten Uebung. Der überkommene und bewahrte Inhalt war freilich diesen Kreise eigentlich fremdartig und konnte daher nicht lebensfrisch gedeihen, aber so wenig auch durchschnittlich wirkliche Poesie in dem Meistergesang zum Ausdruck kam, er wirkte nützlich in manchen Beziehungen, veredelte das tägliche Leben und die Trinkstubenlust und vor allem: sein Bestehen zeigt, wie das Bürgertum bestrebt war, zu seiner erwerbenden Thätigkeit auch geistige hinzuzufügen. Die fahrenden Sänger, unter denen offenbar manches Talent sich bewegte, vergröberten dagegen in Rücksicht auf die Zuhörerschaft, mit der sie rechnen mußten.

Ueberhaupt sangen Bürger und auch Bauern unendlich viel, sie trugen alte Lieder weiter fort und verfaßten neue. Verhältnismäßig wenig ist davon erhalten geblieben. Die Sangeslust umfaßte alle Lebenslagen.

Der religiöse Gesang deutscher Zunge ertönte in den Liedern der Geißelbrüder und der Sekten, doch auch bei kirchlich Gesinnten, bei den Mystikern fand er Bereicherung. Auch er wurde volksmäßiger, oft tiefsinnig behandelte er gern das seelische Bedürfnis nach göttlicher Gnade. Die Lebensfreude schuf Trink- und Tanzlieder, Lob- und Spottlieder, ebenso entfaltete sich überreich das politische Lied. Bald volksliedartig, bald einfach erzählend, oft holperig ungelenk und trocken, manchmal nur eine gereimte Chronik, begleitete es die Begebenheiten, die Kriege und sonstigen Vorkommnisse, gewöhnlich rücksichtslos und beißend im Urteil über den Gegner. Es kam vor, daß seinetwegen Fehden entstanden, oder daß, um solche zu vermeiden, das Lederfingen verboten wurde. In Halberstadt wurde bei einem Friedensschluß zwischen Bürgern und Geistlichkeit ausgemacht, „alles dessen, was gesungen, gedichtet oder gereimt worden sei in dieser Schicht, solle man nicht mehr gedenken".

Vielfach fanden dramatische Aufführungen statt, auch eine überkommene, doch mit Eifer aufgenommene Erbschaft, teils geistliche Spiele, teils wie die Fastnachtspiele von mehr weltlicher komisch-satirischer Art, die aber auch in die ernsten Schaustellungen überschlug. Trotz der kindlichen Einfachheit in den Vorrichtungen packten sie die Zuschauer, denen bei dem Gesang der eingelegten Lieder eine gewisse Mitwirkung zufiel. Höhere Kunstformen kamen dabei nicht in Anwendung, alles ging derb, gewöhnlich vor sich.

Um 1400 stand die deutsche poetische Litteratur, wenn als Maßgabe umfangreiche und formvollendete gedankenvolle Werke gelten, so tief wie nur je. Mächtig gewachsen war jedoch die allgemeine Teilnahme an ihr, die Verbreitung nach unten. Es ist das Bürgertum, das in ihr vorherrscht, mit seiner ganzen Auffassung und Weise; die gewöhnliche Lebensführung in ungeschmückter, unveredelter Gestalt, der Realismus drückten ihr das Gepräge auf.

Aehnlich stand es mit der Prosa, deren meiste Erzeugnisse indessen nicht aus den eigentlich litterarischen Zwecken der Erfindung und Unterhaltung hervorgingen. Der Gebrauch der deutschen Prosa stieg überhaupt ins Unbegrenzte und umfaßte alle Gebiete. Volkstümliche Belehrung erstrebten die Uebersetzungen aller Art, welche teils wissenschaftlichen, teils religiös-kirchlichen Inhalts und oft von großem Umfange waren, wie auch die ganze Bibel ins Deutsche übertragen wurde. In deutschen Predigten, die schon in früherer Zeit der schriftstellerischen Thätigkeit in freier Rede ein weites Feld boten, wurde fortgesetzt viel und auch Tüchtiges geleistet. Die großen Mystiker, allen voran Meister Eckhart, dann Tauler und Suso, waren die Bahnbrecher für eine kraftvolle und neue Formen schaffende Sprache gewesen, doch fanden sie zunächst keine gleichwertigen Nachfolger. Andere Schriften religiösen oder moralischen Inhalts, wie Legenden, wurden ebenfalls zahlreich in deutscher Sprache entweder neu verfaßt oder nach fremdsprachigen Mustern bearbeitet. Natürlich verdanken die Schriftwerke dieser Gattungen fast ausschließlich gelehrten Geistlichen ihren Ursprung. Auf dem Gebiete des Rechtes rief das Bedürfnis mancherlei Schöpfungen hervor, wie Rechtsbücher, Stadt- und Landesrechte u. dergl., doch stützte man sich dabei gerne auf Vorgänger, wie namentlich auf den Sachsen- und Schwabenspiegel.

Zahllos waren die Beurkundungen jeder Art. Unter Karl begann die heimische Sprache auch in der kaiserlichen Kanzlei die Oberhand zu gewinnen und unter seinen Nachfolgern wurde sie in steigendem Maße gebraucht, so daß die lateinische Sprache auf bestimmte Verhältnisse beschränkt blieb. Das Bürgertum hatte schon im dreizehnten Jahrhundert und zwar im Westen um Jahrzehnte früher als im Osten angefangen, seine geschäftlichen Verhandlungen deutsch zu führen und aufzuzeichnen, was endlich allenthalben geschah. Meisterlin, der in der zweiten Hälfte des fünfzehnten Jahrhunderts lebte, erzählt, König Rudolf habe 1283 zu Nürnberg auf Verlangen der Fürsten angeordnet, daß die Urkunden auch deutsch abgefaßt werden dürften, „und wurde dort beschlossen und bestätigt, daß die deutsche Zunge genugsam Worte aus der lateinischen und römischen hätte, daß man in ihr allerlei Händel begreifen möchte, und wo sie Mangel an Worten gehabt hätte, wäre sie gebessert und erfüllt aus anderen Sprachen. Da fingen die Bürger von Nürnberg an, deutsche Worte zu gebrauchen, und wurden berühmt im Reiche, daß sie wohlredend wären. Aus solchem kaiserlichen Edikt kam großer Nutzen der deutschen Nation, so daß die Laien für sich ihre Kanzleien hielten. Ein jeglicher vernünftiger Mann mag verstehen, wie durch dieses kaiserliche Dekret den Welschen ein großer Hinterschlag geschehen und den Deutschen Hülfe und Unterstützung". Der Nürnberger wußte also die deutsche Sprache wohl zu schätzen.

Wie sich das alles entwickelte und gestaltete, zeigt am besten die Geschichtsschreibung. Derselbe wackere Nürnberger, der unsere Muttersprache so liebte, stieß den Notschrei aus: „Mehr weiß ich zu sagen von den Zeiten und Geschichten, die bei Alexander dem Großen oder bei Oktavian dem Mächtigen geschehen sind, als von denen, welche sich verlaufen haben unter den Kaisern, deren wir uns genau erinnern, wie Wenzel und Ruprecht und Albrecht und Sigmund. Denn die Fürsten und auch die Stadtregenten begnügen sich, wenn sie erzählen hören von denen, welche es gesehen haben, und achten nicht, ob es beschrieben wird. Hätten das auch die Alten gethan, was wüßten wir dann? Wir Deutschen verachten das, denn unsere große Grobheit läßt uns nicht der Zukünftigen gedenken, denen es lieber wäre wie Gold". Der gute Mann hatte nicht unrecht.

Auf die Geschichtsschreibung wirkten der aufgelöste Zustand des Reiches, sowie der Verlust großer bewegender Ideen noch schädlicher ein, als auf die allgemeine Litteratur. Früher boten die beiden Mächte, Papsttum und Kaisertum, der historischen Betrachtung einigen Anhalt und noch unter Ludwig dem Baiern verlieh ihr der Kampf beider Gewalten Farbe und Leben, wenn auch bei weitem nicht in dem Grade, wie wir wünschen möchten.

Bis zur Mitte des Jahrhunderts stand die Geschichtsschreibung im großen und ganzen noch unter den Nachwirkungen der früheren Zeit, und ihre vornehmlichsten Werke rührten von Geistlichen her. Der kenntnisreiche und weitblickende Abt Johann von Victring in Kärnthen, dann Graf Albert von Hohenberg, dem die Urheberschaft eines nicht unparteiischen, aber durch deutsche Gesinnung und politische Auffassung ausgezeichneten Werkes zugeschrieben wird, verdienen die ersten Plätze; neben ihnen mögen die streng geistlich gehaltene Chronik von Königsaal in Böhmen, der stoffreiche und fleißige Tagebuchaufzeichnungen verwertende Heinrich von Diessenhofen in Konstanz, der behagliche doch urteilslose Plauderer Johann von Winterthur, der schwerfällige Heinrich von Eichstedt, aus dem Norden der gelehrte, wundersüchtige Dominikaner Heinrich von Herford genannt werden.

Sie alle schrieben lateinisch. Einige von ihnen gehörten zu den Bettelorden, den Minoriten und Dominikanern, die mitten im städtisch-bürgerlichen Leben Fuß gefaßt und ihm entsprechend ihre Wirksamkeit gestaltet hatten. Bei beiden trug, durch die Erfordernis der Predigt veranlaßt, der wissenschaftliche Betrieb einen encyklopädischen Zug; in der Geschichte pflegten sie daher für die Vergangenheit auch die Weltgeschichte und suchten deren hauptsächlichste Ereignisse in kurzen Auszügen bequem und übersichtlich darzustellen. Von wissenschaftlicher Unterscheidung des Wahren und Falschen, von tieferem Eindringen ist freilich nichts zu spüren, die älteren Zeiten wurden mit einem Wust von Märchen und wunderlichen Geschichtchen durchsetzt. Die große Masse fand hier, was sie suchte, Unterhaltung und den Reiz des Absonderlichen.

Das Volkstümliche, welches den Büchern der Bettelmönche eigen war, haftete seit Karl IV. fast der gesamten Geschichtschreibung an, obgleich die von ihm persönlich veranlaßten Werke sich in den alten Gleisen bewegten. Die Aufzeichner der gegenwärtigen Zeitereignisse beschränkten sich noch mehr wie ihre Vorgänger auf ihre Nachbarschaft, die gelehrte Abfassung machte der laienmäßigen Platz und die deutsche Sprache verdrängte zwar die lateinische nicht ganz, aber wurde viel mehr gebraucht. Auch hier schuf sich das bürgerliche Wesen seinen vollen Ausdruck.

So entwickelte und verbreitete sich die städtische Geschichtschreibung. Der Stolz auf die errungene Stellung, das Bewußtsein, wie schwer sie manchmal behauptet wurde, der Wunsch, kommenden Geschlechtern eine Lehre zu hinterlassen, nebenbei gelegentlich das Streben, die gelehrte Geschichtschreibung nachzuahmen, auch die bloße Lust am Fabulieren erzeugten eine große Anzahl von Büchern hier und dort, im Süden und im Norden. Von den Verfassern gehörten viele allerdings dem geistlichen Stande an, aber da sie mitten im Bürgertum standen und oft dessen Anschauungen teilten, sind sie zu ihm zu rechnen; es kam mehrfach vor, daß anfänglich lateinisch geschriebene Arbeiten nachher von dem Verfasser selbst ins Deutsche übertragen wurden, um sie gemeinverständlicher zu machen. Auch die Freude am Reimen regte sich dabei und warf sich auf solche Stoffe. An dem Anfang unserer Zeitperiode steht die erste große Leistung städtischer Geschichtschreibung, aufgezeichnet in Straßburg unter dem Gefühl der Siege über die bischöfliche Gewalt. So entstand eine ganze Reihe städtischer Chroniken, von denen einige, wie die Straßburger des Jakob Twinger von Königshofen, die Lübecker des Detmar und seiner Fortsetzer besonderen Ruhm erlangten. Die anmutigste ist die Limburger Chronik des Tilemann Elhen, der uns mit seinen

Berichten von den zur Zeit beliebten Liedern, von den wechselnden Trachten, von dem ganzen Treiben lebendig in jene Vergangenheit versetzt, der uns Persönlichkeiten schildert, wie sie leibten und lebten, und in mancher psychologisch feinen Anekdote verrät, wie er als teilnehmender Mensch unter lebenswarmen Menschen seine Beobachtungen machte. Er bietet, was wir bei den anderen Autoren schmerzlich vermissen, denn er erzählt nicht allein die Ereignisse, er führt auch die Handelnden vor.

Es läßt sich allerdings nicht behaupten, daß die Geschichtsschreibung durch diese Wandlung auch gleich an Form und Inhalt gewonnen hätte; im Gegenteil, es ging ihr wie der übrigen Litteratur. Alle diese in sich recht verschiedenen Bücher sind keine Kunstwerke. Sprache, Darstellung, Stoffeinteilung tragen große Mängel an sich, auch die Zuverlässigkeit ist nicht unzweifelhaft; der beschränkte Gesichtskreis, der sich eigentlich nur auf hansischem Boden weiter spannte, verringerte den Wert.

Daneben hat auch das landschaftliche Gefühl oder die Teilnahme für ein Fürstenhaus Schriftsteller geschaffen, so in Baiern und Oesterreich, in der Grafschaft Mark, in einzelnen Bistümern und anderwärts, doch gehören sie alle unteren Lebensstellungen an und sind auch ihrer Weise nach meist auf die Rechnung des Bürgertums zu setzen.

Vierzehnter Abschnitt.

Wissenschaft und Kunst.

So starb in dem gesamten Schriftwesen das Mittelalter ab, indem es vom Volkstum überwuchert wurde. Vorläufig hielten sich noch Fortschritt und Rückschritt die Wage. Es war ein Vorteil, daß dem bürgerlichen Stande die Weiterbildung der Litteratur zufiel, weil er einen großen Teil des Volkes umfaßte, weil er nicht die phantastischen Ideen des Mittelalters, sondern die Wirklichkeit ergriff und pflegte. Doch ergaben sich auch gewisse Nachteile, denn Einseitigkeit und Beschränktheit im Inhalt, Nachlässigkeit in Form und Sprache drangen in das Schrifttum ein. Der Bürgerstand mußte sich erst hervorarbeiten aus den eng umschlossenen Verhältnissen, aus denen er hervorgewachsen war, in sich aufnehmen, was die anderen Stände besaßen, feinere Lebensart und Wissen, gewissermaßen erst die volle geistige Vertretung des ganzen Volkstums erringen. Dann erst konnte er neue Ideen und Formen schaffen. Auf dem Wege dazu war er, aber zum Ziele war es noch weit und mancherlei Hindernisse türmten sich damals und später entgegen.

Die deutsche Lebewelt war noch nicht dazu gelangt, das Neue klar zu ergreifen und aus ihm heraus Neues abzuleiten. Im Grunde genommen war die Zeit geistig eine Erholungspause, die im Völkerleben vorkommen und vorkommen müssen, wie bei dem einzelnen Menschen. Sie sind nicht Unthätigkeit, sondern Vorbereitung und Rüstung zu weiterer Arbeit; wenn sich die zersetzten früheren Ideen niedergeschlagen haben, erwächst auf ihnen eine andere Saat.

Das Bürgertum mußte seine geistige Thätigkeit noch verbreiten und vertiefen, indem es sich mit größerem Wissen ausrüstete. Das konnte in ausreichendem Umfang nur durch die Schule geschehen und auch diese befand sich auf einer Uebergangsstufe. In früheren Jahrhunderten lag aller Unterricht in den Händen der Geistlichkeit, deren Stifts- und Klosterschulen als erste Aufgabe naturgemäß die Erziehung zum Kirchendienste betrieben. Auch den Privatunterricht, den namentlich das weibliche Geschlecht der höheren Stände empfing, erteilten auf geistlichen Schulen Vorgebildete. Der größte Teil der männlichen vornehmen

Laienwelt entzog sich eine Zeit lang geflissentlich aller Gelehrsamkeit, selbst der Uebung des Schreibens und Lesens, da diese Künste nur für die Pfaffen bestimmt zu sein schienen.

In den Städten mußte früh eine andere Anschauung entstehen, denn Lesen, Schreiben, Rechnen konnte der Kaufmann nicht gut entbehren, der Handwerksmann nützlich verwerten. Obgleich die vornehmeren Bürger auch später ihren Kindern häuslichen Unterricht durch einen Kleriker erteilen ließen, entstanden überall in den Städten und selbst in den kleinsten öffentliche Schulen, gewöhnlich mit den Pfarrkirchen verknüpft, doch auch andere selbständige. Die Geistlichkeit, welche dadurch ihre Vorrechte geschädigt sah, versuchte oft genug, Hemmnisse zu schaffen, und der Streit ging manchmal bis an den päpstlichen Stuhl, aber das allgemeine Bedürfnis war ausschlaggebend. Die Ortsbehörden, wie die Landesfürsten, betrachteten sich als die Herren dieser städtischen Schulen, für die sie Mittel gewährten, nahmen die Lehrer in ihren Dienst und bestimmten die äußerlichen Verhältnisse. Große Vorstellungen darf man sich natürlich von diesen Anfängen nicht machen, der Unterricht beschränkte sich meist auf das Elementare. Die Schule entwickelte sich so in gewisser Unabhängigkeit von der Kirche, der allerdings eine Oberaufsicht nicht bestritten werden konnte, als städtische oder staatliche Einrichtung und legte in die Bürgerschaften die Keime einer allgemeinen Bildung. So trug die Laienschaft zu der Verbreitung des Wissens bei, ein Fortschritt für sie selbst von höchstem Belange. Er wurde erst recht wirksam durch die Gründung der Universitäten.

Die deutschen Kirchen und Klöster brachten in ihren guten Zeiten Gelehrte von großer Bedeutung hervor, aber der weltberühmte Albertus Magnus, der Doctor universalis, der 1280 in Köln starb, war für lange Zeit der letzte. Nicht, daß die Beschäftigung mit den Wissenschaften in der deutschen Geistlichkeit erloschen wäre. Die Domkapitel hielten meist einen Teil ihrer Stellen für Graduierte offen, verlangten auch von den adeligen Domherren, daß sie Studien trieben, Vorschriften, die allerdings oft unbeachtet blieben. Das Abschreiben alter, das Zusammenstellen neuer Schriften beschäftigte nach wie vor Klosterinsassen; Bücher blieben hochgeschätzter Besitz und manche geistlichen Anstalten verfügten über eine für jene Zeit nicht geringe Bibliothek, deren Hauptmasse natürlich Abhandlungen theologischer Art bildeten. Selbst ein dem Universitätsstudium ähnlicher Unterricht war hin und wieder anzutreffen, auch als dann die Hochschulen entstanden, erfuhren sie von geistlicher Seite thatkräftige Unterstützung. Die Führung ging indessen ganz und gar über an das Ausland, und wer größere Kenntnisse erwerben wollte, mußte fremde Schulen, die Universität von Paris oder die italienischen aufsuchen. Wohl haben auswärtige Gelehrte, wie die um Kaiser Ludwig gescharten, von Deutschland aus mächtigen Einfluß auf die gesamte geistige Entwickelung geübt, aber sie fanden dort keine Schüler und Nachfolger, und was in der Heimat von gelehrten Schriften entstand, war nicht geeignet, wesentlich zu fördern und vorwärts zu leiten. Es gab wohl Vielwisser und fleißige Schriftsteller, aber ihre Werke erhoben sich nicht über das gewöhnliche Maß. Weder in der Theologie — abgesehen von der Mystik —, noch in den philosophischen Wissenschaften, in denen damals lebhafter Streit entgegengesetzter

Lehrmeinungen brannte, hat ein deutscher Gelehrter sich über seinen engeren Kreis hinaus einen Namen gemacht. Zwar erwarb sich der ungemein vielseitige Regensburger Konrad von Megenberg das Verdienst, zuerst naturwissenschaftliche Dinge in deutscher Sprache allgemein verständlich zu behandeln und erntete dafür vielen Beifall, aber ein selbständiger oder tiefer Geist war er nicht.

Konrad verfaßte auch mehrere Schriften, welche im päpstlichen Sinne die Streitfrage zwischen Staat und Kirche behandelten; hatte er darin deutsche, obgleich anders gesinnte Vorläufer in Jordan von Osnabrück und seinem älteren Freunde Lupold von Bebenburg, Nachfolger hat er zunächst nicht gefunden.

Dieser dürftige Stand der Wissenschaften wird nicht auf allgemeine Unfähigkeit der damaligen deutschen Welt zurückzuführen sein, denn die Mystiker zeigen uns, wie tief auch damals Deutsche zu denken vermochten, und es darf nicht unerwähnt bleiben, daß in der Fremde so manche deutsche Gelehrte zu hohem Ansehen gelangten. Eher lag der Grund darin, daß die Ausbildung und Verfeinerung, welche die Wissenschaften erfahren hatten, bereits ein größeres Zusammenwirken gleichartiger Bestrebungen an einem Orte erforderten, wie es im Auslande die Universitäten darboten.

Doch diesem Mangel wurde abgeholfen, indem noch im Laufe des vierzehnten Jahrhunderts fünf deutsche Universitäten entstanden. Wir wissen, wie Karl IV. seiner Regierung den hohen Ruhm verlieh, die erste Universität im Teutschen Reiche, in Prag, zu schaffen. Die traurigen Zeitumstände, in welche die Gründung fiel, die starken Anforderungen, welche zunächst die Politik an den Herrscher stellte, hemmten ein schnelles Aufblühen; erst seit dem Ende der Sechzigerjahre nahm die nunmehr reicher ausgestattete Schöpfung einen glücklichen Aufschwung, wurden die vier Fakultäten voll ausgebaut. Die vier Nationen, in welche nachher die Universität nach Pariser Muster eingeteilt wurde, beschreiben den Umfang der Länder, aus denen Studierende herbeikamen, das Teutsche Reich, Ungarn, Polen, Rußland, die nordischen Reiche.

Den Antrieb für die Erweiterung von Prag gab wahrscheinlich der Wettbewerb mit der eben entstehenden neuen Hochschule in Wien. Am 12. März 1365 unterzeichnete Herzog Rudolf IV. den pomphaften Stiftungsbrief auf Grund päpstlicher Erlaubnis, deren schriftlicher Ausdruck bald darauf nachfolgte. Doch erst Herzog Albrecht III. erhob seit 1383 die nur kümmerlich ihr Dasein führende Anstalt zu einer wirklichen Universität und erreichte vom Papste die Genehmigung für eine theologische Fakultät; er gewann von der Pariser Hochschule, die der schismatischen Streitigkeiten wegen von vielen deutschen Lehrern und Studenten verlassen wurde, hervorragende Gelehrte, namentlich den vielseitigen Heinrich von Langenstein, und um konnte sich Wien bald neben Prag stellen.

Wenn Wien und Prag hauptsächlich den östlichen Ländern dienten, wurde Heidelberg, 1386 eröffnet, die erste deutsche Hochschule der rheinischen Gegenden. Der große Pfalzgraf Ruprecht I. schuf sie, die jetzt die älteste Universität innerhalb des neuen Deutschen Reiches ist. Auch hier war ein Pariser Professor Marsilius von Inghen der erste bedeutende Leiter, aber Prag stellte schon gleichfalls einige der Lehrer.

Weltliche Landesfürsten waren es demnach, welche zuerst das hohe Studium nach Deutschland verpflanzten, doch es ist bezeichnend, daß ihnen alsbald Städte nachfolgten. Auf Bitte des Rats von Köln gestattete 1388 Urban VI., dort ein dem Pariser gleichberechtigtes Generalstudium zu errichten. Die ersten Lehrer konnte zum größten Teil die städtische Geistlichkeit selbst stellen, meistens Pariser Magister; die Stadt selbst trug zur Ausstattung reichlich bei.

Schon früher hatte Erfurt, eine der größten Städte im ganzen Reiche und von ihren Herren, den Mainzer Erzbischöfen, fast unabhängig, den Plan gefaßt, zu ihrem glänzenden Reichtum die Wissenschaft zu fügen, der 1392 zur Ausführung gelangte. Die Anfänge waren nicht eben groß, aber unerwartet schnell traten günstige Verhältnisse ein und gerade dieser Universität war es später beschieden, ihre Genossen alle an Ruhm und Einfluß auf die Gestaltung der Wissenschaften und des Geisteslebens zu übertreffen.

Die Absicht des deutschen Ordens, in Königsberg eine Hochschule zu gründen, kam nicht zur Ausführung, die in Würzburg 1403 errichtete ging nach wenigen Jahren dürftigen Daseins wieder ein, so daß erst 1409 Leipzig und 1419 Rostock die Gesamtzahl auf sieben brachten, aber mittlerweile war die älteste, Prag, für Deutschland wieder verloren gegangen.

Ein reger Eifer war somit in die Deutschen gefahren, nachzuholen, was so lange versäumt worden war. Und obschon manche nicht allzulöblichen Eigenschaften, Eitelkeit, Rücksicht auf den für die Städte zu erwartenden Gewinn, unter den Triebfedern gewesen sein mögen: es wäre unrecht, die Achtung und Hochschätzung der Wissenschaften, welche zugleich zu Tage trat, deswegen nicht anzuerkennen. Der Besuch der ausländischen Gelehrtenschulen, der unleugbar die Anschauungen erweitern konnte, hörte auch keineswegs auf, im Gegenteil, der Wunsch, auch die Fremde zu sehen, wurde erst recht angeregt. Aber es war vom höchsten Wert, daß nun Deutschland wissenschaftlich auf eigene Füße gestellt, nicht mehr vom Auslande abhängig war.

Diese Hochschulen sind ihrem Wesen und ihrer Lehrweise nach durchaus als kirchliche Anstalten zu betrachten und sie waren die starken Festen des Glaubens. Die Theologie verzichtete auf jede selbständige Erklärung und begnügte sich mit den Kirchenvätern und der Glosse; die Kirchengeschichte entbehrte jeder Spur von freier Kritik. Die Juristen trugen vorwiegend kanonisches Recht vor und außer diesem nur römisches, während das deutsche ausgeschlossen blieb. Unbestritten und allgebietend herrschte die scholastische Philosophie. Ihre Verdienste sollen nicht geleugnet werden, aber den Durchschnittsmenschen konnte sie geistig nicht weiterführen, weil sie sein Denken nur in spanische Stiefeln einschnürte, aber nicht befruchtete. Sie gleicht einem Bergbau, aus dem die Arbeiter eine Zeitlang edles Metall gruben, aber da sie in den Gängen den Schutt liegen ließen, wurde die Arbeit immer beschwerlicher und weniger lohnend, so daß man schließlich aus Ueberdruß den Schacht lieber aufgab, obgleich er noch nicht ganz ausgebeutet war.

Der Unterricht erfolgte noch in der althergebrachten Schulweise. Er leitete nicht zur selbsttätigen Forschung an, sondern begnügte sich, das vorhandene Wissen den Schülern zu vermitteln und beizubringen. In den Lektionen wurden die vorliegenden Texte der Lehrbücher erklärt, in den Disputationen Lehrer wie Schüler geübt, über das Erlernte und den Kenntnisstoff zu verfügen, ihn formal zu ergreifen und zu beherrschen. Sehr bunt zusammengesetzt war die Schar der Studenten, deren es vom Knaben- bis zum gereiften Mannesalter hinauf gab. Denn die artistische Fakultät bot den Unterricht von einer sehr niedrigen Stufe an, und sie mußte erst durchgemacht werden, ehe der Eintritt in die anderen Fakultäten erfolgen konnte. Sie war daher die bei weitem zahlreichste und oft auch einflußreichste. Nur ein geringer Teil der Studenten ist über sie hinausgegangen zu den höheren Wissenschaften; Abrundung und Abschluß der Studien, wie sie heute selbstverständlich sind, gab es also nicht.

Die ersten Wirkungen der Universitäten auf das gesamte Volk dürfen nicht überschätzt werden. Unsere heutige Lehrfreiheit hatte auf ihnen keine Stätte, so daß sie nicht Ausgangsorte aufgeklärter Ansichten sein konnten, und es hat langer Zeit bedurft, bis die Professorenschaft große bahnbrechende Geister hervorbrachte, bis der Autoritätsglaube dem freien Denken und Suchen weichen mußte. Die Wissenschaft wurde durch die Hochschulen keineswegs volkstümlich und konnte es in diesen starren Formen nicht werden. Indessen gab der körperschaftliche Geist, den auch die Bezeichnung „Universitas" ausdrückt, Selbstbewußtsein und Sicherheit, und obschon die Anstalten durch viele Fäden mit der Kirche zusammenhingen, waren sie innerhalb derselben ziemlich selbständig gestellt. Ihre Lehrer gewannen dadurch allmählich Mut und Befähigung, sich zu eigenen Meinungen durchzuarbeiten oder die anderer aufzunehmen. Die Pforten öffneten sich für jedermann, dem Aermsten wurde die Möglichkeit geboten, sich zu höherem durchzuschlagen. Adelige, Bürger, wie Bauern schickten dorthin ihre Söhne, die dann in amtlichen Stellungen oder mit der genossenen Unterweisung sich bescheidend ihrer Heimat Bildungsstoff zuführten, der nach allen Seiten hin durchsickerte. Der Lehrerbestand für die Schulen besserte und mehrte sich, für den Beamtenstand, der immer mehr hervortrat, wurden tüchtige Kräfte herangezogen. Die Hauptsache aber war und blieb, daß durch die Universitäten das Monopol der Geistlichkeit auf Wissen und Können aufgehoben wurde; trotz ihres mittelalterlichen Zuschnitts und ohne Absicht trugen sie zur Auflösung des Mittelalters bei. Allerdings war der Erfolg ein langsamer, so langsamer, daß er sich im einzelnen kaum nachweisen läßt, aber er kam. Ist früher die Bedeutung der Hochschulen für die allmähliche Umbildung unseres Volkes höher als gebührend angeschlagen worden, so ist die allzugeringe Schätzung, die heutzutage manchmal beliebt wird, ebenso unrichtig.

Es war auch eine Riesenarbeit zu verrichten und nur ein kleiner Teil ist noch im Mittelalter geschehen, aber es wurde ein Anfang gemacht. Es ist schwer möglich, sich in den Anschauungskreis der damaligen Menschen und selbst derer, die für gebildet gelten durften, hineinzuversetzen. Abgesehen von der kirchlichen Auffassung und dem, was mit ihr zusammenhing, liegt der Unterschied hauptsächlich in der Erkenntnis und der Beurteilung aller naturwissenschaftlichen Dinge. Der Deutsche hat immer Liebe für die ihn umgebende Natur gehabt, und auch die asketische Richtung des früheren Mittelalters vermochte sie nicht auszurotten; die Freude an Wald, Wiese und Heide, an den Blumen, die sie schmücken, an den Bächlein, die sie durchrauschen, an den Vögelein, die sie beleben, tritt in der lyrischen Poesie mit aller Pracht hervor, wenn sie auch oft nur als herkömmliche

Redensart mißbraucht wurde. Die Tierfabel zeigt, wie das Gebaren der verschiedenen Gattungen der Beachtung wert befunden wurde. Auch eine äußerliche Kunde der Naturgegenstände war vorhanden und beliebt. Glossare verzeichneten die Namen von Tieren, Pflanzen und Gesteinen, die Schriften des Altertums, namentlich des Aristoteles wurden studiert, wie das Albertus Magnus in weitem Maße that, aber eine wirkliche Erkenntnis des inneren Naturseins blieb verschlossen, es fehlte das Bewußtsein des Naturlaufs, das Verständnis der Gründe, die das einzelne Vorkommnis bedingen. Man haftete an allgemeinen Vorstellungen, sammelte nur, ohne zu prüfen, bewegte sich in unbestimmten Benennungen und Ausdrücken, und schrieb den Gegenständen angebliche fabelhafte Kräfte zu, ohne zu fragen, woher und warum sie kommen sollten.

Astronomie und Physik bildeten einen Teil des höheren Unterrichts und erstere oder wenigstens die Beobachtung der leichter bemerkbaren Vorgänge am Himmel hat das ganze Mittelalter hindurch großes Interesse erweckt, auch Berechnungen wurden angestellt. Alle diese Bemühungen trafen nirgends den Kern, weil willkürliche und grundlose Voraussetzungen ein klares Erkennen unmöglich machten.

Auch die Geographie hat im Mittelalter allzeit Liebhaber gefunden und in den späteren Jahrhunderten erweiterte sich die Kunde der fremden Länder, besonders Asiens, ganz beträchtlich. Doch auch sie verquickte sich sofort mit Fabeleien.

Ein wirrer Wust der abenteuerlichsten Vorstellungen, mit denen sich Reste heidnischer Ueberlieferungen mischten, erfüllte daher die Köpfe, und die Schule pflegte ihn eher, statt ihn auszurotten. Auch heute ist ja die Kenntnis der Naturwissenschaften im Volke nicht so groß, wie zu wünschen wäre, aber der Unterricht pflanzt wenigstens den Schülern nicht Wahngebilde ein. Die Folge war ein unbegrenzter Aberglaube, der in dem kirchlichen Wunderglauben weitere Nahrung fand. Die durch die großen Weltereignisse hervorgerufene Aufregung machte ohnehin alles glaublich, und die schüchternen Versuche besserer Geister, vernünftiger zu denken, blieben wirkungslos, weil auch sie einer sicheren Kenntnisgrundlage entbehrten. Voraussagungen, dunkel und unergründlich, wie sie stets zu sein pflegen, aber deswegen um so packender, schwirrten eine nach der andern umher und erhitzten die leicht bewegliche Phantasie.

Natürlich wurde auch die Auffassung der Begriffe von Staat und Kirche durch die Unklarheit und Beschränktheit des Denkens beeinträchtigt. Die Kirche fußte allerdings auf der ererbten Sicherheit, aber die Bedeutung des Staates kam nur schwach zum Bewußtsein. Die Scholastik, die auch sein Wesen in den Kreis ihrer Untersuchungen zog, übertrug auf ihn die Theorien des Aristoteles, und nur Wenige, wie ein Marsilius von Padua, merkten, daß sie nicht recht passen wollten. Mit den allgemeinen Redensarten von den Pflichten eines guten Herrschers, von der Notwendigkeit, das Glück der Unterthanen und ihren Frieden zu begründen, kam man nicht viel weiter. Daher fehlte auch ein eigentlicher Staatsgedanke; indem jeder Teil die Selbsterhaltung als Hauptzweck auf sein Panier schrieb, wurde die Richtung eine demokratische. Aber da der Grundgedanke des Demokratismus, die allgemeine Gleichberechtigung, nicht vorhanden oder nicht durchführbar war, blieb als Folge nur Auflösung. Zum Glück bot das Bürgertum mit seinem Bedürfnis nach festen Ordnungen den Ausgangspunkt zu richtigeren Anschauungen, die sich demnach aus der Praxis, nicht aus der Theorie heraus bildeten, und jene erwuchs aus dem weltlichen Leben. Indem dieses in seine vollen Rechte eintrat, war der wirksame Anstoß gegeben, der dann zu neuen Staatsgedanken geführt hat.

Unter diesen Umständen konnten auch allgemeine wirtschaftliche Gedanken nur unvollkommen und langsam entstehen, Gedanken, welche nicht allein der Entfaltung und Erhaltung der einzelnen Kraft, wie es die zünftischen Ordnungen thaten, sondern ihrer Zusammenfassung zu einer Gesamtheit galten. Die Maßregeln, die oft genug getroffen wurden, um Handel und Wandel zu schützen, richteten sich in der Regel nur auf eine augenblickliche Notlage und suchten sie meist auf Kosten Anderer zu beseitigen. —

In der Kunst war das Bürgertum der Kirche nicht nur ebenbürtig geworden, sondern zog die Ausübung fast ganz an sich. Mehr wie andere Kunstzweige erfordert die Architektur bedeutende Mittel und diese boten die aufblühenden Städte reichlich dar. Allerdings half auch die Geistlichkeit durch Ablaß und Predigt und wurde noch die Urheberin großer Unternehmungen, doch bediente sie sich dazu fortan meist der bürgerlichen Meister. In den Städten erhoben sich als erste Zeichen des in ihnen waltenden Könnens und Vermögens die großartigen Pfarrkirchen, die bescheidenen Werke einer älteren Zeit wurden abgebrochen oder in ihren Teilen allmählich umgeschaffen. Daneben entstanden zahllose Neugründungen an Kirchen und Kapellen, groß und klein, weit über das Bedürfnis des Gottesdienstes hinaus, denn nicht bloß wollte sich gläubiger Sinn ein Verdienst um die Himmlischen erwerben, oft wurden auch Gotteshäuser errichtet zur Feier eines großen Glückes oder zur Sühne eines Verbrechens. Der Wunsch, Großartiges, Unvergleichliches zu vollbringen, band sich häufig nicht an die Thunlichkeit einer schnellen Vollendung, sondern überließ es den kommenden Geschlechtern, auch ihren Zoll Gott und dem Glanze der Stadt zu entrichten. Daher die manchmal überkühnen Entwürfe, die schließlich nicht ganz ausgeführt wurden.

Die Gothik, vom dreizehnten Jahrhundert übernommen, hatte im ganzen Abendland die Herrschaft errungen, aber bei den einzelnen Völkern empfing sie je eine andere Ausbildung; selbst in der Baukunst, die am meisten eine gewisse Stetigkeit in sich trägt, offenbarte sich, wie die Nationen auseinander gingen. Die deutschen Baumeister pflegten mit Vorliebe die vertikale Richtung, das Streben in die Höhe; ihr Ehrgeiz gipfelte darin, die steilen Schiffe durch mächtige, weithin über das Land sichtbare Türme überragen zu lassen. Der Helm wurde durchbrochen, denn leicht und zierlich sollte das Riesenwerk erscheinen. Mit Vorliebe, namentlich im Norden, errichtete man Hallenkirchen mit weiten, lichtdurchströmten Räumen, in welche die glasgemalten Fenster ihren farbenreichen Schein warfen. Der St. Veitsdom in Prag, der Ulmer Münster, der Stephansdom in Wien legen Zeugnis ab, zu welch gewaltigen Entwürfen sich die Meister erhoben; neben ihnen zeigt die Frauenkirche in Nürnberg, wie kleinere Kirchen das, was ihnen an Umfang abging, durch reiche Ausführung zu ersetzen suchten. Der Steinbau war unerschöpflich in kunstvollem Maßwerk an Thüren, Fenstern, und Pfeilern, in Statuen, welche die Nischen schmücken unter Baldachinen, deren luftige Bekrönung des spröden Stoffes zu spotten scheint. Die Außenseiten der gewaltigen Backsteinbauten belebte die Durchmusterung mit farbigen Ziegeln. So groß war die Kunst der Teutschen, daß das Ausland, selbst Italien sie als Werkmeister berief.

In der kirchlichen Baukunst wird wahrnehmbar, wie der Uebergang an die bürgerlichen Meister, die Rücksicht auf die Bedürfnisse und den Geschmack des Laientums die Formengestaltung bestimmte. Bei allem Wagnis in dem Aufbau bildete sich eine handwerksmäßige Uebung, die eben gerade in dem Gesuchten, dem Gekünstelten und Ueberraschenden ihr Feld suchte und darüber an Ernst und Klarheit verlor; die Besonderheit des Meisters ließ sich freien Spielraum. Die Lust an überreichem Schmuck schädigte die feste Strenge der Architektur, die Grenzen zwischen den Künsten verwischten sich.

Die Gothik diente auch den Werken der Welt, und in ihnen durfte die fröhliche Lust der Baukünstler sich noch freier entfalten. Es erhoben sich Rathäuser mit ihren laubenartigen Vorhallen und Bogengängen und ihren stolzen gegliederten Giebeln, nicht selten durch Türme bereichert. Reich verzierte Stadtthore lehrten den eintretenden Fremdling, daß die Bewohnerschaft hinter ihnen sich nicht allein zu wehren verstand, sondern auch hohen Sinn und Reichtum besaß; Häuser der reicheren Bürger, jetzt den Bedürfnissen einer bequemen, üppigen Lebensführung angepaßt, gaben Straßen und Plätzen ein stattliches Aussehen. Oeffentliche Brunnen erhielten kunstvolle Fassungen; der herrlichste von ihnen, der „schöne" Brunnen in Nürnberg, bei dem Bau- und Bildhauerkunst miteinander um die Ehre der Urheberschaft wetteiferten, wurde um 1390 unter Leitung des Rates errichtet.

Burgen und Schlösser der Fürsten gestalteten sich ebenfalls den Anforderungen der Zeit entsprechend, soweit die Geldmittel es gestatteten. Im äußersten Nordosten schuf der deutsche Orden die Marienburg, den Sitz seines Hochmeisters, als den großartigsten Schloßbau des ganzen Mittelalters; er zog selbst die musivische Kunst heran, um seine Schutzpatronin, die Jungfrau Maria, in ungewöhnlicher Pracht zu verherrlichen.

Die Architektur gab mit ihrer Weise der Bildhauerkunst Anregung und Nahrung. Daher ging auch ihr Lieblingszug, das Streben nach oben, auf die Schwester über. Die Körper wurden übermäßig hoch und schlank gebildet, ihre weiche Biegung, nötig um die Steifheit zu mildern, entsprach den Linien des Ornaments, unter dem faltigen, langherabwallenden Gewand verschwindet der Leib, dessen Bau nur angedeutet wird. Die Malerei huldigte demselben Ideal. Durch den gotischen Bau verlor sie das Feld, auf dem sie bisher hauptsächlich ihre Thätigkeit ausgeübt hatte, die breiten Wandflächen in den Kirchen. Ganz hörte die Wandmalerei deswegen nicht auf, denn ihr boten auch die weltlichen Wohnhäuser Raum und Platz, und hier entwarf sie nicht allein die herkömmlichen kirchlich-religiösen Schilderungen, gern entnahm sie aus dem Weltleben sowie aus der Litteratur heitere und frische Vorwürfe. Die Kunst trat eben aus der Kirche heraus in die Laienwelt und diente dieser nicht minder bereitwillig.

Die Tafelmalerei kam nun empor. Noch läßt sie die Figuren sich vom goldigen Hintergrund abheben, in Erinnerung daran, daß sie von der Wandmalerei ausging. Die Gestalten im bunten Gewande sind schlank und weich, mit zierlichen Händen und Füßen, das ovale Gesicht mit kleinem Mund und jugendlichen Zügen ist erfüllt von Seelenreinheit und Milde, von inniger Andacht. Die Menschen erscheinen wie Heilige, selbst der Krieger wird zum sanften Jüngling. Seltsam widerspricht die selige Versunkenheit, die über den Bildern liegt, dem derben, ja rohen Wesen, das die lebenden Menschen an sich hatten. Wohl schlug in der Mystik eine verwandte Ader, aber man darf die Form, deren die Kunst sich bediente, nicht als den getreuen Ausdruck der Zeitrichtung nehmen. Diese Zeichnung war gegeben durch das Können der Künstler, und die sich fortbildende Kunst strebte bereits darüber hinaus, suchte das Individuelle zu fassen und gelangte zum Naturalismus. Auch nicht alle Schulen pflegten diese entzückte und entzückende Verklärung, welche das Kölner Dombild in höchster Vollendung zur Schau trägt. Die Prager Schule am Hofe Karls IV. liebte derbere Körper und kräftigere Gesichter, wiewohl dort nicht minder kirchliche Gesinnung herrschte. Die Kunst, obgleich sie wie die Wissenschaft im Mittelalter wurzelte, war weiter vorgeschritten, als diese und rang nach neuen Formen; sie hatte den Vorzug der engen Verbindung mit Leben und Volk und wurde von Meistern geübt, die aus beiden hervorgingen und ihnen angehörten.

Wohin wir im geistigen Leben blicken, überall steht das bürgerliche Laientum voran. Noch wirtschaftet es mit dem Erbteil früherer Zeiten, aber dieses genügt nicht mehr, um das reich entfaltete Dasein zu fassen. Das deutsche Volkstum strebt aus dem Mittelalter heraus und sucht für sich echten Ausdruck und lebenswahre Gestaltung.

Fünfzehnter Abschnitt.

Kirchliche Zustände.

Ein geschichtliches Urteil über die im Laufe der Zeiten wirksamen Mächte und Kräfte läßt sich allein auf ihre in dieser Welt sichtbaren Leistungen begründen. Was die Kirche sich sonst zum Ziele ihrer Arbeit an den Menschen setzt, liegt auf einem überirdischen Gebiete, in das die Geschichtsforschung nicht einzubringen vermag; nur soweit es sich um den Menschen als Erdenbürger handelt, darf sie ihre Aufgabe stellen. Die Kirchen sind für sie nur wechselnde Erscheinungsformen. So allgemein gültige Begriffe Religion und Christentum zu sein scheinen, so sind sie doch nicht immer und überall dasselbe gewesen; ihr reichhaltiger und mannigfacher Ausmünzung fähiger Inhalt wurde je nach Zeiten und Völkern anders gefaßt und ausgeprägt. Welche Unsumme von Thorheiten müßte sonst dem Christentum aufgebürdet werden! Außerdem sind Kirche und Religion nicht bloß schöpferische Gewalten, sondern auch sie unterliegen in ihrem irdischen Bestande den allgemein herrschenden Verhältnissen, durch welche die Ausführung der in ihnen liegenden Grundgedanken in stets wechselnder Weise beeinflußt wird.

Das Papsttum hatte einst den Riesenkampf mit dem Kaisertum um eines hohen Gedankens willen begonnen: es wollte die Kirche zu einer in sich geläuterten, Friede und Gnade bringenden Heilsanstalt umschaffen. Hatte es dieses Ziel erreicht, dann waren die furchtbaren Opfer nicht vergebens gewesen, dann war auch der geschichtliche Beweis erbracht, daß das päpstliche System das richtige, zu einer dauernden Herrschaft berufene und berechtigte sei.

„Unter den Geistlichen, dem weltlichen Klerus und den Mönchen, entstand zu dieser Zeit Zwietracht, Empörung, Anzettelung, Verschwörung und Bündelei überall. Auch die simonistische Ketzerei riß so im Klerus ein und wucherte so üppig, daß jeder jeden Standes, hoch, mittel und klein, und jeder Weltgeistliche oder Mönch auf jede Weise offen kaufte und verkaufte jedes geistliche Gut ohne Scheu, ohne Tadel, geschweige denn Strafe, so daß es scheinen konnte, als habe der Herr Käufer und Verkäufer nicht aus seinem Tempel geworfen, sondern sie in ihm eingeschlossen, und als ob die Simonie nicht ketzerisch, sondern kirchlich, katholisch und heilig wäre. Die Präbenden, Aemter und alle anderen kirchlichen Würden, Pfarrkirchen, Kapellen, Vikarieen und Altäre tauschten sie ein für Geld, für Weiber und selbst für Buhlerinnen, setzten sie aus im Würfelspiel zu Verlust oder Gewinn. Damals wurde auch jede Religion von den Lehrern zersprengt, wie von den Schlangen, welche bei ihrer Geburt den Mutterleib zerreißen. Alle Stellung und Beförderung war nur zu haben für Geld, Vorteil und Nutzen, selbst alle Klosterämter, mochten sie auch noch so klein sein, wurden von Beliebigen, von Unwissenden, Ungebildeten, Ungelehrten, Jünglingen, von Unerfahrenen, Eseln und Unbrauchbaren, die Geld gestohlen hatten oder sonst irgendwie besaßen, gekauft, eingenommen und bekleidet oder auch von den Prälaten sogar an der römischen Kurie, wie einst die Präbenden, verschafft und erlangt. Und seitdem werden achtungswerte Männer, wie vor Alters, unter Weltgeistlichen und Klosterbrüdern nicht leicht gefunden. Sieh' Dir an die Aebte, die Prioren, Guardiane, Magister, Lektoren, Pröpste, alle Kanoniker und seufze! Sieh' an ihr Leben, ihr Beispiel, Unterricht und Lehre und die Gefahren der Pflegebefohlenen und erzittere! Auch Du, Herr, Vater der Erbarmung, sieh' es an und erbarme Dich, weil wir gegen Dich gesündigt haben."

Es war um die Mitte des Jahrhunderts, als sich diese Klagen der gepreßten Brust des Dominikaners Heinrich von Herford entrangen. War es seitdem anders geworden? Der Sturm von Beschwerden, der sich vor und auf dem Konstanzer Konzil gegen die kirchlichen Zustände erhob, die düsteren Gemälde, die nicht nur in Deutschland, sondern im ganzen Abendlande von dem Treiben der Geistlichkeit entworfen werden, lassen schließen, daß der Verfall noch mehr um sich gegriffen hatte. Mit schonungsloser Schärfe führte empörter Zorn gegen Glieder der ganzen Hierarchie, vom Papste herunter bis zum Vikar und Mönch, eine Sprache, wie sie sonst nur zur Zeit der wütendsten Parteikämpfe vernommen wird. Diejenigen, welche so flammende Worte in die Welt schleuderten, gehörten meist selbst der Kirche an, waren sogar stolz darauf; dennoch ließen sie sich an Ungestüm kaum von den abtrünnigen Ketzern überbieten. Es ist gar nicht möglich, alle diese gleichlautenden Erklärungen zusammenzustellen; die mit den schwersten Beschuldigungen belastete Klageschrift würde kein Ende finden, jede Seite das gleiche Bild grauenhafter Verderbnis entrollen.

Ist das nun alles wahr und richtig? Ja und nein, je nachdem! Es gab unglaubliche Mißstände, aber keineswegs war die gesamte Geistlichkeit ein pesthauchender Sumpf. Die feurigen Ankläger wären ja sonst nicht aufgetreten, und eben ihr Uebermaß zeigt, wie sehr ihnen die Kirche und ihre Aufgaben am Herzen lagen. Es gab unter dem hohen und niederen Klerus gute und schlechte Menschen, und wir dürfen getrost annehmen, daß es der ersteren mehr gab, doch sie mußten für die Sünden ihrer Genossen mit büßen.

Der Fehler lag viel mehr an dem System, als an den einzelnen Persönlichkeiten. Das ins Ungemessene gesteigerte Uebergewicht des Papsttums, seine unnatürliche Stellung hatte die Kirche in den Abgrund gerissen und zog die Päpste mit unwiderstehlicher Gewalt nach. Die Avignonesen waren — vielleicht mit Ausnahme von Clemens VI. — durchaus sittenreine Männer, aber unter ihnen trat bereits der Niedergang der Kirche ein, den das Schisma erst zur öffentlichen Besprechung brachte.

Es hieße die ganze Geschichte des mittelalterlichen Papsttums schreiben, wenn die Ursachen, welche zu so beklagenswertem Ergebnis führten, alle aufgeführt werden sollten. An Warnungen hatte es seit dem zwölften Jahrhundert nicht gefehlt, aber es war das Verhängnis des Papsttums, daß es auf der einmal beschrittenen Bahn nicht mehr einhalten konnte, so wenig wie die stetig wachsende Lawine zum Stillstand kommt.

Der Umfang der Aufgaben, welche das Papsttum sich gestellt hatte, die dadurch erforderte Vermehrung der ganzen Zurüstung hatten die päpstliche Macht zu einer unübersehbaren Masse anschwellen lassen. Der Gedanke, der Kirche gebühre die Oberleitung des ganzen menschlichen Lebens, gereichte ihr zum Verderben, weil er sich als unausführbar erwies. Um die Kirche für ihn stark genug zu machen, hatte man sie an ihrer höchsten Stelle zusammengefaßt, bis Kirche und Papsttum zu einem Begriffe zusammenschmolzen. Dadurch wurde das Papsttum verantwortlich für alles, was in der Kirche geschah, während es ihm unmöglich war, diese überall in ihrem rechten Gange zu erhalten. Das konnte beim besten Willen nicht geschehen, da das Papsttum außer der großen Politik nicht nur Dogma und Zucht beaufsichtigen wollte, sondern auch die kleinsten Dinge der Verwaltung an sich zog. Aber die unheilvollen Folgen wurden ihm mit Recht aufgebürdet, da es ehern und unverrückt seinen Bestand behaupten, nicht zu Gunsten einer Besserung Opfer bringen wollte.

Der Widerstand gegen das Papsttum regte sich zuerst auf dem politischen Gebiet. Indem es in das innere Leben der Staaten und Völker eingriff, das eine Mal mit Wohlmeinung, das andere Mal, um seine Kraft zu zeigen, wurde es zur politisch-weltlichen Macht und setzte sich dadurch in die Lage, wie eine solche beurteilt zu werden; die Uebergriffe, die es wirklich oder vermeintlich that, schadeten seinem geistlichen Beruf und Ansehen. Das Verhängnisvollste war nun, daß die Päpste für ihre politischen Kämpfe, sowie für die Behauptung des Kirchenstaates und der Stellung in Italien fortwährend gewaltiger Geldmittel bedurften, welche die Christenheit aufzubringen hatte, und dieses Geldwesen hat zuerst das Papsttum vor aller Welt bloßgestellt, schließlich seinen und damit der alten Kirche Sturz herbeigeführt. Um sich zu behaupten, blieb nichts übrig, als die Quelle, aus der das Unheil floß, offen zu halten, wo möglich noch zu erweitern. Die Päpste hatten ferner den Plan, das heilige Land zurückzugewinnen, nicht aufgegeben und forderten dazu Abgaben ein, ohne daß ein Erfolg zu sehen war.

Eine genaue Kenntnis des päpstlichen Finanzwesens in jener Zeit besitzen wir freilich nicht und werden wir bei dem Mangel der urkundlichen Grundlagen kaum je erreichen. Wir sind angewiesen auf vereinzelte Nachrichten, von denen viele sicherlich übertrieben sind. Die Geldwirtschaft der Kurie krankte, wie die der weltlichen Herren, vor allem an dem unregelmäßigen Eingang der Einkünfte gegenüber hohen Ausgaben. Die große Masse hatte kein Urteil darüber, wieviel erforderlich war, und daher wurde jede Abgabe mit Widerwillen geleistet. Doch kann man das System an sich einigermaßen beurteilen, und wie die öffentliche Meinung es faßte, war für den Gang der Dinge maßgebend.

Es ist bekannt, wie namentlich der Kirchenverderber Johann XXII. die Verleihung von Bistümern und Pfründen zu einem höchst einträglichen Geschäft machte. Das war im großen und ganzen geblieben und was wir von einzelnen Vorgängen zuverlässig wissen, ist allerdings stark genug. Für die Bistümer galten bestimmte Taxen, wie z. B. für Münster 3000 Gulden; häufig kamen noch besondere viel größere Verpflichtungen der Bewerber hinzu. So ging es herunter bis zu den geringen Pfründen und nicht genug, daß erledigte für Geld vergeben wurden, es waren auch sogenannte Erspektanzbriefe zu haben. Bonifacius IX. trieb damit völligen Handel; er widerrief endlich die erteilten Gnaden, doch nur, um neue verkaufen zu können. Eine ernstliche Prüfung der Eigenschaften der Bewerber konnte dabei nicht stattfinden, der mit Geld oder einflußreicher Empfehlung Ausgerüstete gewann leicht die Vorhand. Kein Wunder, wenn die Meinung entstand, die Kurie verkaufe geistliche Aemter an den Meistbietenden, und im Grunde genommen war es auch nicht viel besser. Zu solchem Ende hatte der Kampf der Gregorianischen Zeit gegen die Simonie geführt! Das Papsttum, groß geworden, weil es anderen die Simonie verwehrte, fiel durch die eigene!

Das Papsttum war die große Gnadenquelle, aus der Verleihungen und Vergünstigungen aller Art flossen, selbst die Bestätigung rein weltlicher Rechte. Unzählige Streitsachen wurden dorthin getragen, denn auch die Laiengewalten fanden es bequem, die Sache gleich mit einem Schlage an der höchsten Stelle zu erledigen, wenn sie mit der heimischen Geistlichkeit in Zwist gerieten. Aber kostspielig war das immer. Bei der Ueberhäufung der kurialen Behörden mit Geschäften dauerte es lange, ehe man die Sache überhaupt anbringen konnte. Da blieb nichts übrig, als unten bei den geringeren Beamten anzufangen, damit sie bei den großen Herren vermittelten; weil nachher, wenn der Entscheid gefallen war, wieder lange Zeit verging, ehe die Ausfertigung der Bullen die mannigfachen Stufen durchlief, mußte man wieder dahinter sein, um den teuern Aufenthalt in Rom abzukürzen. Ueber die Höhe der Hauptzahlung für den Papst wurde manchmal lange hin- und hergefeilscht. Immer liefen ganz erkleckliche Summen zusammen und allgemein hieß es, in Rom sei ohne Geld nichts auszurichten, das Recht feil, eine Meinung, die freilich nicht erst damals aufkam. In der Reichskanzlei ging es nicht anders zu, aber der Papst war doch der Heilige Vater, der Stellvertreter Gottes auf Erden.

Das größte Aergernis verursachten die außergewöhnlichen Forderungen, welche die Päpste zu stellen pflegten, die Zehnten, Subsidien und dergleichen. Sie begegneten entschiedenstem Widerstand, den auch Strafurteile nicht brachen. Am widerspenstigsten zeigten sich die hohen Prälaten, die auch am ehesten Trotz bieten konnten. Sie beschuldigten das Kirchenoberhaupt, daß es die Kirchen ruiniere.

So zog das Papsttum in der Kirche selbst feindselige Gefühle gegen sich groß und erzeugte Ungehorsam, ohne ihn wirksam bekämpfen zu können, denn seine Macht beruhte doch darauf, daß die Glieder dem Haupte willig dienten. Wie die Laien seinem Uebergewicht widerstrebten, ging ein gleicher Geist auch durch den Klerus. Vom Papste bestellte Anwärter auf Pfründen mochten sehen, wie sie gegenüber den erbitterten Kapiteln ihren Besitz eroberten, und mußten oft erfolglos abziehen, um nicht Schlimmeres zu erfahren. In vielen Bistümern galt schon seit langer Zeit der Brauch, daß päpstliche Briefe erst dem Bischofe oder dem Kapitel vorgelegt und von diesem bestätigt werden mußten, ehe sie Kraft erlangten. Den Vorwand bot anfangs die Gefahr, daß leicht Fälschungen eingeschmuggelt wurden, jetzt gab das Schisma unverfänglichen Grund, die alten Vorschriften zu erneuern. Allein dabei waltete auch die Absicht, die Rechte des Bistums vor willkürlicher Kränkung zu bewahren und die Jagd nach päpstlichen Verleihungen zu erschweren.

Die beständige Geldnot führte noch zu anderen Maßregeln oder wenigstens entstand der Schein, als wenn sie ihretwegen ergriffen wären. Es ist in alter und neuer Zeit viel über den Ablaß geredet und geschrieben worden, zum Angriff und zur Verteidigung; für den Geschichtsforscher wird es indessen weniger darauf ankommen, wie es mit der Theorie steht, als wie die jeweilige Zeit den Ablaß aufnahm und welche Wirkungen er ausübte. Nachdem Bonifacius VIII. zuerst das römische Jubeljahr verkündet, hatte erst Clemens VI., dann Urban VI. und Bonifacius IX. noch mehr den Zwischenraum verkürzt. Die Jubeljahre waren verknüpft mit einem großen Ablaß, der von der Christenheit mit Freuden aufgenommen und reichlich benutzt wurde. Selbst 1390 strömten nach Rom zahlreiche Pilger auch aus den nördlichen Landen, aber Bonifacius ging über die ursprüngliche Festsetzung hinaus. „Wer die Gnade nicht holen wollte, dem brachte man sie heim ums Geld," denn Bonifacius erteilte nachher auch Fürsten, wie in Deutschland dem Könige Wenzel, den baierischen und meißnischen Landesherren, selbst einzelnen Städten das Recht, daß man dort für die Erlegung der Summe, welche die Fahrt nach Rom gekostet hätte, den gleichen Ablaß gewinnen konnte, wobei die weltlichen Obrigkeiten den Erlös mit dem Papste teilten. Auch sonst wurde freigebig bei allerhand Gelegenheiten Ablaß bewilligt und die Vertreiber mußten ihm einen guten Preis zu machen, indem er „für Schuld und Pein" gelten sollte. Der Ertrag war groß, aber verständige Männer brandmarkten das schändliche Treiben; es kam vor, daß man auf den Ablaß freiwillig verzichtete, „weil man fürchtete, daraufhin möchten viele Sünden geschehen". Trotzdem ließ nachher Johann XXIII. zum Zweck des Krieges gegen Neapel Ablaß in einer das religiöse Gefühl noch verletzenderen Weise betreiben und gab damit die Ursache kirchlicher Umwälzungen. Gerade die Lehre von der Buße hatte einst der abendländischen Kirche den geistigen Vorsprung vor der morgenländischen gegeben und in dem germanischen Gemüt gesegneten Boden gefunden; jetzt beeinträchtigte das Papsttum selbst ihren inneren Wert.

Der Investiturstreit war hauptsächlich geführt worden um die Besetzung der deutschen Bistümer. Jetzt hatte der König darauf keinen Einfluß mehr, außer wenn es ihm persönlich gelang, bei den Kapiteln oder bei der Kurie einen ihm erwünschten Bewerber durchzusetzen, wie das Karl IV., aber doch nur er, oft konnte. Die Belehnung mit den Regalien war nur eine Form, die dem weltlichen Oberhaupte keinen Einfluß mehr einräumte. Da die Wahl der Kapitel die Bestätigung der Kurie erforderte und der Papst selbst viele Bischöfe ernannte, war jetzt die oberste Kirchenleitung allein haftbar für die Männer, denen die weltliche und geistliche Führung ihrer Unterthanen anvertraut wurde.

Durchschnittlich lautete das Urteil über die Bischöfe, die „Wölfe und Mietlinge" wenig günstig, es verdammte sie samt und sonders. Der Ueberreifer beging Unrecht, denn unter ihnen fehlten keineswegs gute Hirten, sittenreine Männer, gebildete und gelehrte Herren. Nur, daß von diesen die wenigsten ihren Tugenden die glückliche Laufbahn verdankten, und wenn sie sich als gut bewährten, so war das ihr persönliches Verdienst.

Die Kapitel, denen die Wahl zustand, hatten häufig einen recht wenig geistlichen Charakter, da sie vielfach Versorgungsanstalten des stiftischen und benachbarten Adels waren. Gewöhnlich wurden zwar einige Stellen mit gelehrten Klerikern besetzt, — schon weil man solche nicht ganz entbehren konnte, — aber sonst kam es weit mehr darauf an, ob Stammbaum und Ahnentafel in Ordnung waren, als auf andere Eigenschaften; gelegentlich dagegen erlassene Vorschriften hatten nie langen Bestand. Bei den Wahlen traten sich daher Parteien entgegen, nicht etwa kirchliche, sondern meist Vetterschaften; sehr oft wurden zwei Bischöfe gegeneinander erkoren. Unter allen Umständen verursachte die Wahl dem glücklichen Bewerber große Kosten, die er dann wieder aus dem Bistum heraus schlagen wollte. Bei der Doppelstellung der Bischöfe als geistliche und weltliche Fürsten mußte in der Regel eine der beiden Seiten leiden und fast immer war es die erstere. Die Ausstattung mit Geld und Gut machte die Bischofssitze zu dieser gesuchten Ware und hatte die weitere Folge, daß kein Bischof sich dem weltlichen Thun entziehen konnte, da er dann seine Pflichten nicht voll erfüllt hätte, und in diesem Widerspruch war der Schiffbruch nur zu leicht.

Da ein beträchtlicher Teil der damaligen Bischöfe aus dem Adel hervorging, bewahrte er mit dem Familienverband auch dessen Sitten und Lebensweise. Viele betrachteten sich nur als weltliche Regenten, kam es doch mehr und mehr auf, daß die Bischöfe gar nicht die Priesterweihe nahmen, um sich freier bewegen zu können; sie schoben dann die priesterlichen Amtspflichten Vertretern zu. Trotzdem betrachtete die Kirche die Bistümer als rein kirchliche Anstalten. Nirgends zeigten sich deutlicher die Widersprüche und geradezu Unwahrheiten, welche der kirchliche Zustand in sich schloß.

Den Bischöfen ging es wie der Kurie, sie brauchten Geld und abermals Geld. Viele Bistümer waren so tief erschöpft, daß sie kaum noch bestehen konnten; ein tüchtiger Verwalter gab meist nur dem Nachfolger die Möglichkeit, das Verwüstungswerk von neuem zu beginnen. Das Geld mußte vom Bistum aufgebracht werden. Die Kapitel hatten allerdings einen Anteil am Stiftsregiment erlangt und legten den Bischöfen in den Wahlkapitulationen bindende Verpflichtungen auf, aber meist nur zu ihrem eigenen Vorteil oder um den Güterbestand des Stiftes gegen Veräußerung und andere Minderung zu bewahren. Dafür erlag der untere Klerus fast den ungeheuren Anforderungen, die von allen Seiten an ihn gestellt wurden, da außer dem Papst auch die weltlichen Herren unbekümmert um den Einspruch der Kirche von ihm Auflagen eintrieben. Erzählt man doch, daß Pfarrer lieber ihre Gemeinde verließen und umherschweifend sich mit Betteln durchschlugen, als daheim am Hungertuche zu nagen.

Zu den Hauptpflichten der Bischöfe gehörte von jeher, die Geistlichkeit ihres Sprengels auf Synoden zu versammeln, und noch Urban V. hatte diese Vorschrift eingeschärft. Sie fand wenig Nachachtung und es liegt nicht allein an der mangelhaften Ueberlieferung, daß wir sehr wenig Synoden in dieser Zeit kennen. Zum Teil kam das daher, weil wie die Bischöfe nicht den Päpsten, so wiederum ihnen ihre geistlichen Stiftsinsassen nicht recht gehorchen wollten und auch hier war das oberste Regiment nicht ohne Schuld. Denn die dem Mittelpunkt zustrebende Richtung in der Kirche hatte die bischöfliche Vollmacht zu Gunsten der höchsten Leitung beschränkt und durchbrochen, allein die freie Berufung an den römischen Richterstuhl war ein sehr zweischneidiges Mittel. Namentlich die Klöster deckten sich durch sie gegen ihre Diöcesanvorsteher und panzerten sich mit besonderen Privilegien gegen deren Eingriffe. Gerade die besten Bischöfe bekamen das schwer zu empfinden; versuchten sie die verlotterte Zucht zu bessern, stießen sie auf fast unüberwindliche Hindernisse, oft auf einen unbändigen wilden Trotz. Und doch that eine Reform bringend not.

Die Klosterverhältnisse waren sehr mannigfach. In den großen Abteien ging es ähnlich wie in den Bistümern zu, auch hier war die Persönlichkeit des jeweiligen Abtes maßgebend. Daneben gab es Vermögensabstufungen bis hinab zu den dürftigsten Genossenschaften, die kaum das Leben fristen konnten. In den Bettelmönchsklöstern unterstützte der feste Verband, den sie untereinander hatten, wohlthätig die Durchführung der Regel, obgleich auch in ihnen arge Geschichten vorfielen. Da sie in den Städten lagen, gebot ihnen der Druck der Oeffentlichkeit Rücksichten, und die Stadtobrigkeiten schritten manchmal selbständig gegen Auswüchse ein. Die Bettelorden waren sich gegenseitig spinnefeind, und da sie den größten Teil der Seelsorge an sich gezogen hatten, trugen sie auch den Neid und Haß der Weltgeistlichkeit. Sie störten thatsächlich die kirchlichen Gemeindeverbände und es kam vor, daß Mönche ihrem Orden in gewissenlosester Weise die Volksgunst zu erringen suchten. Aber bei den Stadtklöstern blieb doch im ganzen die geistliche Ader kräftig und auch ihre wissenschaftliche Thätigkeit versiegte nicht.

Viel übler stand es draußen in den Landklöstern, deren Insassen ein freies Leben nach ihrem Belieben führen konnten. Den übelsten Ruf hatten die Frauenklöster, selbst die in den Städten. Stammten ihre Bewohnerinnen vorwiegend aus adeligen Häusern, so genossen sie auch noch den Schutz ihrer Verwandten, welche die Handhabung der strengen Regel mit Gewalt abwehrten. Nonnen behaupteten geradezu, nur so lange sie innerhalb der Klostermauern weilten, oder auch nur während des Gottesdienstes seien sie durch das Gelübde gebunden; sie trugen kostbare Kleider, nahmen an Lustbarkeiten teil, führten sogar auf den Straßen und in den Trinkstuben Reigentänze auf. Auch dem Besuch von Männern, weltlichen und geistlichen, öffneten sich die Pforten von Frauenklöstern. Reformversuche schlugen meist fehl oder hielten nicht vor, und versetzten manchmal die mit der Durchführung Betrauten in ernstliche Lebensgefahr. Gab es auch unter den Klöstern noch viele Stätten wackerer Uebung, das öffentliche Urteil beachtete meist nur die argen Schäden und urteilte demnach in Bausch und Bogen. Das Klosterwesen hatte sich eben zum Uebermaß entwickelt, so daß es der Kirche über den Kopf wuchs und sich nicht mehr übersehen und beherrschen ließ.

Auch von der Weltgeistlichkeit wird nicht viel Gutes erzählt, besonders ihre grobe Unwissenheit verspottet. Die auf dem Lande suchte für ihre klägliche Lage nicht selten Ersatz in Genüssen, die für den Stand am wenigsten passend waren. Dazu kam noch die große Schar von Klerikern aller Art, die stellungs- und haltlos ihr Glück suchten, wo und wie es ihnen zufallen mochte, gegen deren wüstes Umherschweifen kein Gebot half.

Daher der allgemeine Ruf nach Reform. Es erregt unsere Verwunderung, daß er so frei erklingen durfte; man könnte wohl meinen, damals sei die Meinungsäußerung weniger Schranken unterworfen gewesen, als jetzt. Aber nur die Auffassung war eine andere. Wir vertragen und gestatten Angriffe auf ein System, auf bestimmte kirchliche oder weltliche Richtungen und Parteien als solche, sind aber empfindlich, wenn einzelne Personen verunglimpft werden, und es gilt für anständig, Person und Sache zu scheiden. Damals war es umgekehrt: man hielt sich an die Personen und bürdete ihnen alle Schuld auf, aber ließ die grundsätzlichen Fragen unberührt. Ein Angriff auf Grundlagen des Kirchentums und des Papsttums setzte den Urheber großer Gefahr aus, während er gegen die jeweiligen Träger eher zulässig war, doch ging es manchem Eiferer, der den Finger in die offene Wunde legte, schlecht genug, wenn die Erbitterten über ihn Macht bekamen. Die Untugenden der Geistlichen, ihr Geiz, ihre Habsucht, Wollust, Unwissenheit, Verweltlichung wurden in grellen Farben ausgemalt, aber daß vielleicht die Ursache der beklagten Unordnungen in dem ganzen Wesen der Kirche, in ihren gesamten dogmatischen und verfassungsmäßigen Einrichtungen zu suchen sei, kam den wenigsten in den Sinn. Zwar gab es auch eine grundsätzliche Gegnerschaft, aber diese wurde als ketzerisch verfolgt, während die wohlmeinenden Reformer glaubten, mit einer Aenderung in der Geschäftsgebarung der Kurie, mit Einschärfung und kräftiger Durchführung der kanonischen Vorschriften lasse sich alles Gewünschte erreichen.

So zerfahren die Kirche in sich war, gegen die Welt hielt sie fest zusammen. Ein Zusammenstoß, selbst mit dem geringfügigsten Teile von ihr, konnte schwere Folgen haben und wurde gerne vermieden; Magistrate ließen geistliche Unfugstifter lieber straflos laufen, als sich unübersehbare Unannehmlichkeiten zuzuziehen. Jeder Geistliche konnte sich der weltlichen Obrigkeit gegenüber mit dem Schilde der ganzen Kirchengewalt decken, der Stand gab übergroße Vorrechte und Selbstbewußtsein, welche leicht zur Anmaßung ausarteten. Natürlich wurde dadurch die allgemeine Erbitterung gegen den Klerus nicht gemildert. Hieß es doch, es werde einmal zu einem großen Morde aller Pfaffen kommen.

Trotz alledem konnte der Laie die Geistlichkeit nicht entbehren, weil sein Seelenheil von ihr abhing. Der noch unerschütterte Glaube an diesen Beruf der Kirche wiegte sie in Sicherheit und verschloß eine ernste Einkehr, denn es gab keine Macht, die dazu hätte zwingen können, weil die päpstliche Kirche allein und ohne Nebenbuhlerin im Abenland bastand. Die Erhaltung ihrer bisherigen Macht war den Päpsten wichtiger, als Reform, und die Kirche sorgte zuerst für ihre Rechte, nicht für ihre Pflichten. Allerdings waren ihre Leiter überzeugt, ohne diese Rechte auch nicht die Pflichten erfüllen zu können, und in der That galt auch hier der Satz: sit, ut est, aut non sit. Alle Einrichtungen waren untereinander verkettet, das Ganze eine ungeheuere Einheit, aus der sich kein Stein herausnehmen ließ, ohne sie zu zerstören.

Sechzehnter Abschnitt.

Kirchliche Gegensätze. Sittliche Zustände.

In der That war eine ernstliche Gefahr für den Bestand der Kirche allem Anschein nach nicht vorhanden. Die große Volksmasse lebte noch vollständig in den hergebrachten Vorstellungen und nahm trotz allem Schelten über die Geistlichkeit die dargebotenen Heilsmittel mit Hingabe und Gläubigkeit an. Die Ablässe erzielten reichlichen Absatz, die neu eingeführten Festtage, wie Fronleichnam, fanden raschen Eingang, die Reliquienverehrung steigerte sich eher, als sie abnahm, zu Wallfahrten strömten unzählige Scharen. Große Pilgerzüge gingen nach Köln, nach Aachen, nach Prag, auch die auswärtigen Stätten, Rom, besonders St. Jago di Compostella, selbst das heilige Land behielten ihre Zugkraft. Die Heiligtumsorte vermehrten sich sogar noch; namentlich Wunder an Hostien, an verschüttetem Abendmahlswein, an verletzten Heiligenbildern machten Kirchen zu neuen Gnadenorten, von denen keiner so wie das Märkische Wilsnack in Aufnahme kam. Die Wallfahrt diente oft zur Sühne für begangene Verbrechen, einem recht bequemen Mittel, da der Reiche auf seine Kosten andere schicken konnte. Der Eifer, mit dem Städte und Landesfürsten die Zuwendungen an die Kirchen zu beschränken suchten, läßt erkennen, in welchem Umfange sie gemacht wurden; die Errichtung von Kirchen, Kapellen und Altären, ihr Schmuck mit Bild und Gerät, die Stiftungen von Vikarieen, von Seelenmessen und anderen gottesdienstlichen Einrichtungen beschäftigten unausgesetzt die heilsbedürftigen Seelen, Brüderschaften zu frommen Zwecken entstanden in wachsender Zahl. Es war durchaus eine Zeit der guten Werke und der Begüterte hatte die Genugthuung voraus, in solchen Großes vollbringen zu können. Mit Staunen sah ein Franzose, welchen Raum „die Religion" in dem deutschen Rom, in Köln, einnahm: es sei doch zu viel des Guten; daneben bemerkte er dort das unziemliche Treiben der Nonnen. Auch Prediger erhoben ihre warnende Stimme gegen die ungesunde Ausartung des Bilderdienstes und den Mißbrauch der Reliquienverehrung.

Diese Tadler verteidigten gleichwohl Dogma und Verfassung mit Ent-

schiedenheit; als allergetreueste Opposition beabsichtigten sie am wenigsten, daran
etwas zu ändern. Aber es gab auch Lehrmeinungen, welche den ganzen
Grundstock angriffen.

Die Zeit Karls IV. mit ihrem entsetzlichen Elend, dann das Schisma mit
seinen Folgen gaben der Ketzerei, deren Wesen wir schon unter Ludwigs Regierung
kennen lernten, reichliche Förderung. Die unheimliche Sekte der „Brüder des freien
Geistes" scheint sich mit dem Flagellantenwesen verquickt zu haben, obgleich ihre
Grundsätze jede äußerliche Anstrengung des Leibes zu Werken religiöser Art verwarfen. Die Geißelbrüder, kaum unterdrückt, erstanden am Ende des Jahrhunderts
in Italien wieder in den schwärmerischen Bußfahrten der „Weißen", die auch am
Niederrhein Nachahmung fanden, doch schnell vergingen. Dagegen erhielt sich
die Geißelung als Lehre in Thüringen, wo das verkehrsreiche Erfurt ein Hauptnest von Ketzereien gewesen zu sein scheint. Der Begründer der Geißler war ein
gewisser Konrad Schmidt. Seinen Anhängern galt er für Elias, ein Genosse
von ihm, der als Ketzer den Feuertod erlitten, als Henoch; beide würden einst
dem jüngsten Gericht vorsitzen. Die Bluttaufe der freiwilligen Geißelung allein
hebt alle Sünden auf und ersetzt völlig die wertlosen Heilmittel der Kirche. Papst
und Geistliche haben keine Gewalt zu lösen und zu binden; die Kirchen sind
bloße Steinhaufen und Räuberhöhlen, die Messe Hundegeheul, das Altarsakrament ein Ruckuck der Priester, die nur ihren Beutel füllen wollen. Eid,
Fegefeuer, die Verehrung des Kreuzes und der Heiligen wurden verworfen, geistliche und weltliche Autorität verachtet. Die Sekte zählte viele Bekenner; in
Erfurt und Umgegend fanden sie sich 1413 zu Hunderten.

Wie Konrad Schmidt in Erfurt, erlangten auch anderwärts besonders
angelegte Naturen in ihren Kreisen hervorragendes Ansehen und galten als
Propheten, als neue Mittler zwischen Gott und den Menschen. So schuf sich
Nikolaus von Basel in Oberdeutschland begeisterten Anhang. Mit überzeugender
Beredsamkeit wußte er seinen Visionen und Offenbarungen Glauben zu verschaffen, getreu hielten Meister und Schüler bis in den Tod zusammen.

Unter den mannigfachen Gattungen der Häretiker, die sich schwer in
ihrem inneren Wesen erkennen lassen, befanden sich am zahlreichsten Bekenner
oder „Kunden", wie sie sich nannten, der waldensischen Lehre. Gemeinsame
Züge traten fast überall hervor, wie die Verwerfung der Ohrenbeichte, der letzten
Oelung, des Ablasses, der Heiligen- und Reliquienverehrung, der Totenmesse,
des Fegefeuers, des Eides. Wenn man erwägt, daß wir nur dann und auch
nur zufällig von Ketzern hören, wenn sie dem Gerichte verfielen, so überrascht
es, zu sehen, einen wie großen Umfang diese Gegnerschaft der Kirche gewonnen
haben muß. Kein Teil Deutschlands, in dem sich nicht Irrgläubige fanden.
Dicht gesäet erscheinen sie in den Städten am Oberrhein, in der Schweiz und
Schwaben, sie lassen sich über Regensburg hin bis in die österreichischen Lande
verfolgen, wo sie so zahlreich waren, daß man sogar eine bewaffnete Erhebung
befürchtete. Franken, Hessen und namentlich Thüringen beherbergten eine große
Zahl, während in Westfalen und von dort bis zur Elbe nur vereinzelte Fälle
bekannt sind; aus der Mark und aus Pommern, aus den Ostseestädten, aus
Schlesien, Böhmen und Mähren wird von ihnen berichtet. Dabei waren die

Gemeinden manchmal nicht so klein, da sie in manchen Städten in die Hunderte von Genossen zählten. Es gab sogar eine förmliche Mission, deren umherziehende Prediger um so leichter Gehör und Beifall fanden, weil sie in der Volkssprache lehrten und in ihr verfaßte Schriften verbreiteten; wie die Geißelbrüder sangen sie auch Lieder in deutscher Zunge. Karl IV. befahl daher, alle deutschen Schriften, welche ketzerischer Lehre verdächtig seien, einzuziehen und zu verbrennen, da Laien ohnehin keine in der Volkssprache verfaßten Bücher über die heilige Schrift gebrauchen dürften, während Papst Gregor XI. sich mit der Weisung begnügte, sie zu untersuchen und nötigenfalls zu verbieten.

Ein Ketzer galt von vornherein für einen verworfenen Menschen, aber selbst ihre Todfeinde haben ihnen das Zeugnis ausgestellt, daß sie gerade durch ihre Sittenreinheit und Tugend Anziehungskraft übten. „Unter dem Scheine englischen Wesens verführten diese Ketzer die einfältigen Seelen, das Volk hielt von ihnen mehr als vom geistlichen Bann." Sie schreckten nicht vor dem qualvollen Märtyrertode zurück; während ein ganzes Kardinalkollegium sich mit Todesangst entschuldigte, bestiegen zahlreiche von der Kirche Verfluchte mit Seelenruhe den Scheiterhaufen. Nicht selten kam vor, daß, wer unter dem Schrecken des Gerichtes das erste Mal widerrufen hatte, beim zweitenmal unerschütterlich die Wahrheit bekannte. Manche boten sich freiwillig dar; bei einem großen Ketzerbrande in Thüringen kam plötzlich ein Mann herbeigesprengt, der mit dem Ausrufe: „Auch ich gehöre zu diesen!" sich in die lodernden Flammen stürzte. Besonders die Frauen zeichneten sich durch Eifer und Standhaftigkeit aus. Sehr viele leisteten freilich ehrliche oder unehrliche Buße.

Schon von früher her standen die Vereine der Begarden und Beginen im Verdacht, nicht den reinen Glauben zu haben, und es ist auch wahrscheinlich, daß manche dieser Häuser Meinungen, die für ketzerisch galten, Eingang gewährten. Der Begarden gab es erheblich weniger; die meisten von ihnen zogen im Lande umher, unter dem Rufe: „Brot durch Gott!" ihren Unterhalt erbettelnd und oft durch Ungebundenheit verwildert. Nach der großen Verfolgung durch Johann XXII. setzte Urban V. wieder die Inquisition gegen „die Pest der Begarden" in Bewegung, und Karl IV. leistete nicht nur Unterstützung, sondern überbot den Papst an Eifer. Besonders in Sachsen, Hessen und Thüringen fanden nun die Ketzergerichte ein reiches Arbeitsfeld; um das Wesen völlig zu vernichten, wurden die Häuser der Beginen eingezogen und verkauft, die der Begarden zu Inquisitionskerkern gemacht. Auch Gregor XI. und Bonifacius IX. erließen Strafbefehle, doch als sich zeigte, daß die Ketzerrichter zwischen Schuldigen und Unschuldigen keinen Unterschied machten, befahlen sie Schonung an. Schließlich blieben Beginen und Begarden und verwandte Verbindungen fast allenthalben bestehen. Die Frauenhäuser waren bei dem gewaltigen Ueberschuß, mit dem damals die weibliche Bevölkerung die männliche überragte, ohnehin ein Bedürfnis. Die einen Häuser dienten dem ruhigen, beschaulichen Leben, andere auch der Krankenpflege; der böse Leumund, den sich manche zugezogen hatten, haftete freilich noch lange an ihnen.

Jene Gerichte, welche die Beginen so arg bedrängten, wandten natürlich gegen die eigentlichen Ketzer ihre ganze Schärfe. Die außerordentliche päpstliche

Inquisition wurde in einzelnen Sprengeln unterstützt durch die regelmäßige der Bischöfe, die zwar jener im Interesse der eigenen Gerichtsbarkeit oft Hindernisse in den Weg legten, aber sonst der Ketzerei nicht minder entschlossen den Krieg erklärten. Auch die weltlichen Gewalten, Fürsten wie Städte, nahmen bereitwillig an den Ketzerverfolgungen teil. Das Verfahren war bald mehr, bald minder streng. Den Reuigen wurde gewöhnlich das Leben geschenkt unter der Bedingung, für immer oder auf einige Zeit ein brandmarkendes Abzeichen ihrer Verirrung zu tragen, ein auf das Gewand geheftetes blaues Kreuz; einige mußten auch ihr Leben im Kerker beschließen oder in die Verbannung gehen. Doch nur zu oft endete der Prozeß mit dem Scheiterhaufen. Die Zahl derer, welche ihres Glaubens wegen den Flammentod starben, ist auch nicht annähernd zu bestimmen. Doch darf ihre Zahl nicht niedrig angeschlagen werden. Nach ziffermäßigen Nachrichten wurden im Deutschen Reiche in den Jahren 1390—1414 an vierhundert Personen verbrannt, aber die Chronisten begnügen sich häufig, nur allgemein von den „Vielen" zu sprechen, die ihr Leben dahin geben mußten. Mit Grauen liest man, wenn ein Berichterstatter aufzählt, wie in Thüringen 1414 innerhalb dreier Monate 168 Personen auf dem Holzstoß endeten und er dann gleichmütig abbricht: „und sehr viele andere, die ich der Kürze wegen übergehe".

Auch Vermögensstrafen bis zur völligen Einziehung trafen die Schuldigen. Karl IV. bestimmte, daß von dem Erlös der eingezogenen Beginenhäuser, ein Drittel für fromme und mildthätige Zwecke verwandt werde, das zweite den Inquisitoren zum Unterhalte und zur Deckung ihrer Kosten, das dritte den Gemeinden zum Ausbau der Mauern und zur Verbesserung der Straßen anheimfallen sollte. Wie leicht konnte dadurch die Habsucht der Inquisitoren erregt, der Eigennutz der Behörden mit ins Spiel gezogen werden! „Der Bischof Burchard von Augsburg ließ die reichen Ketzer verbrennen und zog ihre Güter ein, die armen Schlucker ließ er laufen. Aehnlich handelten andere Herren". Auch persönliche Rachsucht veranlaßte Anschuldigungen der Ketzerei. Uebrigens hatten die Ketzerprozesse häufig den Erfolg, daß die verfolgten Lehren durch die Flüchtlinge nur noch weiter verbreitet wurden.

So fest die Mystik an der allgemeinen Kirche, ihren Dogmen und Vorschriften hielt, so lag doch in ihr ein Zug, der nicht ganz mit der üblichen Kirchlichkeit übereinstimmte. Ein kleines, aber berühmtes Büchlein zeigt uns den Standpunkt, den die oberdeutsche Mystik um die Wende des Jahrhunderts einnahm. Luther hat ihm den Titel: „Ein deutsch Theologia" gegeben; „nächst der Bibel und Augustin sei ihm kein Buch vorgekommen, aus dem er mehr erlernt habe, was Gott, Christus, Mensch und alle Dinge seien". Der Mensch, der seine Seele lieb hat, soll den Trieben seiner Natur ersterben und nicht dem eigenen Willen und der Begierde des Leibes folgen, sondern den Geboten Gottes. Gott muß um Gottes willen geliebt werden, nicht um Lohn, um dadurch das Himmelreich zu verdienen. Denn ein Liebhaber Gottes ist besser und Gott lieber denn hunderttausend Löhner, und ein Werk, das geschieht aus wahrem Gehorsam, ist ihm genehmer, denn hunderttausend, die da geschehen aus Eigenwillen gegen den Gehorsam. Alle Gebote Gottes sind eingeschlossen in den zweien: Habe

Gott lieb und deinen Nächsten als dich selbst. Der Weg zu ihm führt durch Christus; wer diesem folgen will, muß alle Dinge verlassen und das Kreuz auf sich nehmen, und das Kreuz ist nichts anderes, als Christi Leben, denn das ist ein bitter Kreuz aller Natur.

Die mystische Richtung, die namentlich bei dem Straßburger Ruleman Merswin zu sonderbarer Phantastik führte, trat mit dem endenden Jahrhundert zurück hinter einer dem Leben nicht abgewandten, sondern es durchdringenden und veredelnden Religiosität: die Mystik ergriff mehr das tägliche Dasein, hielt aber zugleich die Verbindung mit der Kirche noch enger fest.

Neben der oberdeutschen Mystik steht die niederdeutsche ihr in Gedanken und Anschauungen eng verwandt, aber doch in sich selbständig. Ihr Haupt ist Johannes Rusbroek, der 1381 sein langes von frühester Jugend an dem Göttlichen gewidmetes Leben im Kloster Grünenthal bei Brüssel beschloß. Eine milde Natur, „der die Gnade Gottes aus dem Angesicht leuchtete", hat er die beschauliche Seite der Mystik zur höchsten Vollendung geführt und zu einem in sich zusammenhängenden Systeme ausgebildet.

Drei Jahre nach Rusbroek erlag Gerrit Groot in Deventer der Pest. Von vermögenden Eltern geboren, mit reichen Geistesgaben ausgestattet, durch Studien mancherlei Art in Paris und Prag gebildet, stand er in vielversprechenden Anfängen einer glänzenden Laufbahn, als er sich von der Welt und ihren Ehren abwandte. Obgleich unter dem Einflusse Rusbroeks stehend, schlug er eine durchaus praktische Richtung ein. Mit gewaltigen Bußpredigten strafte er die Verderbnis seiner Zeit, namentlich in geistlichen Kreisen, bis ihm seine gereizten Gegner durch bischöfliches Verbot das Wort abschnitten, aber er wurde dadurch erst recht auf den Weg gewiesen, der zur segensreichsten Entwickelung führte: er wurde der Stifter der „Brüder vom gemeinsamen Leben". Der erste Vorschlag zu dem Fraterhause in Deventer ging zwar von seinem treuen Freunde Florens Radewins aus, dem es auch beschieden war, erst nach Groots Tode das Kloster der regulierten Chorherren zu Windesheim zu errichten, aber der belebende und treibende Geist, dessen Stempel den Stiftungen für die Zukunft aufgedrückt blieb, war der Gerrits selbst. Derselbe Gedanke, welcher vor zwei Jahrhunderten die Beginenhäuser hervorgerufen hatte, wurde in neuer und geläuterter Form ausgeführt.

Neben den zahlreichen Klöstern, welche sich allmählich der Windesheimer Kongregation anschlossen, standen die Bruderhäuser, freiwillige Verbände von Klerikern und Laien, aus denen jederzeit der Austritt gestattet war. Die Brüder lebten ohne Regel und Gelübde, aber hielten die drei wesentlichen Ordensvorschriften: Keuschheit, Gehorsam, Armut. Sie hatten gemeinsames Vermögen, indem der Unterhalt erworben wurde durch Arbeit; Abschreiben von Büchern bildete die Hauptbeschäftigung. Bettel war aufs strengste verboten. Andachten und Ansprachen erweckten frommen Sinn, führten zur Selbsterkenntnis und Selbstbesserung; ihre ernste, anspruchslose Frömmigkeit wirkte wohlthätig auf die Seelen. Glücklich überstanden sie auch die heftigen Angriffe der eifersüchtigen, in ihrer Alleinherrschaft bedrohten Bettelmönche. Ihre rechte Entwickelung liegt allerdings über die Zeitgrenzen unserer Betrachtung hinaus.

Die Bedeutung, welche diese außer, neben und in der Kirche regen Bewegungen für das große Volk gehabt haben, ist kaum zu übersehen und ebenso wenig mit Sicherheit zu bestimmen, in welcher Weise sie der Reformation des folgenden Jahrhunderts vorgearbeitet haben. Denn die Grundgedanken selbst der Waldenser stehen dieser noch recht fern, obgleich sie einzelne der von Luther aufgestellten Sätze bereits vorweg nahmen; die aus der Mystik hervorgehenden Ideen überwanden noch nicht völlig den alten mönchischen Geist und auch ihr galt die Flucht vor der Welt noch immer als das wirksamste Heilmittel der Seele. Immerhin fehlte es an religiösem Leben und Sinn wahrlich nicht. Im Gottesdienst gewann die Predigt in der Landessprache größeren Raum; es ist überhaupt das Streben vorhanden, das religiöse Wesen zu vertiefen, den Menschen mehr persönlich heranzuziehen. Man darf wohl sagen, die germanische Anlage erkämpfte sich ihr Recht neben der romanischen Aeußerlichkeit. In der Kirche hatte es stets diese beide Strömungen gegeben; wenn sich bis dahin ihre Wellen unterschiedslos vermischten, begannen sie sich jetzt zu sondern, wenn sie auch noch in demselben Bette einherflossen. Ohne Kirche und Priester abzuweisen oder zu verschmähen, fängt das Laientum an, in religiösen Dingen die eigene Verantwortung zu fühlen und zu beanspruchen.

Diese angestrebte innere Veredelung konnte auch die Sittlichkeit heben. Ein Urteil über die jeweilige Sittlichkeit, das auf allgemeine Billigung rechnen darf, ist schwer zu fällen, denn jede Zeit weist Licht und Schatten auf, durch die ein günstiger wie ein ungünstiger Schluß sich begründen läßt; es kommt eben darauf an, welche Seiten hervorgehoben werden. Besonders schwierig ist es, den Anteil, welchen die Kirche am Guten und Bösen hat, richtig zu bemessen, weil einmal auch ihre Diener naturgemäß den Einflüssen der Zeit unterliegen, andererseits auch in den kirchlichsten Zeiten die Güte oder Bosheit der Menschen nicht allein in ihr begründet ist. Ebensowenig wie der Kirche alles Häßliche aufgebürdet werden kann, ebensowenig darf sie alles Schöne sich allein zum Verdienst anrechnen, jenes feindseligen Kräften zuschreiben. Da aber damals die Kirche beanspruchte, die alleinige Trägerin und Lehrerin des Sittlichen zu sein und demgemäß große Rechte forderte und ausübte, so hatte sie jedenfalls eine gewaltige Verantwortung zu tragen. Sie predigte ja auch von jeher den für das Leben der Menschen untereinander höchsten Satz des Christentums, den ewig gültigen von der Menschenliebe. Wie weit hatte sie ihn mit all den großartigen Mitteln, die ihr zu Gebote standen, zur Wahrheit und Wirksamkeit gebracht?

Die derbe Lebenslust, welche die Welt erfüllte, bei strengen Predigern Anstoß erregte und vollends dem von der Kirche aufgestellten Ideal widersprach, ist an sich nicht als unsittlich zu bezeichnen und läßt sich auch ableiten aus dem großartigen Umschwung der Wirtschaft. Wohin man blickt, drängt sich jedoch widerlich der Eigennutz hervor, der gierige, der nicht genug bekommen kann, wie der beschränkte, der für andere nichts thun will; den Tanz um das goldene Kalb machten alle Stände noch ganz anders mit, als in unserer deswegen vielgescholtenen Zeit. Indessen auch dafür gibt es eine entschuldigende Erklärung: die Notwendigkeit, bei den mangelhaften staatlichen und öffentlichen Ordnungen selbst das eigene Recht zu wahren. Daraus ergab sich auch zum Teil der harte Zug im Leben, wenn auch nicht allein aus diesen Gründen.

So sehr man sie auch verschleiern vermag, immer werden dem menschlich denkenden und empfindenden Betrachter zuerst die Feuer entgegenleuchten, denen im späteren Mittelalter Aberglaube und Glaube zahlreiche Opfer überlieferten; sie sind und bleiben ein Renn- und Kainszeichen. Die Hexenprozesse wucherten seit dem Beginne und noch mehr seit der Mitte des fünfzehnten Jahrhunderts immer ärger empor und gingen als traurige Erbschaft auf die folgenden über. Sie standen in einem gewissen Zusammenhange mit den Inquisitionsprozessen und entsprachen wie diese den Anschauungen der Zeit; die trefflichsten Männer haben sie als gute Werke gebilligt. Für beide ist nicht die Kirche allein haftbar, aber auch nicht von aller Verantwortlichkeit freizusprechen, denn die Meinungen, auf Grund deren die Gerichte urteilten, lehrte und vertrat sie vollkommen. Sie vermochte nicht, sich über den allgemeinen Bildungszustand zu erheben, und mag man sie rechtfertigen, so viel man will, wer möchte bestreiten, daß diese Scheiterhaufen nicht die Flammen der Menschlichkeit in den Herzen entzünden konnten.

Ueberhaupt macht sich eine abstoßende Gleichgültigkeit gegen den Wert des einzelnen Menschenlebens bemerkbar und mit ihr paarte sich eine widerwärtige Roheit. Wie die Gerichtsbücher bezeugen, waren Gotteslästerungen von empörender Wildheit nicht eben selten. Eine unsägliche Barbarei begleitete die Kriegsführung. Allerdings lag es an der mangelhaften Kriegskunst, die weder in der Belagerung fester Plätze, noch in offener Feldschlacht ordentliches leisten konnte, daß man den Gegner durch Sengen und Brennen, durch Verwüstung der Fluren zu schwächen suchte, doch der Massenmord waffenloser Leute, Schändung und Notzucht waren dazu nicht erforderlich. Daß das Gesindel eroberter Raubnester den Galgen zierte oder über die Klinge springen mußte, war harte, nicht ungerechtfertigte Notwehr, aber man tötete auch im ehrlichen Kampfe Gefangene, namentlich, wenn nicht viel Lösegeld zu erhoffen war, ließ sie im Kerker verschmachten oder verstümmelte sie in gräßlicher und schandbarer Weise. Es machte dabei keinen Unterschied, ob geistliche oder weltliche Herren den Krieg führten.

Am widerwärtigsten zeigt sich die Verwilderung in der Gerechtigkeitspflege. Mag auch die Folter als eine wenigstens in ihrem Zweck wohlgemeinte Verirrung bezeichnet werden, so offenbart die grausenhafte Scheußlichkeit, zu der sie damals ausgebildet wurde, zugleich Mangel an Empfindung und Erbarmen. Den Verurteilten drohte ein ganzes Heer furchtbarer Strafen, darauf berechnet, den Tod mit entsetzlichen Qualen zu verschärfen, und auch wessen Leben geschont wurde, erlitt oft grausame Verstümmelungen. Der Begriff todeswürdiger Verbrechen wurde ins Ungemessene gesteigert. Es kommt hier nicht darauf an, welche Einflüsse dabei wirksam waren; die Thatsachen werden dadurch nicht anders. Dabei herrschten schreiende Ungerechtigkeit und ungleiches Maß; oft entschied die Leidenschaft; der Reiche war meist im stande, eine Umwandlung der gebührenden Strafe in eine mildere zu erreichen.

Wie arg war in manchen Kreisen die Verwirrung der Begriffe von Mein und Dein, von der Rücksicht gegen andere, welche man selbst forderte und doch nicht wiedergewährte. Die Stände betrachteten sich gegenseitig nicht bloß mit Argwohn, sondern auch mit grimmigem Haß, der manchmal entsetzlich ausbrach und sich in Verbindung mit den sozialen Verhältnissen immer mehr anhäufte. Nicht selten auch, daß höher Gestellte, Fürsten einander in öffentlichen Erklärungen angriffen und sich die maßlosesten Beschuldigungen an den Kopf warfen. Von dem Treiben der Sinnlichkeit, der geschlechtlichen Unzucht will ich lieber schweigen. Der Ton, den die Volkslitteratur bereits einschlug, wurde in der Folgezeit noch roher, zügel- und schamloser. Alle die unerfreulichen Züge, welche das fünfzehnte und sechzehnte Jahrhundert in dieser Beziehung aufweisen, sind bereits vorhanden oder vorbereitet.

Auf die andere Wagschale fallen die Werke der Barmherzigkeit und Mildthätigkeit, die vollzogen wurden in Stiftungen für Kranke und Arme. Nicht alle entsprangen jedoch menschenfreundlicher Gesinnung; was der Spender darbrachte, sollte oft ihm selber am meisten frommen, himmlischen Lohn diesseits und jenseits eintragen. Das Elend der Zeit war groß, unendlich größer, als wir es je zu sehen bekommen, und was zu seiner Milderung geschah, wirkte oft nicht mehr wie ein Tropfen auf dem heißen Stein. Die Bettelei ging im vollen Schwunge; von kirchlichen Ideen begünstigt entsprang sie nicht allein der Not, sondern auch der Trägheit, und die gedankenlose Wohlthätigkeit hegte und förderte diesen gesellschaftlichen Krebsschaden. Die wirkliche und notwendige Armenpflege war dagegen vielfach dem Zufall anheimgegeben, ohne richtige Uebersicht und Leitung. Auch die Kirche that vieles und großes, doch bei weitem nicht entsprechend dem riesigen Aufwande, welchen sie für sich selbst machte. Zu guten Anfängen führte der gesündere Sinn in den Städten: das Spitalwesen erfuhr mehr Aufmerksamkeit und Pflege und es kam allmählich unter die Aufsicht und Obhut der bürgerlichen Obrigkeit. Man entzog das Wohlthätigkeitswesen sogar manchmal geflissentlich der kirchlichen Verwaltung, um sicher zu sein, daß die dafür bestimmten Mittel auch ihrem Zwecke bewahrt blieben.

Es sind unerfreuliche Dinge, von denen wir zu sprechen hatten. Die Kirche und ihre Lehrer haben gegen manche dieser Zeitfehler gekämpft, andere geduldet oder geteilt. Jedenfalls war es nicht gelungen, die in dem Christentum enthaltenen sittigenden Kräfte zur rechten Wirkung zu bringen. Es darf sogar ausgesprochen werden: in den letzten Jahrhunderten war kein sittlicher Fortschritt, eher Rückschritte gemacht worden, obgleich Kirche und Papsttum fortwährend an Gewalt zugenommen hatten. Zwar waren nicht alle Gedanken Gregors VII. verwirklicht worden, aber die Päpste schalteten wenigstens in der Kirche so frei, daß ihnen nichts im Wege stand, sie zu reformieren und schon dadurch die allgemeine Moral zu fördern, — eben nichts anderes, als ihr Papsttum selber in seiner maßlosen Entfaltung, deren tausenderlei Aufgaben für die wichtigste nicht Zeit und Kraft übrig ließen. Sie beklagten die unüberwindliche Bosheit der Menschen und gestanden damit ein, daß alle ihre Macht nicht ausgereicht hatte, sie zu zügeln. Es war der Grundirrtum des Mittelalters gewesen, daß man glaubte, von der Kirche alles empfangen, und daß diese meinte, alles geben zu können. Dieses System hatte sich widerlegt und überlebt. Wer wollte bestreiten, daß die mittelalterliche Kirche großes geleistet, heilvolles geschaffen hatte. Aber das war geschehen, war vollbracht. Indem eine Idee neues wirkt, ruft sie die Kräfte hervor, von denen sie zerstört wird, neigt sie schon zum Niedergange. Ein Gedanke, der traurig stimmen könnte, wenn dieser Niedergang nicht zugleich Fortgang wäre, denn das geschichtliche Leben besteht in Werden, Veränderung, Entwickelung. —

Das konnte damals niemand ahnen, daß die Herrlichkeit des Papsttums in geschichtlich kurzer Zeit zusammenbrechen würde. Der Verlauf auf dem kirchlichen Gebiete entsprach vollkommen dem auf allen anderen: das Alte, Hergebrachte bestand noch, aber es genügte nicht mehr. Doch war ein Ersatz bisher nicht gefunden. Vorläufig richteten sich alle Hoffnungen auf die Reform an Haupt und Gliedern, von der man ein neues goldenes friedebringendes Zeitalter erwartete; sie wurde das Losungsgeschrei aller europäischen Völker. Ihr stand scheinbar nur ein Hindernis entgegen: das doppelte Papsttum, und so erwuchs der Gedanke, beide großen Werke, Einheit der Kirche und Reform der Kirche, gleichzeitig zu vollbringen. Die Grundlage, von der ausgegangen werden sollte, war noch die mittelalterliche, die Idee von der Einheit aller Christen.

Siebzehnter Abschnitt.

Das Konzil zu Pisa. Ruprechts Ende.
1408—1410.

Im Mai 1403 hatte Frankreich Benedict XIII. wieder als Papst zugelassen, denn — abgesehen von Gründen, die auf inneren Verhältnissen beruhten — die Gehorsamsentziehung erwies sich als verfehlt, solange nicht auch die Anhänger Roms damit nachfolgten.

Ein wunderbarer Mann, dieser Spanier, ein psychologisches Problem! Denn man kann von ihm nicht behaupten, daß er eine gemeine Seele gewesen sei, daß ihn lediglich die Gier nach Macht und Besitz zu so hartnäckigem Trotz, zur Verlogenheit verführt habe. In dem kleinen, zierlichen Körper von unverwüstlicher Gesundheit lebte ein wahrhaft eiserner Geist. Benedict erfreute sich von jeher des besten Rufes als tadellos in seinen Sitten, als klug, als gelehrt; war er doch vor seiner Beförderung zum Kardinal Professor in Montpellier gewesen. Obgleich einer der letzten, die sich von Urban VI. lossagten, vertrat er nachher mit Feuereifer und staatsmännischem Geschick die Rechtmäßigkeit Clemens' VI. Als dessen Nachfolger versicherte er unausgesetzt seine Bereitwilligkeit zur Tilgung des Schisma, aber nie war er zu einer Handlung zu bewegen, die seine Verheißungen der Erfüllung näher geführt hätte. Bald mit schlauen Wendungen, mit seinen Rechtskniffen, in denen ihn kein spitzfindiger Sachwalter hätte übertreffen können, bald mit bieder klingenden Worten, bald mit starren Ablehnungen vereitelte er die Versuche, von ihm ein Zugeständnis zu erlangen; sah er sich dennoch genötigt, eines zu machen, so fand er Mittel und Wege, es zu umgehen. Es war ganz unmöglich, ihn auch nur einen Schritt vorwärts zu bringen; nichts erschütterte ihn, nicht einmal die augenscheinlichste Gefahr. Benedict hielt ehern an seinem Rechte fest und all sein Thun ging von der Voraussetzung aus, daß es unantastbar sei, daß er es höchstens freiwillig, aber nur unter allem Vorbehalt seiner Gültigkeit aufgeben könne. Doch noch höher hielt er die Gerechtsame des Papsttums. Ihm erschien der Papst als der Inbegriff und Herr alles Rechtes, als der alleinige, unverantwortliche, unbeschränkte Gebieter, dem kein Mensch Vorschriften zu machen habe, dessen über alles Irdische erhabene Stellung unter keinerlei Bedingungen, selbst nicht zur Hebung der Kirchenstreites, beeinträchtigt werden dürfe. Die Kirche ging ihm so im Papsttum auf, daß er dessen Schwächung für schlimmer erachtete, als alle anderen Leiden, welche jene treffen konnten. Jeden äußeren Zwang wies er daher entschieden zurück, so daß auch nur der Schein eines solchen ihn sofort widerwillig machte. Da er nun dem Drucke der übrigen Welt ausgesetzt war, hielt er sich für berechtigt, ihm auszuweichen, wie es eben gehen wollte, und so griff er zu Ausflüchten, zu Hinterlisten, die ihn in den Verdacht brachten, ein Meister der bösartigsten Lüge zu sein. Und in der That, die gekünstelte Auffassung, welche sich Benedict zurechtgelegt hatte, verwischte in ihm selbst die Grenze zwischen Wahrheit und Unwahrheit. Man erzählte, um seine unbegreifliche Verstocktheit zu erklären, ihm seien Prophezeiungen zu teil geworden, die seinen endlichen Sieg, den Einzug in Rom verhießen.

Auch die römischen Päpste waren nicht geneigt, durch persönliche Opfer die Not der Kirche zu beenden. Als Bonifacius nach schmerzhaften Leiden am 1. Oktober 1404 starb, ahmten die Kardinäle das in Avignon bei der Wahl Benedicts geübte Verfahren nach und legten dem Nachfolger die Verpflichtung auf, nötigenfalls abzudanken. Innocenz VII. war nicht befleckt von der Habsucht seines Vorgängers, doch über die Hauptfrage dachte er wie dieser, obgleich seine Schreiben Hoffnungen auf eine glückliche Wendung des Schisma erweckten. Er stützte sich ebenfalls auf König Ladislaus; mitten in den ernsten Ungelegenheiten, die er sich dadurch bereitete, verschied er bereits am 6. November 1406. Nunmehr wurde ernstlich erwogen, ob man nicht vorläufig von einer Wahl abstehen sollte, bis die Besorgnis vor Unruhen im Kirchenstaat den Kardinälen je nach ihrer Gesinnung Grund oder Vorwand gab, am 30. November wieder einen Papst zu verkündigen. Gregor XII. war hochbejahrt, so daß ihm schlimmsten Falles bald ein anderer folgen konnte, stand auch in dem Rufe, ein Eiferer für die Union zu sein.

Der neue Papst von Rom bildete ein sonderbares Gegenstück zu Benedict. Gregor, ein Venetianer, war sehr groß, aber so mager und vertrocknet, daß er wie ein in Haut und Knochen gehüllter Geist erschien. Wie häufig Leute solchen Körperschlages war er ein starker Esser, er zeigte Sinn für die Freuden eines guten Mahles und liebte im Uebermaß den Zucker, überhaupt fühlte er sich nun nach einem Leben strenger Entsagung in dem Glanze seiner Würde recht behaglich. Doch hielt er die asketische Richtung weiter hoch und die Kurialen sahen mit Verdruß in seiner Umgebung fromme Brüder aus den mystisch erregten Gesellschaften, die ihnen für „Begarden", für Gleißner galten. Gregor war einer jener seltsamen Schwärmer, die überzeugt von sich und dem Edelmut ihrer Absichten sich und die Welt betrügen. Wollte man sein chamäleonartiges Wesen nur mit einem Worte bezeichnen, so müßte er Heuchler genannt werden, doch in Wahrheit war er eine Mischung von gutem Willen und Unfähigkeit, von schwungvoller Begeisterung und schlauer Eigensucht. Er fürchtete zudem wie Benedict, dem Papsttum etwas zu vergeben, und wollte

die Rechte Roms nicht in Frage stellen; er nahm ängstliche Rücksicht auf
König Ladislaus und folgte endlich den Einflüsterungen seiner Nepoten, die
natürlich sein ihnen nutzbares Papsttum erhalten wollten. Aber diese ihn zur
Unnachgiebigkeit bestimmenden Einflüsse waren ihm willkommenes Wasser auf
seine Mühle, unter allen Umständen verstand Gregor mit der heiligsten Miene
seinen Vorteil zu verbinden. Der avignonesische Papst war ein hartgesottener
Absolutist, Gregor wurde zum gefühlvollen Schauspieler; bald überboten sich
beide Greise in Kunststücken, um das Papsttum bis an ihr Lebensende zu
behaupten.

Gregor beschwor Verpflichtungen, die noch bindender waren, als die seines
Vorgängers, namentlich wurde der Vorschlag einer persönlichen Zusammen=
kunft, den Benedict gemacht hatte, in ernsten Betracht gezogen. Obgleich Gregor
versicherte, er werde kommen und wenn er auch zu Fuß gehen oder in einem
Nachen über das Meer fahren müsse: nachdem eine römische Botschaft Savona
als Ort vereinbart hatte, erhob er alle möglichen Schwierigkeiten; er wollte
eben nicht. Als Benedict sein Zaudern sah, ging er nach Savona, um mit
seiner Bereitwilligkeit zu prunken, und sogar weiter nach Portovenere, während
Gregor, um wenigstens einigen guten Willen zu zeigen, im Januar 1408
nach Lucca übersiedelte. Der Verkürzung des Raumes zwischen ihnen ent=
sprach keine sonstige Annäherung; jeder gleich unnachgiebig schob dem andern die
Schuld zu.

Beide Kardinalkollegien sahen ärgerlich die Winkelzüge ihrer Herren, denn
sie trachteten nun, wo keines mehr auf Sieg rechnen konnte, wirklich nach
Herstellung der Kircheneinheit, wahrscheinlich liefen zwischen ihnen bereits Ver=
abredungen. Die Gregorianischen nahmen das schroffe Auftreten ihres Papstes
gegen sie, die angekündigte Ernennung neuer Kardinäle, welche sie als Bruch
des bei der Wahl abgelegten Eides betrachteten, als Grund, um am 11. Mai
1408 Lucca zu verlassen und nach Pisa unter den von Florenz gewährten
Schutz zu flüchten. Frankreich, das nun den schon gefaßten Beschluß, sich
wiederum von Benedict loszusagen, ausführte, schlug die Vereinigung der beider=
seitigen Kardinäle vor, worauf in Livorno schnell und leicht die Verständigung
erfolgte, ein Generalkonzil zu berufen. Länger dauerte es, bis Florenz darauf
einging, die ihm gehörige Stadt Pisa für die Kirchenversammlung zu gestatten,
so daß sowohl Benedict wie Gregor den Kardinälen durch die Berufung eigener
Synoden zuvorkamen. Daher wurden die Einladungen nach Pisa, als sie erst
im September an die Geistlichkeit und die Fürsten erlassen wurden, auf den
Juni oder Juli zurückdatiert, überflüssigerweise, da man so nur den Gegnern
Waffen gab.

Das Vorgehen der Kardinäle war neu, unerhört, durch die kanonischen
Satzungen nicht zu begründen, aber die Not fragt nicht viel nach Recht und
Gesetz oder legt sie in ihrem Sinn aus. Mit unendlichem Scharfsinn hatte man
jahrzehntelang alle möglichen Mittel erwogen, bis man auf dieses einschneidendste
kam. Ein Generalkonzil hatte stets als rettendes Ideal gegolten, jetzt sollte das
bisher als unerreichbar erschienene zusammentreten, und da die Päpste es nicht
beriefen, waren gewiß die vereinten Kardinäle am meisten befugt. Der Schritt

war zweckmäßig, wie kein anderer, — wenn die Fürsten des Abendlandes ihn billigten. Die durch das Schisma begründete Abhängigkeit der Kirche von den weltlichen Mächten wurde aufs äußerste verstärkt. Dahin hatten es die Päpste gebracht!

Die Bemühungen der Kardinäle, welche inzwischen in Pisa ihren Aufenthalt genommen hatten, mußten darauf gerichtet sein, alle Kreise dem Konzil geneigt zu machen. Frankreich war von vornherein sicher, auch England sagte später zu, aber sonst ging es keineswegs glatt.

Eigentümlich gestalteten sich die Beziehungen zu Deutschland. Die römischen Kardinäle wandten sich gleich am ersten Tage ihres Entweichens aus Lucca an Ruprecht und teilten ihm die Gründe mit. Da er auch ohne Kaiserkrönung als Vertreter der höchsten christlichen Würde galt, richteten sie an ihn die Einladung unter dem Datum des 24. Juni, wie an die Geistlichkeit, und forderten ihn auf, seiner Pflicht als Schirmvogt eingedenk zu sein. Aber er blieb die Antwort schuldig, verharrte in Schweigen; hätte er sich gleich für die Kardinäle entschieden, wäre sein Königtum von ihnen nie angefochten worden.

Durch Ruprechts Zurückhaltung kam König Wenzel zu unerhofften Ehren. Daß er dem römischen Papsttum grollte, war natürlich, jetzt bot sich Gelegenheit der Vergeltung. Er handelte geschickt und schnell, jedenfalls auf den Rat des Markgrafen Jost, denn König Sigmund, dem er sonst zu folgen pflegte, blieb dem Konzil abgeneigt. Wenzel erbot sich gleich, das Unionswerk zu unterstützen, mit dem nicht mißzuverstehenden Hinweis auf die schlechte Behandlung, welche er von Bonifacius und dessen Nachfolgern erfahren hatte. Die Kardinäle, denen es nur darauf ankam, für das Konzil möglichst viele Fürsten zu gewinnen, wählten zunächst den Ausweg, Wenzel und Ruprecht gleichmäßig als römische Könige anzureden, bis dann Wenzel Ende November geradezu die Forderung stellte, daß seine Gesandten ihren Platz als die eines wahren römischen Königs erhalten müßten.

Ruprecht suchte in dieser schwierigen Lage den Rat der geistlichen Kurfürsten einzuholen, aber sie kamen nicht zu dem für den Oktober anberaumten Tag nach Nürnberg, so daß kein Beschluß erfolgte; vielleicht wußten Mainz und Köln schon, daß der König anders dachte als sie. Denn die Gelehrten in seiner Umgebung und die Heidelberger Professoren erachteten das Unterfangen der Kardinäle für ebenso verwerflich, wie verderblich. Sie hielten daran fest, daß wie das römische Papsttum bisher als das rechtmäßige gegolten habe, somit auch Gregor der wahre Papst sei, und glaubten ihm alle seine Beteuerungen bis aufs Titelchen. In dem Papste erblickten sie den alleinigen Hort der kirchlichen Gewalt, dem gegenüber die Kardinäle machtlos seien, noch dazu Kardinäle, welche mit der Wahrheit und den Thatsachen so übel umspringen und besser thäten, sich selber zu reformieren als die Kirche. Hinter ihrem Thun stecke Frankreich, das sein Schäfchen scheren wolle, die übrigen Länder seien gar nicht berücksichtigt worden, und Frankreich hege Feindschaft gegen Deutschland. Bei der eigentümlichen Verfassung des deutschen Reiches würde ein Aufhören der päpstlichen Autorität gleichbedeutend mit der Auflösung jeder kirchlichen Ordnung sein.

Diese Herren, welche in einer sehr umfangreichen Abhandlung ihre Meinung aussprachen, waren stolz auf ihr folgerichtiges Denken, auf ihr treues Festhalten an Lehrsätzen, in denen sie aufgewachsen waren, und versagten es sich nicht, der „hochberühmten Universität" Paris für ihren Wankelmut einen kleinen Hieb zu versetzen. Sie fühlten ganz richtig heraus, daß die neuen Lehren zum Sturz der Kirche führen mußten, aber waren fern davon, mithelfen zu wollen. Der Papst ist ihnen alles, kaum, daß sie flüchtig die Rechte, welche der Kaiser etwa haben würde, berühren.

Ruprechts Gesinnung entsprach durchaus den Ansichten seiner Räte. Erfüllt von Ehrfurcht für das Papstum wollte er nicht, daß man ihm nachsage, er maße sich Gewalt an, die ihm nicht gebühre, und greife gegen Herkommen und Rechte in die Befugnisse des heiligen Stuhles ein. Er fühlte sich diesem verpflichtet, weil er ihn gegen Wenzel approbiert hatte. Nicht, daß er aus Sorge für sein Königtum Gregor treu blieb, denn ihm konnte die Bulle des Bonifacius genügen, und auch wenn er wußte, daß Wenzel für die Kardinäle eintreten wollte, hätte ihn das eher bestimmen müssen, dem Gegner zuvorzukommen. Es war die lautere innere Ueberzeugung, die zu bekennen er sich verpflichtet fühlte. Mit voller Wahrheit konnten seine Diener versichern, den König bewöge keinerlei Rücksicht auf weltlichen Vorteil, ihn zwinge nur das Gewissen, einen Papst nicht ohne gerechte Ursache zu verlassen. Nicht einmal versuchte er die historischen Rechte seines Königtums mit irgend welchem Nachdruck geltend zu machen oder sich mit Gleichgesinnten in Einvernehmen zu setzen. Von seinen kleinen Verhältnissen aus übersah er kaum die Stärke der Bewegung.

Wie sich bald zeigte, faßten die Erzbischöfe von Köln und Mainz die Lage anders auf. Friedrich kehrte nur zurück zu den Ideen, die ihn schon unter Wenzels Regierung zu einem Freunde der französischen Kirchenpolitik gemacht hatten. Es ist sehr wahrscheinlich, daß er, der feste, klare Mann, der eigentliche Begründer der konziliaren Partei in Deutschland war. Sein Neffe Werner von Trier blieb allerdings Gregor getreu; die ständige Gefahr, abgesetzt zu werden, in der er schwebte, verbot ihm, auch nur einen Schritt ins Unsichere zu thun. Dagegen mag Friedrich Johann von Mainz gewonnen haben.

Es wäre vielleicht am zweckmäßigsten gewesen, ein deutsches Nationalkonzil zu berufen, aber Ruprecht entschloß sich nur zu einem Reichstage. Im Januar 1409 kamen nach Frankfurt die Erzbischöfe von Köln und Mainz, mehrere Fürsten, Botschafter aus Frankreich und England; die größte Aufmerksamkeit erregte der Gesandte der Pisaner, Kardinal Landulf von Bari. Wie er selbst seinen Auftraggebern mit Genugthuung berichtete, war seine Fahrt durch Oberdeutschland ein Triumphzug gewesen, namentlich die Städte bereiteten ihm, der als glückverheißender Friedensbote auftrat und erschien, einen glänzenden Empfang. Einige Tage nach ihm kam auch ein Gesandter Gregors, dessen Neffe Kardinal Anton, dem man die Hauptschuld an dem bestehenden Zerwürfnis zuschrieb, um für das von Gregor nunmehr nach Udine ausgeschriebene Konzil zu wirken; ihm erwies nur der König besondere Ehren. Die Parteien überboten sich in endlosen

Vorträgen, die gewiß für die nicht theologisch gebildeten Zuhörer wenig erquicklich und wenig verständlich waren. Der König brachte Anton dazu, einen Vermittelungsvorschlag zu machen, aber Landulf wies ihn ab, wie er nicht anders konnte. So ging der Reichstag auseinander, ohne einen Beschluß zu fassen; der Wunsch der Pisaner, daß Gregor der Gehorsam aufgesagt werde, ging nicht in Erfüllung, aber es zeigte sich, daß die Mehrzahl für das Konzil war. Der König, dessen Meinung auch einige Zustimmung fand, wollte von Gregor nicht lassen, aber er sagte zu, das Konzil zu beschicken, um dort für die Eintracht zu wirken oder festzustellen, ob die Schuld Gregors so groß sei, daß sie den Abfall erheische.

Landulf war damit nicht gedient, er ging stracks nach Böhmen und verbürgte dort Wenzel am 17. Februar, das Konzil werde seine Gesandten als die eines wahren römischen Königs empfangen, der künftige Papst ihn als solchen erklären und Ruprecht von Baiern mit allen kirchlichen Mitteln verfolgen, bis das Reich wieder geeinigt sei. Wenzel verbot daraufhin, Gregor noch weiter anzuerkennen und bevollmächtigte Gesandte für das Konzil.

Ruprecht, der den Neffen Gregors noch einige Zeit bei sich behielt, ließ sich weiter treiben, als er vielleicht anfänglich beabsichtigte. Sein Plan, zu vermitteln, war ganz gut, aber er hätte klüger gehandelt, wenn er nicht zugleich dem Konzil seine äußerste Feindschaft angekündigt hätte. Er rüstete eine stattliche Gesandtschaft aus, darunter die drei Bischöfe von Riga, Worms und Verden, deren Vollmacht sie beauftragte, in Pisa gegen alle Handlungen des Konzils Einspruch zu erheben und Berufung einzulegen. Zur Sicherheit erhob er selber daheim in Heidelberg am 23. März, also kurz vor dem für die Eröffnung bestimmten Tage, Protest und Appellation an ein echtes Generalkonzil und einen wahren Papst.

Die Gesandten begaben sich zunächst nach Rimini zu Gregor, um dessen Vorschläge entgegenzunehmen, welche sie dann nach Pisa brachten. Dort war in der That pünktlich am 25. März die Versammlung eröffnet worden, obgleich der Besuch vom Auslande noch gering war. Wie zu erwarten, wiesen die Kardinäle die Anerbietungen Gregors zurück, aber statt fortzugehen, beschlossen Ruprechts Gesandte, öffentlich die Meinung ihres Königs kundzugeben. Es war ein zwecklos reizender Widerspruch, das Gehör der Versammlung zu verlangen und ihr trotzdem Nichtachtung zu bezeigen, indem die Herren nicht im geistlichen Festkleid kamen und gesonderte Plätze einnahmen. Das Konzil forderte Abschrift der Bedenken, die Bischof Ulrich von Verden vortrug, aber ehe sie Antwort erhalten hatten, schlugen die Boten einen langatmigen Protest gegen das Konzil an die Kirchthür an und verließen zwei Tage darauf ohne Gruß und Urlaub Pisa. Man ist dort nachher die Widerlegung nicht schuldig geblieben, sonst aber nahm die Versammlung ihren ungestörten Gang und erfreute sich der wachsenden Zahl der Teilnehmer. Aus Teutschland ließen sich vertreten die Erzbischöfe von Mainz, Köln, Salzburg und Magdeburg und achtzehn andere Bischöfe, die Universitäten Prag, Wien und Köln, von weltlichen Fürsten an erster Stelle Wenzel von Böhmen, der sogar versprach, persönlich mit Heeresmacht dem neugewählten Papste seine weltliche Herrschaft herzustellen, Markgraf Jost, die Herzöge von Holland, Oesterreich und Lothringen, die Markgrafen von Meißen, der Hochmeister des deutschen Ordens, die Grafen von Schwarzburg und Görz. Am 5. Juni wurden Gregor und Benedict abgesetzt, am 26. Juni Alexander V. erwählt, der am 7. Juli das Konzil schloß und die geplante Kirchenreform auf ein künftiges verschob.

Die königlichen Boten kehrten wieder zu Gregor und dann nach Deutschland zurück. Nur der Erzbischof von Riga blieb wahrscheinlich bei Gregor, der am 6. Juni sein Konzil zu Civibale eröffnete, das so spärlich besucht war, daß die nächste Sitzung auf Wochen hinausgeschoben wurde. Vergeblich bemühte sich Ruprecht, in Deutschland Teilnehmer zu werben; er selbst schickte im August drei Bischöfe und mehrere Geistliche, welche im Verein mit den Gesandten des Königs Ladislaus, dessen Reich durch einen neuen Einfall seines Gegenkönigs Ludwig von Anjou bedroht war, Venedigs Beistand vergeblich zu erlangen suchten. Am 5. September schloß Gregor die Sitzungen mit der Erklärung, zurücktreten zu wollen, wenn es Benedict und Alexander thäten, Zeit und Ort sollten die drei Könige Ruprecht, Sigmund und Ladislaus bestimmen; in Verkleidung, um den Nachstellungen des Patriarchen von Venedig zu entgehen, entfloh er zu Ladislaus nach Gaeta. Der alte Mann wurde aus Begierde, seine Würde zu behaupten, zum Possenreißer; schade, daß eine so lautere einfältige Natur wie Ruprecht auch jetzt nicht von ihrem zwar wohlgemeinten aber verkehrten Thun abließ.

Schuf sich Ruprecht Widersacher als Feind der Pisaner, so hatte Wenzel als deren Freund Widerspruch zu bewältigen. Der Erzbischof Zbinco von Prag, das Domkapitel und die Mehrheit der Universität waren gegen die Lossagung von Rom. Die Universitätsangelegenheiten wurden geführt durch die vier Nationen, von denen drei, die sächsische, die baierische und die sogenannte polnische, deren Angehörige meist Schlesier, Pommern und Preußen waren, aus Deutschen bestanden. Diese hatten demnach über die vierte, die böhmische, in jeder Beziehung das Uebergewicht und zur Gründungszeit ganz mit Recht. Als allmählich mehr Böhmen studierten, empfanden sie, die heimischen, diese Ordnung als Zurücksetzung und erreichten auch ein stärkeres Anrecht an den Kollegiaturen. Die Regierung Wenzels war durchaus dazu angethan, den Böhmen größeres Selbstbewußtsein zu geben und ihre Abneigung gegen die Deutschen zu verstärken, während die neu entstandenen Universitäten der Prager den Vorzug raubten, die alleinige Hochschule für das Deutsche Reich zu sein, so daß die bevorzugte Stellung der Deutschen in der That nicht mehr so begründet und notwendig war. Dann kam der Streit um die Lehre Wiclifs, von dem noch weiter zu reden sein wird. Er machte den nationalen Gegensatz auch zu einem wissenschaftlich-kirchlichen, was dann wieder für die Konzilsache maßgebend wurde. Nur die böhmische Nation entschied sich gemäß dem Wunsche des Königs für die Neutralität, welcher die drei anderen widersprachen. Daher erlangte die heimische Partei, deren Wortführer Johann Hus war, unterstützt von den französischen Gesandten im Januar 1409 von dem Könige eine Verfügung, die das bisherige Stimmenverhältnis umkehrte, der böhmischen Nation drei der vier

Stimmen erteilte, den anderen nur eine beließ. Der König begründete seinen Befehl mit der Pflicht, für die Landeskinder gegenüber den Fremden zu sorgen, und mit dem nicht zutreffenden Hinweis auf entsprechende Verhältnisse in Frankreich und Italien. Das war kein gerechtfertigter Ausgleich, sondern eine absichtliche und arge Kränkung und Zurücksetzung der Deutschen, welche noch immer die große Mehrzahl der Studierenden stellten. In der beiderseitigen Aufregung drangen Vorschläge für eine entsprechende Regelung der Verfassung nicht durch, und als der König einen neuen Rektor und Dekan der Artistenfakultät mit Gewalt aufzwang, führten die deutschen Professoren und Studenten den schon gefaßten Beschluß, die Universität zu verlassen, im Laufe des Sommers 1409 aus. Ein großer Teil wandte sich nach Leipzig, wo die Thüringer Landgrafen alsbald eine neue Hochschule errichteten, welche der von dem Pisaner Konzil, um dessentwillen der Zwiespalt in Prag entstanden war, gewählte Papst Alexander bestätigte.

Wie viele Deutsche Prag verließen, ist nicht sicher zu bestimmen, wahrscheinlich ist die kleinste der angegebenen Zahlen, 5000, noch zu hoch gegriffen. Die Universität, welche ihre allgemeine Bedeutung einbüßte, und das Deutschtum in Böhmen erlitten schweren Schaden, doch war für die Wissenschaft in Deutschland selbst ausreichend gesorgt. Natürlich machten die Deutschen dem Könige Wenzel die heftigsten Vorwürfe und stellten unter seinen Verbrechen fortan die „Zerstörung" der Prager Hochschule obenan.

Nicht so leicht wie Wenzel, wurde Ruprecht mit seinen Gegnern fertig. Die kaum beschwichtigte Feindseligkeit des Erzbischofs Johann erwachte wieder, jetzt unversöhnlich durch den Haber um das Papsttum. Gregor XII. that das Seine, um den König zu offenem Kampfe zu verlocken, indem er ihm gestattete, die kirchlichen Einkünfte der Stifter, deren Bischöfe zu Alexander hielten, für seinen und der Kirche Nutzen zu verwerten und die Besetzung der durch den Abfall der Inhaber erledigten geistlichen Stellen Ruprecht so gut wie anheimgab. Johann verband sich dagegen mit Erzbischof Friedrich zum gemeinsamen Widerstande gegen alle Feinde Alexanders und der neugegründeten Kircheneinheit, freilich mit Ausnahme Ruprechts, wie wohl der Kölner verlangte. Gleichwohl drohte ein innerer Krieg auszubrechen; schon begann Wenzel, gestützt auf die neue päpstliche Anerkennung, von den Reichsstädten die Steuern zu fordern. Die Städte wollten wohl Ruprecht die Treue halten, aber mit ihm zusammen für Gregor einzutreten, wie er verlangte, hatten sie keine Lust. Sie meinten, diese für Laien unverständliche Frage möchten die Pfaffen ausmachen, die Wormser sagten geradezu, es sei ihnen gar unbequemlich, sich um der Päpste willen in Krieg und Schaden zu stürzen; die frügen auch sehr wenig nach ihnen. Johann, der wieder seine alten Klagen über Besitz und Gerechtsame gegen Ruprecht erhob, gelang es auch nicht, die Marbacher Bundesgenossen auf seine Seite zu bringen, da deren Arbeit nur darauf gerichtet blieb, den Frieden zwischen ihm und Ruprecht zu erhalten; nur der Markgraf von Baden wurde wieder aufsässig. Ruprecht gedachte ganz ernstlich, für seinen Papst gegen Johann die Waffen zu erheben, und schloß zu diesem Zwecke im März 1410 mit dessen alten Feinden Hermann von Hessen und Heinrich und Erich von Braunschweig ein Bündnis. Der

Mainzer rief dagegen den französischen König und die burgundischen Herzöge um
Hülfe an.

Aufregung und Ueberanstrengung warfen Ruprecht auf das Krankenlager,
die Wassersucht trat hinzu, so starb er achtundfünfzig Jahre alt am 18. Mai 1410
auf seinem Schlosse Landskron bei Oppenheim.

Die Leiche wurde beigesetzt in der Kirche zum heiligen Geist in dem heimischen Heidelberg. Dort war für Ruprecht die geziemende Grabstätte, denn er
war auch als König hauptsächlich Pfalzgraf gewesen und von seinem Wirken
blieben nur seiner Familie, nicht dem Reiche Früchte über sein Grab hinaus.
Freilich hatte er einst Größeres erhofft und mit redlichem Willen erstrebt. Die
Zeitgenossen, so dürftig sie über ihn berichten, sind einig in dem Lobe der persönlichen Eigenschaften Ruprechts; sein Gerechtigkeitssinn, seine Milde, seine reine
Frömmigkeit erwarben ihm Liebe und Achtung, selbst ein Gegner rühmte von
ihm, daß er um kein Ding in der Welt wissentlich Böses thue. In seinem
Testamente bestimmte er den Verkauf der Krone und anderer Kleinodien, um
von dem Erlös Schulden an kleine Leute, Apotheker, Schmied, Schuhmacher
und Maler zu decken. Leider reichten diese trefflichen Eigenschaften nicht aus,
um ihn sicher durch die Stürme der Zeit und die Gefahren seiner Stellung
zu führen. Denn wenn man an Ruprecht außer seinem guten Willen auch
Geschick für die Reichsgeschäfte gepriesen hat, so ist das ein zu günstiges
Urteil. Ihm war es durchaus nicht gegeben, größere Verhältnisse zu übersehen und zu beurteilen; auch als König handelte er nur wie ein kleiner
Landesherr, mit kleinlichen, unzulänglichen Mitteln. Wenn er große politische
Verhandlungen angriff, meinte er wohl mit kindlicher Schlauheit einige Vorteile
einzuheimsen, aber weitere Gesichtspunkte sucht man vergebens. Er rechnete
nur mit dem augenblicklichen Zufall und kam mit seiner Weisheit sofort aufs
Trockene, wenn dieser keinen Bestand hatte. Für wirkliche Machtverhältnisse,
für politische Verknüpfungen fehlte ihm das Verständnis, wie jeder Tag seines
italienischen Abenteuers zeigt. Die Festigkeit, mit der er an Gregor festhielt,
spricht für seine Ehrenhaftigkeit, aber es war kein Zeichen seines Scharfblickes,
wenn er die kommende Dreiheit des Papsttums voraussagte, da er hauptsächlich sie verschuldete. Er hat in allen Nöten immer den Kopf oben behalten,
doch das hing zusammen mit seiner unglücklichen Neigung, die Dinge rosig
zu sehen.

Gern ist zuzugeben, daß die Schwierigkeiten, unter denen er sein Königtum
antrat und durchführen mußte, ungeheure waren, aber er hätte es nicht übernehmen sollen. Das unglückselige Gegenkönigtum, zu dem er sich hergab, blieb
der Fluch seiner Regierung, und obgleich er aus edlen Gründen handelte, führte
er das Reich, das er neu aufrichten wollte, nur tiefer in das Verderben. Wir
sind gewöhnt, Ruprecht als vollgültigen König und mit dem Beginn seiner
Regierung die Wenzels als abgethan zu betrachten, aber das ist nicht richtig,
weil Ruprecht auch in seiner besten Zeit nur in einem beschränkten Teile Teutschlands wirklich königliche Rechte ausübte. Das Unheil, welches unter Wenzel
begonnen, nahm unter ihm seinen verhängnisvollen Lauf weiter, das Reich stand
jetzt erheblich schlechter, als je seit dem Interregnum, es war aufgelockert bis

in seinen innersten Kern. Und wo war noch ein Hoffnungsschimmer zu entdecken? Der Versuch, dem „reinen Deutschland" wieder die Reichsleitung zu verschaffen, war jämmerlich mißglückt, weil seine Fürsten zu machtlos waren, und die Hauspolitik, die wie ein unentfliehbarer Alp auf ihnen lastete, in ihren Zwergverhältnissen nicht zu einer Reichspolitik werden konnte. Was lag an Handschuhsheim und ähnlichen Nestern, und doch war der Streit darum einer der wichtigsten Gründe für die Feindschaft zwischen dem Könige und dem Mainzer, welche das „Reich" nicht zur Ruhe kommen ließ.

Der beste Wille kann Böses schaffen, wenn er seine Zwecke mit verkehrten oder unzureichenden Mitteln verfolgt.

Drittes Buch.

Kaiser Sigmund.

Erster Abschnitt.

Der deutsche Orden. Die Wahl Sigmunds. 1410—1411.

Während das Reich ohne König war, unterlag der Nordosten schweren Kriegsgefahren, die freilich Ruprecht nicht würde abgewendet haben. Aus jenem Ehebund von 1386, durch welchen der polnischen Königin Hedwig der Litthauer Jagiello aufgezwungen wurde, entsprangen traurige Folgen für Deutschland. Indem die Litthauer Christen wurden, verlor der deutsche Orden seinen Rechtstitel zu den bei günstiger Witterung fast alljährlich ins Heidenland unternommenen „Reisen", welche zahlreiche Gäste aus ganz Europa herbeiführten, den Hochmeister als den rechten Hort ritterlicher Ehre im höchsten Ruhm und den Orden selbst in Frische erhielten. Damit wurde der Deutschherrenorden in seiner Wurzel getroffen, denn nicht nur, daß er fortan auf sich allein angewiesen war, er büßte auch seine geschichtliche Bedeutung, den Zweck und Grund seines Bestehens ein; die ganze Einrichtung, hervorgegangen aus den mittelalterlichen Kreuzzugsideen, war nun wie diese überlebt. Hatte er bis dahin die christliche Gesamtheit gegen die Heiden vertreten und verfochten, wurde er nun zu einer Landesherrschaft, wie es die übrigen fürstlichen Gebiete in Deutschland waren. Gleichwohl blieb ihm sein eigentümliches Doppelverhältnis; er gehörte zum Reiche, ohne von ihm zu Lehen zu gehen, und stand unter dem Papste, aber nahm ihm gegenüber eine selbständige Politik in Anspruch. Dieses Zwitterwesen wurde für die Zukunft verderblich.

Es war natürlich, daß die Feindschaft mit Litthauen, die so lange Zeit aus gegenseitigen Greuelthaten ihre schreckliche Nahrung gezogen hatte, nicht erlosch, und der Orden trug selbst die Schuld daran, weil er die Bekehrung der Heiden nicht als wirklich geschehen anerkennen wollte. Nun aber trat für Litthauen der König von Polen ein, und da sich dem polnischen Reich vollends der christliche Charakter nicht absprechen ließ, erschien der Streit in ganz anderm Lichte wie vordem, wurde er aus einem Glaubenskriege zu einem weltlichen, scheinbar gehässigen

Kampfe, für den Polen die Macht Litthauens, das sich weit über den Dniepr hinaus erstreckte, zu seiner Verfügung hatte. Allerdings mußte sich Jagiello bequemen, seinen Vetter Witold als Großfürsten anzuerkennen, einen durchaus selbständigen Geist von großartiger Begabung und weitschauenden Plänen. Zwar war der Großfürst nicht gewillt, Litthauen dem polnischen Uebergewichte preiszugeben, und nahm gegen dieses sogar den Orden gern als Bundesgenossen, aber zwischen beiden konnte keine wirkliche Freundschaft bestehen, solange die Deutschritter Samaiten innehatten, das Land nördlich der Memel, welches die Verbindung zwischen Preußen und Livland herstellte.

So saß der Orden in ständiger, wenn auch nicht immer offener Feindschaft mit Polen. Zum Unglück verstärkte die Pfandnahme der Neumark, auf welche einzugehen der Orden 1402 von König Sigmund gezwungen wurde, nicht seine Macht, da der dortige unbotmäßige Adel zu Polen neigte, sondern rief vielmehr neue Streitfragen hervor. Daher erklärte endlich der Hochmeister Ulrich von Jungingen im August 1409 den Krieg. Friedensvorschläge des Königs Wenzel, den der Orden durch reiche Zahlungen gewann, wurden von Polen entrüstet zurückgewiesen, ein Versuch Sigmunds, König Wladislaw und den Großfürsten Witold zu vereinigen, verfing nicht, und diesmal sollte der Krieg nicht wie sonst in Verwüstungen und Eroberung einzelner Burgen und Städte verlaufen. Polen zog aus den slavischen Ländern, aus Böhmen und Mähren Scharen von Kriegern und auch ein tartarisches Heer heran, so daß mit katholischen und griechischen Christen auch die Heiden sich gegen das schwarze Kreuz vereinigten. Die Ritter erhielten von den verbündeten Königen keine Unterstützung, doch aus Pommern und den benachbarten deutschen Ländern stattlichen Zuzug. Wie bald darauf die Husiten, legten die Polen mit großem Geschick die Entscheidung in die Vereinigung aller ihrer Heeresmassen, die der Orden, vertrauend auf die Ueberlegenheit seiner ritterlichen Waffenübung, nicht verhinderte. Daher stand er einer mindestens doppelten Uebermacht gegenüber, als am 15. Juli 1410 gegen Mittag die Schlacht auf preußischem Boden bei dem Dorfe Tannenberg entbrannte. Der rechte Flügel des Polenheeres, den Witold befehligte, wurde von den Deutschen gesprengt, aber als sie mit dem in jenen Zeiten oft gemachten Fehler hastig den Fliehenden nacheilten, gelang es dem Großfürsten, einen großen Teil von ihnen durch neu vorgeschobene Scharen abzuschneiden und mit allseitigem Angriff zu vernichten. Der Hochmeister, mit dessen Mut sich leider nicht schlachtenlenkende Kunst paarte, leitete inzwischen unsicher den Kampf in der Mitte. Er drang zwar in die Flanke des polnischen Heeres bis in die Nähe des Königs vor, aber unterließ es, einen Gewaltstoß, der ihm vielleicht den Sieg gegeben hätte, zur rechten Zeit auszuführen. Als er zuletzt mit einer reisigen Schar vorbrach, schlug die Flut der Feinde über den Tapferen zusammen; der Hochmeister, der Marschall, die meisten Ordensgebietiger starben den Heldentod. Der Rest des Ordensheeres wandte sich zur Flucht, nur wenige entkamen. Die Herrschaft des Ordens schien zu Ende zu sein, denn nun offenbarte sich in erschreckender Weise, wie verhaßt er im eigenen Lande war. Da er keine Landeskinder als Mitglieder aufnahm, galt er den einheimischen Ständen, dem Landadel, der bischöflichen Geistlichkeit, den Städten als drückende Fremdherrschaft. Nationale Empfindungen kamen dagegen nicht in Betracht. Gerade die großartige wirtschaftliche Thätigkeit, die er entfaltet hatte, wurde ihm zum Verderben. Das stattliche Bürgertum, welches er großgezogen, sah sich von ihm in Handels- und Gewerbthätigkeit gehemmt und beschränkt; es sollte Lasten tragen und dafür seine Rechte verkümmern lassen. Abfall und Verrat verrichteten ihr unheimliches Werk; selbst die größeren Städte, wie Elbing, Danzig und Thorn, erhoben sich gegen den Orden oder öffneten widerstandslos ihre Thore. Bald genug sollten sie jedoch erfahren, welche Geißel sie sich selbst aufgebunden hatten, und zum Glück fand sich ein Mann, der Widerstand leistete, bis die Besinnung zurückkehrte. Graf Heinrich von Plauen, Komtur von Schwetz, verteidigte wochenlang mit Kraft und Geschick die Marienburg, an deren Behauptung noch allein die Erhaltung des Ordensstaates hing, bis die polnischen Streitkräfte sich zerstreuten. Da auch König Sigmund von Ungarn her einen Angriff unternahm, gestand Wladislaw am 11. Februar 1411 den Thorner Frieden zu, der unerwartet günstig dem Orden nur die Abtretung von Samaiten für die Lebenszeit von Jagiello und Witold und Zahlungen auferlegte.

Leider erhielt Heinrich, der im November zum Hochmeister gewählt wurde, schlechten Lohn. Mit unendlicher Anstrengung, unter tausend Sorgen richtete er das zerschlagene Land auf, mit der Absicht, in einem neuen Kriege, den er als unvermeidlich erkannte, Polen zu begegnen. Seine wohlberechnete Strenge erbitterte das Land; die Zerklüftung des Ordens, dessen hohe Beamten sich verunrechtet und zurückgesetzt glaubten, schuf ihm in Preußen selbst die gefährlichsten Feinde. Am 14. Oktober 1413 wurde er entsetzt und sein schlimmster Gegner, der Ordensmarschall Michael Küchmeister, an seine Stelle erhoben. Des Verrates angeklagt, mußte er neun Jahre im Kerker schmachten, den ihm erst der nächste Hochmeister Paul von Rußdorf öffnete. Die Behandlung, welche dem Retter Preußens widerfuhr, zeigt deutlicher als der jähe Abfall des Landes nach dem Unglückstage von Tannenberg, wie arg der Orden verfallen war. In diesem geschwächten Zustande ging er hinüber in die Regierung eines neuen deutschen Königs, der für ihn mehr Bedeutung haben sollte, als irgend einer der Vorgänger.

Vorher und nachher stand es oft ins ungewissen, wen die Kur zum römischen Könige treffen würde, aber so verworren und doch wieder in gewisser Beziehung so klar waren die Verhältnisse niemals, wie im Jahre 1410. Wenzel beanspruchte noch immer, römischer König zu sein, ohne kräftige Maßregeln zu ergreifen, um seine Herrschaft wieder geltend zu machen; er hatte unbestritten die böhmische Stimme inne und zu ihm hielten der Kurfürst Rudolf von Sachsen und Jost von Mähren, der sich als den rechtmäßigen Herrn von Brandenburg ansah. Ihre drei festgeeinten Stimmen fielen, wenn sie überhaupt wählten, sicherlich nur einem Fürsten aus dem luxemburgischen Hause zu. Die anderen vier Kurfürsten zerfielen in zwei Parteien, Mainz und Köln gegen Pfalz und Trier. Wäre eine von ihnen bereit gewesen, auf Wenzel zurückzugreifen, so hätte die Besetzung des Königsthrones keine Schwierigkeiten gemacht. Pfalz und Trier mußten sich indessen dem widersetzen, und Johann von Mainz, der sich vielleicht nicht allzusehr gesträubt hätte, war gebunden durch Erzbischof Friedrich, der offenbar Wenzel nicht wollte. Eine Einigung der vier auf einen andern deutschen Fürsten war nicht zu erwarten, ganz abgesehen davon, daß es mißlich erscheinen mußte, die

Zerreißung des Kurkollegiums und des Reiches fortbestehen zu lassen. Köln und Mainz begehrten einen König, der den Pisaner Papst anerkannte, Pfalz und Trier hegten das entgegengesetzte Bedürfnis. Da unter diesen Umständen keine der drei Parteien für sich etwas durchzusetzen vermochte und eine Mehrheit nur durch den Anschluß an die böhmische möglich war, konnte allein ein Luxemburger aus der Wahl hervorgehen. Wurde Wenzel übergangen, so kam zunächst Jost in Frage, aber für den durch seine Habsucht berüchtigten Greis konnte keine Neigung herrschen. Wollte man ihn vermeiden, dann blieb nur Sigmund übrig, der zwar gegenwärtig mit Bruder und Vetter verfeindet, doch durch die Bande des Geschlechts mit ihnen verknüpft war. Seine bisherige kirchliche Haltung zwischen Konzil und Gregor machte ihn beiden Parteien der rheinischen Kurfürsten gleich zugänglich.

Sich an den Ungarnkönig zu wenden, lag daher für Pfalz und Trier, wie für Köln und Mainz so nahe, daß man annehmen muß, beide hätten unabhängig von einander den Schritt gethan. Doch wissen wir es bestimmt nur von der zweiten Gruppe. Sigmund war inzwischen ganz ihr Mann geworden, da er Johann XXIII., den Nachfolger des Konzilpapstes Alexander, anerkannt hatte, weil dieser einen hoffnungsvollen Krieg gegen König Ladislaus betrieb. Doch kam es zwischen dem Könige und den Kurfürsten von Mainz und Köln zu keiner Einigung. Sigmund hat lange Jahre nachher erzählt, er habe nicht den Willen nach dem Königtum gehabt; dazu sei er durch den Markgrafen von Brandenburg gebracht worden und habe sich lange nicht römischer König schreiben wollen. Diese Aeußerung ist wohl nicht ganz unwahr; Sigmund steckte eben in einer eigentümlichen Schwierigkeit. Trat er glattweg als Bewerber auf, so war zu erwarten, daß er die Partei Wenzels gegen sich hatte, während er die anderen vier Stimmen nicht auf sich vereinigen konnte, sobald er das Verlangen erfüllte, das Mainz und Köln unzweifelhaft stellten: die einseitige Durchfechtung des Konzilpapstes. Daher ist wahrscheinlich, daß er seinen alten Plan ausführen wollte, Wenzel zum Kaiser krönen zu lassen und vorläufig in Deutschland an seiner Statt zu regieren. Noch führte er unausgesetzt den Titel eines Reichsvikars; als solcher erklärte er sich eben zum Schutze des Deutschen Ordens gegen Polen verpflichtet und sorgte dafür, daß seine Kundgebung in Frankfurt bekannt wurde. Auf diesen Ausweg mochten vermutlich jene beiden Kurfürsten nicht eingehen. Der Schluß war, daß Sigmund ihr Anerbieten weder annahm noch eigentlich ablehnte. Doch stand bei ihm fest, auf alle Fälle an der Wahl selbst teilzunehmen, daher holte er sein Anrecht auf die Mark Brandenburg hervor. So ganz unrecht, wie man gewöhnlich meint, hatte er dabei nicht. Sigmund hatte zwar 1388 zugestanden, daß die Mark, wenn er sie nicht binnen fünf Jahren einlöse, an den Mähren übergehen solle, aber erst 1397 hatte daraufhin Wenzel Jost belehnt. Sigmund, der sich stets Markgraf von Brandenburg nannte, behauptete indessen, ihm sei trotz der Verpfändung das Obereigentum geblieben, außerdem habe Jost nicht die ganze Mark inne, und daß über ein Kurfürstentum so kurzweg verfügt werden dürfe, ließ sich immerhin bestreiten. Der Mainzer Erzbischof hatte allerdings Jost als Kurfürsten eingeladen, da dieser im Reiche stets als rechtmäßiger Inhaber der Mark angesehen wurde.

Als es daher Zeit wurde, nach Frankfurt zu senden, beauftragte Sigmund den Burggrafen Friedrich VI. von Nürnberg, für ihn die brandenburgische Stimme zu führen; der Vorsicht halber gab er ihm auch die Ermächtigung, wenn auf ihn die Wahl falle, sie anzunehmen. Daß der Burggraf den Wunsch hatte, seinen Gönner als wirklichen deutschen König zu sehen, und das nach besten Kräften und etwas auf eigene Hand betrieb, ist ganz glaublich. Sein Plan war zunächst, trotz aller Schwierigkeiten die vier rheinischen Kurfürsten zu einigen, und da er ja die von Mainz und Köln für günstig gesinnt halten durfte, gedachte er, mit dem Pfalzgrafen, an dem der Trierer hing, zu beginnen. Das gelang ihm auch, indem er Ludwig in Urkunden, die er unter Sigmunds Namen und dem zurückgestellten Datum vom 5. August ausfertigte, mancherlei Bürgschaften seines gegenwärtigen Standes und namentlich das Versprechen gab, Sigmund werde als König für die Einheit der Kirche sorgen, doch weder Papst Gregor noch dessen Anhänger bedrängen. Damit konnten vielleicht auch Köln und Mainz zufrieden sein.

Am 1. September, dem von Johann von Mainz angesetzten Tage, hielten die vier rheinischen Kurfürsten ihren Einzug in Frankfurt. Auch Herzog Stephan von Baiern begehrte Eintritt als Haupt der wittelsbachischen Familie, aber die Kurfürsten lehnten ihn ab. Dagegen wurde am 2. September der Burggraf Friedrich eingelassen, zwar nicht als Stimmträger für Brandenburg, doch als Vertreter Sigmunds. Mainz und Köln waren demnach noch nicht ganz gegen den Ungarnkönig entschieden, und Friedrich rechnete auch auf sie.

Die beiden Kurfürsten standen jedoch bereits in Verhandlungen mit Jost. Ihnen kam alles darauf an, ihren Papst von Reichs wegen anerkannt zu sehen. Daher wiederholten sie jetzt den schon einmal gemachten Versuch, Pfalz und Trier für Alexander zu gewinnen, mit dem Hinweis auf die für das Reich sonst entstehende mißliche Lage. Als dies nicht gelang, erklärten sie, erst sei die Ankunft der Boten der anderen Kurfürsten abzuwarten, welche ihr Ausbleiben gültig entschuldigt hätten. Lange Tage dauerte der Streit, bis es der Sigmundschen Partei die höchste Zeit schien, eine Thatsache zu schaffen, ehe jene Gesandten wirklich kamen; sie verlangten die Oeffnung der Bartholomäuskirche und die Abhaltung der üblichen Messe. Als jedoch Werner, Ludwig und Friedrich am Morgen des 20. September dort erschienen, fanden sie die Pforten geschlossen, da Erzbischof Johann schnell fertig das Interdikt über die Stadt verhängt hatte. Die drei ließen sich nicht abschrecken, auf dem Kirchhofe hinter dem Chor wählten sie Sigmund zum römischen Könige. Mochten sie auch ihr Verfahren mit der Gesetzwidrigkeit der Gegner und einer künstlichen Auslegung der Goldenen Bulle begründen, die Wahl war ungültig, selbst abgesehen von der Rechtmäßigkeit der brandenburgischen Stimme, die Friedrich abgab. Bald darauf verließen sie die Stadt; Friedrich ging nach Ungarn zurück.

Jost und Rudolf von Sachsen hatten die Einladung zur Wahl abgelehnt mit dem Bemerken, daß es ja einen römischen König gebe. Aber Mainz und Köln wandten sich, als sie von Sigmund keine genügende Antwort erhielten, in letzter Stunde an den nun einzig möglichen Kandidaten, an Jost, dem somit im hohen Alter winkte, was er sich in der Jugend gewünscht hatte. Gewiß war er gern bereit, zuzugestehen, was die Kurfürsten begehrten, ein Gemisch von Forderungen, abgeleitet aus den Zeiten Wenzels und Ruprechts. Das wichtigste Verlangen, seine Bestätigung nur von Papst Johann zu nehmen, konnte er ohne weiteres bewilligen. Im übrigen versprach er Bestätigung aller Rechte und sagte zu, Mailand zurückzuerwerben, doch von Brabant wurde diesmal geschwiegen, weil Wenzel dort den Burgunder anerkannt hatte. Abgesehen davon unterschieden sich seine Verheißungen von denen Ruprechts nur in zwei Punkten: er wolle sich vor der Krönung auf den Königsstuhl in Rense als König erheben lassen, was jedenfalls der Kölner in Erinnerung an die ehemalige Zusage Karls IV. verlangte, und wenn er „des Reiches Sachen nun oder hernach nicht selber ausrichten und deshalb einen Statthalter in deutschen Landen setzen" wollte, den Rat der beiden Kurfürsten annehmen. Das war dasselbe Verlangen, wie es einst so oft an Wenzel gerichtet wurde; es stand zu vermuten, daß Jost wie dieser meist von Deutschland fern sein würde.

Auffallend ist, daß Wenzel sich bereit erklärte, seine Stimme Jost zu geben und damit auf das Königtum zu verzichten; war es nur eine Laune oder Haß gegen Sigmund oder gab ihm der Markgraf beruhigende Zusicherungen? Der Verdacht ist gar nicht abzuweisen, daß von beiden Seiten, von böhmischer wie von kurfürstlicher, der mährische Markgraf nur vorgeschoben wurde, um auf Sigmund zu drücken, und daß selbst Jost nicht viel anderes bezweckte.

Dieser Verhandlungen wegen hatten Mainz und Köln, da Sigmund ihre Erwartungen nicht erfüllte, die Wahl so lange hinausgeschoben.

Am 28. September kamen endlich die Boten Wenzels und Josts in Frankfurt an. Mit ihnen zusammen wählten am Morgen des 1. Oktober die Kurfürsten von Mainz und Köln in der Bartholomäuskirche den Markgrafen Jost; der sächsische Abgesandte, dessen Vollmachtsbrief sich verspätet hatte, gab für ihn abends nachträglich die Stimme ab. An der Gültigkeit der Wahl war nicht zu zweifeln, obgleich die eigentümlichen Nebenverhältnisse Grund genug zur Anfechtung boten. So hatte Deutschland drei Könige, wie die Christenheit drei Päpste!

Aber nun kam ein sonderbares Nachspiel! Ende Oktober trat Wenzel, obgleich er bei der Wahl verzichtet hatte, wieder als römischer König auf, indem er Reichssteuern einforderte. Jost dagegen blieb ruhig in Mähren und begnügte sich damit, einige Urkunden als römischer König auszustellen. Sigmund wiederum verschob die Annahme der auf ihn gefallenen Wahl, wohl aber fanden zwischen ihm und Jost Verhandlungen über einen Ausgleich statt. Da starb am 18. Januar 1411 der Markgraf; man glaubte, er sei vergiftet, und richtete sogar angeblich Schuldige hin. Da er keine Kinder hinterließ, fiel die Mark an Sigmund zurück; Deutschland aber wurde eines Königs quitt, der keiner gewesen war.

Erst Josts Tod bestimmte Sigmund, nach Deutschland die Annahme der Wahl zu melden. Sofort eröffnete er auch Verhandlungen mit Wenzel, der, um des mährischen Erbes gewiß zu werden, ohne Rückhalt darauf einging und sich auch mit Mainz und Köln in Verbindung setzte. Demselben Grafen Philipp von Nassau, der den Unterhändler der Kurfürsten mit Jost gemacht hatte, verhieß er schon Anfang Februar eine Belohnung, wenn er oder Sigmund zum römischen Könige gewählt würden; da er in diesem Briefe Titel und Siegel eines solchen

führte, so ist klar, daß er nicht meinte, selber nochmals zu dieser Würde, die er als
sein Recht betrachtete, erkoren zu werden. Daß Sigmund einhelliger König werden
würde, war nun gewiß, nur die Form noch fraglich. Auch Papst Johann XXIII.
trat für ihn bei den Kurfürsten ein. Erzbischof Johann war der Ansicht, daß jedenfalls eine neue Kur stattfinden müsse, und schrieb sie daher im März für den
11. Juni aus. Sigmund, der nun als Kurfürst von Brandenburg geladen wurde,
wollte jedoch einer nochmaligen Wahl entgehen, da er die geschehene als gültig
ansah, und dachte die Sache so zu erledigen, daß er an diesem Tage mit seinen
Wählern vor Frankfurt das Königslager, wie es Ruprecht eingeführt hatte, aufschlagen wollte. Aber Hindernisse hielten ihn in Ungarn fest, so daß Werner
von Trier allein zur festgesetzten Zeit mit einem Heere vor Frankfurt erschien.
Johann von Mainz kam dorthin, um etwaiges Unheil zu verhüten, denn so weit
waren die Dinge noch nicht, daß die Wahl hätte stattfinden können. Johann
vertrug sich vielmehr erst mit der Pfalz über die kirchlichen Verhältnisse, dann
mit Werner von Trier über ihr Verhalten zu dem Könige, denn um Mitte Juni
waren er und sein Kölner Genosse mit Sigmund einig geworden. Auch die
Luxemburger Brüder verständigten sich. Sigmund überließ Wenzel für seine
Lebtage die Kaiserwürde, welche dieser mit seiner Hülfe erstreben sollte; er wollte
die Kurfürsten dazu bewegen, daß sie ihn als solchen halten sollten. Darin lag
eingeschlossen, daß Wenzel zunächst den Titel eines römischen Königs weiterführen
durfte, wie ihm auch der Gebrauch der schwarzgelben Siegelschnur, welche Karl IV.
als kaiserliche eingeführt hatte, vorbehalten wurde; auch die Reichsheiligtümer
blieben in seinem Besitz. Wenzel dachte sich die Sache so, daß die Kurfürsten
ihn nochmals ausdrücklich als den allein zur kaiserlichen Würde Berechtigten anerkennen sollten. Die gewünschte Erklärung wurde zwar unterlassen, aber ihm
stillschweigend die Führung seines Titels gestattet.

Wenzel bevollmächtigte eine stattliche Gesandtschaft, die außer der böhmischen Stimme auch die sächsische und brandenburgische vertrat. Sigmund hatte
zugestanden, daß nochmals eine Kur stattfand, obgleich er nachher die Jahre
seines Königtums von der ersten Wahl ab zählte. Aber als sie am 17. Juli
unter den üblichen Feierlichkeiten geschehen sollte, schickten Pfalz und Trier, da sie
nicht ihre frühere Abstimmung für nichtig erklären wollten, nur Räte in die Kirche,
welche die für sie bereiteten Sitze einzunehmen verweigerten und fortgingen, als
es zur Leistung des Eides kam. Die Handlung wurde daher unterbrochen, und da
jene beiden auf ihrem Sinn verharrten, vollzogen am 21. Juli nur Mainz,
Köln, Böhmen, Sachsen und Brandenburg die Wahl. In Vertretung Sigmunds
wurde Burggraf Johann von Nürnberg auf den Altar gesetzt.

Am meisten freute sich der Frankfurter Rat, daß alles glücklich abgelaufen
war. Mit anerkennenswerter Unparteilichkeit hatte er seiner schwierigen Aufgabe
gewaltet und die Ruhe durch sorgfältige Vorkehrungen aufrecht erhalten; dabei
hatte er viel Geld ausgegeben und für seine strenge Gewissenhaftigkeit manchen
Unbank geerntet. Gern sagte er daher zu, daß der einmütig gewählte König
nicht genötigt sein sollte, draußen das Feldlager abzuhalten.

Sigmund war das Königtum wie eine reife Frucht in den Schoß gefallen,
ohne daß er es mit schweren Opfern erkauft hätte. In der Kirchenfrage bewahrte

er sich sogar freie Hand. Die Bestätigung durch den Papst ließ er auf sich beruhen, wohl wissend, daß dieser nicht wagen durfte, ihn darum zu mahnen.

Seine Wahl war ein Sprung ins Unbekannte. Nur mit sehr wenigen Reichsfürsten war er, der seit 1376 nicht mehr das innere Deutschland betreten hatte, seitdem in Berührung gekommen und über seine Persönlichkeit, seine Macht hatte kaum jemand ein sicheres Wissen. Sigmund trug mit seiner Wahl noch eine Spaternte von der Wirksamkeit seines Vaters heim, die letzte übriggebliebene Frucht. Selbst die Goldene Bulle hatte sich nicht als der feste Fels bewahrt, der sie sein sollte! —

Merkwürdig war, daß der König den Fuß, den er im Reiche hatte, freiwillig zurückzog. Am 8. Juli 1411 bestellte er den Burggrafen Friedrich zum „rechten, obersten und gemeinen Verweser und Hauptmann" der Mark Brandenburg. Er begründete die Verfügung mit der Notwendigkeit, die Pflege des zerrütteten Landes, die er selbst nicht übernehmen könne, zuverlässigen Händen anzuvertrauen. Da er zugleich bestimmte, diese Hauptmannschaft solle von ihm oder seinen Erben nur nach Zahlung von hunderttausend ungarischen Gulden widerrufen werden, so ist kein Zweifel, daß er bereits beabsichtigte, die Mark dauernd dem Burggrafen zu überlassen. Der neue Herr mußte freilich selber sehen, wie er das ihm anvertraute Land gewann und nutzbar machte, also große Summen hineinstecken, und es ist richtig, daß die Mark in ihrem trostlosen Zustande für Sigmund wenig Wert hatte. Aber sie war ein Kurfürstentum und Sigmund gab mit ihr ein Pfund weg, das ihm in seiner Stellung als König reiche Zinsen tragen konnte. Er vollzog eine Handlung aufrichtiger Dankbarkeit und Freundschaft. Friedrich hatte sich 1400 nach Ungarn begeben, da der durch Kriege stark angegriffene fränkische Hausbesitz nicht ausreichte, dem älteren Bruder Johann und ihm ein fürstenmäßiges Leben zu gestatten. Dort verdiente er sich bald den Dank des Königs, noch glänzender erwies er seine staatsmännische Befähigung bei der ersten Königswahl. Indem Sigmund ihn nun überreich belohnte, setzte er voraus, daß der Beschenkte ihm fernerhin in treuester Ergebenheit anhängen und eine starke Stütze im Reiche sein würde.

Es ist zur Genüge bekannt, wie Friedrich seines Amtes waltete, nachdem er im Juni 1412 in der Mark erschienen war. Durch Leutseligkeit und gütige Nachsicht, durch geschickte Verträge mit den Nachbarfürsten, durch kriegerische Thatkraft gegen den von den Quitzows geleiteten Adel schuf er Ruhe und neue Ordnung, begründete und befestigte er seine landesherrliche Gewalt, so daß er nach zwei Jahren seiner Gattin die Leitung der Mark übergeben und das Land wieder verlassen konnte. In Konstanz wurde dann die endgültige Uebertragung der Mark vollzogen. Am 30. April 1415 überließ Sigmund die Mark nebst Kur- und Erzkämmereramt Friedrich und seinen Erben, indem er zugleich die Wiedereinlösungssumme auf 400000 Gulden erhöhte. Der Burggraf gelobte für sich und seine Erben auf alle Rechte zu verzichten, wenn jenes Geld je bezahlt würde, versprach außerdem, die Mark unentgeltlich herauszugeben, wenn er mit Sigmunds Geheiß, Gunst und Willen römischer König werden sollte. Das war nur ein Versprechen für alle möglichen Fälle, aus dem nicht folgt, daß Sigmund damals wirklich die Absicht hatte, Friedrich die Nachfolgerschaft zu übertragen; auch

verpflichtete sich der Burggraf gleichzeitig, bei Königswahlen, wenn er es mit
Gott und Ehren könne, einhellig mit Sigmunds und Wenzels Erben zu kiesen.
Am 18. April 1417 erfolgte in Konstanz die feierliche Belehnung.

Sigmund hatte bereits die Vorbereitungen getroffen, um sogleich nach
Aachen zur Krönung zu ziehen, aber seine Regierung begann, wie sie weiter ver-
lief, mit Ankündigungen seines Erscheinens im Reiche, die nicht oder selten zur
Wahrheit wurden. Einige Jahre verrannen, ehe die Deutschen ihren neuen
Herrscher von Angesicht zu Angesicht schauen konnten. Eine wirkliche Reichsleitung
fehlte in der Zwischenzeit, da Sigmund keinen Stellvertreter ernannte; nur soweit
Reichsangehörige die weite Reise nicht scheuend ihm ihre Sachen entgegentrugen,
erledigte er sie, meist mit Wohlwollen, aber nicht immer mit Sachkenntnis.

Zweiter Abschnitt.

Anfänge Sigmunds. Berufung des Konstanzer Konzils. 1411—1414.

Sigmunds Politik nahm, seitdem er zum deutschen Könige gewählt worden, sein Janusgesicht an, das nach Osten und nach Westen, nach Ungarn und nach Deutschland schaute. Die Würde und die damit verbundenen Rechte und Pflichten erfüllten seinen Geist und ließen ihn ältere Pläne mit neuen Ideen verbinden. König Ladislaus von Neapel, sein steter Nebenbuhler um die ungarische Krone, war für ihn nur von Italien aus zu fassen, und jetzt war Sigmund der Oberherr von Ober- und Mittelitalien. Von Ladislaus hatte Venedig Zara und Dalmatien gekauft und dadurch einen offenen Kriegsfall mit Ungarn geschaffen, das sich nicht vom Meere abschneiden lassen durfte. Die Republik sperrte außerdem die wichtigste Straße von Deutschland nach der Halbinsel durch die von ihr eroberten Herrschaften, die dem Reiche gehörten, und bedrängte fortwährend andere Glieder desselben, wie den Patriarchat von Aquileja. Als römischer König hatte Sigmund die Möglichkeit, Venedig an seiner verwundbarsten Stelle zu treffen, und konnte dabei das Reich zur Hülfe fordern. Da Erfolge in Oberitalien, wo sein Vorgänger nur Schande davongetragen, sein Regiment mit besonderem Glanze eröffnet hätten, legte er auf Italien das größte Gewicht, und ungarische und deutsche Politik schoben sich ihm hier in eins zusammen. Zugleich wollte er durch sein persönliches Erscheinen in Italien die Lösung der kirchlichen Wirren anbahnen, wie es schon sein Ehrgeiz als Reichsvikar gewesen war. Zwar nahm er als König den bisher üblichen einköpfigen Reichsadler an, aber der Doppeladler, den er als Reichsvikar geführt, blieb ihm das Symbol seines künftigen kaiserlichen Amtes.

Wollte Sigmund Venedig angreifen, mußte er sich von anderen Hindernissen freimachen, der Lagunenstadt etwaige Bundesgenossen entziehen. Denn Venedig begriff vollkommen die veränderte Lage der Dinge und erwartete von vornherein, daß sein alter Gegner, der bereits sein Erscheinen in Italien an-

kündigte, um dort die Kaiserkrone zu holen, nunmehr große Ansprüche erheben
würde. Daher suchte Venedig den Papst auf seine Seite zu ziehen und rief die
Kurfürsten an, daß sie ihren König vom Kriege abhalten möchten; gefährlicher
war, daß die Republik auch ein Kriegsbündnis mit Polen erstrebte und dort Anklang
fand. Darunter hatte — so eng verflochten sich räumlich weitgetrennte Beziehungen,
— der deutsche Orden zu leiden. Sigmund schlug ihn nur danach an, wie
weit er ihn gegen Polen dienen konnte. Daher verdroß ihn der Thorner Frieden,
und als es nicht gelang, Preußen in einen neuen Krieg zu treiben, schloß er
mit Polen innige Freundschaft, um dessen König still zu halten, und wollte
nebenbei von dem verarmten Orden Geld herausschlagen. Auch die Habsburger
wußte er zu beschwichtigen. Nachdem auch der zweite Sohn Leopolds III. Herzog
Leopold IV. nach einem streiterfüllten Leben 1411 kinderlos einem heftigen Zorn=
ausbruch erlegen war, regierten die jüngeren Brüder Ernst „der Eiserne" und
Friedrich IV. die vom Vater ererbten Länder. Da Ernst sich mit einer Nichte
Wladislaws vermählte und Friedrich seine Augen auf Erwerbungen im Patri=
archate richtete, hatten beide im Bunde mit Polen und Venedig Sigmund ernstlich
bedroht. Der König verhalf auch dem vierzehnjährigen Albrecht V., dem geliebten
Sohne seines Freundes Albrechts IV., zur selbständigen Herrschaft in Oesterreich
und verlobte ihn im Oktober 1411 mit seiner zweijährigen Tochter Elisabeth.

Nachdem Sigmund bereits im Herbst 1411 in Friaul den Krieg gegen
Venedig hatte eröffnen lassen, drang er selbst ein Jahr darauf mit einem Heere
nach Udine vor, doch da er nicht durchschlagende Erfolge erzielte, schloß er im
April 1413 Waffenstillstand. Er wollte erst in dem übrigen Italien und in
dem angrenzenden Burgund, wo er Huldigung einfordern ließ, sein Ansehen zur
Geltung bringen und Einnahmequellen erschließen, namentlich auch Mailand, wo
jetzt der zweite Sohn Galeazzos Filippo Maria gebot, sich gefügig machen. Er
verschrieb Zuzug aus Teutschland und warb um die Hülfe der Schweizer, die
ihm nur Werbungen gestatteten. Da er indessen bei seinem Geldmangel nichts
ausrichten konnte, knüpfte er Verhandlungen mit Filippo Maria an, die sich
jedoch zerschlugen, weil er ihm nicht den herzoglichen Titel gewähren wollte.
Seine Seele war bereits mit noch wichtigeren Dingen beschäftigt.

Das Pisaner Konzil hatte das Schisma nicht beseitigt, sondern verschlimmert,
da Alexander zwar von dem größeren Teile der Christenheit anerkannt wurde,
aber auch die beiden abgesetzten Päpste Anhang behielten. Ehe Alexander in
Rom einziehen konnte, starb er am 3. Mai 1410 in Bologna, und daher fand
dort auch das Konklave statt, aus dem nach dreitägiger Beratung am 17. Mai
Johann XXIII. hervorging. Balthasar Cossa, aus einem neapolitanischen Adels=
geschlechte, hatte in seiner Jugend, obgleich zum Geistlichen bestimmt, das Kriegs=
handwerk betrieben, bis er die Universität Bologna bezog. Bonifacius IX. rief
ihn an die Kurie und beförderte ihn überaus schnell zum Kardinal und Legaten
von Bologna, in welcher Stellung Cossa eine bedeutende staatsmännische und
kriegerische Thätigkeit entwickelte. Bei Gregor fiel er in Ungnade und arbeitete
daher kräftig an dessen Sturz, Alexander stützte sich hauptsächlich auf ihn. Die
Wahl verdankte Cossa wahrscheinlich dem Zutrauen, das auf seine weltlichen
Eigenschaften gesetzt wurde, denn seine Hauptaufgabe sollte der Krieg gegen

König Ladislaus, den Beschützer Gregors XII. werden. Deswegen sahen die Kardinäle darüber hinweg, daß ihr bisheriger Amtsbruder bekannt war als ein Mann, dessen Gewissen durch Verletzung von Recht und Sitte nicht beschwert wurde. In dem stämmigen, untersetzten Papst mit dem breiten, gewöhnlichen Gesicht, der am liebsten bei Tage schlief und in der Nacht lebte, steckte nur ein Krieger und Genußmensch; Johann bemühte sich auch gar nicht, seine Natur zu verbergen, ungescheut machte er seiner Leidenschaft in gemeinen Reden Luft. Später wurden auf ihn die entsetzlichsten Beschuldigungen gehäuft: man behauptete auch, daß er das Papsttum durch Giftmord seines Vorgängers, durch Bestechung, Einschüchterung und List erreicht habe. In jedem Falle hatte seit den römischen Adelspäpsten des elften und zwölften Jahrhunderts nie mehr ein Mann den apostolischen Stuhl bestiegen, der so aller geistlichen und kirchlichen Tugenden bar war. Als die Kardinäle ihn erhoben, gehorchten sie dem Zwange der Verhältnisse, indem sie meinten, die Aufrechterhaltung des Konzilspapsttums, die Behauptung Roms sei zunächst das allerwichtigste; daß Johann auch ihr verpfändetes Wort einlösen, die Kirchenreform vollziehen sollte, machte ihnen geringere Sorgen. Sie haben dafür büßen müssen.

Denn bald zeigte sich, daß Johann nicht die ihm zugetraute kühne Entschlossenheit besaß. Der Kriegszug, den mit seiner Unterstützung Ludwig von Anjou gegen Ladislaus unternahm, mißglückte und der Papst war schließlich froh, daß der Neapolitaner mit ihm einen trügerischen Vertrag einging, durch den allerdings Gregor seiner bisherigen Zuflucht beraubt wurde; er mußte zu seinem letzten Getreuen, Karl Malatesta, nach Rimini flüchten. Aber der Pisaner Beschluß war nicht zu umgehen, und so berief Johann ein Konzil und zwar nach Rom, dem ungeeignetsten Orte. Da die Versammlung deswegen äußerst schwach besucht wurde, vertagte er sie Anfang März 1413 auf den Dezember, indem er sich die Bestimmung des Ortes vorbehielt. Er wollte es in Bologna halten, aber plötzlich sah er sich in eine trostlose Lage versetzt. Am 8. Juni eroberte König Ladislaus durch einen glücklichen Handstreich Rom und in kurzer Zeit den ganzen Kirchenstaat; der Papst mußte nach Florenz flüchten und sich nach Hülfe umsehen.

Sigmund benutzte des Papstes Drangsale vortrefflich. Wie alle Welt wünschte er die versprochene Reformation der Kirche, und daß für sie vom Papste nichts zu hoffen sei, war ihm klar. Er selber wollte sie daher bewirken; stillte er die Sehnsucht der geeinigten und gereinigten Kirche, dann überstrahlte sein Ruhm weit den seiner Vorgänger. Nur ein allgemeines Konzil konnte zum Ziele führen, weil aber keiner der drei Päpste ein solches zusammengebracht hätte, gedachte er vermittelnd einzutreten. Da war nun die Wahl des Ortes weise zu bedenken; er mußte bequem liegen für die Besucher aus allen Ländern der Christenheit, unberührt sein von den großen Welthändeln, er durfte nicht unterstehen dem herrschenden Einflusse eines der drei Päpste, damit Bürgschaft geboten war für einen ungestörten und sachlichen Verlauf der Arbeiten.

Die plötzliche Wendung im Geschick Johanns brachte seinen Wünschen Verwirklichung. Süddeutschland lag gleichsam in der Mitte des Abendlandes, von allen Seiten her leicht erreichbar, und dort standen die Vertreter der Christenheit unter dem Schutze des Reiches, unter dem seinigen. Die päpstlichen Gesandten gingen auf seine Anträge ein, sie schlugen Straßburg vor, Sigmund aber wählte das günstiger gelegene Konstanz.

Es war ein Meisterstück verständiger Berechnung, daß er alle Ausflüchte des Papstes abschnitt und sofort am 30. Oktober der Welt verkündigte, das Konzil werde am 1. November künftigen Jahres in Konstanz zusammentreten. Von Johann sprach er so, als ob er dessen Recht auf das Papsttum vollkommen anerkenne; aber es war ein bedenkliches Vorzeichen, daß er, obschon in wenig entgegenkommender Form, Gregor XII. ebenfalls zum Erscheinen aufforderte. Auch an die zu Benedict haltenden Fürsten schrieb er, ebenso lud er persönlich Frankreich ein und deutete schon an, daß Johanns Papsttum nicht die unabweisbare Grundbedingung der zu treffenden Ordnungen sein würde. Dort wie in Spanien sah man ungern, wie Sigmund die Führung der Christenheit an sich riß, aber mußte doch anerkennen, daß nur so, wenn er neben den Pisaner Papst trat, eine allgemeine Beteiligung möglich wurde.

Johann XXIII. übersah vielleicht noch klarer als Sigmund, was das Ergebnis eines Konzils, dessen Herr er nicht war, sein würde, aber es half ihm nichts; in Lodi, wo er mit dem Könige zusammentraf, mußte er am 9. Dezember die Berufungsbulle erlassen. Als Zweck wurde angegeben, die in Pisa nicht vollendete Reform der Kirche zu schaffen.

Noch mehrere Monate weilte Sigmund in Oberitalien. Genua, welches 1409 die französische Herrschaft abgeschüttelt hatte, ließ ihn nicht ein, in der Stadt Asti, welche dem Herzoge von Orleans gehörte, entging er nur durch seinen Mut einem durch den Statthalter veranlaßten Ueberfall; dafür gewann er die Anhänglichkeit des Grafen Amadeus von Savoyen, den er später 1416 zum Herzoge erhob. So voll nahm ihn die neue Welt, in der sich bewegte, ein, daß er es aufgab, bald nach Ungarn zurückzukehren und dort einen Verweser bestellte. Er wollte in Italien bleiben bis zum Beginn des Konzils, inzwischen Krieg mit Mailand führen. Doch mit einemmale wurde er andern Sinnes. Noch hatte er keine der drei Kronen empfangen, zu denen ihn sein deutsches Königtum berechtigte, und doch war es für sein Ansehen auf dem künftigen Konzil erforderlich, daß seine Würde nicht bezweifelt werden konnte. Daher wollte er sich schnell in Deutschland krönen lassen, während der Krieg gegen Mailand weiter gehen sollte.

Noch ein andrer Grund bewog ihn zur schnellen Reise nach Deutschland. Am 9. April 1414 erlag Erzbischof Friedrich von Köln langwierigen Leiden. Er hatte sich als ein rechter Fürst der Kirche und des Reiches erwiesen; obwohl auch er vornehmlich seine landesherrlichen Aufgaben verfolgte, war er doch ganz andern Schlages als sein Mainzer Genosse. Die Bergische Partei im Kapitel wählte den Bischof von Paderborn, Graf Wilhelm von Berg, während die Mehrheit sich für den Propst Dietrich von Mörs entschied, einen Neffen des verstorbenen Erzbischofs, den dieser selbst zu seinem Nachfolger gewünscht hatte. Während die Stadt Köln keine Partei ergriff, entbrannte im Erzstift die Fehde, aber Dietrich kam zu statten, daß die rheinischen Kurfürsten für ihn eintraten. Da sich infolgedessen der König sofort für ihn entschied, konnte auch Papst Johann nicht anders, als am 30. August Dietrich für den Erzstuhl zu ernennen, obgleich Wilhelm bei ihm in höchster Gunst gestanden hatte. Natürlich, daß Wilhelm, der als Neffe des Königs Ruprecht schon früher zu Gregor XII. gehalten hatte, jetzt von diesem Bestätigung begehrte und erhielt. Die Sache war demnach wichtig genug, daß der König sie zum Austrag brachte, umsomehr, da noch anderes mit ihr verquickt war. Sigmund, der von jeher dem Könige Wenzel das Recht bestritten, über das alte Stammland seiner Familie, das Herzogtum Luxemburg, selbständig zu verfügen, begünstigte die Partei im Lande, welche der Herrschaft des Herzogs Anton von Burgund widerstrebte, und geriet mit diesem dadurch in ernsten Zwist. Der Herzog hatte auf seiner Seite den ganzen Bergischen Anhang und so bedrohlich stand es eine Zeitlang, daß Sigmund nicht wagte, gleich nach Aachen zu gehen, sondern erst Nürnberg und Schwaben aufsuchte. Da jedoch Herzog Reinald von Geldern sich von den Burgundern lossagte, konnte unter seinem Schutz am 8. November die Krönung Sigmunds und seiner Gemahlin durch den neuen Kölner Erzbischof erfolgen. Kurfürst Johann von Mainz, der bereits seinen Vorteil bei dem Könige herausgeschlagen hatte, blieb fern, durch Krankheit abgehalten. Der Kölner Bistumsstreit endete nachher mit fröhlicher Hochzeit, indem Bischof Wilhelm dem geistlichen Stande entsagte und heiratete.

Dritter Abschnitt.

Die Persönlichkeit Sigmunds.

Der so lange verzögerte Eintritt des neuen Oberhauptes in das Reich war glücklich von statten gegangen, und mit freudiger Bewunderung sahen die Deutschen auf ihn, von dem sie vorher kaum mehr wußten, als daß er ein mächtiger Herr im fernen Osten war und schon manchen harten Strauß bestanden hatte. Da er der Sohn eines Kaisers war und die deutsche Sprache als Muttersprache redete, erschien er nicht als Ausländer. Sigmund war König vom Scheitel bis zum Fuß, ein wunderbar schöner Mann; man erkannte auf den ersten Blick den zum Herrschen geborenen. Obgleich er bereits sechsundvierzig Jahre zählte und sein lockiges Haar zu ergrauen begann, war die herrliche Gestalt schlank und geschmeidig und die Gesichtsfarbe von rosiger Jugendfrische geblieben. Unter breiter Stirne blitzten lebhafte Augen, ein langer, zweigeteilter Bart fiel auf die Brust herab. Ihm stand zur Seite seine zweite Gemahlin, Barbara, Gräfin von Cilly, die er vielleicht ihrer Reize wegen trotz unebenbürtiger Abkunft 1408 geheiratet hatte, denn sie war gleich schön, schlank gewachsen, mit leuchtend weißer Haut, nur ein wenig sommersprossig. Auch im Turnier stand der König noch seinen Mann; lauter Jubel erscholl in Konstanz, wo er unter fremdem Zeichen in die Schranken ritt und zwei Gegner niederstreckte, als beim Lüften des Helms der Sieger erkannt wurde. Besonderes Vergnügen bereiteten ihm Jagd und besonders Fischfang zu jeder Zeit; den Friedbergern machte es saure Arbeit, als sie einmal der königlichen Laune zuliebe sogar ihren zugefrorenen See aufeisen mußten. In allem seinen Thun überquoll Sigmund von Regsamkeit und Lebendigkeit, unermüdlich durchzog er die Länder, wie sein Großvater Johann von Böhmen einen blitzschnellen Gewaltritt nicht scheuend. Trotz mancher durchschwärmten Nacht liebte er das Frühaufstehen.

Der Ritterlichkeit stand seine Leutseligkeit nicht nach. Den Fürsten gegenüber hüllte sich Sigmund gern in seine Majestät, in der er sich mit höchster Würde „wie König Salomon" bewegte. Desto herablassender war er zu Bürgern und Bauern. In Böhmen sprach er später aus, sein Ahnherr mütterlicher Seite — der sagenhafte Gatte der Libussa, Herzog Primislaw — habe den Pflug geführt und so sei er auch den Bauern als König recht. Ungern sah er, wenn Begrüßende oder Bittstellende vor ihm niederknieten; freundlich bot er ihnen die Hand und hieß sie aufstehen, redete auch den gemeinen Mann mit „Ihr" an. Für jeden war er zugänglich und wußte für jeden ein gütiges Wort.

Dem Könige stand die Rede zu Gebote, wie nicht leicht einem andern; wo es auch sein mochte, in großen Versammlungen, in der Ratsstube, in fröhlicher Gesellschaft floß ihm das Wort leicht und lebendig von den Lippen. Immer schlagfertig mußte er diese Gabe trefflich für seine Zwecke zu verwerten. Kaum hat ein Fürst so viele Staatsreden gehalten, wie Sigmund, doch am liebsten pflog er Zwiegespräche mit denen, welche er überreden wollte; er erschien gern unerwartet, überraschte fürstliche Gäste wohl noch im Bett, um sie ganz für sich allein zu haben. Alle Mittel standen dem gewandten Redner zu Gebote, die scheinbare Harmlosigkeit, die süße Schmeichelei, der trauliche Zuspruch, die lockende Verheißung und der aufbrausende Zorn; Sprichwörter, Bilder, Gleichnisse in unerschöpflicher Fülle, treffende, oft beißende Witze verliehen Schmuck und Reiz, der Schwung der Gedanken, der volle Klang gehobener Empfindung setzten den Hörer in Bewunderung. Der König nahm ihn gefangen durch die wirkliche oder scheinbare Offenheit, mit der er sich äußerte, durch die Eigenart der Gedanken und die Selbständigkeit der Auffassung. Ueberall trat er persönlich hervor, nahm selbst die Geschäfte in die Hand, so daß man ihm nachrühmte, er brauche weder Vormund noch Sachwalter. Selbst seine Briefe und Urkunden machen oft den Eindruck, daß er ihre Abfassung beeinflußte.

Es kam dem Könige nicht darauf an, welcher Sprache er sich zu bedienen hatte, da er das Deutsche, Lateinische, Böhmische, Polnische, Ungarische, Französische und Italienische vollkommen beherrschte; er wurde deswegen mit dem sprachkundigen Mithridates verglichen. Dazu half ihm glückliche Begabung, denn wissenschaftliche Bildung besaß Sigmund kaum; sein Latein, das sich nicht ängstlich um die Grammatik kümmerte, erschien wenigstens den Humanisten unfein und gewöhnlich. Allerdings beabsichtigte er einmal, in Ungarn eine Akademie zu gründen, zog auch in seinen letzten Lebensjahren italienische Gelehrte, deren einer für ihn den Arrian übersetzte, an seinen Hof, verlieh auch mehreren den Titel gekrönter Dichter; in Rom ließ er sich durch einen Kenner die Reste des Altertums zeigen und erklären. Doch über ein Interesse für geistige Thätigkeit kam er gewiß nicht hinaus. Von der Untersuchung theologischer Fragen hielt er sich absichtlich fern.

Es war eben sein offener, empfänglicher Sinn, der ihm für alle Seiten des Lebens und der Welt Verständnis gab. Obschon er die kirchlichen Pflichten getreulich erfüllte und die Wahrheit der christlichen Lehren verfocht, war er keineswegs ein blinder Verehrer der Geistlichkeit, denn er wußte Sache und Personen zu scheiden. Er kannte gar wohl ihre argen Schattenseiten und zu einer seiner ersten Lebensaufgaben wählte er die Durchführung der kirchlichen Reform, für die er bis zum letzten Augenblicke arbeitete. Mit dem bittersten Spott geißelte er allzeit die Begehrlichkeit und Unsittlichkeit der Priester und Mönche; er soll gesagt haben, der einzige Unterschied zwischen den in der Ehe lebenden griechischen Geistlichen und den an den Cölibat gebundenen römischen sei, daß die ersteren nur eine Frau, die anderen zehn hätten. In Ungarn griff er rücksichtslos in das kirchliche Gut ein, wie auch später in Böhmen, so daß ihm ein Kardinal, den er über die Gründung eines Karthäuserklosters um Rat fragte, entgegnete: es thue mehr not, die zerstörten Klöster wieder herzustellen, als neue zu errichten, denn in Ungarn seien mehr Klöster als Mönche. Er wollte durchaus nicht die Kirche in weltliche Dinge eingreifen lassen, denn das Weltliche sollte weltlich bleiben, wie er oft genug erklärt hat. Seine Räte und Freunde waren meistens Laien, hat er doch auch zuerst unter den deutschen Königen einen Kanzler aus weltlichem Stande ernannt. Zwar ehrte er die Reliquien, wie es ihm geziemte, aber er wußte auch, welcher Betrug damit getrieben wurde. Als er einst ein Gebein der heiligen Elisabeth in Marburg erbat, ermahnte er seinen Beauftragten, ja bei der Oeffnung des Schreines gegenwärtig zu sein, damit er nicht „ein Stück von einem toten Schuhmacher" bekäme. Wunderzeichen und Wunderdinge betrachtete er mit prüfendem Blicke, im Bewußtsein des natürlichen Zusammenhanges suchte er nach einfacher Erklärung. Auch den Volksaberglauben gegen die Juden teilte er nicht. Eine Kapelle, die großen Zulauf hatte, weil sie über die Leiche eines angeblich von Juden ermordeten Kindes gebaut war, ließ er kurzerhand abbrechen.

Von einem solchen Könige erwartete das Volk das Beste, er werde ein mächtiger Herr sein, offenbar habe der heilige Geist die Wähler geleitet.

Sigmund hat gegen seinen Bruder Wenzel entschieden treulos und gewaltthätig gehandelt und auch sonst, besonders in seinen früheren Jahren, sich Grausamkeiten zu Schulden kommen lassen. Trotzdem lag in seinem Wesen ein gutartiger Zug; er war versöhnlich, schätzte seine Freunde und Diener, die er überreich belohnte. Seine ganze Regierung hindurch stand ihm ein bestimmter Kreis von Männern nahe, unter denen der ungarische „Großgraf" Nicolaus von Gara, später der aus Eger gebürtige Kaspar Schlick, ein hochgebildeter und geschickter, freilich nicht immer reine Hände bewahrender Staatsmann hervorragten. Um treue Gesellen an sich zu fesseln, stiftete er 1408 den Drachenorden, der allein für Ungarn bestimmt war, doch in seinen späteren Abzeichen auch an Fremde freigebig verliehen wurde. Leider hatte Sigmund wirkliche grobe Fehler. Gleich von Anfang an fiel es auf, daß seine Kanzlei sehr viel höhere Gebühren forderte, als vordem üblich waren. Sie hatte sich schon in Ungarn zurechtgelegt, um wieviel die reichen Deutschen geschröpft werden sollten. Sehr bald zeigte sich unverhüllt der wundeste Fleck von Sigmunds Königtum, seine unaufhörliche Geldnot und die Unverfrorenheit, mit der er ihr abzuhelfen suchte. Sigmund war nicht geizig, im Gegenteil, ein Verschwender, freigebig bis zum Uebermaß, aber er war auch offenbar der Meinung, daß außerhalb Ungarns seine Bedürfnisse anderweitig gedeckt werden müßten. Es begann ein Borgsystem schmachvollster Art, das ihn am meisten in der öffentlichen Achtung herabsetzte, und es dauerte seine ganze Regierung lang. Wer ihm geliehen hatte, mochte sehen, wie er auch nur das Hauptgut wieder bekam, geschweige die Zinsen, nicht weil der König ihn absichtlich betrog, sondern weil er diese Dinge höchst gleichgültig nahm. Große und kleinste Anleihen waren gleich willkommen. Das Leben bei Hofe bot das Bild

der Flut und Ebbe; je nachdem Gelder eingingen, wechselte höchste Pracht mit
schäbigster Armut. Ein Franzose, der Sigmund in Konstanz kennen lernte und
über ihn freilich mit giftigster Galle berichtet, schildert höchst ergötzlich, wie „dieser
Mann, der den ganzen Erdkreis in Flammen setzen wolle und selbst die Gegen=
füßler bedrohe", sich betrage wie ein Bettler, jeden Beliebigen um die gering=
fügigsten Summen anpumpe: die Stiefeln lasse er bei einem Schuster flicken, er
laufe einher in zerrissenen Schuhen und in Kleidern, durch deren zerschlissene
Falten die Haut sichtbar sei.

Dazu kamen noch andere arge Schwächen. So liebenswürdig Sigmund sein
konnte, ihm fehlte ganz die Höflichkeit der Könige, die Pünktlichkeit. Schon damals
wurde bekannt, daß er gewöhnlich sehr viel später, als er angekündigt hatte, an Ort
und Stelle eintraf, wenn er überhaupt erschien. Die Zeit war an Unsittlichkeit
gewöhnt, aber Sigmund leistete darin doch mehr, als für einen König zulässig schien.
Ein Lebemann durch und durch jagte er allen Genüssen nach, ein starker Trinker,
ein Feinschmecker, der besonders gern mit Fischen und Obst seinen Gaumen letzte,
unbegrenzt in der Zuneigung zum weiblichen Geschlecht. Nichts war ihm lieber,
als schöne Frauen im Tanze herumzuschwenken, sie zu bewirten und ihnen artige
Geschenke zu machen; als er aus England zurückkehrend Straßburger traf, ging
seine erste Frage nach dem Befinden der dortigen Damen, die er ganz absonderlich
verehre. Doch auch unehrbare Frauen waren ihm recht und die Gastgeber,
Städte wie Fürsten, versäumten nicht, seinen Gelüsten Befriedigung zu gewähren.
Wenn jener Franzose Glauben verdient, sah Sigmund Penelope in jedem Weibe;
auch die verworfensten Geschöpfe ehre er, als ob sie Lukretien wären, bekränzt
und unter lautem Gesang ziehe er mit lustiger Gesellschaft seine Wege, halte
die begegnenden Frauen an und scherze mit ihnen.

Leider glich Barbara ihrem Gatten nicht nur an Schönheit, sondern
auch an Geringachtung der Sitte, eine Frau von unbegrenzter Sinnlichkeit,
die ihre Augen begehrlich auf stattliche Männer richtete, sie öffentlich in un=
schicklicher Weise anredete und berührte und wohl noch schlimmer sich ver=
ging. Sie machte auch sonst ihrem Manne viel Not, denn sie mischte sich in die
Geschäfte und beutete für Geld ihren Einfluß aus; wiederholt kam es zwischen
dem Ehepaar zum Bruch und zur Scheidung von Tisch und Bett. Der Königin
wurde sogar nachgesagt, daß sie Himmel und Hölle verleugne, sie sei der Mei=
nung, der Mensch solle das Leben genießen, so lange es währe, denn mit dem
Leibe gehe auch die Seele zu Grunde.

Mischung sehr verschiedener Eigenschaften bot somit der neugekrönte König
dar, der nun daran ging, Kirche und Reich nach seiner Meinung zu ordnen. Ueber
beide hatte er sich bereits mehrfach ausgesprochen. Er beklagte, daß das Reich
ganz verfallen sei, an Einkünsten nicht mehr als 13000 Gulden bringe, daß
der Landfriede darniederliege, die Kaufmannschaft nicht gedeihen könne, und deutete
an, daß die Schuld an den Fürsten liege.

Zunächst nahm die glücklich zu stande gebrachte Kirchenversammlung seine
Thätigkeit in Anspruch. Was hatten doch die Gelehrten aller Länder ihren
Scharfsinn angestrengt, um diesen gordischen Knoten, den alle Lösungsversuche
nur noch mehr verschlungen hatten, zu entwirren; er sollte jetzt in Sigmund

seinen Alexander finden. Längst vergangene Zeiten schienen wieder aufzuleben, das von den Deutschen vertretene Kaisertum wieder zu einer Wahrheit, der Kaiser zum wirklichen Schirmvogte der Kirche zu werden.

An dem langen schriftlichen Streite über Schisma und Reform hatte Deutschland in den letzten Zeiten wenig Anteil genommen, denn das große Wort führten vornehmlich die Franzosen. Ein einziger Deutscher hatte unermüdlich seine schnelle und spitze Feder gebraucht und in einer Fülle von Schriften aller Art sein durch die Schande der Kirche betrübtes Herz ergossen. Ein geborener Westfale, war Dietrich von Niem schon seit Jahrzehnten in der päpstlichen Kanzlei thätig, aber in der Fremde blieb er ein Deutscher, begeistert für sein Vaterland. Daher hatte er die deutsche Geschichte studiert und sich getröstet mit den Bildern der großen Vergangenheit; als die höchsten Ideale erschienen ihm die Kaiser, welche seiner sächsischen Heimat entstammten, vor allen ein Otto I. Der hatte mit fester Hand das verfaulte Papsttum angegriffen, Johann XII. abgesetzt; so schien ihm auch jetzt das deutsche Kaisertum berufen, die Kirche wieder gesund zu machen. Vergebens richtete Dietrich seine Mahnungen schon an Ruprecht, jetzt war durch Sigmund sein heißester Wunsch erfüllt. Er kannte durch eigene Anschauung genau die Gebrechen und Sünden des Papsttums, das schmähliche Geldgeschäft; in beißenden Worten stellte er es an den Pranger, begehrte er eine gründliche Umgestaltung der Kurie, denn nur die Abstellung des römischen Unwesens könne die Kirche und die Welt retten. Seine Urteile sind scharf, bitter, selbst leidenschaftlich übertrieben, aber sie fließen aus einer ehrlichen Wohlmeinung; der Westfale ist weit davon entfernt, den Papst als unfehlbar zu betrachten, denn wenn er böses thut, kann er nicht Christi Stellvertreter genannt werden, ist er nicht besser als eine unvernünftige Bestie. Seine untergeordnete Stellung gestattete ihm in Konstanz nicht, als Führer offen hervorzutreten, aber er scheint ein einflußreicher Berater der deutschen Nation gewesen zu sein, bis er im Sommer 1416 das Konzil verließ und dann starb. Obgleich in veralteten Ideen lebend besaß Dietrich einen guten Blick für das Notwendige, die Fähigkeit, Verhältnisse und Menschen lebendig zu fassen; trotz der Schwächen, die seinen Werken anhaften, übertreffen sie weit alles, was damals die Geschichtschreiber in seiner Heimat leisteten, und kaum kam ihm, der fast sein ganzes Leben unter Welschen zubrachte, irgend ein Deutscher gleich an deutschem Sinn.

Vierter Abschnitt.

Das Konstanzer Konzil. 1414—1418.

In der Weihnachtsnacht 1414 hielt Sigmund mit seiner Gemahlin zu Schiff von Ueberlingen her kommend unter Fackelschein seinen Einzug in Konstanz. Nachdem sich die durchfrorene hohe Gesellschaft auf dem für ihren Empfang vorbereiteten Rathaus gewärmt, fanden im Dom elf Stunden hintereinander Messen und andere Feierlichkeiten statt. Sigmund sang, wie es sein Vater zu thun liebte, im königlichen Ornat das Evangelium, dessen erste Worte: „Es erging ein Gebot vom Kaiser Augustus" diesmal auf ihn selbst trefflich paßten.

Seitdem die abendländische Christenheit bestand, war sie noch nie so einheitlich und zahlreich vertreten gewesen, wie in dieser kleinen Reichsstadt an der spiegelnden Fläche des Bodensees. Kaiser und Papst, Gesandte sämtlicher europäischen Könige, eine große Zahl deutscher Fürsten, 29 Kardinäle, über 300 Bischöfe und hohe Prälaten, fast 300 Doktoren sind hier zusammengetroffen. Dazu kamen die Scharen der Bediensteten jeder Art, die Masse anderer Besucher; zeitweise waren wohl 100 000 Menschen auf dem engen Raum zusammengebrängt. Neben der Kirche nahm die Welt ihren vollen Platz ein; feierliche Belehnungen, Turniere und Gastmähler boten eine angenehme Abwechselung mit den kirchlichen Schaustellungen. Von der unermeßlichen Menge, die fortwährend ab und zufloß, machten die Geistlichen die geringere Zahl aus. Konstanz wurde zum ständigen Weltjahrmarkt, es schloß alles in sich ein, was damals dem Leben, der Unterhaltung und der ausgelassenen Lust diente. Kirchliche Pracht, ritterlicher Glanz, kaufmännische Betriebsamkeit, redlicher und unredlicher Erwerb schufen hier jedem nach Wunsch und Auswahl genußreiche Tage. Die Stadt sorgte für reichliches Essen und gründlichen Trunk; das beutelschneiberische Spiel, die geheimnisvollen Schaubuden, der wüste Lärm der fahrenden Leute und die buhlerische Verlockung zur Unzucht fanden in dem Gewühl ihre Liebhaber.

Auf diesem schillernden Untergrunde des leichtfertigen Tagestreibens entfaltete sich geistiges Ringen schwersten Schlages. Es winkten die höchsten Ziele;

es galt, der Kirche, dem erhabensten Ideal, Einheit, Gesundheit und segenspendende Kraft wiederzugeben und auch das irdische Glück der Völker zu schaffen; begeisterte Liebe zur Kirche und zur heilsbedürftigen Menschheit, gewissenhafte theologische Erwägung, spitzfindige Erörterung der scholastischen Theorieen boten ihre ganze Kraft auf, das begonnene Werk mit glänzendem Erfolge zu krönen, aber sie verquickten sich bewußt und unbewußt mit leidenschaftlichem Haß gegen Zustände und Personen und mit nacktem Eigennutz. Da die Kirche keine rein geistliche Einrichtung war, unterlagen ihre Angelegenheiten auch den politischen Strömungen, gerechtfertigte Bedürfnisse der Staaten, wie kleinliche und böswillige Ränke übten ihre niederdrückende Kraft aus. Doch waltete im allgemeinen der taktvolle Wunsch, rein politischen Tagesfragen aus dem Wege zu gehen.

Das gesamte Leben der abendländischen Welt gipfelte für den Augenblick in Konstanz. König Sigmund durfte sich rühmen, das alles bewirkt zu haben. Er war der einzige anwesende Souverän des Abendlandes, der Oberherr der Konzilsstätte. Außer den Geistlichen kamen aus Deutschland viele weltliche Fürsten und Städteboten, so daß namentlich in den Anfangsmonaten hier nicht allein ein allgemeines Konzil, sondern gewissermaßen auch das deutsche Reich tagte. Er hatte sich bemüht, die Reichsglieder sogar auf seine Kosten zum Besuch zu bewegen, und zog gern Reichssachen nach Konstanz; seine zahlreichen an Fürsten vollzogenen Belehnungen gaben der Neugier fortgesetzt willkommene Nahrung. Auch viele der italienischen und französischen Prälaten waren Unterthanen des Reiches. Obgleich er noch nicht gekrönt war, galt Sigmund allgemein als Kaiser, dessen Rechte er vollkommen in Anspruch nahm und ausübte; bald trat hinter ihm der Papst zurück und auf ihn richteten sich erwartungsvoll alle Blicke. Die Gesandten Gregors und Benedicts verkehrten ohnehin zunächst nur mit ihm, nicht mit dem Konzil. Ihn schwellte stolzes Bewußtsein, gewaltiges Kraftgefühl, aber es paarte sich mit dem Bewußtsein der Verantwortlichkeit, dem redlichen Willen, endlich eine allseitig befriedigende Lösung zu finden.

Kein Mitglied der Versammlung übertraf ihn an rastloser Thätigkeit; er wohnte nicht nur in aller Pracht seiner Würde den öffentlichen Sitzungen des Konzils bei, sondern besuchte auch die Versammlungen der Nationen und Kongregationen und nahm teil an den Beratungen. Keine wichtige Sache wurde ohne sein Zuthun erledigt; er that eher zu viel, als zu wenig.

Papst Johann war schon am 28. Oktober „in der Fuchsfalle", wie er die Stadt genannt haben soll, eingetroffen. Es war das Verdienst der Kardinäle, daß er seine Zusage hielt, obgleich im August 1414 der Tod seinen furchtbaren Feind, den König Ladislaus, hinweggerafft hatte und so die Notlage, die ihn zur Annahme von Konstanz zwang, nicht mehr bestand. Ohnehin war seit der Berufung des Konzils die alte Kraft von ihm gewichen; von dem Gewaltmenschen blieb nur ein kleinlicher Ränkeschmied übrig. Doch hoffte Johann noch, Papst zu bleiben, und wenn die Synode lediglich die in Pisa abgebrochene fortsetzte, wie er verkündigte, hatte er begründeten Anspruch darauf. Aber diese Auffassung, welche die Herstellung eines einigen Papsttums verhindert hätte, drang in Konstanz von vornherein nicht durch. Sigmund kam bereits mit der Erkenntnis, daß Johann fallen müsse. Nur dann konnte er die deutschen Kur-

fürsten zur Einheit bringen, da Werner von Trier und namentlich Ludwig von
der Pfalz, dem er tief verpflichtet war, niemals den Pisaner Papst anerkannt
hatten. Zu einer Verständigung in derselben Absicht hatten die Verhandlungen
mit Frankreich und England geführt. Schon im September wußte man am
deutschen Hofe, daß Sigmund mit beiden Mächten übereingekommen war, eine
Einigung der Kirche müsse unter allen Umständen durchgesetzt werden; schon damals
sprach man davon, daß Johann nicht Papst bleiben würde.

Obgleich die erste Sitzung bereits am 16. November 1414 stattfand, verging
lange Zeit, ehe die Geschäfte in rechten Fluß kamen, namentlich an die
Unionsfrage wagte man sich nicht recht. Erst als nach Sigmunds Ankunft im
Laufe des Januar die Versammlung vollzähliger wurde, begannen die Beratungen,
in denen sich bald zeigte, wie viele Wellen verschiedener Bestrebungen und Meinungen
hier zusammenstießen. Ganz von selbst gliederten sich die Teilnehmer
nach den Nationen, da das Schisma die Selbständigkeit der Völker über die
kirchliche Einheit gesetzt hatte; auch die von den Universitäten her den Gelehrten
geläufige Gewohnheit erleichterte diese äußerliche Einteilung. Ohne einen eigentlichen
Konzilsbeschluß wurde die Abstimmung nach den vier vertretenen Nationen, der
deutschen, welche auch den ganzen Osten und Norden einschloß, der italienischen,
französischen und englischen zur Thatsache, doch wurde Einstimmigkeit der Beschlüsse
vorausgesetzt. Besonders regsam war die an sich schwach vertretene
englische, mit der die deutsche eng zusammenhielt. Durch diese Form der Beschlußfassung
wurde der Halt, den der Papst an den zahlreichen Italienern hatte,
gleich anfangs zerbrochen.

Verhängnisvoll war ferner für Johann, daß überhaupt die Meinung
obsiegte, es müsse mit den Gegenpäpsten friedlich verhandelt werden. Der Ausgang
des Pisaner Konzils hatte ja die Lehre gegeben, daß die Kirche mit ihren
Sprüchen und Bannflüchen die anderen Päpste nicht beseitigen könne, daß nichts
übrig bleibe, als sie selbst oder doch wenigstens alle ihre Bekenner zur gutwilligen
Uebereinstimmung zu bringen. Dann mußte Johann geopfert werden!
Zudem war er nicht danach angethan, um die Herzen derjenigen, welchen die
Kirche höher stand als die Person des Papstes, mit sonderlichem Schmerz über
seinen Verlust zu erfüllen; schon wurden gegen ihn die schlimmsten Beschuldigungen
laut. Trotz Sträubens und listiger Winkelzüge, die man durch Gregor und
Benedict genugsam kennen gelernt, um sich nicht wieder fangen zu lassen, mußte
er am 1. März seine Abdankung geloben für den Fall, daß durch sie die Kircheneinheit
herbeigeführt würde. Dadurch erweckte er die günstigste Stimmung für
sich, und es war für ihn noch die Möglichkeit vorhanden, wenn er mit großartiger
Entsagung weiter den beiden anderen voranging, bereinst wieder gewählt
zu werden, aber dazu fehlten ihm Mut und Klugheit. Er ließ sich durch schlimme
Ratschläge bestimmen, die ihn zum Trotz aufforderten. Erzbischof Johann von
Mainz trat für ihn leidenschaftlich ein und verursachte dadurch „das größte
Irrsal" in dem Konzil; der Papst bedauerte später, ihm gefolgt zu sein. Doch
verließ der Mainzer, da er erkrankte, zur großen Unzufriedenheit des Königs
Konstanz; kam er daher mit Unrecht in den Verdacht, die Flucht des Papstes
thätig mit befördert zu haben, so ist es doch möglich, daß er schon vorher

diesen Rat gegeben hat. Denn nachdem Johann XXIII. vergeblich seine Hoffnungen auf einen Zwiespalt zwischen Sigmund und der französischen Nation gebaut hatte, entfloh er am 20. März 1415 als Reiterslknecht verkleidet, während ein Turnierspiel die allgemeine Aufmerksamkeit gefesselt hielt. Sein Helfersmann war Herzog Friedrich IV. von Oesterreich, den er bereits auf seiner Anfahrt geködert hatte.

Die Flucht war eine Kraftprobe zwischen Papsttum und Konzil, die zu des ersteren Nachteil ausfiel, denn die feste Sicherheit, mit der Sigmund auftrat und gleich die eingerissene Verwirrung beschwichtigte, vereitelte Johanns Absicht, durch seinen Weggang das Konzil zu sprengen. Im Gegenteil erkannte die zurückgekehrte ruhige Ueberlegung die Vorteile, welche Johann wider Willen der Herstellung der Einheit gewährte, und seine fortgesetzte Verlogenheit machte jede weitere Rücksichtnahme überflüssig. Aber das Konzil war durch ihn berufen, hatte unter seiner Autorität getagt; sollten die Beschlüsse weiterhin Gültigkeit haben, dann mußte ein gesetzlicher Grund für den ferneren Bestand auch ohne Papst gefunden werden. So gelangte die konziliare Idee, wie sie viele Gelehrte bereits vertraten, zu ihrem reinsten Ausdruck durch den berühmten Beschluß vom 6. April: „Die Synode, gesetzmäßig im heiligen Geist versammelt, ein allgemeines Konzil ausmachend und die streitende katholische Kirche darstellend, hat ihre Gewalt unmittelbar von Christus, und ihr ist jeder jeden Standes und jeder Würde, auch der päpstlichen, zu gehorchen gehalten in den Sachen, welche sich beziehen auf den Glauben, die Tilgung des Schisma und die allgemeine Reform der Kirche Gottes an Haupt und Gliedern". Schon vorher war beschlossen worden, das Konzil dürfe vor dem Ende des Schisma und vor vollzogener Reform der Kirche nicht aufgelöst werden.

Sigmund traf zugleich den Beschirmer des flüchtigen Papstes mit wuchtigen Schlägen. Er entwarf sofort einen umfassenden Angriffsplan gegen Herzog Friedrichs gesamte Länder, für den er die Schweizer und die süddeutschen Herren und Fürsten aufbot. Am 30. März verhängte er über den Uebelthäter die Reichsacht mit allen ihren Folgen. Da den Angreifern die zu machenden Eroberungen als Eigentum im Namen des Reiches zugesagt wurden, erhob sich ringsum ein gewaltiger Kriegssturm gegen den Herzog, und wenn auch die gänzliche Vernichtung, wie sie der König beabsichtigte, nicht gleich ausführbar war, so zog Friedrich doch vor, durch die Vermittelung des Herzogs von Baiern-Ingolstadt die Gnade des Königs anzurufen. Am 5. Mai stellte er sich in Konstanz und gelobte die Auslieferung des Papstes; während er dort in Haft blieb, verfügte der König frei über den Besitz des Gedemütigten.

Papst Johann merkte bald, einen wie thörichten Streich er begangen hatte. Denn in der That war er nicht viel mehr als ein Gefangener des Herzogs, der ihn von einer Burg oder Stadt seines Landes nach der andern führte; offenbar gedachte der Herzog von Anfang an mit diesem kostbaren Pfande nur für sich selber Wucher zu treiben. Nach Frankreich zu entkommen, glückte nicht. Auch gegen die Kardinäle, von denen mehrere aus Konstanz zum Papste gegangen waren, richtete sich die allgemeine Erbitterung; ihnen wurde sogar das Recht entzogen, als Kollegium zu stimmen.

Nachdem die Synode die Amtsenthebung ausgesprochen, eröffnete sie das regelrechte Gerichtsverfahren auf Grund von 72 Anklagepunkten. Daß Johann alle diese ungeheuerlichen und zum Teil widernatürlichen Verbrechen wirklich begangen hatte, ist gewiß nicht wahr, aber es war ein vernichtendes Urteil über die ganze päpstliche Wirtschaft, daß man überhaupt für denkbar und möglich hielt, ein Statthalter Christi könne dergleichen auf dem Gewissen haben und die Kardinäle es über sich gewinnen, einen solchen Menschen zu wählen. Johann, der seine Fassung völlig eingebüßt hatte und sich bedingungslos unterwarf, wurde vom Konzil in Haft genommen. Für die Abdankung war es jetzt zu spät, es handelte sich nur noch um die Form der Absetzung. Sigmund betrieb sie mit allem Eifer, als der eigentliche Leiter des Konzils, wo man ihm begeisterten Dank wußte: seit Karl dem Großen sei ihm niemand gleich. In der zwölften allgemeinen Sitzung vom 29. Mai wurde zunächst der Beschluß veröffentlicht, der päpstliche Stuhl dürfe nur mit Genehmigung des Konzils wieder besetzt werden; dann erklärte die Versammlung Johann für abgesetzt und vertraute ihn der Aufsicht des Königs an. Sigmund übergab ihn dem Pfalzgrafen Ludwig, der ihn in Heidelberg und nachher in Mannheim festhielt. Johann von Mainz machte einen Versuch, ihn zu befreien, doch erst nach der Wahl Martins V. wurde der Gefangene, gemäß Konzilsbeschluß, gegen eine große Geldsumme zur Erstattung der Haftkosten freigelassen. Er wurde sogar noch einmal zum Kardinal ernannt, starb aber bald darauf 1419 in Florenz.

Klüger als Johann war Gregor XII. Als die Beseitigung Johanns keinen Zweifel mehr ließ, daß man auch mit ihm fertig werden würde, nahm er eine sehr anständige Abfindung an. Ueberhaupt war er sehr glimpflich behandelt, ihm sogar das harmlose Vergnügen gestattet worden, die Synode nochmals in seinem Namen zu berufen und als allgemeines Konzil zu bevollmächtigen. Wer hätte ahnen können, daß bereinst kurialistische Klügelei diese Berufung durch Gregor als das alleinige „rechtmäßige Fundament" der Synode ausspüren würde? So war nur noch Benedict übrig, dessen Schildknappe, König Ferdinand von Aragonien, Verhandlungen vorgeschlagen hatte. Sigmund war bereit, sie zu führen; mit dem Segen des Konzils ausgerüstet, brach er Mitte Juli auf, nachdem er den Pfalzgrafen Ludwig zu seinem Stellvertreter ernannt hatte.

Mit stattlichem Reitergefolge und Deputierten des Konzils traf Sigmund am 15. August in Narbonne ein, aber Krankheit des Königs Ferdinand, der ungebrochene Trotz Benedicts verschoben längere Zeit den Beginn des Werkes. Von Benedict war durchaus nichts zu erreichen. Er stellte Forderungen, als ob die ganze Welt nur von seinem Winke abhinge, kam sogar in den Verdacht, gegen Sigmund Gewalt gebrauchen zu wollen. Schließlich entfloh er in sein eigenes Schloß Peniscola, allen Vorstellungen ebenso unzugänglich wie dieses Felsennest Angreifern. Seine Anhänger, die Könige von Aragonien, Kastilien und Navarra vereinbarten daher am 13. Dezember mit dem Konzil und Sigmund einen Vertrag, welcher sie verpflichtete, der Einladung zum Konzile Folge zu leisten und dort der Absetzung Benedicts zuzustimmen, wogegen dessen bisheriger Obedienz einige Vorteile zugesichert wurden.

Nur den persönlichen Bemühungen Sigmunds war dieses günstige Abkommen zu verdanken. Mit Jubel begrüßten die Konstanzer die frohe Botschaft, aber ihren überfließenden Dank konnten sie nicht ihm persönlich aussprechen, denn zu seinem Schaden hatten „den Friedensengel" Geschäftigkeit und Uebereifer von den rechten Bahnen abgelenkt.

Schon in Konstanz hatte Sigmund, begeistert durch den Ruhm, der ihn umstrahlte, verkündet, er wolle der gesamten Christenheit den Frieden erwirken, um dann ihre geeinte Kraft gegen die Feinde des Christenglaubens, die Türken zu führen. Große und schöne Gedanken, mit denen er es durchaus ehrlich meinte. Wie er damals im Osten den Orden und Polen in gegenseitigem Frieden halten wollte, so wünschte er auch den blutigen Krieg zwischen Frankreich und England zu beenden. Während er im Süden für die Kircheneinigung warb, traf im Norden bei Azincourt am 25. Oktober der englische König Heinrich V. das französische Heer mit vernichtenden Schlägen. Daher erging von Frankreich aus der dringende Wunsch an den deutschen König, er möge kommen, um Frieden zu stiften. Sigmund hatte mit Frankreich und England mehrfach Gesandtschaften gewechselt, mit ersterer Macht das alte, von seinem Vater Karl IV. herrührende Familien= und Freundschaftsbündnis erneuert, dem englischen Könige, der ihm in der Kirchensache williger entgegengekommen war, als der französische, schon von Konstanz aus Aufmerksamkeiten erwiesen. Ein weiterer Fortgang des Kampfes konnte das Konzil stören, es vielleicht auseinander reißen. Nachdem er sich durch seinen vertrautesten Rat, den ungarischen Großgrafen Nikolaus von Gara von der Gesinnung des französischen Königs überzeugt, folgte er der Einladung als ehrlicher Friedensmakler. In Paris ehrenvoll empfangen, plätscherte er mit Behagen in dem Strudel des feinen Lebens der Pariser Gesellschaft, gab sogar ein kostbares Damenfest, freilich nicht auf eigene Kosten; auch von der Universität, die er durch seine Gewandtheit in lateinischer Rede überraschte, ließ er sich feiern. Doch zugleich sah er mit Schrecken und eigener Gefahr, wie unterhöhlt dort der staatliche Zustand war. Ueber Calais ging er nach England, wo der siegegekrönte Heinrich V. nichts sparte, um seinem Gaste eine hohe Meinung beizubringen. Sigmund war der erste deutsche Kaiser, der England besuchte und die höchste Auszeichnung, den Hosenbandorden empfing. Aber in Paris kam inzwischen die dem Frieden abgeneigte orleanistische Partei in die Höhe, die von dem vorher Verabredeten nichts wissen wollte, da sie hoffte, die arg bedrängte Feste Harfleur den Engländern zu entreißen. Berichte der nach dem Festlande hinübergeschickten Gesandten erwiesen, daß man dort den guten Willen des Deutschen gemißbraucht hatte. Sigmund war tief entrüstet, aber auch in höchster Verlegenheit; er stand König Heinrich gegenüber in zweideutigem Lichte und war zugleich ganz in dessen Gewalt. Da er nicht Frieden stiften konnte, mußte er Partei ergreifen; zugleich fürchtete er, die eben in Frankreich herrschende Partei möchte ihre alte Liebe für Benedict hervorkehren und die Kircheneinigung, sein höchstes Ziel, beeinträchtigen. Daher schloß er am 15. August 1416 zu Canterbury mit Heinrich ein Schutz= und Trutzbündnis gegen Frankreich, welches das Parlament und die deutschen Kurfürsten bestätigen sollten. Doch hoffte er noch immer auf Herstellung des Friedens. In seiner Gegenwart wurde darüber in Calais weiter verhandelt, aber es kam nur ein kurzer Waffenstillstand heraus.

So war das Ergebnis engster Anschluß an Heinrich, der seinem Gaste überreiche Geschenke machte, welche freilich bald in Brügge ins Pfandhaus wandern mußten. Die Franzosen betrachteten es natürlich als Verrat, daß Sigmund sich ihnen nicht einseitig hingab, und hielten ihm das frühere Bündnis vor, aber das war nur allgemeinen Inhalts und das Recht des Reiches, welches Frankreich so oft verletzt hatte, darin vorbehalten. Es ging schließlich Sigmund wie anderen Friedensstiftern; er verdarb sich die eigene Stellung.

Ende Januar 1417 traf Sigmund wieder in Konstanz ein, mit Begeisterung und Ehrfurcht empfangen.

Während seiner Abwesenheit hatte sich der Geist des Konzils in trauriger Weise verändert. Anfangs standen die Mitglieder unter dem Reiz und Sporn des Ungewöhnlichen, unter der freudenvollen Erwartung einer völligen Wiedergeburt der Kirche; die Parteiungen traten zurück hinter der Begeisterung und konnten nicht recht aufkommen. Unzweifelhaft lag eine religiöse Weihe über der Versammlung, und die häufigen Dankgottesdienste kamen aus dem Herzen. Doch die alltägliche Gewohnheit stumpfte die Erhebung der Gemüter ab, das nüchterne Denken erdrückte den idealen Schwung, und der feurigste Anlauf ermattet, wenn er nicht schnell zum Ziele führt. Als das Konzil begann, dachte man, in einigen Monaten bequem fertig zu werden; jetzt waren schon zwei Jahre verflossen und kein Ende abzusehen. Die Kirchenreform ließ sich, wie die Mißstände nicht auf einmal entstanden waren, auch nicht auf einmal schaffen, am wenigsten wenn dabei der Grundbestand an Dogma und hierarchischer Gliederung festgehalten wurde, den zu bestreiten keinem ernstlich einfiel. Niemand außer solchen, welche als Ketzer gebrandmarkt wurden, hatte eine klare Erkenntnis der Gründe, die das Verderben heraufbeschworen hatten. Da die einzelnen Stände der Kirche eng mit deren Leibe verwachsen waren, fühlten sich bei den Besserungsversuchen hier und dort Interessen gefährdet, die Berücksichtigung forderten, und der Eigennutz sträubte sich gewaltig gegen Aenderungen. So stellten die Universitäten die Pfründenverleihung lieber den Päpsten anheim als den Bischöfen, von denen sie sich weniger Gutes versprachen. Eine Menge anderer Dinge, die eigentlich nicht vor das Konzil gehörten, aber durch die Verquickung von Staat und Kirche herantraten oder geflissentlich im Machtgefühl und Thatendrang herbeigezogen wurden, zersplitterten die Kraft und Aufmerksamkeit und führten nur zum Streit. So trat schließlich ein Stillstand ein, obgleich redlich gearbeitet wurde.

Die Italiener hielten von Anfang an zu den Kardinälen, welche zwar nicht ganz einig untereinander waren, da manche unter ihnen eine reformfreundliche Gesinnung hatten, aber ihre Absichten liefen begreiflicherweise darauf hinaus, das Papsttum und die Genossenschaft möglichst unversehrt aus diesen Bedrängnissen zu retten. Die Deutschen und die Engländer waren dagegen wider Papsttum und Kardinäle feindselig gestimmt, hätten letztere am liebsten von jeder Mitwirkung ausgeschlossen. Die Franzosen waren gespalten; die Vertreter der Universität Paris stimmten in manchen Fragen den Deutschen und Engländern zu, während die größere Zahl unter der Führung des gewandten Peter von Ailly den Kardinälen zuneigte. Die heimische Parteiung zwischen Orleans und Burgund machte sich auch hier stark geltend.

Die Versammlung enthielt eine ungewöhnlich große Anzahl bedeutender Männer. In dem Kardinalskollegium saßen hervorragende Gelehrte, wie Zabarella und Peter von Ailly, auf den Franzosen Gerson sah die ganze theologische Welt mit Bewunderung, an streitbaren oder gewandten Wortführern fehlte es keinem der vertretenen Reiche. Die Geschäftsordnung brachte es mit sich, daß auch niedriger Gestellte sich geltend machen konnten, besonders bei den vorbereitenden Arbeiten in den Nationen, wo der Schwerpunkt lag. Gerade bei den Deutschen war das der Fall. Allerdings hat sich kein einziger der deutschen Bischöfe hervorragend ausgezeichnet, außer etwa der Erzbischof Johann von Riga, der zu Sigmunds Vertrautesten zählte, und das war für Deutschland nicht günstig, aber die rege Thätigkeit, welche diese Nation entfaltete, zeigt, daß sie manche energische, vorwärtsdrängende Köpfe zählte, die eine scharfe Feder zu führen wußten, nur daß die Wirksamkeit der einzelnen sich nicht feststellen läßt.

Am verderblichsten wurde der Zwiespalt der Nationen, der anfangs weniger merklich war, doch nachher, als der heilige Drang nachließ, so anwuchs, daß er das Konzil ernstlich in seinem Bestehen bedrohte. Fast allen Franzosen gemeinsam und sie schließlich fest vereinigend war die nationale Gesinnung, die Feindschaft gegen England, die Abneigung gegen die Deutschen. Die Franzosen begannen den Engländern das Recht, eine eigene Nation zu bilden, streitig zu machen. Die Engländer und die Deutschen galten den übrigen als rechthaberische Leute, die ihren Willen allen aufzwängen; auch der Umstand, daß das Konzil in Deutschland tagte, verdroß und beunruhigte allmählich die anderen.

Nun kehrte Sigmund zurück, ohne den Frieden zwischen Frankreich und England geschaffen zu haben, und erwies gleich den Engländern, die ihn wie den Ihrigen in Anspruch nahmen, seine besondere Zuneigung. Die Franzosen wurden dadurch verletzt, sie nahmen dem Könige sogar übel, daß er neben seinem Drachenorden auch den Hosenbandorden zu tragen pflegte. Sigmund fand den unheilvollen Streit zwischen den Nationen vor und nahm Partei für die Engländer und deren erlangtes Recht. Hatte man ihm früher sein entschlossenes Auftreten gedankt, so dachte man jetzt darüber anders; sein Selbstgefühl, manches unbedachte, leidenschaftliche Wort erbitterten, es entstand der Glaube, er wolle das Konzil vergewaltigen. Der erregte Argwohn fand Nahrung wie fressendes Feuer, und so wurde der weitere Verlauf des Konzils ein Wettkampf zwischen dem Könige und den Franzosen und Kardinälen. Dazu kam, daß die Verhandlungen über die Absetzung Benedicts sich ungemein in die Länge zogen und die von den Franzosen angezettelten Sitzstreitigkeiten mit hineinspielten. In dieser verbitterten Stimmung und um sich die englische Freundschaft fester zu verpflichten, dachte Sigmund Ernst gegen Frankreich machen zu müssen, und kündigte König Karl am 22. März an, er werde zusammen mit England die Waffen ergreifen. Doch war das noch keine eigentliche Kriegserklärung, keine Ansage der Fehde in der üblichen Form. Sämtliche Kurfürsten mit Ausnahme Wenzels bestätigten bald darauf den Vertrag von Canterbury.

Die Franzosen, dadurch natürlich nicht günstiger gestimmt, fuhren fort, dem Könige Steine in den Weg zu werfen. Es kam zu häßlichen Scenen. Sigmund vergriff sich einmal an einem italienischen Geistlichen, sperrte den Kardinälen Münster und Pfalz für ihre Sitzungen, so daß sie stundenlang auf der Straße stehen mußten. Dafür erscholl hinter seinen Räten, als sie aufgeregt eine Sitzung verließen, der böse Ruf: „Fort mit den Ketzern!" Die Verzögerung des Prozesses gegen den spanischen Papst entsprang zum guten Teil der Besorgnis, Sigmund werde unmittelbar nach dessen Schluß einen Papst seiner Wahl durch allgemeinen Zuruf aufzwingen.

Der König wurde jedoch ungerecht beschuldigt; in der Regel erscheint er zuletzt als der Nachgebende, immer als der, welcher den großen Zweck nicht aus den Augen ließ, das Auseinandergehen des Konzils wenn auch mit Gewalt verhinderte.

Als endlich am 26. Juli der Spruch gegen Benedict gefällt war, entbrannte neuer Streit, weil die Kastilianer zur Bedingung ihres Eintritts in die Synode die Feststellung des Verfahrens bei der künftigen Papstwahl machten. Der König mit seinem Anhang bestand darauf, daß erst die Kirchenverbesserung vorgenommen werde, ehe eine neue Papstwahl erfolge, und hatte auch den Beschluß durchgesetzt, vor dieser sollten wenigstens Papsttum und Kurie reformiert werden. Er kannte die Welt zu gut, um nicht zu wissen, wie es gehen werde, wenn erst wieder ein allgemein anerkannter Papst im Sattel saß, und außerdem bewegte ihn noch eine andere Rücksicht. Die Vorgänge in Böhmen, deren wir noch zu gedenken haben, veranlaßten auf dem Konzil die heftigsten Angriffe gegen seinen Bruder König Wenzel, und nur, wenn die kirchlichen Mißstände abgestellt wurden, konnte er hoffen, daß es möglich sein würde, Böhmen zu beruhigen.

Manche der gegen des Königs Willen vorgebrachten Gründe waren beachtenswert, aber der schließliche Ausgang des Reformwerkes hat Sigmund recht gegeben. Die Kardinäle mit den Franzosen, welche wußten, wie weit die deutschen Forderungen über ihre Absichten hinausgingen, wünschten die Reform erst gemeinsam mit dem neuen Papste zu vollziehen, dem man nicht vorgreifen dürfe. Ueber ein gewisses Maß waren ja alle einig und noch in dieser Zeit gab die Verderbtheit der Kirche den Lieblingsstoff zu schneidigen Predigten. Der Hauptgrund für die Beschleunigung der Wahl war jedoch, daß man baldmöglichst von dem Drucke Sigmunds erlöst sein wollte, dem gegenüber ein Papst das ausreichende Gegengewicht bot. Gleichzeitig wurde über die Weise gestritten, in der das künftige Kirchenhaupt zu küren sei. Die Kardinäle wollten sich ihr herkömmliches Wahlrecht möglichst wenig verkürzen lassen und mit den Franzosen zusammen außerdem verhindern, daß nicht ein Mann nach des Königs Herzen aus dem Konklave hervorginge.

Da fielen die Engländer von den Deutschen ab, und zwar auf ausdrücklichen Befehl ihres Königs, der bei seinem Kriege gegen Frankreich nicht den neuen Papst zum Gegner haben wollte und auch bei der selbständigeren Gestalt der englischen Kirche der Reform weniger bedürftig war, als Deutschland. Damit war die Niederlage der Deutschen ausgesprochen; ein Beschluß, der Bürgschaft geben sollte für Vollzug der Besserungen auch nach der Wahl, gab dafür wenig Trost. Sigmund selbst verließ während der entscheidenden Tage Konstanz, da er nun nicht mehr hindern wollte. Das Mißtrauen gegen ihn war so groß, daß man ihm nicht allein die Hut des Konklave überlassen mochte.

Die Wählerschaft bildeten außer den 23 Kardinälen 30 andere Prälaten, indem jede Nation 6 Vertreter erkor; der künftige Papst sollte zwei Drittel der Kardinalstimmen und ebenso zwei Drittel der Stimmen jeder Nation auf sich vereinen. Die Kardinäle hatten so erreicht, daß ihnen kein mißliebiger aufgezwungen werden konnte.

Am 8. November nachmittags zogen die Wähler in das am Seeufer gelegene Kaufhaus, das mit aller Bequemlichkeit ausgerüstet war. Dort legten sie in Gegenwart des Königs den Eid ab, worauf der strengste Abschluß erfolgte. Täglich zog eine feierliche Prozession von der Kathedrale nach dem Kaufhaus, um dort im frommen Gebet den heiligen Geist auf die Insassen herabzuflehen. Der Ausgang war ganz ungewiß.

Verhältnismäßig schnell kam trotzdem die Entscheidung. Der erste Tag verging mit geschäftlichen Beratungen. Am 10. November begann die Abstimmung, deren zeitraubende Feststellung zeigte, daß die Stimmen arg zersplittert waren. Keiner der Genannten hatte die erforderliche Mehrheit erhalten, auch nicht innerhalb des Kardinalkollegiums, dessen meiste Stimmen auf zwei Franzosen fielen. Alle Wahlkörperschaften waren gespalten, mit Ausnahme der Engländer, welche sämtlich Otto Colonna nannten. Der hatte auch die Mehrheit der Italiener, die Hälfte der Deutschen, aber die wenigsten Stimmen der Kardinäle. Auf ihn wurden nun allmählich die übrigen Stimmen übertragen, bis er zwei Drittel aller Nationen hatte; die Zweidrittelmehrheit der Kardinäle fiel ihm erst nach einigem Zaudern zu. Während diese Einigung erfolgte, erklangen draußen die Stimmen der Sänger und bei allem Hader ergriff der großartige Augenblick alle Wähler.

Um die Mittagsstunde des 11. November wurde das Ergebnis bekannt. Als erster betrat Sigmund das geöffnete Haus und leistete dem neuen Haupte der Kirche den Fußkuß. Anmutig erzählt Ulrich Richental, der uns als Augenzeuge getreuliche Schilderungen von den Ereignissen in Konstanz gegeben hat: „Ehe die Herren ins Kaufhaus kamen, war sein Dach alle Nächte besetzt mit Raben, Dohlen und Krähen; als sie eingezogen waren, kam keiner dieser Vögel mehr, aber als der Papst erwählt worden, da flogen herbei zu Tausenden Meisen, Zeisige, Buchfinken, Stieglitze und andere kleine Vögel". Richental berichtet auch, die Deutschen hätten im Konklave auf einen Papst aus ihrer Mitte verzichtet und dem Italiener den Sieg verschafft; das letztere wenigstens dürfte richtig sein. Daß die Franzosen mit dem Ausfall nicht zufrieden waren, ist gewiß.

Otto, aus dem römischen Geschlechte der Colonna, war etwas über fünfzig Jahre alt, wissenschaftlich gebildet und durchaus unbescholten. Von Innocenz VII. zum Kardinal ernannt, gehörte er zu den ersten, die Gregor XII. verließen; um so treuer hatte er zu Johann XXIII. gehalten, dem er nach der Flucht am frühesten nachfolgte und am spätesten entsagte. Sonst war er nicht sehr hervorgetreten; klug und in sich verschlossen nahm er nirgends entschieden Partei und war daher den Kardinälen nicht recht genehm, desto mehr den Anderen.

Wenige Stunden später wurde Martin V., wie er sich nach dem Tagesheiligen nannte, in den Dom zur Inthronisierung geleitet; der König und der Pfalzgraf führten ehrerbietig neben ihm einherschreitend seinen schneeweißen Zelter. Denselben Dienst leistete Sigmund mit dem Kurfürsten von Brandenburg zehn Tage später bei der Krönung. Doch erst nach einiger Zeit, am 21. Januar 1418, ließ sich Sigmund vom Papste die Approbation erteilen und die Kaiserkrone zusichern, wobei er lediglich den Eid Ottos I. schwur. Vielfach faßte man den Vorgang so auf, als sei Sigmund gleich als Kaiser anerkannt worden. Vielleicht hat er in der That beabsichtigt, auf dem Konzil die Kaiserkrone zu empfangen, denn als die Wahl bevorstand, ließ er die Stempel zu dem Kaisersiegel schneiden. An Größe und Ausführung die aller Vorgänger weit übertreffend, zeigte es auf der Rückseite den Doppeladler, dessen zwei Köpfe Heiligenscheine umrahmen, den Adler des Ezechiel bedeutend, welcher der Braut, der Kirche, zur Hülfe gekommen war.

Die Welt besaß wieder einen allgemein anerkannten Papst, aber damit war, wie Sigmund vorausgesehen hatte, die Reform gescheitert. Die Regeln und Taxen für die Kanzlei, welche Martin nach üblichem Gebrauch gleich am Tage nach der Wahl festsetzte, entsprachen denen seiner Vorgänger und hielten den weitaus größten Teil der beklagten Uebelstände fest, obgleich das Konzil bereits die Abänderung mehrerer beschlossen hatte.

Allerdings begannen wieder die Arbeiten des Reformausschusses, doch war, während die Deutschen bei den alten Forderungen blieben, bei der Uneinigkeit der Nationen nichts zu erlangen, ein Ende durch Konzilsbeschlüsse gar nicht abzusehen. Die Nationen reichten daher ihre Entwürfe ein, denen der Papst einen eigenen entgegenstellte. Schließlich kamen nur einige allgemeine Dekrete von geringer Bedeutung zu stande, dagegen vereinbarte Martin mit den einzelnen Nationen besondere Konkordate, die mancherlei Bewilligungen enthielten, aber nur für die nächsten fünf Jahre galten.

Die Versammlung neigte ihrem Ende zu. Die Mitglieder sehnten sich nach Heimat und Ruhe, und die sichere Aussicht war vorhanden, das nun abzubrechende Werk wieder aufnehmen zu können, denn die allgemeinen Synoden sollten für alle Zukunft als belebende Seele in den Kirchenkörper eingeführt werden. Martin bestätigte das am 9. Oktober 1417 beschlossene Dekret Frequens: „Fortan sollen häufig allgemeine Konzilien abgehalten werden, und zwar das nächste schon innerhalb von fünf Jahren, das zweite sieben Jahre später, die künftigen je von zehn zu zehn Jahren". Für das nächste Konzil wurde Pavia bestimmt. Am 22. April 1418 fand die letzte, die fünfundvierzigste Sitzung statt.

So schloß diese großartige europäische Kirchen- und Staatenversammlung. Der eine hohe Zweck, die Herstellung der Kircheneinheit, war wirklich erreicht, denn daß Benedict sich bis zu seinem Tode 1424 dem Konstanzer Spruche nicht fügte und seine vier Kardinäle auf Antrieb des mit Martin V. zerfallenen Königs von Aragonien ihm sogar noch einen Nachfolger gaben, kümmerte die übrige Welt wenig. Die andere Aufgabe, die Reform, war in den ersten Anfängen stecken geblieben, und das Papsttum beeiferte sich nicht, sie weiter zu pflegen; die Synode, die so göttlich zu beginnen schien, hatte recht menschlich geendet.

Ernster gestimmte Seelen beklagten alsobald das Scheitern ihrer schönsten Hoffnungen. Meinte man doch, wäre die Reform erfolgt, würden auch Griechen und Heiden sich zur römischen Kirche bekehrt haben. Bald sah man ein, welcher Fehler begangen worden war, und die früheren Klagen ertönten aufs neue. Doch schien ein großer Fortschritt gemacht zu sein. Zwar hatte das Papsttum in Konstanz gesiegt, aber die konziliare Idee war dort ins wirkliche Leben getreten; die Lehre, daß eine allgemeine Versammlung über dem Papste stehe, daß sie, nicht dieser, die Kirche Christi vertrete, war von dem Konzile festgestellt worden. In ihr meinte man den sicheren Ankergrund gefunden zu haben, auf dem das Schiff der Kirche sich zu weiterer heilvoller Fahrt rüsten werde.

Fünfter Abschnitt.

Der König und das Reich. 1414—1418.

Sigmund hat damals und noch auf dem Basler Konzil beklagt, daß seine Absicht, die Reform vor die Papstwahl zu legen, vereitelt wurde; er lehnte jede Verantwortlichkeit für den ungenügenden Ausgang ab. Ein geringer Trost war, daß der Papst ihm zur Entschädigung für seine Kosten einen Kirchenzehnten bewilligte, denn weder wurde dadurch seine augenblickliche Geldnot beseitigt, so daß seine in Konstanz gemachten Schulden stehen bleiben mußten, noch kam nachher davon viel ein, da ein großer Teil der Geistlichkeit die Zahlung verweigerte. Martin zeigte sich dem Könige auch in politischen Fragen sehr schwierig. Sigmund hat später erzählt, er habe damals dem Papste seine Abdankung angeboten, doch mag er mit ihr nur gedroht haben. Nachdem die Kurie am 16. Mai 1418 Konstanz in feierlichem Zuge verlassen hatte, brach auch der König einige Tage später auf, ohne Glanz und Gepränge. Noch beschäftigten Italien und der Krieg gegen Venedig seinen Sinn; es war die Rede, er werde bald über die Alpen zur Kaiserkrönung ziehen. Er sollte sich noch fünfzehn Jahre gedulden, ehe er dieses höchste Ziel erreichte.

Die Begeisterung und Hoffnung, welche vor drei Jahren Sigmunds Herz erfüllten, waren überhaupt ernüchtert und verkümmert worden. Nicht allein Papst und Konzil erschienen ihm undankbar, auch mit den Deutschen war er wenig zufrieden. Noch zum Schlusse des Konzils mußte er die über Friedrich von Oesterreich errungenen Vorteile fahren lassen. Als Sigmund im Ausland weilte, war der Herzog von Konstanz nach Tirol geflohen, wo er viele Anhänger um sich sammelte und seinen Bruder Herzog Ernst, der eine mehr als zweideutige Haltung gegen ihn eingenommen hatte, zum Vergleich nötigte. Sigmund eröffnete nach seiner Rückkehr, unterstützt vom Konzil, welches Herzog Friedrich wegen seiner Gewaltthaten gegen das Bistum Trient bannte, aufs neue den Kampf, aber nunmehr ohne nachhaltigen Erfolg, so daß er im Mai 1418 die Versöhnung zugestand. Friedrich erhielt den größten Teil seiner Länder wieder, doch den Aargau nebst Kiburg und Lenzburg behaupteten die Eidgenossen und Schaffhausen blieb reichsfrei. „Sehet, was ein König der Deutschen vermag!" hatte ehedem Sigmund den anwesenden Italienern zugerufen, als der Herzog gnadeflehend vor ihm kniete; seinem Triumph war keine lange Dauer beschieden gewesen.

Sigmunds Niederlage war um so schmerzlicher, da sie zugleich die Grundsätze seines Reichsregiments traf, denn sein Auftreten gegen den Habsburger war nicht lediglich zornige Rache gewesen. Indem er dem Herzoge seine Länder ab- und dem Reiche zusprach, schwebte ihm der Gedanke vor, der königlichen Gewalt Stärke und unmittelbare Stützen zu geben; er wollte diese Gebiete nicht selbst in der Hand behalten, sondern die Städte reichsunmittelbar machen, das übrige als Reichsgut ausleihen. Es ist dies ein sehr eigentümlicher Zug in Sigmunds Reichspolitik. Der durchgreifende Unterschied gegenüber allen seinen Vorgängern war, daß er nicht Hauspolitik trieb und treiben konnte. Er selbst besaß im Reiche nichts; die Mark hatte er fortgegeben, Böhmen stand bei Wenzel, und er hatte nur eine Tochter, die Erbin großer Reiche, keine Söhne, die eine Ausstattung auf Reichsunkosten hätten brauchen können, auch nicht einmal Vettern oder Neffen. Daher wurden seine Beziehungen zu den Fürsten und namentlich den Kurfürsten nicht, wie bei früheren Königen, durch Gebietsstreitigkeiten bestimmt und gestört. Seine Reichspolitik konnte eine wahrhaft königliche, eine gemeinnützige ohne einseitige Nebenabsichten werden. Und das sollte sie auch seinem redlichen Willen nach sein, was er etwa für das Königtum erwarb, diesem selbst, nicht seiner Familie zufließen. Er hegte wirklich den „Reichsgedanken".

Sigmund hatte den Ehrgeiz, in gleicher Weise wie die Kirche auch das Reich zu bessern; nicht um Ehre und Reichtum habe er die Königswürde an sich genommen, sondern zum Besten des Reiches. In kräftigen, vollklingenden Worten, mit rückhaltlosem Freimut schilderte er in seinen Erlassen, wie in seinen Reden, wie gesunken, gemindert, zerstört das heilige Reich sei. Die Schäden lagen allerdings so offen, daß auch das blödeste Auge sie zu erkennen vermochte. Vor allen Dingen wollte er Frieden schaffen, die öffentliche Sicherheit wiederherstellen, damit Handel und Wandel ungehindert gedeihe, die unrechtmäßigen und lastenden Zölle und Geleite beseitigen, das Münzwesen ordnen. Er erkannte ganz richtig, daß die Grundursache alles Niederganges bei der landesherrlichen Gewalt zu suchen sei; die Fürsten hätten das Reich an sich gerissen, sie und namentlich die Kurfürsten seien dessen eigentliche Herren, die dem Könige nichts übrig gelassen hätten. Daher galt es nun, das Reich wieder zu stärken, dessen Gewalt zu einer allgemein wirksamen zu machen. Erreichen ließ sich das, wenn die unmittelbare Herrschaft des Reiches vermehrt wurde, ein Gedanke, den er in seiner Regierung in mannigfacher Weise zum Ausdruck brachte. Auch unter Wenzels Regierung waren solche Bestrebungen aufgetaucht; vielleicht stammten sie von Ratschlägen des Vaters her. So wünschte Sigmund, der deutsche Orden möchte sein Land vom Reiche als Lehen nehmen, und betrachtete die dortigen Bistümer als reichslehnbar, wie er es auch mit anderen that. Friesland, dem er zuerst von den deutschen Königen Aufmerksamkeit schenkte, behandelte er als reichsunmittelbares Land. Wie er Herzog Friedrichs Lande dem Reiche zuführen wollte, hat er später die des Herzogs Ludwig von Ingolstadt durch einen Reichsbevollmächtigten verwalten lassen; selbst der an sich vortreffliche Gedanke fuhr ihm durch den Sinn, erledigte Reichslehen nicht wieder auszuleihen, sondern sie im Namen des Königs einem Verweser zu übertragen. In dem Streite um die Pfahlbürger warf er einmal flüchtig die Rede hin, das Reich sollte „Bürger empfangen", gedachte also etwa, einen unmittelbar vom Reich, nicht von den einzelnen Reichsstädten abhängigen Bürgerstand zu schaffen.

Zunächst beabsichtigte er, das was dem Reiche noch allein übrig geblieben sei, die Reichsstädte, unter seiner Führung zu sammeln. Immer wieder ist er darauf zurückgekommen, nicht um die Städte zum grundsätzlichen Kampf gegen die Herren zu vereinigen, wie ihm allerdings damals von Fürsten und noch heute von einigen Forschern vorgeworfen worden ist. Seine Städtefreundlichkeit ging von anderen Gesichtspunkten aus, als sie für seine Vorgänger maßgebend waren, weil er eben in ganz anderen Verhältnissen als diese stand. Er wollte selbst den Anschein vermeiden, als begünstige er die Städte aus Furcht vor den Fürsten. Er verfolgte allgemeine Zwecke in der Meinung, den ersten und besten Halt für eine Reichsreform müßten die Städte bieten, weil sie dem Reiche weit enger zugewandt waren, als die Fürsten, und am ehesten für eine gute Ordnung Interesse hatten. Ohne ihr Mitwirken war in Süddeutschland und am Rhein ein fester und dauernder Landfriede, wie er ihn plante, schlechterdings nicht zu schaffen. Er wollte sie daher mit Benützung der bereits bestehenden Bündnisse zu Verbindungen zusammenfassen, deren „Haupt und Rückhalt" er selber sein und die er durch einen von ihm gesetzten obersten Hauptmann leiten wollte. Er wünschte ferner mehrere Landfriedenskreise durch ganz Süd- und Mitteldeutschland zu schaffen, die unter königlichen Hauptleuten sich gegenseitig zu unterstützen hätten.

Diese Ideen waren ganz vortrefflich. Aber sie waren nicht nur den Fürsten anstößig, sondern sie hatten auch für die Bürgerschaften einen bitteren Beigeschmack. Der König rechnete zugleich auf ihren Reichtum und hielt sie für besonders verpflichtet, ihm und dem Reiche zu dienen. Er war durchaus den Städten wohlgesinnt, aber die Bürger sollten das Gute, was er ihnen zudachte, reichlich bezahlen und noch einiges mehr. Hier kam eben die Kehrseite davon, daß der König im Reiche keinen Hausbesitz hatte, zu Tage. Er wollte beglücken, anordnen, befehlen, aber ausführen und die Kosten tragen sollten Deutschland und dessen Stände. An sich wäre das ganz richtig gewesen, aber es stimmte gar nicht zu den bisherigen Verhältnissen und die Städte hätten allein herhalten müssen. Eine solche Bevorzugung war nicht nach ihrem Sinne; durch der Allgemeinheit gebrachte Opfer sich im guten Stande zu halten, erschien ihnen als kostspieliger Umweg. Sie freuten sich zwar über den leutseligen, wohlwollenden Bürgerkönig, aber sie mochten doch nicht, daß er seine Finger tiefer in ihre Sachen steckte; lieber für sich allein bleiben und für sich allein sorgen. Die vornehmste Macht- und Geldquelle schloß sich ängstlich zu, und nicht ganz mit Unrecht, denn eben Sigmunds Geldbedürfnis hinderte ihn, den Städten gegenüber eine ehrliche, folgerechte Haltung zu beobachten, so daß er sie je nach dem Augenblick änderte; der höhere Reichsgedanke wurde nur zu oft durch eigennützige Rücksichten gestört.

So verliefen all' die schönen Entwürfe im Sande. Mühe wandte Sigmund genug daran, auch sein Hofgericht entfaltete anfangs in Konstanz eine angestrengte Thätigkeit, als wollte es alle Streitsachen aus der Welt schaffen.

Nach dem geistlichen Konzilium wollte er ein weltliches für das Reich abhalten. Er forderte auch die Städte auf, ihm ihre Beschwerden mitzuteilen, aber die, welche es thaten, hätten sich die Mühe ersparen können, denn der König hatte anderes zu thun, als diesem verworrenen Kleinkram, mit dem sie ihm aufwarteten, lange Aufmerksamkeit zu schenken. So wurden die Bürgerschaften immer kühler und vorsichtiger. Ein Reichstag, den er im Frühjahr 1417 in Konstanz abhielt, verlief ohne rechten Nutzen.

Trieb Sigmund die Städte zur Zurückhaltung, so verdarb er es auch mit einem Teile der Fürsten, denen er unberechenbar und unzuverlässig erschien. Er wollte sie allerdings nicht zurücksetzen, wie er im Grunde nur Friedliches erstrebte, aber seine ganze übersprudelnde Weise erregte Mißfallen. Wie sollte man es deuten, wenn er äußerte: er wolle denen, die ihn für einen Herrn und römischen König hielten, tröstlich kommen, den anderen aber, wie es sich gebühre. Leere Worte schaffen Gutes schwer, Unheil nur zu leicht. Der widerwärtige Johann von Mainz, der sich lieber mit seiner Bischofsstadt herumschlug, als auf dem Konzil die ihm gebührende Pflicht als erster Geistlicher des Reiches auszuüben, und fortfuhr, kleinlichem Gewinn nachzujagen, stand mit dem Könige bald schlecht, bald ließ er sich wieder versöhnen. Dagegen begrub er seinen alten Groll gegen die Pfalz. Schon im März 1417 vereinigten sich die vier rheinischen Kurfürsten, vom Könige gestellte Forderungen, welche sie gemeinsam beträfen, auch gemeinsam zu beantworten, zum mindesten eine vorsichtige Zurückhaltung, die der König sehr übel nahm, da er darin ein Hindernis für seine guten Absichten erblickte. Nun zerfiel Sigmund auch noch mit dem Pfalzgrafen, seinem bisherigen besten Freunde. Ludwig III. war seinem Vater weder an Gesinnung noch an Sitten ebenbürtig. Zwar pflegte er das Kleinod seines Landes, die Universität Heidelberg, eifrig weiter und legte eine stattliche Büchersammlung an, die den Grundstock zu der berühmten Palatina bildete, aber sein Auftreten verrät einen zwar beharrlichen doch auch aufgeregten Charakter und er war ganz und gar nur Pfalzgraf, eifersüchtig auf seine Rechte als Kurfürst, wie begehrlich in Wahrung und Erweiterung seines Besitzes, ohne Neigung, sich höheren Zwecken zu widmen. Verschiedene Gründe, doch hauptsächlich Geldsachen, trieben ihn zum Bruch, und Sigmund bestritt ihm darauf den rechtlichen Besitz von Reichspfandschaften, namentlich der Stadt Selz. Als der König Teutschland verließ, war der Zwiespalt noch offen und blieb für die Dauer eine Quelle von Störungen für das Reich. Während Sigmund mit dem Papst wenig zufrieden war, verfehlten die vier rheinischen Kurfürsten nicht, um Martins Freundschaft zu werben.

Daß der König im Reich sehr wenig zu stande brachte, lag auch daran, daß er in seinem empfänglichen Kopfe allerhand große Pläne auf einmal wälzte, so daß einer den andern erstickte. Er gedachte den Krieg mit Venedig weiterzuführen und hatte den napoleonischen Gedanken, dessen Handel durch eine Sperre zu ruinieren und Deutschlands orientalischen Warenverkehr nach Genua abzuleiten, zum Schrecken und Schaden der deutschen Kaufleute. Doch auch den Frankreich angesagten Krieg wollte er wahr machen. Pfalzgraf Ludwig hatte allein von den deutschen Fürsten ernstliche Lust gehabt, seinem Schwager, dem englischen Könige, zu Hülfe zu ziehen, und auch Sigmund ein Aufgebot erlassen, aber die von ihm angerufenen Fürsten zogen es vor, ihre Späne mit Ludwig von Ingolstadt auszutragen. Da Sigmund sich mit der Pfalz überwarf, wurde ohnehin der geplante Feldzug zunichte, und so oft er nachher England, mit dem er in steter Freundschaft blieb, seines guten Willens versicherte, mußte König Heinrich auf diesen Bundesgenossen verzichten, denn der Luxemburger erhielt bald anderweitig so viel Arbeit, daß er an auswärtige Politik nicht mehr denken konnte.

Schließlich ergab sich für Sigmund als Notwendigkeit die Rückkehr nach Ungarn, das in Türkennot seiner nach sechsjähriger Abwesenheit dringend bedurfte. Am 2. Oktober ernannte er den Kurfürsten Friedrich von Brandenburg für die Zeit seiner Entfernung zu seinem „Statthalter und Verweser", doch nicht zum eigentlichen Reichsvikar; er brauchte daher nicht, wie er bei seiner Wahl versprochen hatte, die Genehmigung der Kurfürsten einzuholen. Dann ging er über Oesterreich nach Ungarn.

Das Reich hatte von seinem bisherigen Walten keinen großen Nutzen gezogen, ihm selbst war es nicht geglückt, eine feste Partei für sich zu bilden. Kriege und aber Kriege blieben die Losung an allen Ecken und Enden. Am widerwärtigsten ging es in Süddeutschland zu, dessen Hader dem König abgehalten hatte, den Kampf gegen Frankreich zu eröffnen. Hier waren es die Wittelsbacher, die sich gegenseitig mit mörderischem Haß verfolgten. Nur die Münchener Brüder Ernst und Wilhelm, die Söhne Johanns II., lebten in löblicher Eintracht bei einander und ergänzten sich mit ihren so verschiedenen Eigenschaften. Der ältere war ein tüchtiger Kriegsmann von riesiger Körperkraft und ein überschäumend leidenschaftlicher Mann. Seiner Schwester Sophie, der Frau König Wenzels, gab er einen Backenstreich, weil sie den Ketzer Hus verteidigte; er vertrug es nicht, daß sein Sohn Albrecht, den er in der Schlacht mit dem Streitkolben aus dem umringenden Feindesknäuel herausgehauen, in inniger Liebe eine Gattin aus niederem Stande heimführte und ließ 1435 die liebliche unschuldige Agnes Bernauerin in barbarischer Weise als Zauberin ertränken. Wilhelm dagegen hatte eine friedliebende, fromme und rechtschaffene Seele; verständig und pflichtgetreu vollzog er stets seine Aufgaben. Desto schlimmer trieben es die beiden Vettern; kaum weiß man, welchen von beiden man als den ruchloseren bezeichnen soll. Ludwig von Ingolstadt, „der Bärtige", Sohn Stephans III. des Kneißels, der 1413 sein eitles Dasein beschloß, hatte vom Vater den prunkenden, unsteten Sinn geerbt, aber bei ihm zeigten sich alle Eigenschaften in greller Uebertreibung. Schön, tapfer und höfisch, furchtlos auch in der höchsten Not, entzückte er die Ritter und die Frauen; leider befleckte er seine Vorzüge durch zügellose Ausschweifungen, unbegrenzten menschenverachtenden Hochmut, maßlose Streitsucht und grausame Härte. Obschon nicht mehr jung, schäumte er über von leidenschaftlicher Wut; von seinem Rechte fühlte er sich stets so durchdrungen, daß er um keinen Preis nachgab. Viel in der Welt herumgekommen erlangte er politischen Blick; mit König Ruprecht war er in Italien, einen Teil seines Lebens brachte er am französischen Hofe zu, wo seine Schwester, die berüchtigte Königin Isabella, ihn mit Gold und Kostbarkeiten überschüttete, so daß er fabelhafte

Schätze sein nannte. Freigebig gab er sie aus, auch kostbare Bauten liebte er, und so wenig das Sittengesetz für ihn Gewicht hatte, schmückte er die Kirchen mit herrlichem Gerät. Dieser wild dämonischen Natur stand in dem Landshuter Herzoge ein heimtückischer Selbstling gegenüber. Von kleiner Gestalt, bräunlicher Gesichtsfarbe, beweglich und lebendig, doch auch zäh, beharrlich und zuversichtlich, war Heinrich, der Sohn Herzog Friedrichs, überall auf seinen Vorteil aus. Keine Hinterlist und Gewaltthat verschmähte er, wenn sie nur zum Ziele führte; gleich im Anfang seiner Regierung unterwarf er mit schrecklicher Grausamkeit die Hauptstadt Landshut seiner strengen Botmäßigkeit. Wer sich mit ihm einließ, konnte gewiß sein, daß er die Zeche bezahlen mußte; Geld zusammenzuscharren, unverschämte Forderungen für nicht geleistete Dinge zu stellen, verstand er vortrefflich; man nannte ihn den „Reichen". Doch war er kein Landverderber, wie Ludwig; obgleich seine maßlose Vorliebe für einen großen Wildstand den Bauern schädigte, hielt er treffliche Ordnung im Lande, schirmte die Straßen und vertilgte das wegelagernde Gesindel. Zwar ohne Gemüt, zeigte er sich auch dem gemeinen Manne freundlich und zugänglich.

Die Vettern standen von jeher miteinander schlecht; Ludwig behauptete, der Landshuter Anteil sei besser bemessen, als der seine, und wollte Entschädigung haben. Ihr stetes Gezänk trugen sie auch nach Konstanz, wo Ludwig dem Konzile als Vertreter des französischen Königs beiwohnte. Als der von König und Reichsfürsten gefällte Spruch gegen Ludwig, wider den noch andere Klagen vorlagen, entschied, schleuderte er in wahnsinniger Leidenschaft Heinrich tödliche Beleidigungen ins Angesicht. Markgraf Friedrich verhinderte, daß die beiden vor dem Könige die Schwerter zückten, doch Heinrich übte sofort fürchterliche Rache. Mit einigen Rittern lauerte er am 20. Oktober 1417 Ludwig auf, der beim Könige zum Mahle war, sprengte den arglos ohne Schutz heranreitenden mit den Worten an: „bist du ein Herr von Baiern, so wende dich!" und stach ihn vom Pferde; seine Begleiter versetzten dem Ueberfallenen noch mehrere Wunden. Halbtot wurde Ludwig aufgehoben, während Heinrich, der die Flucht sorglich vorbereitet hatte, aus der Stadt jagte und entkam.

Der König, das ganze Konzil, waren entsetzt über den unerhörten Frevel, aber Sigmund, wie auch der Brandenburger Markgraf begütigte, zog es vor, ihn ungerächt zu lassen, um sich nicht in neue Ungelegenheiten zu verwickeln. Ludwig mußte selber seine Rache nehmen, aber er wendete sich zuerst nicht gegen Heinrich, sondern gegen dessen Freund und Schwager, den Markgrafen Friedrich, weil dieser ihm eine Bürgschaft, die er für Sigmund übernommen, nicht ausrichten wollte. In den gemeinsten Schmähbriefen, wie einst Erzbischof Johann von Mainz und Wilhelm von Meißen, ließen die beiden ihrem gegenseitigen Haß vor aller Welt freien Lauf. So brach denn ein Krieg los, dessen Schrecknisse erst ein vorläufiges Ende nahmen, als Herzog Ludwig am 20. September 1422 bei Alling von den Münchener Herzögen besiegt wurde und im Gefolge des Königs das Land verließ.

Die traurigen Wirren in Franken und Baiern wurden für das Reich doppelt schädlich, weil diese Länder die unmittelbare Nachbarschaft von Böhmen waren.

Sechster Abschnitt.

Johann Hus. 1414—1415.

Der Kostnitzer Kirchenversammlung blieb es nicht allein versagt, die Ziele, welche ihr vorleuchteten, vollkommen zu erreichen: ihre Thätigkeit führte sogar zu dem geraden Gegenteil von dem, was gutgemeinter Eifer erstrebte. Man wollte die Ketzereien aus der Kirche tilgen und gab ihnen erst rechte Kraft und Ausdehnung, statt des verheißenen allgemeinen Friedens erhob sich entsetzlicher Kampf.

König Sigismund ist der eigentliche Urheber des Unglücks, denn er gab die Veranlassung, daß Johann Hus sich selbst seinen Richtern überantwortete.

Es ist ein Fortschritt der menschlichen Gesittung, daß jeder, der seine Ueberzeugung mannhaft vertritt und um ihretwillen das Schwerste erduldet, ein Anrecht auf allgemeine Achtung und Teilnahme erwirbt, gleichviel ob er ein Freund oder Feind ist. Die frühere Zeit hielt es nicht allein für ihr Recht, sondern oft auch für ihre Pflicht, den Andersdenkenden zu vernichten, und die Duldung, die von den Verfolgten immer gefordert wurde, konnte erst zum Gemeingut werden, als sie zur Notwendigkeit wurde durch den gesicherten Bestand großer entgegengesetzter Parteien. Und je freier sich das Denken entwickelt, desto bescheidener wird es, desto weniger beansprucht es Unfehlbarkeit.

Johann Hus, geboren zu Husinetz am Böhmerwalde, wo seine Eltern dem kleinen Bauernstande czechischen Volkstums angehörten, ist bis an sein Lebensende über sein Heimatland nicht hinausgekommen. Er studierte in Prag, nahm dort den herkömmlichen Schatz wissenschaftlicher Ueberlieferungen und Vorstellungen in sich auf und blieb dann als Magister in dem Lehrkörper der Universität. Die Anregung, welche zu den Zeiten Karls IV. die Eiferer für sittliche Erhebung dem geistigen Leben Prags gaben, hatte nachgelassen, bis das Schisma den ausgestreuten Gedanken weitere Nahrung gab. Auch Hus blieb von ihnen gewiß nicht unberührt, doch erst das Studium der Schriften Wiclifs gab seinem Denken eine bestimmte Richtung, indem er aus ihnen ein festes System gewann, durch sie von allgemeinen Gedanken zur Erwägung einzelner Grundzüge der kirchlichen

Einrichtungen geführt wurde. Da die Heirat der Schwester Wenzels mit König Richard II. von England beide Länder in Verkehr setzte, gelangten durch einige Böhmen, welche in Oxford studierten, die Schriften des dortigen Professors nach Prag, wo die in ihnen enthaltenen Lehren solche Verbreitung fanden, daß 1403 das Domkapitel gegen sie einschritt und bei der Universität das Verbot einer Anzahl von Sätzen erwirkte. Hus hatte sich dagegen ausgesprochen, unterstützt von Amtsgenossen böhmischen Ursprunges; der gelehrte Streit wurde so von Anfang an ein nationaler, obgleich Hus sicherlich nicht aus solchen Gründen Wiclifs Partei ergriff, sondern weil er innerlich überzeugt war. Sonst fühlte er sich allerdings ganz und mit Begeisterung als Böhme; sein Amt an der Bethlehemskirche verpflichtete ihn zu Predigten in der böhmischen Sprache, und indem er mit Nachdruck gegen die Gebrechen der Kirche auftrat, wurde er im Volke beliebt und zugleich der Geistlichkeit verhaßt. Sie bestand zwar nicht ausschließlich aus Deutschen, aber diese nahmen in ihr, wie überhaupt in Böhmen, eine mächtige Stellung ein, beherrschten auch die Universität. Das böhmische Volkstum hatte sich immer gegen die Deutschen gesträubt und zuletzt durch die Regierung Wenzels an Selbstbewußtsein gewonnen; daher trat der nationale Gegensatz immer schärfer hervor. Wir sahen bereits, wie er 1409 die Prager Universität auseinandersprengte. Hus hatte dabei wesentlich mitgewirkt.

Auf Grund päpstlichen Spruches ließ Erzbischof Sbinko 1410 die wiclifitischen Bücher verbrennen und bannte Hus, doch schreckte er damit weder ihn, noch die Prager. Auch König Wenzel, der wie seine Gemahlin und der Hof den kühnen Prediger begünstigte, suchte die Kurie zu beschwichtigen und durch ein Schiedsgericht den Erzbischof von seinen Maßregeln abzubringen; da kam ein neuer Zündstoff. Hus trat mit leidenschaftlicher Beredsamkeit gegen die Ablaßbullen auf, durch welche Johann XXIII. zum Kreuzzug gegen König Ladislaus aufrief; die Bullen wurden öffentlich unter argem Schimpf verbrannt. Als darauf der König über drei junge Leute, welche in den Kirchen bei den Ablaßpredigten gelärmt hatten, die Todesstrafe verhängte und der Papst den Bann über Hus in strengster Form erneuerte, stieg die Aufregung zu so gewaltiger Höhe, daß Wenzel Hus aufforderte, die Stadt für einige Zeit zu verlassen, da er den üblen Ruf fürchtete, in dem Böhmen bereits stand. Hus blieb in der Verbannung in regem Verkehr mit seinen Freunden, legte in Briefen und Schriften seine Ansichten nieder und predigte vor den herbeiströmenden Scharen; durch das ganze Land ergossen sich seine Lehren.

So standen die Dinge, als Sigmund die Berufung des Konzils durchsetzte. Als künftiger Erbe Böhmens wollte er das Land von dem Verdachte der Ketzerei befreien und vermeiden, daß es sich nicht etwa bei der beabsichtigten Kircheneinigung absonderte; er gedachte überhaupt alle Störungen in der Kirche beizulegen. Wahrscheinlich war er nicht genau über die von Hus verbreiteten Meinungen unterrichtet, da er mit ihm durch befreundete böhmische Edelleute verkehrte, und stellte sie wohl auf eine Stufe mit den schonungslosen Angriffen, wie sie damals gegen Papsttum und Kirche ergingen. Er erwartete auch, der Böhme werde sich in zweifelhaften Fragen dem Ansehen des Konzils fügen. In gutem Glauben versprach er daher Schutz und Schirm.

Hus war bereit sich zu stellen, in der Voraussetzung, daß er vor dem Konzile öffentlich seinen Glauben verteidigen dürfe; sich bewußt, von den rechten Lehrsatzungen nicht abzuweichen, täuschte er sich doch nicht über die Gefahr, der er entgegenging, vor der ihn auch Freunde warnten. Begleitet von böhmischen Edelleuten, deren Hut Sigmund ihn anvertraute, reiste er von Prag ab. Auf der Fahrt, überall ohne Belästigung, oft mit Bewunderung empfangen, nahm er Gelegenheit, sich auszusprechen. Auch in Konstanz, wo er am 3. November 1414 eintraf, begrüßte ihn eine neugierige Menge.

Alsbald arbeiteten seine böhmischen Feinde und die Engländer gegen ihn als den bedeutendsten Schüler Wiclifs. Der Papst, der ihn bis dahin auf Weisung Sigmunds nicht angefochten hatte, ließ ihn auf Drängen der Kardinäle am 28. November in Haft nehmen. Das war unzweifelhaft gegen das königliche Geleit.

Sigmund hatte am 18. Oktober zu Speier einen Geleitsbrief ausgestellt. Er empfahl allen Unterthanen und Getreuen des Reichs den ehrsamen Magister Johann Hus, der aus Böhmen zum Konzile nach Konstanz reise, den er in seine und des Reiches Gunst und Hut genommen habe. Er begehrte für ihn, wohin er komme, günstige Aufnahme, freundliche Behandlung und jede Förderung der Fahrt zu Wasser und zu Lande; man solle ihn, seine Diener und Eigentum überall ohne Zoll und Hindernis frei durchziehen, verweilen und zurückkehren lassen, und wenn es nötig sei, für sicheres Geleit sorgen zu Ehren der königlichen Majestät.

Ueber den Wert dieses Schutzbriefes ist damals und bis auf unsere Zeit hin- und hergestritten worden; im ganzen geht die Meinung dahin, daß der Brief nicht mehr als ein Reisepaß war und Hus vor einer Verurteilung weder schützen konnte noch sollte, da ihn vor geistlichem Gericht weltliche Macht nicht zu schirmen vermochte. Aber mir scheint, daß Sigmund sein Geleit anders meinte und ebenso Hus berechtigt war, es anders zu fassen. Alles Kirchenrecht war in Verwirrung gekommen, seitdem die gesamte Christenheit von dem einen oder dem andern Papst als häretisch erklärt und gebannt war, das Konstanzer Konzil sollte erst Klärung bringen. Sigmund hatte ferner für das Konzil mancherlei andere Einladungen erlassen, selbst an die in Pisa verurteilten Päpste, und ihnen Sicherheit verheißen, also unbestritten, sogar den meisten zum Dank, sich in kirchliche Sachen gemischt; warum sollte er es nicht auch Hus gegenüber thun?

Der Geleitsbrief enthielt keinerlei Beschränkung. Die Verheißungen für Hin- und Herfahrt und Aufenthalt sind das Wesentliche an ihm und nicht bloß Formeln. Warum beschränkte man den Schutz nicht auf die Hinfahrt, sondern gewährte ihn für alle Fälle, da doch nach vollendetem Prozesse, nach der Unschuldserklärung ein neues Geleit zur Heimfahrt geschrieben werden konnte? Was hätten alle Zusagen bedeutet, wenn das Schlimmste, Gefangenschaft und Tod, am Zielpunkt selbst nicht ausgeschlossen war, wer hätte sich ihnen anvertraut? Die Geleitsbriefe, die auf dem Konzile für den angeklagten Papst Johann und für Hieronymus von Prag ausgestellt wurden, lauten daher auch ganz anders, als der für Hus.

Hus hatte allerdings bange Ahnungen gehabt, aber sie schwanden schon auf der Reise, und er hob nachher treffend hervor, wie auf der Fahrt und nach seiner Ankunft in der Stadt niemand daran dachte, den Gottesdienst seinetwegen einzustellen, was nach Kirchenvorschrift hätte geschehen müssen, wenn das früher über ihn gesprochene päpstliche Urteil Bestand haben sollte. Hätte er ganz sicher gewußt, daß er auf dem Konzil ohne jeden Rückhalt seinen Feinden gegenüberstehen würde, wäre er nicht der Thor gewesen, dorthin zu gehen. Seine Behauptung: keine Macht der Erde hätte ihn zwingen können, zu erscheinen, wenn er nicht freiwillig gekommen wäre, da ganz Böhmen hinter ihm stände, war stolz, aber richtig. Insofern konnte er auch sagen, er sei aus eigenem Antriebe gekommen. Er folgte dabei einem Rufe Sigmunds, nicht aber einer Vorladung vor das Konzil, nicht als vorgeforderter Angeklagter, um sich dem zuständigen Richter zu unterwerfen, ganz abgesehen davon, ob das Konzil als gewöhnlicher geistlicher Gerichtshof zu betrachten war.

Hus erwartete, seine Sache würde von neuem vorgenommen, nicht als eine bereits entschiedene angesehen werden.

Stets sprach er seine Bereitwilligkeit aus zu leiden, wenn seine Sätze als ketzerisch erwiesen würden, aber er wollte über sie nicht durch ein einfaches Urteil, sondern durch eine eindringende Untersuchung entschieden wissen. Seine Lehren betrafen ja auch die Kirchenreform, über welche Vorschläge anzuhören das Konzil berufen war. Dazu bedurfte er der freien Verteidigung in persönlicher Freiheit; eben diese war für ihn die Grundbedingung, unter der er Sigmunds Aufforderung nachkam; mehr hat er auch nachher nicht von ihm verlangt. Diese Verantwortung in Freiheit hat der König unzweifelhaft gemeint, versprochen und in seinen Geleitsbrief eingeschlossen.

Sigmund war sich dessen wohl bewußt. Sein aufbrennender Zorn, als er von der Gefangennahme hörte, beweist, daß er sein Geleit gerade so für verletzt hielt, wie es die Geleitsmänner thaten, die seinen Willen kannten. Und dasselbe Gefühl hatte das Konzil; deshalb griff man zu der unwürdigen Ausflucht, der Geleitsbrief sei erst nachträglich ausgestellt worden, und erließ nach geraumer Zeit später die ausdrückliche Erklärung, freies Geleit dürfe nicht die kirchliche Gerichtsbarkeit beirren. Dagegen wurde Sigmund in einer andern Sache durch Spruch des Konzils gezwungen, die unbeschränkte Wirksamkeit des Geleites anzuerkennen; jeder zum Konzil kommende, selbst ein Reichsfeind, solle durchaus frei sein und bleiben. Den Böhmen stieg nachher der schwarze Verdacht auf, der König habe ihn absichtlich ins Verderben gelockt, doch dieser Argwohn war ungerechtfertigt.

Seine Feinde wußten ganz gut, Hus sei nur hier zu fassen, und benutzten rücksichtslos die günstige Gelegenheit, daß er sich selber darbot. Sigmund war schwach genug, nach einigem heftigen Widerstreben nachzugeben. Er rechtfertigte sich nachher damit, das Konzil würde sich sonst aufgelöst haben. Ihm wurde nun klar gemacht, was für einem Manne er seinen Schutz geliehen, und einen Ketzer wollte er nicht schirmen; er zog sofort seine Hand von ihm ab und beruhigte sich damit, Hus könne sich ja verteidigen. Auch König Wenzel, der ebenfalls den Magister zur Reise aufgefordert hatte, that nichts für seinen bisherigen Günstling.

Von einer wirklichen Verteidigung war freilich nicht die Rede und die lange Qualerei, welcher der in mehreren Kerkern herumgeschleppte und überhart behandelte, von Körperleiden Heimgesuchte unterworfen wurde, war eben nichts anderes als ein gewöhnlicher Ketzerprozeß, aus dem es keinen andern Ausweg gab, als sterben oder abschwören. Hus fand ein Verhör, aber kein Gehör; man sah in seiner Person den von der Kirche verdammten Wiclif wiedererstanden, auch daß er wie sein Meister Realist war, nahm die nominalistischen Richter gegen ihn ein. Er wollte disputieren, nachweisen, daß viele seiner angeblichen Lehren von den Anklägern teils im Wortlaut falsch wiedergegeben würden, teils in einem andern Sinne zu fassen seien. Darauf ging das Konzil nicht ernstlich ein. Man suchte ihm das Abschwören leicht zu machen, aber ihn quälte der Gedanke, daß er dann doch zugestehe, ein Ketzer gewesen zu sein, daß er damit sein heißgeliebtes Vaterland beflecke; er dachte zudem über den Eid strenger, als die Päpste Benedict, Gregor und Johann und die meisten Zeitgenossen.

Am 6. Juli wurde in feierlicher öffentlicher Sitzung, der auch Sigmund im königlichen Schmuck beiwohnte, das Urteil gesprochen. Seine Bücher wurden der Vernichtung, dem Feuer überwiesen, er selbst als offenbarer, hartnäckiger und unverbesserlicher Ketzer erklärt, der durch seine Lehren das Volk verführt, den apostolischen Stuhl und die Kirche gelästert habe. Darum werde er des Priestertums entsetzt, der Weihen beraubt und weltlichem Arme übergeben, da die Kirche mit ihm nichts mehr zu thun habe.

Vergebens hatte der Angeklagte, als der Bericht über ihn verlesen wurde, mehrmals versucht, das Wort zu ergreifen. Man gebot ihm Stillschweigen und achtete seiner Worte nicht; Gebet war seine einzige Zuflucht. Als die letzte Aufforderung zum Widerrufe an ihn gerichtet wurde, weigerte er sich, um nicht vor Gott ein Lügner zu werden, sein Gewissen und Gottes Wahrheit zu verletzen und denen, welchen er gepredigt, zum Aergernis zu gereichen. Mit gefaßtem Mut ließ er die demütigenden Formen über sich ergehen, unter denen er aus dem Priesterstand ausgestoßen wurde. Der König übergab ihn dem Pfalzgrafen Ludwig, dieser dem Henker.

So wurde Hus hinausgeführt auf den freien Platz vor der Stadtmauer, den Brühl, auf dem Haupte eine hohe Papiermütze, welche die seine Seele packenden Teufel zeigte mit der Umschrift: „Das ist ein Erzketzer!" Die Henker banden den Entkleideten an einen Pfahl und häuften um ihn Holzbündel bis zum Kinn. Als Hus nochmals den Widerruf ablehnte, wurde der Scheiterhaufen angezündet, dessen Qualm und Glut seinem Leben bald ein Ende machten. Die Asche wurde in den Rhein geschüttet, denn man fürchtete, sie würde von den Böhmen als Reliquie verehrt werden.

Als zweites Opfer folgte ihm am 30. Mai 1416 sein Freund Hieronymus von Prag, der einen ihm von der Furcht abgepreßten Widerruf durch heldenhaften Tod sühnte.

Johann Hus war keiner der Geister, die aus eigener Kraft, aus selbsterkämpfter Erkenntnis eine neue Gedankenwelt eröffnen, denn seine Lehre ist ganz und gar das geistige Eigentum Wiclifs, seine Schriften sind zum großen Teil wörtlich aus denen des Engländers abgeleitet. Er ging nicht einmal so weit wie dieser, denn in der Auffassung des Abendmahles, in der Wiclif die Transsubstantiation bestreitend von dem Dogma abwich, folgte der Böhme seinem Meister nicht. Es ist daher zweifelhaft, ob er überhaupt als Ketzer im katholisch-kirchlichen Sinne zu betrachten ist. Doch ist es Hus, der die Ideen Wiclifs vor dem Untergange rettete, sie in die geschichtliche Wirkung einführte. Deshalb ist seine Bedeutung nicht geringer, als die des Orforders. Er teilte dessen Grundgedanken, indem er das Papsttum nicht als das wahre Haupt der Kirche anerkannte, ihm nur eine beschränkte und bedingte Vollmacht zugestand, nur soweit als seine Gebote auf dem Gesetze Christi, des alleinigen Hauptes der allgemeinen Kirche, beruhten.

Hus geht aus von dem Gesetze Christi, der Bibel, welche für Glauben und Seligkeit die allein unfehlbare Quelle ist. Die Kirche ist die Gesamtheit der Erwählten, die Mitgliedschaft an ihr beruht in der ewigen Gnadenwahl. Der Priester, der in Todsünde lebt, verrichtet sein Amt sich selbst zur Verdammnis; daher sollen die schlechten Kleriker ausgetrieben, ihnen die Kirchengüter entzogen werden. Dazu muß auch die weltliche Gewalt helfen.

Die Lehre von der Austeilung des Abendmahlkelches an die Laien, die dann zum vornehmsten Symbol des Husitentums wurde, hat der Magister nicht selbst aufgestellt, sondern Jacobellus von Mies, der mit ihr hervortrat, als sein Lehrmeister bereits nach Konstanz gereist war. Doch billigte sie Hus und nahm Anstoß daran, daß das Konzil die Kelchentziehung zum kirchlichen Gebot machte.

Hus fand die wichtigste Aufgabe des Geistlichen in der sittenbessernden Predigt. Wie er das Kanzelamt mit feurigem Eifer ausübte, empfahl er auch sonst in Schrift und Wort bis zu seinem letzten Augenblick seinen Getreuen strenge Zucht und ernste Arbeit an sich. Daß sein Wandel seinen Reden entsprach, bestritten auch die Gegner nicht; bei aller Abneigung gegen ihn konnten sie keinen Vorwurf gegen seine Lebensführung erheben. Sie beschuldigten ihn der Hartnäckigkeit und Spitzfindigkeit, der Selbstüberhebung, der Aufwiegelung, und von ihrem Standpunkt aus nicht mit Unrecht.

Persönlichkeiten von so großem Einfluß wie Hus werden stets von den Verehrern als lautere Engel gepriesen, während die Uebelwollenden jedes entstellende Stäubchen aufsuchen. Eine gerechte Würdigung darf nur die großen für das ganze Leben entscheidenden Züge erfassen. Da ist unbestritten sein überzeugungsvoller Todesmut, das zuletzt alle Seelenkleinheit abstreifende Aufgehen seiner ganzen Persönlichkeit in dem unwandelbaren Entschluß, als wahrhafter Mensch aus dieser Welt zu gehen, um nicht Andere irre zu machen. Was hat dem gegenüber zu bedeuten, daß er während seines Prozesses manche Wortspalterei trieb, es vermied, einzelne seiner Schriften bekannt werden zu lassen; sollte er selber den Richtern, die ihm das Wort im Munde verdrehten, die Verurteilung erleichtern?

Nächst der Frömmigkeit war Hus' stärkste Seite die Liebe zu seinem Lande, zu dem „heiligen Böhmen", und seine Landsleute nach seinem Ideal zu bilden, erstrebte er mit ganzem Herzen. Er wurde Wiclifit nicht als Böhme, sondern aus innerer Ueberzeugung, aber richtig ist, daß er den Deutschen abhold war, und der Deutschenhaß, der nach seinem Tode in Böhmen so furchtbare Früchte zeitigte, ist von ihm zwar nicht hervorgerufen, wohl aber genährt worden. Es hängt das zusammen mit der gewissen Einseitigkeit, ja Beschränktheit, die bei ihm unverkennbar ist; wo sich sein Denken einmal eingebohrt hat, haftet es fest. Seine Gelehrsamkeit war nicht groß und in ihrem geringen Umfange selbstbewußt, anderen Vorstellungen unzugänglich. Er täuschte sich selber manchmal mit äußerlichen Ausflüchten, die den Kern nicht trafen, mehr Dialektiker als Forscher, so daß er sogar als unwahrhaft erscheinen konnte. Daher lassen sich ihm auch Widersprüche genug nachweisen. Hus war leidenschaftlich; der hochgewachsene hagere bleiche Mann, dessen Gesundheit nicht fest war, konnte heftig aufbrausen, auch ungerecht angreifen, aber in seinen letzten Tagen suchte er auch diesen Fehler zu beherrschen. Sein lateinischer Stil, grammatisch nicht untadelhaft, ist kurz und knapp, man fühlt den feurigen erregbaren Redner durch. Deshalb mögen auch seine Predigten so gezündet haben; in ihm steckte ein gutes Stück von einem Demagogen, und daß er sich an czechische Zuhörer wandte, gab seiner Thätigkeit den eigenartigen nationalen Zug. Den Böhmen erschien er ganz als Fleisch von ihrem Fleisch, als rechter Vertreter ihres Volkstums.

Eben daher war sein Tod von den gewaltigsten Wirkungen; jeder Böhme fühlte die Feuerglut, die ihn verzehrt hatte, in seinem eigenen Herzen brennen. Schon die Zeitgenossen empfanden den grellen Widerspruch, wenn sie das Schicksal, das einem sittenreinen Mann bereitet wurde, verglichen mit dem Verfahren gegen einen ungeheuerlichen Verbrecher, zu dem das Konzil Papst Johann gestempelt hatte. Oft sind es nicht diejenigen Lehren, auf welche es den Religionsstiftern und Parteischöpfern selbst am meisten ankam, die in der Folgezeit am nachdrücklichsten weitergebildet werden, sondern nebensächliche Züge drängen sich vor. Ging Hus von allgemeinen Tendenzen aus, so nahm das Hussitentum eine ganz nationalböhmische Färbung an; war sein hauptsächlichstes Ziel die sittliche Reinigung des Lebens, so prägte sich nachher der Gegensatz des Laientums gegen die Priesterschaft mit aller Schärfe aus; wollte er die Kirche nur bewahren vor schlechten und unwürdigen Geistlichen, so erhob sich der Kampf gegen den weltlichen Besitz und Stand der Kirche überhaupt; hatte er nur eine Umgestaltung des religiösen Sinns beabsichtigt, so entstand eine politisch-soziale Revolution; es kamen Meinungen in die Höhe, die Hus wahrscheinlich mit aller Schärfe bekämpft haben würde.

Mehr als der lebende, ist der tote Hus die Ursache furchtbarer Erschütterungen geworden.

Siebenter Abschnitt.

Der Ausbruch der Husitenkriege. 1415—1421.

Noch während des Prozesses kamen von Böhmen her abmahnende und drohende Erklärungen an König und Konzil, und als das Befürchtete wirklich geschehen war, brach die Volkswut in Prag und auf dem Lande gegen die Geistlichen los. Der Landtag erließ einen feierlichen Protest, ein großer Teil des Adels vereinigte sich zu einem Bunde, die freie Predigt zu schirmen; die Prager Universität wurde als oberste kirchliche Behörde anerkannt. Indem sich auch ein freilich viel kleinerer katholischer Bund bildete, war die Parteiung im Lande vollzogen.

Der König Wenzel schwankte furchtsam hin und her und nur der Verwendung Sigmunds hatte er es zu verdanken, wenn das Konzil nicht gegen ihn persönlich einschritt, während seine Gemahlin Sophie trotz ihrer deutschen Abkunft offen für Hus Partei ergriff. Die wiederholten Bullen und Verfügungen des Konzils und Martins V. machten keinen Eindruck; schon suchte selbst die Universität die steigende Flut religiöser Bewegung zurückzudämmen. Wenzel, von Sigmund, der vergeblich gehofft hatte, der Bruder werde ihm Böhmen abtreten, auf das ernstlichste gedrängt, befahl endlich 1419, die vertriebenen katholischen Priester wieder einzusetzen und ließ den Utraquisten in Prag nur drei Kirchen. Den Rat der Neustadt Prag besetzte er mit katholisch Gesinnten, denn ihm stieg die Sorge auf, die Volksführer möchten ihn verdrängen. Doch es war zu spät. Eine großartige, würdevoll verlaufende Versammlung gab am 22. Juli der Husitensache die religiöse Weihe, aber acht Tage später zeigte sich die andere Seite der Bewegung mit ihren Schrecken: als eine husitische Prozession gehemmt und gehöhnt wurde, stürmten die Wütenden das Rathaus der Neustadt Prag und warfen sieben Ratsherren zu den Fenstern hinaus in die unten tobende Menge, welche die Leichen zerfleischte. Wenzel schäumte auf in alter wilder Wut, doch sein durch Trunk geschwächter Körper unterlag einem Schlaganfall. Am 16. August 1419 starb er unter furchtbarem Stöhnen. Er, der die Böhmen so begünstigt hatte, erhielt nicht einmal ein würdiges Begräbnis, da in Prag sofort Aufruhr in wildester Gewalt mit Plünderung und Zerstörung von Kirchen und Klöstern ausbrach. In aller Stille wurde die Leiche nach dem Kloster Königssaal gebracht. Auch dort kamen die Gebeine nicht zur Ruhe; als im folgenden Jahre die Husiten das Kloster zerstörten, wurden sie aus dem Grabe herausgerissen, doch von einem alten Freunde geborgen und später in Prag beigesetzt.

Achtundfünfzig Jahre war Wenzel alt geworden, von denen er einundvierzig selbständig regiert hatte. An diesem unbeständigen, unklaren, faulen und feigen Herrscher war nichts groß als seine Trinklust, denn selbst seine schlechten Eigenschaften überstiegen nicht das Mittelmäßige; nur das Czechentum hatte von ihm Nutzen gezogen.

Da Wenzel ohne Kinder starb, von dem Geschlechte Heinrichs VII. Sigmund allein als männlicher Nachkomme vorhanden war, konnte ihm die Nachfolge in Böhmen nicht bestritten werden. Aber er hatte Hus treulos und erbarmungslos hingeopfert, man trug von ihm die Rede herum, er wünsche nichts sehnlicher, als daß alle wiclifitischen und husitischen Priester ertränkt würden. Gleichwohl erhob sich zunächst kein Widerspruch gegen ihn, da er kriegerische Unternehmungen gegen die Türken für wichtiger erachtend nicht nach Böhmen kam, sondern die Königin=Witwe zur Regentin bestellte und es vermied, eine bestimmte Erklärung über seine Absichten abzugeben. Doch die Führer, welche vollständige Umgestaltung der Kirche begehrten, Nicolaus von Hus und Johann Zizka, rüsteten zum Glaubenskampfe und feuerten ihre Leute in großen Versammlungen an; als die Königin endlich die Ordnung herstellen wollte, brach der innere Krieg aus. Die Aufständischen gewannen in blutigen Gefechten Prag, die Katholischen, namentlich die Kuttenberger, ließen darauf ihrem Haß gegen die Husiten freien Lauf.

Obgleich ihm die Prager im November zu Brünn Gehorsam gelobt hatten, legte nunmehr Sigmund auf dem Reichstage zu Breslau 1420 deutlich an den Tag, wie er über die Husiten dachte. Ein Vorspiel von dem Schicksal, das ihnen bevorstand, gab die Hinrichtung von dreiundzwanzig Breslauer Bürgern, die vor einiger Zeit an den Rat der Stadt ihre frevelnde Hand gelegt hatten, und die Verbrennung eines dort verweilenden Pragers, des Johann Kraja, der sich zu Hus bekannte.

In Breslau fällte Sigmund den lange aufgeschobenen Schiedsspruch zwischen dem deutschen Orden und Polen, die noch immer nicht zum Frieden gelangt waren, ganz zum Vorteil des ersteren. Er wollte damit dem Papste und den deutschen Kurfürsten, die sich lebhaft für den Orden verwandt hatten, zu Willen sein, aber er gedachte auch die Ritter zu gebrauchen für den Fall, daß die Husiten von Polen aus Hülfe erhielten. Für König Wladislaw war es zugleich eine Warnung, daß er die Freundschaft Sigmunds nicht entbehren könne. Am 17. März predigte dort bereits der päpstliche Legat gegen die Husiten das Kreuz, aus eigenem Antrieb wie auf Veranlassung Sigmunds, denn die päpstliche Bulle, obgleich sie vom 1. März datiert ist, wurde erst später erlassen. Sie richtete sich gegen die Wiclifiten, Husiten und andere Ketzer, doch ohne Böhmen zu nennen, denn sie sollte nicht das ganze Land als ketzerisch bezeichnen, aber alle sonstigen

Anhänger des Wicliftentums einbegreifen, da Sigmund schon in Konstanz geklagt hatte, daß es auch in Polen Platz gegriffen habe.

Der König wollte also Krieg, schonungslosen Krieg.

Man wird diesen Entschluß nicht einfach verurteilen können. Für Sigmund handelte es sich darum, sein Verhalten in Konstanz zu rechtfertigen und seine Feindschaft gegen jede Ketzerei zu beweisen, wie es sich für den künftigen Kaiser geziemte. Der Glauben war ihm wirkliche Herzenssache. Selbst die mäßigsten Zugeständnisse konnte er nicht machen, ohne sofort als Heger der Ketzerei zu erscheinen und sich mit dem Papste zu verfeinden, was seine Stellung in Deutschland wie in Ungarn erschüttert hätte. Er wollte auch die untergrabene königliche Gewalt wiederherstellen. Ihre besten Stützen waren die Kirche, der er darum in ihrer jetzigen Not beispringen mußte, dann die Stadt Prag, die sich zwar unterworfen hatte, aber jeden Augenblick wieder untreu werden konnte. Wurden die Gegner nicht niedergeschlagen, dann blieb alles unsicher; selbst der Halt, den der König noch im Lande selbst an einem Teile des Adels und den Deutschen hatte, konnte dann wanken. Noch lag die Sache so, daß jede Nachgiebigkeit für verderblich erscheinen mußte, kein anderer Weg als der der Strenge offen stand.

Da die weitere Entwickelung dargethan hat, daß des Königs Vorgehen zum Unheil führte, ist es als tadelnswert und bedauerlich gescholten worden. Doch ist es sehr zweifelhaft, ob die Dinge anders verlaufen wären, wenn er sich zu einiger Nachgiebigkeit entschlossen hätte. Denn die stärkste Macht in Böhmen waren bereits die Taboriten und mit ihnen konnte Sigmund in keinem Fall ein Abkommen treffen. Man hat wohl gesagt, er hätte die böhmische Angelegenheit als eine innere Staatssache, nicht als einen Glaubensstreit fassen und behandeln müssen; aber wie sollte er sie unter den obwaltenden Umständen angreifen? Nur daß der König gleich das Kreuz predigen ließ, war ein Fehler und hat ihm mehr geschadet als genützt. Denn diese übereilte Maßregel stieß auch diejenigen hussitisch Gesinnten zurück, welche bisher auf einen friedlichen Ausgleich mit dem Könige ihre Hoffnung gesetzt hatten, während die Fanatiker in ihrer kriegerischen Begeisterung nur bestärkt wurden.

Bald kam aus Böhmen die klare Antwort auf Sigmunds Kriegsankündigung. Der Oberstburggraf von Prag, Czenko von Wartenberg selbst, der in Breslau zugegen gewesen war, erließ gemeinsam mit anderen Herren und der Stadtvertretung ein Manifest, das für unmöglich erklärte, den Bruder Wenzels als König zu empfangen. Da er weder gewählt noch gekrönt sei, stehe ihm noch kein Recht auf die Regierung des Landes zu. Und wie könne man den grausamen Feind der Böhmen als Herrscher anerkennen, der nicht nur jetzt schreckliche Gewaltthaten ausübe, sondern von jeher durch die Entfremdung der Mark Brandenburg, durch die Uebergabe der Neumark an den deutschen Orden, durch so manche andere Handlung das Königreich schwer geschädigt habe. Wer den Magister Hus zur Schande und zum Schaden des böhmischen Volks unschuldig verbrennen ließ, dürfe von allen, die ihr Land und Volk liebten, nicht zum König angenommen werden.

Die fortgesetzten Zerstörungen kirchlichen Eigentums, das Treiben der fanatischen Partei schreckten jedoch die Gemäßigten ab, mit diesen Menschen gemeinsame Sache zu machen. In ihrer verzweifelten Lage wußten sie nicht recht, wohin sie sich wenden sollten. Daher nahm selbst Czenko von Wartenberg königliches Kriegsvolk in den Hradschin auf.

Ende April rückte Sigmund mit einem hauptsächlich aus Schlesiern gebildeten Heere über Glatz, Nachod und Königgrätz nach dem ihm getreuen Kuttenberg vor. Dort erschienen die Prager, um Frieden, Gewährung des Kelchs und Straflosigkeit bittend, doch der König verlangte unbedingte Unterwerfung.

Erst als er aus Oesterreich, Baiern und Meißen Verstärkung erhalten, so daß sein Heer auf 80 000 Mann geschätzt wurde, hielt er am 30. Juni seinen Einzug auf dem Hradschin und begann die Belagerung von Prag. Da nur völlige Einschließung und Abschneiden der Zufuhr von Lebensmitteln Aussicht auf Erfolg bot, wurde am 14. Juli ein furchtbarer Sturm auf den Witkowberg, der das Moldauthal und die Westseite der Stadt beherrschte, unternommen. Zizka, dessen Namen seitdem der Berg trägt, hatte ihn vortrefflich durch ein mit Gräben umgebenes Bollwerk befestigt, so daß die Stürmenden mit großen Verlusten abstehen mußten.

Die deutschen Truppen waren nun nicht mehr zu halten; nachdem Sigmund am 28. Juli in dem St. Veitsdom durch Erzbischof Konrad mit der böhmischen Krone geschmückt worden, zogen sie heim, die Schuld des Mißglückens dem Könige und dessen böhmischen Baronen aufbürdend. Durch ganz Teutschland hieß es, Sigmund habe die Prager nicht ernstlich angreifen wollen und den Kampf gehindert, weil er gehofft hätte, durch Vermittelung des Adels die Stadt zu gewinnen. So kam er gleich zu Anfang in ein falsches Licht. Als er den belagerten Wischehrad entsetzen wollte, erlitt er am 1. November eine neue schwere Niederlage, in der namentlich böhmische Adelige ihr Blut hingeben mußten. Im März 1421 sah er sich genötigt, nach Mähren und dann nach Ungarn zurückzukehren.

Das große Unternehmen war völlig mißglückt.

Achter Abschnitt.

Das Husitentum. 1421.

Die Prager hatten noch während der Belagerung vier Artikel aufgestellt, welche fortan zum Losungswort wurden. Sie forderten die freie Predigt des Wortes Gottes und das Abendmahl unter beiderlei Gestalt, die Aufhebung des Besitzes der Geistlichkeit, die in apostolischer Armut und Zucht leben sollte, und die Abstellung und Bestrafung der Todsünden, zu denen auch der Empfang von Geld für kirchliche Dienste und Aemter gerechnet wurde, durch die zuständige Obrigkeit. Man nannte diese Partei die „Prager", auch „Kalixtiner" oder „Utraquisten". Ihr gehörten die Universität, der größte Teil der Bürgerschaft von Prag und anderer Städte und der höhere Adel an.

Die Kalixtiner, unter denen es freilich verschiedene Richtungen gab, entfernten sich demnach nicht allzuweit von der allgemeinen Kirche, indem sie alles bestehen ließen, was ihrer Ansicht nach nicht der Bibel unmittelbar widersprach. Neben ihnen wogten gewaltig hin und her andere Strömungen, die gleichmäßig mit aller Wucht gegen die katholische Kirche anstürmten. Die fehlende Einheit ersetzten ihre Bekenner, zu denen das geringe Volk, die Bauern, Kleinbürger und Handwerker, doch auch viele vom niederen Adel gehörten, durch Begeisterung und todesbereite Freudigkeit. Der Name Taboriten, den sie gemeinhin führten, zeigt, daß sie ihre Vorstellungen besonders auf das Alte Testament gründeten. Tabor hatte man den Berg getauft, auf dem die ersten Versammlungen stattfanden; die Bezeichnung ging dann über auf die gewaltige Feste, welche bei Austi erbaut wurde.

Die Taboriten entwickelten die Lehren Wiclifs bis zu den äußersten Folgerungen. Ihnen galt nur die Bibel in ihrer vernunftgemäßen Auslegung; da sie als Christi Gesetz überall ausreichend ist, sind die anderen Ueberlieferungen überflüssig. Auch die Laien lasen sie eifrig in Uebersetzungen, denn Lesen und Schreiben wurde gepflegt, auch viele Frauen waren bibelfest. Der ganze Gottesdienst ging in böhmischer Sprache vor sich. Obgleich in den taboritischen Kreisen recht verschiedene Ansichten herrschten, so verwarfen doch die meisten die ganze äußere Kirche, Papsttum, Hierarchie und weltliches Eigentum. Die Priester werden von der Gemeinde eingesetzt und dürfen heiraten, auch der Laie kann predigen, Beichte hören und Sünden vergeben. Als Sakramente gelten nur Abendmahl, ohne Transsubstantiation, und Taufe, die indessen den Kindern noch nicht erteilt wird; die Ohrenbeichte, der Glaube an das Fegfeuer, die Gebete für Verstorbene, die Verehrung von Bildern und Reliquien, der Eid, die Fasten, die Feiertage außer den Sonntagen, die Messe und alle Zeremonien, überhaupt der Schmuck und Prunk beim Gottesdienst sind unstatthaft. Das Evangelium sollte das ganze Leben durchdringen und formen und alle Sünden ausmerzen, die taboritische harte Sittenstrenge verachtete weltliche Lust und Freude, Schauspiele und Ergötzlichkeiten, Putz und Zierde des Körpers und der Kleidung. Als auserwähltes Volk Gottes hielten sie für Pflicht, alle „Feinde des göttlichen Gesetzes", namentlich die katholischen Priester und Mönche, auszutilgen. Schon vor den Hussitenkriegen brauste der entsetzliche Sturm über die Klöster, die Teufelsnester, der sie zum größten Teil vom Erdboden wegfegte. Gleich wilden Barbaren hausten die Husiten und ihre Weiber gegen Gebäude und deren Schmuck, wie gegen die Bewohner. Unzählig sind die Kirchen und Klöster, welche mit all ihren herrlichen Kunstwerken in Asche sanken.

Die religiösen Begriffe, von denen sie ausgingen, bedingten auch eine Umgestaltung des gesellschaftlichen und staatlichen Lebens, denn die Brüderlichkeit im Geiste duldete nicht die Ueberordnung eines Standes über den andern. Im allgemeinen schwebte ein theokratisches Ideal vor, verbunden mit Volkssouveränität. Zwar gab es in dieser Beziehung keine festen Sätze und die Meinungen gingen weit auseinander; anarchistische, republikanische, demokratische Richtungen waren gleichmäßig vertreten. Gleich zu Anfang tauchten kommunistische Ideen auf; die Rückkehr zum reinen Naturzustand oder doch zur apostolischen Armut sollte auch im weltlichen Leben durchgeführt werden. Männer und Frauen verkauften ihr Hab und Gut, um den Erlös den Priestern zum besten der Gemeinde und zum Kampfe für Gottes Wort zu übergeben. Die Fortgeschrittenen wollten von keiner Herrschaft etwas wissen, Königtum und Adel abschaffen, alle Steuern sollten aufhören, gemeinsames Eigentum allenthalben gelten.

Es waren Meinungen, wie sie sich in ähnlicher Weise in späteren Zeiten wiederholt geregt haben. Wer denkt nicht gleich an die englischen Puritaner des siebzehnten Jahrhunderts, die in der That mit den Husiten manche Verwandtschaft zeigen? Wenn auch jede Zeit ihr eigenes hinzufügt und die alten Umrisse mit neuen ihr entsprechenden Farben ausmalt, so oft die Ideen einer Gesellschaftsreform die bestehenden Zustände nicht entwickeln und umbilden, sondern sie umkehren oder ganz beseitigen wollen, so oft das Ziel gesucht wird in scheinbar einfachen Formen, welche der Vielgestaltigkeit des allgemeinen Lebens weder Luft noch Raum gewähren, oder in utopischen Gebilden, die fälschlich vorausgesetzten ursprünglichen Zuständen entsprechen sollen, wird diese Einseitigkeit immer zu verwandten Erscheinungen führen.

Das Hussitentum ist jedoch nicht vornehmlich aus sozialen Gründen entstanden und nicht hauptsächlich eine soziale Revolution gewesen, schon deswegen nicht, weil es in der Stadt Prag, die auch lange die Führung behielt, in die

Höhe kam. Da sich dann der größte Teil des Adels wenigstens dem Utraquismus anschloß, entstand auch nicht auf dem Lande ein dauernd wirksamer Gegensatz zwischen ihm und der Volksmasse. Wirtschaftliche Gründe waren allerdings bei dem Sturm gegen die Geistlichkeit mit unter den leitenden Kräften und riefen auch die weitergreifenden Ansichten hervor, aber dennoch entwickelte die ganze Bewegung sich nicht zu gesellschaftlicher und wirtschaftlicher Umwälzung.

Es ist wunderbar, wie ein ganzes großes Volk mit reißender Schnelle von solchen Gedanken bis in seine tiefsten Schichten ergriffen werden konnte, denn alles einfach aus schlechten Trieben erklären zu wollen, wäre durchaus verkehrt. Der Klostersturm ging nicht allein hervor aus Habsucht und Plünderungsgier, und die Bauern und Bürger, die unentwegt den Feinden trotzten, trieb nicht die Beutelust, ihr Heim preiszugeben. Furchtbare Thaten verrichteten die Husiten daheim und draußen, aber die Ströme von Blut vergossen sie nicht aus Freude am Morden; hegten doch gerade Taboriten die Ansicht, Todesstrafe dürfe nicht verhängt werden. Für den Kern des husitischen Bekenntnisses stritten Bauern, Bürger und Adelige gleich begeistert. Es waren andere Ideen, welche die Gesamtheit mit dämonischer Kraft packten und zu Ungewöhnlichem emporrissen. Der Husitismus war eine Auflehnung gegen den ganzen Geist des Mittelalters, gegen die übermächtige Herrschaft der Kirche, welche man als die Beute sündhafter Priester ansah. Eben die Ueberzeugung, Gott zu dienen, dessen Ehre sie herzustellen meinten, gab den Böhmen die ungeheure Kraft. Die Laien wollten gut machen, was die Kirche verschuldet hatte.

Jede Idee wird bei dem Umsatz aus dem Kopf in die That gewissermaßen getrübt, um ihre Reinheit gebracht durch die Vermischung mit den menschlichen Leidenschaften und den alltäglichen Lebensbedingungen. Nun war der gemeine Mann unwissend, ungebildet, roh, in den weiten Waldgegenden noch mehr, wie in den Städten; dazu kam die Erregbarkeit des slavischen Blutes. Natürlich, daß in der Volksmasse die allgemeinen Gedanken nur in ihren gröbsten Umrissen, vielfach in verzerrter Gestalt erfaßt wurden, von ihnen oft nicht viel mehr übrig blieb als der Drang, für sie den starken Arm zu erheben. Die Lage der Bauern in Böhmen schlechter als anderwärts; was Wunder, wenn die aus der Bibel geschöpften verlockenden Theorieen auch auf das tägliche Leben angewandt wurden, so daß der gemeine Mann bald nicht wußte, ob er mehr für sich selber oder für Gott focht? Auch die reiche Beute, die nebenbei abfiel, übte schließlich ihren verderblichen Reiz aus und konnte allmählich zum eigentlichen Zweck werden. Je länger der Kampf dauerte, desto mehr quollen die wilden Leidenschaften, die er weckte, in die Höhe. Der erbarmungslose Grundzug der Zeit kam zur entsetzlichen Geltung, es ging Auge um Auge, Zahn um Zahn; beide Seiten häuften gegeneinander fürchterliche Rechnungen auf. Die Katholiken entflammte der Haß gegen die Ketzer, die Husiten der Abscheu gegen die Gottesfeinde; beide verübten die scheußlichsten Greuel, tilgten in sich über dem vermeinten Gebote Gottes die menschlichen Regungen aus.

Die Ideen des Husitentums haben in größerem Umfange erst später in Deutschland Platz gegriffen. Einmal schreckte anfangs der ihnen anhaftende ketzerische Geruch ab, dann stand als hohe Scheidewand zwischen Böhmen und

Deutschen die nationale Abneigung. Nicht etwa, daß die Bewohner Böhmens ihren Bekenntnisstand ausschließlich nach ihrem Volkstum gewählt hätten, denn es gab dort deutsche Husiten so gut wie katholische Czechen. Der national-böhmische Zug, den die Bewegung schon zu Hus Lebzeiten trug, nahm jedoch zu, da sich in den späteren Unruhen oft Deutsche und Czechen entgegentraten; das Deutschtum in Böhmen schloß sich entweder an oder wurde gewaltsam unterworfen, die Städte fielen einer planmäßigen Czechisierung anheim. Dann war Sigmund deutscher König und schickte deutsche Truppen gegen die Böhmen; so wurde die Kluft mit aller Gewalt aufgerissen, und was anfänglich mehr in eigentümlichen Verhältnissen lag, gestaltete sich weiterhin zur wirksamen Triebkraft. Die Husiten sahen in den Deutschen den Erbfeind, das Husitentum galt den Böhmen als nationale Sache. Die Siege über die Deutschen vermehrten ihren Stolz. Die Vaterlandsliebe überwand, wenn es den Feinden galt, alle inneren Spaltungen. Die Husiten stritten nicht allein für ihre Religion, sondern auch für ihre „böhmische Zunge", die Begeisterung für beide verlieh ihnen die Unbesiegbarkeit gegenüber den Deutschen, die ihrerseits gleichfalls in den Ketzern ein feindseliges Volkstum erblickten. So wurde der Kampf zu einem nationalen und gerade die nächsten Nachbarn Böhmens, die deutschen Schlesier, faßten ihn als solchen.

Die Husiten stießen nicht nur in ihrem Lande die alte Kirche über den Haufen, sie führten auch sonst der Welt mit erschreckender Deutlichkeit vor Augen, wie faul das ganze mittelalterliche Wesen war. Sie bereiteten auch dem Rittertum sein letztes Stündlein. Schon hatten die Schweizer bewiesen, wie ein gewandtes Volk der schweren Bewaffnung trotzen konnte, aber was dort im kleinen vor sich ging, vollzog sich in Böhmen im großartigsten Maßstabe. Die Zusammensetzung der böhmischen Scharen, besonders ihre ungenügende Ausstattung, der Mangel einer starken schwergerüsteten Reiterei zwangen dazu, auf eine andere Kampfesweise zu denken; die hohe Vollendung, zu der sie gebracht wurde, ist hauptsächlich das Werk des Johann Zizka von Trocnow. Wie er, der aus einem niederen und armen Adelsgeschlechte des südlichen Böhmens entstammte, dann zum Hofgesinde Wenzels gehörte, sich zum Feldherrn ausgebildet hat, ist unbekannt; von Haus aus muß er die Gabe, Massen zu leiten und zu führen, besessen haben.

Zizka war erst ein unbedingter Anhänger von Hus, dann ein „Eiferer für das Gebot Christi", doch obgleich er seinen Anhang hauptsächlich unter den Taboriten hatte, in seinen Anschauungen gemäßigt und den Kalixtinern nahe stehend; er unterdrückte nachher mit schonungsloser Härte die ausschweifenden Sekten, die Pikarden und Adamiten, welche die Ehe für Sünde und den sinnlichen Genuß für frei erklärten. Seine politische Meinung war einem Königtum nicht abgeneigt. Weder hervorragend als Theolog, noch, wie er nachher zeigte, als Staatsmann, steht er desto größer als Feldherr da. Ein Mann voll gewaltiger Körperkraft und Geistesstärke; auch als er, der schon einäugig war, 1421 sein zweites Auge durch einen Pfeilschuß einbüßte, blieb er der gebietende Führer. Er meinte es ehrlich und uneigennützig, glühend liebte er Böhmen und haßte mit gleicher Leidenschaft die Katholiken und Deutschen; seinen Ruhm befleckte er leider durch Grausamkeit. Wehe seinen Feinden! Sein bloßer Name wurde ihnen zum furchtbaren Schrecken!

Zizka führte die Verteidigung im offenen Felde in die Kriegskunst ein. Er wählte mit Umsicht günstige Ortsverhältnisse zu seinen Stellungen und half der Natur durch Beseitigung von Hindernissen und schnell aufgeworfene Erdschanzen nach. Die Wagenburg, schon lange bekannt als Deckung des Rückens oder der Flanke und als Zufluchtsort, machte er zum Kampfmittel. Die Wagen, im Viereck oder Kreis zusammengefahren, dienten als Lagerfestung zum Zusammenhalt des Heeres; auf ihnen konnte der Fußkämpfer den Angriff der Ritter ruhig erwarten, während zugleich die darauf aufgestellten Feuerwaffen, Geschütz und kleinere Kaliber wirkten. Erst die Husiten haben die Artillerie für die Feldschlacht nutzbar gemacht. Auch der Marsch selbst wurde kunstgemäß ausgebildet mit Berücksichtigung der natürlichen Bedingungen; schnelle Bewegungen, sicheres Manövrieren überraschten die Feinde, während das eigene Heer Vorposten deckten. Auf dem Marsch und beim Kampfe waltete strenge Ordnung; da die einzelnen Scharen in sich fest zusammenhalten mußten, wurden Gliederung und Zusammenwirken zu rechter Zeit erreicht.

So waren die böhmischen Heere geschlossene, mit ihren Teilen im bewußten Zusammenhange arbeitende Körper. Dadurch wurde auch der gemeine Krieger mit Zuversicht erfüllt, und nachdem ihm die Heeresleitung vorgearbeitet, vollendete er selbst mit ungenügenden Waffen, wie mit den berühmten Dreschflegeln, das Geschick der zersprengten Feinde. Mit dem Gesange des Taboritenliedes: „Ihr, die ihr Gottes Kinder seid", das mit den Worten schloß: „Schlagt zu, schlagt zu, laßt keinen am Leben", pflegten die Husiten in die Schlacht zu rücken.

Der wesentlichste Grund ihrer Siege war indessen immer das Glaubensfeuer, die nationale Begeisterung und die aus beiden entspringende Opferfreudigkeit und Einigkeit. In diesen Eigenschaften konnten die Deutschen nicht wetteifern und es half ihnen nichts, daß sie die Kriegseinrichtungen der Husiten nachzuahmen suchten. Die großen Massen, welche sie mehrfach aufbrachten, zur taktischen Einheit zu gestalten, vermochten weder die Führer noch verstanden sich dazu die Leute, weil sie nur den kleinen Krieg kannten und über die in der Heimat gewohnte elende Kriegführung sich nicht erheben konnten. Die Zersplitterung des Reiches rächte sich auch in diesen rein technischen Künsten.

Neunter Abschnitt.

Der erste Reichskrieg gegen die Husiten.
1421—1422.

Der Abzug Sigmunds im Frühjahr 1421 überlieferte Böhmen den Husiten. Die deutschen Städte wurden entweder gestürmt oder unterwarfen sich notgedrungen den Pragern, die Besatzung des Hradschin, ohne Unterstützung gelassen, räumte die Feste; auch Mähren öffnete sich dem Utraquismus. Zum Entsetzen der Katholiken billigte selbst der Prager Erzbischof Konrad die vier Artikel, während das in der Verbannung weilende Domkapitel unerschütterlich dem alten Glauben getreu blieb. Ein Landtag in Czaslau sprach über Sigmund, der fast seinen ganzen Anhang verloren hatte, die Absetzung aus. Der böhmisch-mährische Adel, der sich hingeopfert glaubte, sagte sich von ihm los, während die Deutschen, die bei Prag gefochten hatten, behaupteten, die Herren hätten den König betrogen, so daß er die Böhmen absichtlich schonte. Er, den die Böhmen als Mörder fluchten, kam bei den Deutschen in den allgemein nachgesprochenen Verdacht, er sei der heimliche Gönner der Ketzer.

Wenn sich auch nicht bestreiten läßt, daß Sigmund viele und schwere Fehler beging, so haben damals die Deutschen ebensowenig, wie spätere Geschichtsschreiber die gewaltigen Schwierigkeiten ausreichend gewürdigt, die den König von allen Seiten umgaben. Es ist ihm verargt worden, daß er, nachdem er mißmutig Deutschland verlassen, sich in erster Stelle als König von Ungarn betrachtete und danach seine Maßnahmen traf. Gewiß fuhr darüber das deutsche Reich schlecht, aber hatte Sigmund dort nicht auch Pflichten und konnte er überhaupt anders handeln? Er war gewählt worden als künftiger König von Böhmen, doch der Abfall dieses Landes ließ das Verhältnis, wie man es gedacht hatte, gar nicht zu stande kommen, und Sigmund vermochte daher nicht die Stellung zum Reiche einzunehmen, wie sie sein Vater und selbst noch Wenzel hatten. In Deutschland besaß er nicht einen Fuß breit Landes; verlor er auch noch Ungarn, dann wurde er zum Bettler; alles was er in der Welt bedeutete, beruhte eigentlich darauf, daß er König von Ungarn war.

Seit mehr als dreißig Jahren regierte er das Land, das dereinst übergehen sollte an Tochter und Schwiegersohn. So sicher aber war er Ungarns nicht, wie er aus seiner eigenen Vergangenheit wußte; er mußte sich hüten, dessen bereits stark angegriffene Kräfte über das Maß hinaus anzustrengen, um nicht neuen Abfall hervorzurufen. Noch größer, als die inneren Schwierigkeiten, waren die äußeren Gefahren, die über seinem Königreiche schwebten. Den Krieg mit Venedig, der für Ungarn so wichtig war, konnte er nach 1420 nicht mehr mit Nachdruck treiben, aber er wollte auch nicht durch einen Frieden den Gegnern ihre errungenen Vorteile bestätigen.

Höchst besorglich war allzeit die Lage an der unteren Donau, wo die Türken, seitdem sie die durch Tamerlan erlittene Niederlage überwunden, stetig vorwärts drängten und die Vormauer Ungarns, die kleinen Fürstentümer, bedrohten. Zwar schloß er 1419 mit ihnen Waffenstillstand, aber er mußte sie im Auge behalten. Der Widerstand gegen den Islam lag im Interesse Deutschlands, Europas, der ganzen Christenheit und es war durchaus gerechtfertigt, wenn der König hier eine seiner vornehmsten Aufgaben erblickte, die schon für sich allein das Vermögen Ungarns voll in Anspruch nahm. Seitdem auch der Streit mit Böhmen ausgebrochen, war Ungarn rings von Feinden umgeben und jeder Krieg an einer Stelle konnte an anderer einen zweiten und dritten hervorrufen, der nötigte, doppelt Front zu machen. Selbst eine Verbindung der Venediger mit den Hussiten wurde für möglich gehalten.

Die Gefahr, von mehreren Seiten zugleich angegriffen zu werden, wurde zur Thatsache, wenn die Macht, welche Ungarn im Norden und Osten begrenzte, Polen-Litthauen, zum Schwerte griff. Dann wuchsen die Schwierigkeiten so ungeheuer, daß keine Aussicht war, ihrer Herr zu werden, dann geriet Ungarn in ein völliges Kesseltreiben.

Die Volksverwandtschaft zwischen Polen und Böhmen begünstigte die wechselseitige Verbindung, schon 1420 boten die Böhmen dem Polenkönige die Krone ihres Landes an. Das hat Sigmund wohl erkannt, und es war in seiner Stellung als König Ungarns durchaus richtig, wenn er das Verhältnis zu Polen zum Angelpunkte seiner ganzen Politik machte. Daraus erklärt sich sein Verhalten, über das ihm so große Vorwürfe gemacht worden sind.

Die Furcht, die Hussiten möchten von Polen aus Unterstützung erhalten, war sehr gerechtfertigt. Wenn wir auch heute wissen, daß der greise, frömmelnde Wladislaw nie ernstlich daran dachte, die böhmische Herrschaft anzunehmen, so durfte Sigmund darüber anders denken, und der spätere Forscher vergißt leicht, daß die Akten, die vor ihm offen daliegen, damals den Beteiligten nicht so kund waren. Die Entscheidung lag überdies keineswegs bei Wladislaw allein, sondern auch bei dem polnischen Adel und dem unternehmungslustigen Großfürsten Witold von Litthauen, der kirchlichen Bedenken weniger zugänglich war. Selbst eine Verbindung der Litthauer mit den Türken befürchtete Sigmund; so mißtrauisch war er, daß er nicht einmal ein Eingreifen Polens in Böhmen zu seinen Gunsten wünschte, um nicht den zweifelhaften Bundesgenossen ins Land zu lassen.

Daher nimmt seit dem Jahre 1420 Sigmunds Politik gegen Polen eine neue, in sich folgerechte Gestalt an, deren Kern ist, dieses Reich auf jeden Fall von Böhmen getrennt zu halten. Dazu ist ihm jedes Mittel recht, deshalb der scheinbare Wechsel in seinem Auftreten, dessen Zweck stets derselbe bleibt. Gelingt es nicht mit Freundschaft, Polen von den Husiten fern zu halten, dann werden Drohungen versucht, doch nur mit der Absicht, Polen zu erschrecken, nicht um es in den Krieg zu treiben. Dazu muß der deutsche Orden herhalten; macht Polen ein unfreundliches Gesicht, wird er von Sigmund angestachelt, Krieg zu beginnen, doch am liebsten ist es dem Könige, wenn Polen wieder nachgiebig wird, dann hält er auch den Orden hin.

Unter diesen Umständen erregte es Sigmund gewaltig, als derjenige Fürst, welchen er sich durch die größten Wohlthaten zu unbedingtester Gefolgschaft verpflichtet zu haben glaubte, der Markgraf von Brandenburg sich mit Polen aufs engste verbinden wollte. Machten doch die Böhmen Sigmund auch den Vorwurf, daß er Brandenburg ihrem Königreiche entfremdet habe. Friedrich wollte Polen aus der Reihe seiner nordischen Gegner entfernen und daher nicht nur die geplante Ehe der polnischen Königstochter Hedwig mit dem Herzoge Bogislaw von Pommern verhindern, sondern die Prinzessin, die mutmaßliche Erbin Polens, seinem zweiten Sohne Friedrich zur Gattin erwerben. Welche Vorteile schien diese Ehe auch für die Mark zu verheißen!

Obgleich König Sigmund den Markgrafen dringend abmahnte, vollzog dieser am 8. April 1421 in Krakau die Verlobung; daß er dabei Polen seine Hülfe bei einem Kriege mit dem Orden zusagte, war eine selbstverständliche Folge. Friedrich, der sich ganz nach seinem und seines Landes Nutzen richtete, hatte gleichwohl die Absicht, den Frieden mit dem Orden zu erhalten, was ihm auch gelang, und gegenüber den Besorgnissen Sigmunds mochte er sich sagen, daß gerade er im stande sein würde, Polen von übereilten Schritten für die Böhmen abzuhalten. Sigmund aber beharrte bei seiner Entrüstung über diesen Verrat seines alten Freundes, wie er die Sache faßte, und das kann ihm kaum verdacht werden.

Da Böhmen ein Kurland war, begehrte Sigmund Beistand vom Reiche und schrieb für den April 1421 einen Reichstag nach Nürnberg aus.

Das Kurfürstenkollegium hatte mittlerweile manche Veränderung erlitten. Am 23. September 1419 war Erzbischof Johann von Mainz gestorben, wohl zur Freude aller, die mit ihm zu thun hatten. Ein Gedicht aus jenen Tagen nennt ihn eine giftige Schlange, die nur zu lange lebe, das Todgift seines Stiftes, einen wüsten Haufen der Missethat, dem die Hölle sicher sei. Er hatte überall Unheil gestiftet, um seinen Vorteil einzuheimsen. Viel zu viel Ehre ist ihm angethan, wenn seinen Schlichen der einheitliche höhere Plan, die kurfürstliche Gewalt neben und über die königliche zu setzen, untergeschoben wird. „Bischof Hänschen" war wirklich nichts anderes als „ein beschissen Menschen", wie ihm seine Mainzer nachsagten.

An seine Stelle trat der Rheingraf Konrad III., jedenfalls eine erfreulichere Erscheinung; ein schöner stattlicher Herr, nicht eben sittenstreng, doch sorglich für seine Kirche und Geistlichkeit, war er beliebt wegen seiner Güte und Leutseligkeit wenigstens bei Untergebenen und Freunden. Seinen Feinden zeigte er sich allerdings als furchtloser hochfahrender Gegner, und obgleich er eine Vorliebe hatte,

Händel zu schlichten, griff er für sein Recht ungescheut zu den Waffen. Von seinen Vorgängern übernahm er den alten Streit mit Hessen und auch sonst führte er manche Fehde. Obgleich ihn diese landesfürstliche Thätigkeit vorwiegend erfüllte, waren ihm das Reich und dessen Nöte nicht gleichgültig; er fühlte eine gewisse Verpflichtung, sich auch ihnen zu widmen und nicht bloß einen Nutzen herauszupressen.

Auch der geistesschwache Erzbischof Werner von Trier war 1418 gestorben. Das Erzstift erholte sich nicht mehr von der unter ihm eingerissenen Verwahrlosung, obgleich sein Neffe und Nachfolger Otto von Ziegenhain den redlichsten Willen mitbrachte und seine Pflichten nach besten Kräften erfüllte. Mehr Mönch als Bischof ging Otto den Geistlichen mit gutem Beispiel voran, aber wie das damals meist geschah, gerade sein frommer Eifer brachte ihm Verdruß und Kummer, indem das unbotmäßige Kapitel sich seinen gutgemeinten Anordnungen widersetzte. Auch sein Interesse am Reich betraf vorwiegend die kirchlichen Angelegenheiten.

Der Kölner Erzbischof Tietrich von Mörs dagegen paßte so recht in das wilde Kriegsgetümmel, das den Niederrhein erfüllte. Zu kämpfen und zu erwerben war seine Lust. Feindselig zu Kleve, lange Zeit gespannt mit Berg, schlug er nach allen Seiten um sich, beteiligte er sich an den meisten Kämpfen am Rhein und in Westfalen und entwickelte als Landesherr eine fieberhafte Thätigkeit, für die seine Unterthanen schwere Steuern entrichten mußten. Sein Ruf war nicht der feinste; kam er doch sogar in den ungerechten Verdacht, den Landgrafen Ludwig von Hessen vergiften zu wollen. Der Geistliche kam in ihm nur gelegentlich zur Entfaltung, obgleich er in seinem Stifte einige Reformen angriff, ebenso war er mehr Landesfürst, als Kur- und Reichsfürst. Für Kirche und Reich hatte Tietrich nicht allzu viel Zeit übrig; erst in seinen späteren Lebensjahren trat er an die Spitze der kirchlichen Bewegung gegen Rom.

Auch das Kurfürstentum Sachsen ging im Juni 1419 durch den Tod des Kurfürsten Rudolf III. auf dessen Bruder Albrecht III. über.

Der älteste Kurfürst war demnach Pfalzgraf Ludwig, der noch immer mit dem Könige schlecht stand. Dagegen war er befreundet mit Tietrich von Köln und noch enger mit dem brandenburger Markgrafen.

Friedrich weilte in der Mark; die Reichsstatthalterschaft, die ihm Sigmund übertragen und noch nicht widerrufen hatte, ruhte daher, wie sie überhaupt nicht viel besagt hatte. Die vier rheinischen Kurfürsten fühlten sich somit berechtigt und verpflichtet, auch ihrerseits für das Reich zu sorgen. Im Sinne Sigmunds verwandten sie sich beim Papste für den deutschen Orden und schrieben an die Reichsstädte, um einen günstigen Erfolg des Reichstages zu sichern mit der Erklärung, sie hätten beschlossen, dem Könige persönlich Heereshülfe zu bringen. Alle vier erschienen auch zur bestimmten Zeit in Nürnberg, wo zahlreiche Fürsten und Städteboten zusammentrafen, nur der König war nicht da. Der Kanzler, Bischof Georg von Passau, entschuldigte ihn mit der Unmöglichkeit, jetzt Mähren zu verlassen, wo der Unglaube immer mehr um sich greife, stellte zwar sein baldiges Kommen in Aussicht, bat aber, die Beratungen zu beginnen. Die Kurfürsten nahmen das Werk alsbald in Angriff und in der Erkenntnis, nur gemeinschaftliches Handeln könne zum Ziele führen, faßten sie als ersten Beschluß, Hülfsforderungen des Königs zum böhmischen Kriege nur gemeinsam zu beantworten und nicht einzeln dabei „sonderlichen Vorteil zu suchen". Um ein Ueberschlagen der husitischen Lehren nach Deutschland zu verhindern, errichteten sie einen Reichsbund, dessen Aufgabe die Fürsorge daheim, nicht der Krieg gegen Böhmen war.

Da sie in Sorge seien, die in Böhmen entstandene Ketzerei möchte, wenn nicht rechtzeitig Widerstand geleistet werde, auch in anderen Ländern einreißen, wollen sie sich mit aller Macht gegen den Unglauben und dessen Begünstiger beistehen. Die Amtleute sollen allenthalben die Schuldigen und Verdächtigen aufhalten, fangen und der zuständigen Obrigkeit überliefern, die für gebührendes Gericht sorgen wird. Alle Unterthanen über zwölf Jahre müssen einen Eid ablegen, gegen die Ketzerei zu sein, die Schuldigen anzuzeigen und zu ihrer Bestrafung mitzuwirken. Die Kurfürsten beschlossen, zu diesem Bunde alle anderen Reichsstände in freier Anschlußform heranzuziehen und die seinetwegen entstehenden Mißlichkeiten gemeinsam abzuwehren.

In der That trat eine Anzahl geistlicher und weltlicher Fürsten dem Bündnisse bei.

Da die Kurfürsten vorläufig nicht mehr thun konnten, weil noch kein Vorschlag von seiten des Königs vorlag und dieser keine Botschaft schickte, kamen sie überein, einen weiteren Tag nach Wesel auszuschreiben. Als sie bereits abgereist waren, meldete Sigmund, er habe den Weg nach Deutschland eingeschlagen; doch hielten ihn auch jetzt die mährischen Verhältnisse fest.

Die Kurfürsten nahmen es übel, daß Sigmund nicht gekommen war, und dieser empfand auch, daß sie ein Recht dazu hatten, obgleich fraglich sein konnte, wo seine Anwesenheit nötiger sei, aber er unterließ es auch nachher, mit ihnen die nötige Fühlung zu suchen. Gleichwohl kamen sie getreulich im Mai nach Wesel.

Dort war auch Kardinal Branda als päpstlicher Legat anwesend, der für den Kreuzzug wirken und nebenbei auch die deutsche Kirche reformieren sollte. Er schilderte in einem Rundschreiben in beweglichen Worten die Unthaten der Ketzer, welche die auf die hergestellte Einheit der Kirche gesetzten Hoffnungen trübten. Aber noch sei jede Ketzerei zum Heil der Kirche ausgeschlagen. Allen Kämpfern Christi böte der Papst vollen Sündenerlaß, gleichviel, ob sie selbst auszögen oder andere auf ihre Kosten schickten, auch wenn sie bereits auf dem Wege stürben.

Die Kurfürsten verfehlten nicht, diesen päpstlichen Gnadenerlaß den Deutschen lebhaft vor das Gemüt zu führen, und schrieben einen Reichskriegszug aus, der Ende August von Eger ausgehen sollte. Auch den polnischen König forderten sie auf, seine Truppen mit den ihren zu vereinen.

In höchst stattlicher Zahl — man schätzte es auf 200 000 Mann — kam wirklich ein Kreuzheer zusammen, das voll Siegesgewißheit und mit dem Vorsatz, furchtbar zu hausen, alle Ketzer bis auf die Kinder totzuschlagen, von Eger aus in Böhmen einbrach. Die vier rheinischen Kurfürsten begleiteten in Person den Zug, auch Markgraf Friedrich der Streitbare von Meißen, der kurz vorher bei Brüx einen schönen Sieg über die Prager errungen, rückte wieder vor, ebenso drangen im Osten die Schlesier vorwärts. Nach einigen kleinen Erfolgen, welche die Kreuzfahrer, aufgereizt durch den Anblick der zerstörten Gotteshäuser, mit Grausamkeiten begleiteten, begann Mitte September die Einschließung der Stadt Saaz, einer Hauptfeste der Husiten. Aber tapferer Widerstand, große Verluste in den täglichen Kämpfen und noch mehr die Uneinigkeit der Führer vereitelten jeden Fortschritt, und als Anfang Oktober Zizka mit dem gesamten böhmischen Heere herannahte, stürzten die Kreuzfahrer in verlustreicher Flucht davon. Alle Schuld wälzten sie auf den König, der nicht rechtzeitig eingegriffen hätte, während dieser wieder klagte, daß man ihn nicht standhaft erwartet habe. Erst als das Nordheer bereits geflohen war, überschritt er die mährische Grenze, während Herzog Albrecht von Oesterreich gleichzeitig vorrückte, aber auch hier fehlte schnelles Handeln. Kopflose Führung verhinderte den Sieg über das bereits eingeschlossene Heer Zizkas, der darauf am 8. Januar 1422 bei Deutschbrod Sigmund eine gewaltige Niederlage beibrachte; die Winterkälte vollendete an den Fliehenden das Werk der Vernichtung.

Auch für dieses Unglück wurde Sigmund persönlich verantwortlich gemacht, der sich mit der Unzuverlässigkeit seiner ungarischen Truppen entschuldigt haben soll. Ueberall, selbst in Rom, zweifelte man an seinem Eifer und seiner Aufrichtigkeit. In geistlichen Kreisen meinte man gar, er sei genau so schlimm wie die Ketzer, da er seinen Anhängern in Böhmen kirchliches Gut verliehen hatte.

Jetzt vollzog sich auch das längst Gefürchtete; der polnische Prinz Sigmund Korybut kam im Auftrage seines Oheims Witold, der freilich behauptete, er wolle nichts als die Ketzer bekehren, mit einer Kriegsschar nach Böhmen, und wurde, nachdem er die vier Artikel gelobt hatte, zum Landesverweser bestellt.

Zehnter Abschnitt.

Reichstagsverhandlungen. Fehlschläge und Zerwürfnisse. 1422—1423.

Im Reiche war man natürlich gern bereit, die eigene Schmach dem Könige aufzubürden. Markgraf Friedrich sollte schon im vergangenen Sommer, wie sein Todfeind Herzog Ludwig von Ingolstadt behauptete, den König bei den rheinischen Kurfürsten angeschwärzt haben. Da Sigmund ein Husit sei, müsse ein neuer König eingesetzt werden. Es ist nicht unmöglich, daß an der Sache etwas Wahres war, daß Friedrich, dem vom Könige ein Einvernehmen mit Polen vorgeworfen wurde, seinem alten Gönner mit gleicher Münze diente. Hielt doch zur Zeit Sigmund es für nötig, öffentlich dem fortdauernden Gerede, als wolle er die Ketzer nicht strafen, zu widersprechen. Der Markgraf nahm weder an den beiden Reichstagen, noch an dem Zuge gegen die Husiten teil; beschäftigt mit Herzog Ludwig, dem er gerade böhmische Pfandschaften entreißen wollte, schickte er nur seinen Sohn Johann zum Kreuzheere. Im Sommer 1422 kam er nach Frankfurt zu den Beratungen seiner rheinischen Genossen. Noch waren sie bereit, neue Hülfe gegen die Husiten zu bringen, aber sie sandten den Erzbischof Dietrich von Köln an den König mit nachdrücklichen Ermahnungen, ins Reich zu kommen; schon erzählte man sich, daß sie sonst einen andern König wählen wollten.

Sigmund, der Dietrich mit Gnaden reich bedachte, berief sofort von Skalitz in Ungarn aus einen neuen Reichstag auf den 31. Mai nach Regensburg und gab den Kurfürsten Auftrag, vorher mit den Reichsstädten zu verhandeln, damit ein schneller Beschluß zu stande käme; doch kaum war Dietrich weg, so schob er die Eröffnung des Tages schon auf den 1. Juli hinaus. Die Kurfürsten beschlossen indessen, gestützt auf die königliche Vollmacht, die Einladungen auszuschreiben, und da ihnen zweifelhaft sein mochte, ob Sigmund kommen würde, den Reichstag in das bequemer gelegene Nürnberg auf den 15. Juli zu berufen. Sigmund, der wirklich erschien, nahm das sehr übel, obgleich er von den Kurfürsten benachrichtigt war, weil er von sich aus andere Einladungen nach Regensburg erlassen hatte. Deswegen blieb er dort und verlangte, jene sollten zu ihm kommen; nur ungern gab er endlich nach und zog nach Nürnberg.

Der König mußte notgedrungen sehen, wie er sich mit den Kurfürsten vertrug, und söhnte sich daher auch mit Friedrich und Ludwig aus. Sie alle bewirkten einen Vertrag, laut welchem der König 90000 Gulden zum Lohne für geleistete und noch in Böhmen zu leistende Dienste dem Markgrafen Friedrich dem Streitbaren von Meißen Herrschaften im Vogtlande verpfändete.

Eine der ersten Sachen, die vorgenommen wurden, bildete das Verhältnis zwischen dem deutschen Orden und Polen. König Wladislaw, der Teilnahme und Mitwissenschaft an Korybuts Unterfangen leugnete, hatte es dem Markgrafen Friedrich zu verdanken, wenn die Kurfürsten ihm nicht schärfer entgegentraten, sondern beschlossen, den Markgrafen dorthin zu senden, um alle Zwietracht mit dem Orden zu begleichen. Doch noch während des Reichstages änderte sich die Lage, als die Nachricht kam, daß Polen den Krieg durch einen Einfall in Preußen eröffnet hätte. Sigmund, der Polen durch eine Gesandtschaft zu begütigen gesucht hatte, war sofort Feuer und Flamme, doch auch die Kurfürsten erachteten es als dringende Aufgabe, den Deutschherren alsbald Hülfe zu bringen. Markgraf Friedrich konnte das nicht ändern, obgleich er dem Orden nach Möglichkeit entgegenarbeitete. Pfalzgraf Ludwig und Erzbischof Dietrich erhielten statt seiner den Auftrag, nach Preußen zu gehen, um dort zunächst einen gütlichen Vergleich zu versuchen.

Der König in Uebereinstimmung mit den Kurfürsten wollte „einen schnellen Zug ohne Lager" nach Böhmen, um den Karlstein zu entsetzen, den bei der außerordentlichen Stärke der Befestigung eine kleine Schar für Sigmund mutig festgehalten hatte, aber nun Prinz Korybut belagerte. Der anfängliche Plan war, eine allgemeine Auflage durch ganz Deutschland zu erheben, doch die Städte waren entschieden dagegen. Sie meinten überhaupt, zum Zuge sei es zu spät; erst möchten die inneren Unruhen beseitigt werden, damit man „desto geruhiger" zu den böhmischen Sachen thun könne.

Das Ergebnis der Beratungen war ein zusammengesetztes. In der Hauptsache wurde eine doppelte Kriegsrüstung beschlossen. Einmal sollte „täglicher Krieg" in Böhmen geführt, d. h. ein Heer gebildet werden, welches einrückend ein Jahr lang dort stehen sollte; als Sammelplatz wurde die Nürnberger oder die Egerer Gegend, als Zeit Michaeli festgesetzt. Die Grundlage bildete eine Matrikel, die von Bedeutung ist als erste erhaltene für den größten Teil des Reiches. Die Eile, in der sie entstand, ließ freilich nur eine sehr mangelhafte Aufstellung zu, so daß sie keineswegs die wirkliche Kriegsstärke Deutschlands angibt. So arg war die Verfassung vernachlässigt, daß selbst das erste Erfordernis, ein Verzeichnis der zum Reiche gehörigen Glieder, fehlte. Denn die Liste der Bischöfe und weltlichen Fürsten ist ganz unvollständig, die der Grafen und Herren buntscheckig und willkürlich zusammengewürfelt; am vollständigsten sind die Reichsstädte aufgeführt, zu denen aber eine Anzahl Landstädte eingesellt wurde. Ueberhaupt sind nicht alle Teile des Reiches einbegriffen, da diejenigen weggelassen wurden, welche schon wie Oesterreich im Kriege standen oder besondere Verpflichtungen gegen den König eingegangen waren. Die Ansätze sind durchaus ungleichmäßig gehalten, am höchsten wurden die Städte angeschlagen. Auffallend stark war der Westen, selbst Burgund herangezogen, woher sich doch nichts erwarten ließ. Wäre alles zusammengekommen, so hätte sich doch nur ein Heer von 6000 bis 7000 Mann ergeben.

Allerdings wurde ein zweites Heer bestimmt, um den Karlstein zu entsetzen, das sehr viel stärker sein sollte. Es sollte sich zusammensetzen aus teilweise sehr hochbemessenen Leistungen der benachbarten Länder und einem Teile der in dem allgemeinen Anschlag inbegriffenen Truppenkörper, gegen 6000 Reiter und fast 40000 Fußgänger.

Daneben wurde die Möglichkeit gelassen, statt der Truppen Geld zu zahlen und zwar den hundertsten Pfennig, d. h. ein Prozent des Vermögens; auch alle Reichsglieder, die nicht in dem allgemeinen Anschlag standen, sollten zur gleichen Zahlung herangezogen werden. Endlich wurden die Juden außerordentlich schwer besteuert, da sie den dritten Pfennig, also eine Abgabe von 33 Prozent ihres Vermögens herzugeben hatten.

Am 4. September hielt der Kardinal Branda in der Sebalduskirche ein feierliches Hochamt und überreichte dem Könige die vom Papste geweihte Fahne. Nachdem sie Sigmund in die Hände des Markgrafen Friedrich gelegt, geleitete die Menge unter Trompetenschall den neuen Reichsfeldhauptmann in seine Herberge. Friedrich sollte beide Heere, das für den Entsatz des Karlsteins, wie das für den täglichen Krieg bestimmte befehligen. Auch oberster Hauptmann der Krone Böhmen wurde er, seine Vollmachten reichten durch das ganze Land, bis Pfingsten 1423. Die Wahl war mit politischem Geschick getroffen, ganz abgesehen von der bekannten kriegerischen Tüchtigkeit des Markgrafen; er, der dem Könige als Bundesgenosse Polens verdächtig war, wurde so genötigt, Farbe zu bekennen und zugleich vollkommen in Anspruch genommen.

Wie auf allen vorhergehenden Reichstagen waren auch auf diesem die Reichsstädte zahlreich vertreten. Der allgemeine friedlose Zustand drückte und beängstigte sie; sie hatten alle eine Fülle von Klagen, die ihre Gedanken weit mehr erfüllten, als Ketzer und Böhmen. Sie blickten mit Argwohn auf die Fürsten, fürchteten nach früheren Vorgängen die Hauptkosten tragen zu sollen. Es bestand unter ihnen der Plan, einen großen allgemeinen Bund zu schließen, der die gesamten süddeutschen Städte umfassen sollte. Die Fürsten dagegen dachten an einen allgemeinen Landfrieden, der den Städten widerwärtig war. Der König und dessen Vertraute hatten wenig Zeit für sie; dafür gab ihnen Sigmund desto mehr schöne Worte; galt es doch, gerade ihren guten Willen für den böhmischen Krieg flüssig zu machen. Er meinte, da die Fürsten zusammenhielten, sollten es auch die Städte thun und erklärte gegen ihren Bund nichts zu haben. Um die Reichsritterschaft, nicht zu verachtendes Kriegsmaterial, sich dienstwillig zu machen, gestattete er ihr Bündnisse, an denen auch — entgegen den Bestimmungen der Goldenen Bulle — Reichsstädte teilnehmen durften; er hatte besonders die St. Georgsgesellschaft, welche in Schwaben eine bedeutende Stellung hatte, dabei im Auge. Weil jedoch die Städte mit ihren tausend Sonderinteressen nicht für sich selber ein Einigungswerk schaffen konnten, blieb alles beim Alten.

Da der König das Reich bald wieder verlassen wollte und es dort übergenug zu thun gab, war erforderlich, einen Reichsvikar zu bestellen, wie einst die Kurfürsten bei der Wahl vorausgesehen hatten. Die Sache kam bald zur Sprache, und Sigmund ersah den Kurfürsten von Mainz zum stellvertretenden Reichsregenten. Den weltlichen Kurfürsten, Friedrich und Ludwig, mochte er nicht recht trauen, außerdem sollten beide im Felde wirken, so daß sie im Reich nichts nützen konnten. Dem Erzbischof von Mainz gab dagegen seine ganze Stellung eine gewisse Berechtigung.

Sigmund vollzog die Ernennung und Konrad nahm sie an; die anwesenden Kurfürsten, namentlich Markgraf Friedrich, erhoben, soweit wir wissen, keinen Widerspruch. Dem Reichsverweser wurden, außer anderen Einnahmen, 10 000 rheinische Gulden ausgesetzt, die er ziehen sollte aus dem Viertelszuschlag, der neu auf den Zoll zu Würzburg gelegt wurde. Seine Vollmachten wurden ihm auf zehn Jahre verliehen und sehr reichlich bemessen.

Da ihm engelhafte Kräfte erforderlich wären, wenn er überall seine Pflichten erfüllen sollte, und doch über seinem Unvermögen das Reich nicht leiden dürfte, setzte der König mit Rat der Kurfürsten und Fürsten — ausdrücklich wird auch die Zuziehung von Rechtsgelehrten erwähnt — Konrad zu seinem ordentlichen und gemeinen Statthalter durch alle und jegliche deutschen Lande. Der Verweser darf alle Rechtssachen selber oder durch den von ihm ernannten Richter vornehmen und durch ein Reichsgericht entscheiden lassen, auch die Acht verhängen, alle Regalien und einfachen Reichslehen verleihen, Beamte ernennen, das Reichsgut und die Münze verwalten, Landfrieden und Bündnisse einrichten, bestätigen und widerrufen, unter dem Reichspanier Krieg führen. Er soll alle Reichsgeschäfte führen und der König wird ihn darin nicht stören. Nur die Erteilung von Fürsten-, Grafen- und Herrenlehen bleibt demnach dem Könige vorbehalten, sonst geht die gesamte Reichsregierung auf den Statthalter über. Doch wenn der König persönlich in Reichslanden verweilt, ruht in diesen während der Zeit seiner Anwesenheit das Verweseramt.

Schon der große Umfang der übertragenen Gerechtsame zeigt, daß Sigmund durch die Kurfürsten genötigt wurde, sie zu erteilen; er habe Konrad mehr Rechte geben müssen, als er selber hätte, klagte er später.

Aber dem Erzbischof wurde es von Anfang an unmöglich gemacht, sein Amt auszuüben. Pfalzgraf Ludwig hatte, wie er wenigstens später behauptete, Konrad gleich dringend ersucht, das Amt nicht anzunehmen. Denn er machte selbst Anspruch auf das Reichsvikariat, obgleich die Goldene Bulle ihm, dem Pfalzgrafen, solchen nur für den Fall einer Thronerledigung, nicht auch für den einer gelegentlichen Behinderung des Königs zusprach, und selbst dann nur für Süddeutschland, nicht für das ganze Reich. Auch die Kurfürsten hatten ein so weit gehendes pfälzisches Anrecht, wie es Ludwig auslegte, nie anerkannt; gar leicht hätte sich daraus ein ständiges Nebenregiment ergeben können. Es ist möglich, daß Ludwig durch den empfangenen Auftrag, nach Preußen zu gehen, veranlaßt wurde, vorzeitig den Reichstag zu verlassen; jedenfalls erklärte er von Würzburg aus, eben erst die Ernennung Konrads erfahren zu haben, und erhob entschiedenen Widerspruch, den er nach allen Seiten hin bekannt gab.

Daher zögerten die Reichsstädte, dem Verweser, der sie zu sich nach Worms entbot, Gehorsam zu leisten. Der Pfalzgraf selbst eilte von Preußen zum Könige, der die Sache den Kurfürsten anheimstellte. Trier und Köln entschieden im Mai 1423 um des lieben Friedens willen, ohne die Rechtsfrage zu erörtern, Konrad solle die Statthalterschaft aufgeben. Er fügte sich auch.

Obgleich es für den König verdrießlich war, daß eine so feierlich getroffene Anordnung wieder zu nichte wurde, sah er vielleicht ganz gern, daß er den Reichsvikar los wurde, der ihn in Schatten gestellt hätte. Der Pfalzgraf und die sich ihm fügenden Erzbischöfe aber handelten gegen das offenbare Interesse Deutschlands. Wenn das Reich in Abwesenheit des Königs immer tiefer in Not und Uneinigkeit versank, so hatte es dafür den rheinischen Kurfürsten zu danken. Hätten sie wirklich den Wunsch gehabt, dem Könige Schranken aufzuerlegen und Bedingungen vorzuschreiben, durch die Erhaltung von Konrads Reichsvikariat wäre es jedenfalls besser erreicht worden.

Der Mangel einer Reichsleitung wurde sofort fühlbar bei der Ausführung der Reichstagsbeschlüsse. Weder Truppen noch Geld liefen im ausreichenden Maße ein, und letzteres floß zum Teil in die Kasse des Königs, kam nicht dem auszurüstenden Heere zu gute.

Während Sigmund nach langem Aufenthalt in Baiern über Wien nach Ungarn zurückkehrte, rückte Kurfürst Friedrich Mitte Oktober über den Böhmerwald vor. Von dem großen Aufgebot war freilich noch nicht der fünfte Teil zur Stelle, so daß erwogen wurde, ob man nicht besser den Zug unterlasse, doch hatte der Markgraf die Hoffnung, sich mit Friedrich dem Streitbaren zu vereinigen. Aber weder glückte das, noch ließ sich trotz aller Mühe des Feldherrn etwas erreichen.

Außerdem trat ein Ereignis ein, welches den Kurfürsten veranlaßte, diesen trostlosen Zuständen den Rücken zu kehren.

Mit Kurfürst Albrecht III. erlosch in diesen Tagen das askanische Herzogshaus in Sachsen-Wittenberg. Er hinterließ eine Tochter Barbara, welche mit Johann, dem ältesten Sohne des Kurfürsten Friedrich, vermählt war. Johann machte sich Hoffnung, das Land zu erwerben, da er Anhang dort hatte und in der That konnte der Vater einen Teil des Herzogtums mit der Hauptstadt Wittenberg besetzen. Doch der König verfügte überraschend schnell, indem er das Kurfürstentum Sachsen schon im Januar 1423 dem Markgrafen von Meißen, Friedrich dem Streitbaren, übertrug, ohne die Anrechte von Sachsen-Lauenburg und Braunschweig zu berücksichtigen. Er war dem Markgrafen für geleistete Kriegsdienste verpflichtet und versprach sich noch mehr von ihm, während er allen Grund hatte, den Zollern nicht noch höher zu heben. Da Sigmund bereit war, dem neuen Kurfürsten Hülfe zu gewähren, fügte sich der Brandenburger sogleich in das Unvermeidliche, verzichtete gegen eine Geldsumme und schloß mit dem Streitbaren enge Freundschaft.

Der Krieg gegen Böhmen stockte inzwischen. Wahrscheinlich hatte das zweifelhafte Verhältnis zu Polen Sigmund abgehalten, seine Kräfte durch einen Feldzug gegen Böhmen zu binden. Der Hochmeister hatte nämlich, noch ehe die vom Reiche geplante Vermittlung eintrat, am 27. September 1422 zu Melno mit Polen einen Frieden geschlossen, der den Breslauer Schiedsspruch aufhob. König Wladislaw seinerseits gab sich die größte Mühe, mit Sigmund wieder auf guten Fuß zu kommen; Prinz Korybut erhielt daher die Weisung, Böhmen zu verlassen, der er widerwillig und zögernd folgte.

Noch hielt eine Zeitlang die Spannung an, Sigmund plante sogar für den Notfall ein Bündnis mit den schlesischen Fürsten und dem Orden zur Teilung Polens; doch im Grunde wünschten alle Parteien den Frieden, der dann im März 1423 zu Käsmark von den Herrschern persönlich abgeschlossen wurde.

Wladislaw versprach dabei Hülfe gegen die Ketzer, aber dem Luxemburger war daran nicht viel gelegen, und da auch die Kurfürsten keine Lust zu neuen Anstrengungen hatten, entschuldigte sich jeder mit dem Nichtsthun des andern. Sigmund trat mit den Böhmen in Verhandlungen, die er jedoch nicht ernst meinte; seine Absicht war, Albrecht von Oesterreich, der im April 1422 Elisabeth geheiratet hatte und dem er Mähren übergab, schon jetzt zum Könige von Böhmen krönen zu lassen; er hoffte auch, die Kurfürsten zu bewegen, daß sie seinen Schwiegersohn zum Nachfolger im Reich bestimmten. Doch als ungünstiges Verhängnis schwebte über allem die fortdauernde Zwietracht zwischen dem Könige und dem Brandenburger. Sigmund beharrte dabei, dessen polnische Verbindung mit argwöhnischen Augen zu betrachten, und suchte gemeinsam mit dem Dänenkönig Erich die Verlobung des jungen Friedrich mit Hedwig rückgängig zu machen, doch vergeblich. Auch Ludwig von Ingolstadt reizte den König gegen den Markgrafen, den er beschuldigte, daß er fortgesetzt die Ruhe in Baiern störe. Der König erließ darauf an Friedrich hofgerichtliche Vorladungen, während dieser seine Unschuld beteuerte und Fürstenspruch verlangte.

Eine trostlose Lähmung hatte das Reich ergriffen, während zu seiner Schande die Ketzerei stolz ihr Haupt erhob.

Elfter Abschnitt.

Der Binger Kurverein. 1424—1426.

Da alle Angelegenheiten unter der dauernden Abwesenheit des Königs, die durch den weiten Weg bis an den Hof noch empfindlicher gemacht wurde, zu leiden hatten, erwachte aufs neue das Bedürfnis nach einer Gewalt, die für das Ganze sorgen konnte. Weil jedoch Pfalzgraf Ludwig jede einer einzelnen Person übertragene Reichsverweserschaft unmöglich gemacht hatte, blieb nichts anderes übrig, als daß die Kurfürsten in ihrer Gesamtheit das Werk in Angriff nahmen, wenn überhaupt etwas geschehen sollte.

Bisher hatten die vier rheinischen Kurfürsten zusammengehalten, doch hauptsächlich zu eigenen Zwecken und zu ihrem Schutz. Jetzt vereinten sie sich mit denen von Brandenburg und Sachsen; alle sechs schlossen zu Bingen am 17. Januar 1424 den berühmten Kurverein.

Berühmt ist er deswegen, weil er seit einiger Zeit als einer der wichtigsten Akte in der späteren Reichsgeschichte angesehen, weil in ihm die Absicht der Kurfürsten erblickt wird, als geschlossene Körperschaft selbst gegen den Willen des Königs die Leitung des Reiches in die Hand zu nehmen. Im Kurverein trete statt der monarchischen Form der Reichsgewalt ein oligarchisches Reichsregiment auf; kurz, er sei ein „revolutionäres Pronunciamento" gewesen.

Obschon diese Ansicht allgemein geteilt wird, dürfte sie dennoch nicht richtig sein.

Von dem Binger Vertrage sind zweierlei Ausfertigungen vorhanden, welche beide das gleiche Datum tragen, eben den 17. Januar 1424. In ihrem Inhalt weichen sie jedoch wesentlich von einander ab. Die eine schlägt gegen den König einen schärferen Ton an; hier wird nicht seine Teilnahme an den verabredeten Maßregeln begehrt oder vorausgesetzt, deren Durchführung vielmehr den Kurfürsten allein zufällt. Die andere Fassung erfordert dagegen überall seine Mitwirkung und Genehmigung. Die erstere ist erfüllt von Argwohn gegen das Reichsoberhaupt und befürchtet von ihm schlimme Dinge, die andere gedenkt seiner mit vollem Vertrauen. Trotzdem enthält die letztere eine Reihe von Bestimmungen über gemeinsames Handeln der Kurfürsten in gewissen Fällen, welche in der feindseliger redenden Abfassung fehlen.

Wie verhalten sich diese beiden in ihrem Inhalt schwer zu vereinbarenden und doch am gleichen Tage erlassenen Schriftstücke zu einander? Diese Frage ist dahin zu lösen, daß nur das erstere damals in Bingen ausgefertigt wurde, während das zweite eine erst einige Jahre später vollzogene Umarbeitung darstellt.

Wir haben hier demnach nur mit der wirklichen Urkunde des Binger Kurvereins zu thun. Sie zerfällt in zwei Teile, von denen der eine damals neu entworfen und beschlossen wurde, der andere wörtlich übernommen ist aus einer älteren Urkunde. Am 11. April 1399 hatten sich einst in Boppard die Kurfürsten von Mainz, Köln und Pfalz verbunden, um die Schädigung des Reiches durch König Wenzel abzuwehren. Die damaligen Vertragschließenden waren längst tot, doch stand der jetzige Kurfürst von der Pfalz in jener Zeit bereits seinem Vater zur Seite; auch Kurfürst Friedrich von Brandenburg konnte sich des Vorganges erinnern, da er ja eifrig am Sturze Wenzels mitgearbeitet hatte. Sie beide, in erster Stelle Pfalzgraf Ludwig, mögen daher das alte Dokument aus dem Archivstaube hervorgeholt haben, um es jetzt wiederum als Muster zu verwerten. War es doch die geschichtlich begründete Vorlage einer Kurfürstenvereinigung.

So nahm man mit Stumpf und Stiel den durch sein Alter ehrwürdigen Text herüber und goß den alten Wein in einen neuen Schlauch. Die Kurfürsten werden demnach Kirchensachen gemeinsam behandeln, nicht dulden, daß jemand ohne ihren Willen nach Reich und Vikariat strebe, und bei einer Thronerledigung eines jeden Kurrecht aufrecht erhalten. Auch eine Minderung des Reiches, möchte sie vom Könige selbst oder einem andern ausgehen, wollen sie abwehren. Den Bund, der auf Lebenszeit gilt, werden sie auf gemeinsame Gefahr verantworten; neu war hier nur der Zusatz, daß er womöglich auch auf die Nachfolger ausgedehnt werden sollte.

Diese abgeschriebenen Sätze trafen freilich zum größten Teil auf die jetzigen Verhältnisse nicht mehr recht zu; sie wurden eben übernommen. Daher sind die Bestimmungen, welche erst jetzt und also der gegenwärtigen Lage entsprechend getroffen wurden, von größerer Bedeutung. Da steht an der Spitze der Kampf gegen Böhmen.

Ausführlich klagen die Kurfürsten, wie von Tag zu Tag die Ketzerei um sich greife, wie sie vergeblich mit den anderen Reichsständen unter großen Mühen und Kosten einen Feldzug unternommen hätten. Da sie nun Gott gewürdigt habe, die Gebrechen, an denen Kirche und Reich und namentlich der Christenglauben kranken, zu heilen, so wüßten sie keinen besseren Rat, als sich zusammenzuschließen und die anderen Reichsfürsten heranzuziehen. Deswegen wollen sie zunächst selber unverbrüchliche Freundschaft halten, sich in ihrem Besitz schirmen und zugleich mit allen Reichsständen erwägen, wie man die Ketzerei vertilgen könne, und jeden, der sie begünstige, niederwerfen.

Das Hauptziel des Kurvereins war also ein durchaus löbliches. Guter Erfolg ließ sich indessen nur erwarten, wenn auch die Kurfürsten von Brandenburg und Sachsen, die den Feinden am nächsten saßen, sich mit den rheinischen zusammenthaten. Schon deswegen war es erforderlich, sie zur Teilnahme zu veranlassen. Zudem gewann die Sache ein anderes Aussehen, wenn das ganze Kurfürstenkollegium geschlossen für sie eintrat. Beide Herren waren sicherlich bereit, ihre Kräfte gegen die Ketzer aufzubieten, aber jeder hatte noch daneben seinen guten Grund, sich mit den anderen Kurgenossen eng zu verbinden. Friedrich von Brandenburg konnte bei seinem Zerwürfnisse mit dem Könige vielleicht deren Beistand gut gebrauchen. Friedrich von Sachsen stand zwar mit Sigmund, der ihn eben erst so hoch erhoben hatte, in den besten Beziehungen, doch wurde ihm sein Kurfürstentum bestritten durch den Herzog Erich von Sachsen-Lauenburg, und dieser hatte an seinem Schwiegervater, Konrad von Weinsberg, einen rastlosen Fürsprecher und Förderer. Konrad aber war einer der einflußreichsten und hervorragendsten Räte Sigmunds; es war also gut, für alle Fälle sicher zu gehen. Daher stellte Friedrich den übrigen Kurfürsten seinen Streit mit Lauenburg anheim, wogegen diese ihn als Kurfürsten anerkannten und in ihren „Rat" aufnahmen.

Solchergestalt war der Binger Kurverein. Allerdings ist unverkennbar, daß er eine gewisse Spitze gegen den König hatte, und die Vorwürfe, welche man Sigmund machte, er sei schwach gegen die Ketzer, nachlässig gegen das Reich, mochten die Kurfürsten für zutreffend halten. Daher wollten sie selbst die Anregung zum richtigen und notwendigen Handeln geben. Die Berechtigung dazu ließ sich ihnen nicht absprechen. An sich war es demnach kein dem Könige feindliches Beginnen; Karl IV. hätte hier seine Wünsche erfüllt gesehen. Indessen, daß man eine solche Vereinigung für notwendig hielt, sie auf eigene Hand abschloß, den König dabei nicht erwähnte, schloß einen schweren Vorwurf gegen Sigmund ein. Dazu kamen nun jene aus dem ehemaligen Bopparder Vertrage entlehnten Sätze, die viel schärfer klangen, als gerechtfertigt und auch vielleicht beabsichtigt war. Aber selbst mit diesen maßten sich die Kurfürsten kein Reichsregiment an, bestritten sie nicht königliche Rechte. Gemeinsam sollte Versäumtes gutgemacht, weiteres Unheil verhütet werden; doch sollte auch der König nicht seine Befugnisse überschreiten und nicht den vertragsschließenden in ihre Herrschaftsrechte eingreifen. Doch ihn in seiner Regierung zu beschränken und zu binden oder gar zu verdrängen, war nicht der Zweck des Bundes, jedenfalls nicht in der Form, in der er niedergeschrieben wurde.

Außerdem darf man von der großen Mehrheit der Teilnehmer behaupten, daß ihnen solche Pläne ferngelegen haben. Von dem sächsischen Friedrich, der auch nachher mit Sigmund im Einvernehmen blieb, ist nicht anzunehmen, daß er mehr wollte, als die Anerkennung der übrigen Kurfürsten. Der Mainzer umwarb damals den König, damit er das erledigte Herzogtum Geldern an seinen Verwandten Arnold von Geldern übertragen möchte, und Dietrich von Köln unterstützte Konrads Begehren. Otto von Trier war sicherlich nicht nach Thronumwälzungen begierig. Es wäre auch reiner Wahnsinn gewesen, gleichzeitig Krieg gegen die Böhmen und gegen deren rechtmäßigen König zu führen.

Dagegen ist wohl denkbar, daß Pfalz und Brandenburg einen andern König ganz gern gesehen hätten, und Ludwig wird auch die verfängliche Form des Vertrages veranlaßt haben. Beide suchten bei den Genossen Unterstützung für den Fall, daß der König sie antastete.

Dem Brandenburger kam es vor allem darauf an, für seine schwache Seite, das polnische Bündnis, Deckung zu finden. Die Kurfürsten hatten sehr ungern gesehen, daß der Orden mit Polen Frieden machte, aber blieben ihm doch freundlich gesinnt. Friedrich wußte ihnen die Ehe seines Sohnes mit der polnischen Königstochter als beste Bürgschaft für die guten Gesinnungen Polens zu empfehlen, wie sie auch der Papst Martin auffaßte. Daher baten die Kurfürsten den König Wladislaw, sich davon „durch Einige" nicht abbringen zu lassen, und vertraten auch sonst des Markgrafen Interesse im Osten. Sollte Wladislaw die Ketzer wirklich unterstützen, welche Absicht ihm ja Sigmund beständig nachsagte, so hatte Friedrich im Kurvereinsvertrage auch gegen ihn Verpflichtungen übernommen.

So wirkten bei der Entstehung des Binger Kurvereins sehr verschiedene Bestrebungen zusammen. Eine feierliche Botschaft sämtlicher Kurfürsten ging an den König, mit der Ermahnung, seine Pflichten zu erfüllen und in Böhmen kräftig einzugreifen. Vermutlich wurde ihm dabei der Vertrag vorgelegt. Leicht begreiflich, daß er zornig auffuhr und ihn als Auflehnung betrachtete. Seine Neigung zur Selbstherrlichkeit war tief verletzt; er konnte auch nicht wissen, welchen Ursprung die am meisten verletzenden Sätze hatten. Sigmund, von der Ueberzeugung durchdrungen, seine Pflicht vollauf gethan zu haben, witterte bei seinem Argwohn gegen den Brandenburger in dem Ganzen nur schlimme Ränke. Da seine Leidenschaftlichkeit wiederum die Kurfürsten kränkte, spitzte sich die Lage bald bedenklich zu und ein Zerwürfnis von den schlimmsten Folgen drohte einzutreten.

Der König wies auf seine in der That höchst schwierige Lage hin und forderte seinerseits die Dränger auf, zu dem Feldzuge mitzuwirken, den er im Sommer beginnen wollte und auch in der That unternahm; dann verlangte er, die Kurfürsten sollten zu ihm nach Wien kommen und ihn und den Brandenburger gütlich oder rechtlich einigen. In das Reich, namentlich an die Reichsstädte, erließ er einen neuen Aufruf zur Hülfe gegen Böhmen, in dem er sein Verhalten rechtfertigte und seine Thätigkeit schilderte. Auch an Kurfürst Friedrich selbst wendete er sich späterhin mit der Aufforderung, er möge den Pfalzgrafen von seinen Fehden abbringen, da alle Schuld des Mißlingens an dem Unfrieden im Reiche liege.

Die Kurfürsten wagten nicht, die königliche Einladung nach Wien auszuschlagen und ließen ihr Erscheinen anzeigen, doch wollten sie vorher durch eine besondere Botschaft Sigmund ernstlich und gründlich ihre Meinung sagen. Da kam eine Nachricht, die dem Markgrafen sehr unangenehm war; König Wladislaw selbst meldete unter Beteuerung seiner Unschuld, Prinz Korybut sei wieder nach Böhmen gegangen. Die Kurfürsten hielten daher alle anzüglichen Redensarten zurück und lehnten nun zwar die Fahrt nach Wien ab, indem sie Regensburg vorschlugen, aber sie kamen dem Könige weit entgegen, da sie auf seine persönliche Gegenwart verzichten und mit seinen Gesandten in Nürnberg tagen wollten.

Sigmund, der auf die erste Meldung hin die auswärtigen Mächte und die Reichsstädte entboten hatte und eine persönliche Aussprache wünschte, beharrte erzürnt auf dem Reichstage zu Wien. Als er Anfang Januar 1425 dorthin kam, fand er nur die Boten einer Anzahl von Reichsstädten vor, mit denen er die Lage des Reiches besprach. Er kam auf seine früheren Vorschläge zurück und forderte sie auf, sich zu vereinen, um den Frieden herzustellen; er sei bereit, Leib und Gut zu ihnen zu stellen, und hoffe, wenn sich ihm die Fürsten versagten, würden sie zu ihm halten. Aber die Städte hatten jetzt am wenigsten Neigung, durch eine Vereinigung die Kurfürsten herauszufordern; da ohnehin der König ihre Feinde, Konrad von Weinsberg und die badischen Markgrafen begünstigte, lehnten sie nach Beratung daheim höflich ab.

Schon liefen im Reiche düstere Gerüchte über die Feindschaft zwischen König und Kurfürsten herum. Aber da deren Mehrheit einen gewaltsamen Zusammenstoß nicht beabsichtigt hatte, erklärten sie sich wiederum bereit, nach Wien zu kommen. Dem Brandenburger wurde darüber das Herz beklommen; schutzbittend wandte er sich an den polnischen König, indem er die Lage im Reiche so darstellte, als sei alles gegen Sigmund, über den er sich in heftigen Klagen erging. Doch das half ihm nichts; er sah sich allein. Kurfürst Friedrich von Sachsen, dessen Verhältnis zu Sigmund nicht getrübt worden war, ging zu ihm nach Ofen, empfing dort die feierliche Belehnung mit seinem Kurfürstentum und versprach sogar, dem Herzoge Albrecht von Oesterreich nicht nur zur böhmischen Krone zu helfen, sondern ihm auch bereinst seine Stimme zum römischen König zu geben. Die anderen Kurfürsten verkürzten sich daheim die Zeit mit ihren eigenen Händeln.

Friedrich von Brandenburg sah sich daher genötigt, auf Frieden mit dem Könige zu denken. Da der polnische König von seiner vierten Gemahlin einen Sohn erhalten hatte, war die Eheberedung, die so viel Unheil gestiftet hatte, nur noch von geringem Wert. Als im Herbst 1425 der Krieg zwischen der Mark Brandenburg und den pommerschen Herzögen wieder ausbrach, erwies sich das polnische Bündnis als unstichhaltig; auch die rheinischen Kurfürsten leisteten keine Hülfe. Dazu drohte in Franken neuer Streit mit Herzog Ludwig von Ingolstadt. Die rheinischen Kurfürsten standen zwar auf Anstiften des mißtrauischen Pfalzgrafen noch in letzter Stunde von der Reise zum Reichstag nach Wien ab, aber der Brandenburger und der Sachse ließen sich durch sie nicht abhalten.

Am 16. März 1426 erklärte Sigmund, mit Friedrich völlig vereinigt zu sein, „daß er unser getreuer Kurfürst sein und aller Unwille und Ungemach, den wir zu ihm gehabt, absein solle". Der Sieger war der König und deswegen wurde die Versöhnung diesmal eine aufrichtige und dauernde.

Wahrscheinlich beruhigte Friedrich den König auch über seine Mitkurfürsten. Sigmund kam ihnen entgegen, indem er den Reichstag auf den 1. Mai nach Nürnberg verlegte und an die einzelnen schrieb. Was die Kurfürsten begehrt hatten, die größere Sorge des Königs für das Reich, war allerdings durch die Verhältnisse verhindert worden; ganz von selbst gestaltete sich nun alles so, daß ihnen die Vertretung des Reiches zufiel, und es war an ihnen, zu zeigen, was sie leisten wollten und konnten.

Das Gespenst einer gewaltsamen Thronveränderung, das eine Zeitlang gedroht hatte, war zum Glück zerstoben; sie würde Deutschland Böhmen und den gesamten Osten gekostet haben.

Zwölfter Abschnitt.

Fortgang der Hussitenkriege. 1426—1427.

Da die Gegner infolge der erlittenen schweren Verluste auf neue Kriegszüge verzichteten, entfesselte sich in Böhmen der Hader der Parteien. Während im Süden und Westen des Landes die katholische, königlich gesinnte Adelspartei bestehen blieb, maßen Taboriten und Kalixtiner, die in der Stadt Prag die Herrschaft erlangt hatten, wiederholt miteinander ihre Kräfte.

An die Spitze der Taboriten trat Zizka, obgleich er gemäßigter als sie mit ihren Ideen nicht voll übereinstimmte, weil die Prager sich mit den Katholischen vertrugen und selbst an den Verhandlungen mit Sigmund teilnahmen. Im Juni 1424 erfocht er einen gewaltigen Sieg. Bald darauf kam Prinz Korybut, diesmal gegen den Willen seiner Oheime, dem Rufe der Utraquisten folgend nach Prag, wo er als Regent anerkannt wurde. Zizka zog gegen die Stadt selbst, aber das Ungeheuerliche des Kampfes wurde von allen anderen so lebhaft empfunden, daß zu seiner Unzufriedenheit ein Vergleich erfolgte. Am 11. Oktober 1424 starb der blinde Feldherr an der Pest, in Böhmen unsterblichen Ruhm hinterlassend, von den Deutschen verflucht.

Seine Anhänger blieben als „Waisen" eine eigene Partei, doch in Verbindung mit den Taboriten; beide zusammen kämpften im folgenden Jahre gegen die Prager, bis gegen Ende ein allgemeiner Frieden geschlossen wurde, den ein verheerender Einfall in Oesterreich besiegelte. Doch kam es zu keiner wirklichen Einheit. Korybut behauptete sich als Führer der Prager, während bei den Taboriten neue Persönlichkeiten empor kamen. Von ihnen erreichte Prokop der Kahle oder der Große einen Ruhm, der dem Zizkas fast gleich kam, und in der That war er seinem Vorgänger als Feldherr ebenbürtig, in der Weite des Geistes überlegen. Prokop gehörte zu den entschiedenen Vertretern der taboritischen Ideen. Obgleich Priester, war er verheiratet und trug weltliche Kleidung, doch nahm er nie in Person Anteil am Kampf und führte keine Waffen. Ein Mann von mittlerer Größe und kräftigem Bau, gebräunten Gesichtes mit wildblickenden großen Augen, ein schlagfertiger Redner mit Kraft und Witz war er ein Prediger des heiligen Krieges, weil er ihn für notwendig hielt, um die Lehre zu beschirmen und zu verbreiten. Doch war er weit entfernt von der grausamen Einseitigkeit eines Žižka; er schlug die Einigkeit der Husiten hoch an und war stets bereit zu vermitteln, selbst zum Frieden mit König und Kirche, wenn der Glaube gewährt wurde.

Sigmund hatte trotz aller Verleumdungen, die gegen ihn ausgesprengt wurden, im Herzensgrunde immer den Gedanken festgehalten, die böhmischen Ketzer mit Gewalt zu bezwingen; „wären sie gebraten, würde er sie essen", sagte er zu den Boten der Kurfürsten. Eben deswegen betrieb er die mehrfach aufgegriffenen Ausgleichsversuche nicht mit Ernst, während er anderseits die katholischen Adeligen nicht unterstützte; doch traute man diesen nirgends und in Wahrheit fühlten auch sie sich als Böhmen.

Jetzt bot nun die Aussöhnung mit den Kurfürsten Hoffnung, das schwere Werk neu anfangen zu können; über den böhmischen Krieg und über den Landfrieden sollte auf dem Reichstage beschlossen werden. Der König selbst wurde durch Erkrankung zurückgehalten, denn seit dem Winterfeldzug in Böhmen war seine Gesundheit durch gichtische Leiden erschüttert.

In Nürnberg fanden sich im Mai 1426 außer dem päpstlichen Legaten Orsini zahlreiche Fürsten ein, die Kurfürsten von Mainz, Trier und Sachsen in Person; die anderen schickten Botschaft. Nach so langem Stillstand wurde mit desto größerem Eifer unter der Leitung der königlichen Bevollmächtigten beraten.

Der König begehrte eine Heeresrüstung von 6000 Gleven. Da die Fürsten erklärten, solche Streitmassen seien weder aufzubringen noch in Böhmen zu ernähren, ging man bald auf 4000 herab, von denen die Städte den vierten Teil leisten sollten. Diese, in der Meinung, sie würden mit Absicht ungebührlich überschätzt, boten zur Entrüstung der Fürsten nur den vierten Teil von dem, was sie vordem gestellt hatten, und waren zu keiner besseren Antwort zu bewegen. Als traurige Nachrichten aus Böhmen einliefen, machten die Fürsten endlich von sich aus einen Anschlag, den durchzusetzen sie dem Könige überlassen mußten.

Während man auf dem Reichstag redete, rückte ein husitisches Heer von 25000 Mann gegen die böhmische Stadt Aussig an der Elbe, welche die Sachsen inne hatten. Katharina, die Gemahlin Friedrichs des Streitbaren, brachte zum Ersatz eiligst eine sehr viel stärkere Schar zusammen, die sie selbst bis zur Grenze geleitete. Am 16. Juni kam es zur Schlacht. Die Husiten erwarteten nach gewohnter Weise den wütenden Ansturm in ihrer Wagenburg, eröffneten ein furchtbares Feuer und brachen dann in die erschütterten Feinde mit unwiderstehlicher Gewalt. Entsetzt flohen die Teutschen, weithin bis in das Gebirge verfolgt von den grimmen Siegern, die keine Gnade gewährten. Die Eingeholten wagten kaum ihr Leben zu verteidigen, Tausende fanden den Tod. Zum Glück nutzten die Husiten den Sieg nicht aus, doch obgleich nachher wieder einige Vorteile erstritten wurden, endete das Jahr 1426 mit schweren Sorgen.

Sigmund, nach allen Seiten hin in Anspruch genommen, im Osten durch die Türken, die siegreich durch die Wallachei vordrangen, im Westen durch die Händel zwischen Venedig und Mailand, überließ den Krieg gegen die Böhmen seinem Schwiegersohne Albrecht von Oesterreich und den Teutschen. Sollte etwas geschehen, so war es nur durch die Kurfürsten möglich, und der König ließ sie jetzt gern gewähren. Kurfürst Friedrich von Brandenburg, der nun ständig in Franken weilte, legte zuerst Hand an; sein Werk war es wahrscheinlich, wenn die fränkische Ritterschaft im Januar 1427 mit Erneuerung altritterlicher Formen sich unter dem Zeichen der heiligen Gottesmutter und St. Georgs zusammenthat, um sich dem Kampfe gegen die Ketzer zu weihen; ebenso wird er es gewesen sein, der nach mancherlei Beratungen endlich im April 1427 zu Frankfurt wieder eine Einhelligkeit der Kurfürsten zu stande brachte.

Damals vermutlich erneuerten die Kurfürsten auch den Binger Kurverein. Zwar trägt die neue Ausfertigung dasselbe Datum, wie die frühere, den 17. Januar 1424, aber in Form und Inhalt weicht sie wesentlich von ihr ab. Die alten Bestimmungen wurden im großen und ganzen beibehalten, aber so umgestaltet, daß sie nun auf die gegenwärtigen Verhältnisse paßten. Alle Spitzen und Schärfen gegen den König fielen weg. Was auch die Kurfürsten unter bestimmten Umständen thun wollten, sollte alles geschehen „mit Hülfe, Rat und Beistand unsers allergnädigsten Herrn des römischen Königs"; ihn wird man zuerst anrufen, das Reich und die Rechte der Kurfürsten zu handhaben und zu verteidigen.

Der unveränderte Hauptzweck blieb der Kampf gegen die böhmischen Ketzer. Außerdem wollte man gemeinsam handeln, wenn ein Schisma in der heiligen Kirche entstehen würde, wenn jemand ohne Wissen des Königs und der Kurfürsten nach Reich oder Vikariat stünde oder das Reich und seinen Besitzstand zu schmälern suchte. Neu hinzu kamen einige Satzungen, um wirksam Friede und Eintracht zwischen den Kurfürsten zu wahren und etwa entstehenden Zwist gütlich zu beseitigen und überhaupt für das in bringenden Fällen einzuschlagende Verfahren eine Richtschnur zu geben.

Wenn auch die Absicht bestand, das Kurkollegium auf die Dauer zur Einheit zusammenzufassen und ihm in wichtigen Fällen eine Mitwirkung zu eröffnen, so hatte der Kurverein auch in dieser verjüngten Gestalt nicht im mindesten den Zweck, ein ständiges Regiment der Kurfürsten zu begründen und die Reichsverfassung umzuwandeln. Die kurfürstlichen Tage sollten nur in Ausnahmefällen zusammentreten, nicht aber eine regelmäßige Einrichtung werden; sie waren, wenn nicht jene ungewöhnlichen Vorgänge sie erforderten, einfach für die Erhaltung des Landfriedens bestimmt, ganz in der allgemein üblichen Weise.

Es ist sehr wahrscheinlich, daß Sigmund mit der Erneuerung des Kurvereins einverstanden war, sie wenigstens stillschweigend hinnahm. Da er auch jetzt in Ungarn festgehalten dem Reiche nicht größere Fürsorge widmen konnte, fiel den Kurfürsten von selbst die Vertretung zu, wenn überhaupt etwas gethan werden sollte. Und wenn sie ernstlich gegen die Böhmen vorgingen, konnte es ihm nur genehm sein. Vor ihnen besorgt zu sein, lag unter den augenblicklichen Verhältnissen kein Anlaß vor.

Am 4. Mai erging ein großes Ausschreiben sämtlicher Kurfürsten an die Reichsstände zum Zuge gegen Böhmen, der von vier Seiten aus erfolgen sollte. Zum Hauptmann wurde Erzbischof Otto von Trier bestimmt und manche nützliche Ordnung für den Krieg erlassen, um dem bisherigen wüsten und un-

geordneten Gebahren zu steuern. Nur gegen die wirklichen Ketzer war Mord und
Totschlag gestattet, denn die Erfahrung hatte genugsam gezeigt, daß man die
Böhmen nur zum gemeinsamen Widerstand trieb, wenn man alle ohne Unterschied der Parteien gleich schonungslos behandelte. Und der Markgraf hoffte
noch auf andere Erfolge als kriegerische; schon hatte er in Böhmen Verbindungen
angeknüpft, die selbst die Ueberrumpelung von Prag verhießen.

Doch die Heere, welche in leiblicher Stärke von Westen und Norden vor-
rückten, verfolgten keinen rechten Plan. Indem das Hauptheer unter der Führung
des Erzbischofs von Trier, der nichts weniger als Feldherr war, die Belagerung
von Mies begann, vereitelte es ein schnelles zusammenwirkendes Vorgehen in der
Richtung auf Prag, sehr zur Unzufriedenheit des Brandenburgers. Obgleich sich
die Truppen vor Mies vereinigten, veruneinigten sich die Feldherrn. Als am
3. August die Husiten heranrückten, flohen die Deutschen, die bereits das Lager
angezündet hatten, um den Feinden entgegenzurücken, nach Tachau und waren
auch dort nicht mehr zu halten. Ohne Schwertstreich wurde die ganze große
Rüstung vereitelt.

Nun regnete es Beschuldigungen und Anklagen gegen die Fürsten, auch
gegen den, der allein ein richtiges Verständnis gehabt hatte, gegen den Zollern,
obgleich er an der Flucht ganz unschuldig war, da er krank in Tachau lag.
Geradezu Verrat wurde ihm nachgesagt, die Prager hätten ihm die Herrschaft in
Böhmen angeboten. Auch Sigmund wurde wieder mißtrauisch gegen ihn.

Nicht allein, daß Böhmen unbezwungen blieb, 1427 begann erst für
Deutschland der entsetzlichste Abschnitt der Kriege. Zu Anfang dieses Jahres brach
die Herrlichkeit Korybuts in Böhmen völlig zusammen. Da er mit dem Papste
Verbindung anknüpfte, um die Taboriten zurückzubringen, erhob sich gegen ihn
das utraquistische Prag; er wurde verhaftet und, nachdem ein Handstreich zu seinen
Gunsten mißglückt war, über die Grenze gebracht. Seitdem übten in Böhmen
die kriegerischen Mächte, die Brüderheere, die eigentliche Herrschaft aus, und so
kam es, daß die Husiten begannen, die Kriegsfackel ins Ausland zu tragen.

Schon früher hatten sie gelegentlich die Grenzen überschritten, jetzt gingen
diese Unternehmungen von einem bewußten Plan und Ziel aus. Zu ihnen
trieben nicht nur der Wunsch nach Rache für die Einfälle und Grausamkeiten
der Deutschen, nicht nur die Ueberzeugung, daß die Verwüstung der Nachbarländer am besten vor neuen Kriegszügen von dorther sicherte, sondern auch die
Notwendigkeit. Böhmen selbst hatte durch alle die äußeren und inneren Kämpfe
so schwer gelitten, daß Mangel und Elend herrschten und der Lebensunterhalt
allenthalben karg wurde. Den gemeinen Mann hatte die Gewöhnung an das
kriegerische Umherschweifen unlustig und unfähig zur friedlichen Arbeit gemacht;
Not und Neigung weckten die Raublust, und sie von der Heimat abzuleiten und
auf fremde Kosten zu leben, bezweckten die Streifzüge in das Land der Philister.
Man rechnete auch, wenn die Feinde jahraus jahrein die Kriegsfurie im eigenen
Haus toben sähen, würden sie schon zum glimpflichen Frieden bereit werden.

Weniger wirkte wohl die Absicht mit, draußen für den Husitenglauben
Anhänger zu werben. Zwar erzwangen die Husiten namentlich in Schlesien
öfters Eide der Anhänglichkeit, aber dadurch sollten wohl nur die Verpflichteten

fernerhin von Feindschaft abgehalten werden. Dagegen rechneten sie darauf, den Haß gegen das katholische Priestertum, gegen die entartete Kirche allenthalben zu verbreiten, um für ihre Forderungen Anerkennung zu gewinnen und sie als gerechtfertigt zu erweisen. Bald durchflogen die „Ketzerbriefe" von Böhmen aus ganz Europa, und da die allgemeine Volksstimmung gegen die Geistlichkeit war, verhieß dieses Mittel den besten Erfolg und machte die Kirchenleute mit Recht besorgt.

Die Husiten durften, seitdem die Deutschen so oft ihre Feigheit bewiesen, ihre Raubzüge ungescheut beginnen. In der That fanden sie, wohin sie auch ihren zermalmenden Fuß setzten, meist geringen Widerstand. Das bleiche Entsetzen zog vor ihnen einher und lähmte auch dem Streitbarsten den Arm. Zerlumpt und ohne Schuhwerk, sonnenverbrannt und ungekämmt, mit Adlernasen und wilden Augen im hageren Antlitz, schienen sie nicht Menschen, sondern Dämonen zu sein. Auch der Aberglaube stellte sich in ihren Dienst; wer sollte Leuten widerstehen, denen weder der hundertfache Fluch der Kirche noch weltliche Macht etwas anhaben konnten? Man erzählte sich, ihre vom Wetter abgehärtete Haut könne kein Schwert durchdringen. Und dennoch standen sie in dem Rufe, Frauen und Kinder zu verschonen, was die römischen Christen nicht von sich rühmen durften. Schreckliche Zeiten begannen nun für alle Böhmen umgebenden Lande nach allen Himmelsrichtungen hin, für Ungarn und Oesterreich, für Baiern, Franken, Sachsen und Brandenburg, besonders für Schlesien, wo sich die Husiten an einzelnen Punkten festsetzten. Allenthalben ergoß sich ein Jammer, den noch die folgenden Jahrhunderte im schaudernden Gedächtnis bewahrten. Doch wozu alle diese eintönig mit Blut und Feuer geschriebenen Blätter der Geschichte aufschlagen?

Dreizehnter Abschnitt.

Der gemeine Pfennig. 1427.

In dem allgemeinen Elend behielt ein Mann Kopf und Herz auf dem rechten Fleck, der päpstliche Legat Kardinal Heinrich von Winchester, der Bruder König Heinrichs IV. von England. Er war mit im Felde gewesen und hatte vergebens versucht, die wilde Flucht aufzuhalten; von allen Seiten erntete er die höchste Bewunderung. Sofort schrieb er auf eigene Hand einen Reichstag nach Frankfurt aus, der zwar nur schwach besucht wurde, aber doch schon Vorbesprechungen treffen konnte. Der Kardinal machte den Fürsten klar, welche Fehler den üblen Ausgang verschuldet hätten. Auch dem Papste schilderte er den erschöpften Zustand der deutschen Bistümer, der unabweisbar nötig mache, die vom päpstlichen Stuhle gestellten Forderungen zu ermäßigen.

Nachdem der König und die Kurfürsten ihren Witz erschöpft, übernahm es jetzt ein Kardinal, das Reich in rechten Gang zu bringen; unter schweren Kirchenstrafen wurde die Teilnahme an dem bevorstehenden Reichstage geboten.

In der That kam in Frankfurt ein am 2. Dezember der Oeffentlichkeit verkündigter Beschluß zu stande. Der König hatte schon wiederholt vorgeschlagen, eine allgemeine Geldsteuer zu erheben; jetzt unter dem Einflusse des Kardinals und des Schreckens wurde die Idee zur Ausführung gebracht.

Die Begründung war kurz, aber sachgemäß. Es sei billig, daß jeder Christenmensch, jung oder alt, arm oder reich, jeglicher nach seinem Stande und Vermögen zur Ausrottung der Ketzerei beitrage. Einen Krieg gegen die Husiten anzuheben, wenn man ihn nicht zu Ende führe, sei zwecklos. Ein solcher Kampf mit beharrlicher Ausdauer bis zur Vertilgung der Ketzerei ließe sich am besten durch Söldner führen, die ihn bis zum glücklichen Ausgange betreiben könnten. Daher müsse in der Christenheit ein Geld erhoben werden, um Volk für den täglichen Krieg und für größere Feldzüge und die sonst notwendigen Dinge zu bestellen. Dadurch werde niemand beschwert und dennoch leiste jeder nach seinen Kräften Beistand.

Jede geistliche Person und jedes Kloster sollten fünf Prozent von ihrer

Jahresrente, nach ihrem Gewissen geschätzt, geben und in jeder Bischofsstadt ein Ausschuß von vier Geistlichen und zwei Laien das Geld vereinnahmen. Jedem Laien über fünfzehn Jahre, männlich oder weiblich, wurde eine Kopfsteuer von einem böhmischen Groschen auferlegt; wer mehr als zweihundert Gulden hatte, sollte einen halben Gulden, wer über tausend Gulden besaß, einen Gulden entrichten, ebenfalls nach eigener Einschätzung. Ein Graf hatte zu leisten fünfundzwanzig Gulden, ein Herr fünf Gulden, ein Edelknecht drei Gulden, doch wurde dabei auf Armut Rücksicht genommen; jeder Jude, alt oder jung, zahlte einen Gulden. Die Einsammlung in den Städten wurde dem Pfarrer zusammen mit zwei Ratsherren und zwei Gemeindemitgliedern und dem Amtmann übertragen, ähnlich auf dem Lande und in den Reichsstädten.

Die eingehenden Gelder wurden sofort in verschlossene Kasten gelegt, zu denen jeder der bestellten Einnehmer einen besonderen Schlüssel hatte, so daß sie nur gemeinsam die Oeffnung vornehmen konnten. Die Zahlenden erhielten eine Quittung, den Ertrag verzeichneten die darüber zu führenden Register. Die Ausschüttung des Gesammelten zur Ueberführung an die Hauptkassen war an bestimmte Vorschriften gebunden.

Als allgemeine Sammelstätten dienten Köln, Nürnberg, Erfurt, Salzburg und Breslau, als Mittelpunkt, wo alle eingekommenen Summen zusammenflossen, war Nürnberg bestimmt. Dort bildeten die sechs Kurfürsten mit drei Vertretern der Reichsstädte die oberste Behörde, die über die Verwaltung des Geldes verfügen und zunächst am 29. Februar 1428, dann jährlich zu entsprechender Zeit zusammentreten sollte.

Um fröhliche und bereitwillige Geber zu gewinnen, erhielten die Pfarrer Anweisung, an allen Sonn- und Festtagen die Ablaßbriefe des Kardinals zu verkündigen und dabei den Leuten ins Gewissen zu reden. Die Kurfürsten legten in den Bekanntmachungsschreiben den Gläubigen besonders ans Herz, welche Schmach der Himmelskönigin, allen Gottesheiligen und dem ganzen himmlischen Heere angethan worden sei, und hielten ihnen vor Augen, wie der Teufel den Ketzern die Bosheit eingeblasen habe, so daß sie das heilige Sakrament unter die Füße schütteten und darauf träten, Kruzifixe und Heiligenbilder zerschmetterten, Kirchen und Klöster zerstörten, Priester, Mönche und geistliche wie weltliche Personen durch Feuer töteten und sonst unchristlich ermordeten.

Als Hauptleute für den Feldzug, den man schon zu Johannis beginnen wollte, wurden der Kardinal und der Markgraf Friedrich von Brandenburg bestellt.

Die Steuer war, wie treffend bemerkt worden ist, ein Gemisch von Einkommens-, Vermögens-, Kopf- und Standessteuer, aber ein erster Versuch konnte nur unvollkommen sein. Schwerer fiel ins Gewicht, daß die Fürsten gar nicht herangezogen wurden, denn erst vom Grafen ab unterlagen die Reichsunterthanen der Steuer. Auch der Vorschlag, den König wie den Papst und die Kardinäle zu dem allgemeinen Werke heranzuziehen, fiel unter den Tisch. Die Anlage war auch sehr ungleich, da sie die Geistlichkeit, die schon durch Kirchenzehnten getroffen wurde, sehr hoch beschatzte und auch den Adel sehr viel höher als die Geldleute mitnahm. Offenbar rechnete man stark auf die große Kopfzahl der städtischen

Bevölkerung und dachte durch sie großen Gewinn einzuziehen; da die Städte sich schon früher ganz ablehnend gegen eine Reichssteuer verhalten hatten, sollten sie diesmal durch Schonung gewonnen werden. Daher auch die merkwürdige Bestimmung, daß drei städtische Vertreter zusammen mit den Kurfürsten über die Verwendung des eingegangenen Geldes entscheiden sollten. Sie war eine Schmeichelei für die Städte, die freilich nicht viel bedeutete, da die Kurfürsten an sich die Mehrheit hatten, zu beschließen, was sie wollten. Die Einrichtung des Ausschusses in dieser Gestalt war nur ein augenblickliches Auskunftsmittel, bei weitem nicht, wie sie aufgefaßt worden ist, „ein Ansatz zu einem Reichsregiment, an dem die Städte teilnahmen".

Trotz alledem war der Plan einer Reichssteuer von höchster grundsätzlicher Bedeutung.

Darin lag ja der große Fehler, daß die einzelnen Insassen Deutschlands, die Unterthanen der Fürsten und Städte, so gut wie nichts mit dem Reiche und dessen Einrichtungen zu thun hatten. Jetzt sollten sie durch eine gemeinsame unmittelbare, über die Herrschaft hinweggehende Leistung wieder mit dem Ganzen verknüpft, das Bewußtsein des gemeinsamen Landes geweckt werden. Die Schöpfung eines einheitlichen Finanzwesens vermochte allein zu einer wirklichen Reform des Reichs zu führen, die zuerst das Kriegswesen, dann die anderen Aufgaben der öffentlichen Ordnung auf eine feste Grundlage stellen konnte. Dazu gehörte freilich nicht nur, daß diese Steuer durchgeführt, sondern auch, daß sie für die Zukunft beibehalten wurde.

Der König bestätigte die Hauptmannschaft Friedrichs mit gnädigen Worten, gestattete, den Reichsadler auf Panier und Fähnlein zu führen, und verlieh ihm volle Gewalt, auch in Böhmen die Bösen zu strafen und die Reumütigen in Gnaden aufzunehmen. Aber der Markgraf konnte Nützliches nur schaffen, wenn das Geld wirklich einging, und das geschah in höchst mangelhafter Weise. Die Städte verlangten meist, das Geld selber einzunehmen, was ihnen auch bewilligt wurde. Die Ritterschaft dagegen erklärte, sie sei dem Reiche nur mit dem Schwerte pflichtig. Da der Kardinal, der überdies Deutschland alsbald verließ, den Fehler gemacht hatte, die Zahlung bei Kirchenstrafe zu gebieten, mußte seine Verordnung aufgehoben werden, um die darüber unwilligen Laien zu beruhigen. Am besten zahlte noch die viel geplagte Geistlichkeit. Die meisten Länder waren erschöpft durch die inneren Kriege oder die schon gegen Böhmen gethanen Leistungen, und die erlittenen Mißerfolge regten nicht zur Bereitwilligkeit an. Zudem fehlten Behörden, welche die Zahlung mit Gewalt hätten erzwingen mögen und können. Die Fürsten selber bewirkten bei ihren Leuten wenig, manche von ihnen hatten auch gar nicht die Neigung, das Geld, das sie selber am besten brauchen konnten, abzugeben. Trotz aller Beratungen, welche die Kurfürsten abhielten, trotz aller Mahnungen, die viel Auslagen verursachten, kam so wenig ein, daß ein Kriegszug weder jetzt noch später unternommen werden konnte. Die Reichssteuer, „der gemeine Pfennig", war so gut wie gescheitert.

Vierzehnter Abschnitt.

Politische Wendungen. 1427—1430.

Der König ließ nunmehr die Kurfürsten ihre Sache machen. Obgleich er die Regierung nicht ganz aufgab, stellte er ihnen anheim, den Landfrieden zu schaffen und den böhmischen Krieg zu rüsten und zu leiten. Sie durften frei schalten, öffentliche Tage berufen, Beschlüsse fassen, um deren Ausführung er sich nicht kümmerte. Er nahm die Türken und die Polen auf sich und behielt sich nur die hohe auswärtige Politik vor.

Auch die neue Niederlage des deutschen Heeres brachte darin keine Aenderung. Am 27. September 1427, kurz nach der Tachauer Flucht, schrieb er von Belgrad aus, wohin ihn der Feldzug gegen die Türken geführt hatte, an den Kardinal Heinrich. Er sprach sein Erstaunen aus über das schmähliche Verhalten der Deutschen, beruhigte sich aber damit, Kardinal und Reichsfürsten würden Vorkehrungen treffen. Er habe den Sommer mit Glück gegen die Türken gekämpft; jetzt schicke er dem Mailänder Herzoge ein Heer zur Hülfe und wolle sobald als möglich selbst nach der Lombardei und von dort nach Rom zur Kaiserkrönung ziehen. Sein Zweck sei allein, eine vollständige Verständigung mit dem Papste zu erzielen, um Italien und alle katholischen Reiche zu beruhigen, damit er die böhmischen Ketzer zermalmen, die Barbaren niederschlagen und das heilige Land mit dem Grabe Christi wieder erobern könne.

War das nicht seltsame, unverantwortliche Schwärmerei, solche weitausschauende Pläne zu verfolgen, während das Reich mit Schmach bedeckt war und weite Länder desselben einem grenzenlosen Elende entgegensahen? Doch nicht, denn dahinter steckte ein sehr richtiger Gedanke. Sigmund stellte die Vereinbarung mit dem Papste in den Vordergrund. Er hatte Zeit und Gelegenheit genug gehabt, um sich zu überzeugen, daß sich die Böhmen nicht einfach niederwerfen ließen. Um einen entscheidenden Sieg zu erringen, mußte eine sehr viel größere Macht aufgeboten werden, als er mit seinen Ländern und Deutschland zu schaffen vermochte, und dazu konnte vielleicht der Papst mit seinem universalen Einfluß auf die ganze abendländische Christenheit helfen. Bisher hatte dieser außer seinen wertlosen Bannbullen nicht viel geleistet. Ging das nicht, so mußten neue Wege gesucht, die Husiten auf andere Weise zum Frieden bewogen werden; und dann blieb nichts übrig, als ihnen Zugeständnisse zu machen, wie die gemäßigten Parteien unter ihnen selbst sie forderten.

Die Utraquisten hatten stets verlangt, man möchte sie doch nur anhören, da sie bereit seien, ihre Meinungen zu verfechten; es waren auch schon einige vergebliche Versuche gemacht worden, mit ihnen über die Glaubensstreitigkeiten zu verhandeln. Sigmund hatte dabei vorsichtig erklärt, über die kirchlichen Fragen könne nur der Papst bestimmen. Martin, der damals befahl, Wiclifs Gebeine aus dem Grabe zu reißen und zu verbrennen, verwarf aber jede Nachgiebigkeit, obgleich die Kardinäle nicht so schroff dachten. Dennoch war er mit Sigmund sehr unzufrieden, da er überzeugt war, der König allein trage an allem Unheil die Schuld. Deshalb setzte er seine Hoffnung auf Polen, mit dem er fortgesetzt hinter Sigmunds Rücken verhandelte; man glaubte von Martin mit Bestimmtheit, für den Preis der Unterwerfung unter die Kirche sei er bereit, Böhmen vom Reiche zu trennen. Diese päpstliche Freundschaft mit Polen, dem Sigmund fortwährend das Schlimmste zutraute, beunruhigte und erregte den König im hohen Grade und mit Recht. Er mußte demnach sehen, wie er Martin von Polen trennte und zugleich bewog, auf die husitischen Forderungen einigermaßen einzugehen, da er nur so Böhmen bewahren konnte. Eine persönliche Verständigung führte unzweifelhaft am schnellsten und ehesten zum Ziele. Doch genügte der Papst nicht allein, da die Konstanzer Versammlung die husitische Frage heraufbeschworen und zudem beschlossen hatte, daß die oberste Entscheidung in Glaubenssachen einem allgemeinen Konzile zukomme. Sollten nicht neue Schwierigkeiten entstehen, so mußte der Papst mit der Eröffnung einer Kirchenversammlung einverstanden sein, und er war gar nicht zu umgehen, wenn sie vor der festgesetzten Zeit erfolgen sollte.

Gemäß den Konstanzer Beschlüssen war in der That das Konzil 1423 in Pavia eröffnet, dann wegen des Ausbruchs der Pest nach Siena verlegt worden. Doch schon im März 1424 löste der Papst mit einem Gewaltstreich die schwachbesuchte Versammlung auf, nachdem bereits als Ort für die neue Synode, die nach sieben Jahren zusammentreten sollte, Basel bestimmt worden war. Martin, der einst mit so vielem Jubel begrüßte, erfüllte keine der auf ihn gesetzten Erwartungen. Sein Zweck war allein die Ausbildung der päpstlichen Allgewalt in der alten Gestalt, er erwarb sich große Verdienste um den Kirchenstaat und die Stadt Rom, die er aus ihrem Elend aufrichtete, doch von der Reform redeten zwar einige Bullen, aber er that nichts für sie. Die konziliaren Ideen haßte er „wie die Pest". Die Kardinäle erhielt er in strengster Abhängigkeit, so daß sie vor ihm kaum zu reden wagten; maßlos begünstigte er dagegen seine Nepoten. Geldgierig wie Bonifacius IX. gewährte er nichts, ohne daß gründlichst bezahlt wurde; Recht und Gerechtigkeit waren bei ihm feile Ware, denn „niemand und wäre er so gerecht wie St. Peter" konnte bei ihm etwas mit leeren Händen ausrichten. Die Sachwalter des deutschen Ordens in Rom schilderten das Treiben an der Kurie in den dunkelsten Farben. „Die Verkehrtheit in der Pfaffenschaft ist gar groß und die Gierigkeit hat überhand genommen in dem

Hofe zu Rom und weiß von Tag zu Tag mit neuen Listen und Finten das Geld aus deutschen Landen für die geistlichen Lehen auszupressen, so daß darüber großes Rufen, Klage und Aergernis bei Gelehrten und Kurtisanen ist. Daher ist zu fürchten, daß eine Entzweiung entsteht über das Papsttum oder daß ihm der Gehorsam entzogen wird, damit man nicht so viel Geld jämmerlich den Welschen zuschleppe. Das letzte wäre wohl viel Landen zu Sinne".

Martin handelte, als ob er der Welt klar machen wollte, ein wie mäßiges Glück die wieder hergestellte Papsteinheit war, und wie nicht allein die Spaltung der Kirche zu ihrer Versumpfung geführt hatte.

Wenn aus streng kirchlichen Kreisen solche Notschreie ertönten, was sollte man den Hussiten entgegnen? Eine Kirchenreform erschien als erste Bedingung, sie zurückzuführen und eine Verbreitung ihrer Lehre abzuwehren. Sigmunds Gedanken lenkten sich daher wieder auf das Werk, dem er einst seine ganze Kraft gewidmet hatte; nur ein allgemeines Konzil konnte helfen und gewährte vielleicht im Notfall den Böhmen, was der Papst verweigerte. Auch von anderer Seite, von England und Frankreich, war bereits der Wunsch ausgesprochen worden, das Konzil möge vor der festgesetzten Zeit, also vor 1431, eröffnet werden, aber der Papst hatte keine Neigung, sich vorzeitig die verhaßte Geißel auf den Rücken zu binden.

Aus all' diesen Gründen wollte Sigmund nach Italien und schon seit längerer Zeit trug er sich mit diesem Plane.

Der Zug nach Rom war nicht ohne weiteres zu machen, da Venedig zwischen Ungarn und Italien lag. Der Krieg mit Venedig hatte ohne einen Friedensschluß aufgehört, und Sigmund war lange so sehr in Anspruch genommen, daß er sich in die italienischen Verhältnisse nicht ernstlich einmischen konnte, obgleich sie Anlaß genug boten. Filippo Maria von Mailand, der mit ihm in den letzten Jahren lebhafte Verbindung unterhielt, lag seit Anfang 1426 in einem schweren Kriege gegen Venedig, Florenz und deren Verbündete, zu dem der König, der ihm nun auch im geheimen die herzogliche Würde bestätigte, wiederholt Beistand versprach, ohne seine Zusage halten zu können. Denn der schwere Krieg gegen die Türken, welcher im Frühjahr 1427 begann, band seine Kräfte vollständig und führte ihn bis nach Serbien. Erst die Nachricht von der Tachauer Flucht lenkte seine Gedanken wieder dem Westen zu, und nach jener Ankündigung seiner neuen Pläne hielt er längere Zeit die Absicht fest, über Deutschland nach Italien zu ziehen. Wiederholt meldete er seine baldige Ankunft, bei der er die baierischen Händel beilegen und Frieden im Reiche schaffen wollte. Städte, Fürsten und Herren forderte er auf, ihn zu erwarten und zu unterstützen.

Das Reich sollte jedoch noch lange warten, bis es seinen König wiedersah, denn Sigmund wandte im Frühjahr 1428 seine Heeresmacht gegen die serbische Festung Galambotz, die Taubenburg, welche die Türken durch Verrat eingenommen hatten. Sultan Murad, der zum Ersatz heranrückte, überfiel die Ungarn trotz geschlossenen Waffenstillstandes, so daß Sigmund selbst nur mit Mühe von seinen Getreuen gerettet wurde; erst Anfang 1429 vermittelte Mailand einen freilich unsicheren Frieden. Noch während darüber verhandelt wurde, eilte der nimmer rastende König von Temeswar nach Wolhynien, und hier glückte ihm der große Wurf, nach dem er schon so lange trachtete.

Obgleich ihm Polen gegen die Türken eine tapfere Hülfsschaar gesandt hatte, quälte Sigmund der alte Argwohn, Wladislaw wolle sich Böhmens bemächtigen. Von jeher war ihm als bestes Mittel, Polen zu lähmen, erschienen, wenn er dort den Samen der Zwietracht streute, indem er Wladislaw und Witold veruneinigte. Bei der Zusammenkunft zu Luck im Januar 1429 rang er dem polnischen Könige die Einwilligung ab, daß der Großfürst sich mit der litthauischen Königskrone schmücken dürfte, die ihm Sigmund selber überreichen und erteilen wollte.

Die Spannung, die nun zwischen den Vettern entstand, ermöglichte Sigmund, sich endlich seinen anderen Zwecken zuzuwenden, die er notgedrungen aufgeschoben, nicht aber aufgegeben hatte. Glückverheißend war auch, daß in den führenden Husitenkreisen selbst die Lust erwachte, zum Frieden zu gelangen. Es war wunderbar genug, wenn im Frühjahr 1429 Prokop der Große zwar an der Spitze eines Heeres vor Preßburg erschien, aber dort mit dem Könige eine Unterredung hatte. Noch lag eine Einigung in weiter Ferne, aber es war schon ein Fortschritt, daß der Prager Landtag sich mit der Idee eines allgemeinen Konzils befreundete. Im Reiche erregte die Kunde von den Verhandlungen mit den Husiten gewaltiges Staunen und belebte wieder die alten Gerüchte über Sigmunds Ketzerfreundlichkeit; für ihn selbst lag in allem ein neuer Ansporn, Eintracht mit dem Papste zu suchen, der sich immer ungnädiger zeigte.

Es war die höchste Zeit, daß der König selber seine Aufmerksamkeit dem Reiche zuwandte, für das er fast abhanden gekommen war. Besser war es dort inzwischen nicht geworden. Der gemeine Pfennig lief spärlich ein, die Kurfürsten gestanden selber, alle ihre Schreiben hätten wenig Beachtung gefunden. Die Reuner in Nürnberg verwalteten zwar unverdrossen ihr undankbares Amt über Reichssteuer und Husitenkrieg und Tage wurden genug gehalten, aber von allen Kurfürsten war es allein der Brandenburger, der ständig die Reichssachen betrieb, während die anderen inzwischen eigenem Gewerbe nachgingen.

Schon oft war gesagt worden, ehe nicht Friede im Reiche selbst herrsche, könne nichts rechtes gegen die Ketzer unternommen werden. Aber alle Versuche, einen Landfrieden zu stande zu bringen, welche sich durch die ganzen Jahre seit Sigmunds Abwesenheit hinzogen, scheiterten zumeist durch die Städte. Es war einmal deren Politik, sich auf nichts Verbindliches einzulassen; selbst von einem größeren Bündnis unter einander, wie es mehrfach aus ihrem Kreise selbst angeregt wurde, wollte die Mehrzahl nichts wissen. Auch der König hatte wiederholt mit ihnen reden lassen; von kurfürstlicher Seite führte die Verhandlungen Erzbischof Konrad von Mainz. Jetzt, wo Sigmund seit Ende 1428 wieder mit dem Reiche in lebhaftere Beziehungen trat, wünschte er die allgemeine Leitung aufzunehmen und wollte daher auch die Landfriedenssache nicht ohne sein Zuthun ausgeführt sehen, um die Städte auf seiner Seite und unter seinem Einfluß zu halten; sein Sinn war wie vordem auf einen allgemeinen Landfrieden gerichtet. Er sorgte dafür, daß die Städte erfuhren, er würde ein Bündnis mit den Kurfürsten sehr ungern sehen.

Es blieb nichts übrig, als daß König und Kurfürsten zusammen handelten, und in dieser Erkenntnis machte Konrad von Mainz das Anerbieten, nach Wien zu kommen, was Sigmund gern annahm. Konrad und der Brandenburger Markgraf nebst Vertretern der anderen Kurherren gingen nicht nur nach Wien, sondern sogar nach Preßburg, da Sigmund, von schwerer Krankheit ergriffen, nicht die Fahrt zu ihnen machen konnte. So versöhnlich war ihre Stimmung geworden, und auch der König freute sich von Herzen. Im Dezember 1429 schüttete er, nachdem er so lange Jahre nicht vor einer größeren Zahl von Reichsvertretern gesprochen hatte, sein Herz aus.

Ein städtischer Gesandter hat den Inhalt der Rede getreulich aufgezeichnet, und es verlohnt sich wohl, einmal die lebhafte Sprechweise Sigmunds, seinen Gedankenfluß zu verfolgen. Er sagte den Erschienenen warmen Dank, daß sie zu ihm gekommen seien, dem heiligen Christenglauben zum Trost; innig freue er sich darüber, nachdem er lange Gott um solche Gunst gebeten habe. Durch Gottes Ordnung sei er einst zum römischen Könige gewählt worden, obgleich das nicht in seinen Wünschen gelegen und ihn eigentlich der Markgraf von Brandenburg dazu gebracht hätte. Darauf habe er das Konzil nach Konstanz berufen. Nachdem dort der Papst gewählt war, würde er gern seine Würde freiwillig niedergelegt haben, in der Erkenntnis, er möchte den Irrsalen in der Christenheit nicht gewachsen sein, aber Gott habe wiederum anders über ihn bestimmt. Wenn er nun nach Gottes Gebot ein König sei, so seien die Kurfürsten die Glieder des Reiches. Im vergangenen Sommer habe er ihnen oft geschrieben und Vorstellungen gemacht und sei des besten Willens gewesen. Aber trotz der ihm gemachten guten Erbietungen der Kurfürsten und der Städte verging der Sommer ohne Nutzen. Aber er wie sie seien vor Gott verantwortlich für alles, was zu ihren Lebtagen geschehe, und es komme die Zeit, wo einem jeden seine guten und bösen Werke vor Augen getragen würden. Türken und Ketzer setzten ihm hart zu, aber da er mit ersteren nun Frieden geschlossen hätte, bitte er um Gottes und des Christenglaubens willen alle Fürsten und Städteboten, ihm zu raten und zu helfen. Denn die Sache berühre Deutschland am meisten. Was er mit Leib und Gut und Vermögen thun könne, wolle er leisten.

Herzog Albrecht von Oesterreich legte in weiterer Beratung den Fürsten die Wünsche seines königlichen Schwiegervaters dar: Errichtung eines allgemeinen Landfriedens gemäß dem herkömmlichen Rechte und Hülfe zur Vertreibung der Ketzerei, und ließ die Herren allein, damit sie frei unter einander Rates pflegen konnten. Doch die Fürsten forderten ihn auf, an den Besprechungen teil zu nehmen. Der Markgraf von Brandenburg und der Erzbischof von Mainz sprachen die Besorgnis aus, man könne ihnen vorwerfen, so wichtige Sachen „in einem Winkel" ausgetragen zu haben, und schlugen einen Reichstag zu Frankfurt oder Nürnberg vor, auf dem der König und alle Reichsstände sich einigen könnten; sie erklärten weiter zu sein als zwei Kurfürsten für sich und daher ohne Vollmacht, etwas zu beschließen. Die Städte dagegen waren bereit, in die Beratung einzutreten, damit sie die Sache daheim vortragen könnten. Da die Fürsten bei ihrer Ansicht blieben, wurden beide Meinungen dem Könige unterbreitet.

Sigmund erteilte seine Antwort wieder in einer gemeinsamen Sitzung. Der Mainzer Erzbischof trug den Beschluß der Fürsten vor, der König möchte in Person zu einem Reichstage kommen und die Aufforderungen für diesen erlassen, denn die Ladungen der Kurfürsten würden nicht genügend beachtet. Der König ergriff wieder das Wort. Er sei froh gewesen, daß sie alle zu ihm gekommen wären, aber er müsse auf der Einsetzung eines allgemeinen Friedens bestehen, weil ohne ihn zu den anderen Sachen nichts geschehen könne. Was die Forderung seines Erscheinens in Deutschland angehe, so sähen sie ja selbst, ob er sie zu erfüllen vermöge. Wenn er Ungarn verließe, würde es sofort von den Heiden und den böhmischen Ketzern bedrängt werden. Er erinnerte daran, wie erfolglos seine letzte Anwesenheit in Deutschland gewesen war. Er hoffe, seine Sache sei ehrlich und göttlich und darum habe er ihren Rat begehrt. Wüßten sie keinen besseren als den gegebenen, so wolle er ihnen folgen. Sollten sie ihm aber nicht helfen wollen, so komme er wieder zurück auf die Worte, die er in Konstanz dem Papste sagte, daß er einen andern König wünsche, der dem Reiche besser vorstehen könne. Es möchte dazu auch noch kommen, denn das wäre ihm lieber, als wenn es unter seiner Regierung nicht besser würde und ihm dafür die Verantwortung aufgebürdet werden sollte; lieber wolle er das Reich dem Papste und ihnen übergeben. Er würde sich dann mit dem Königreich Ungarn begnügen und hoffe, da Brot und Wein genug für sein Leben zu haben. Doch das Reich gehöre seit lange den Deutschen, und er sei von Gott dazu erwählt, wie sie die Glieder seien, und er wolle das Reich gern mit ihrer Hülfe bewahren, so hart es ihm ankomme. Daher möchten sie ihm sagen, ob sie den Sachen, die er sich vorgenommen, nachgehen wollten. So krank er auch wäre, selbst wenn er nicht reiten oder fahren könnte, würde er auf allen Vieren dorthin krawln, damit er als ein römischer König mit Ehren in sein Grab käme und nicht ihm und ihnen nachgesagt oder in die Geschichte geschrieben würde, der jetzige üble Zustand der Christenheit sei ihre Schuld.

Schließlich nach langen Beratungen und vielem Hin- und Herschieben sagte der König seine persönliche Ankunft in Deutschland zu, wenn es ihm sein Krankheitszustand erlaube, sonst wolle er Bevollmächtigte senden.

Auch von den polnischen Angelegenheiten redete er. Er legte den beiden Kurfürsten Briefe vor, in denen Witold schrieb, in Polen sei das Gerücht verbreitet, die Kurfürsten wollten einen andern König wählen, wenn Sigmund nicht ernstlich gegen die Ketzer vorginge. Witold wollte den König gegen die Kurfürsten einnehmen, weil sich Wladislaw an diese wandte, aber Sigmund hatte ihm gleich geantwortet, daß er mit jenen bestens stehe, und Konrad und Friedrich wiesen die Verdächtigung entschieden zurück. Sie übernahmen es auch, den König mit dem Papste auszusöhnen. Martin, der ganz auf Wladislaws Seite gegen Witolds Krönung stand, beobachtete Sigmund mit solchem Mißtrauen, daß er an den Hof Vertraute als Kundschafter sandte. Auch das gewünschte Konzil mag zur Sprache gekommen sein.

Während König und Fürsten zusammen berieten, ergossen sich die Husiten furchtbarer wie je über die Nachbarländer, besonders über Meißen, Sachsen und Franken. Um dem Jammer ein Ende zu machen, wagte Markgraf Friedrich nach seiner Rückkehr, ihm gewordenen Anerbietungen folgend, selber in das Feindeslager zu gehen und im Februar 1430 zu Beheimstein einen Vertrag zu schließen. Er vereinbarte mit den Ketzern einen gütlichen Tag zu Nürnberg, auf dem die kirchliche Frage, namentlich die vier Artikel, friedlich von beiden Seiten besprochen werden sollten, um den Frieden vorzubereiten. Ein Entschluß von außerordentlicher Kühnheit, wie ihn bisher selbst der König nicht gewagt hatte. Es bestand eben der Widerspruch zwischen der rauhen Wirklichkeit und der kirchlichen Anschauung, welche lieber die Welt zu Grunde gehen ließ, wenn nur die Kirche mit ihren Sätzen aufrecht blieb, aber die Welt begann sich in ihrem eigenen Rechte zu fühlen. Man konnte den Husiten nicht widerstehen und doch wurde jeder verdammt, der ihre Meinungen auch nur als anhörbar betrachtete; wer das that, geriet in den Verdacht, Ketzer zu sein, und in die Gefahr, sein eigenes Verderben heraufzubeschwören. Friedrich wußte, welche Nachrede ihn treffen werde, wie es auch genugsam geschah: sehr vorsichtig sich deckend, nicht einmal die volle Wahrheit gestehend, suchte er seine Gedanken zu verwirklichen. Aber die Zeit war dafür noch nicht reif, sie mußten aufgegeben werden. Ein Glück, daß der König selbst sofort für Friedrich eintrat, den Gerüchten, der Kurfürst habe die vier Artikel anerkannt, bestimmt widersprach. Sigmund war nicht einmal mehr gegen die polnische Heirat, die jetzt Wladislaw verweigerte, weil Friedrich mit Witolds Krönung einverstanden war.

Fünfzehnter Abschnitt.

Der Ausgang der Reichskriege gegen die Hussiten. 1430—1431.

Der angesetzte Reichstag kam nicht zusammen. Erst Ende August 1430 erschien Sigmund in Baiern und hielt in Straubing einen Reichstag, bei dem freilich von den Kurfürsten nur Markgraf Friedrich persönlich anwesend war. Auch an den König waren neue Anerbietungen von Prokop gekommen, der, wie von ihm berichtet wurde, sterben oder Sigmund und Böhmen vereinigen wollte. Obgleich in Straubing sofort die Kriegstrommel gerührt, alle etwaigen Friedensverträge mit den Ketzern für aufgehoben erklärt wurden, erwog der König bereits seinen Zug nach Italien, zum Papste; es ist sehr wahrscheinlich, daß er nur deswegen nach Deutschland gekommen war.

So gewiß es ist, daß Sigmund nur dem äußersten Zwange gehorchte und gegen seinen Herzenswillen handelte, wenn er auf eine friedliche Beilegung des hussitischen Streites einging: er war wenn es nicht anders ging dazu bereit, aber nur so, daß er keine Verantwortlichkeit für die kirchlichen Fragen auf sich nehmen wollte. That er daher auch so, als ob er den Beheimsteiner Vertrag mißbilligte, so teilte er sonst die Auffassung des Markgrafen. Nur ein Konzil konnte helfen; alles was seitdem geschehen war, bestätigte in trauriger, aber schlagender Weise, wie richtig der Weg war, den er schon 1427 einschlagen wollte.

Seine Beziehungen zu Martin, der sich weigerte, in Rom aufbewahrtes Geld herauszugeben, das aus den für die Hussitenkriege erhobenen geistlichen Zehnten herstammte, waren noch immer sehr schlecht. Im nächsten März 1431 sollte das Konzil in Basel stattfinden; das konnte zwar gesetzlich geschehen, ohne daß der Papst es berief, doch wenn er nichts dazu that, standen sofort Streitigkeiten in Aussicht. Martin aber rührte sich nicht, traf keinerlei Vorbereitungen. Man glaubte damals, daß König und Kurfürsten dem Papste „den Gehorsam nehmen" wollten. Es war ein Sturmvogel des Kommenden, als am 8. November 1430 an dem Thor des päpstlichen Palastes und anderen Stellen in Rom ein Anschlag gefunden wurde, der mit offenen Drohungen den pflichtvergessenen Papst aufforderte, zur festgestellten Zeit im März das Konzil zu eröffnen. Um keines noch so hochstehenden Menschen willen darf der katholische Glauben gefährdet werden, und auch weltliche Fürsten müssen zu seinem Schutze mitwirken. Da nur ein allgemeines Konzil dem Husitentum ein Ende machen kann, ist es Pflicht eines jeden Christen, für ein solches zu sorgen; wenn also Papst und Kardinäle es nicht fördern oder gar hindern, sind sie als Gönner der Ketzerei zu erachten. Eröffnet demnach der Papst nicht selbst oder durch Stellvertreter das Konzil zur rechten Zeit, so sind die dort Versammelten verpflichtet, ihm den Gehorsam aufzusagen; das Konzil hat dann vor Gott das Recht, Papst und Kardinäle abzusetzen. „Zwei erlauchte Fürsten, welche die Mutterschmerzen der Christenheit mitfühlen", nannten sich die Urheber. Man vermutete den Markgrafen Friedrich und seinen Schwiegersohn Herzog Ludwig von Brieg; vielleicht war Friedrich der eine und der andere — der römische König.

Es wäre ein gewagtes Spiel gewesen, länger zu trotzen, und Martin gab im letzten Augenblick nach. Doch erst sollte noch einmal versucht werden, ob nicht die Ketzerei mit Gewalt niederzuschlagen war. Daher ernannte der Papst am 1. Januar 1431 den Kardinal Julian Cesarini zum Legaten für den Kreuzzug gegen die Husiten mit ausgedehnten Vollmachten. Erst als Julian Rom verlassen hatte, wurde die Bulle vom 1. Februar ausgefertigt, die ihn auch als Präsidenten des Baseler Konzils bestallte, gleich mit der Befugnis, es nötigenfalls zu vertagen, zu verlegen oder aufzulösen.

Mitten in diesen verhängnisvollen Tagen erlag Martin am 20. Februar plötzlich einem Schlagflusse. Als Nachfolger wurde nach nur eintägigem Konklave am 3. März Eugen IV. gewählt, nachdem er eine von den Kardinälen auferlegte Wahlkapitulation beschworen hatte, die das Kollegium zum Mitregenten des Kirchenstaates machte.

Sigmund war den Winter über in Süddeutschland herumgezogen, bemüht, die Städte für den Landfrieden, wie er ihn stets geplant, und für größere Kriegsleistungen zu gewinnen. Er bekam mancherlei Klagen von Fürsten und Rittern über die Städte zu hören und mußte sich selber durch den Augenschein überzeugen, daß die von ihm auf das Reichsbürgertum gesetzten Hoffnungen eitel waren, daß aus diesem Gewirr kleinlichster Stadtmauerpolitik für das Reich nichts Ersprießliches hervorgehen konnte. Gerade die Städte waren das Haupthindernis für einen allgemeinen Landfrieden, während er bisher die Fürsten als die Störenfriede betrachtet hatte. Deshalb neigte er sich jetzt den letzteren zu. Auch er wollte noch einmal das Glück der Waffen versuchen, damit nicht neue Beschuldigungen gegen ihn aufkämen, denn die allgemeine Stimmung erheischte Rache für die husitischen Verheerungen.

Daher berief er Mitte Dezember einen Reichstag nach Nürnberg, der im Februar 1431 so vollzählig, wie seit 1422 keiner, zusammentrat. Alle Kurfürsten erschienen; an Stelle des 1428 gestorbenen Friedrich des Streitbaren von Sachsen kam sein jugendlicher Sohn Friedrich II., den man den Sanftmütigen genannt hat, weil er das Schwert nicht so schnellfertig zog wie der Vater, mehr auf seine kluge Gewandtheit vertrauend. Der wackere Erzbischof Otto von Trier, ein großer

Eiferer gegen die Hussiten, war im Februar 1430 gestorben. Das Kapitel spaltete sich für Jakob von Sirck und den weltlich gesinnten Ulrich von Manderscheid, der Papst aber ernannte den greisen Bischof Raban von Speier, der einst dem Könige Ruprecht so getreulich gedient hatte. Jakob trat zurück, aber Ulrich, gestützt auf den Landadel, behauptete seine Gegnerschaft, und da ihn die beiden anderen geistlichen Kurfürsten unterstützten, konnte er auf dem Reichstage als rechtmäßiger Erzbischof auftreten. Auch die königlich gesinnten Böhmen hatten eine Abordnung geschickt.

Sigmund trug in einer großen Rede — ein mißvergnügter Hörer nennt sie freilich eine lange Predigt — den Ständen sein Anliegen vor, geschickt der allgemeinen politischen Lage entlehnte Trümpfe ausspielend. Zur Beratung wurde ein Ausschuß unter dem Vorsitz des Erzbischofs von Trier gebildet, in den auf des Königs Wunsch zu sechs fürstlichen Vertretern auch sechs städtische, von Aachen, Köln, Straßburg, Frankfurt, Nürnberg und Ulm gestellt, herangezogen wurden. Die Städte nahmen nur ungern teil und erklärten gleich alle Beschlüsse für „unvorgreiflich".

Die Kurfürsten stellten große Anträge. Jetzt gleich sollten 4000 Pferde in die Grenzländer Böhmens gesandt werden, dann im Sommer ein großer Zug geschehen, und wenn er nicht glückte, nachher 8000 Pferde an den Grenzen verbleiben. Die Städte, mit Ausnahme von Nürnberg, erklärten sich sofort gegen den täglichen Krieg und wollten nur von dem Feldzuge wissen; der weitere Streit ging dann um die Stärke des Anschlages. Die Fürsten stellten wieder wie 1422 für das ganze Land einen Anschlag der Gleven auf, deren sie über 8000 herausrechneten, zu denen die gesamten Reichsstädte Deutschlands noch 1000 stellen sollten. Außerdem wurde verlangt, daß Fußgänger ausgerüstet würden nach Kopfzahl der Bevölkerung, bemessen nach den männlichen Personen über achtzehn Jahren. Hierfür wurden sehr verschiedene Sätze aufgestellt: die einen forderten, je zehn, andere, je zwanzig, fünfundzwanzig oder dreißig sollten einen Mann stellen, während die Städte nur einen auf hundert zugeben wollten; Nürnberg schlug die Vermittlungsziffer fünfzig vor.

Als noch alles im Zweifel war, kam am 2. März Kardinal Cesarini an, von Sigmund mit gerührter Ueberschwänglichkeit begrüßt, und begann alsbald mit dem ihm eigenen Feuer den Eifer zu schüren. Da änderte der König plötzlich seine Haltung; der Grund kann kein anderer sein, als daß er im Geheimen durch Julian erfuhr, das Konzil sei gesichert. Er faßte sofort dieses als die Hauptsache auf und drang in den Legaten, gleich nach Basel zu gehen, was Julian gemäß seinen gegen den Papst eingegangenen Verpflichtungen ablehnte. Sigmund wollte nun von dem großen Zuge nichts mehr wissen, ganz richtig drang er darauf, daß nur der tägliche Krieg, d. h. die Grenzverteidigung mit starker Macht betrieben würde. Er kündigte zugleich zum Schrecken der Fürsten seine Absicht an, Frankreich und England zu versöhnen, dann nach Welschland zu ziehen; sein Sinn ging ganz darauf aus, dem Konzil vorzuarbeiten und zu dienen. Doch der Reichstag entschied sich einmütig für den Zug, für den auch der Kardinal seinem Auftrage gemäß wirkte. So gab Sigmund zum Unheil Deutschlands nach. Es wurde eine große Rüstung beschlossen, zu der die Stände dem geschehenen Anträge gemäß ihre Gleven und die näher an Böhmen sitzenden den fünfundzwanzigsten, die weiteren den fünfzigsten Mann als Fußgänger ausrüsten sollten. Ordnung des Heeres, Plan des Einmarsches, Lieferung des nötigen Geschützes, Geschosses und Geschirres zu den Wagenburgen wurden festgesetzt.

Die Städte gaben keinen Bescheid über die Stärke ihrer Anteilnahme, sondern hielten ihn ihrer besonderen Beschlußfassung vor. Bei allen Beratungen hatten sie, außer Nürnberg, das während der Hussitenkriege mehrmals mit Opfermut voranging, sich nur durch Verneinung ausgezeichnet; auch als das noch von dem gemeinen Pfennig herrührende Hussitengeld zur Einrichtung der vorläufigen Grenzwache eingezogen werden sollte, widersprachen sie. Sigmund hatte auch auf dem Reichstage beständig hervorgehoben, wie für das Reich der innere Friede das nötigste sei, aber wenig Gehör gefunden, und an den Städten mochte es wohl liegen, wenn die schließlich erlassene Verordnung nur eine Ergänzung war zu den Beschlüssen über die Kriegführung, ein allgemeines Friedensgebot besonders zu Gunsten der am Feldzuge Theilnehmenden. Die Reichsstädte mußten daher hinnehmen, daß der König am Schlusse des Reichstages am 25. März mit Berufung auf die Goldene Bulle, den Egerer Landfrieden und das Gesetz König Heinrichs von 1231 alle und jede Aufnahme von Pfahlbürgern, sowie alle Einungen und Bündnisse ohne des Reiches Erlaubnis untersagte.

Die Städte haben schließlich Streitmacht gestellt und keine geringe, wenn sie auch nicht dem Anschlag gerecht wurden. Es ist bezeichnend für sie, daß sie sich nicht auf eine Schätzung der Einwohnerzahl einlassen wollten, um nicht ihre „Macht oder Ohnmacht" vor aller Welt zu bekennen.

In die Vorbereitungen hinein traf die Nachricht vom Tode Martins, so daß Julian die Konzilsbullen, die ihm bald nachher zugingen, beiseite legte, um neue Nachrichten abzuwarten. So kam es, daß in der That das Baseler Konzil ohne päpstliches Zuthun begann, indem der erste und einzige Gast, der Abt des burgundischen Klosters Vezelai dort am 4. März eine darauf bezügliche Erklärung abgab; einige Wochen später kamen Abgesandte der Pariser Universität, so daß, obgleich noch keine feierliche Eröffnung erfolgt war, nun das Konzil bestand. Julian, der erst von dem neuen Papst die Bestätigung seines Auftrages zu erhalten wünschte und den Kreuzzug als das wichtigste betrachtete, ließ die Versammlung ersuchen, sich zu gedulden und den großen Plan nicht zu stören; das Konzil aber entschloß sich, an König Sigmund selbst Gesandte zu schicken. Sie kamen gerade zurecht zu einem merkwürdigen Werke, das zu fördern ihre Anwesenheit nicht geeignet war.

Am 27. Oktober 1430 war Großfürst Witold gestorben, ohne die Krone empfangen zu haben, und dadurch geriet Sigmund aufs neue in schwierige Lage zu König Wladislaw. Seine Befürchtungen wurden bestärkt, als die Böhmen in der That mit Polen Einigung suchten und auf einem Religionsgespräch in Krakau ihre frühere Forderung, Gehör vor dem Konzil zu finden, aufstellten.

König Wladislaw wandte sich deswegen an Sigmund, und da auch unmittelbare Gesuche aus Böhmen an ihn kamen, entschloß sich dieser, die Botschaft zu empfangen, und ging Ende Mai mit Kurfürst Friedrich von Brandenburg nach Eger. Da meldeten sich bei ihm die Konzilsgesandten, die ihm von Nürnberg nachgefolgt waren, und es blieb nichts übrig, als sie nach Eger zu entbieten, damit nicht wieder seine Rechtgläubigkeit verdächtigt würde. Unter diesen Umständen verging das Gespräch mit den Husiten ohne Frucht.

Langsam trat das Heer zusammen. Kardinal Julian hatte inzwischen am Rhein das Kreuz gepredigt, aber mußte manche schmerzlichen Erfahrungen machen; wenn er nur den hundertsten Teil seines Eifers den Widerwilligen einflößen könnte, seufzte er. Obgleich er nun von dem neuen Papste angewiesen wurde, nach Basel zu gehen, und Sigmund ihm dringend zuredete, wollte er doch lieber an der großen Fahrt teilnehmen. Wie vor neun Jahren empfing der zum Oberbefehlshaber ernannte Markgraf Friedrich in der Sebaldustirche zu Nürnberg am 29. Juni das Kreuzesbanner aus der Hand des Legaten. Sigmund blieb in Nürnberg zurück, denn für ihn, dem wieder die Gicht arg zusetzte, so daß er sich eines Tragsessels bedienen mußte, war das Feld nicht mehr der rechte Platz.

Die Zahl der Fürsten, welche mit auszogen, unter ihnen Erzbischof Dietrich von Köln und der Kurfürst von Sachsen, war ziemlich groß, und auch das Heer erreichte schließlich die recht bedeutende Höhe von angeblich 100 000 Mann und mehr. Darunter war freilich viel Troß und eine Menge Wagen, auf die man große Hoffnungen setzte. Zu dem geplanten gleichzeitigen Angriff von allen Seiten kam es auch diesmal nicht, immerhin hielten Herzog Albrecht von Oesterreich und die Schlesier ihrerseits husitische Streitkräfte zurück. Schlimmer war, daß das Kreuzheer in alter Weise schändliche Greuel verübte und nur langsam und ungeordnet vorrückte. Schließlich blieb es vor Taus liegen und erwartete den Feind, statt ihm zuvorzukommen. So gewann Prokop, der noch bis zuletzt friedliche Anträge machte, Zeit, einen gewaltigen Streithaufen von über 50 000 Mann zu sammeln und heranzuführen. Am 14. August standen sich die Heere bei Taus gegenüber.

Markgraf Friedrich suchte nach den früher gemachten Erfahrungen vor allem eine jähe Flucht zu vermeiden, indem er hinter dem Rücken des Heeres die Wagen zusammenfahren ließ. Aber gerade dadurch wurden die Deutschen unruhig, der alte Schrecken fuhr ihnen ohnedies wieder in die Glieder; als die Husiten heranrückten, zerstoben sie in unsinniger Angst, weithin in den Böhmerwald verfolgt. Die päpstliche Fahne, selbst die Kreuzzugsbulle, Mantel und Hut des Legaten fielen den jubelnden Feinden zur Beute. Mit Mühe rettete Julian, der tapfer Stand zu halten suchte, sein Leben, und fast wäre er nachher von den wütenden Deutschen erschlagen worden. Zürnte man ihm, weil er den Zug betrieben, so mußte der Kurfürst von Brandenburg wieder den Vorwurf der Feigheit und des Verrates über sich ergehen lassen.

Groß genug waren die aufgebotenen Streitkräfte gewesen, und trotz aller berechtigten Klagen über die Unlust und Lauheit der Deutschen und obgleich viele große Fürsten, wie z. B. der Landgraf Ludwig von Hessen, sich ganz fern gehalten hatten, ist anzuerkennen, daß das Reich, was die Masse betraf, stattliches geleistet hatte. Ueberhaupt rechnet man alles zusammen, was das Reich in den wiederholten Zügen gegen die Husiten aufgebracht hat, so erscheinen die Klagen über seine Teilnahmlosigkeit ungerechtfertigt. Nicht daran lag es also, sondern an den elenden Einrichtungen, an der schlechten Leitung, an der Uneinigkeit. Eben deswegen, weil sich jeder sagen konnte, daß das Möglichste geschehen und doch stets nur Schande heimgebracht war, entstand die Entmutigung, die Abneigung, weitere zwecklose Opfer zu bringen, und jeder hielt es für das beste, sein bißchen Vermögen für sich selber aufzusparen. Nur noch an Verteidigung, nicht mehr an Angriff dachte man. Zwar beriet Sigmund zusammen mit dem Kardinal weitere Maßregeln und setzte einen Reichstag für den Oktober nach Frankfurt an, aber der Ruf verhallte ungehört und die wenigen Besucher faßten gar keinen Beschluß. Das Reich war auf dem toten Punkte angelangt.

Es war zur allgemeinen Ueberzeugung geworden, die böhmische Sache müsse auf friedlichem Wege ihrer Gefahren entkleidet werden. Denn nun griffen wirklich unter dem Eindruck der Triumphe, welche die Husiten über Kirche, König und Fürsten errungen hatten, ihre Lehren und noch mehr ihre Gesinnungen im Volke Platz. Allenthalben hatten die Ketzerrichter zu arbeiten, aber die Ansteckung vermochten sie nicht zu hindern, nicht die Thatsache zu widerlegen, daß „der Ablaß die Husiten gar um ein klein wenig gedemütigt hatte".

Sechzehnter Abschnitt.

Das Baseler Konzil. Sigmunds Kaiserkrönung.
1431—1433.

Kardinal Julian hatte den in Basel Versammelten erklären lassen, wenn der Feldzug nicht stattfände, würden erst die Nachbarn Böhmens, dann das ganze Reich sich mit diesen einigen. Jetzt war das Unternehmen mißglückt, das Gefürchtete drohte nun erst recht einzutreten. Die Einzelverträge, welche schon früher benachbarte Fürsten mit den Husiten schlossen, wurden zum Netz, das allmählich das ganze Reich überspannen konnte. Der scharfe Verstand des an Körper und Geist gleich vollendeten Mannes zog sofort die richtige Folgerung: die einzige Rettung bot das Konzil. Die mit Waffen Unbesiegbaren sollten nun durch Milde und Liebe bezwungen werden. Am 9. September erschien Julian in Basel, um sich seiner zweiten schöneren Aufgabe mit derselben Glut der Hingabe und unermüdlichen Thätigkeit zu widmen. Seine edle Seele, die stets dem für richtig erkannten Zwecke ohne jede Scheu vor persönlichen Bedrängnissen diente, entfaltete sich jetzt in ihrer vollen Größe.

Unzweifelhaft hat er dem Könige seine veränderte Auffassung dargelegt und dessen vollste Billigung gefunden. Sigmund hatte den Ausgang des Zuges nur abgewartet, weil er anstandshalber nicht anders konnte, denn seitdem das Konzil sicher war, drängte es ihn nach Italien. Bereits hatte er die Vorbereitungen zum Zuge getroffen. Obgleich er noch gelegentlich kriegerische Worte machte, um sich für den äußersten Notfall die Möglichkeit der Waffen zu wahren, ging seine Absicht dahin, dem bösen Unkraut, das so üppig emporgeschossen war, die Nahrung zu entziehen. Dem Papste mußte begreiflich gemacht werden, daß eine ernstliche und gründliche Reform allein der Kirche helfen könne. Sein Hauptwunsch war, zu diesem Zwecke Eugen selbst zum Konzil zu bringen, weil nur so sich alles schnell und leicht erledigen ließ. Auch wollte er, der jetzt das dreiundsechzigste Lebensjahr zurückgelegt hatte, endlich seinen Scheitel mit der Kaiserkrone zieren. Das war nicht nur verzeihliche Eitelkeit, sondern auch notwendig, um vor die Synode mit voller Würde treten zu können.

Zwar wünschten die Baseler dringend, daß er zu ihnen käme, aber es war klüger, ihnen fernzubleiben, bis er sich mit dem Papste verständigt hatte. In Basel kam er in die Gefahr, sich mit rein kirchlichen Fragen, wie die Hussitensache war, beschäftigen zu müssen, was er durchaus vermeiden wollte, eingedenk der schiefen Stellung, in die ihn einst seine an Hus gerichtete Aufforderung gebracht hatte. Stellte er doch auch alle Besucher allein unter die Gerichtsbarkeit des Konzils, damit ihm nicht ähnliche Schwierigkeiten, wie in Konstanz, entstehen könnten. Die Kurfürsten mißbilligten allerdings des Königs Entschluß und sahen ihn sehr ungern ziehen, aber die eine große Frage, an der jetzt alles hing, konnte er in seiner Weise besser fördern, als wenn er in Deutschland thatenlos verharrte. Blieb er dort, konnte er einem Kriege gegen Böhmen kaum ausweichen, und damit wäre die jetzt eingeschlagene heilsame Entwickelung zerstört worden. Nicht Abenteuerlust, nicht gewissenlose Feigheit, wie man ihm vorgeworfen hat, trieben den König über die Alpen.

Der Fehler war nur, daß er ging ohne Geld und ohne Streitkräfte, aber es mochte für ihn unter diesen Umständen schwer sein, beides zu schaffen. Er war darauf angewiesen, sich klüglich durchzuschlagen, und dachte eben andere für sich anzuspannen. Er wollte sogar mehrere Aufgaben zugleich lösen, nebenbei in Italien des Reiches Rechte, die völlig darniederlagen, emporheben und mit seinen alten Feinden, den Venedigern, zu einem Ende kommen. In seinen Schreiben nach Ungarn, wo er sein langes Ausbleiben entschuldigen mußte, stellte er diese Zwecke als besonderen Beweggrund hin und sprach dabei auch von einem Kreuzzug gegen die Türken, wenn erst die Hussitennot beendet sei. Seinem Bündnis mit Mailand gemäß ließ er von Ungarn aus wieder den Kampf gegen Venedig beginnen, aber sein Sinn stand weniger auf Krieg, als auf Friedensschluß.

Ueber Feldkirch, wo der König am 11. Oktober den Herzog Wilhelm von Baiern zum Beschirmer und Verweser des Konzils bestellte, dann über Como zog er, nur von einer kleinen Reiterschar begleitet, nach Mailand.

Nur auf diesem Wege konnte er nach Italien gelangen und die erforderlichen Geldmittel erhalten. Schon im August hatte er Filippo Maria Hülfe gegen Venedig und Florenz zugesagt, wogegen dieser Einlaß und Krönung in Mailand, Geleit nach Rom zu Wasser oder zu Lande und stattliche Monatszahlungen für die Dauer des Aufenthaltes zusicherte, doch sollte der König nur mit geringer Macht kommen. Gleichwohl regte sich in dem Herzoge bald das Mißtrauen. Er ließ zwar die Krönung in Mailand am 25. November in ehrenvollster Weise vollziehen, aber kam nie zum Könige. Bald entstanden zwischen beiden große Mißhelligkeiten, da beide sich getäuscht sahen. Sigmund hatte alle Kosten Filippo aufbürden wollen, der seine allzugroßen Versprechungen selbst beim besten Willen nicht hätte halten können. Hatte der Mailänder gehofft, der bloße Name des Königs würde ihm nützlich sein, so erwies sich das als Irrtum; selbst die ungarischen Truppen zogen aus Friaul ab. Daher wünschte Filippo Maria den König bald wieder weg und suchte ihn zu bereden, nach Basel zu gehen.

Heillose Verwirrung entstand, als sich nun auch Papst und Konzil überwarfen, wodurch freilich bewiesen wurde, wie richtig Sigmund geurteilt hatte, als er es für seine wichtigste Aufgabe hielt, mit dem Papste Einverständnis anzubahnen.

Eugen war gewählt worden, weil er den Kardinälen Einfluß einräumte, für reform- und konzilfreundlich galt und auch sonst eine bestechende Persönlichkeit war. Noch in den besten Jahren, groß und schlank, schön und vornehm in allen Bewegungen, erweckte er schon durch sein Aeußeres Bewunderung und Ehrfurcht. Fromm, freigebig und arbeitsam, in seinen Lebensgewohnheiten von höchster Einfachheit, erschien er als das Muster eines Kirchenfürsten. Doch gleich zu Anfang seines Pontifikates zeigte er in seinem Auftreten gegen die Nepoten seines Vorgängers aufbrausende Leidenschaft, außerdem traf ihn ein schwerer Krankheitsanfall, der in ihm die beständige Furcht vor dem Tode hinterließ, und es ist nicht unmöglich, daß dieselbe hypochondrische Furcht, welche einst Clemens V. verhindert hatte, aus Frankreich nach Italien zurückzukehren, Eugen abhielt, nach Basel zu gehen, und ihn beständig antrieb, das Konzil von dort nach Italien zu verlegen. Doch überhaupt wollte er weder von den Husiten etwas wissen noch die Versammlung frei schalten lassen.

Unter Julians Einfluß erließ das Baseler Konzil am 15. Oktober ein freundliches Anschreiben an die Böhmen, welches sie einlud und ihnen Gehör zusicherte. Ende November gingen zwei Gesandte nach Nürnberg, um von dort aus die Verhandlungen mit Böhmen wirksamer zu betreiben.

Doch schon war die kaum begonnene Synode mit jähem Schluß bedroht. Der geringe Besuch, die in der Baseler Gegend herrschende Unsicherheit, vor allem aber der Wunsch, die mit den Griechen angeknüpften Verhandlungen über eine Union beider Kirchen von einem in Italien gelegenen Konzilsorte aus zu führen, gaben Eugen den Vorwand, die Aufhebung für notwendig zu halten. Als er das eigenmächtige Schreiben an die Böhmen erfuhr, zögerte er nicht länger, die Verfügung zu erlassen, nach der das Konzil in anderthalb Jahren in Bologna zusammentreten sollte. Kardinal Julian, der die ihm gestellte Zumutung, das Papsttum mit seiner Person zu decken, furchtlos zurückwies, erhob sofort mit offenstem Freimut Einspruch, setzte dem Papste auseinander, welche Schande seine Verordnung dem Papsttum, welche Gefahr sie der ganzen Kirche bereite, und bat flehentlich, das Konzil bestehen zu lassen. Nicht minder hielten die Versammelten an ihrem Rechte fest, von allen Seiten aus fast ganz Europa durch die freudigste Beistimmung gestärkt. Auch Herzog Wilhelm, der im Januar 1432 nach Basel kam, seines Amtes zu warten, ermahnte zur Standhaftigkeit.

Die Baseler unterhielten stete Verbindung mit Sigmund. Freilich steckte dieser in den ärgsten Widerwärtigkeiten. Ohne einen Pfennig eigenen Geldes in der Tasche, ohne Truppen konnte er, seitdem der Papst den Entschluß gefaßt hatte, sich des Konzils zu entledigen, auch nicht seine ursprüngliche Absicht ausführen, alsbald nach Rom weiterzuziehen. In Piacenza erhielt Sigmund über die lange befürchtete Absicht des Papstes Gewißheit. Sofort machte er Eugen die dringendsten Vorstellungen, indem er die Erbitterung, welche in Deutschland gegen die Geistlichkeit herrsche, schilderte; er forderte zugleich das Konzil zur

Festigkeit auf und ermahnte Herzog Wilhelm, eine Auflösung mit allen Mitteln zu verhindern. Obgleich er nun in peinvoller Lage warten mußte, harrte er aus. Trotz seiner augenblicklichen Ohnmacht lag an dem Könige unendlich viel, gerade wie einst in Konstanz; hätte er sich von dem Papste durch irgend welche Vorteile gewinnen lassen, so wäre es ihm nicht schwer gewesen, den gesicherten Aufenthalt in Basel zu stören und so das Konzil zu sprengen. Die königliche Macht war nicht sehr geeignet aufzubauen, aber hindern, zerstören konnte sie immer noch. Der Papst hätte ihm gern die Krone aufgesetzt und noch einen Teil der Kosten getragen, aber Sigmund blieb dabei: ohne Konzil keine Krönung; lieber wollte er ohne den kaiserlichen Schmuck heimkehren. Während er mit Eugen verhandelte, ermutigte er gleichzeitig die Baseler.

Eugen, der die Sache möglichst in die Länge zog, warf dem Könige sogar vor, daß er Italien betreten habe, ohne vorher den pflichtschuldigen Eid zu leisten, und beantwortete die Botschaften in einer Weise, die nicht nur seine Unnachgiebigkeit klar erkennen ließ, sondern auch schroff und drohend klang. Als er gegen das Konzil den Prozeß eröffnen wollte, machte der König den Baselern den Vorschlag, sie möchten, um der päpstlichen Vorladung zuvorzukommen, verlangen, daß die Kardinäle, von denen er wußte, daß manche dem Konzil geneigt waren, dorthin kommen sollten, und wenn es ihnen geeignet scheine, auch den Papst vorfordern. Es bedurfte jedoch nicht erst seiner Anregung: am 29. April 1432 wurde vom Konzil an Eugen das Begehren gerichtet, binnen drei Monaten selbst zu erscheinen oder Stellvertreter mit unbedingter Vollmacht zu senden.

Sigmund bestand eine schwere Geduldprobe; es war ihm selbst zeitweise bang ums Herz, wie er seine Sache durchführen sollte. Doch er blieb standhaft und ließ sogar durch Vertraute die Vorladebriefe des Konzils an der Peterskirche in Rom anschlagen. Ende Mai ging er nach Lucca, das sich von Florenz losgemacht und unter Reichsschutz gestellt hatte.

Der offene Kriegszustand war ausgebrochen; nicht allein, daß man sich auf päpstlicher und kaiserlicher Seite Briefschaften absing, päpstliche Truppen, zusammen mit florentinischen, griffen die mailändische Vorhut Sigmunds an und belagerten ihn vier Tage in Lucca, bis seine Mannschaften den Feind zurückschlugen, so daß er im Juli einen Schritt weiter in der Richtung auf Rom, nach Siena thun konnte. Dreiviertel Jahre blieb er dort in ärgster Verlegenheit; dem Troste, den ihm und den Seinen schöne Frauen gewährten, verschloß sich sein liebebedürftiges Herz zwar nicht, aber er ließ sich dadurch nicht in seinem Vorsatz erschüttern. Der Papst versuchte ihn mit neuen Lockungen, trachtete auch, das Konzil durch eine Gesandtschaft zu bearbeiten, in der Absicht, seine Gegner zu trennen; alles vergeblich.

Aber eine neue Gefahr tauchte auf: Sigmund hatte das Konzil angetrieben, gegen den Papst entschieden aufzutreten, in der Hoffnung, ihn dadurch zu erschrecken, doch er durfte es um keinen Preis zum vollständigen Bruch kommen lassen. Daher unterließ er klug, dem wiederholten dringenden Ruf aus Basel und den gleichlautenden Wünschen der Böhmen zu entsprechen. Denn wenn er nach Basel ging, vernichtete er jede Hoffnung auf einen friedlichen Ausgleich, er selbst, zu einseitiger Parteinahme gezwungen, sank zum Werkzeug des Konzils herab. Außerdem wurde der mit Venedig und Florenz verbündete Papst Herr von Italien, sobald der König die Halbinsel verließ.

Sigmund mußte um jeden Preis Mittelsmann bleiben. Daher bemühte er sich zur rechten Zeit, den Eifer des Konzils zu dämpfen. Denn hinter dem dort am 20. Juni 1432 gefaßten Beschluß: „Bei einer Erledigung des römischen Stuhles während der Dauer des Konzils dürfe die neue Wahl nur an dem Orte der Synode geschehen," lauerte schon die Absicht, mit Eugens Papsttum ein Ende zu machen. Die päpstliche Feindseligkeit erregte in ihm den Gedanken, sein Glück mit den Waffen zu versuchen, da er auch bei den Feinden Eugens im Kirchenstaate selbst Hülfe erwarten durfte, aber sein nach Deutschland gerichteter Ruf um Truppennachsendung blieb ohne Erfolg. So saß er fest, während das Konzil mit ihm immer unzufriedener wurde, da er nicht ausschließlich dessen Partei ergriff, nicht wie es verlangte, alle Verhandlungen mit Eugen abbrach. Am 18. Dezember setzten die Baseler dem Papste eine neue und letzte Frist von 60 Tagen, innerhalb deren er die Auflösung zurücknehmen und sich zum Konzil bekennen sollte. Ende Januar 1433 hatte sich alles so zugespitzt, daß Sigmund einen verzweifelten Notschrei nach Ungarn richtete, während das Konzil, dem er nochmals feierlich seine Treue versicherte, es für geraten fand, den König in seinen Schutz zu nehmen und in voraus alles, was etwa der Papst oder jemand anders gegen den König vornehme, Absetzung, Beraubung an Ländern und Ehren für ungültig zu erklären. Es hatte sich nämlich das Gerücht verbreitet, der Papst wolle Sigmund mit Hülfe Venedigs entthronen und Böhmen an Polen geben.

Eugen hatte jedoch den Bogen zu stark gespannt. Ein großer Teil der Kardinäle, von denen mehrere aus Rom entwichen, und der Kurie war durchaus gegen ihn, und als er am 11. Januar 1433 den Prozeß gegen das Konzil eröffnen wollte, erhob sich so lebhafter Widerspruch, daß er sich zum Einlenken entschloß. Er mußte befürchten, die ganze Kirche gegen sich zu haben und die Feinde in seiner Nähe konnten selbst durch den ohnmächtigen König gefährlich werden. Erwog doch schon Sigmunds Kanzler, der schlaue Kaspar Schlick, ob es nicht ratsam sei, den Kirchenstaat für eingezogen zu erklären, und dieses bloße Wort, das Sigmund bisher gescheut hatte, würde Eugen die übelste Stellung bereitet haben. Selbst das Konzil hat mit Mailand über einen Angriff auf den Kirchenstaat verhandelt.

Auch die deutschen Kurfürsten waren der Politik Sigmunds beigetreten, das Konzil aufrecht zu erhalten, aber mit dem Papste nicht ganz zu brechen. Im Oktober beschlossen sie in Frankfurt, nach Basel wie nach Rom Gesandte zu schicken, um an beiden Orten zur Güte zu raten. Während das Konzil, unzufrieden, daß die Kurfürsten die Reform für notwendiger hielten, als den Prozeß gegen den Papst, sich ablehnend verhielt, gab Eugen endlich nach. Durch Bulle vom 14. Februar gestattete er, die Kirchenversammlung in Basel zu halten, und versprach, alsbald Legaten zu schicken, die in seinem Namen den Vorsitz führen sollten. Er gab also der Sache die Wendung, als ob die Versammlung erst von diesem Augenblick an gesetzmäßig sei. Es war eine absichtliche Kränkung für Sigmund, daß der Papst über ihn hinweg handelte, sich den

Anschein gab, als erfülle er nur die Wünsche der Kurfürsten, in deren Schutz er zugleich das Konzil empfahl; dem Könige, wie nachher den Baselern wurde die Bulle durch die kurfürstlichen Gesandten übermittelt. Sigmund empfand das wohl, doch froh, soweit zu sein, empfahl er dringend der Synode, sich mit den Zugeständnissen, deren Halbheit er erkannte, zu begnügen, damit nicht ein Schisma entstünde.

Sigmund betrieb jetzt eifrigst die Kaiserkrönung und sandte den Kanzler Schlick nach Rom. Da Eugen nunmehr wünschte, den König im Notfall gegen das Konzil gebrauchen zu können, kam er bereitwillig entgegen, nachdem ihm die Verhandlungen genügende Sicherheit gegeben hatten; er vermittelte auch mit Venedig und Florenz Frieden, den Sigmund um so lieber schloß, da er dem Mailänder alle Schuld an den erlebten Widerwärtigkeiten zuschrieb. Der vom Kaiser zu leistende Eid wurde den Wünschen des Papstes gemäß vereinbart. Sigmund gelobte, die Kirche zu verteidigen, jede Ketzerei und jedes Schisma zu tilgen, unverbrüchlich an Eugen als Papst festzuhalten, die der römischen Kirche von den Kaisern bis auf Rudolf gegebenen Privilegien über den weltlichen Besitz Petri zu halten, und erneuerte die Gesetze Friedrichs II. und Karls IV. über die kirchlichen Freiheiten.

Am 21. Mai, dem Himmelfahrtstage, betrat Sigmund nach alter Sitte vom Monte Mario her kommend die Leostadt, begrüßt von dem Volk. Den Zug eröffneten die 600 Reiter, welche er in der letzten Zeit in seinem Dienste gehabt hatte, ihnen schlossen sich die Stadtbehörden und die fremden Gesandten an, alle in reichem Schmuck. Dann schritt ein schöner Jüngling im Purpurgewand einher, der aus goldenem Gefäß Silbermünzen unter die Menge warf. Die ihm folgenden Fußsoldaten des Königs trugen Oelzweige und blumengeschmückte Stäbe, welche sie nach dem Takt der Musik schwenkten. Zuletzt geleiteten Hymnen singende Priester den König, der auf weißem Roß unter goldenem Baldachin einherritt. Sein heiterstrahlendes Antlitz, welches Leutseligkeit mit Majestät vereinte, gewann ihm die volle Bewunderung der Zuschauer. Den Schluß machten päpstliche Soldritter.

Die Römer hatten sich bemüht, den Pomp früherer Zeiten nachzuahmen, aber phantastische Neuerungen, die für altrömisch galten, eingeschoben, denn die humanistische Gelehrsamkeit bemächtigte sich des mittelalterlichen Schauspiels.

Der Papst erwartete den König auf dem Throne sitzend vor den Stufen des St. Peter. Beide traten in die Vorhalle ein, in der ein Altar für die Messe errichtet war. Sigmund nahm Wohnung bei einem Kardinal, seine Leute wurden im Borgo untergebracht; starke Wachmannschaften sorgten dafür, daß nicht wie sonst Reibereien zwischen den Römern und den Fremden entstehen konnten.

Erst am 31. Mai, dem Pfingstsonntage, fand die Krönung statt. Der Papst erwartete Sigmund wieder in der Vorhalle des St. Peter. Nach dem Eidschwur wurde die silberne Pforte in das Innere der Kirche geöffnet. Eugen schritt zum Hauptaltar, während drei Kardinäle den König zum Altar des heiligen Mauritius geleiteten, wo er die Weihe zum Kleriker entgegennahm. Inzwischen hatte der Meßgesang begonnen. Am Hauptaltar empfing darauf der König vom Papste den Friedenskuß und brachte die übliche Spende von Goldmünzen dar.

Da das gichtische Leiden Sigmund verhinderte, die ganze Zeit auszuhalten, zog er sich in einen dafür hergerichteten Raum im Chor zurück, erst als die Epistel verlesen war, trat er wieder vor den Papst. Eugen schmückte ihn mit der weißen zweispitzigen Mitra der Diakone der Peterskirche, auf diese setzte er die goldene Krone und überreichte das blanke Schwert, Scepter und Reichsapfel. Im Priestergewand sang dann der neue Kaiser das Evangelium. Vor der Kirche erfüllte Sigmund nach alter Weise die Pflicht, das Maultier des Papstes am Zügel zu führen, doch da ihm das Gehen schwer fiel, nur wenige Schritte weit. An der Engelsbrücke trennten sich beide; der Papst kehrte in seinen Palast zurück, während der Kaiser in die eigentliche Stadt einzog. Auf der Brücke erteilte er freigebig den Ritterschlag; auch dem Kanzler Kaspar Schlick widerfuhr diese Ehre. Dann ging es in den Lateran, wo das Festmahl stattfand, von dem Sigmund abends wieder in die Leostadt heimkehrte.

Soweit die etwas verworrenen Berichte ein Urteil gestatten, wichen die Zeremonien der Krönung in manchen Stücken von den früher üblichen ab, obgleich man diese nach Möglichkeit festhalten wollte. Die altertümlichen Gebräuche mochten vielen für den Kaiser erniedrigend erscheinen, so daß sich nachher in Deutschland Gerüchte verbreiteten über Unschicklichkeiten und Demütigungen, denen er ausgesetzt worden sei. Jedenfalls hat Eugen sich geschont, alle nicht durchaus notwendigen Anstrengungen vermieden.

Mehr als zwei Jahrhunderte waren verstrichen, seitdem zum letztenmal ein Papst persönlich die Kaiserkrönung vollzogen hatte. Nach Friedrich II. erwarben nur drei deutsche Könige in Rom den Kaisertitel: Heinrich VII., Ludwig der Baier und Karl IV. Unter wie verschiedenen Umständen war jede dieser Krönungen erfolgt! Heinrich mußte vorher lange Kämpfe in der Stadt führen und sich endlich mit dem Lateran begnügen, wo die Kardinäle ihn widerwillig mit dem Diadem schmückten. Ludwig kam als Feind des Papstes und nahm die höchste Zierde von dem Volke entgegen. Karl IV. endlich erschien in bescheidenster Weise und mußte an demselben Tage die Stadt verlassen, an dem ihm die Kardinäle die durch diplomatische Schachzüge errungene Würde übertrugen. Er hat dann noch einmal als Kaiser den St. Peter betreten, zusammen mit einem Papste, dessen Rückkehr nach Rom hauptsächlich sein Werk war, der von ihm Hülfe und Beistand für die Erhaltung des Kirchenstaates erwartete. Von Sigmund wurde nicht verlangt, daß er die ewige Stadt sofort wieder räume; er blieb sogar noch zwei Monate als Gast des Papstes dort. Denn Eugen brauchte sich vor seinen Waffen nicht zu fürchten, der arme Kaiser konnte ihn im Besitz von Rom nicht gefährden. Aber dennoch hatte der Papst sich genötigt gesehen, seine Abneigung gegen den Deutschen und das deutsche Kaisertum zu bekämpfen. Er bedurfte Sigmunds, weil ein allgemeines Konzil dem Papsttum die Vertretung der Kirche bestritt und sich gegen den bisher allein gebietenden Leiter der Christenheit empört hatte.

Siebzehnter Abschnitt.

Der böhmische Ausgleich. 1433—1436.

Durch seinen Eid war Sigmund dem Papste verpflichtet und auch entschlossen, ihm beizustehen, wenn sich die Baseler weiterhin sperrten. Diese betrachteten die Dinge anders, als der Kaiser. Ihm kam es nur darauf an, daß die Versammlung die ihr gestellten Aufgaben löste, das Konzil wollte den Grundsatz durchfechten, daß es gegründet auf die Gewalt einer Generalsynode über dem Papste stehe. Daher erregten dort die Nachrichten über das getroffene Uebereinkommen nur Unwillen. Der zweideutige Schutz der Kurfürsten wurde abgelehnt; da ohnehin die Forderung Burgunds, vor den Kurfürsten zu sitzen, einen verdrießlichen Streit über die Rangordnung hervorgerufen hatte, traten die kurfürstlichen Gesandten im Juni aus. Den Kaiser warnte man vor dem Papst, der ihn nur täuschen wolle, und forderte ihn auf, zurückzukehren. Als die erste Botschaft von Sigmund als Kaiser eintraf, gab es großen Lärm, und obgleich seine Boten und Herzog Wilhelm baten, die Sitzungen aufzuschieben, wurden in tumultuarischer Weise zwei gegen Eugen gerichtete Dekrete veröffentlicht. Doch Sigmunds Schreiben lauteten immer ernstlicher, während er gleichzeitig den Papst um weiteres Entgegenkommen bestürmte. Eugen erließ daher am 1. August eine Bulle, die den Bestand des Konzils seit seiner Eröffnung anerkannte unter der Bedingung, daß vorher alle gegen seine Person und den heiligen Stuhl gefaßten Beschlüsse aufgehoben würden.

Wilhelm von Baiern bot inzwischen in Basel alles auf, um entscheidende Beschlüsse bis zu Sigmunds Ankunft aufzuhalten.

Bis Mitte August blieb der Kaiser in Rom, jetzt in gutem Einvernehmen mit Eugen. Ueber Perugia, Ferrara, wo ihn die Venetianer, seine bisherigen Feinde, durch eine friedliche Gesandtschaft begrüßen ließen und die neue Freundschaft mit der reichlichen Spende von 20000 Dukaten bekräftigten, und über Mantua, dann durch die Alpenpässe ging die Reise, anfangs, so lange Italien noch seine Freuden bot, nicht allzu eilig, dann aber mit solcher Schnelligkeit, daß die Baseler von der unerwarteten Ankunft überrascht wurden; doch bereiteten sie eine ehrenvolle Begrüßung.

Es war in der That die höchste Zeit, daß der Kaiser persönlich eingriff, da seine Schreiben einen ausreichenden Erfolg nicht erzielt hatten. Der letzte, schon verlängerte Termin, bis zu welchem die Suspension Eugens hinausgeschoben war, lief in nächster Zeit ab. Sigmund, der vor den Gefahren eines neuen Schisma warnte, erreichte zuerst eine kurze Frist und veranstaltete eine Besprechung zwischen den päpstlichen Gesandten und einer synodalen Deputation. Kardinal Julian vertrat die Ueberordnung des Konzils, aber Sigmund erreichte mit dem Anerbieten, einen Vergleich zu schaffen, der das Ansehen des Konzils bewahre, daß die Suspension immer weiter hinausgeschoben wurde. Wie einst in Konstanz ergriff er viel das Wort und führte persönlich die längsten und schwierigsten Verhandlungen; obgleich die Gicht seinen Körper gelähmt hatte, so daß er die Deputationssitzungen im Tragstuhl besuchen mußte, war sein Geist noch von jugendlicher Lebendigkeit; immer frisch, immer schlagfertig verrichtete er hier eine in ihrer Art bewundernswürdige Leistung. Neben diesen Besprechungen war zugleich der Briefwechsel mit Rom und anderen gleichgesinnten Persönlichkeiten zu führen. So erließ endlich das Konzil eine Erklärung, mit der Eugen zufrieden sein konnte.

Den Ausschlag gab, daß der Herzog von Mailand den Papst als Freund der Venetianer mit Kriegsnöten bedrängte und die italischen Gegner Eugens sich den Anschein gaben, für das Baseler Konzil und in dessen Auftrage die Waffen zu führen. Eugen erkannte daher an, das Konzil sei von seiner Eröffnung an rechtmäßig fortgesetzt worden und müsse fortgesetzt werden zur Ausrottung der Ketzerei, zur Friedensstiftung in der Christenheit und zur Generalreform an Haupt und Gliedern, als ob keine Auflösung stattgefunden hätte. Diese erklärte er für nichtig und kraftlos und verhieß seine weitere Gunst. Zugleich traf er über den Vorsitz Bestimmungen.

Die Baseler waren zufrieden; Eugen habe der Mahnung und dem Verlangen des Konzils volle Genüge gethan. Die siebzehnte allgemeine Sitzung am 26. April 1434, welcher der Kaiser beiwohnte, bestätigte den Friedensschluß.

Nicht lange darauf verließ Sigmund Basel, zwar sich bewußt, zum allgemeinen Besten gewirkt zu haben, aber wenig erbaut von der Selbstüberhebung und dem Selbständigkeitsdrange, die dort herrschten. Er fühlte sich zurückgesetzt und mit Nichtachtung behandelt; mit Unwillen sah er, wie sich das Konzil in alle möglichen rein weltlichen Dinge einmischte, angeblich um Frieden in der Christenheit zu schaffen. Am meisten beklagte er, daß darüber die Reform, nach der er vom ersten Tage der Versammlung ab verlangt hatte, nicht vorwärts rückte.

Doch nach einer Seite hin hatte das Konzil wirklich Nützliches und Großes angebahnt.

Die Tiefe des merkwürdigen Zwiespaltes offenbarte sich, indem das mit dem Oberhaupte der Kirche zerfallene Konzil eben das Werk fortsetzte, welches jenes besonderen Zorn erregt hatte, die Versöhnung mit den Feinden der Kirche, den böhmischen Ketzern.

Es war ein Glück, daß der Sieg, den die Böhmen über den verfehlten Kreuzzug von 1431 errangen, nicht die bei ihnen herrschenden Friedensneigungen erstickte und der Jubel nicht die vernünftigen Stimmen übertönte. Nichts ist ein schöneres Zeugnis für die Größe Prokops, als daß er, an dem damals eigentlich alles hing, dabei beharrte, ein ehrenvoller Friede sei jedem kriegerischen Erfolge vorzuziehen. Er verschloß seine Augen nicht gegen die Verwilderung, die gerade durch die Plünderungszüge nach außen genährt das böhmische Volk immer ärger ergreifen und die Neigung zur friedlichen Arbeit, deren Aufnahme bringend nötig war, auslöschen mußte. Nur Gottes Freund, aber aller Welt Feind zu sein, führte zu unhaltbaren Zuständen; Böhmen konnte nicht auf die Dauer in Vereinzelung verharren. Aehnlich wie er dachten andere Ordnungsliebende. Viele Böhmen, namentlich die Utraquisten, wollten nur die religiösen Forderungen, wie sie in den vier Artikeln enthalten waren, durchsetzen und blieben entschiedene Gegner der sozialistischen Richtungen, welche gerade in den Brüderheeren am stärksten vertreten waren. Bedurfte man dieser nicht mehr, dann verging auch ihre kriegerische Herrschaft, hatten die gefährlichen Strömungen nicht mehr eine geschlossene und bewaffnete Vertretung.

So fand das Anerbieten von Basel her, welches so oft ausgesprochene Wünsche erfüllte, bereitwillige Aufnahme. Unter der Mitwirkung des Brandenburger Kurfürsten fand im Mai 1432 zu Eger eine Zusammenkunft statt, auf der Johann Rokycana, Prediger an der Teinkirche zu Prag, gelehrt, beredt, durchdrungen von seinen husitischen Ueberzeugungen, doch auch ehrgeizig, für die Böhmen das Wort führte. Er erklärte, wie nur die Verweigerung des Gehörs sie zum Schwerte gezwungen habe; nun, wo man es ihnen gewähren wolle, müßten sie erst ihrer Sicherheit vergewissert werden.

Auch Hus war einst zum Konzil gekommen, um Gehör zu finden. Hielten es damals die Vertreter der Kirche für selbstverständlich, daß einem Ketzer kein Rechtschutz gebühre, so gewährte man ihn jetzt den Jüngern des böhmischen Märtyrers freudig und in ausgiebigster Weise, obgleich ihre Hände tausendfältig mit Priesterblut befleckt waren und ihre Lehren weit über die von Hus einst verfochtenen hinausgingen. Denn nicht allein den Utraquisten, auch den Waisen und Taboriten wurde als Gesandten der Zutritt gestattet; zwar stellte das Konzil die Unterredung über die vier Artikel in den Vordergrund, doch war den Böhmen nicht verwehrt, auch andere Anträge zu stellen.

Es war die rohe Gewalt der Thatsachen, welche diesen Umschwung hervorgerufen hatte, einen Entschluß erzwang, dessen Schwere und Tragweite wir heutzutage kaum zu fassen vermögen. Er bedeutete die Verleugnung einer vielhundertjährigen Entwicklung, der ganzen bisherigen christlichen Anschauung. Aber die harten Fäuste der Böhmen dienten einer Idee, und wenn sie auch bei ihnen in besonderen Formen kristallisiert war, ihr Grundstoff durchdrang bereits die gesamte Welt.

Beide Seiten fühlten sich glücklich über die erfolgte Verständigung und das Konzil bestätigte voll die getroffenen Abmachungen. Für Deutschland war es freilich traurig, daß die Böhmen keinen Waffenstillstand gewährten, sondern ihre Einfälle in die Nachbarländer fortsetzten, denn sie erkannten ganz richtig, daß die bisherigen Feinde nicht aufatmen dürften, ehe nicht das Endziel erreicht und gesichert sei.

Nachdem die langwierigen Verhandlungen über das Geleit beendet waren, kamen im Oktober zwei böhmische Gesandte in Basel an, denen im Januar 1433 die große Abordnung mit starker Begleitung folgte, darunter der furchtbare Prokop der Große selbst und Rokycana. Sie trafen unerwartet spät abends ein, so daß dem Konzile die peinliche Notwendigkeit, sie zu begrüßen, erspart blieb, denn man war in Verlegenheit, da Fahnen und Wagen das Bild des Kelches mit der Umschrift: „Die Wahrheit siegt überall" zeigten. Doch sammelte sich eine staunende Menge, und der Rat geleitete die unheimlichen Gäste ehrenvoll in ihre Behausungen.

Nun begann das lange Redegefecht, in dem die Böhmen ein starkes Selbstbewußtsein entwickelten und oft die Geduld der Versammlung auf eine starke Probe stellten; natürlich überzeugte kein Teil den andern. Kardinal Julian lieferte ein Meisterstück in Ausgleichung und Beschwichtigung. Doch schied man freundlich von einander. Da bloße Disputationen nichts ausrichteten, gingen mit den Böhmen Gesandte des Konzils nach Prag, wo sie die gleiche bereitwillige Aufnahme fanden, welche Basel den Husiten gewährt hatte. Mit ihnen kehrten böhmische Gesandte zurück, welche die vier Artikel in der von ihnen begehrten Fassung mit der Bitte um Bestätigung überreichten. Den nicht ungünstigen Bescheid brachte eine zweite Gesandtschaft des Konzils nach Prag zu dem böhmischen Landtage, und dort vereinbarte man endlich am 30. November unter gegenseitigem Handschlag die ersten sogenannten Kompaktaten. Sie genehmigten unter allerlei Vorbehalten und Bedingungen den Gebrauch des Kelches, die Einstellung und die Bestrafung der Todsünden durch zuständige Aemter, die freie Verkündigung von Gottes Wort durch von den Oberen eingesetzte Priester mit Bewahrung der päpstlichen Autorität, den Besitz zeitlicher Güter durch die Kirche, doch so, daß die Geistlichen nur Verweser seien.

Die Böhmen stellten jedoch gleich nachher neue Forderungen auf, so daß nichts übrig blieb, als nochmals das Konzil anzugehen. Es schien sogar, als ob der noch vorhandene Kriegszustand zu einem neuen allgemeinen Kampf führen würde. Schon schrieb das Konzil im Februar 1434 eine Husitensteuer aus und verlangte von Sigmund, daß er selbst wenigstens nach Nürnberg ginge, um Böhmen näher zu sein, doch der Kaiser, der zwar auch an Rüstungen dachte, lehnte ab, weil er ohne Geld und Unterstützung gelassen wurde.

Da kam aus Böhmen selbst die Lösung. Eben die Friedensverhandlungen hatten in den Parteien das Bewußtsein lebendig gemacht, wie sehr sie unter einander verschieden waren. Die Anknüpfung mit dem Baseler Konzil war nur möglich geworden, weil die Waisen sich den Kelchnern genähert hatten, allein sie forderten die ausschließliche Herrschaft des husitischen Bekenntnisses. Nun hatte die Stadt Pilsen unter allen Anfechtungen den Katholizismus bewahrt. Jetzt, wo ganz Böhmen als Einheit erscheinen sollte, erachtete es der Landtag für notwendig, sie dem Bekenntnis der vier Artikel zu zwingen, und ließ daher im Sommer 1433 die Belagerung beginnen. Das Heer bildete sich zum guten Teil aus den alten kriegsgewohnten Scharen, den „Brüdern", Waisen und Taboriten; Prokop übernahm anfangs den Oberbefehl.

Aber auch der Adel, von dem so manche nur äußerlich die hussitischen Sätze bekannten, hatte inzwischen unter den beruhigteren Verhältnissen neue Kraft gesammelt; der mächtige, katholisch gesinnte Ulrich von Rosenberg stand bereits in den engsten Beziehungen zu Sigmund. Der Adel setzte im Dezember 1433 die Wahl eines ihm genehmen Statthalters durch, welche den demokratischen Richtungen zeigte, daß ihrer Herrschaft das Ende bevorstand. Da die Belagerung von Pilsen schlechten Fortgang hatte, das Heer ungescheut im Lande selbst raubte und plünderte, verbanden sich die böhmisch-mährischen Herren mit der Altstadt Prag zur Herstellung der Ordnung. Damit wurden die Parteien zu zwei großen gegnerischen Gruppen vereinigt, der Adel zusammen mit den utraquistischen Städten Prag und Melnik gegen die übrigen, und der innere Krieg war gegeben. Prokop, der einer Adelsherrschaft widerstrebte, sah sich gezwungen, wieder der Führer der „Brüder" zu werden. Bei Lipan östlich von Prag trafen sich am 30. Mai 1434 die erbitterten Heere. Das Fußvolk der Herren verlangte den Angriff, da es viel von dem Geschützfeuer zu leiden hatte, lockte durch verstellte Flucht die Gegner aus der Wagenburg, und obgleich diese, ihren Irrtum bemerkend, eiligst umkehrten, gelang es, durch Ueberklettern nach- und einzudringen. Außen und innen tobte nun der Kampf, bis der Ring von außen her durchbrochen wurde. Dann begann das Morden, in dem auch Prokop seinen Tod fand.

Das Schicksal Böhmens war damit entschieden, denn an Stelle der Demokratie erhob sich bald die Aristokratie zur gebietenden Macht, unter die sich der Bauer beugen mußte mehr wie vordem. Zunächst wurden freilich die Utraquisten von der entschiedenen Richtung Rokycanas, denen sich auch die Reste der Waisen anschlossen, die Herren Böhmens, und sie waren nicht geneigt, sich dem Konzil ohne weiteres zu unterwerfen.

Der Untergang der Taboriten beeinflußte in eigener Weise das Verhältnis zwischen Böhmen und Basel. Hier atmete man erleichtert auf und hielt weiteres Nachgeben nicht mehr für so nötig, dort hielt man befreit von den trotzigen Nebenbuhlern den eigenen Standpunkt um so fester. Die Länge der Zeit, der schleppende Gang hatten ohnehin die anfängliche Begeisterung gedämpft, den guten Geist zurückgedrängt. Die Theologie kam wieder zu ihrem leidigen Rechte und machte die Verhandlungen kleinlich, argwöhnisch, zum Streit um Buchstaben und Silbe. Beide Seiten schenkten sich nichts. Die Baseler wollten eine Gleichberechtigung nicht zugestehen und empfanden jetzt mehr den Druck ihrer schweren Verantwortlichkeit, als die erfrischende Freude des Friedenschaffens, die Husiten wollten nach so vielen Erfolgen nicht die minderwertigen, nicht Christen zweiter Klasse sein. Doch mit dem Taboritentum war die letzte, die eigentlich lebendige Kraft vernichtet, das Husitentum sank zu einer dogmatischen Sekte herab.

Jetzt war für den Kaiser der Augenblick zum selbständigen Eingriff gekommen, obgleich er fortgesetzt die eigentlichen Glaubensfragen dem Konzil überließ und dadurch zwar nur langsam, aber desto sicherer vorwärts kam. Es war eine harte und saure Arbeit, die er mit höchstem Geschick vollendete und auch durch gelegentliche leidenschaftliche Aufwallungen nicht ernstlich stören ließ. (Ge-

bunden an das Konzil, durfte er keinen Zweifel an der eigenen Rechtgläubigkeit
aufkommen lassen, doch benützte er die Baseler auch manchmal als willkommene
Deckung, um sich hinter ihnen zu verschanzen. Auf dem Reichstage zu Regensburg
Ende August 1434 stritten Rokycana und die Konzilsboten miteinander, bis die
Böhmen erklärten, nur mit dem Kaiser verhandeln zu wollen, der seinerseits
auch erkannte, der Wortklauberei müsse ein Ende gemacht werden. Obgleich er
eine gewisse Einigung bewirkte, machte er sich noch auf Krieg gefaßt und betonte
wieder öffentlich die Notwendigkeit, „das faule Glied abzuschneiden". Da die
Husiten in Ungarn noch Plätze innehatten und Einfälle dorthin machten, kehrte
er zögernd Ende Oktober 1434 in sein Königreich zurück. Deutschland sollte ihn
nicht wiedersehen.

Auch die Sorge vor Polen rief ihn über die Grenzen. Das Gespenst,
was ihn von jeher beunruhigte, ein Bündnis Polens mit den Böhmen, hatte zu
seinem Schrecken wirklich Leben gewonnen, gerade während er in Italien fest-
saß. Nach dem Tode Witolds erhob König Wladislaw im Einverständnisse mit
den Litthauern seinen Bruder Swidrigiello zum Großfürsten. Aber dieser nahm
sofort die Pläne seines Vorgängers auf, die selbständige Krone im Bunde mit
König Sigmund und dem Orden; bald begann er gegen Wladislaw um Podolien
Krieg. Der Orden veranstaltete als sein Bundesgenosse im Sommer 1431 einen
furchtbaren Raubzug nach Polen, und obgleich Waffenstillstand geschlossen wurde,
blieb die Spannung bestehen. Der Polenkönig suchte in seiner Not ein Bündnis mit den Böhmen, indem er erklärte, mit jeder Nation, vor allen mit der
deutschen, Krieg führen zu wollen. Daher drangen jetzt hussitische Scharen so
weit vor, wie nie vorher. Im Sommer 1433 brachen sie durch Schlesien in das
Ordensland ein und trugen bis nach Danzig ihre Verheerungen. Staunend
sahen sie das weite Meer und füllten Flaschen mit dem seltsamen Wasser, um
es daheim zu weisen.

Der Orden war gezwungen, mit Polen Frieden zu schließen. Da die
Polen feierlich erklärten, mit dem ungarischen Volke keinen Krieg führen zu
wollen, betrachtete sich Sigmund persönlich in seiner Stellung als König bedroht.
Er sah den Frieden mit höchstem Mißvergnügen und forderte persönlich vom Orden
unter schweren Drohungen die Wiederaufnahme des Kampfes, da auch Swidrigiello
mittlerweile durch Aufruhr in seinem eigenen Lande vollkommen gebunden war.
Der Tod Wladislaws am 31. Mai 1434 veränderte die Lage; für seinen minderjährigen Sohn Wladislaw II. suchte der Reichstag die Freundschaft Sigmunds,
wünschte sogar, daß er sich mit dessen Enkelin vermähle. Der Kaiser bewahrte
trotzdem das alte Mißtrauen; sein Wunsch blieb bis zuletzt darauf gerichtet,
Polen Feindschaft und Krieg auf den Hals zu laden. Die böhmischen Verhältnisse erlitten jedoch keine ernstliche Störung mehr von dort.

Die hauptsächlichste Streitfrage war, wie die in den Kompaktaten aus-
gesprochenen Grundsätze im täglichen Leben auszuführen seien, die andere,
unter welchen Bedingungen Sigmund als König zugelassen werden sollte.
Der Landtag begehrte, er solle die Kommunion unter beiden Gestalten für
das ganze Land befehlen, und forderte außerdem die innere Selbständigkeit
Böhmens. Darüber gab es im Juli 1435 in Brünn lebhafte Auseinander-

setzungen. Der Kaiser, der tagtäglich die endlosen Verhandlungen persönlich führte, legte sich ins Mittel, machte die Böhmen durch Bewilligungen, die er zugestand, ohne die Boten des Konzils zu fragen, gefügiger, aber schließlich kam noch keine volle Einigung heraus. Der Parteihader in Böhmen drohte alles umzustoßen. Dazu nahm die Synode gegen Sigmund Stellung, verlangte von ihm Bürgschaft, daß er nichts bewilligen werde, was in den Bereich der Kirche gehöre und den Kompaktaten widerstreite. Er sollte die Verpflichtung übernehmen, jedweden mittelbaren oder unmittelbaren Zwang zur doppelten Kommunion zu verhindern, und versprechen, sich in die gesamte Ordnung der Kirche nicht zu mischen. Erzürnt fuhr er auf und wollte im Ueberdruß die ganze Sache aufgeben. Indem er dann nach heftigem Widerstreben nachgab, stieß er wieder die Böhmen vor den Kopf. Schließlich gelobte er nur, die Kompaktaten zu schützen und nicht zu gestatten, daß jemand zum Abendmahl unter beiderlei Gestalt genötigt würde.

Doch kaum war es soweit, als eine neue Streitfrage über die Anerkennung des Johann Rokycana auftauchte, der auf Veranlassung des Landtages zum Erzbischof von Prag gewählt worden war. Um überhaupt nur fertig zu werden, beschränkte man sich darauf, am 5. Juli 1436 in feierlicher Handlung zu Iglau die Kompaktaten und ergänzenden Verträge öffentlich zu verlesen und zu verkündigen. Alle Anwesenden waren erfüllt von inbrünstiger Freude, doch schon am folgenden Tage kam es zum Zwist über die Ausübung des den Böhmen zugestandenen Kelches beim Abendmahl.

Zum Glück trugen beide Parteien Bedenken, nun noch das Werk scheitern zu lassen, so daß am 23. August Sigmund seinen festlichen Einzug in Prag hielt, in der Teinkirche von Rokycana mit einer Predigt begrüßt. Auch jetzt hörten die Reibereien nicht auf. Sigmund, der in seinem Herzen den Husiten durchaus abgeneigt blieb, suchte bereits einen Uebergang zu den alten Formen vorzubereiten durch Begünstigung der Katholiken bei der Aemterbesetzung, während der Konzilsgesandte, Bischof Philibert, durch seine Geschäftigkeit, die gemachten Zugeständnisse auf ihren engsten Kreis zu beschränken, den Zorn der Husiten erregte. Rokycana, zurückgesetzt und Aergeres befürchtend, entschloß sich zur Flucht und bald erhob sich in Böhmen so große Unzufriedenheit, daß Aufstand befürchtet wurde. Die Berichte von dort nach Deutschland lauteten höchst besorgt. Zur abschreckenden Warnung ließ der Kaiser die Burg Sion, die der Rest der Taboriten noch inne hatte, erstürmen und den Anführer nebst fünfzig Mitgefangenen zu Prag in schmachvoller Weise aufhängen.

Doch nicht allein Böhmen beunruhigte ihn, auch von Basel kamen aufregende Nachrichten, und ebenso nahm das Reich des Kaisers Sorge voll in Anspruch.

Achtzehnter Abschnitt.

Die Veme.

Wenn die Rede auf die letzten Zeiten des Mittelalters kommt, so wird unter den mancherlei seltsamen und erschrecklichen Dingen, die von ihnen zu erzählen sind, wohl in erster Stelle der Vemegerichte gedacht. In vielen Lehrbüchern und sogenannten populären Schriften lesen noch heutzutage Schüler und Erwachsene mit behaglichem Gruseln, wie Männer bei dunkler Nacht in Höhlen oder unterirdischen Gewölben heimlich zusammenkamen und dort bei blutrotem düsterem Fackelschein, eingehüllt in unkenntlich machende Vermummungen, ihr unerbittliches Richteramt ausübten. Und wie der Schuldige, ohne es zu ahnen, in der Verborgenheit zum Tode verurteilt war, so traf ihn plötzlich, unvorbereitet das furchtbare Schicksal. Entweder wurde er bei Nachtzeit aus dem Schlafe herausgerissen und mit dem Strange gerichtet, oder wo er allein des Weges wandelte, von den seine Schritte belauernden Schöffen des westfälischen Gerichts gepackt und an den ersten besten Baum gehenkt, während der neben der Leiche in den Stamm geheftete Dolch verkündete, daß er der unfehlbar treffenden Veme verfallen war. Ueberall durch ganz Deutschland sollen unzählige Verbrecher, welche der öffentlichen Gerichtsbarkeit spotteten, durch diese geheime den wohlverdienten Lohn empfangen haben. Noch ist das Wort „verfemen" unsrer Sprache erhalten geblieben, um die Ausstoßung aus dem Kreise anständiger Menschen zu bezeichnen.

Die Dichtkunst hat es nicht unterlassen, diesen lockenden Stoff auszubeuten; im Käthchen von Heilbronn, wie im Götz von Berlichingen führt uns die Bühne die düstere Zurüstung lebendig vor Augen. Auch auf manchem erläuternden Bilde in Geschichtsbüchern haben phantasievolle Zeichner die Freischöffen dargestellt, wie sie basitzen gleich den italienischen und spanischen Totenbrüderschaften in Kapuzen gehüllt, aus denen nur die Augen durch einen schmalen Spalt unheimlich herausfunkeln. Und geschwätzige Fremdenführer in Burgen Nord- und Süddeutschlands finden noch heute auch bei gebildeten Zuhörern Glauben mit ihren Versicherungen, dort habe in verborgenen Kellern die Veme ihr Wesen getrieben.

Daß die westfälischen Freischöffen nie bei Nacht, sondern nur bei Tage, nie in verschlossenen Räumen, sondern nur unter freiem Himmel, nie in Verkleidungen, sondern jedermann sichtbar und kenntlich, ihr Amt ausübten, haben schon vor einem Jahrhundert die ernsten Forscher genugsam nachgewiesen. In unsrer Zeit ist dann über Wesen und Bedeutung der heimlichen Gerichte weitere Aufklärung gewonnen worden.

Die schwierige und verwickelte Frage nach dem Ursprung und der langsamen Entwickelung der Vemegerichte, welche in die früheren Zeiten fällt, kann hier nicht erörtert werden. Daß sie von Karl dem Großen und dem Papste Leo eingeführt seien, um die halsstarrige Bosheit der Sachsen zu bändigen, war die freilich feste, doch irrige Ueberzeugung der Genossen. Allerdings hatte ihr eigentümliches Gerichtsverfahren eine uralte Wurzel, die sogar über die Zeit Karls hinaufreicht: das Recht der Selbsthülfe der Freien gegen den unmittelbar bei der Handlung ergriffenen Dieb oder Räuber. Daß die Veme als Reichsgericht auftreten konnte, ist indessen erst sehr viel später durch den Wandel und die Zersetzung der rechtlichen Anschauungen und Zustände möglich geworden.

Das Wort „Veme" bedeutet ursprünglich nur „Genossenschaft"; durch die Beziehung auf richterliche Genossenschaften kam auch der Sinn der richterlichen Strafe hinein. In ihm lag demnach keineswegs der Begriff der Heimlichkeit. Das Verfahren der Gerichte entsprach auch in allen Hauptzügen dem sächsischen Rechte. Sie wurden gehegt zu den allgemein üblichen Stunden, vom Morgen, „sobald sich die Sonne erhöht hatte", bis zum Nachmittage. Ihre Plätze waren meist altherkömmliche Malstätten, die später sogenannten Freistühle. Deren Zahl war ungemein groß und betrug mehrere Hundert innerhalb von Westfalen, doch haben nur wenige eigentlichen Vemeprozessen gedient. Sie lagen meist an der offenen Königsstraße, oft bei Brücken, manchmal auf Hügeln oder in den Vorhöfen von Burgen, doch auch innerhalb der Städte auf dem Markte oder neben Kirchen, nicht selten äußerlich gekennzeichnet durch Bäume, die ihren Schatten auf die Versammlung warfen, und wurden dann nach ihnen bezeichnet. Zuweilen hatten die Bewohner eines benachbarten Hofes die Pflicht, die Dingstätte in Ordnung zu halten, die Bänke herbeizuschaffen und den Gerichtstisch mit einem weißen Linnen zu bedecken.

Diesen anfänglich auf ihren Sprengel beschränkten Gerichten gelang es, sich zu Reichsgerichten emporzuschwingen und somit ihre Thätigkeit über alle dem Reiche Angehörigen auszudehnen. Das ist sehr allmählich geschehen. Der nächste Grund dazu war, daß hier in Westfalen der König unmittelbar den von den Gerichtsherren bestellten Richtern, den Freigrafen, den Bann, d. h. das Recht, Gericht zu halten, übertrug. So entstand die Anschauung, die Wirksamkeit der Freigerichte reiche ebenso weit wie die Gerichtsbarkeit des Königs; sie galten für königliche, im Namen des obersten Reichsgerichtsherrn besessene Stühle. Immer höher steigerten sich dann die Anmaßungen der Freigrafen, bis sie endlich ihre Gerechtsame für die höchsten im Reiche ausgaben.

In den Zeiten Karls IV. errangen die Freigerichte größere Geltung für einen weiteren Umkreis und für Sachen, welche über die gewöhnliche Rechtspflege an Ort und Stelle hinausgriffen. Zugleich erlangte Westfalen den Vorzug, daß nur die dort gelegenen Stühle für berechtigt galten; nur an ihnen dürfe heimliches Gericht gehalten werden, nur auf „roter Erde", wie es später hieß. Denn diese jetzt für Westfalen gang und gäbe und von seinen Söhnen mit Stolz gebrauchte Bezeichnung ist erst am Ende des fünfzehnten Jahrhunderts nachweisbar; wahrscheinlich entstand sie in Franken, in der Nachbarschaft eines westfälischen Grenzstrichs mit rötlichem Erdboden. Den westfälischen Gerichten kam zu statten, daß Karl IV. 1372 dem Erzbischofe Friedrich von Köln, den Bischöfen von Münster, Paderborn und Osnabrück und dem Grafen von der Mark das Recht verlieh, den Landfrieden zu sichern mit der Todesstrafe durch den Strang unter des Königs Bann und mit Hülfe der Freischöffen. Unter Wenzel wurden diese Bestimmungen erneuert und allmählich als Landfriedensgebote auf einen großen Teil von Nord- und Mitteldeutschland ausgedehnt. Als sie zu großen Mißbräuchen führten und die süddeutschen Reichsstädte, durch übertriebene Gerüchte geängstigt, darin einen ihnen von den Fürsten gelegten Fallstrick erblickten, widerrief Wenzel 1387 den westfälischen Landfrieden. Doch waren inzwischen die Vemegerichte in einem großen Teil von Deutschland bekannt geworden. Damit hatten sie die ersten Stellungen gewonnen und begannen nun ihre Thätigkeit auszudehnen mit solchem Erfolge, daß König Ruprecht 1408 sich von westfälischen Freigrafen über die Einrichtung schriftlichen Bescheid erteilen ließ. Diese sogenannten „Ruprechtschen Fragen" sind die ältesten Aufzeichnungen über das Vemegericht.

Von jetzt an stiegen die westfälischen Gerichte schnell zum höchsten Ansehen empor und erfüllten ganz Deutschland mit ihrem Rufe und mit dem Schrecken, den die plötzlich aufgetauchte geheimnisvolle Gewalt verbreitete. Die Regierung Sigmunds ist ihre freilich nur kurze Glanzzeit. Eifrige Förderer waren die Kölner Erzbischöfe, die als Herzöge von Westfalen dabei das eigene Interesse verfolgten. Bereits König Wenzel hatte dem Erzbischof Friedrich das Recht erteilt, die Freigrafen innerhalb seines Herzogtums zu investiren; Erzbischof Dietrich II. wurde zum Verweser aller Freigerichte bestellt, mit der Vollmacht, die Freigrafen zu belehnen und zu verpflichten, und erhielt 1422 den Auftrag, alljährlich sämtliche an einen Ort zu berufen, um die Gerichte zu prüfen und zu ordnen. Unzweifelhaft ist es auch Dietrich gewesen, der den König für sie einzunehmen wußte. Sigmund wurde sogar selbst Wissender und sah es gern, wenn auch andere Fürsten sich zu Freischöffen machen ließen. Seinen lebhaften Geist zog die Romantik an, welche die Einrichtung umgab, aber er glaubte gewiß auch in ihr eine Stärkung seiner unmittelbaren königlichen Gewalt und ein kräftiges Werkzeug der strafenden Gerechtigkeit zu finden. Daher trat er sehr entschieden und mit Hochschätzung für die Veme ein, bis er erkennen mußte, wie zweischneidig dieses Mittel war.

Die westfälischen Gerichte hatten somit die allerhöchste Anerkennung gefunden und trieben unter der Sonne königlicher Gunst überkräftige Sprossen. Erzbischof Dietrich gab sich in der That Mühe, seine Oberrechte in nützlicher Weise auszuüben. Es war nunmehr bringend notwendig, für die bis dahin sehr flüssige Einrichtung allgemein gültige Ordnungen zu treffen. Große Freigrafenkapitel zu Soest und Dortmund gaben 1430 die ersten gesetzlich festgestellten Vorschriften über das Verfahren, schon mit dem Bestreben, Mißbräuche abzustellen und zu verhindern. Doch die Klagen mehrten sich mit der steigenden Thätigkeit der Gerichte und bildeten bald einen ständigen Gegenstand der Reichsverhandlungen. Daher beauftragte Sigmund den Erzbischof, eine sorgfältige Regelung vorzunehmen. Der Weisung folgend ließ Dietrich 1437 zu Arnsberg eine sogenannte „Reformation" feststellen, welche die früheren Bestimmungen von Soest und Dortmund zusammenfaßte und fortan die auch von Kaiser Friedrich III. anerkannte Norm blieb. Seitdem wurde Arnsberg ein Vorort der Gerichte und häufig tagten Freigrafenkapitel auf der Dingstätte an der Burg. Vorher hatte der Dortmunder Stuhl zwar großes Ansehen genossen, aber keine Rechte der Leitung besessen.

Trotzdem ist es während des ganzen fünfzehnten Jahrhunderts nicht gelungen, in das Gerichtswesen wirkliche Einheit zu bringen und die Freigrafen einer geordneten Zucht zu unterwerfen. Wie die Veme erwachsen war auf einem sehr schwachen rechtlichen Fundamente und mehr durch Glück und geschicktes Vorgehen einzelner Stuhlherren und Freigrafen als durch einen geschichtlich begründeten Inhalt zu solchem Umfang gedieh, hat auch in der Folgezeit willkürliche Auslegung, namentlich mancher Sätze des Sachsenspiegels, zur Verwirrung und zu neuen Rechtsdeutungen geführt. Es entstanden zahlreiche Aufzeichnungen und Rechtsbücher, welche die weit ausgreifende Thätigkeit der Gerichte zum Bedürfnis machte, nicht wenige von ihnen außerhalb Westfalens, selbst in Süddeutschland. Sie zeigen, wie schwankend die Begriffe blieben, wie persönliche Auffassungs- und Erfindungsgabe die Fäden immer weiter spann bis zur völligen Ausartung. Da die Weistümer, die an der Gerichtsstätte selbst gewiesenen und gefundenen Urteile eine große Rolle spielten, so blieb nicht aus, daß diese für den einzelnen Fall zurecht gelegt wurden und mehr den Witz der Urteilsfinder, als wirklich zutreffende Rechtssätze wiedergaben.

Es ist schon deswegen sehr schwierig zu erkennen, welche Stufen die innere Ausbildung der Freigerichte durchmachte, weil es uns an sicheren Ueberlieferungen fehlt und die Entwickelung überhaupt nicht streng folgerecht, sondern mehr sprungweise erfolgte. Jedenfalls begann der Uebergang zu dem späteren Wesen schon um die Mitte des dreizehnten Jahrhunderts. Da der Freischöffenstand sich selber durch Aufnahme neuer Mitglieder ergänzte, fing er an, sich abzuschließen, und schuf sich besondere Formen und Gebräuche, die er geheim hielt. So bildete sich eine gewisse Heimlichkeit aus, die allmählich zu einer Haupteigenschaft der Gerichte wurde und sie mit einem eigenen Reiz umgab. Für uns besteht das Geheimnis nicht mehr, so ängstlich es seiner Zeit gehütet wurde. Rechtsbücher und andere Aufzeichnungen geben uns darüber genügende Auskunft; in den Archiven, besonders mancher Städte, wie Dortmund und Frankfurt, sind Schriftwechsel und Akten in Massen vorhanden.

Diese westfälischen Vemegerichte übten keine ständige, räumlich und sachlich begrenzte Amtsgewalt aus, wie es die regelmäßigen Gerichte thaten, sondern traten nur in außerordentlichen Fällen ein. Sie nahmen erst dann Sachen auf, wenn das Recht nicht vor dem zuständigen Richter erlangt werden konnte, wenn die zunächst berufenen richterlichen Behörden den Spruch verweigerten oder der Verklagte die gebührende Genugthuung nicht leisten wollte oder sonst entsprechende Gründe nachgewiesen wurden. Auch schritten sie ein, sobald dem Verbrecher nicht auf andere Weise beizukommen war. Ihre Gewalt hörte auf, wenn der ordentliche Rechtsgang beschritten wurde. Ursprünglich galten auch nur gewisse Verbrechen als „vemewrogig", d. h. als solche, für welche die Veme zuständig war und die sie vor ihr Forum ziehen durfte. Das waren Versündigungen gegen Eigentum und Person, wie Diebstahl, Raub, Mord, unrechtmäßige Fehde und Meineid. Erst später bildete sich die Ansicht, daß die Stühle über „alles, was gegen die zehn Gebote sei," zu urteilen hätten, wonach schließlich jede Sache vor sie gebracht werden konnte; doch sollte dabei stets vorher die Rechtsverweigerung nachgewiesen werden. Man sagte wohl auch, der Veme gebühre alles, was gegen den Christenglauben sei, ein weitgespannter Begriff, da ja jede Unthat für unchristlich galt. Als das Husitentum auftam und die Kurfürsten seine Verbreitung innerhalb Deutschlands bekämpfen wollten, sollten die westfälischen Gerichte, wie alle übrigen, jeden belangen, der in Unglauben verfiele. Doch wissen wir nichts davon, daß sie Gelegenheit hatten, nach dieser Seite hin zu wirken. Ketzergerichte sind sie nie gewesen.

Juden und Geistliche sollten eigentlich nicht vorgeladen werden, die ersteren, weil sie es nicht würdig seien, die anderen, weil sie ihren eigenen Gerichtsstand hatten, doch wurde diese Vorschrift nicht selten überschritten. —

Die Freistühle gehörten einem Herrn, dem sogenannten Stuhlherrn, der als eigentlichen Ausüber des Gerichtes einen Freigrafen ernannte, welchem der Bann vom Könige erteilt wurde. Der Freigraf leitete das Gericht, ihm standen dabei zur Seite die Freischöffen, deren Zahl sieben betragen mußte. Von ihnen fand einer auf Geheiß des Freigrafen den Spruch, der, wenn er von den Genossen nicht gescholten wurde, durch die Verkündigung seine Rechtskraft erlangte. Doch waren bei wichtigen Sachen sehr viel mehr Freischöffen zur Stelle, welche den „Umstand" bildeten und mit denen der mit dem Urteil beauftragte Schöffe sich zu beraten pflegte. Manchmal ging die Zahl der anwesenden Freischöffen in die Hunderte, und man legte auf die große Menge Gewicht.

In den guten Zeiten der Vemegerichte gab es in Deutschland außerordentlich viele Freischöffen. Die Zahl 100 000, die häufig angegeben wird, ist freilich nur die poetische Redefigur eines Gelehrten, die andere für eine thatsächliche Ziffer hielten. Jeder unbescholtene freie Deutsche konnte „wissend" werden, wenn er die Kosten nicht scheute, deswegen nach Westfalen zu reiten. Der Begriff der Freiheit war ein sehr ausgedehnter; er umfaßte alle Bürger, den niederen Adel und wohl auch ohne ängstliche Prüfung die besser gestellten Bauern. Auch Geistliche konnten sich aufnehmen lassen. Es wurde bald Modesache, ein Freischöffe zu sein, und jeder, der zur bessern Gesellschaft zählen wollte, mochte sich dazu melden, ähnlich wie es in neuerer Zeit mit der Freimaurerei stand. Außerdem bot das Freischöffentum große Vorrechte, wenn man, was leicht geschehen konnte, selber angeklagt wurde oder eine Anklage erheben wollte. Die übernommenen Verpflichtungen klangen zwar sehr ernst, aber kamen kaum je wirklich in Frage. Selbst zahlreiche Fürsten höchsten Ranges folgten dem vom Kaiser gegebenen Beispiel und wurden "Wissende", wie Kurfürst Friedrich von Brandenburg und mehrere baierische Herzöge.

Den Bewerber führten zwei Schöffen, die für seine Person Bürgschaft übernahmen, vor das heimliche Gericht. Dort legte er zwei Finger der rechten Hand auf Schwert und Strick, "die Wide", welche als Amtszeichen vor dem Freigrafen lagen, und leistete den Eid. Er lautete: "Ich gelobe bei der heiligen Ehe, daß ich nunmehr will die Veme wahren, hehlen, hüten und halten vor Mann vor Weib, vor Torf vor Zweig, vor Stock vor Stein, vor Gras vor Grein, vor allen lebenden Wichten, vor allen Gottesgeschichten (Geschöpfen), vor allem was zwischen Himmel und Erden Gott hat lassen werden, bis an den Mann, der die Veme halten kann." Zugleich verpflichtete sich der Schöffe, ohne Rücksicht der Person und unbestechlich — weder um Leib noch Leid, noch um Silber, Gold und Edelgestein, noch um Vater, Mutter, Brüder, Schwester, Verwandtschaft und keinerlei Ding, das Gott hat werden lassen — die Veme zu lassen, sondern alle vor sie gehörigen Sachen, die er erfährt, anzubringen, sie zu fördern und zu stärken. Darauf eröffnete der Freigraf dem Neuling die erworbenen Rechte und teilte ihm die heimlichen Lose und Zeichen mit. Denn die Freischöffen hatten unter einander gewisse Erkennungszeichen in Anrede und Berührung, auch ein Notwort, welches vielleicht einfach lautete: "Einer der Stäber", d. h. der Eidgenossen. Auf den Verrat stand die Todesstrafe durch den Strang.

Die Schöffen sollten bei Gericht nüchtern ohne Hut, Handschuh und Mantel und ohne Waffen erscheinen. Das Gericht wurde eröffnet nach uralter Weise durch ein feststehendes lautes Wechselgespräch zwischen dem Freigrafen und dem Freifrohnen. "Ich frage Dich, Frohne, ob es wohl Tag und Zeit ist, daß ich in Statt und Stuhl des Römischen Königs ein Gericht und heiliges Ding hege zu Recht unter Königsbann?" "Sintemalen Ihr den Bann, Stuhl und Freigrafschaft von des Königs eigener Hand leiblich empfangen habt, mögt Ihr das zu Recht thun." So wurden durch Fragen und Antworten dem Freigrafen und den Schöffen ihre Rechte und Pflichten gewiesen, bis endlich die eigentliche gerichtliche Handlung mit der Zulassung des Klägers beginnen konnte.

Er trat an, an jeder Hand einen Freischöffen führend. Während sie niederknieten, trug der Vorsprecher die Klage vor. Nachdem ein Urteilsspruch bejaht hatte, daß die Sache "vemewrogig" sei, also vor das Gericht gehöre, legte der Kläger, unterstützt von zwei Eideshelfern, den Schwur über die Wahrheit seiner Anschuldigung ab.

Gewöhnlich richtete der Freigraf erst eine schriftliche Warnung an den Beschuldigten, sich binnen bemessener Frist mit dem Kläger zu vergleichen und ihm genug zu thun, sonst müsse über ihn das Gericht ergehen, so leid es dem Freigrafen thäte. Geschah das nicht, so wurde die Sache noch einmal vorgebracht und dann die Vorladung beschlossen. Der Freigraf erließ sie unter seinem Namen schriftlich in verschlossenen Briefen, welche neben der Aufschrift die Warnung trugen: "Diesen Brief soll Niemand lesen, er sei denn ein Freischöff!" Auch alle anderen Schriften, welche sich auf die Veme bezogen, Rechtsbücher u. dgl., wurden so vor unberufenen Augen geschützt. Der Ladebrief bezeichnete kurz den

Namen des Klägers und die Sache, doch häufig wurde beides nicht angegeben, sondern der Empfänger einfach aufgefordert, an einem bestimmten Tage vor dem bezeichneten Freistuhle zu erscheinen.

„Wisset, Hermann Degler und sein Sohn und Albert Strodemann, daß ich Jakob Stoffregen, Freigraf der Grafschaft zu Rheda, Euch thue bitten und entbiete von des heiligen Reiches wegen unter Königsbann, daß Ihr kommet vor den Freistuhl an dem Hundehof bei der Mühle zu Rheda am nächsten Montag nach St. Bartholomaeustag zur rechten Richtezeit am Tage und antwortet dort auf die Klage des Johann Stroding, weil die Klage Euch Allen hoch geht an Eueren Leib und Ehre. Guten Freunde, hie kehret Euere Weisheit zu, daß der schweren Gerichte über Euch keine Noth thut." So lautet eine der zahlreichen Vorladungen, die in der Urschrift auf uns gekommen sind.

Die Heischebriefe wurden dem Angeklagten persönlich in seiner Wohnung oder seinen nächsten Zugehörigen übergeben, und zwar durch zwei Freischöffen. Indessen ging das nicht immer ohne Gefahr für die Boten und daher war gestattet, die Ladung auch in andrer Weise kund zu thun, was übrigens in solchen Fällen bei allen übrigen Gerichten geschah. Die Vorladenden wählten gern die Nacht und steckten die Briefe an die Thore von Burgen oder Städten, in denen der Vorgeladene wohnte; sie sollten dabei die Wächter anrufen und zum Zeichen des Vollzuges einen Span abhauen und dem Gerichte vorlegen. Vielfach wurden die Schreiben auch in den Kirchen in die Sakramentshäuschen oder auf den Boden gelegt; die vorsichtigsten Boten warfen sie kurzweg auf die Landstraße oder auf Heuschober vor den Thoren oder steckten sie an Gartenzäune.

Der gewöhnliche Sterbliche erhielt nur eine Vorladung, der Freischöffe mußte jedoch dreimal geheischen werden, erst durch zwei, dann durch vier, zum letztenmal durch sechs Freischöffen mit einem Freigrafen.

Da sonach der Verklagte weder verhaftet noch mit Gewalt vor Gericht gebracht wurde, so stand es ganz bei ihm, ob er erscheinen wollte. In jedem Falle begann nun wieder eine unendlich lange Verhandlung von Rede und Gegenrede, um so mehr da Kläger und Verklagter nicht persönlich, sondern nur durch Vorsprecher ihre Aussagen machen konnten. Nachdem das Gericht eröffnet worden, wurde festgestellt, daß die Vorladung richtig ergangen sei. Darauf bittet der Kläger, seinen Widerpart vorzurufen, und der Freigraf heischt ihn einmal, zweimal, dreimal nach den vier Himmelsrichtungen, daß er vorkomme und Leib und Ehre zum höchsten Rechte verantworte.

Der Verklagte, wenn er erschienen war, konnte das Gericht seinen Gang gehen lassen oder geloben, dem Kläger anderweitig vor den regelmäßigen Gerichten Recht zu thun. Gab er dafür Sicherheit, so mußte das Anerbieten angenommen werden. Es genügte auch, wenn zu diesem Zwecke Freischöffen an seiner Stelle sich verbürgten. Ueberhaupt konnte durch die Vermittelung von Freischöffen eine längere Frist zur Verantwortung gewährt werden. Auch war zulässig, an den König Berufung einzulegen.

Die Fällung des Spruches hing davon ab, ob Kläger und Beklagte erschienen waren. War ersterer nicht zur Stelle oder nicht vertreten, so erfolgte ohne weiteres Freisprechung; fehlte letzterer, dann gewann der Kläger Recht, sobald ihm sechs

Freischöffen als Eideshelfer zur Seite traten, d. h. eidlich bekräftigen, daß sein Schwur wahr sei. Auch dabei spielten sich lange Formalitäten ab.

Nichtwissende mögen sich selten dem Gerichte gestellt haben, da sie ohne Hülfe von Freischöffen verloren waren, besonders wenn ein Wissender gegen sie klagte. War der Angeschuldigte ein Vemegenosse, so entspann sich manchmal ein Ueberbieten in der Zahl der Eideshelfer, indem er sich schließlich durch dreimal sechs, die er in langer Kette an seiner Hand vor Gericht führte, reinigen und die Freisprechung erlangen konnte. Der so von der Anklage Befreite wurde unter besonderen Formen „wieder in sein Recht gesetzt".

Diese gerichtlichen Handlungen wichen von dem sonst üblichen Verfahren wenig ab. Das Eigentümliche der westfälischen Gerichte war jedoch, daß unter Umständen sich das offene Gericht in ein heimliches verwandelte. Das geschah sehr einfach, indem der Freigraf allen Nichtschöffen gebot, sich bei Strafe des Stranges ganz oder bis auf Hörweite zu entfernen, und dann das Gericht von neuem eröffnete. Doch konnte auch gleich mit der Heimlichkeit begonnen werden.

Heimliches Gericht wurde stets gehalten, wenn der Vorgeladene ausgeblieben war. Sobald das Eidverfahren seine Schuld erwiesen hatte, durfte der Kläger das Endurteil, das „Vollgericht" oder „die letzte Sentenz" begehren. Die Sitte gebot, daß der Freigraf noch eine Frist erwirkte bis zu einer späteren Sitzung. Die letzte Sentenz lautete, wenn es sich um vemewrogige Verbrechen handelte, auf den Tod durch die Wide, den Strang. Der Freigraf verkündete seinen Spruch in feierlichen Worten, die an sich den für die Acht und Rechtloserklärung gebräuchlichen Formeln entsprachen. Doch verliehen Phantasie und persönliches Geschick allmählich den anfangs schlichten Sätzen ein pomphafteres Gewand. Ueber den von einem baierischen Ritter verklagten Herzog Heinrich den Reichen von Baiern-Landshut fällte 1429 Freigraf Albert Swinde auf dem Stuhle zu Limburg an der Lenne folgenden Spruch: „So habe ich Freigraf Albert zusammen mit den Freigrafen, die den Stuhl mit mir besessen haben, den Heinrich, welcher sich schreibt Herzog in Baiern und Pfalzgraf bei Rhein, aus königlicher Gewalt genommen, vervemt und verführt aus der rechten Zahl in die unrechte Zahl, aus der oberen Zahl in die niedere Zahl, ihn von allen Rechten abgeschieden und ihn gewiesen von den vier Elementen, welche Gott dem Menschen zu Troste gegeben hat, daß sein Leichnam nimmer mit ihnen vermischt werden soll, er werde denn dazu gebracht als ein mißthätiger Mensch. Sein Hab und Gut und seine Reichslehen sind dem Könige und dem heiligen Reiche verfallen. Und ich habe ihn von Rechts wegen gewiesen als achtlos, rechtlos, friedlos, ehrlos, sicherlos, als mißthätig, vemepflichtig, lieblos, und daß man mit ihm thun und verfahren mag wie mit anderen mißthätigen, vervemten Männern und ihn noch schärfer und schimpflicher richten soll nach dem Gesetze des Rechtes, denn wie die Stellung höher ist, ist auch der Fall tiefer und schwerer. Er soll fortan für unwürdig gehalten werden und Fürst weder sein noch heißen. Und wir Freigrafen gebieten allen Königen, Fürsten, Herren, Edeln, Rittern, Knechten und allen denen, welche zum Reiche gehören und Freischöffen sind, und überhaupt allen Freischöffen in der heimlichen Acht bei ihren Ehren, Treuen und Eiden, welche sie dem heiligen Reiche und der heimlichen Acht gethan haben, daß sie dazu helfen und beistehen mit aller ihrer Macht und Vermögen und lassen das nicht um Verwandtschaft oder Schwagerschaft, um Leib, um Leid, um Gold, um Silber, um Angst für Leben oder Gut, daß über Heinrich, seinen Leib und sein Gut gerichtet werde und Korrektion geschehe, wie des heiligen Reiches heimlicher Acht Recht ist, und daß sie dazu helfen, daß dem Kläger, dessen Hausfrau und Erben Genugthuung geschehe!"

Andere Formeln überwiesen den Leib des Schuldigen den Tieren und Vögeln zum Fraß, die Seele Gott, erklärten seine Frau zur Witwe, seine Kinder zu Waisen. War der Spruch gefällt, so warf der Freigraf zum Zeichen der Ausstoßung des Verpönten aus der menschlichen Gemeinschaft den zusammengebogenen Strick über die Schranken und die Schöffen spuckten dabei aus.

Damit war erklärt, daß der Verurteilte zu erachten sei gleich einem auf der That Ergriffenen und gerichtet werden könne, wo er ergriffen würde. Die Strafe sollte vollzogen werden durch Erhängen, und dem Eide nach waren alle Freischöffen verpflichtet, dabei mitzuwirken. Doch durfte nicht einer allein die Strafe vollstrecken, sondern es mußten mindestens drei zusammen des Amtes walten.

So gefährlich war indessen die Sache nicht und im allgemeinen galt auch von den Vemerichtern das alte Sprüchlein von den Nürnbergern, daß sie keinen hängten, den sie nicht hätten. Eine große Anzahl von Todesurteilen ist uns urkundlich überliefert und manche Personen, wie Herzog Heinrich, sind wiederholt zum Tode verdammt worden. Aber von ihm, wie von vielen anderen, wissen wir genau, daß ihnen trotzdem kein Haar gekrümmt wurde und sie ihr Leben im Bett beschlossen. Die Ausführung eines solchen Spruches konnte nicht nur die ernstesten Gefahren bringen durch die ordentlichen Gerichte, die sich nicht ins Amt pfuschen ließen, sie war auch nicht jedermann paßlich, und da die Henker als ehrlos galten, konnte der gehorsame Schöffe die Achtung seiner Mitbürger verscherzen.

Nur ganz wenige Fälle sind zuverlässig bekannt, in denen der Strick durch Freischöffen zur Anwendung kam, und unter diesen sind noch einige, für welche die westfälischen Richter die Verantwortung ablehnten. Die Furcht ließ anfangs die Wirksamkeit der Veme in schreckhaftem Lichte erscheinen; in späteren Zeiten, als sie ihre Bedeutung längst verloren hatte, vergrößerte phantastische Ueberlieferung die Zahl ihrer angeblichen Opfer.

Allerdings in der ersten Ueberraschung zu Sigmunds Zeiten erlangten die westfälischen Gerichte ein gewaltiges Ansehen. Sie scheuten sich nicht vor den hochgestelltesten Persönlichkeiten, im Gegenteil, mit besonderem Eifer und Nachdruck verfolgten manche Freigrafen Fürsten, um die Macht des heiligen Gerichtes zu zeigen. So wurde nicht nur jener Herzog Heinrich von Baiern-Landshut, sondern auch sein Gegner Herzog Ludwig von Ingolstadt zum Tode verurteilt, und Sigmund schlug den gegen letzteren erfolgten Spruch so hoch an, daß er sich darauf berief, als er ihm seine Länder absprach. Auch manche anderen Fürsten wurden verklagt. Es gab kein deutsches Land, wohin nicht Ladungen ergangen wären, von Preußen bis Holland und Lothringen, von Oesterreich bis zur Schweiz; kaum blieben eine größere Stadt oder einzelne ihrer Bürger von Vemegerichten verschont.

Nur zu bald zeigten sich die Schattenseiten der anfangs mit ehrfürchtiger Scheu betrachteten Gerichte. Die Freigrafen trugen selber Schuld, wenn der Nimbus, der sie umgab, nicht lange vorhielt. Da ihnen der sichere Rechtsboden und unzweideutige Rechtssätze fehlten, blieb trotz aller Bemühungen, einige Ordnung in das Verfahren zu bringen, viel Unklarheit bestehen. Die Freigrafen zogen gerade daraus Vorteil und stellten ihr willkürliches Belieben als höchstes Gesetz hin. Immer prunkvoller und phrasenhafter machten sie ihre Titel, die Bezeichnungen für das Gericht und die von ihnen erlassenen Schreiben. Die Autorität des Kölner Erzbischofs reichte nicht aus, um die Freigrafen der kleineren Stuhlherren zu bändigen, und selbst König Sigmund mußte sich von ihnen sagen lassen, daß er seinen Eid gröblich verletze, und wurde drohend an seine Pflicht als Schöffe erinnert. Dem Kaiser Friedrich III. bestritten die Freigrafen überhaupt das Recht, sich in ihre Sachen zu mischen, da er kein Wissender sei. Schließlich setzten drei Tollköpfe unter ihnen dem Unfug die Krone auf, indem sie den Kaiser, seinen Kanzler und die Mitglieder des Reichskammergerichts vor den Stuhl zu Wunnenberg luden und im Falle des Ausbleibens mit der letzten Sentenz bedrohten. Ihre Frechheit blieb straflos!

Der Kreis der Vergehen, über welche die Freistühle Klagen entgegennahmen, wurde bald so ausgedehnt, daß jede beliebige Sache angebracht werden konnte. Besonders Geldsachen, Schulden und Erbschaftsstreitigkeiten, die anfänglich ganz ausgeschlossen waren, kamen später viel zur Verhandlung. Die Gerichte gebärdeten sich, als wären sie ein allseitig zuständiges oberstes Reichsgericht. Der Schein der Rechtsverweigerung, auf welche sie sich berufen mußten, war leicht vorzugeben, denn es genügte, wenn der Kläger behauptete, gegen ihn habe irgendwelcher Richter ein falsches Urteil gefällt. Daher erweiterten sich auch die Formen des Prozesses und der Urteile, so daß die Vemegerichte sich von anderen oft gar nicht unterschieden. Dadurch vernichteten sie selbst die Rechtstitel, unter denen sie Anerkennung gefunden hatten, und forderten den Widerspruch heraus. Unendlich oft wurde daher gegen Freigrafen von den höheren Gewalten eingeschritten, aber die verwegensten unter ihnen kümmerten sich weder um Absetzung, noch um kirchlichen Bann, noch um Reichsacht.

Ein Hauptfehler, der als Folge der eigentümlichen Einrichtung der Gerichte selbst ihnen die beste Kraft raubte, war der Umstand, daß alle diese zahlreichen Stühle gleichberechtigt nebeneinander standen. Die an einem Stuhle begonnene Sache sollte zwar nur an ihm zu Ende geführt werden, aber die Freigrafen durchkreuzten selber diese Vorschrift, deren Beachtung ihrer Gewalt nur förderlich gewesen wäre. So ließ sich jeder Prozeß beliebig drehen und wenden, indem gegen den einen Stuhl ein anderer ausgespielt wurde. Wer hier verurteilt war, ließ sich dort freisprechen; wer hier angeklagt war, belangte dort selber den Kläger.

Doch schlimmer noch kam den Freistühlen heim, daß das häßliche Kennzeichen dieser Zeit, die wüste Geldgier, auch bei ihnen zur Herrschaft kam. An sich war das Prozeßführen eine kostspielige Sache. Abgesehen davon, daß der Kläger oft von weit her nach Westfalen reisen mußte, hatte er dort gründlich zu zahlen. Die Aufnahme als Schöffe geschah natürlich nicht unentgeltlich. Dann war für jedes Urteil, deren bei dem formelhaften Verfahren bei jedem Prozesse eine ganze Anzahl erforderlich waren, jedesmal eine Gebühr zu entrichten; für die Vorladungen erhielten die sie überbringenden Freischöffen stattliche Tagegelder. Sollte das Gericht durch zahlreiche Freischöffen besonderen Glanz und Nachdruck erhalten, so war erforderlich, den aufgebotenen eine Entschädigung zu zahlen. Schließlich fand auch bei diesen Gerichten ganz gegen ihre alte Gewohnheit ein umfangreiches und daher kostspieliges Schreibwesen Eingang.

Meist waren Stühle und Freigrafen käuflich zu haben. Die Stuhlherren waren vielfach Adelige niedersten Ranges und kleinsten Vermögens; es besaßen auch wohl mehrere zusammen einen Stuhl, der natürlich allen eine reichliche Rente abwerfen sollte. So entstand ein Raubrittertum auf rechtlichem Gebiete, das nicht weniger lästig wurde, wie das mit Schwert und Schild betriebene. Gar gern sahen solche Stuhlherren, wenn bei ihnen Prozesse eingebracht wurden, und öffneten bereitwilligst ihre Stühle jedermann.

Die Freigrafen waren von den Stuhlherren abhängig und daher leicht auch gegen ihr Gewissen dienstwillig. Sie gingen teils aus dem niederen Adel, teils aus dem Bürger- und Bauernstande hervor und entbehrten durchschnittlich wirklicher Rechtskenntnisse. Es fiel ihnen daher schwer, die oft sehr verwickelten Verhältnisse, welche ihnen vorgetragen wurden, richtig zu beurteilen, und sie glaubten meist der einseitigen Darstellung, welche der Kläger gab. Für sie kam überhaupt nur die eine rechtliche Frage in Betracht, ob die Sache vemewrogig war; der weitere Verlauf des Prozesses spann sich ja wesentlich in Formen ab. Sie machten nebenbei ihr persönliches Geschäft, empfingen Trinkgelder, erpreßten wohl auch Zahlungen oder traten in dauernden Sold einer Stadt oder eines Fürsten, denen sie dafür in allen Händeln dienten. Ein Hauptkniff, der sich mit einiger Geschicklichkeit leicht anwenden ließ, war stets, ein an einem andern Stuhl eingeleitetes Verfahren, eine Vorladung oder ein Urteil, aus formalen Gründen für ungültig zu erklären. Es bildete sich schließlich ein stattlicher Stamm von Freigrafen aus, welche ihr Amt gewerbsmäßig betrieben und bald hier, bald dort, wo gerade ein Freigraf fehlte oder man mehrere oder besonders geschickte haben wollte, den Stuhl „bekleideten", also Gericht abhielten.

Dem schlechtesten Lumpen fiel es nicht schwer, wenn er nur zahlen konnte, Freischöffe zu werden und eine Klage anzubringen. Am meisten litten darunter die Städte, die bei ihrem Reichtum besonders gern zu Angriffen ausersehen wurden. Da behauptete der eine, bei einer Erbschaft übervorteilt zu sein, ein anderer beschwerte sich, man habe ihn mit Unrecht zu Geldbußen verurteilt, ein dritter wollte durch die städtische Polizei in seinem Erwerbe geschädigt sein, weil ihm vielleicht schlechte oder verbotene Ware mit Beschlag belegt worden war. Als Entschädigung wurden häufig unsinnige Summen gefordert.

Obgleich es auch vorgekommen ist, daß ganze Gemeinden zum Tode durch den Strang verurteilt wurden, lag für die Städte das Unangenehme nicht in etwaigen Todesurteilen, die wenig Sorge gemacht hätten, sondern vielmehr darin, daß dem Kläger das Recht zugesprochen wurde, sich die Entschädigung selber zu verschaffen und zu diesem Zweck der Stadt und ihrer Bürger Eigentum anzutasten. Belegten doch z. B. Freischöffen in anderen Städten Waren aus einer Stadt, gegen deren Bürger sie ein Urteil erlangt hatten, mit Beschlag. Auf Grund eines verurteilenden Vemespruches konnte der Kläger mit scheinbarem Rechtsgrunde alles mögliche räuberische Gesindel für sich in Bewegung setzen.

Am besten war es daher, sich gegen das eine heimliche Gericht durch andere zu decken und am einfachsten geschah das, wenn ein Stuhlherr gewonnen wurde. Viele von diesen vermieteten für gutes Geld ihre Stühle und ihre Freigrafen auf Jahre an einen Fürsten, der keinen eigenen besaß, oder an Städte und gestatteten, daß die Pächter sich derselben zu allen ihren Sachen bedienen konnten. Der kluge Rat von Frankfurt hat am frühesten diese arge Schwäche der Vemegerichte erkannt und es sich manchen Gulden kosten lassen, um sie auszunützen. Wie es zuging, möge ein einzelner Fall lehren. Als der Rat in einem verdrießlichen und weitschichtigen Streitfall vergebens beim Könige und bei Dortmund Hülfe gesucht hatte, wandte er sich an Dietrich von Wickede, er möge ihm einen Freistuhl stellen, dazu zehn Freigrafen, vierundzwanzig Freischöffen aus der Ritterschaft und andere. Dietrich brachte darauf in Bodelschwingh ein stattliches Freiding zusammen, bei dem zwölf Freigrafen, dreißig schildbürtige Freischöffen, neun Freifrohnen und gegen zweihundert andere Freischöffen erschienen. Die Frankfurter erhielten nach Wunsch eine stattliche Urkunde, während Dietrich sich für gute Bezahlung bedanken konnte; er hatte dreihundertundzwanzig Gulden gefordert und erhalten.

Die bedeutenderen Herren, welche mehrere Freistühle besaßen, wurden dadurch für andere Fürsten geschätzte Personen. An sie wandte man sich, wenn ein Unterthan mit den Gerichten zu thun bekam, oder auch wenn die Fürsten selber verklagt wurden oder klagen wollten. Dabei handelte es sich nicht allein um den Rechtsweg; nicht selten wurden Freistühle mit Bewaffneten gesperrt und das dort beabsichtigte Gericht hintertrieben. Auch Schlägereien unter den Parteien selbst während des Gerichtes kamen vor.

Aus allen diesen Gründen wurden die westfälischen Gerichte bald als eine neue, zu den bereits genugsam vorhandenen hinzugekommene Plage betrachtet. Daher begann frühzeitig die Abwehr. Es ist jedoch bezeichnend für die Zeit, daß nicht etwa von Reichs wegen eine rechtliche oder geschichtliche Untersuchung angestellt und daraufhin die Gerechtsame grundsätzlich bestritten oder beschnitten wurden. Die königlichen Bestimmungen und Reichstagsbeschlüsse beschränkten sich meist auf die Weisung, die Gerichte ordentlich zu halten und mit geeigneten Personen zu besetzen. So schien es ratsamer, sich in herkömmlicher Weise durch Ausnahmeprivilegien zu schützen. Die Stadt Bremen hat sich schon frühzeitig selber eines durch Fälschung hergestellt. Andere Städte und Länder erwarben von den Päpsten Schutzurkunden, weil diese als die kräftigsten erschienen; Friedrich III. hat ebenfalls eine große Anzahl ausgestellt. Auch die Städtebündnisse faßten schon seit dem vierzehnten Jahrhundert die Abwehr der Veme ins Auge. Doch solange Sigmund lebte, gediehen die westfälischen Gerichte in allem Stolz.

Es ging der Veme wie vielen anderen Gestaltungen dieser Zeit, sie verdarb und versank in dem Strudel der allgemeinen Zersetzung. Man kann ihr nicht einmal nachrühmen, wie es frühere Ueberschätzung that, sie sei „in einer furchtbaren Zeit ein zwar furchtbares, aber heilsames Mittel gegen Gewaltthat" gewesen. Nirgends ist eine solche Wirkung sichtbar; sogar in ihrer eigenen Heimat, in der sie überhaupt nicht so hoch angeschlagen wurde, wie außerhalb, war es mit Ordnung und Sicherheit nie schlechter bestellt, als zur Zeit ihrer höchsten Blüte. Mochte auch in einzelnen Fällen ein wirklich Schuldiger von der gerechten Strafe ereilt werden, sonst trugen die Freistühle nur zur Vermehrung der Rechtsunsicherheit bei.

Trotzdem wäre es Unrecht, zu verkennen, daß der Veme wenigstens ein guter Gedanke zu Grunde lag, und wenn er nicht zur nutzbringenden Ausführung kam, trugen die Zeitverhältnisse die Hauptschuld. Sicherlich hat das Herz manches Freigrafen in wahrer Begeisterung geschlagen, wenn er das Schwert Karls des Großen handhabte und den heiligen Stuhl innehatte mit dem festen Entschluß, das Unrecht niederzudrücken. Und eine gute Frucht haben die Vemegerichte gezeitigt: die Obrigkeiten pflegten, um ihnen die Ursache zum Einspruch zu nehmen, fortan eifriger das Recht.

Die westfälischen Gerichte waren das Erzeugnis mißverstandener überlebter Rechtsverhältnisse und willkürlicher Rechtsanmaßung. Ganz im Geiste des Mittelalters gedacht, kamen sie merkwürdigerweise erst in Aufnahme, als dieses zusammenbrach. Daß sie zu solchem Ansehen gelangen konnten, bezeugt am besten, wie verfallen und verworren die öffentlichen Zustände waren, wie unsicher und unklar das Reichsrecht stand. Dennoch muß man zugeben, daß in ihnen ein Reichsgedanke, die Idee der Reichseinheit, lebte. Aber diese war jetzt mehr als je in Frage gestellt, nicht nur gefährdet an den Grenzen, sondern auch im Innern, da seit Karl IV. die Einzelstaaten gute Gelegenheit gehabt hatten, ihre Unabhängigkeit zu bestärken.

Neunzehnter Abschnitt.

Die Entstehung der neuburgundischen Macht.

Für den Darsteller der deutschen Geschichte ist es eine der schwierigsten Aufgaben, das richtige Gleichmaß zwischen Reichs- und Landesgeschichte zu finden. So lose das Band war, welches die einzelnen Teile umschlang, so selbständig sich diese gebärdeten, sie blieben doch unter der Einwirkung des Ganzen, welche nicht unterschätzt werden darf und die oft für lange Zeit kaum bemerkbar, im gegebenen Augenblick sich recht stark geltend machen konnte. Ebenso beeinflußten gelegentlich einzelne Glieder die Gesamtheit. Diese gegenseitigen Bedingungsverhältnisse sind nicht ebenmäßig in den einzelnen Zeitabschnitten verteilt, denn Länder, die unter dem einen Kaiser im Vordergrund stehen, sind unter seinem Nachfolger ziemlich gleichgültig, indem nun andere den Grundton der Reichspolitik angeben. Das hing schon mit dem Wechsel der Familien, welche die Wahl auf den Thron berief, zusammen. Mit der fortschreitenden Entwickelung bildeten allerdings alle Gebiete ihr eigenes Leben mehr und mehr aus, spannen sich ein in Beschränktheit und Abschluß gegen außen, aber auch das geschah unter dem Einfluß der Veränderungen, denen das Ganze unterlag, mochte er auch teilweise nur darin bestehen, daß er solches Sondertum begünstigte und gedeihen ließ. Die Bildung und Umbildung der größeren Landesfürstentümer, unter welchen Verhältnissen sie auch erfolgten, die Verschiebung der Machtverhältnisse, das Emporkommen oder Niedergehen großer Familien waren stets Vorgänge, welche für die allgemeine Reichsentwickelung von wesentlicher Bedeutung waren. Ebenso steht es mit den Beziehungen zum Auslande. Sie treffen teils das gesamte Reich, häufiger nur einzelne Landstrecken, aber durch sie dann auch das Ganze.

Daher wird kein Zweifel sein, daß die Reichsgeschichte diese Vorgänge nicht unbeachtet lassen kann, selbst wenn dabei die jeweiligen Könige und Kaiser nicht unmittelbar eingegriffen haben. Dagegen ist es nicht ihre Aufgabe, diese Dinge im einzelnen zu verfolgen. Sie darf nicht unterlassen, die allgemeinen Verhältnisse zu zeichnen, wie es in den früheren Abschnitten geschehen ist, aber ihre besondere Wirkung in jedem der mannigfachen Gebiete zu schildern und auszuführen, muß sie der Landesgeschichte überlassen, der es auch zukommt, genau zu verzeichnen, wie sich die Herrschaften in ihrem äußeren Bestande abwandelten, hier erwarben, dort verloren. Am wenigsten vermag die Reichsgeschichte jene zahllosen großen und kleinen Fehden zu verfolgen, die eine wie die andere dieselben traurigen und in ihrer öden Gleichmäßigkeit reizlosen Bilder darbieten, aus geringfügigen Ursachen entstanden und gewöhnlich nichts weiter als zeitweilige Verwüstung und Zerstörung oder höchstens unbedeutende Veränderungen des Besitzstandes ergaben.

Zu den Zeiten Sigmunds vollzogen sich mancherlei Aenderungen und Wandlungen, welche für die weitere Geschichte des deutschen Reiches maßgebend wurden. Einige von ihnen entsprangen seinem persönlichen Eingreifen, die meisten erwuchsen aus anderen Ursachen. Und obgleich der vielgeschäftige Herrscher fast alle diese Verhältnisse in den Kreis seines Regiments zu ziehen strebte, so kam er doch vielfach nicht über den Willen oder die Willensäußerung hinaus. Schließlich bewegte sich seine eigentliche Thätigkeit in so fest begrenztem Rahmen, daß sie nur in ganz bestimmten Fällen durch die landesherrschaftlichen Verhältnisse beeinflußt wurde. Auch seine auswärtige Politik beschränkte ihre wirklichen Leistungen auf die Lebensinteressen Böhmens und Ungarns.

Es möge gestattet sein, hier hinzuweisen auf die Schilderung, welche unser Buch eröffnete, und in diesem Ueberblick die wichtigsten Veränderungen hervorzuheben, welche das Reich in Zusammensetzung und äußerer Stellung seit dem Beginn der Regierung Rudolfs von Habsburg bis zum Tode Sigmunds erfuhr. Unsere jetzige Betrachtung schlägt denselben Weg ein.

Die stolz aufstrebenden Geschlechter im Nordwesten, welche nach dem Interregnum im Wettkampf miteinander standen, waren alle erloschen, an ihre Stelle schließlich ein neues ausländischen Ursprungs getreten, das seit den Zeiten Karls IV. ein Land nach dem andern gewann.

Philipp der Kühne hinterließ seinem ältesten Sohne Johann dem Unerschrockenen den von ihm begründeten Kern des neuburgundischen Reiches, im Süden das französische Herzogtum Burgund zusammen mit der zum Reiche gehörigen Freigrafschaft, an der Nordsee die Grafschaften Artois und Flandern; seinem jüngeren Sohne hatte er bereits die Erbschaft von Brabant und Limburg gesichert, welche Anton 1406 in den Schoß fiel. Obgleich König Wenzel 1411 seine Genehmigung erteilte, belehnte Sigmund weder Anton, der in der Schlacht bei Azincourt fiel, noch dessen Sohn Johann. Als er 1416 mit England das Bündnis gegen Frankreich schloß, welches Freundschaft mit Burgund bedingte, blieb er dennoch der Brabanter Linie feindlich und erreichte auch, daß Luxemburg, das Stammherzogtum der Familie, so lange er lebte, wenigstens dem Namen nach in dem Besitz der Witwe Antons, der Elisabeth von Görlitz, blieb. Stets bestritt der Kaiser die burgundische Anmaßung; die Brabanter Stände schenkten seinen Briefen freilich keine Beachtung und vollauf anders beschäftigt kam er nicht dazu, seinem Willen mit den Waffen Nachdruck zu verschaffen.

Bald handelte es sich nicht mehr um Brabant allein, auch die holländisch-wittelsbachischen Gebiete sollten jenem stolzen Geschlechte zufallen.

Eine Zeit schwerer Kämpfe brach für diese Gebiete an, allerdings nur eine Fortsetzung bereits seit langer Zeit geführter. Ihnen verleiht Interesse die Fülle romantischer, das gewöhnliche Maß überragender Gestalten, die hier feindlich zusammentrafen, und unter ihnen zieht uns an eine Frau von wunderbaren Schicksalen, Jakobäa von Baiern. Mit Schönheit, Geist und adeligem Wesen entzückte sie die Ritter, scharte sie um sich zum Tode begeisterte Freunde und dennoch vermochte sie zu ihrem Unglück nicht, gerade die Männer, an welche sie das Schicksal band, dauernd zu fesseln und zu beherrschen. Kühn und feurig, von männlicher Tapferkeit entrichtete sie auch als Weib der zärtlichen Liebe die Herzensschuld, mit starkem Entschluß sprengte sie die Bande, welche ihr die Politik auferlegte, und verfocht ihre Freiheit und ihr Recht, aber sie hielt sich auch nicht fern von vermessenem Uebermut. Getroffen von schweren Schlägen, durch mächtige Feinde und durch die Kirche verfolgt, blieb sie aufrecht, bis Verrat des Geliebten ihre Kraft brach, und als sie endlich in dem Hafen eines bescheidenen Glückes Ruhe suchte, wurde sie in der Blüte der Jahre vom Tode hinweggerafft. Jakobäas Unglück war, eine Frau, aber auch eine reiche fürstliche Erbin zu sein, herrschen, aber auch frei lieben zu wollen.

Holland, Seeland, Friesland und der Hennegau waren durch Margaretha, die Gemahlin Kaiser Ludwigs, an die Wittelsbacher der Straubinger Linie gekommen. Während im Hennegau eine reiche, üppige Ritterschaft herrschte, stritten in Holland die Hoeks und die Kabeljaus mit furchtbarem Haß gegeneinander. Die ersteren, die Adelspartei, zu der auch die alten Familien in den kleinen Städten und der größte Teil der Bauern hielten, wollten den alten Zustand erhalten, die andere, die Kaufmannspartei, begehrte eine straffere Ordnung, doch nur zu Gunsten ihres Handels und der aufblühenden großen Städte. Die Gegensätze lagen mehr in der ganzen Lebensrichtung als in einzelnen bestimmten Verfassungsfragen, der erwerbende Reichtum vertrug sich auch hier, wie im übrigen Reiche, nicht mit den Gewohnheiten althergebrachter Einrichtungen.

Graf Wilhelm VI. von Holland, ein ritterlicher Held und Feind der Kabeljaus, hatte als einziges Kind Jakobäa, die mit einem französischen Prinzen verlobt war. Daher schlug Sigmund ihm ab, die Anwartschaft auf sein Lande der Tochter zu erteilen, und als Wilhelm 1417 starb, übertrug er die Herrschaft an dessen Bruder, Johann von Baiern. In jugendlichen Jahren Bischof von Lüttich geworden, hatte Johann verschmäht, die höheren Weihen zu empfangen, lebte wie ein weltlicher Fürst und erhielt den fürchterlichen Beinamen „ohne Gnade", als er einen gewaltigen Aufstand seines Landes grausam bestrafte. Jakobäa, deren erster Bräutigam gestorben war, verlobte sich nach dem Willen der Hoeks mit dem kindlichen und kindischen Herzoge Johann von Brabant und heiratete ihn, obgleich König Sigmund den Papst Martin bestimmt hatte, die bereits gewährte Erlaubnis der nach den Kirchengesetzen unerlaubten Verbindung zurückzunehmen. Doch blieb die junge Frau auf den Hennegau beschränkt, da Holland mit Unterstützung der Kabeljaus durch Johann von Baiern behauptet wurde, der seine Bischofswürde niederlegte und Elisabeth von Görlitz-Luxemburg heiratete. Jakobäa erlitt jedoch von ihrem unwürdigen Gemahl eine so schmähliche Behandlung, daß sie ihn verließ; sie entfloh nach England und heiratete dort, indem sie die frühere Ehe für ungültig erklärte, den Bruder König Heinrichs V., den bildschönen, als Gelehrter und Held hochgefeierten Grafen Humphrey von Glocester.

Das schöne Paar erschien 1424 in dem getreuen Hennegau, mit Frohlocken begrüßt. Aber der verschmähte Ehegatte fand einen gewaltigen Vorkämpfer für Ehre und Macht des Hauses in seinem Vetter, dem Herzoge Philipp dem Guten von Burgund, dem Sohne Johanns des Unerschrockenen, und als der sterbende Herzog Johann von Baiern-Holland diesen auch zum Erben seiner sämtlichen Lande einsetzte, galt es, doppelten Gewinn heimzutragen. Da Philipp als Rächer seines von den Orleans ermordeten Vaters der mächtigste Bundesgenosse Englands gegen Frankreich war, gelang es ihm, beim Londoner Hofe die Rückberufung Humphreys durchzusetzen, gerade als dieser im Zweikampf mit ihm die Ehre seiner Gemahlin verteidigen wollte. So wehrte sich Jakobäa allein heldenhaft, bis sie in Philipps Gefangenschaft geriet. Doch listig entwich sie als Page verkleidet, gelangte nach Holland und rief hier die Hoeks zu ihrem Schutze an. Drei Jahre währte der Streit, von Philipp mit der ihm eigenen Wucht geführt, von Jakobäa und ihren begeisterten Freunden nicht minder kraftvoll getragen. Doch nun erklärte der Papst die Ehe mit Humphrey für ungültig und der Engländer vergalt die innige Liebe der Gattin mit schändlicher Treulosigkeit, indem er seine Buhlerin heiratete.

Jetzt erst im Juli 1429 machte Jakobäa mit dem Burgunder Frieden, erkannte ihn als Erben und Mitregenten an, doch aufs neue entzündete ihr Herz die Liebe zu einem reichen, tapferen und klugen Edelmann, Frank von Borßelen, mit dem sie sich heimlich vermählte. Da ließ Philipp ihn verhaften; um sein Leben zu retten, entsagte Jakobäa am 12. April 1433 feierlich allen ihren Rechten. Drei Jahre später starb sie, erst fünfunddreißig Jahre alt.

Philipp, der 1430 nach dem kinderlosen Tode seiner Vettern auch Brabant und Limburg geerbt, außerdem die Grafschaft Namur durch Kauf erworben hatte, besaß so eine wahrhaft königliche Gewalt, die der kluge, keine Mittel scheuende Herr gar wohl zu vertiefen und auszunützen verstand.

Sigmund verfolgte den Fortschritt der burgundischen Macht mit begreiflichem Zorn. Er bevollmächtigte einmal den Erzbischof Dietrich von Köln, seine Rechte auf Brabant wahrzunehmen und den holländischen Erbfall zu regeln, 1425 lud er die burgunder Herzöge vor seinen Richterstuhl, natürlich vergebens, doch die große Not durch die Husiten nötigte ihn, 1429 Philipp um Hülfe anzugehen, die zwar zugesagt, aber nicht gestellt wurde.

Da Philipp jede Aufforderung, seine Lehen vom Reiche zu nehmen, unbeachtet ließ und für seine Gesandten auf dem Baseler Konzil königlichen Rang forderte, dort in kirchlichen wie in politischen Fragen überaus hochfahrend auftrat, dachte der Kaiser nach seiner Rückkehr aus Italien ernstlich an Krieg. Im Juni 1434 verbündete er sich zu diesem Zwecke, so wenig er Frankreich liebte, mit Karl VII. und erließ die Kriegserklärung an Philipp, der darauf kurzweg behauptete, der Kaiser sei von Frankreich bestochen worden. Aber Sigmund mußte erleben, daß Reichsglieder, wie Frankfurt, aus Rücksicht auf ihren Handel mit den Niederlanden, sich weigerten seinem Gebote zu folgen. Noch auf seinem letzten Reichstage zu Eger brachte er die Angelegenheit zur Sprache und beauftragte den Landgrafen Ludwig von Hessen mit ihrer Durchführung. Der ging wohl nach Aachen, aber der Augenschein der burgundischen Macht ließ ihm ratsam erscheinen, sich schleunigst zurückzuziehen.

Das neuburgundische Reich stieg zu europäischer Bedeutung empor. Mit seinen beiden voneinander getrennten Hälften, der niederländischen und der burgundischen Gruppe, umklammerte es die dazwischenliegenden Lande und suchte über sie die große Verbindungsbrücke zu schlagen; zusammengesetzt aus deutschen und französischen Teilen erstrebte es eine unabhängige Mittelstellung zwischen beiden Reichen. Wozu einst das Königreich Arelat bestimmt schien, unternahm es in viel größerem Maßstabe. Aus allen Verwickelungen, die in jenen Gegenden auftauchten, suchte es seinen Vorteil zu ziehen und machte sich zur vorherrschenden, ja gebietenden Gewalt.

Gelegenheit genug zu klugen oder gewaltthätigen Eingriffen boten die unausgesetzten Kämpfe am Niederrhein. Auch hier kam es zu einiger Zusammenfassung, indem mehrere Familien erloschen. Graf Adolf III. von der Mark, jener frühere Bischof von Münster und Erzbischof von Köln, der es vorzog, wieder weltlich zu werden und zu heiraten, erbte 1368 die Grafschaft Kleve. Sigmund erhob sie 1417 für den gleichnamigen Sohn zum Herzogtum, doch ließ Familienstreit es lange nicht zu einer wirklichen Vereinigung kommen. Die Grafen von Berg, 1380 von König Wenzel mit dem Herzogtitel geschmückt, die schon 1346 das westfälische Ravensberg erworben hatten, gewannen 1423, als das Jülicher Haus mit Reinald IV. erlosch, den größten Teil seines Herzogtums. Nur Geldern ging ihnen verloren, weil dort die Stände Arnold von Egmond zum Herzoge erkoren, für den sein Oheim, Erzbischof Konrad von Mainz, die Bestätigung Sigmunds nachsuchte. Der war anfangs dazu geneigt, aber da Arnold zu wenig zahlte, wie es heißt, oder unter der Herrschaft der Erbitterung, welche der Binger Kurverein in ihm hervorgerufen hatte, belehnte er 1425 Herzog Adolf von Jülich-Berg. Vergeblich verhängte Sigmund 1431 und nochmals 1433 über Arnold Acht und Aberacht; Geldern verblieb dem Hause Egmond.

Herzog Adolf I. von Kleve, an dem nicht die Schuld lag, wenn sein trotziger Bruder Gerhard von der Mark die Familieneintracht dauernd störte, war ein kriegerischer, doch wackerer Mann, dessen Tugenden die Zeitgenossen priesen. Das läßt sich dem Herzoge Adolf von Berg nicht nachrühmen. Frevelnd hatte er (1404) die Hand an seinen Vater Herzog Wilhelm gelegt und ihn gefangen genommen, die Mutter vertrieben, so daß König Ruprecht, sein Oheim, über ihn die Acht verhängen mußte. Sein ganzes Leben verlief in wilden Fehden, zwischen ihm und Kleve herrschte ständiger Zwist. Sigmund erzeigte dem wüsten Gesellen große Huld, begünstigte ihn, als er das lothringische Herzogtum Bar erobern wollte, und belehnte ihn, wie wir sahen, nach Reinalds Tode mit den Herzogtümern Jülich und Geldern, obgleich er von Adolf, der dem Burgunder Philipp 1431 sogar Hülfe zur Erlangung der Landgrafschaft im Elsaß und des Herzogtums Luxemburg zusagte, keinen Dank erntete. Trotz des Gewinns von Jülich erschöpfte Adolf die Kräfte seines Landes durch fortwährende Kriege und er mußte seinen einzigen Sohn Ruprecht vor sich sterben sehen. Sein Neffe

Gerhard, der Sohn des ehemaligen Bischofs Wilhelm von Paderborn, pflanzte das bergische Geschlecht fort.

Die bischöflichen Stifter im Reiche blieben durchschnittlich in dem Umfange bestehen, in dem sie aus dem Interregnum hervorgegangen waren; aber fast alle gerieten in Verfall und Schulden. Am meisten erweiterte sein Gebiet das westfälische Bistum Münster, indem es gegen Ende des vierzehnten Jahrhunderts den Tecklenburger Grafen fast ihre ganze Habe entriß, so daß das sogenannte Niederstift nun bis nach Friesland und Oldenburg reichte. Auch Köln machte einen großen Fortschritt, indem Kuno von Trier während seiner Verwaltung die westfälische Grafschaft Arnsberg erwarb. Erzbischof Dietrich von Mörs gewann das große Stift Kaiserswerth und suchte seinem westfälischen Herzogtum wirkliches Leben zu geben, indem er das Bistum Paderborn mit Köln vereinigte. War er es doch auch, der sich von Sigmund die Statthalterschaft über die westfälischen Vemegerichte erteilen ließ.

Das Erzstift Trier dagegen vermochte die zeitweilige Blüte unter den Erzbischöfen Balduin und Kuno nicht zu bewahren. Unter Werner, der trotz seiner Blödigkeit im Reich eine gewisse Rolle spielen konnte, sank es herab und der jammervolle Bischofsstreit, der nach dem Tode des vortrefflichen Erzbischofs Otto 1430 ausbrach, vertiefte die alten Wunden. Obgleich der Kaiser und das Konzil sich für den vom Papste ernannten Raban von Speier entschieden und ersterer über Ulrich von Manderscheid die Reichsacht verhängte, kam Raban erst in den wirklichen Besitz des verwüsteten Landes, als sein Gegner starb.

Lothringen blieb in der Zwischenstellung, die es schon so lange einnahm, doch mehr Frankreich und dessen Geschicken zugewandt, als denen Deutschlands, obgleich Herzog Karl als Schwiegersohn König Ruprechts auch zu König und Reich Beziehungen hatte. Da er ohne Söhne im Januar 1431 starb, ging das Land, wie der Herzog selbst gewünscht hatte, über auf seine Tochter und deren Gemahl René von Anjou, der schon durch Adoption das Herzogtum Bar geerbt hatte. Gegen ihn erhob sich Karls Neffe, Anton von Vaudemont, unterstützt von Philipp von Burgund, und es glückte ihm, René, der von Frankreich Beistand empfing, am 2. Juli 1431 zu schlagen. Da jedoch Philipp den gefangenen René in Beschlag nahm, kam Anton um die Frucht seines Sieges; auch Sigmund entschied 1434 zu Basel gegen ihn. René blieb nach mancherlei Schicksalen Herzog, als Freund König Karls VII. war er ganz französisch gesinnt, gehörte dem Reiche nur durch seinen Titel an.

Das arelatische Königreich war seit Karl IV. so gut wie verloren. Weder Wenzel noch Ruprecht noch endlich Sigmund, der seinen Taufnamen von dem Schutzpatron Burgunds erhalten hatte, thaten etwas ernstliches, um es dem Reiche zu erhalten. Allenfalls suchte noch die Reichsstadt Besançon in Bedrängnissen den unwirksamen Schutz des deutschen Herrschers nach. Der Vater Philipps des Guten nahm noch für die Freigrafschaft die Belehnung, er selbst unterließ es. Der Delphinat war französisch, die Provence anjouinisch. Nur Savoyen, das Karl IV. aus dem Verbande mit Burgund gelöst und Sigmund 1416 zum Herzogtum gemacht hatte, bewahrte den Zusammenhang, der aber mehr ein persönliches Bündnis des Landesfürsten, als eine Mitgliedschaft am Reiche war.

Auf der ganzen langen Linie von der Nordsee bis zum Mittelländischen Meere war demnach im Laufe der Zeit die Reichsmacht geschwächt und beeinträchtigt worden. Aus den furchtbaren Erschütterungen, denen Frankreich fast das ganze letzte Jahrhundert hindurch ausgesetzt war, zog Deutschland kaum einen Nutzen, weil Burgund das Abbröckelungswerk aufnahm, in dem Frankreich gestört wurde. Es war eine ganz besonders ungünstige Fügung, daß Deutschland aus dem Riesenkampf zwischen England und Frankreich keinen Nutzen ziehen konnte, weil der gefährlichste Schädiger, Burgund, Englands bester Bundesgenosse war. Ob Burgund oder Frankreich dem Reiche zu Leibe gingen, machte keinen Unterschied, im Gegenteil, durch natürliche Lage und geschichtliche Bedingungen war Burgund ein viel gefährlicherer Feind, dem allenthalben die Thore zum Vordringen offen standen.

Zwanzigster Abschnitt.

Die Schweizer Eidgenossenschaft. Die Habsburger und die Wittelsbacher.

Unter den Umgestaltungen, welche im Süden Deutschlands erfolgten, nimmt die Bildung der Schweizer Eidgenossenschaft besondere Aufmerksamkeit in Anspruch. Die Einigung der acht alten Orte, die sich unter Karl IV. vollzog, war kein Abschluß, sondern unter mancherlei Formen erweiterten sich Einfluß und Macht der Eidgenossenschaft.

Das erste Jahrzehnt des fünfzehnten Jahrhunderts wurde ausgefüllt durch den Kampf, den die Appenzeller gegen die Herrschaft des Abtes von St. Gallen führten, und obgleich Herzog Friedrich von Oesterreich und selbst die Reichsstädte ihnen entgegentraten und König Ruprecht gegen sie seinen Spruch that, siegten die Bauern nicht nur glänzend in den Streiten am Vögelinseck und am Stoß, die an die Tage von Morgarten und Näfels erinnerten, sondern sie waren sogar eine Zeitlang darauf aus, die Nachbargebiete am Bodensee an sich zu ziehen, sie mit Empörung gegen die Herren und demokratischem Geiste zu durchtränken. Der Versuch mißlang zwar, doch behaupteten die Appenzeller, die wie die Stadt St. Gallen als zugewandte Orte zum Eidgenossenbunde traten, ihre Freiheit. Fortan blieb die Eidgenossenschaft für die süddeutschen Herren und den Adel eine ständige Gefahr, denn die Volksfreiheit, welche sich in den ländlichen Kantonen entfaltete, wurde den unteren Klassen drüben über dem See eine bestrickende Lockung. Neidisch blickten sie in ihrer Not unter dem Zwange friedloser Gewalten auf die dortigen glücklicheren Zustände, und das Beispiel, welches die ganze Schweizer Geschichte bot, rief nicht nur den Wunsch nach einer Aenderung hervor, sondern ließ sie auch möglich erscheinen. Die Fürsten und ihre Genossen wußten das sehr wohl; erließen doch selbst die Kurfürsten 1427 gegen die Appenzeller feindselige Botschaften und die Ritter stellten 1431 zur Begründung des gegen die Pfahlbürger zu erlassenden Verbotes dem Könige vor, welche Gefahren aus den Bündnissen der „Städte, Bauern und armen Leute" den Herren erwüchsen.

Sigmund selbst hat mit den Schweizern immer gut gestanden. Seine volkstümliche Art, seine Abneigung gegen die Fürsten ließen ihm ein Bündnis mit ihnen nicht widerwärtig erscheinen, im Gegenteil, gern nahm er ihre Hülfe an. Ihm verdankten die Schweizer die stattliche Erweiterung ihres Gebietes in dem Kampfe mit dem geächteten Herzog Friedrich von Oesterreich, gegen den, wie gegen Herzog Ludwig von Ingolstadt, er sie auch später ins Feld zu rufen suchte. Noch gab den Mitgliedern der Eidgenossenschaft die Zugehörigkeit zum Reiche den rechtlichen Grund ihres Bestandes, und eben deswegen begünstigte sie Sigmund, weil er sie als seine unmittelbaren Unterthanen betrachtete. Die Schweizer freilich verstanden es mit dem derben Eigennutz, der sich in ihrem Volkscharakter so eigentümlich mit der Hingabe an höhere Zwecke paart, die aus dem Reichsverbande entspringenden Rechte auszunützen, die Pflichten abzuschütteln.

Die Mitglieder des Eidbundes waren keineswegs gleichartig in ihrem inneren Wesen. Der Gegensatz zwischen Städten und Ländern machte sich oft geltend, so sehr, daß er zeitweilig den Verband zu sprengen drohte. Die eifersüchtige Nebenbuhlerschaft zwischen Schwiz und Zürich führte sogar 1436 zu dem langwierigen erbitterten Krieg um das Toggenburger Erbe.

Die Eidgenossen richteten ihre Angriffe nicht allein nach der deutschen Nachbarschaft, auch der teilweise romanische Süden und Südwesten verfiel ihrem Bann; der St. Gotthard, die mächtige Südmauer des Berner Oberlandes, war für sie keine unüberwindliche Grenze. Seitdem Glarus 1400 einen ewigen Vertrag mit dem oberen Bunde in Graubünden geschlossen, die Waldstätte Uri, Unterwalden und Luzern 1403 den größeren Teil des Wallis in ihr Landrecht genommen und mit dem Livinenthal Fuß in Tessin gefaßt hatten, mußten allmählich Mailand und Savoyen zurückweichen. Die wehrhafte Schweiz wuchs zu einer mitteleuropäischen Macht empor.

Unter der Beute, welche die Berner Herzog Friedrich entrissen, war auch die Habsburg, und so wenig die kleine Feste bedeutete, ihr Verlust war ein Vorzeichen, daß das Geschlecht, das von ihr den Namen führte, seinen ehemaligen Vorrang in diesen Gegenden einbüßen sollte. Wahrscheinlich wäre das noch früher geschehen, wenn nicht die Teilungen im habsburgischen Hause immer wieder Familienmitglieder darauf hingewiesen hätten, sich im Westen einen Wirkungskreis zu suchen. Von den jüngeren Söhnen des bei Sempach gefallenen Herzogs Leopold III. wurde Ernst der „Eiserne" der Herr von Inneroesterreich, riesig starken Leibes und harten Geistes, der seinen herrschsüchtigen Sinn rücksichtslos auch gegen die Brüder wandte, aber im Lande trefflich waltete. Er hinterließ 1424 von seiner zweiten Gattin, der masovischen Prinzessin Cimbarka, die ihm an Körperkraft glich und trotz ihrer vollen Lippen als hohe Schönheit galt, zwei Söhne, den späteren Kaiser Friedrich III. und Albrecht VI., über welche der jüngste Bruder Friedrich IV. die Vormundschaft führte. Ein wunderbarer Mann war dieser Friedrich, leidenschaftlich und ewig voll von Plänen, keck in Unternehmungen und aus dem Unglück nach kurzem Verzagen frischen Mut schöpfend, voll Witz und Laune, als Feind des Adels ein Mann für das Volk. Es wird von ihm erzählt, daß er sich verkleidet unter die Menge mischte, sogar als Spielmann aufgetreten sei, um den Sinn der Leute zu erforschen; selbst zu Buhlerinnen bevorzugte er

Mägde. In den Hütten des Hochgebirges suchte er Zuflucht, als er durch seine Verbindung mit Papst Johann zum „Friedel mit der leeren Tasche" geworden war. Lange Jahre verbrachte er im Kampfe gegen den mächtigen Tiroler Adel, „die Herren von Pfauenschwanz", wie ihn das Volk nannte. Der Adel strebte nach der Reichsunmittelbarkeit. Einer der thätigsten Führer war der letzte Minnesänger Oswald von Wolkenstein, der selbst die westfälischen Vemegerichte gegen seinen Herrn anzuspannen versuchte, aus dessen Papieren sogar die älteste Niederschrift der Ruprecht'schen Fragen an die Freigrafen stammt. Aber er mußte sein Unterfangen in harter Gefangenschaft büßen. Der Herzog errichtete seine landesherrliche Gewalt über den Trümmern der ritterlichen Unbotmäßigkeit. Ebenso bekamen die benachbarten Bischöfe, namentlich der von Trient, des Herzogs Faust zu spüren. So flossen ihm wieder große Reichtümer zu, die noch heute „das goldene Dachel" in Innsbruck in sagenhafter Erinnerung hält. Daher nahm Friedrich im Alter hochfliegende Gedanken auf; er suchte die Adelsführer in Böhmen zu gewinnen, um nach Kaiser Sigmunds Tode seinem dort verhaßten Vetter Albrecht die Krone zu entziehen, er verlobte seinen Sohn Sigmund mit der Tochter des französischen Königs Karl VII., kündigte dem Burgunder Herzoge Philipp den Krieg an, in der maßlosen Hoffnung, ihm Flandern und Brabant zu entreißen. Diese Aussichten zerschlugen sich, aber immerhin konnte der Herzog mit dem Ergebnis seines schicksalsreichen Daseins zufrieden sein.

War Sigmund den Leopoldinern abgeneigt, so schenkte er dafür seine unverrückbare Freundschaft und Liebe dem Albertinischen Zweige. Ueber Albrecht V. hielt er von Anfang an seine schützende Hand. Dessen kräftige, dem Lande segensreiche Regierung erhielt eine schlimme Wendung, als die Husitenkämpfe ausbrachen. Albrecht, 1422 mit Elisabeth vermählt, 1423 mit Mähren belehnt, kämpfte um sein künftiges Erbe mit unermüdlicher Ausdauer, auch als er allein die ungeheure Last zu tragen hatte. Entsetzlich litten seine Lande, und da der Herzog gleiches mit gleichem vergalt, von Anfang an die Ketzer mit kalter Grausamkeit anfaßte, machte er seinen Namen in Böhmen gefürchtet und bitter verhaßt. Er wurde ganz zum eisernen Kriegsmann. Der hochgewachsene Leib war festgefügt, das dunkle, sonnenverbrannte Antlitz mit den blitzenden Augen, den starken Lippen und vortretenden Zähnen erfüllte die Feinde mit Furcht. Zum Lernen war Albrecht nie die Zeit geblieben; er kannte nur die deutsche Sprache und er liebte überhaupt nicht die Rede, nur die That. Doch selbst die Feinde schätzten an ihm strenge Sitte und Rechtschaffenheit. In dieser Verbindung Oesterreichs mit Sigmunds Staaten bereitete sich im Osten des Reiches dieselbe Erscheinung vor, wie sie im Westen die burgundische Macht bereits darbot, die Verquickung deutscher Reichslande mit fremdem Gebiet und fremden Interessen.

Die Entstehung und Ausbildung der habsburgischen Hausmacht ist der für die deutsche Zukunft weitaus wichtigste Vorgang in diesem ganzen Zeitlauf. Das von König Rudolf begonnene Werk war von seinen Nachkommen rüstig gefördert und gemehrt worden und trotz mancher Schwächen und Flecken erwies sich sein Geschlecht als ungemein lebensvoll und lebenskräftig. Durch die Erwerbung von Kärnten-Tirol hatten die Habsburger den zweiten großen Schritt vorwärts gethan, nach allen Seiten, auch nach Italien hin, konnten sie ihrem Thatendrang fruchtbringende Felder erschließen. Und jetzt, da Albrecht der Schwiegersohn des Kaisers war, winkte ihnen außer der gewaltigen Erbschaft noch die Aussicht, auch die seit so langer Zeit vorenthaltene Kaiserkrone wieder zu erlangen.

Welchen Vorsprung hatten die Habsburger vor den Wittelsbachern gewonnen, die vordem von allen deutschen Fürstenhäusern am meisten berufen schienen, dem Reiche ein neues großes Herrschergeschlecht zu geben! Die Nachkommen Ludwigs II., des Strengen, dem der Graf von Habsburg zumeist das Königtum verdankte, hatten nicht verstanden, die reiche Gunst des Schicksals zu benutzen. Zwar hatte sich seitdem der unmittelbare Hausbesitz namentlich in Baiern selbst beträchtlich vermehrt, aber die dauernde Spaltung der Familie in zwei Linien, die baierische und die pfälzische, welche sich oft neidisch und feindselig gegenüberstanden, ließ sich nicht mehr gut machen. Die überreichen Erwerbungen Kaiser Ludwigs waren verloren gegangen oder kamen, wie Holland, eben damals in Abgang. Das hatten alles die Wittelsbacher selbst verschuldet durch ihre Teilungen, noch mehr durch den jämmerlichen Neid, den sie gegen einander zu hegen pflegten, und diese häßliche Eigenschaft wurde immer ärger. All' der Zwiespalt, dem auch andere Geschlechter sich genugsam hingaben, wurde überboten durch das Treiben unter den baierischen Blutsverwandten.

Wir kennen die beiden schlimmen Gesellen, Heinrich von Landshut und Ludwig von Ingolstadt, der nach der Niederlage bei Alling 1422 nach Ungarn weichen mußte. Ein neuer Streitfall rief ihn zurück, da durch den Tod des Herzogs Johann von Holland 1425 das Herzogtum Straubing erledigt wurde, auf welches alle drei Familien Anspruch erhoben. Auch Herzog Albrecht von Oesterreich meldete sich als Neffe des Erblassers und Sigmund hielt sich für berechtigt, das erledigte Reichslehen einzuziehen. Jahrelang wurde der Rechtshandel hingeschleppt, bis im April 1429 Sigmund in Preßburg den Schiedsspruch fällte, das Land solle unter die vier Herzöge von München, Landshut und Ingolstadt verteilt werden, was auch geschah. Noch war Ludwig keine Genugthuung geworden für den frevlen Mordanfall, den Heinrich in Konstanz gegen ihn verübt hatte. Vor dem großen Fürstengericht, das der König 1431 in Nürnberg einsetzte, beanspruchte Ludwig allen Ernstes sämtliche Länder des für ehrlos zu erklärenden Vetters und verlangte, ihm sollten die rechte Hand abgeschlagen und sieben Wunden, darunter zwei lebensgefährliche, beigebracht werden. Doch mußte er sich mit Heinrich auferlegten kirchlichen Sühnehandlungen und einer Abbitte begnügen, die ebensowenig ehrlich gemeint war, wie sie aufgenommen wurde. Während Heinrich durch seine treulose Habgier auch die Münchener Herzöge Ernst und Wilhelm gegen sich aufbrachte, kam Ludwig zum zweitenmal in Gefahr, sein Land einzubüßen.

Das Baseler Konzil verhängte im September 1433 über ihn der Gewaltthaten wegen, die er gegen Klöster und Kirchen verübt, den Kirchenbann in schwerster Form, das westfälische Femegericht verurteilte ihn auf Veranlassung Herzog Heinrichs gleichzeitig zum Tode und zum Verlust seiner Lehen, und auch der Kaiser erklärte ihn, da er im höhnischen Trotz beharrte, am 28. April 1434 für vogelfrei und sprach Herzog Wilhelm von München seine Lande zu.

Obgleich Sigmund oft genug gegen Ludwig einschreiten mußte, war ihm der kühne, glänzende Mann offenbar im innern Herzen lieb und auch damals vermied er schließlich das Aeußerste. Ein großer Krieg in Teutschland stand ihm nicht an, und da der Herzog sich nun demütig erwies, auch zu Zahlungen erbötig war, ließ er Gnade für Recht ergehen. Doch es war für Ludwig nur ein kurzer Aufschub. Sein eigener Sohn, der körperlich mißgestaltete und geistig entartet Ludwig der Höckerige stieß ihn später vom Throne in den Kerker, der sich für den einundachtzigjährigen Greis nicht mehr öffnete.

Der Unfriede in Baiern und Franken erschwerte den Krieg gegen Böhmen und erleichterte den Husiten ihre Raubzüge. Freilich stand es damit anderwärts im Reiche nicht viel besser und eben die große Mannigfaltigkeit der selbständigen Gewalten in Süd- und Mitteldeutschland war die Ursache zu unausgesetztem Streit um kleine Rechts- und Besitzfragen, weil jede Herrschaft die andere einengte und preßte. Doch erfuhr der Familien- und Machtstand von Süddeutschland keine durchschlagenden Aenderungen.

Große Fortschritte hatten seit König Rudolf die Zollern durch Wirtschaftlichkeit und kluge Politik gemacht, die bedeutendsten allerdings erst unter Sigmund. Doch legte der neue Markgraf von Brandenburg persönlich den größten Wert auf die fränkischen Hausbesitzungen, in denen er sogar seit 1426 ausschließlich seinen Aufenthalt nahm. Für die dortige Gegend behielt also das Haus die frühere Bedeutung.

Wirtemberg erfreute sich in der ganzen Zeit gedeihlichen Wachstums, obschon weder Eberhard der Milde noch sein Enkel Ludwig dem Greiner Eberhard gleich kamen.

Auch die Pfalz machte manchen schönen Erwerb, doch ihre Bedeutung beruhte mehr auf den Persönlichkeiten der Herrscher, als auf großer territorialer Macht. Kurfürst Ludwig III., der Sohn König Ruprechts, dessen Königtum wenigstens der Familie einigen Nutzen gebracht hatte, wirkte bei seiner kleinlichen Anlage auf die Reichsangelegenheiten mehr hemmend, als unzbringend ein. Als er 1431 noch den Reichstag zu Nürnberg besuchte, hatte er bereits schwerer Körperleiden wegen die Regierung des Landes seinem Bruder Pfalzgraf Otto von Mosbach übertragen.

Das Erzstift Mainz war wechselnd auf- und abgestiegen, je nach Gunst der Zeiten und Tüchtigkeit der Erzbischöfe, doch übten diese, wenn sie nur wollten, noch immer den größten Einfluß auf die Reichsgeschichte. Ihnen kam dabei das altererbte Ansehen zu gute. Doch in den so wichtigen Kirchenfragen vertrat Mainz nicht genügend die deutsche Kirche und ließ sie von den anderen Nationen, insonderheit den Franzosen, weit überflügeln. Das Bleigewicht, das ihnen an den Füßen hing und höheren Flug verhinderte, war der weltliche Besitz des Erzstiftes, der ihnen über alle anderen Rücksichten ging. Auf Konrad III. folgte 1434 der gleich stattliche Dietrich I. von Erbach, sparsam im kleinen, üppig im großen, doch allgemein beliebt.

Die Landgrafschaft Hessen gewann manchen Zuwachs und entwickelte sich gedeihlich unter der langen Regierung Ludwigs, der der Friedsame heißt, obgleich ihm die Mainzer Erzbischöfe den Frieden oft störten. Ums Reich kümmerte er sich wenig; den Zuzug zum Kreuzheere 1431 lehnte er ab, weil er nur so wenig Leute stellen könne, daß er sich dessen schämen müßte.

Von den anderen kleinen weltlichen Gebieten und den Bistümern können wir absehen. Ihre Herren drehten sich im Zirkeltanz um ihre kleinen Zwecke, die einen mit Glück, die anderen mit Verlust und für die großen Zeitfragen kamen sie wenig in Betracht.

Die süddeutschen Reichsstädte haben uns in der langen Zeit seit dem Interregnum oft genug beschäftigt. Manche von ihnen hatten sich ein hübsches Gebiet erworben, alle an Reichtum zugenommen, aber ihre politische Bedeutung war im Abnehmen begriffen. Wir kennen die Gründe; sie lagen vor allem darin, daß die Reichsstädte weder Vertreter des gesamten Bürgertums waren noch es sein wollten und nicht einmal unter einander zu einer festen Einheit gelangten. Den Anlauf, den sie dazu unter Wenzel nahmen, vermochten sie nicht zu einem ersprießlichen Ergebnis zu führen. Unter Ruprecht ließen sie sich von Johann von Mainz zu dessen Ränken gegen den König gebrauchen und hatten davon höchstens den Nutzen, daß sie ein paar tausend Gulden in ihrem Beutel behielten. Sigmund hat ihnen wiederholt ehrlich die Hand geboten und sie lange als vornehmliche Stütze des Königtums und des Reiches angesehen. Nicht daß er sie zu revolutionären Umwälzungen gebrauchen oder sie gegen die Fürsten führen wollte; er beabsichtigte nur mit ihrer Hülfe das Reich in Ordnung zu halten, wenn er auch in Augenblicken des Unmutes daran gedacht haben mag, durch die Städte den Fürsten zu beweisen, daß er König sei und als solcher noch andere Freunde habe, als sie. Es ist eine irrige Anschauung, die aus Verhältnissen früherer Zeiten ihre Schlüsse zieht, wenn die Annäherungsversuche Sigmunds an die Städte als ausgegebene Losungen zum Kampfe gegen die Fürsten ausgelegt werden. Die Bürgerschaften waren selbst für Dinge, die ihnen weit wichtiger gewesen wären, nicht zu haben.

Die Städte haben allerdings unter Sigmund einen einflußreicheren Anteil an den Reichsgeschäften genommen, als sie vordem hatten, und ihn behauptet. Aber die größere Berücksichtigung, die sie fanden, wurde ihnen nur gewährt, weil man ihr Geld brauchte; sie war also nur eine Folge ihrer wirtschaftlichen, nicht ihrer politischen Leistungen. Die Bürgerschaften erzwangen Beachtung nicht durch eine thätige, sondern durch eine verneinende Haltung, welche die Reichsleitung nötigte, sie mit einiger Zuvorkommenheit zu behandeln.

Einundzwanzigster Abschnitt.

Die Wettiner und die Zollern. Norddeutschland.

———

Obgleich Sigmund, seitdem er als Kind nach Ungarn gegangen war, Norddeutschland nie mehr betrat, ist dennoch seine Regierung für dieses ganze große Ländergebiet von der allergrößten Bedeutung. Er hat Norddeutschland aus der Sonderstellung, die es bis dahin einzunehmen pflegte, wieder näher an das Reich gezogen; ihm verdanken diejenigen dortigen Dynastieen, welche für das gesamte Deutschland so unendlich wirkungsvoll geworden sind, ihr Emporkommen.

Wie Sigmund dem Hause Oesterreich eine neue Zukunft eröffnete, so schuf er sie auch den Wettinern und Zollern. Die Neugründung des Kurfürstentums Sachsen, wie man geradezu sagen kann, und die Uebertragung der Mark Brandenburg an Friedrich von Nürnberg waren Ereignisse, die nicht nur die späteren deutschen Geschicke bestimmten, sondern schon unter Sigmund selbst und seinen nächsten Nachfolgern für die Verfassung und den Zustand des Reiches maßgebend wurden. Von allen Veränderungen, welche im Laufe der Zeiten unter den norddeutschen Fürstenhäusern vor sich gegangen sind, sind diese die bedeutsamsten gewesen. Nur der Sturz Heinrichs des Löwen war gleich folgenreich; aber mit ihm verlor eine alte Familie die gewaltige Macht, die sie bis dahin besessen hatte, und die Folge war Zersplitterung, während hier neue Kräfte erweckt wurden, die allmählich Zusammenfassung brachten.

Diese Wandelung vollzog sich langsam auf demselben Gebiete, über dem einst der Löwe so kraftvoll gewaltet hatte. Seine Nachkommen behielten zwar als Herren der früheren Hausbesitzungen von Braunschweig, Lüneburg und Hannover eine angesehene Stellung, die Familie blieb als solche eine der ersten im Reiche, aber das alte leidige Spiel trieben sie weiter. Das Welfische Haus verhinderte, ähnlich wie das Wittelsbachische, sich selbst, den Rang einzunehmen, der ihm sonst nicht versagt gewesen wäre. Landesteilungen, Fehden, innerer Unfrieden, dadurch gesteigerter Einfluß der Landstände, die sich hier schon im

vierzehnten Jahrhundert in der „Sate" kräftig zusammenschlossen, hielten die
Entfaltung der fürstlichen Macht zurück. Ein Glück wenigstens, daß es unter
König Wenzel gelang, die sächsischen Kurfürsten aus dem erlangten Mitbesitz von
Lüneburg wieder hinauszudrängen.

Eben durch diesen Fehlschlag wurde den sächsischen Kurfürsten Anhaltinischen Geschlechts die letzte Hoffnung geraubt, ihre sehr bescheidene Lage zu verbessern. Sie hatten es auf mancherlei Weise erstrebt. Mehrmals ersahen sie die benachbarte Mark Brandenburg zum Versuchsfeld, aber als einzigen dauernden Gewinn trugen sie davon, daß Karl IV. der Wittenberger Linie gegenüber den Ansprüchen der Lauenburger die kurfürstliche Würde sicherte. Nur durch ihr Kurrecht hatten die Anhaltiner eine gewisse Bedeutung für das Reich, doch machten sie sich wenig geltend, da sie seit Karl IV. nur ein Anhängsel der Luxemburger waren.

Indem Friedrich der Streitbare durch königliche Verleihung der Erbe der Anhaltiner wurde, bekam diese kurfürstliche Würde die nötige Machtunterlage.

Dem Wettinischen Hause war jetzt die Möglichkeit gegeben, gut zu machen, was seine Vorfahren gesündigt hatten. Wiederholt hatte bereits einzelnen Mitgliedern das königliche Diadem gewinkt, ohne daß es sich je auf ihre Häupter herniedersenkte. Auch ihnen schlug die Familienzwietracht arge Wunden, eine inhaltsschwere Lehre für die Zukunft, der nun Folge geleistet werden konnte, weil die üblen Folgen der Teilungen in den letzten Jahrzehnten durch verständige Führung der Fürsten, wie durch natürliche Fügung so gut wie beseitigt waren. Zwar mußte der erste Kurfürst die Kräfte seines Volkes über Gebühr anstrengen, doch die Hussitennot war nun zu Ende. Sein Sohn Friedrich II., der ihm bereits im Januar 1428 folgte, besaß ausreichende Gaben, um den vom Vater errungenen Gewinn nutzbringend auszubeuten, denn der Beiname „der Sanftmütige", den er in der Geschichte führt, gründet sich nicht auf eine allzu weiche Gemütsanlage, sondern auf die Geschicklichkeit, gewandt auszuweichen.

Die Mark Brandenburg war ein ganzes Jahrhundert nach dem Aussterben der edlen Familie, die eigentlich das Fürstentum erst geschaffen hatte, ein Stiefkind des Glückes gewesen. Wiederholt stand das Land vor dem Schicksal, in Fetzen zerrissen zu werden. Nachdem die baierische Verwaltung wenig Segen gebracht hatte, trat an die Mark ein großer Augenblick heran, als Karl IV. sie mit seinen Erblanden vereinte, und geschäftige Phantasie mag sich wohl ausmalen, was aus der Mark und ganz Deutschland geworden wäre, wenn diese Ländermassen, die durchaus zusammenhängend in sich festgeschlossen waren, wie kein anderes Gebiet im ganzen Reiche, dauernd unter einem Herrscher geblieben wären. Doch wurden die reichen Saaten wirtschaftlichen Gedeihens, die Karl ausgestreut hatte, wieder zertreten unter seinem Sohne und der habgierige Jost rupfte noch die wenigen geretteten Halme ab. Der Bestand des Fürstentums war ernstlich gefährdet, und so gut wie Sigmund bereits die Neumark durch Verpfändung an den deutschen Orden entfremdet hatte, konnte er auch andere Landesteile an Käufer oder Gläubiger losschlagen.

Zum Glück entschloß er sich, die Mark Friedrich VI. von Nürnberg zu übertragen. Dadurch blieb sie erhalten, im Innern wie nach außen. Adel wie Städte fügten sich bald dem neuen Herrn, doch darf man Friedrichs Wirksamkeit als Brandenburger Kurfürst nicht überschätzen. Erst sein Nachfolger Friedrich II. hat dem Kurlande seine volle Kraft gewidmet. Friedrich I. überließ bald die Regierung Brandenburgs seinem ältesten Sohne Johann, der seiner Aufgabe nicht recht gewachsen war. Die Städte, die ihre Selbständigkeit trotz aller damit verbundenen Gefahren hatten schätzen gelernt, feindselige Nachbarn und vor allem später die Husiten machten ihm viele Not. Der Kurfürst selbst nahm die fränkischen Lande als Ausgangspunkt seiner Thätigkeit.

Eben daraus, daß die gesamten Zollerischen Herrschaften in persönlicher Verbindung blieben, nicht sofort eine Teilung und Trennung eintrat, entsprangen sehr wichtige Verhältnisse. Dem Kurfürsten von Brandenburg kam zu statten, daß er in Süddeutschland, mitten im Reiche und in dessen politischem Leben seinen festen Fuß hatte, dem fränkischen Burggrafen, daß er dort die nordische Kurstimme für sich in die Wagschale werfen konnte. Das neue sächsische Kurhaus war in ähnlicher Lage. Dessen Vorgänger hatten zum Süden keinerlei Beziehungen gehabt, aber die Wettiner stellten durch ihre thüringischen Lande eine Verbindung zwischen Nord- und Süddeutschland her, schlugen gleichsam zwischen beiden eine Brücke.

So war jetzt eine Gemeinsamkeit geschaffen, die das ganze Reich umspannte, indem die beiden bisher von einander getrennten großen Gruppen in gegenseitige Berührung traten. Nirgends machte sich das fühlbarer, als in der höchsten Reichsvertretung, in der kurfürstlichen Genossenschaft.

Vorher hatten die rheinischen Kurfürsten durchaus überwogen, eigentlich zuletzt allein das Kurkollegium gebildet oder vertreten, jetzt waren die beiden anderen mit ausreichender, sogar stärkerer Kraft ausgerüstet, um ihrem Werte Ausdruck zu geben. Wie es schon im Süden geschehen war, ging es jetzt auch im Norden: der Schwerpunkt des Reiches wich vom Westen, vom Rhein, nach dem Osten. Nicht gleichgültig war auch, daß die beiden Kurfürstentümer, die nun einen angemessenen Platz in der Genossenschaft einnahmen, Laienfürsten gehörten. Bis dahin stand die Pfalz meist allein neben den drei Erzbischöfen, jetzt kam das Laientum auch in der obersten Körperschaft des Reiches zu seinem Rechte.

Von den beiden neuen Kurhäusern hatte nach Beschaffenheit und Lage der Länder das sächsische die größere Aussicht auf künftiges Wachstum. Doch wie die Zollern in der Folgezeit ungleich größere Männer hervorgebracht haben, so überragte schon der erste Kurfürst aus diesem Hause seinen sächsischen Glücksgefährten. Friedrich I. hat sein langes siebzigjähriges Leben bis zum letzten Augenblick nicht unbenutzt verstreichen lassen. Für ihn gab es wohl kaum eine Stunde bequemer Ruhe. Als Sigmund sich ihn zu seinem Freund und Helfer auserkor, traf er eine geschickte Wahl, aber er verrechnete sich, wenn er auf unwandelbare, sich ihm ganz hingebende Anhänglichkeit des Burggrafen zählte, den er einmal vertraulich „sein Geschöpf" nannte. Wie Friedrich einst Wenzel verlassen hatte, blieb er auch Sigmund nicht getreu, sobald sich ihm andere Aussichten eröffneten. Darin unterschied sich der Zoller nicht von den Fürsten seiner Zeit. Nach allem, was wir wissen, würde er eine Zeitlang kein Bedenken getragen haben, seinen Gönner zu stürzen, aber es mag zu seiner Entschuldigung dienen, daß er nachher seine Untreue durch neue Dienste wettmachte. Das so hartnäckig festgehaltene Bündnis mit Polen war eine Verirrung, und da die Braut des jungen Friedrich im zarten Alter 1431 starb, brachte es gar keinen Vorteil. Es ist wahrscheinlich, daß für den Kurfürsten der Wunsch mitbestimmend war, die an den Deutschen Orden verpfändete Neumark durch polnische Unterstützung zu gewinnen. Er behauptete, auf sie ein Recht zu haben, weil ein Kurfürstentum nicht geteilt werden könne, während Sigmund sich darauf stützte, daß Friedrich und seine Erben die Mark eigentlich nur pfandweise innehätten. So blieb die Neumark dem Orden als Eigentum; Friedrich aber galt den Deutschherren auch nachher als ein höchst unzuverlässiger, polenfreundlicher Nachbar.

Nachdem Friedrich die Mark für immer verlassen hatte, hatte er in den fränkischen Landen übergenug Arbeit; sein ingrimmiger Feind, der Ingolstädter Ludwig und dann die Hussiten bereiteten ihm schwere Sorgen. Die Beendigung des Kriegszustandes mit Böhmen wurde nun sein hauptsächliches Ziel; nachdem er eingesehen hatte, daß sie mit den Waffen nicht zu erzwingen sei, ergriff er mit richtigem Blick zuerst von allen den Gedanken, die Böhmen durch kirchliche Bewilligungen mit Hülfe eines Konzils zur Ruhe zu bringen. Gewiß ließ er sich dazu nicht durch religiöse Duldsamkeit oder freiere Auffassung bestimmen, er begriff nur die Notwendigkeit, der er sich fügte. Es war eine schwierige und bedenkliche Sache, die er mit aller Vorsicht führte, weil bereits böse Reden über ihn ergingen und die Böhmen selber ihn zu ihren Freunden zählten. Bei den Verhandlungen, durch welche die Hussiten nach Basel geführt wurden, nahm er sich wohl in acht, weiter zu gehen, als der Zweck unbedingt erforderte, so daß sein Verhalten manchem rätselhaft erschien. So hatte er auch einst in Konstanz, als ihm der Auftrag wurde, den entflohenen Johann XXIII. zurückzubringen, erklärt, er lege nicht Hand an den Papst, sondern beschütze nur dessen Begleiter vor Gewalt.

Auch den Reichsangelegenheiten wandte er seit 1426 seine rüstige Thatkraft zu. Er allein von den Kurfürsten war unausgesetzt bemüht, auf allerhand Tagen größere Leistungen für den Reichskrieg und bessere Ordnung, einen günstigeren Friedensstand in Deutschland zu erreichen, meist in Uebereinstimmung mit den Plänen Sigmunds. Er scheint in der That empfunden zu haben, daß von dem Zustande des Ganzen der der Teile abhängig sei, und dennoch darf man von seinen Bestrebungen kein zu ideales Bild entwerfen. Friedrich war weder der überzeugte und durchdrungene Vertreter des „Reichsgedankens", noch trug er sich mit einem umfassenden, in die Tiefe gehenden Plane einer Reichsreform; ein weiser Denker innerhalb seiner Zeit überschritt er nicht die von ihr gesetzten Grenzen. Klugheit ist überhaupt sein hervorstechendster Charakterzug; die Gegner, wie der böse Ludwig, nannten sie freilich manchmal Falschheit und Treulosigkeit.

Ein gleichzeitiges Bild zeigt ihn als kräftigen Mann von mittlerer Größe und rundlichem bartlosem Gesicht mit spitzer Nase und starkem Kinn, das kastanienbraune Haar zum Nacken herabhängend; mit Vorliebe trug er schwarze Gewandung. Er mag eine stattliche Erscheinung gewesen sein, auf die auch die Königin Barbara wohlgefällig ihre Augen warf, so daß beide ins Gerede kamen. Seine Gemahlin, die baierische Elisabeth, war gleichfalls verständig und mit solchem Reiz geschmückt, daß man sie die schöne Else nannte.

Obgleich der Markgraf als tüchtiger Kriegsmann galt, hat er in den großen Zügen nach Böhmen und auch in der Verteidigung seiner fränkischen Lande gegen die Husiten ein höheres Feldherrntalent nicht zu entfalten vermocht, doch verdiente er den Vorwurf der Feigheit gewiß nicht.

Daß er die ihm nachgerühmte umfassende gelehrte Bildung hatte, ist nicht zu erweisen; doch besaß er Bücher und schätzte sie so hoch wie die Kleinodien. Für seine Unterthanen hatte er ein Herz und er verhehlte sich nicht, wie schwer die Steuern lasteten, die er ihnen auferlegen mußte; auch rücksichtsloser Härte gegen die Feinde hat er sich nicht schuldig gemacht. Berühmt ist der Ausspruch in einer seiner Urkunden: „er sei Gottes schlichter Amtmann an dem Fürstentum". Wenn diese Wendung vielleicht nur von seinem Kanzler herrührte, so kamen sicher ihm selber aus dem Herzen die Worte, die er an den aus der Gefangenschaft erlösten Herzog Adolf von Berg schreiben ließ: „Und was auch darauf gegangen sein mag, so ist doch eigener freier Mut nicht um Geld oder Gut zu lassen, denn Lande, Leute und Güter sind durch Gottes Hülfe zu gewinnen und zu bekriegen. Wollet nur ganz steten fröhlichen Mut haben, damit thut Ihr Euch selbst wohl!"

Obgleich Friedrich keineswegs ein so reiner Inbegriff aller Tugenden war, wie ihn begeisterte Verehrung für sein nachfolgendes Geschlecht geschildert hat, darf man ihn unbedenklich als einen der bedeutendsten Männer des damaligen Deutschlands bezeichnen. Auch die Zeitgenossen schenkten dem Kurfürsten, dem genauen Kenner der Reichsverhältnisse, meist ihre Anerkennung. Die süddeutsche Ritterschaft hing an ihm als ihrem Gönner, auch die Städte hegten zu ihm Vertrauen; Geschichtsschreiber der nachfolgenden Jahre sind voll seines Ruhms. Sein Wirken beschränkte sich nicht auf das eigene Land, sondern kam auch dem Ganzen zu gute, ein Lob, auf das nur sehr wenige Fürsten Anspruch erheben konnten.

Im Norden erhielten sich im allgemeinen die staatlichen Verhältnisse, wie sie um den Anfang des Jahrhunderts lagen.

Die Hansa hatte ihren Höhepunkt überschritten, aber noch lange Zeit verging, ehe der alte Bestand erschüttert wurde. Im Osten und im Westen rührten sich jedoch bereits die Gewalten, die dem deutschen Handel die gewohnten Wege zum Reichtum abschneiden sollten. Die Vereinigung der drei skandinavischen Königreiche durch die Kalmarer Union, so locker sie blieb, machte sich der Hansa fühlbar und nötigte zu einer Aenderung der bisherigen Politik. Auch der westliche Handel wurde bedroht durch die Ausbildung der neuburgundischen Macht, die allerdings erst später ihren vollen Druck ausübte. Schon jetzt wurde der rastlose Wettbewerb der Holländer empfindlich, denen auch die Natur zu Hülfe kam, indem der Hering seine bisherigen Laichplätze verließ und sich in das westliche Becken der Nordsee zog.

Die Holländer verstanden es, die Gärung auszubeuten, in die König Erich Skandinavien und die Nachbarländer versetzte. Königin Margaretha hatte 1386 Graf Gerhard von Holstein und seine Erben mit dem Herzogtum Schleswig belehnt, das fortan mit dem Schwestergebiet zu innerlicher Gemeinschaft zusammenwuchs und, obgleich zur dänischen Krone gehörend, zum deutschen Lande wurde. Schon Margaretha hatte gesucht, die Belehnung rückgängig zu machen, und Erich von Pommern, der als Erbe anerkannt ihr 1412 in den drei Reichen nachfolgte, nahm alsbald mit den Holsteinern den Kampf um Schleswig auf. Eine echt nordische Schönheit, stark und geschmeidig mit goldigem Haar, schneeweißer Haut und rosigen Wangen erfüllte er die Herzen aller Frauen mit Liebe, aber seine eigenen Unterthanen, denen er anfangs als volkstümlicher Herr lieb war, wandten sich von ihm in Haß ab, denn er war sittenlos, grausam, eigensinnig, unfähig zu stetigem sicherem Herrschen. Auch die wendischen Städte wurden, nachdem sie ihn anfangs gegen die Holsten unterstützt, seine Feinde. So sah er sich 1435 nach heißen, schwankenden Kämpfen genötigt, den Holsteinern Schleswig und den Hansen ihre Privilegien und damit die Seeherrschaft zu belassen, er selber aber verscherzte seine Herrschaft.

König Sigmund war Erichs Vetter und die Verwandtschaft, vielleicht auch das Wohlgefallen an dem schönen Manne haben den deutschen König stark beeinflußt. Von Anfang an begünstigte er die Absichten Erichs, der ihm den Schiedsspruch übertragen hatte, und urteilte über Schleswig ganz im dänischen Sinne. Doch war das kein Reichsverrat, wie in unserer von freudigem Stolz auf Schleswigs Erwerbung erfüllten Zeit dem Könige vorgeworfen wird. Schleswig gehörte damals nicht zum Reiche und war auch noch nicht mit Holstein „up ewig ungedeelt" verbunden. Eher neigte damals die Meinung dahin, ganz Dänemark als ein Zubehör zum Reiche zu betrachten. Nachher war Sigmund unausgesetzt bemüht, den Dänenkönig mit seinen Feinden auszusöhnen, dabei immer dessen Partei nehmend. In seinem Zerwürfnis mit dem Brandenburger Markgrafen beabsichtigte er auch, sich der Hülfe des Dänen zu bedienen, aber die Hauptsache war ihm, Erichs und namentlich der Hansestädte Beistand gegen die Husiten zu erlangen, und deswegen wollte er hier wie im übrigen Reiche Frieden schaffen.

Die Bedeutung der Hansa entging Sigmund nicht, war doch sein Wunsch überhaupt, dem Handel förderlich zu sein. Als er 1414 ins Reich kam, begehrte er Auskunft über ihre „Segelacie" und über die Handhabung der Kaufmannschaft, in welches Land sie Handel trieben, und andere ihre Gelegenheit; auch sonst hat er durch Befehle dem Handel zu nutzen gesucht. Aber abgesehen davon, daß er in Lübeck die Umwälzung rückgängig machte, welche dort eine Veränderung des Rates bewirkt hatte, und auch in Rostock und dann in Bremen gegen innere Unruhen einschritt, gelegentlich auch Geld von hansischen Kaufleuten zu leihen oder sonst von den Städten zu gewinnen wußte, hat er keinen wirklichen Einfluß auf sie geübt; eben sein Verhältnis zu Erich, noch mehr seine Behinderung durch andere Dinge zogen ihn davon ab.

Des deutschen Ordens haben wir oft gedacht. Er lag seit der Tannenberger Schlacht in einem langsamen Todeskampfe. Zum Teil war das die Schuld des wenig fähigen, unschlüssigen und doch wieder sich übereilenden Hochmeisters Paul von Rußdorf, der seit 1422 an der Spitze des Ordens stand. Er konnte sich nicht überwinden, dem Adel und den Städten die nötigen Zugeständnisse zu machen, um sie für die Ordensherrschaft zu gewinnen, vermochte auch nicht, dem wachsenden Zwiespalte im Orden selbst zu wehren. Sein Bündnis mit Witold und vollends mit dessen Nachfolger Swidrigiello schlug zum Schaden aus; die Niederlage, welche die Livländer 1435 an der Swienta erlitten, zwang zum Frieden mit Polen, der im Dezember zu Brzesc abgeschlossen den Orden zu einer bescheidenen Stellung herabdrückte.

Sigmund sah diesen Frieden mit Zorn, aber seine heftigen Worte machten keinen Eindruck, da er nur zu oft den Orden im Stich gelassen hatte. Gewiß hat Sigmund zu dem Niedergange des altehrwürdigen Staates beigetragen. Er besaß für den Orden kein ehrliches Wohlwollen und bediente sich seiner lediglich als eines willkürlich einzusetzenden Gegengewichtes gegen Polen. Den hohen Wert, welchen der Orden für das Deutschtum besaß, brachte er nicht so in Anschlag, wie wir wünschen, daß er es hätte thun mögen, aber wer hätte damals die ganze inhaltsschwere Lage übersehen? Auch den anderen Deutschen kam in diesem Falle die nationale Seite nicht zum Bewußtsein. Selbst ein so begeisterter Patriot wie Dietrich von Niem verkannte sie mit seinem ungünstigen Urteil über den Orden, dessen Kampf gegen Polen und Litthauen ihm höchst unchristlich zu sein schien.

Den König ärgerte, daß der Orden zu ihm und zum Reich nur in einem halben Verhältnis stand. Er suchte ihn zu bewegen, Preußen oder wenigstens Pomerellen dem Reiche zu Lehen zu geben; von den livländischen Bistümern Riga, Dorpat und Oesel nahm er in der That die Huldigung entgegen. In Preußen wünschte man dagegen durchaus nicht, daß „das Reich seinen Fuß fest und tief in den Orden setze". Da Sigmund die Ordenslande als weltliche Herrschaft ansah, wollte er nicht, daß sich der Papst in diese Angelegenheiten mische, in Rom nahm man es gleichfalls übel, daß der Orden nicht einfach eine kirchliche Bruderschaft sein wollte. Martin war ihm stets feindlich und schlug geradezu vor, in die polnische Lehnsunterthänigkeit zu treten.

Die Deutschherren hatten überhaupt keinen einzigen Freund mehr in der ganzen Welt, weder draußen noch in ihrem eigenen Lande. Doch niemand konnte ahnen, ein wie schweres Schicksal so bald über den Orden hereinbrechen werde, und in der That ist er eigentlich nicht von außen her vernichtet, sondern von innen her zersprengt worden.

Mit Wehmut erfüllt uns noch heute das traurige Schauspiel, wie der Orden, der einst ruhmreich das Deutschtum bis an die Newa getragen, hinsiecht in einer Zeit, in welcher das Slaventum, gegen das er das feste Bollwerk sein sollte, einen ungeahnten plötzlichen Aufschwung nahm und das Deutschtum im Osten zu vernichten drohte.

Der Ergebnis der ganzen Periode ist demnach ein trauriges, denn im ganzen Umkreise hatte die Stellung Deutschlands Schwächung erlitten. Auf drei Seiten stehen feindliche Mächte, im Westen Burgund und das Welschtum, im Osten Polen und das Slaventum, im Norden Skandinavien, während auf der vierten Seite Italien jede Abhängigkeit abgestreift hat. Im Reiche selbst hat sich keine neue überwiegend starke Macht herausgebildet, die alte Zersplitterung ist geblieben. Und vom Südosten her kam eine neue furchtbare Gefahr; immer näher rückte den Reichsgrenzen der Türke. Ihn abzuwehren hatte Sigsmund als König von Ungarn seine ganze Kraft aufgeboten, aber darüber seine Pflichten als deutscher König hintenansetzen müssen. Daß es ihm noch in den letzten Lebensjahren glücken würde, die guten Absichten, die er immer gehabt hatte, auch auszuführen, war nicht sehr wahrscheinlich.

Zweiundzwanzigster Abschnitt.

Die letzten Jahre Kaiser Sigmunds.
1434—1437.

Jener Friedensschluß zwischen Papst und Konzil konnte nicht von langer Dauer sein. Die synodale Idee hatte seit Konstanz die Herrschaft über die Geister errungen; in ihr erblickte man die einzige Rettung aus dem allgemeinen Elend, weil jede andere Macht versagt hatte. Martins Pontifikat hatte nur die Ansicht bestätigt, daß vom Papsttum nichts zu erwarten sei, daß es nichts gelernt, aber auch nichts vergessen habe. Es schien daher dringend notwendig, die höchste Behörde der Christenheit auch gegen ihren Willen zu reformieren, damit sie wieder der Christenheit, nicht sich allein diente. Sollte daher das ersehnte Heilswerk an Kirche und Menschheit vollzogen werden, so mußten alle Gewalten sich der synodalen Führung unterwerfen.

So vertrat das Baseler Konzil mit allem Nachdruck diesen Gedanken, und nicht nur die dort Versammelten, auch die meisten bedeutenden Männer der Zeit teilten ihn. Noch hielt man fest an der mittelalterlichen Anschauung, die alles Heil von der Kirche erwartete. Da das Papsttum nur Enttäuschung gebracht hatte, so sollten vorläufig die allgemeinen Konzile zu einer besseren Zeit hinüberleiten. Daher wollte das Baseler einfach an Roms Stelle treten und beanspruchte die gleiche Machtvollkommenheit, die dieses bisher besessen hatte. Der Orbis sei größer als die Urbs, sagte stolz ein Mitglied. Das Pabsttum sollte reformiert werden, um würdig zu sein, der Welt vorzustehen.

So sehr alle Herzen dem Konzil entgegenschlugen, der Besuch blieb dennoch spärlich; nicht entfernt konnte es sich in dieser Beziehung mit seinem großen Vorgänger messen. Der Hauptteil der Anwesenden waren niedere Geistliche und Doktoren, unzweifelhaft durchschnittlich eifrige und ehrliche Reformfreunde, aber Theoretiker, so großen Aufgaben nicht gewachsen, die immer eine gewisse Kenntnis und ein Verständnis für die wirklichen Verhältnisse erfordern. Es ging in Basel wie in den jungen Parlamenten unserer Zeit; man glaubte blind an die Macht des eigenen gefällten Spruches, meinte, die Welt ohne weiteres nach dem Ideal, das jeder in sich trug, umgestalten zu können; das warme Herz hatte an den Verhandlungen mehr Anteil als der kühle Kopf. Dem gegenüber stand das Papsttum, zwar bereits siech, aber noch nicht so weit, um zu den Toten geworfen zu werden, und am wenigsten gewillt, sich das gefallen zu lassen. Die Versammlung bestritt nicht eigentlich das Papsttum in seinem inneren, durch die Jahrhunderte befestigten Gehalt, sie wollte nur die augenblicklichen Träger treffen, aber bemerkte nicht, daß sie in einen Widerspruch hineingeriet, indem sie auch die Würde an sich antastete.

Es war ein großer Fehler, daß Eugen es unterließ, selber nach Basel zu kommen; er hätte dadurch Mitglieder an sich gezogen, die ganze große Zurüstung der Kurie wäre zu seinen Gunsten ins Gewicht gefallen. Ohne daß der Papst mitwirkte, ließ sich auch nichts Rechtes, Dauerndes erreichen, und es wäre immerhin besser gewesen, weniges zustande zu bringen, als nur Streit zu wecken. Eugen erblickte gerade in seiner Nichtteilnahme den besten Schutz gegen tiefeinschneidende Beschlüsse, aber er stellte damit alles auf den Machtstreit. Bei ehrlichem Entgegenkommen hätte vielleicht das Papsttum eine gewisse Verjüngung gefunden, mit kleinen Opfern den jähen Sturz, den es nachher erlebte, wenigstens aufgeschoben.

So aber platzten die Gegensätze auf einander, und das Konzil geriet immer tiefer in eine demokratische Richtung hinein. Allerdings war diese ganz anders als die husitisch-taboritische. Das Konzil wollte die Kirche, die geistliche Macht, den Besitz der Geistlichkeit durchaus erhalten; es war nicht ein Kampf der Laienwelt gegen die Kirche, sondern eine innere Revolution, eine Auflehnung der Geistlichkeit gegen den Absolutismus des Papsttums.

Besonders zwei Angelegenheiten führten das Zerwürfnis herbei. Das Konzil faßte Entschlüsse, welche in die täglichen Lebensbedürfnisse des Papsttums arg einschnitten. Mit einem Federzug strich es im Juni 1435 alle Einnahmen, die aus der Verleihung geistlicher Stellen, Würden und Vorrechte flossen, namentlich die Annaten. Das Schifflein Petri wurde so aus dem großen Fischteich plötzlich ins Trockene gesetzt, und es war natürlich, wenn Eugen die Bestätigung dieser Bestimmung verweigerte, ehe nicht Ersatz geschaffen wäre.

Noch bitterer wurde der Streit um die Griechen. Die griechische Kirche hatte, um Hülfe vom Abendlande zu erlangen, wieder den schon so oft angeregten Gedanken einer Union der beiden Bekenntnisse aufgegriffen. Das allgemeine Konzil, welches darüber beraten sollte, wünschte der Papst in Italien zu halten, und wenn er auch unzweifelhaft gern die Gelegenheit benutzte, um das lästige Baseler loszuwerden, so hatten doch sonst seine Gründe ihre Berechtigung. Die Baseler jedoch mochten den Ast, auf dem sie saßen, nicht selber durchsägen; sie wollten das Konzil nur entweder in Basel selbst oder in Avignon, wie die Franzosen betrieben, versammelt sehen. Zum Vergnügen und Spott der Griechen machten beide in Konstantinopel Anerbietungen, wie zwei um ein gutes Geschäft wetteifernde Kaufleute. Auch Sigmund trat, indem er Ofen vorschlug, in eine freilich hoffnungslose Mitbewerbung. Die Mehrheit des Konzils entschied im Mai 1437 gegen den Papst, nachdem Mitglieder wie auf der berüchtigten Räubersynode handgreiflich gegen einander geworden, und nur das Dazwischentreten der städtischen Polizei eine blutige Rauferei verhindert hatte. Die Minderheit aber verfaßte auch ihre Bulle als angeblichen Konzilsbeschluß, verschaffte sich durch Bestechung Eintritt in die Wohnung des Kardinals Julian, erbrach die Kiste, in der das große Siegel des Konzils aufbewahrt wurde, und versah so ihr Schriftstück mit der amtlichen Beglaubigung. Als der Papst diese Bulle der Minderheit annahm und veröffentlichte, brach der Sturm los. Am 31. Juli erging an ihn die Vorladung, der im Oktober die Eröffnung des Prozesses folgte, nachdem Eugen die Verlegung nach Ferrara befohlen hatte.

Griffen die Baseler Eugen gegenüber weit über die gebührenden Grenzen hinaus, so machten sie denselben Fehler auch in allen anderen Dingen. Da der Papst fern war, beanspruchte das Konzil die gesamte Kirchenleitung und übte sie oft bis in Kleinigkeiten, selbst in reinen Verwaltungssachen aus. Viele wandten sich allerdings lieber nach Basel, als nach dem verrufenen Rom, aber es konnte nicht ausbleiben, daß auch begründete Rechte verletzt wurden.

Eine andere Quelle von Mißständen floß aus der Aufgabe des Konzils, den Frieden unter der Christenheit herzustellen. Daher wurden dort auch politische Fragen erörtert, die nur Zank hervorriefen. Die Versammlung konnte sich den Einflüssen großer Mächte und Herren nicht entziehen und trübte dadurch die Reinheit der Erwägungen und Beschlüsse in Kirchenfragen. Was sie aus Rücksicht auf den einen that, verletzte den andern.

Das Konzil trat eben einfach an die Stelle des Papsttums. Die Kirche sollte ihre Allgewalt behalten, die ihr doch zum größten Schaden gereicht und das Mißvergnügen der Welt erregt hatte. Es blieb demnach der alte Zustand, nur daß die Ausübung der Omnipotenz in andere Hände gelegt war. Deswegen würde die konziliare Idee, auch wenn sie gesiegt hätte, kaum eine grundsätzliche Aenderung des kirchlichen Wesens herbeigeführt haben.

Sigmund hat das aufsteigende Unheil rechtzeitig und richtig erkannt, doch es war ihm beschieden, daß er, dessen Regierung mit der glorreichen Besiegung des Papstschisma begonnen hatte, noch vor seinem Tode ein neues entstehen sehen mußte, das Schisma zweier allgemeiner Konzile.

Er hat sich die größte und redlichste Mühe gegeben, die Baseler von übereilten Maßregeln abzuhalten. Die erbitterte Stimmung, mit der er von ihnen geschieden war, wurde noch gesteigert. Es ist leicht begreiflich, daß er zürnte, wenn die Konzilsväter Dinge, die sie gar nichts angingen, wie den Streit um die sächsische Kur, in ihre Beratungen zogen. Es kam zu einem erregten Briefwechsel, indem er erklärte, er könne seine weltlichen Rechte nicht kränken lassen. Die böhmische Sache nötigte ihn indessen, mit dem Konzil Verkehr zu erhalten. Dieses beachtete auch fernerhin seine Wünsche wenig, rührte in allerhand fernliegenden Dingen herum und betrieb darüber die Reform nicht in der gewünschten Weise. Gerade darüber beklagte er sich bitter: es komme nicht darauf an, ewig in Basel zu bleiben, sondern etwas fertig zu bringen.

Der erhofften Kirchenverbesserung wegen wünschte er, daß die Einigkeit mit dem Papste erhalten bleibe, und tadelte daher den Beschluß über die Annaten, doch eben deswegen bekämpfte er auch entschieden die päpstliche Absicht, die Versammlung nach Italien zu verlegen, und führte scharfe Reden über den Betrug der Minderheit. In dem neuentbrannten Streit zwischen Papst und Konzil suchte er ebenso zum Guten zu reden und zu vermitteln, wie er es bei dem früheren gethan hatte. Er wollte beschwichtigen und versöhnen; die Einleitung des Prozesses gegen Eugen beklagte er daher als einen Schritt, der die traurigsten Folgen haben würde. Ueber diesen verständigen Bestrebungen raffte ihn der Tod hinweg. —

Als Sigmund 1431 nach Italien zog und dort zwei Jahre blieb, fiel wieder den Kurfürsten die Vorsorge für das Reich zu, soweit sie ihnen genehm war.

Markgraf Friedrich erwarb sich das Verdienst, mehrere Tage zusammenzubringen, auf denen teils über die Hussitennot, noch mehr über die Kriege im Reiche beraten wurde. Der Zwiespalt zwischen Papst und Konzil veranlaßte die Kurfürsten, wie wir sahen, vermittelnd einzugreifen, und zwar bei Eugen mit Erfolg. Dagegen verschlossen sie ihre Ohren für die Hülferufe, welche Sigmund über die Alpen sandte, was den König gewaltig erzürnte.

Nach seiner Ankunft in Basel berief er sofort einen Reichstag, um die Streitigkeiten zu begleichen und nötigenfalls eine Rüstung gegen die Böhmen aufzubringen, wenn sie sich nicht mit dem Konzil vertrügen. Erst Anfang 1434 fand sich eine größere Zahl von Fürsten zusammen, von den Kurfürsten nur der Brandenburger. Der Hauptgegenstand der Verhandlungen war jener Prozeß gegen Ludwig von Ingolstadt.

In Ulm und Regensburg fanden dann neue Tage statt, denen die geistlichen Kurfürsten wiederum fern blieben. Da die Niederlage, welche die Taboriten bei Lipan erlitten hatten, nicht nur das Baseler Konzil, sondern auch andere zu dem Glauben verführte, man brauche den Böhmen nicht mehr nachzugeben, erschien Sigmund, der in Regensburg mit ihnen ohne Hinzuziehung der Fürsten verhandelte, wieder als Begünstiger der Ketzerei. Sogar das sinnlose Gerücht entstand, vielleicht durch seine Kriegsabsichten gegen Burgund veranlaßt, er wolle mit einem hussitischen Heere an den Rhein ziehen, um die Kurfürsten zu demütigen. In der That war Sigmund mit den rheinischen Kurfürsten sehr unzufrieden, aber nicht weil sie ihm die Herrschaft einengen wollten, sondern weil sie sich ihm versagten. Der kurfürstliche Bund bestand nur noch auf dem Pergament. Von den rheinischen Kurfürsten kam jetzt allein Dietrich von Köln in Betracht, und der ging ganz in seinen heimischen Kämpfen auf, was der König sehr übel vermerkte. Raban war nur dem Namen nach Erzbischof von Trier, Pfalzgraf Ludwig geistig und körperlich gebrochen, Erzbischof Dietrich von Mainz eben erst in sein Amt getreten. Zu fürchten hatte Sigmund von ihnen allen nichts, aber er wünschte, daß sie für ihn und das Reich etwas leisteten.

Denn des Reiches Not nach innen und nach außen war himmelschreiend. Von Regensburg aus erließ Sigmund am 27. September 1434 eine große

Botschaft über die dringend erforderliche Reform, welche immer der Gegenstand seiner Sorge gewesen sei. Sechzehn Artikel stellte er auf, die zunächst Räte der Reichsstände im Dezember zu Frankfurt erwägen sollten, damit dann auf einem Reichstage in seiner Gegenwart Beschlüsse gefaßt werden könnten. Es war ein reiches Verzeichnis von Vorschlägen aller Art, die zum Teil aus der politischen Lage entnommen wurden, wie Krieg gegen Burgund und Beilegung der schwebenden Fehden, teils eine Regelung des Verhältnisses zwischen geistlicher und weltlicher Gewalt betrafen, endlich die innere Ordnung von Frieden und Recht, darunter auch eine Läuterung der westfälischen Gerichte bezweckten. Er brachte seinen alten Plan vor, einen allgemeinen Landfrieden zu schaffen und das Reich in vier Kreise mit gegenseitiger Hülfspflicht zu teilen.

Die von dem Kaiser gemachten Vorschläge wurden in der That zu Frankfurt beraten. Man erklärte sich mit ihnen im allgemeinen einverstanden und fügte einige neue hinzu, namentlich den einer ordentlichen Handhabung des obersten Reichsgerichts. Aber alles blieb schätzbares Material, denn zu dem auf den Mai 1435 anberaumten Reichstage, der es verwerten sollte, erschien Sigmund nicht. Die Versammlung kam gar nicht zustande.

Die Vorgänge auf dem Baseler Konzil veranlaßten im Herbst 1436 die Kurfürsten, sich an den Kaiser zu wenden, damit jene Irrungen wie die Gebrechen des Reiches abgestellt würden. Er berief einen Reichstag nach Eger, zu dem er aus Prag Ende Juni kam. Aber nur die weltlichen Kurfürsten folgten seinem Rufe, die geistlichen schickten nur Botschaften. Geratschlagt wurde genug über das Konzil und die Rückerwerbung Brabants, über Verbesserung der gesamten Gerichtsbarkeit im Reich, über Landfrieden und Münze, aber die Beschlußfassung wurde wiederum vertagt auf einen Reichstag in Nürnberg, welcher unterblieb. Da der Streit zwischen Basel und Rom die allgemeine Aufmerksamkeit in Anspruch nahm, forderten die Kurfürsten von Frankfurt aus den Kaiser auf, „als ihr Haupt und Herr" mit ihnen gemeinsam beiden Parteien Vorschläge zu machen, und von der, welche sie ablehnen sollte, sich loszusagen. Ihre Botschaft traf Sigmund nicht mehr unter den Lebenden.

Noch vor dem Reichstage in Eger meldete ein Bote Frankfurts nach Hause, der Kaiser habe mehr vor, als er in seinen Briefen schreibe, er wolle einen römischen König machen. Ob er dort mit den Fürsten über die Wahl Albrechts gesprochen hat, ist nicht überliefert; jedenfalls wurde über sie nichts beschlossen. Sigmund mußte sehen, sein Haus zu bestellen, denn die Gicht in ihrer schwersten Form zehrte an seinem Körper, so daß er sich eine große Zehe abnehmen lassen mußte. Er wollte noch Albrecht in die Herrschaft über Böhmen einführen, aber ehe dieser nach Prag kam, verließ der Kaiser totkrank die Stadt am 11. November 1437, weil er sich nicht mehr die Kraft zutraute, den bevorstehenden Wirren zu trotzen. Da er wußte, daß seine Gemahlin Barbara Ränke spann, um sich die Regentschaft zu verschaffen, ließ er sie in Znaim, wohin ihm Schwiegersohn und Tochter entgegenkamen, verhaften. Doch sein Leben war zu Ende. Nachdem er den anwesenden Böhmen und Ungarn nochmals Albrecht empfohlen und mit frommer Fassung die Gnadenmittel der Kirche empfangen hatte, starb er in Znaim am 9. Dezember. Eberhard Windeck, der des Kaisers Thaten mit mehr Liebe, als

Geschick und Zuverlässigkeit beschrieben hat, erzählt von seinen letzten Augenblicken: „An dem Morgen, an dem er sterben sollte, befahl er, ihn als römischen Kaiser anzukleiden mit Ornat und Krone. Dann hörte er eine Messe und nach der Messe befahl er, ihn wieder auszukleiden und sprach: ‚Nun kleidet mich, wie man mich begraben wird'. Dies geschah und so saß er auf einem Stuhle und verschied. Ehe er starb, befahl er, daß man ihn zwei oder drei Tage stehen ließe, damit alle Leute sehen könnten, daß der Herr der Welt tot sei". Aber Windeck war nicht Augenzeuge des Todes und seine Erzählung ist wohl nur eine Erdichtung.

Sigmund erhielt seine Grabstätte in Großwardein in ungarischer Erde, die seine heimische geworden war.

Dreiundzwanzigster Abschnitt.

Die Bedeutung Sigmunds.

Mit dem Kaiser erlosch im Mannesstamme das luxemburgische Geschlecht, von dem vier Glieder die deutsche Königskrone getragen hatten, Männer von sehr verschiedener Sinnesweise. Sigmund glich keinem der drei, die vor ihm den deutschen Thron innehatten. Er besaß weder die hochgemute Festigkeit des Urgroßvaters, noch die zähe Beharrlichkeit des Vaters, noch erstickte er in Faulheit und Ausschweifung, wie Wenzel. Am meisten ähnelte er dem Großvater, dem Böhmenkönig Johann, im Körper, wie an Vorzügen und Fehlern.

Aeneas Silvius, der spätere Papst Pius II. erzählt, Sigmund habe, als er mit Eugen in Rom zusammen saß, die Scherzworte hingeworfen: „Dreierlei sind es, heiligster Vater, in denen wir uns unterscheiden, und wiederum dreierlei, in denen wir uns gleichen. Du schläfst lange, ich stehe früh auf. Du trinkst Wasser, ich Wein. Du fliehst die Weiber, ich liebe sie. Aber gleich sind wir in diesen! Du verschwendest die Schätze der Kirche, ich behalte nichts in den Händen. Du hast lahme Hände, ich lahme Füße. Du zerstörst die Kirche, ich das Reich". Der Kaiser ahnte kaum, daß mit letzterem Satz dereinst geschichtliche Urteile übereinstimmen würden.

Denn wenn der Kaiser auch seine Lobredner gefunden hat, so sind doch namentlich die Gelehrten der neuesten Zeit auf ihn nicht gut zu sprechen gewesen. Es ging darin Sigmund wie seinem Vater Karl IV., so sehr verschieden sie sonst von einander waren. Wurde des einen Hinterlist und Habgier über Gebühr als sein hauptsächlichster Charakterzug hingestellt, so sollten bei dem andern Phantasterei und Leichtsinn die alle übrigen verdunkelnden Eigenschaften gewesen sein. Sigmund wurden allerhand schlimme Absichten zugetraut, und während seine Gegner unbedingten Glauben fanden, galten seine Versicherungen als eitle Ausflüchte. So wollte man in seinem Thun keinen guten Zug gelten lassen, überall argwöhnisch eine Tücke oder wenigstens Schwäche verspüren, und ging eifrig auf die Suche, ihn dabei zu ertappen. Wie schwierig allzeit seine Aufgaben waren, gelangte nicht zur ausreichenden Würdigung. Er kam so ziemlich in den Ruf, im Grunde ein Lump gewesen zu sein, nur wurde zugegeben, daß seine Lumperei einen genialen Anstrich hatte.

Es ist unbestreitbar, daß unter ihm die Verwirrung im Reiche nicht gemindert wurde, aber man darf behaupten, daß sie nicht vermehrt wurde. Sie zeigte sich nur augenfälliger. Denn der erste Blick über seine Regierung haftet sogleich auf den Hussitenkriegen und dem entsetzlichen Elend, das sie in weite Gaue Deutschlands trugen. Aber es muß hervorgehoben werden: die wiederholten großen Züge nach Böhmen stellen eine Kraftleistung des Reiches dar, wie sie in diesem Umfange seit König Rudolfs Zug gegen Burgund, der ganz vereinzelt dasteht, nicht dagewesen war. Wenn diese Fahrten auch schlecht ausschlugen, es kamen doch unter Sigmund wieder Reichskriege zu stande, und zwar die ersten schon, ehe die Hussiten in das Reich einfielen. Zu seiner Zeit wurden zwar auch viele innere Kriege geführt, aber das war ein altes Erbübel Deutschlands und die Neigung dazu immer vorhanden. Dafür hielt unter ihm die durch seine Wahl hergestellte Reichseinheit fest, und so geringe Beachtung vielfach seine Weisungen fanden, Sigmund war auch in seiner größten Schwäche weit mehr wirklicher und allgemeiner König, als Ruprecht. Offenbarte sich unter ihm die Haltlosigkeit der ganzen Reichsverfassung: er hatte sie so überkommen, er mußte büßen für Sünden, die andere vor ihm begangen hatten.

In seiner Regierung gab es sogar einen unvergessenen Augenblick der Erhebung in den Anfängen des Konstanzer Konzils, der die Deutschen stolz machte auf ihren König und auf die Bedeutung des Reiches; wie lange war es her, daß dergleichen nicht verzeichnet werden konnte!

Die Zeitgenossen rechneten es Sigmund hoch an, daß er das Schisma beseitigte, und wenn man die Bedürfnisse der damaligen Welt gerecht würdigt, war es in der That eine höchst beachtenswerte Leistung. Dadurch, daß er das Konstanzer Konzil zu stande brachte, eröffnete er auch die einzige Möglichkeit der Kirchenreform, wodurch er sich nicht minder alle Wohlgesinnten verpflichtete. Daß dann die Baseler Synode die unterbrochene Arbeit wieder aufnehmen konnte, war auch hauptsächlich Sigmund zu verdanken. Die Kirchenverbesserung blieb ihm das Ideal, nach dem er alle seine Pläne gestaltete, und daß es schließlich nicht verwirklicht wurde, ist nicht dem Kaiser beizumessen. Er hat im Gegenteil sauren Schweiß darangesetzt, diesen erhabensten Zweck seines späteren Lebens erfüllt zu sehen. Wenn die durch die Konzile geweckten Ideen über deren Dauer hinauswirkten, durch sie weitere Gedankenkreise sich aufthaten, so war Sigmund der Moses gewesen, der dem harten Kirchenfelsen diese Quellen entlockte.

Auch gelang es ihm schließlich, Böhmen beim Reiche zu erhalten und die unendliche Gefahr, die in der Verbindung der Hussiten mit dem andern Slaventum gelegen hätte, abzuwehren. Sein Werk hat freilich nicht ganz vorgehalten, aber es war gut, daß die ersten Versuche zu dieser Einigung verhindert wurden. Nachher gestaltete sich die politische Lage doch wesentlich anders.

Eine gerechte Würdigung Sigmunds muß scheiden zwischen seiner persönlichen Schuld und dem, wofür er nicht verantwortlich gemacht werden kann. Das Unglück seiner Regierung war eben der Hussitensturm, welcher Verhältnisse hervorrief, wie sie vordem nicht geahnt werden konnten. Er fand die hussitische Bewegung bereits vor, und als er sie eindämmen wollte, als er Hus preisgab und dann zu den Waffen griff, folgte er Anschauungen, die ihm seine Stellung gebieterisch auferlegte. Die Folgen wurden allerdings verhängnisvoll. Die Empörung der Böhmen verwickelte ihn nicht nur in furchtbare Kämpfe, sondern raubte ihm auch den einzigen Besitz im Reich, machte ihn zu einem deutschen König ohne Land und ohne Geld und nahm ihm die Grundlage des Landesfürstentums, auf die sich seine Vorgänger unter allen Umständen hatten stützen können. Das Königreich Ungarn konnte er nicht zu Leistungen heranziehen, denn das bedurfte seiner Kräfte vollauf für sich, besonders gegen die Türken. Was Sigmund geleistet hat, das vollbrachte er fast allein durch seinen Geist und Verstand. Soviel Gedankenarbeit wie er hat kaum ein anderer deutscher König verrichtet.

Genie ist dem letzten Luxemburger auch von seinen härtesten Tadlern nicht abgesprochen worden, nur meinen sie, daß er es falsch anwandte und vergeudete. Seine „Allerweltspolitik" ist die Anklage, die immer wieder gegen ihn erhoben wird. Aber wie sollte er die kirchlichen Fragen, die eben universal waren, anders lösen? Gerade in diesen hat er unbestreitbare Triumphe errungen, einen staunenswert richtigen Blick bewiesen. Auch Pflicht und Rücksicht auf Ungarn nötigten ihn, sich mit vielen Verhältnissen abzugeben, die für Deutschland freilich wertlos, ja störend waren. Aber kann man ihm einen ernstlichen Tadel daraus schmieden, daß er dieses sein Königreich nicht in die Schanze schlug? Verlor er es, hätte er für Deutschland noch weniger bedeutet. Daß sein Hauptziel, der Kampf gegen die Türken, ein richtiges war, hat die folgende Zeit genugsam bewiesen. Sigmunds ganze Regierung war bereits ein Vorspiel der späteren habsburgischen Politik, die sich dieselben Zwecke im Osten stellen mußte. Für die Deutschen wäre es vielleicht besser gewesen, einen andern König zu haben, aber sie wählten ihn in einer Zwangslage, in die sie sich selbst versetzt hatten, und mußten die Folgen tragen.

Keineswegs soll geleugnet werden, daß Sigmund große Fehler hatte und nicht allein die, welche seine sittliche Führung entstellten. Sie entsprangen aber zum Teil daraus, daß er die gewaltigsten Aufgaben lösen sollte und mußte, ohne die Mittel dazu zu haben; immer und immer hängt die Geldnot als Fluch an seiner Ferse. Sie entsprang in der Hauptsache aus den allgemeinen Verhältnissen, den großen Opfern, welche diese auferlegten. Verschlimmernd kam hinzu seine Neigung zur Verschwendung, daß er leben sollte und wollte wie ein großmächtiger Fürst entsprechend seinen Titeln und unfähig war, Geld zusammenzuhalten. Er kam dadurch mit Recht in schlechten, eines Königes durchaus unwürdigen Ruf, und es ist gar kein Zweifel, daß er und seine Kanzlei bestechlich waren, je später, desto mehr. In den letzten Jahren, in Italien und nachher in Deutschland, stand es mit dem Unterhalt des königlichen Hofes geradezu jämmerlich und schimpflich.

Aus der oft verzweifelten Lage, handeln zu müssen und es eigentlich nicht zu können, ging er oft nicht mit Ehren hervor. Alle möglichen Künste und Listen bot er daher auf, um zu seinem Ziele zu gelangen. Er galt deswegen für treulos, hinterlistig, verlogen. Er hatte die geschickte Weise zu blenden und zu täuschen; himmelhoch schwur er manchmal und überbot sich in seinen Beteuerungen. Das war nicht selten seine ehrliche Meinung, oft freilich nur Berechnung.

Es ist nicht schwer, die Liste der Gebrechen Sigmunds zu vermehren. Er neigte dazu, zuviel auf einmal zu wollen und zu beginnen, wenn man auch die Entwürfe für die Zukunft, die er aufzustellen liebte, nicht so fassen darf, als hätte er stets alles auf einmal thun wollen. Mitten im Begonnenen sprang er zu anderen Dingen über; namentlich ließ er sich leicht in seiner beweglichen Leidenschaft durch nebensächliche Kleinigkeiten von dem Hauptzweck abbringen oder wenigstens in dessen Verfolgung aufhalten, doch blieb bei allen Hindernissen und Verzögerungen seine Politik des Zieles bewußt. Leider war er als Feldherr sehr viel geringer wie als Staatsmann, trotzdem es ihm an Tapferkeit nicht gebrach. Es fällt auf, daß er oft überlange an einem Orte verweilte, ehe er zu Handlungen überging, doch mochten manchmal triftige Gründe vorliegen, die wir nicht kennen. Denn der Trägheit kann man den Kaiser am wenigsten beschuldigen. Die schwersten Körperleiden hielten ihn nicht ab von großen Reisen, von anstrengenden, aufreibenden Verhandlungen.

Es ist indessen natürlich, daß deutsche Geschichtschreiber ihr Urteil bemessen nach dem, was Sigmund für Deutschland that. Da ist allerdings zu beklagen, daß er hauptsächlich König von Ungarn war und es auch nach seiner Wahl blieb, sich überhaupt mehr als Kaiser, denn als den zunächst für Deutschlands innere Leitung berufenen König fühlte. Von seiner langen Regierung hat er nur die kürzeste Zeit im eigentlichen Deutschland zugebracht, seit 1418 nur etwa zwei und ein halbes Jahr. Seine Abwesenheit hinderte ein stetiges und gleichmäßiges Herrschen, auch ist er nie selbst an die Spitze der Reichsheere getreten, und dies minderte sein Ansehen und schädigte den Erfolg. Er wurde im Reiche nie recht warm, empfand nur die Hemmnisse, die sich dort vor ihm auftürmten, aber gelangte nicht dazu, ihre Ueberwindung in zusammenhängender und fortgesetzter Thätigkeit zu versuchen. Trotzdem ist anzuerkennen, daß er von Anfang an darauf bedacht war, die Gebrechen im Reiche zu heben, nur daß der Arzt den Kranken nicht selbst in Behandlung nahm, sondern ihm die Bereitung und Anwendung der vorgeschlagenen Heilmittel überließ. Daher entstand das unglückselige Verhältnis, daß beide über einander klagten, er über die Deutschen, die Deutschen über ihn.

Die Regierung Sigmunds wird immer dadurch denkwürdig bleiben, daß unter ihr die Reform des Reiches angeregt und auch versucht wurde. Das ist durchaus sein Verdienst, und er kam auf diese Gedanken nicht erst, als die Husiten dazu zwangen. Es ehrt ihn außerdem, daß er in erster Stelle die Wohlfahrt im Handel und Wandel schirmen und heben wollte, daß seine guten Absichten dem Bürger und Bauer galten. Allerdings konnte er allein wenig oder nichts thun, aber er rechnete auf den Beistand der deutschen Stände, und seine anfängliche und noch in späteren Zeiten auftauchende Absicht, engere Verpflichtungen gegen das Reich zu schaffen, war nicht schlecht. Zunächst hoffte er auf Städte und Ritterschaft. Erst als sie sich ihm versagten, wandte er sich den Fürsten zu, doch auch von ihnen erreichte er nichts. Namentlich das unklare Verhältnis zwischen Königtum und Kurfürsten wirkte störend. Diese, an den alten Ueberlieferungen haftend, beargwohnten die Städte und die Zuneigung, welche der König zu den Bürgern hatte. Andererseits fühlten sie sich verpflichtet, für das Reich zu sorgen, und verlangten vom Könige, daß er es in gutem Zustande halte. Der war wieder der Ueberzeugung, daß die Kurfürsten nicht das ihrige thaten, und empfand sich als verkannt und in seiner Würde verletzt. In Wahrheit trugen die Stände mindestens ebensoviel Schuld, wie der König, wenn es mit dem Reiche nicht besser wurde. Die Vorschläge, die er schließlich machte, gingen allerdings nicht in die Tiefe, da sie den inneren Bau des Reiches, an dem der eigentliche Schaden lag, nicht umgestalten sollten; es handelte sich mehr darum, die schlimmsten Löcher mit Flicken zu schließen, als ein neues Gewand zu schaffen. Doch ist die einzige neue Idee, die wirklich helfen konnte, die Schöpfung eines Reichs-Finanz- und Kriegssystems, unter ihm und unter seiner Einwirkung wenigstens in Angriff genommen worden. Leider scheiterte sie gleich in den ersten Anfängen.

Als wichtigste Veränderung, welche die Reichsverfassung in jenen Tagen erfuhr, wird gewöhnlich hervorgehoben, daß das Kurfürstenkollegium einen regelmäßigen Einfluß auf das Regiment gewann und auch die Städte daran einen gewissen gesicherten Anteil bekamen. Soweit das richtig ist, war es eine natürliche Folge der Verhältnisse. Doch trifft nicht zu, daß das Kurkollegium schon unter Sigmund zur geschlossenen, einheitlich handelnden Körperschaft wurde. Wäre der Binger Kurverein zur dauernden Ausführung gelangt, so hätte er für das Reich Segen gebracht, da er sich mit der königlichen Gewalt vertragen konnte. Aber thatsächlich war er aufgelöst und erst die nachfolgenden Zeiten brachten ihn wieder zusammen. Den Städten aber fiel nicht mehr zu, als die Rücksicht auf ihre Steuerkraft ihnen einzuräumen gebot, und sie behaupteten diese Stellung, weil auch späterhin die Geldfragen die wichtigsten unter den Reichssachen blieben.

Aber es war etwas wert, daß von obenher offen eingestanden wurde, wie dumm das Salz geworden war. Im Volke selbst fanden die lauten Klagen Sigmunds Widerhall; trotz seiner seltenen Anwesenheit im Reiche wurde er volkstümlich und man vergaß ihm nicht, daß er auch für die unteren Schichten ein Herz gehabt hatte. In dem Chaos, das unter seinem Nachfolger eintrat, wußten auch die Fürsten nichts besseres zu thun, als den Faden, den er angesponnen hatte, weiterzuführen.

Alles, was Sigmund gethan hat, ist von der Flut der Zeit weggespült worden. Nur eine seiner Thaten hat bis auf unsere Tage ihren Segen verbreitet. Er verlieh die rechte Stellung dem Geschlechte, welchem es vorbehalten war, des Luxemburgers Wünsche für des Reiches Ehre und Ruhm zu einer Erfüllung zu bringen, wie er sie auch in seinen kühnsten Träumen nicht hoffen konnte. Und diese Uebertragung der Mark Brandenburg an Friedrich von Nürnberg war ein Werk dankbarer Gesinnung und treuer Freundschaft!

Vierundzwanzigster Abschnitt.

Rückblick und Ausblick.

Die Aufgabe, die mir mit diesem Buche gestellt war, ist vollendet. Ich hatte meine Leser durch eine lange Zeit zu führen, die, wie ich gleich anfangs nicht verhehlte, an innerer Bedeutung, an allgemeinem Interesse hinter anderen Abschnitten unserer Geschichte zurücksteht. Aber ich kann wohl sagen, daß meine Teilnahme an diesen krausen und verworrenen Dingen keine geringe war, jedenfalls größer, als ich hoffen darf, sie bei meinen Lesern erweckt zu haben. Man mag darüber streiten, aber mir erscheinen immer diejenigen Zeiten als die anziehendsten, in denen unter schweren Wehen neue Ideen geboren werden, in denen neben dem ermattenden Blutumlauf greisenhaft gewordener Lebensadern ein frischer Pulsschlag bemerkbar wird. Wie es in der Natur besondere Freude macht, die ersten Keime zu beobachten, wie schon neue Hoffnungen erwachen, wenn die welken Blätter abgestoßen werden durch die zum Grünen im künftigen Frühling bestimmten, so ist es auch für den Geschichtschreiber eine reizvolle Forschung, unter den zerfallenden alten Zuständen die Spuren der neues Leben bringenden Zerstörer zu suchen.

Es ist eine besondere Eigentümlichkeit unseres Zeitabschnittes, daß in ihm so wenige Männer hervortreten, die als eigentlich treibende Kräfte zu bezeichnen sind. Vielleicht könnte man den Böhmen Johann Hus als den einzigen recht greifbar hervortretenden nennen. Es fehlt ja nicht an bedeutenderen Persönlichkeiten, und hochgestellte Männer, wie Könige und Päpste und andere größere Fürsten, haben natürlich auch damals durch ihr persönliches Sein einen Einfluß ausgeübt. Aber es ist keiner vorhanden, welcher der ganzen Zeit den Stempel seines Geistes aufgedrückt hätte, denn alle bewegen sich mit größerer oder geringerer Geschicklichkeit in den ihnen durch die geschichtliche Entwickelung vorgeschriebenen Bahnen.

Es wechseln in der Geschichte Zeiten, in denen große Männer aller Augen auf sich richten, und solche, in denen sie zu fehlen scheinen. Wie viel ist darüber gestritten worden, ob „Heroen" oder allgemeine Ideen und Zustände die Geschichte machen! Es scheint, daß die Frage in dieser Form nicht richtig gestellt ist, denn sie verkennt das Wesen geschichtlicher Zusammenhänge. Nie ist in ihnen eine einzelne Kraft allein wirksam, doch zu verschiedenen Zeiten treten verschiedene Mächte in vornehmliche Thätigkeit. So steht es auch mit dem Streite, ob die Geschichte mehr die staatliche oder mehr die wirtschaftliche oder irgend andere Zeiten, die man mit einem allgemeinen Ausdruck kulturelle zu nennen pflegt, zu berücksichtigen habe. Es läßt sich darauf keine andere Antwort geben, als die scheinbar nichtssagende: Je nachdem!

Je nach den Zeiten liegt der Schwerpunkt der Entwickelung in der staatlichen, häufig mit kriegerischen Vorgängen verknüpften Bildung, oder in wirtschaftlichen Wandlungen oder in geistigen Bewegungen, die wieder sehr mannigfacher Art sein können, wissenschaftlich, religiös, litterarisch, künstlerisch, sozial oder ganz allgemein human. Jede dieser Strömungen hat ihren Verlauf in dem Gesamtkörper, daher ist keine, so mächtig sie sein mag, von der andern ganz unabhängig und kommt deshalb auch nur in der allgemeinen Verbindung zum vollen Verständnis. Durch die allmähliche Störung des Gleichgewichts treten dann geschichtliche Augenblicke ein, in denen ein Widerstreit entsteht, welchen man Revolution zu nennen pflegt. In diesem geschichtlichen Sinne sind alle Perioden, in denen große Umgestaltungen vor sich gehen, als Revolutionen zu bezeichnen. Solche Umbildungen vollziehen sich bald mehr auf staatlichem, bald mehr auf geistigem Gebiet, aber ihre Grundursachen sind nicht so einseitig, sondern zusammengesetzt, wie dann auch die Wirkungen sich auf mehrfache Lebensthätigkeiten erstrecken.

Die eigentliche, dauernde Leistung solcher Revolutionen ist nun nicht die unmittelbare Hervorbringung von neuem. Zwar treten oft im ersten Augenblick der Bewegung gewisse Tendenzen hervor und ergreifen die Zeitgenossen mit packender Gewalt, aber der himmelstürmende Flug erlahmt bald und das Feuer der Begeisterung sinkt zusammen. Das nennt man die Reaktion, die jeder Revolution so untrennbar folgt, wie der Schatten dem Menschen. Es scheint, als sei die ganze Revolution nur eine vorüberrauschende Sinnestäuschung gewesen, als wäre das, was zerstört werden sollte, noch mehr befestigt worden. Doch im weiteren Laufe der Dinge kommt erst das wahre Ergebnis zum Vorschein. Die alten Zustände zerfallen und nun beginnt die rechte, für die Zukunft fördernde Arbeit. Ideen, die früher in unklaren Umrissen vorgeschwebt hatten, gewinnen Platz, empfangen Körper und Leben in dem Zusammenhange mit den bestehenden Verhältnissen und gelangen zur wirklichen Gestaltung. Die dauernde Leistung der Revolution ist demnach nur die Beseitigung alter Zustände, die Schaffung von Raum für neue Bildungen. Jeder sichere Fortschritt in Völkerleben besteht in der Ueberwindung und Abstoßung abgelebter, unbrauchbar gewordener Formen und Vorstellungen; nicht das im Augenblicke der Erregung entstandene, sondern das nachher langsam sich bildende ist der bleibende Gewinn. Die Revolutionen selbst schaffen nicht, sie zerstören nur.

Die geschichtliche Entwickelung ist ähnlich der geologischen; sie vollzieht sich nicht in den Katastrophen, sondern in der allmählichen Schichtenbildung. Keine Revolution entsteht plötzlich aus heiterer Luft, sondern ihr geht eine lange Zeit voraus, in der das Gefühl der Unzufriedenheit mit dem Bestehenden um sich frißt, eine Zeit prickelnder Unbehaglichkeit für alle Welt, ohne daß sich der einzelne der Ursachen so recht bewußt ist. Allmählich zieht sich die unangenehme Empfindung auf bestimmte Stellen zusammen, ihre Gründe werden klarer und kommen zum allgemeinen Bewußtsein. Dann erheben sich in der Litteratur Stimmen, welche dem allgemeinen Mißbefinden Ausdruck geben und Aenderung verlangen, und bald fehlt es auch nicht an Vorschlägen. So verbreitet sich durch die Gesamtheit eine gleichmäßige Neigung, die Abstellung der drückenden Schmerzursachen um jeden Preis zu verlangen, während das Wie? nur zur dunkeln Ahnung kommt.

Hier erst ist der Augenblick gegeben, wo große Männer ihre Wirksamkeit entfalten können, weil ihnen der Boden bereitet ist. Sie vermögen wenig oder nichts, so lange ihrer Thatkraft nicht ein allgemeines Bedürfnis und Verständnis entgegenkommt, denn die Ideen, von denen sie erfüllt sind, können nur in Thaten umgesetzt werden, wenn auch die Allgemeinheit für sie Sinn hat. Wohl aber ist es dann die Leistung der großen Männer, der Empfindung des Volkes die aus ihrem eigenen Geist entsprungene bestimmte Form zu geben, und hier tritt erst ihre volle persönliche und individuelle Bedeutung ein. Die Wassermasse ist da, breit und flach; die Heroen weisen ihr den Lauf an und graben ihr das Bett, in dem sie weiter hinflutet.

Das deutsche Volk befand sich damals in einer Lage, wie sie großen Umwälzungen voranzugehen pflegt. Man darf wohl die ganze Periode, die wir überflogen haben, als eine vorbereitende Zwischenzeit betrachten, in der das Gefühl entstand, die Welt sei nicht mehr in Ordnung. Allmählich wuchs die unangenehme Empfindung, bis sich niemand einer Täuschung über den Ernst der Dinge hingeben konnte.

Allenthalben, wohin auch der Deutsche aus den engen Mauern des Hauses den Blick richtete, erschaute er unerfreuliches. Mit tausend Masten war einst das Reich bald nach seinem Entstehen auf den Ozean der Weltgeschichte hinausgesegelt, und noch lebte die Erinnerung an die ehemalige Größe. Aber der Traum einer Weltherrschaft oder wenigstens einer Vorherrschaft in Europa war längst verrauscht. Italien war thatsächlich verloren. Im Westen schoben Burgund und Frankreich ihre Füße bedrohlich auf den Reichsboden vor, und wenn nicht der Kampf mit England gewesen wäre, hätte schon damals ein französischer König zu einem Ludwig XIV. werden können. Und selbst den Osten, wo einst das deutsche Volk die glorreichste Eroberung, die ihm je geglückt ist, vollzogen hatte, bedrohte das Slaventum aufs ärgste.

Gleichwohl hatten die Deutschen lange Zeit kein rechtes Bewußtsein davon gehabt, wie tief ihr Reich politisch herabgekommen war. Immer noch hatten sie in der Welt als das erste Waffenvolk gegolten; alle Nachbarländer begehrten die Hülfe deutscher Fürsten und deutscher Söldner. Seitdem ungezählte Heeresmassen den böhmischen Bauern erlegen waren, durfte man sich der deutschen Waffenehre nicht mehr rühmen!

Ebenso war das mit dem Kaisertum verbundene religiöse Ideal dahingeschwunden. Einiger Trost für die Wunden, welche der Kampf zwischen Kaisertum und Papsttum dem Reiche schlug, hatte in dem frommen Glauben gelegen, die Kirche müsse zum Segen der Menschheit die höchste Macht auf Erden sein. Jetzt war auch sie von ihrer Höhe herabgesunken, entwürdigt durch einen gering= geachteten Priesterstand, mit ihren beseelten und entstellten Einrichtungen ihrem hohen Zwecke nicht mehr entsprechend. Zuletzt hatte sie nicht einmal der Ketzer in einem einzigen verhältnismäßig kleinen Lande Herr werden können. Den Deutschen war wieder die undankbare Aufgabe zugefallen, für das Papsttum die Kastanien aus dem Feuer zu holen; traurig genug, daß sie noch einmal für die zerfallende mittelalterliche Anschauung so furchtbare Hekatomben bringen mußten. Zwar trat das allgemeine Konzil vor den Riß. Aber schon wurde schmerzlich bemerkt, daß diese Kirchenversammlungen die Heilung aller Nöte nicht brachten, daß sie nur den alten, schal gewordenen Wein in ausgebesserte Schläuche fassen wollten, und es stand zu befürchten, daß auch sie schließlich statt des Brotes Steine bieten würden.

Auch sonst gab es allerlei Klagen und Besorgnisse.

Einen reichen Ersatz für den Verlust der politischen Weltstellung mochten die Deutschen erblicken in dem Aufschwung, den das ganze wirtschaftliche Leben inzwischen genommen hatte. Trotz Auswanderung, Seuchen und Kriegen stieg die Volkszahl, wurde das urbare Land fortwährend vermehrt, und vor allem konnten die Städte mit ihrem Bürgertum sich denen jedes andern Landes mindestens gleichstellen. Aber das trotzige Selbstbewußtsein der Städte wie der Fürsten erlitt einen argen Stoß, als gräßliche Verwüstung sich tief in das Reich hinein erstreckte. Dabei war der innere Unfriede mit seiner Schädigung alles Handels und Wandels schlimmer geworden, wie je zuvor. Und hinter den stolzen Städtemauern saßen nicht allein reiche, mit ihrem Lose zufriedene Kaufleute und wohlhäbige Handwerker, sondern da hauste auch viel Elend, wurde manch neidischer und wilder Blick auf die vom Schicksal Begünstigten geworfen. Auch der Bauer freute sich nicht des ihm bescherten Segens, denn ihm wurde dessen Genuß von allen Seiten her verkümmert.

So herrschte überall Unzufriedenheit, ein Gefühl der Unsicherheit lastete drückend auf allen Verhältnissen.

Auch von oben her wurde zugestanden, daß die Zustände trostlos geworden seien. Der Reichsverfassung wurde alle Schuld zugeschoben, aber der oft aus= gesprochene Gedanke Sigmunds, daß auch andere Schäden gebessert werden müßten, ehe das Ganze gesunden könne, fand daneben eine gewisse Beachtung. Doch schon beschränkte sich das Bewußtsein, wie nötig Reformen seien, nicht mehr auf die oberen Reichsstände. Bereits war die Empfindung, die gegen= wärtigen Verhältnisse könnten unmöglich so weiter bleiben, auch in die Kreise des Volkes übergegangen und hatte dort Lust und Neigung erweckt, zu den gewünschten Veränderungen mitzuwirken, und es galt nunmehr, allen Schichten zu helfen, alle der Vorteile einer besseren Stellung teilhaftig zu machen. Bisher hatte die breite Masse nur mittelbaren Anteil an den großen Staats= und Reichs= sachen genommen, war nur den von höherer Seite ausgehenden Anregungen gefolgt; jetzt entstand die Idee, daß die Gesamtheit auch ihr Recht habe, und wie sie zu berücksichtigen sei, so dürfe sie auch selber zu den Umgestaltungen bei=

tragen. Das war eine hochbedeutsame Verschiebung des bisherigen politischen Geisteslebens.

So begann nun die litterarische Thätigkeit sich der großen Fragen zu bemächtigen und schon in Sigmunds Zeit fallen ihre ersten Aeußerungen. Wie die Wortführer sehr verschiedenen Ständen angehören, so weichen auch ihre Ansichten himmelweit von einander ab. Der eine begründet seine Verbesserungsvorschläge auf die bestehende Reichsverfassung, der andere schreitet weit über sie hinaus und schöpft seine Ideen aus der Stimmung der unteren, der bürgerlichen und bäuerlichen Klassen. Der eine ist ein konservativer Jurist, der andere ein radikaler Volksmann.

Beiden gemeinsam ist, daß sie, wie die ganze damalige Reichsgesetzgebung, eigentlich nicht das ganze Reich berücksichtigen, sondern nur Süddeutschland. Denn dieses galt als dessen vorzüglichstes Gefäß und nach den dort bestehenden Mischverhältnissen zahlreicher, aber nicht übermächtiger geistlicher und weltlicher Herrengewalten und städtischer Herrschaften richteten sich die Verbesserer.

Der bedeutendste Denker unter den damaligen deutschen Gelehrten, der spätere Bischof von Brixen und Kardinal Nikolaus von Cues legte 1433 dem Baseler Konzil, dem Kaiser und dem Legaten Cesarini sein Buch über „die katholische Konkordanz" vor, in dem er die Umgestaltung der Reichsverfassung eingehend erörterte. Da das Kaisertum alle seine Rechte abgegeben habe, forderte er in erster Stelle die Begründung einer neuen Reichsgewalt. Das Reich soll in zwölf Sprengel zerlegt, in jedem ein kaiserlicher Gerichtshof von drei aus der Reichskasse besoldeten Richtern, einem Adeligen, einem Geistlichen und einem Gemeinen eingesetzt werden. Diese Richter versammeln sich alljährlich mit den Kurfürsten in Frankfurt zu einem Reichstage, zu welchem außerdem aus jeder Hauptstadt, Bischofsstadt oder größeren Reichsstadt ein Abgeordneter hinzukommt. Dieser Reichstag behandelt alle Reichssachen, namentlich um die allmähliche Ausbildung eines allgemeinen deutschen Rechtes zu bewirken. Ein stehendes Reichsheer wird von den kaiserlichen Zöllen und aus abzugebenden Teilen der Landessteuer unterhalten; alle Fehden sind unter den strengsten Strafen verboten. Die geistlichen Herrschaften bleiben bestehen, aber geben die weltlichen Seiten des Staatslebens an den Kaiser ab.

Diese Ideen waren geistreich, an sich vortrefflich, aber zum größten Teil unausführbar.

Ganz anders redet eine seltsame Schrift, die sogenannte „Reformation Kaiser Sigmunds", geschrieben wahrscheinlich 1438, vielleicht noch zu Sigmunds Lebzeiten entworfen, deren Verfasser sich Friedrich von Landskron nennt.

Der Titel zeigt, wie sich an den Namen Sigmunds große Hoffnungen knüpften, wie er trotz seiner häufigen und langen Abwesenheit volkstümlich geworden war. Bürgern gegenüber hatte der König sich ja oft genug sehr freimütig über die Fürsten ausgesprochen; man kannte die Vorschläge, die er machte, und auf sie wird vielleicht von dem Verfasser Bezug genommen. Wie der Cusaner den Städten einen bedeutenden Anteil an der Reichsleitung einräumte, so setzt die Reformation auf „die edelen Reichsstädte" alle Hoffnung, „denn bei ihnen allein steht es noch, da das Haupt krank ist und die geistlichen und weltlichen

Häupter fallen laſſen, was ihnen von Gott empfohlen iſt", „die Kurfürſten haben das Reich krank, blöde und ſchwach gemacht". Schon aus dieſen Worten ergibt ſich der Geiſt, der die Schrift durchweht. In der Geſamthaltung verworren und myſtiſch überſchwänglich, mit geringer Kenntnis der über Süddeutſchland hinausreichenden und der geſchichtlichen Verhältniſſe, enthält ſie viele klare und aus dem Leben gegriffene Gedanken, doch ihr Hauptwert iſt, daß ſie uns in die Denkweiſe der unteren Volksmaſſe einführt.

Denn daß Friedrich von Landokron mit ſeinen Meinungen nicht allein ſtand, iſt übergenug bezeugt.

Der Geſchichtsſchreiber Sigmunds, Eberhard Windeck, ſpricht ſtets mit ingrimmigem Haß von den Pfaffen, die mit ihrem Geiz, ihrer Herrſchſucht, ihren Ränken die Urſache allen Unheils ſeien. Derſelben Anſchauung war die ganze Laienwelt. Die Biſchofsſtädte lagen meiſt noch jetzt im wütenden Streit mit ihren Herren und den Kapiteln, namentlich in der langen Magdeburger Stiftsfehde nahm der Haß gegen „die loſen Pfaffen" ſeinen freien Lauf. Man kann ſich denken, wie da die Siege der Huſiten wirkten. Hatten einſt die Kreuzzüge den Glauben an die Allmacht der Kirche erſchüttert, jetzt ſchien über ſie ein Gottesgericht ergangen zu ſein. Nicht die beſonderen religiöſen Lehren der Huſiten, wie etwa die vom Kelch, fanden Eingang in Deutſchland, wohl aber die mit ihnen verknüpften ſozialen Ideen. Ihre Behauptung von der Schädlichkeit des weltlichen Beſitzes der Geiſtlichkeit gefiel nicht nur denen, die unmittelbar unter kirchlicher Herrſchaft ſtanden, ſondern auch allen, die mit geiſtlichen Fürſten zu thun oder an Kirchen zu zinſen hatten. Wie die Schweizer, erſchienen die Böhmen als Vertreter der unteren Volksmaſſen; ihre Siege über Fürſten und Ritter lehrten, daß auch deren „Bäuche weich" ſeien. Der alte Groll gegen die beiden herrſchenden Klaſſen, die ihre Ohnmacht erwieſen hatten, faßte nun Hoffnung auf Befriedigung; die Gärung fing an, bedenkliche Blaſen zu werfen.

So legt die „Reformation Kaiſer Sigmunds" ihren Beſſerungsplan zunächſt an Kirche und Geiſtlichkeit, deren Entartung ſie ſchonungslos bloßſtellt, und zwar in gründlichſter Weiſe. Vom Erzbiſchof herab wird der Klerus weltlichen Beſitzes entkleidet. Städte, Schlöſſer und Rechte der „geiſtlichen Häupter" vergibt der Kaiſer als Reichslehen; alle Geiſtlichen werden auf beſtimmten Gehalt geſetzt, der aus dem weltlich verwalteten Kirchenvermögen zu entnehmen iſt. Dann geht es an die Neuordnung des Reiches. Vier Reichsvikare, ſonderbarerweiſe Mailand, Savoyen, Burgund und Oeſterreich, haben über den Frieden mit aller Strenge zu wachen. Nur die hohen Fürſten ſollen Gerichtsbarkeit und Bann haben, aber nicht mehr die Grafen und Herren. Zölle dürfen nur ſoweit erhoben werden, als ſie zum Straßen und Brückenbau erforderlich ſind. Alles ſteht in gleicher Freiheit, edel oder unedel, reich oder arm, groß oder klein; es darf keine eigenen Leute mehr geben. Wieſe und Weide, Holz und Feld müſſen frei ſein, ausgenommen den zur hohen Gerichtsbarkeit gehörigen Hochwald, aus dem jedoch die Geleitskoſten zu decken ſind. Auch die Fahrt auf den Flüſſen iſt frei. Die Städte können ungehindert Bürger aufnehmen, aber die Zünfte werden abgeſchafft, weil ihr Anteil am Stadtregiment nur Schaden ſtiftet. Jeder ſoll das Handwerk frei, aber nur sein eigenes treiben. Die Handelsgesellschaften werden verboten, den Gewinn der Kaufleute, den Preis der Lebensmittel stellen vereidete Richter fest.

Der Verfasser ist der Anwalt der Geringen, Gedrückten, und es kann wohl kommen, daß sie das Heft in die Hände nehmen. „Das geistliche Recht ist krank, das Kaisertum und alles, das ihm zugehört, steht unrichtig; man muß es mit Kraft durchbrechen. Wenn die Großen schlafen, müssen die Kleinen wachen, daß es doch so gehen muß!" Auch ein Nikolaus von Cues, ein Kardinal Julian befürchteten einen gewaltsamen Umsturz von unten her.

Unzufriedenheit mit der Kirche, Feindschaft gegen die Geistlichkeit, Zerrüttung des Reiches, gegenseitiger Haß der Stände, Gefahr einer Revolution — das also waren die Früchte des verflossenen Zeitraumes, die Erbschaft des Mittelalters? Zum Glück nicht die einzigen. Das deutsche Volk hatte seine innerlichen Kräfte entfaltet, seinen Geist befreit von fremden Vorstellungen, sein eigenes inneres Wesen herausgearbeitet. Diesem noch formlosen Volkstum geistig und politisch feste Gestalt zu geben, war die Aufgabe der Zukunft.

Doch davon habe ich hier nicht mehr zu reden. Hoffentlich ist es mir an anderer Stelle vergönnt, die gesamte Entwickelung unseres Volkes in ihrem welthistorischen Zusammenhange zu verfolgen und zur Darstellung zu bringen.

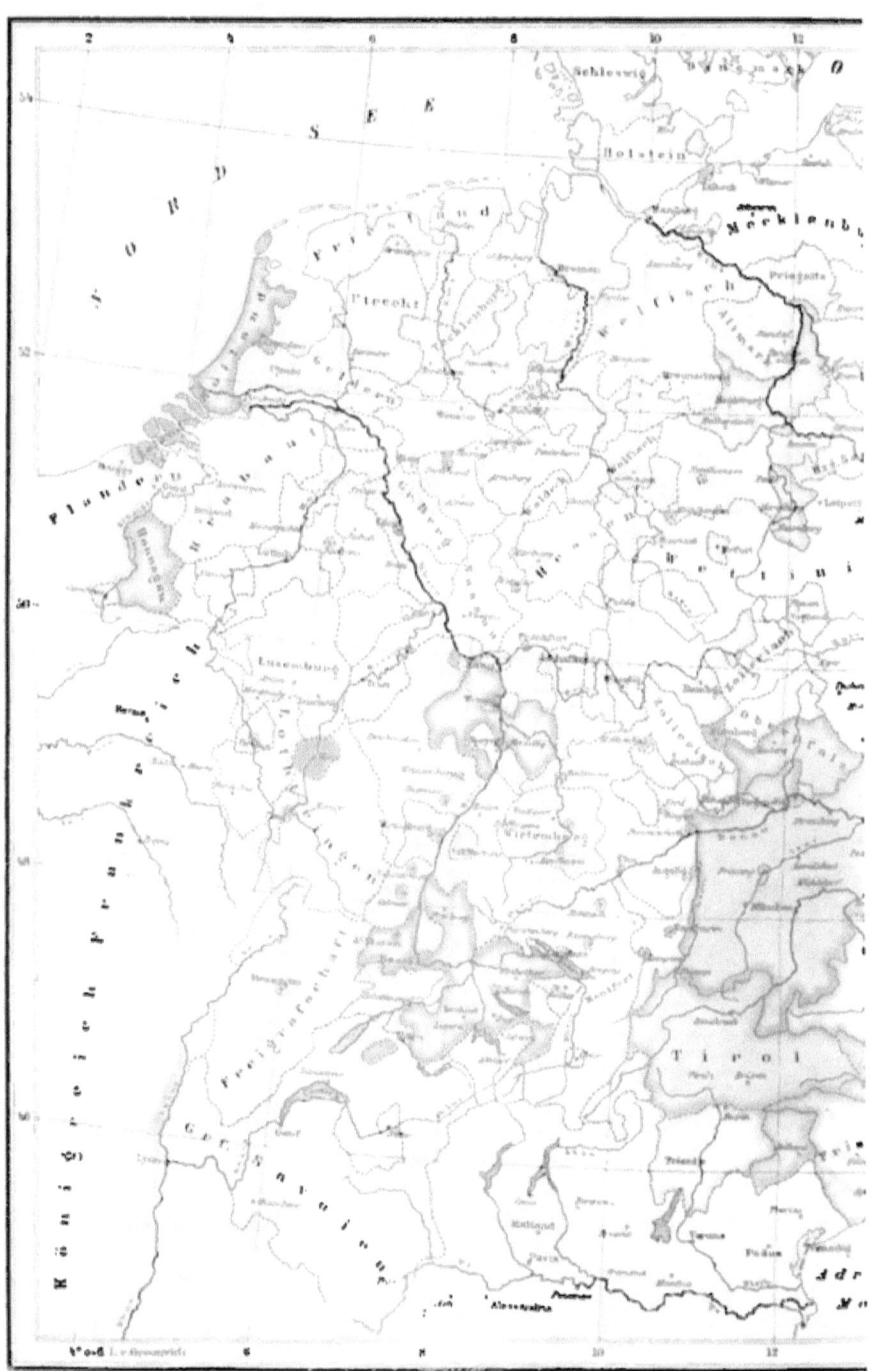

www.ingramcontent.com/pod-product-compliance
Lightning Source LLC
Chambersburg PA
CBHW022137300426
44115CB00006B/220